Ulrich Ramsauer
Die Assessorprüfung im öffentlichen Recht

D1735746

Die Assessorprüfung im öffentlichen Recht

Verwaltungsgerichtliche Entscheidungen
Prüfungsaufbau und Technik für Klausuren und
Aktenvorträge
Hauptgebiete des allgemeinen Verwaltungsrechts
und Verwaltungsprozessrechts

von

Dr. Ulrich Ramsauer

Vorsitzender Richter am OVG Hamburg
Professor an der Universität Hamburg
Nebenamtlicher Arbeitsgemeinschaftsleiter
beim Hanseatischen Oberlandesgericht

7., vollständig überarbeitete Auflage

Verlag C. H. Beck München 2010

Verlag C.H. Beck im Internet:
www.beck.de

ISBN 978 3 406 59719 0

© 2010 Verlag C.H. Beck oHG
Wilhelmstr. 9, 80801 München

Druck: Nomos Verlagsgesellschaft
In den Lissen 12, 76547 Sinzheim

Satz: ottomedien
Marburger Straße 11, 64289 Darmstadt

Gedruckt auf säurefreiem, alterungsbeständigem Papier
(hergestellt aus chlorfrei gebleichtem Zellstoff)

Vorwort zur 7. Auflage

Dieses Handbuch ist aus meiner langjährigen Arbeit als Leiter von Arbeitsgemeinschaften für Referendare hervorgegangen. Es soll in erster Linie der Vorbereitung auf die Assessorprüfung dienen und ist als Anleitungsbuch, Repetitorium und Nachschlagewerk gleichermaßen gedacht. Der Stoff wird in der Form von in sich abgeschlossenen Lernmodulen dargeboten, welche die wichtigsten Elemente der Vorbereitung umfassen, nämlich

- das examensrelevante Grund- und Strukturwissen im allgemeinen Verwaltungsrecht und im Verwaltungsprozessrecht,
- die praktische Anleitung für den Prüfungsaufbau in den einzelnen examensrelevanten Klage- und Antragsarten und
- die Darstellung der Grundzüge der Urteils- und der Gutachtentechnik sowie der Leistungsformen der Anwaltsklausur.

Der Gesamtstoff ist auf die kürzeste noch vertretbar erscheinende Form gebracht. Auf Klarheit und Übersichtlichkeit wird besonderer Wert gelegt, auf wissenschaftliche Vertiefung bewusst verzichtet. Prägnante Beispiele aus der Praxis sollen den behandelten Stoff anschaulich werden lassen. Literaturhinweise werden nur sparsam eingesetzt; im Interesse eines schnellen Zugriffs werden leicht verfügbare Quellen bevorzugt.

Den Abschnitten sind Übersichten vorangestellt, um jeden Abschnitt klar zu gliedern. Soweit sie den Prüfungsaufbau von Klage- und Antragsarten strukturieren, sind sie zugleich Aufbauhilfen. Man beachte aber: Aufbauschemata, die dem Bearbeiter die eigene methodische und kreative Denkleistung abnehmen, gibt es nicht.

Die Arbeit an der Neuauflage wurde im Juni 2009 abgeschlossen; Rechtsänderungen, Rechtsprechung und Literatur sind bis in das Jahr 2009 hinein berücksichtigt. Alle Abschnitte wurden gründlich überarbeitet, die Beispiele aktualisiert und deutlich vermehrt. Obwohl die Menge notwendigen Wissens weiter zugenommen hat, konnte der Umfang vor allem durch eine Straffung des Textes und strengere Auswahl konstant gehalten werden.

Für wertvolle Hilfe bei der Vorbereitung dieser Auflage möchte ich meinen wissenschaftlichen Miarbeitern *Kaspar Henrik Möller* und *Dirk Bernhardt* herzlich danken. Dank gebührt außerdem meinen studentischen Mitarbeitern *Ann-Katrin Hengevoss, Sönke Kickmeier* und *Nils Moritz Drebold*.

Gepflogenheiten und Konventionen sind weder im Examen noch in der Praxis überall gleich; auch Schwerpunkte werden regional unterschiedlich gesetzt. Verwaltungsrecht und Verwaltungsprozessrecht entwickeln sich immer schneller weiter. Nicht zuletzt deshalb bin ich für Hinweise und Anregungen stets dankbar (Ulrich.Ramsauer@uni-hamburg.de).

Hamburg, im September 2009   Ulrich Ramsauer

Inhaltsverzeichnis

Abkürzungsverzeichnis

Zugleich Verzeichnis der abgekürzt verwendeten Literatur

EuGH . . . . Gerichtshof der Europäischen Gemeinschaft
EuGHE . . . . (amtliche Sammlung der) Entscheidungen des EuGH
EuGRZ . . . . Europäische Grundrechte-Zeitschrift
EuZustVO . . . . . . Europäische Zustellungsverordnung
Eyermann . . . . . . *Erich Eyermann* (Begr.): Verwaltungsgerichtsordnung –
Kommentar. 12. Aufl. 2006

f. . . . . folgende(r)
FamFG . . . . Gesetz über das Verfahren in Familiensachen und in den Ange-
legenheiten der freiwilligen Gerichtsbarkeit
FBA . . . . Folgenbeseitigungsanspruch
ff. . . . . fortfolgende
FFK . . . . Fortsetzungsfeststellungsklage
FG . . . . Finanzgericht
FGO . . . . Finanzgerichtsordnung
FinDAG . . . . Finanzdienstleistungsaufsichtsgesetz
Finkelnburg/Jank . . *Klaus Finkelnburg / Klaus Peter Jank*: Vorläufiger Rechtsschutz
im Verwaltungsstreitverfahren. 4. Aufl. 1998
Finkelnburg/Ortloff *Klaus Finkelnburg / M. Ortloff*: Öffentliches Baurecht, Band 1:
Bauplanungsrecht. 5. Aufl. 1998; Band 2: Bauordnungsrecht,
Nachbarschutz, Rechtsschutz. 5. Aufl. 2005
Fn. . . . . Fußnote
FreihEntzG . . . . . Gesetz über das gerichtliche Verfahren bei Freiheitsentziehun-
gen (Sartorius Nr. 617)
FS . . . . Festschrift
FStrG . . . . Bundesfernstraßengesetz (Sartorius Nr. 932)

GastG . . . . Gaststättengesetz (Sartorius Nr. 810)
gdsl. . . . . grundsätzlich
gem. . . . . gemäß
GemSenOGB . . . . Gemeinsamer Senat der Obersten Gerichtshöfe des Bundes
GeschOBT . . . . . . Geschäftsordnung des Bundestages (Sartorius Nr. 35)
GewArch . . . . Gewerbearchiv
GewO . . . . Gewerbeordnung (Sartorius Nr. 800)
GG . . . . Grundgesetz
ggfs. . . . . gegebenenfalls
GjS . . . . Gesetz über die Verbreitung jugendgefährdender Schriften
(Sartorius Nr. 405)
GK-BImSchG . . . . Gemeinschaftskommentar zum BImSchG, hrsg. v. *Koch/
Scheuing*, Loseblatt, Stand 2/1996
GKG . . . . Gerichtskostengesetz (Schönfelder Nr. 115)
GmbH . . . . Gesellschaft mit beschränkter Haftung
Gusy, VB . . . . . . *Christoph Gusy*: Die Verfassungsbeschwerde. 1988
GVBl . . . . Gesetz- und Verordnungsblatt
GVG . . . . Gerichtsverfassungsgesetz (Schönfelder Nr. 95)

HBauO . . . . Hamburgische Bauordnung
HGB . . . . Handelsgesetzbuch (Schönfelder Nr. 50)
hM . . . . herrschende Meinung
hmb . . . . hamburgisches
HmbAFWoG . . . . Hamburgisches Gesetz über den Abbau der Fehlsubventionie-
rung im Wohnungswesen in Hamburg
HmbGVBl . . . . . . Hamburgisches Gesetz- und Verordnungsblatt

Teil 1. Die Examensanforderungen im öffentlichen Recht

§ 1. Überblick über die Leistungsformen

Das DRiG schreibt in § 5 d Abs. 3 vor, dass die Prüfung aus einem 1.01 schriftlichen und einem mündlichen Teil zu bestehen hat. Die Ausgestaltung im Einzelnen bleibt den Ländern überlassen. Die Regelungen sind dementsprechend unterschiedlich. Inzwischen sind alle Länder zu einem reinen Klausurexamen übergegangen. Die Zahl der Klausuren differiert zwischen 7 im Saarland und 11 in Bayern. In allen Ländern bis auf Bayern ist in der mündlichen Prüfung ein Aktenvortrag zu halten, für dessen Vorbereitung je nach Land 60 bis 90 Minuten zur Verfügung stehen.

Tabelle: Übersicht über die Leistungsanforderungen   1.02

	insgesamt	Klausuren davon öffentl. Recht	im Wahlfach ggfs. öffentl. Recht	Akten-/ Kurzvortrag (Vorbereitungszeit)
Baden-Württemberg	8	2		75 Min
Bayern	11	4^1		–
Berlin	7	2	1	60 Min
Brandenburg	7	2	1	60 Min
Bremen	8	2		90 Min
Hamburg	8	2		90 Min
Hessen	8	2		60 Min
Mecklenburg-Vorpommern	8	2		90 Min
Niedersachsen	8	2	1	60 Min
Nordrhein-Westfalen	8	2		60 Min
Rheinland-Pfalz	8	2		90 Min
Saarland	7	2	1	90 Min
Sachsen	9	3		60 Min
Sachsen-Anhalt	8	2^2		60 Min
Schleswig-Holstein	8	2		90 Min
Thüringen	8	2^3		90 Min

[1] Davon eine Klausur mit steuerrechtlichen Inhalten.
[2] Gegebenenfalls eine zusätzliche Anwaltsklausur aus dem öffentlichen Recht.
[3] Eine weitere Klausur aus dem öffentlichen Recht nach Wahl des JPA.

I. Die Examensklausur im öffentlichen Recht

1.03 Auch die Anforderungen in den fünfstündigen Aufsichtsarbeiten im öffentlichen Recht sind in den einzelnen Bundesländern unterschiedlich ausgestaltet. Das gilt nicht nur für die Frage, ob und ggfs. welche **Hilfsmittel**, insbesondere Kommentare, verwendet werden dürfen, sondern auch für die **Leistungsformen**, ob also Gutachten, Entscheidungsentwürfe oder eine Rechtsgestaltung verlangt werden und schließlich, aus welchen **Rechtsbereichen** die Aufgaben entnommen werden. Zur Anwaltsklausur s. unten Rnr. 11.01 ff.

> **Beispiele:** *Kopp/Ramsauer* ist zugelassen in Bayern, Berlin, Brandenburg, Mecklenburg-Vorpommern, Nordrhein-Westfalen, Saarland, Sachsen, Sachsen-Anhalt und Thürigen, *Kopp/Schenke* in denselben Ländern und zusätzlich in Bremen, Hamburg, Hessen und Schleswig-Holstein.

1. Anfertigung von Entscheidungsentwürfen

a) In Betracht kommende Entscheidungen

1.04 In den meisten Bundesländern sind Entwürfe von verwaltungsgerichtlichen Urteilen bzw. Beschlüssen oder von Verwaltungsentscheidungen anzufertigen. Es werden Aktenstücke über praktische Fälle ausgegeben, für welche die konkret anstehende Entscheidung, idR eine Sachentscheidung mit Sachverhaltsdarstellung (Tatbestand) und Gründen, zu entwerfen ist. In Betracht kommen (je nach Bundesland unterschiedlich) Entwürfe von

– verwaltungsgerichtlichen Urteilen oder (selten) Gerichtsbescheiden,
– verwaltungsgerichtlichen Beschlüssen (zB gem. §§ 80 f, 123 VwGO),
– Widerspruchsbescheiden oder Abhilfeentscheidungen sowie
– einfachen Verwaltungsentscheidungen.

> **Beachte:** Auch dann, wenn die zu entwerfende Entscheidung an sich einen Tatbestand nicht enthalten muss und in der Praxis auch nicht enthalten würde (zB Beschluss, Widerspruchsbescheid), ist nach den Amtlichen Weisungen idR eine Sachverhaltsdarstellung zu geben, die inhaltlich dem Tatbestand entspricht. Umgekehrt kommt es vor allem in Baden-Württemberg und Bayern vor, dass die Abfassung eines Tatbestandes nach den Amtlichen Weisungen erlassen wird. Die sorgfältige Lektüre des **Bearbeitervermerks** ist notwendig.

b) Zusätzliches Hilfsgutachten

1.05 Die Anfertigung eines (Hilfs-)Gutachtens zusätzlich zur Herstellung eines Entscheidungsentwurfs kommt nur in folgenden drei Fällen in Betracht:

– Der Bearbeiter gelangt zu dem Ergebnis, dass das Rechtsschutzbegehren (Klage, Antrag, Widerspruch) als unzulässig abzuweisen ist. In diesem Fall ist die materielle Rechtslage in einem Hilfsgutachten zu würdigen.

– Die zu entwerfende Entscheidung ist nicht mit Gründen zu versehen (zB Beweisbeschluss); in diesen Fällen sind idR ein Sachbericht und ein Gutachten anzufertigen.

– Nach den Amtlichen Weisungen (zB in Bayern) wird allgemein oder im Einzelfall (Bearbeitervermerk) ein ergänzendes Gutachten zu solchen Fragen des Falles verlangt, auf die im Rahmen der Entscheidungsbegründung nicht einzugehen ist.

2. Das Gutachten in der Examensklausur

Anstelle von Entscheidungsentwürfen wird insbesondere in der Anwaltsklausur, teilweise aber auch sonst, die Anfertigung einer Klageschrift, eines Gutachtens über die Erfolgsaussichten eines Rechtsbehelfs oder die in der jeweiligen Situation zu treffende Entscheidung von Beteiligten verlangt. Sofern zu der Leistungsform eine Darstellung des Sachverhalts nicht gehört, ist dem Gutachten idR ein Sachbericht voranzustellen, der wie ein Tatbestand aufzubauen ist. Das Gutachten selbst folgt den unten Rnr. 3.01 ff. dargestellten Regeln, sofern die Amtlichen Weisungen nichts Abweichendes vorsehen. **1.06**

II. Aktenvortrag und Kurzvortrag im Öffentlichen Recht

In allen Bundesländern bis auf Bayern ist entweder ein Aktenvortrag oder ein Kurzvortrag regulärer Teil der mündlichen Prüfung. Beim Kurzvortrag wird erst unmittelbar am Tag der mündlichen Prüfung ein Aktenstück über einen Rechtsvorgang ausgegeben, über den nach kurzer Vorbereitung (je nach Bundesland zwischen 60 und 90 Minuten) in der Prüfung mündlich zunächst berichtet und für den aufgrund einer rechtlichen Begutachtung ein Entscheidungsvorschlag unterbreitet werden muss. Hierfür steht ein **Zeitraum von zumeist 10 Minuten** zur Verfügung. IdR handelt es sich um verwaltungsgerichtliche Klage- bzw. Antragsverfahren, seltener um Verwaltungs- bzw. Widerspruchsverfahren. Der Vortrag besteht aus einem kurzen **Sachbericht** sowie einer ebenfalls knappen gutachterlichen **Begründung eines Entscheidungsvorschlags**. **1.07**

Beachte: Die Einhaltung der zeitlichen Begrenzung spielt eine wichtige Rolle. Nach den Weisungen der Justizprüfungsämter soll der Kandidat „zeigen, dass er die Befähigung besitzt, einen entscheidungsreifen Akteninhalt in freier Rede lebendig darzustellen, auf seinen wesentlichen Sachverhalt zurückzuführen, eine entsprechende, praktisch brauchbare Rechtsentscheidung daraus abzuleiten und diese klar und überzeugend zu begründen".

§ 2. Aktenvortrag und Kurzvortrag

Literatur: *Hartz/Streiter,* Mündliche Prüfung und Aktenvortrag im Assessorexamen, JuS 2001, 790; *Pagenkopf/Pagenkopf/Rosenthal,* Der Aktenvortrag im Assessorexamen, 3. Aufl. 2006; *Janssen,* Der Aktenvortrag im Öffentlichen Recht. 3. Aufl. 2009; *Schleif,* Der Aktenvortrag im Assessorexamen, JA 2007, 716.

Übersicht

I. Grundstruktur
II. Aufbau
III. Hinweise zur Vorbereitung und Durchführung
IV. Der maßgebliche Zeitpunkt der Sach- und Rechtslage

I. Grundstruktur

2.01 Die Vorträge sind häufig vom Standpunkt eines Berichterstatters im Spruchkörper (Kammer bzw. Senat) zu halten, der über eine den Kollegen noch unbekannte Sache mit dem Ziel der anschließenden Beratung und Beschlussfassung berichtet. Klarheit und Verständlichkeit sind deshalb von äußerster Wichtigkeit, ebenso wie die strenge Beschränkung auf die wesentlichen Punkte. Von großer Bedeutung sind die **Weisungen der Prüfungsämter.** Der Kurzvortrag, der ja in kurzer Zeit mit „Bordmitteln" vorbereitet werden muss, betrifft idR einfache Sachverhalte und Fälle, die keine komplizierten Rechtsfragen aufwerfen. Das gilt auch dann, wenn der Aktenvortrag eine anwaltliche Maßnahme oder eine Behördenentscheidung vorbereiten soll.

Beachte: Für viele Kandidaten erscheint die Aufgabe im Kurzvortrag so einfach, dass sie vermuten, sie hätten anspruchsvolle wichtige Probleme übersehen. Sie müssen dann der Neigung widerstehen, im Fall Probleme zu sehen, die er in Wahrheit gar nicht enthält. Tatsächlich geht es nicht um die Lösung schwieriger Fälle, sondern um eine schnelle Lösung eines einfachen Standardfalles und einen klaren mündlichen Vortrag (so zutreffend auch *Proppe* JA 1995, 409).

II. Aufbau bei gerichtlichem Entscheidungsvorschlag

1. Bezeichnung der Streitsache

2.02 Der Vortrag beginnt mit der Bezeichnung der Rechtssache; hieran schließt sich der Einleitungssatz des Sachberichts an, auf den die Angabe der Beteiligten (Namen und idR auch Wohnort) folgt.

Beispiel: „Ich trage vor in einem Klageverfahren, welches im Jahre 2009 beim VG Hamburg anhängig war. Der Kläger, der indische Staatsangehörige *Raminder Sing,* derzeit wohnhaft in Hamburg,, wendet sich darin gegen seine Ausweisung und die Androhung der Abschiebung." Oder: „Ich trage in einem Verfahren über die Gewährung vorläufigen Rechtsschutzes vor, welches im Jahre 2009 vor dem VG Hamburg anhängig war. Der Antragsteller Peter Meier aus Hamburg erstrebt darin die aufschiebende Wirkung seines Widerspruches gegen die Entziehung der Fahrerlaubnis."

2. Sachbericht

Der Sachbericht ist im Grundsatz wie der Tatbestand eines Urteils auf- 2.03 zubauen. Einige Modifikationen sind zu beachten. Die Mündlichkeit des Vortrags und die Kürze der zur Verfügung stehenden Zeit erfordern aber eine strenge Beschränkung auf das für das Verständnis des Streites Unumgängliche. Daraus folgt:

– Vermeidung von genauen Zahlen und Daten, sofern sie nicht für Verständnis und rechtliche Würdigung, etwa bei Einhaltung von Fristen, wesentlich sind.

Beispiel: „Im Oktober 2008 wies die Beklagte den Widerspruch zurück. Noch im selben Monat erhob der Kläger die vorliegende Klage". Aber: „Der Widerspruchsbescheid wurde dem Kläger am 29. Januar 2009 zugestellt. Am 2. März 2009, einem Montag, hat der Kläger die vorliegende Klage erhoben."

Gestraffte Wiedergabe des Vorbringens der Beteiligten und der Begründung von Bescheiden sowie eine deutliche Strukturierung.

Beispiel: „Zur Begründung trug der Kläger Folgendes vor: Erstens: Er habe sich zu keinem Zeitpunkt illegal in der Bundesrepublik Deutschland aufgehalten. Zweitens: Seinen Unterhalt habe er während der gesamten Zeit seines Aufenthalts aus eigenen Ersparnissen finanzieren können. Drittens: ..."

– Deutliche Hervorhebung der für die Entscheidung wesentlichen Teile des Sachverhalts. Kommt es für die rechtliche Würdigung auf bestimmte Formulierungen an, so sind diese wörtlich wiederzugeben.

Beispiel: „In der insoweit maßgeblichen Erklärung im Schreiben vom ... heißt es, ich zitiere wörtlich: ..." Oder, beim Streit um eine Gewerbeuntersagung: „ Das zuständige Finanzamt teilte der Beklagten mit, die Rückstände hätten sich bis zum 1. Juni 2008 auf 12.500 Euro bei der Gewerbesteuer und auf 15.350 Euro bei der Umsatzsteuer erhöht.

– Komplizierte Vorgänge oder streitige Tatsachen sowie insbesondere Ergebnisse einer Beweisaufnahme sollten idR nur im Rahmen der rechtlichen Würdigung behandelt werden; dies ist im Sachbericht zuvor lediglich anzukündigen.

Beispiel: „Das Gericht hat den Polizeibeamten P als Zeugen zu der Frage vernommen, wann das Halteverbotszeichen an der A-Straße vor dem Haus Nr. 20 aufgestellt wurde. Auf das Ergebnis der Beweisaufnahme komme ich im Rahmen der rechtlichen Würdigung zurück."

3. Rechtliche Würdigung

Die rechtliche Würdigung wird wie beim Gutachten mit einem kurz ge- 2.04 fassten Entscheidungsvorschlag eingeleitet, der es dem Zuhörer leichter macht, den weiteren Ausführungen zu folgen. Die anschließende Würdigung soll die maßgeblichen rechtlichen Probleme des Falles in der methodisch richtigen Reihenfolge behandeln und einen eigenen Lösungsvorschlag begründen (vgl. Rnr. 3.01).

Beachte: Aus der Vortragssituation, in der einerseits die Zeit knapp ist, andererseits aber auch die Möglichkeit zur späteren Nachfrage besteht, folgt eine strenge Beschränkung auf das Wesentliche, insbesondere ein Verzicht auf Selbstverständliches und alternative Lösungswege. Allerdings muss stets erkennbar bleiben, dass dem Vortrag ein schulmäßiger Prüfungsaufbau zugrunde liegt.

2.05 Die rechtliche Würdigung vereinigt in Aufbau und Stil Elemente von Urteil und Gutachten miteinander. Unproblematische Punkte, die keiner näheren Erörterung bedürfen, werden im Urteilsstil abgehandelt, bei problematischen Punkten ist es dagegen geboten, zum Gutachtenstil überzugehen, dh die Frage an den Anfang zu stellen.

Beispiel: „Für den vorliegenden Antrag ist der Rechtsweg zu den Verwaltungsgerichten eröffnet. Es handelt sich um eine öffentlich-rechtliche Streitigkeit iSd § 40 Abs. 1 VwGO, für die eine anderweitige Zuweisung nicht ersichtlich ist. Problematisch ist, ob der Kläger gem. § 42 Abs. 2 VwGO klagebefugt ist. Dies hängt davon ab, ob er geltend machen kann, durch den VA in seinen Rechten verletzt worden zu sein. Subjektive öffentliche Rechte können sich für den Antragsteller allein aus den Festsetzungen des Bebauungsplans … ergeben. Als verletztes Recht kommt hier die Festsetzung als allgemeines Wohngebiet . in Betracht …".

4. Entscheidungsvorschlag

2.06 Die rechtliche Würdigung schließt mit einem ordnungsgemäßen Entscheidungsvorschlag (nur Rubrum und Tenor) ab. Dieser ist schriftlich abzufassen und beim Kurzvortrag am Ende zu verlesen. Beim Aktenvortrag ist jedem Prüfer vor Beginn des mündlichen Vortrags ein Exemplar zu überreichen. Am Ende des mündlichen Vortrags reicht in diesem Fall der Hinweis auf den vorliegenden schriftlichen Entscheidungsvorschlag.

III. Hinweise zur Vorbereitung und Durchführung

1. Vorbereitung auf den Vortrag

2.07 Kurzvortrag und Aktenvortrag lassen sich leicht vorbereiten und üben, weil der Zeitaufwand dafür vergleichsweise gering ist. Sinnvoll ist es, sich einzelne veröffentlichte Übungsvorträge vorzunehmen und unter Examensbedingungen zu lösen. Außerdem ist es erforderlich, einen Zeitplan für die Durchführung aufzustellen. Es ist sinnvoll, Sachverhalt und rechtliche Würdigung in den Grundzügen schriftlich zu fixieren und anschließend Stichworte für den mündlichen Vortrag zusammenzustellen.

Beispiele für Aktenvorträge in der Literatur: *Rhein*, Anwaltsberatung, Bauaufsicht: „Die einsturzgefährdete Mauer", JA 2005, 809; *Limpens*, Kurzvortrag – Zweite Juristische Staatsprüfung: „Ausgelaufener Dieselkraftstoff neben der Autobahn", NWVBl. 2003, 160; *Proppe*, Aktenvortrag – Öffentliches Recht: „Ruhestörung auf Spanisch", JA 2006, 451; *Beaucamp*, Aktenvortrag – Öffentliches Recht: Schwierigkeiten bei der Vergrößerung eines Wohngebäudes, JuS 2005, 636; *Kment*, Aktenvortrag – Öffentliches Recht: Rückforderung von Bezügen, JuS 2004, 613; *Nowak*, Aktenvortrag – Öffentliches Recht: Schließung eines Lebensmittelgeschäfts, JuS 2003, 699; *Möller*, Aktenvortrag – Öffentliches Recht: „Richtig gestohlen, falsch geparkt", JuS 2007, 757; *Beaucamp*, Aktenvortrag – Öffentliches Recht: „Schwierigkeiten bei der Vergrößerung eines Wohngebäudes", JuS 2005, 636.

2. Einhaltung des Zeitrahmens

Wichtig ist die Einhaltung des jeweils vorgegebenen Zeitrahmens für den mündlichen Vortrag. Zeitüberschreitungen führen, wenn sie überhaupt zugelassen werden, nicht selten zum Punktabzug. Auch sollte man den Vortrag so frühzeitig beenden, dass für die Beantwortung von etwaigen Fragen der Prüfer noch Zeit bleibt. **2.08**

Beachte: Rigide Prüfungskommissionen brechen den Kurzvortrag im Falle einer wesentlichen Zeitüberschreitung einfach ab und werten nur das bis dahin Vorgetragene. Üblich ist es dagegen, auf eine Zeitüberschreitung flexibel zu reagieren und sie ggfs. mit einem Malus in die Bewertung einzubeziehen.

3. Freie Rede

Die Art und Weise des mündlichen Vortrags hat an Bedeutung gewonnen. Wegen der knappen Vorbereitungszeit und der einfacheren Fallgestaltungen bietet der Kurzvortrag nur noch begrenzte Möglichkeiten, spezifisch juristische Fähigkeiten und Kenntnisse unter Beweis zu stellen. Man sollte möglichst frei sprechen und zu den Prüfern Blickkontakt halten. **2.09**

Merke: Zeiteinteilung, Aufbau und Präsentation sind auch eine Frage der Übung. Die Verwendung von stichwortartigen Aufzeichnungen ist zulässig. Sinnvoll **ist es, die** wichtigsten Daten und Stichworte, auch für einzelne wichtige Argumente **in eine Gliederung** einzutragen. Damit verschafft man sich ein Gefühl der Sicherheit, das dem Vortrag zugute kommt.

4. Gewichtung der Teile des Vortrags

Es ist darauf zu achten, dass der Sachbericht nicht mehr Zeit in Anspruch nimmt als die rechtliche Würdigung. In der Regel wird das Verhältnis etwa $1/3$ Sachbericht und $2/3$ Würdigung betragen. Innerhalb der rechtlichen Würdigung sollten die wirklich problematischen Fragen klar in den Vordergrund gestellt werden; Selbstverständliches sollte gar nicht, Unproblematisches nur äußerst knapp (Urteilsstil) erwähnt werden. **2.10**

IV. Der maßgebliche Zeitpunkt der Sach- und Rechtslage

1. Unterschiede bei Kurzvortrag und Aktenvortrag

2.11 Beim Kurzvortrag stellt sich das Problem der Anwendung früheren Rechts idR nicht, weil der Bearbeiter ohnehin nur die zur Verfügung stehenden Hilfsmittel benutzen darf und deshalb nicht auf früher geltende Fassungen von Gesetzen und Rechtsverordnungen nur dann zurückgreifen könnte, wenn sie der Aufgabe beigefügt sind. Beim Aktenvortrag sehen die Weisungen dagegen idR vor, dass sich der Bearbeiter in die Rolle des Entscheidungsträgers zu begeben und demgemäß seinem Gutachten die materiell einschlägige Sach- und Rechtslage zugrunde zu legen hat.

Maßgeblich ist danach dasjenige Recht, dass zum der Zeitpunkt der letzten mündlichen Verhandlung oder, falls eine solche nicht stattgefunden hat, zu dem aus der Akte ersichtliche Entscheidungszeitpunkt zugrunde gelegt werden musste. Lediglich für die **Nebenentscheidungen** ist nach den Weisungen idR das zur Zeit der aktuellen Bearbeitung geltende Recht anzuwenden, sofern der Bearbeitervermerk nichts anderes bestimmt.

2. Berücksichtigung aktueller Literatur und Rechtsprechung

2.12 Da beim Kurzvortrag ohnehin nur auf ggfs. zugelassene Kommentare zurückgegriffen werden kann, lassen sich Nachweise aus Rspr. und Literatur im Vortrag praktisch kaum anführen. Zitate „aus zweiter Hand" sind zu vermeiden. Nur beim Aktenvortrag wird die Verarbeitung von aktueller Rspr. und Literatur noch eine Rolle spielen. In beiden Fällen ist aber die aktuelle Dogmatik zugrunde zu legen. Hat sich die Auslegung einer maßgeblichen Rechtsnorm geändert, so ist die neueste Auslegung auch dann maßgeblich, wenn zum für die Entscheidung maßgeblichen Zeitpunkt noch eine alte Auslegung vorherrschend war.

Beispiel: Bezieht sich der Aktenvortrag auf eine Baunachbarklage von 1975, so ist gleichwohl die heute geltende Dogmatik zu den subjektiven Rechten, etwa zum Gebot der Rücksichtnahme oder zum Drittschutz aus Festsetzungen über die Art der baulichen Nutzung (s. Rnr. 33.20 ff.) zugrunde zu legen.

§ 3. Das öffentlich-rechtliche Gutachten

I. Ziel und Funktion des Gutachtens

1. Entwicklung und Begründung eines Entscheidungsvorschlags

3.01 Das Gutachten ist eine spezifische Darstellungsform für die Prüfung von Fragen und die Begründung von Entscheidungen. Es ist nicht Ziel eines Gutachtens bzw. Votums, den Prozess der Entscheidungsfindung möglichst genau nachzuzeichnen, also darzustellen, wie der Verfasser gedanklich in der Sache zu seinem Entscheidungsvorschlag gefunden hat. Das Gutachten muss die **Gründe für einen Entscheidungsvorschlag** in nachvollziehbarer Weise darstellen, enthält also methodisch gesehen wie das Urteil eine Begründung.

Beachte: Gleichwohl unterscheiden sich Gutachten und Entscheidungsgründe (zB eines Urteils) erheblich. Letztere dienen der Rechtfertigung einer bereits getroffenen Entscheidung; Einwände und Zweifel müssen ausgeräumt werden. Gutachten werden in einer **noch offenen Entscheidungslage** erstattet, sie dienen der Vorbereitung einer noch zu treffenden Entscheidung. Die Argumentation wird nicht gegen mögliche Einwände immunisiert , sie soll vielmehr diskusfreundlich sein. Deshalb muss die Begründung derart zum Ergebnis hinführen, dass die gedanklichen Schritte kritisch nachvollzogen werden können.

2. Das Gutachten als Entscheidungs- und Beratungsgrundlage

Das Gutachten ist typischerweise aus der Perspektive eincs Berichters- **3.02** tatters abzufassen. Bei der Bearbeitung der auftretenden Fragen (Formulierung, Aufbau, Schwerpunkte, Hilfserwägungen, Berücksichtigung von Literatur und Rechtsprechung) ist die Vorstellung nützlich, dass das Gutachten als Beratungs- und Entscheidungsgrundlage dienen soll. Das bedeutet auch, dass man sich auf den Kenntnis- und Verständnishorizont der Adressaten einstellen muss.

Hieraus folgt,dass keiner Begründung bedarf, was für die Adressaten selbstverständlich ist, dass umgekehrt der Begründungsaufwand dort am größten sein muss, wo – zB bei Abweichung von der hM – am ehesten mit Widerstand gegen die eigene Auffassung zu rechnen ist, dass mit Rücksicht auf die knapp bemessene Zeit der Adressaten klar, gestrafft und leicht verständlich formuliert werden muss, und dass der Leser niemals im Unklaren darüber gelassen werden darf, welche Relevanz die Ausführungen für die gutachtliche Lösung des Falles haben.

3. Unterschiede zur zivilrechtlichen Relation

Der wichtigste Unterschied des öffentlich-rechtlichen Gutachtens zur **3.03** zivilrechtlichen Relation besteht darin, dass es **keine Trennung in Kläger- und Beklagtenstation** gibt. Aus dem Untersuchungsgrundsatz (§ 86 VwGO – siehe Rnr. 27.01) folgt, dass sich die rechtliche Prüfung nur auf einen einzigen Sachverhalt bezieht, nämlich auf denjenigen, der sich als Ergebnis der eigenen Aufklärung ergibt. Soweit die für die zivilrechtliche Relation geltenden Regeln mit dem Untersuchungsgrundsatz vereinbar sind, können sie idR auch auf das öffentlich-rechtliche Gutachten übertragen werden.

Beachte: Im Zivilprozess legt das Gericht seiner Entscheidung den Vortrag des Klägers zugrunde, soweit dieser nicht vom Beklagten bestritten wird. Diese erfordert es, den unterschiedlichen Sachvortrag der Parteien getrennt voneinander darauf zu untersuchen, ob sie zu unterschiedlichen Endergebnissen führen. Nur wenn letzteres der Fall ist, dürfen ggfs. angebotene Beweise erhoben werden.

II. Aufbau eines öffentlich-rechtlichen Gutachtens

Übersicht

1. Kurz gefasster Entscheidungsvorschlag
2. Zulässigkeitsprüfung
3. Begründetheitsprüfung
4. (Ausnahme) Beweisstation
5. (Ausnahme) Zulässigkeit einer Endentscheidung
6. Nebenentscheidungen, Entscheidungsvorschlag
7. (Ausnahme) Hilfsgutachten

1. Kurz gefasster Entscheidungsvorschlag

3.04 Obwohl der Entscheidungsvorschlag erst als Ergebnis der gutachtlichen Prüfung am Ende steht, ist das Ergebnis in einem kurz gefassten Entscheidungsvorschlag der voranzustellen. Dies geschieht, um dem Leser die Konzentration auf die Argumentation im Einzelnen zu erleichtern. Der Vorschlag umfasst nicht den vollständigen Entscheidungstenor, sondern gibt nur die grundsätzliche Richtung der Entscheidung an.

Beispiele: „Ich schlage vor, die Klage abzuweisen". Oder: „Ich schlage vor, der Klage zum überwiegenden Teil stattzugeben." Bei Anwaltsgutachten: „Ich schlage vor, gegen ... Klage vor dem Verwaltungsgericht Hamburg zu erheben mit dem Ziel, ...".

2. Die Zulässigkeitsprüfung im Gutachten

a) Auslegung des Begehrens

3.05 Vor Beginn der Zulässigkeitsprüfung muss feststehen, auf welches konkrete Begehren sich die Prüfung bezieht. Ist das Begehren des Klägers oder Antragstellers unklar (der Antrag nicht eindeutig, unvollständig oder aus anderen Gründen auslegungsbedürftig), muss das Rechtsschutzziel durch Auslegung ermittelt werden. Dabei kommt es darauf an, wie dieses sich unter Berücksichtigung des gesamten Vorbringens bei verständiger Würdigung darstellt (vgl. *Kopp/Schenke* § 88 VwGO Rnr. 4). Das Gericht ist an die Formulierung etwa gestellter oder angekündigter Anträge der Beteiligten nicht gebunden (§ 88 VwGO), darf aber über das Begehren nicht hinausgehen (ne ultra petita).

Beispiel: Der Kläger beschwert sich über das Abschleppen seines Fahrzeugs; bei näherer Prüfung ergibt sich, dass er sich gegen die Festsetzung der Abschleppkosten wendet und Anfechtungsklage gegen die Kostenbescheide erheben will.

b) Umfang der Zulässigkeitsprüfung

3.06 Steht das Begehren fest, so ist zu prüfen, ob die prozessualen Voraussetzungen für eine Entscheidung in der Sache vorliegen (siehe

Rnr. 13.01). Zu prüfen sind nur diejenigen Voraussetzungen, die im konkreten Fall zweifelhaft sind oder von einzelnen Beteiligten in Zweifel gezogen wurden. Unabhängig davon ist es teilweise üblich, Ausführungen zum Rechtsweg, zur statthaften Klage- und Antragsart und deren besonderen Voraussetzungen zu machen. Wird eine Zulässigkeitsvoraussetzung verneint, so enthebt das den Bearbeiter grundsätzlich nicht der Verpflichtung, auch die übrigen noch zu prüfen, sofern ihr Vorliegen zweifelhaft erscheint (**Grundsatz der vollständigen Zulässigkeitsprüfung**).

Beachte: Gelegentlich wird darüber hinaus erwartet, dass Zulässigkeitsvoraussetzungen auch dann kurz angesprochen werden, wenn ihr Vorliegen gänzlich unproblematisch ist. Soweit dies konkret zu befürchten ist, sollte man dem aus Sicherheitsgründen Rechnung tragen.

c) Reihenfolge der Zulässigkeitsvoraussetzungen

Die allgemeinen Sachurteilsvoraussetzungen sind vor den besonderen zu prüfen, von den allgemeinen zunächst diejenigen, die das **Gericht,** dann die, die die Beteiligten und schließlich die, die den Antrag betreffen. Soweit dies ohne Verstoß gegen zwingende Grundsätze möglich ist, sollte die letztlich verneinte Zulässigkeitsvoraussetzung am Ende geprüft werden. **Mehrere Klageanträge** müssen jedenfalls dann, wenn sie unterschiedliche Zulässigkeitsfragen aufwerfen, **nacheinander** behandelt werden. Eine einheitliche Zulässigkeitsprüfung ist nur bei identischen Zulässigkeitsfragen möglich. 3.07

Beachte: Die Eröffnung des Verwaltungsrechtswegs ist genau genommen keine Frage der Zulässigkeit, weil sie bei Verneinung nur zur Verweisung führt (§ 17 GVG). Gleichwohl gehört die Frage an den Beginn der Zulässigkeitsprüfung. Die **Beiladung** (s Rnr. 26.01) ist ebenso wie die Klagehäufung (§ 44 VwGO) eine **Sachurteils-** keine Zulässigkeitsvoraussetzung (s. Rnr. 13.60).

3. Die Begründetheitsprüfung

Der **Umfang der Begründetheitsprüfung** wird durch das materielle Recht bestimmt (s näher Rnr. 14.27 ff.). Die Begründetheitsprüfung sollte für die einzelnen Anträge idR getrennt erfolgen, wegen der Übersichtlichkeit selbst dann, wenn sich bei den Anträgen dieselben Fragen stellen. Die doppelte Prüfung einzelner Fragen lässt sich durch Bezugnahme auf vorangehende Prüfungsabschnitte vermeiden. Eine gemeinsame Prüfung kommt nur in Betracht, wenn beide Anträge praktisch identische Ausführungen erfordern. 3.08

Beachte: Im Gutachten kann die Prüfung idR nicht schon dann beendet werden, wenn das Ergebnis der Begründetheitsprüfung feststeht. Wegen der Funktion des Gutachtens als Entscheidungsvorbereitung müssen uU auch Fragen erörtert werden, auf die es nach Auffassung des Bearbeiters an sich nicht mehr ankommt. Die wichtigsten Konstellationen werden nachfolgend aufgeführt.

a) Mehrere Anspruchsgrundlagen

3.09 Kommen für den vom Kläger geltend gemachten Anspruch mehrere Anspruchsgrundlagen nebeneinander in Betracht, so sind sie ähnlich wie in der zivilrechtlichen Relation auch im öffentlich-rechtlichen Gutachten grundsätzlich alle zu untersuchen, auch wenn im Ergebnis mehr als eine von ihnen erfolgreich ist. Nur dann nämlich kann sich die mit dem Gutachten vorzubereitende Entscheidung auf die einfachste und überzeugendste Grundlage stützen. Parallele Anspruchsgrundlagen dürfte es allerdings nur bei allgemeinen Leistungsklagen (Rnr. 18.01 ff.) geben; bei Verpflichtungsklagen ist dies jedenfalls im Regelfall durch Kollisions- und Vorrangregeln des materiellen Rechts ausgeschlossen.

Beispiel: Richtet sich ein Anspruch auf ermessensfehlerfreie Entscheidung über ein Einschreiten zB wegen gesundheitsgefährdender Emissionen nach Immissionsschutzrecht, ist das allgemeine Polizeirecht idR nicht anwendbar. Ein Anspruch auf Folgenbeseitigung kann sich dagegen sowohl aus dem anwendbaren Fachrecht als auch aus dem allgemeinen FBA ergeben (s näher Rnr. 25.04 ff.).

b) Fehlen mehrerer Tatbestandsvoraussetzungen

3.10 Grundsätzlich darf die Prüfung einer Rechtsnorm beendet werden, wenn feststeht, dass sie nicht zur Anwendung kommen kann, weil eine von mehreren Tatbestandsvoraussetzungen fehlt. Um sich die Prüfung wichtiger Fragen nicht abzuschneiden, empfiehlt es sich meist, die Prüfung der im Ergebnis verneinten Tatbestandsvoraussetzungen ans Ende zu stellen, soweit dies nicht gegen die Regeln des prozessualen oder logischen Vorrangs (siehe hierzu Rnr. 3.14 f.) verstößt. Etwas anderes gilt, wenn das Fehlen einer der Voraussetzungen so offensichtlich ist, dass weitere Überlegungen vernünftigerweise nicht in Betracht kommen.

Merke: Kommt der Bearbeiter zu dem Ergebnis, dass noch weitere Tatbestandsvoraussetzungen nicht vorliegen, so empfiehlt es sich, auch deren Prüfung in das Gutachten aufzunehmen, damit die Möglichkeit besteht, die später zu entwerfende Entscheidung auf den überzeugendsten Gesichtspunkt zu stützen.

3.11 Hilfserwägungen für den Fall, dass der Leser der vorgeschlagenen Lösung nicht folgt, würden an sich der Funktion des praktischen Gutachtens entsprechen, sind aber unüblich. Vielmehr wird vom Kandidaten im Regelfall erwartet, dass er sich für eine Lösung entscheidet und **keine Lösungen mit unterschiedlichen Endergebnissen** anbietet. Deshalb sollte eine Alternativlösung nur dann entwickelt werden, wenn dies im Bearbeitervermerk vorgesehen oder sonst vom Prüfungsamt zugelassen worden ist.

c) Mehrere Fehler eines VA, mehrere Ermächtigungsgrundlagen

3.12 Der angefochtene VA ist auf sämtliche in Betracht kommenden formellen und materiellen Fehler zu prüfen. Auf eine Prüfung weiterer materiellen Fehler kann nur verzichtet werden, wenn offensichtlich ist, dass die Rechtmäßigkeit des VA nicht mehr ernsthaft in Betracht kommt. Umgekehrt sind bei einer Anfechtungsklage **sämtliche in Betracht kommenden Ermächtigungsgrundlagen** zu prüfen, beginnend mit derjenigen, auf die der VA gestützt worden ist. Das gilt nur dann nicht, wenn das Auswechseln der Ermächtigungsgrundlage durch das maßgebliche Entscheidungsorgan unzulässig wäre.

Beachte: Die Widerspruchsbehörde ist grundsätzlich nicht gehindert, Ermächtigungsgrundlagen ohne weiteres auszuwechseln; Gerichte dürfen dies nur, wenn der VA bei einem derartigen Auswechseln der Ermächtigung nicht in seinem Wesen verändert und die Rechtsverteidigung des Betroffenen nicht unzumutbar erschwert wird (BVerwGE 82, 185, 188; 122, 1, 10; *Kopp/Schenke* § 113 Rnr. 67).

Da sich verschiedene Ermächtigungsgrundlagen idR ausschließen, kommt **3.13** es nur selten vor, dass ein VA sich auf mehrere Ermächtigungsgrundlagen gleichermaßen stützen lässt. Stehen die Grundlagen selbständig nebeneinander, darf die Prüfung nicht nach Feststellung der Einschlägigkeit der ersten Ermächtigungsgrundlage abgebrochen werden.

Beispiel: Die Ordnungsbehörde verlangt das Abmauern einer kleinen Hauskläranlage, aus der Abwasser in ein Gewässer fließen kann. Hier kommt ein Vorgehen sowohl nach Bauordnungsrecht als auch nach Wasserrecht in Betracht, sofern die handelnde Behörde für beide Bereiche gleichermaßen zuständig ist.

d) Fragen des Prüfungsvorrangs

aa) Prozessualer Vorrang. Der (seltene) prozessualer Vorrang ist in Gut- **3.14** achten und Urteil stets zu beachten, dh es darf nicht aus Gründen der Praktikabilität oder der Ökonomie eine prozessual nachrangige Frage vor der vorrangigen geprüft werden.

Beispiele: Zulässigkeit vor Begründetheit, Zulässigkeit der Klageänderung vor Prüfung der auf die geänderte Klage bezogenen Sachurteilsvoraussetzungen.

bb) Logischer Vorrang. Ein logischer Vorrang liegt vor, wenn ein Tat- **3.15** bestandsmerkmal ein anderes denknotwendig voraussetzt. Der logische Vorrang ist im Gutachten anders als im Urteil regelmäßig beachtlich; Ausnahmen sind nur zulässig, wenn es offensichtlich ist, dass die Beantwortung der an sich logisch vorrangigen Frage im Ergebnis entbehrlich ist. Stets Beachtlich ist die **vertikale Rangfolge** von Fragen.

Beispiel: Ist die Klage auf Erteilung einer Baugenehmigung begründet? (1. Ebene). Sie ist begründet, wenn das Vorhaben den öffentlich-rechtlichen Bestimmungen, insbesondere denen des Bauordnungs- und Bauplanungsrechts nicht widerspricht. Ist das Vorhaben mit diesen Bestimmungen vereinbar? (2. Ebene). Bauplanungsrechtlich ist das Vorhaben zulässig, wenn es den Festsetzungen eines qualifizierten Bebauungsplans entspricht und die Erschließung gesichert ist. Entspricht das Vorhaben den Festsetzungen des maßgeblichen Plans? (3. Ebene) usw.

cc) Praktischer Vorrang. Wenn weder ein prozessualer noch logisch-sys- **3.16** tematischer Vorrang gilt, richtet sich die Reihenfolge der Prüfungsschritte nach allgemeinen Zweckmäßigkeitserwägungen. Im Bereich des praktischen Vorrangs richtet sich die gutachtliche Prüfungsreihenfolge nach Gesichtspunkten der Darstellungstechnik, der Schwerpunktsetzung und der Verständlichkeit.

3.17 dd) Offenlassen von Fragen. Im Gutachten dürfen Fragen nur dann un-erörtert bleiben, wenn sie nicht prozessual oder logisch vorrangig sind und es auf ihre Beantwortung deshalb nicht ankommt, weil sich eine andere Frage einfacher und so eindeutig beantworten lässt, dass ein an-deres Ergebnis nicht mehr ernsthaft in Betracht gezogen werden kann.

4. Erforderlichkeit einer Beweisstation

3.18 Eine Beweisstation ist in einem öffentlich-rechtlichen Gutachten zwar zu-lässig, aber unüblich. Vielmehr werden die vorhandenen Beweise an derje-nigen Stelle im Gutachten gewürdigt, an der es materiell auf sie ankommt. Wird dieselbe Frage an späterer Stelle im Gutachten noch einmal relevant, so kann man auf die bereits erfolgte Beweiswürdigung verweisen.

Merke: Eine Beweisstation kann sich außer in den seltenen Fällen sehr umfangreicher Beweiswürdigungen empfehlen, wenn man im Gutachten zu dem Ergebnis kommt, dass noch weitere Beweise erhoben werden müssen. Erforderlich ist dies idR nur, wenn über die Art und Weise der Beweiserhebung oder über die Reihenfolge der Klä-rung verschiedener Beweisfragen Ausführungen zu machen sind. Dies dürfte im Exa-men allerdings selten sein.

5. Prüfung der Zulässigkeit einer Endentscheidung

3.19 Es kann zweifelhaft sein, ob in dem aus der Akte ersichtlichen Prozess-stadium eine Endentscheidung zulässig ist (Entscheidung im schriftli-chen Verfahren, Entscheidung durch den Einzelrichter (§ 6 VwGO) oder den Vorsitzenden bzw. Berichterstatter (§ 87 Abs. 2, 3 VwGO), durch Gerichtsbescheid, Entscheidung trotz Ausbleibens von Beteiligten in der mündlichen Verhandlung). In diesen Fällen muss unmittelbar vor dem Abschnitt über die Nebenentscheidungen ein selbständiger Abschnitt über die Voraussetzungen des Erlasses einer Hauptentscheidung (Sach-urteilsvoraussetzungen) eingefügt werden.

6. Nebenentscheidungen, Entscheidungsvorschlag

3.20 Das Gutachten schließt mit einem vollständig formulierten Entschei-dungsvorschlag ab. Ein Rubrum ist entbehrlich, sofern – wie normaler-weise der Fall – sich ein vollständiger Entscheidungsentwurf ohnehin anschließt. Der Vorschlag muss die Hauptentscheidung und sämtliche Nebenentscheidungen umfassen, die beantragt oder von Amts wegen zu treffen sind; sie müssen sämtlich im Gutachten behandelt werden (Kos-tenverteilung, vorläufige Vollstreckbarkeit, Abwendungsbefugnis, Hin-zuziehung eines Bevollmächtigten im Vorverfahren, Zulassung von Rechtsmitteln). Zu den Einzelheiten s. Rnr. 2.02 ff.

7. Hilfsgutachten

Ein Hilfsgutachten ist nur in wenigen Ausnahmefällen nötig und zuläs- **3.21** sig. Dies ist der Fall, wenn die Klage ganz oder teilweise unzulässig, sind die unzulässigen Anträge in einem Hilfsgutachten zu würdigen. Gleiches gilt, wenn die Klageänderung unzulässig ist, für den geänderten Klagantrag. Schließlich (seltener Fall) ist eine durchgeführte Beweisaufnahme im Hilfsgutachten zu würdigen, wenn es nach Auffassung des Bearbeiters nicht auf sie ankommt.

Beachte: Die in Rnr. 3.11 behandelten Hilfserwägungen stellen kein Hilfsgutachten dar. Sie sind deshalb weitaus häufiger zulässig und auch üblich.

III. Gedankenführung im Gutachten

1. Die Entwicklung der Fragestellungen

Das Problem der gutachtlichen Falllösung besteht darin, die jeweils **3.22** richtigen Fragestellungen zu finden und diese mit Hilfe der maßgeblichen Entscheidungsmaßstäbe (der jeweils anwendbaren Rechtsnormen) zu beantworten. Maßgeblich ist das mit dem Rechtsbehelf verfolgte, richtig verstandene Begehren des Klägers bzw. Antragstellers, also die begehrte Rechtsfolge. Danach bestimmt sich die Auswahl der anzuwendenden Rechtsnormen.

Die **Ausgangsfrage** lautet regelmäßig: Hat die Klage (bzw. der Antrag) Aussicht auf Erfolg? Antwort: Sie hat Erfolg, wenn sie zulässig und begründet ist. Hieraus ergeben sich zwei parallele Fragestellungen. Die erste: Ist die Klage zulässig? Sie ist zulässig, wenn sie (im Entscheidungszeitpunkt) sämtliche für sie geltenden Zulässigkeitsvoraussetzungen erfüllt. Hieraus ergeben sich mehrere parallele Unterfragen, die nacheinander zu behandeln sind, etwa: Ist der Rechtsweg zu den Verwaltungsgerichten gegeben? Ist der Kläger klagebefugt? Ist die Klagefrist eingehalten? usw. Auf diese Weise strukturieren die vertikal oder parallel aufeinander folgenden Fragestellungen den Gang der gutachtlichen Prüfung. Das bedeutet, dass jeder Abschnitt, Unterabschnitt, ja im Prinzip jeder Absatz von einer bestimmten Fragestellung regiert wird. Dies muss nicht ständig zum Ausdruck gebracht werden; wohl aber ist darauf zu achten, dass der Leser stets darüber im Bilde ist, um welche Fragestellung es gerade geht. Fragestellungen dürfen niemals unabhängig vom Fall formuliert werden. Die Prüfung darf nicht über den Problemlösungsbedarf des Falles hinausgehen.

2. Argumentationsstrukturen im Gutachten

Die Beantwortung der im Gutachten jeweils aufgeworfenen Fragen er- **3.23** folgt anhand der einschlägigen Rechtsnormen. Dass aus einer bestimmten Rechtsnorm die Antwort auf die gutachtlich gestellte Frage folgt, bedarf regelmäßig einer näheren Darlegung. Es ist grundsätzlich erforderlich, dass der Gutachter den von ihm in Zweifelsfragen bezogenen Standpunkt mit eigenen Argumenten rechtfertigt. Dabei sollte er im

Rahmen seiner Argumentation eine fremde Urheberschaft der Argumente offen legen.

Beispiel: „Auch die Entstehungsgeschichte der Vorschrift spricht dafür, dass die ... erfasst werden sollten. Wie das Bundesverwaltungsgericht in seiner Entscheidung vom ... im Einzelnen dargelegt hat, sollte die Neufassung vom ... gerade berücksichtigen, dass ...".

3.24 Der Gutachter muss sich im Votum mit Auffassungen in Literatur und Rechtsprechung zu den aufgeworfenen Fragen zwar auseinander setzen, stets aber einen eigenen Standpunkt beziehen und diesen begründen. Dabei gilt die **Faustregel:** Der Begründungsaufwand muss umso größer sein, je kontroverser eine Frage ist.

Beispiel: Will der Gutachter in einer Frage einer seit langem unangefochtenen Auffassung folgen, aufgrund deren er die Frage als geklärt ansehen darf, so kann er unter Hinweis auf entsprechende Nachweise auf eine eigene Begründung verzichten, sofern nicht im Hinblick auf besondere Umstände – etwa wegen des Vortrages der Beteiligten – etwas anderes angezeigt ist.

3. Die Sprache im Gutachten

3.25 Im Gutachten muss die Sprache durch Entscheidungsoffenheit geprägt sein. Der Gutachter entscheidet sich zwar für bestimmte Ergebnisse, die er für richtig hält; er legt aber auch ggfs. vorhandene Gegenargumente offen dar. Die Sprache sollte **klar und einfach** sein. Lange, komplizierte Satzstrukturen sind ebenso zu vermeiden wie unnötige Fremdwörter, Fachausdrücke und Substantivierungen. Allerdings darf in einem für Fachleute bestimmten Gutachten von der juristischen Fachsprache Gebrauch gemacht werden.

Beachte: Eine **zurückhaltende, möglichst neutrale Sprache** ist angebracht. Stark emotional gefärbte Ausdrücke sollten ebenso wie Extremformulierungen (zB „keinesfalls", „niemals", „absurd", „Lüge" usw.) und Modernismen vermieden werden. Wörtliche **Zitate** etwa aus Rechtsnormen oder Entscheidungen sollten nur dort gegeben werden, wo es auf den Wortlaut ankommt. Die konjunktivische Ausdrucksweise (könnte, möchte, dürfte wohl ...) darf nicht übertrieben werden.

4. Formalien bei der Erstellung eines Gutachtens

3.26 Die formalen Anforderungen an ein Gutachten werden im Klausurexamen idR keine Rolle spielen. Sie werden hier gleichwohl behandelt, um die überkommenen Standards für Gutachten in Referendarstationen oder auch sonst bei häuslichen Arbeiten darzustellen, wie sie auch bei Voten üblich sind.

a) Gliederung, Überschriften

3.27 Dem Gutachten ist eine Gliederung der Arbeit mit Seitenangaben voranzustellen. Dies soll das Auffinden einzelner Textstellen erleichtern und zugleich die gedankliche Struktur des Gutachtens nachvollziehbar wiedergeben. Anhand der Gliederung muss sich der Leser einen Überblick über den Gang der Prüfung und die behandelten Fragen verschaffen können. Überschriften sollten den Inhalt des jeweiligen Abschnitts möglichst treffend etikettieren. Sie sollten so kurz wie möglich und dennoch, jedenfalls im Zusammenhang, hinreichend aussagekräftig und nach Art und Umfang sinnvoll aufeinander abgestimmt sein. Überschriften in Frageform sollten vermieden werden.

Merke: Nach dem **klassischen Gliederungsmuster** erfolgt die Gliederung zunächst in Teile und Abschnitte, innerhalb der Abschnitte in Unterabschnitte, die je nach der Stufe zunächst mit römischen, dann mit arabischen Zahlen, auf der nächsten Stufe mit kleinen Buchstaben, sodann mit kleinen Doppelbuchstaben, schließlich mit in Klammern gesetzten arabischen Zahlen und auf der untersten Ebene mit in Klammern gesetzten Buchstaben bzw. Doppelbuchstaben gekennzeichnet werden.

b) Literaturverzeichnis

Der Gliederung folgt ein vollständiges Verzeichnis der verwendeten Literatur. Fundstellen von Rechtsnormen, Gesetzesmaterialien und Gerichtsentscheidungen werden darin nicht aufgenommen, ebenso wenig Literatur, die der Verfasser zwar gelesen hat, auf die aber in der Bearbeitung nicht Bezug genommen wird. Eine Gliederung des Literaturverzeichnisses etwa in Kommentare, Lehrbücher und Monographien usw. empfiehlt sich nicht. Zu den einzelnen Titeln sind folgende Angaben zu machen: **3.28**

– Namen der Verfasser (Vornamen nur bei Verwechslungsgefahr nötig),
– vollständiger Titel der Abhandlung (ohne Untertitel),
– bei mehreren Bänden der verwendete Band,
– bei mehreren Auflagen die verwendete Auflage,
– das Jahr des Erscheinens der verwendeten Auflage,
– bei nicht im Buchhandel erhältlichen Dissertationen Ort der Promotion (zB Diss. Hamburg 2006).

aa) Die Ankündigung einer abgekürzten Zitierweise empfiehlt sich namentlich bei längeren Buchtiteln, damit im Text unnötiger Platzaufwand vermieden werden kann. Bsp.: Koch, Unbestimmte Rechtsbegriffe und Ermessensermächtigungen im Verwaltungsrecht, 1979; zit.: Koch, Rechtsbegriffe. **3.29**

bb) Mehrere Verfasser einer Abhandlung werden dem Zitiervorschlag entsprechend (falls vorhanden) aufgeführt, anderenfalls vollständig der Reihe nach. Sind es mehr als drei, werden nur die ersten Verfasser namentlich aufgeführt, durch den Zusatz „u. a." wird gekennzeichnet, dass es noch weitere Verfasser gibt. Die Namen sind zur Unterscheidung von Doppelnamen durch Schrägstriche voneinander zu trennen (Bsp.: *Jarass/Pieroth*). Im Text selbst ist der jeweilige Bearbeiter anzugeben (Bsp.: *Berkemann*, Berl. Komm. z. BauGB, § 90 Rnr. 6).

cc) Bei Kommentaren sind idR die Namen der Herausgeber mit dem Zusatz („Hrsg.") anzuführen, jedoch kann man sich auf die Angabe der ersten drei beschränken (Zusatz: „u. a."). Die Zitierweise im Text folgt dem Zitiervorschlag. Wird nur die Kommentierung einzelner Normen verwendet, so ist auch die Angabe nur dieser Kommentierung zulässig. Bsp.: *Schmidt-Aßmann*, Kommentierung zu Art. 19 Abs. 4 GG in *Maunz-Dürig*, GG, Bd. ... Stand ...

dd) Bei Aufsätzen empfiehlt sich nach dem Titel ein Komma, sodann ein „in:", woran sich die Bezeichnung der Zeitschrift (idR Abkürzung), die Bezeichnung des Jahrgangs und der ersten Seite (ohne „ff.") anschließt. Beiträge in Festschriften oder Sammelbänden sind zusätzlich zum Titel des Beitrages mit der Bezeichnung der Festschrift bzw. dem Titel des Sammelbandes zu bezeichnen; die Angabe der Namen der Herausgeber ist nicht notwendig.

5. Abkürzungen

3.30 Im Text werden wie in gerichtlichen Entscheidungen grundsätzlich keine Abkürzungen verwendet. Kürzel wie „VA" für Verwaltungsakt oder „BPlan" für Bebauungsplan sind zu vermeiden. Zulässig sind Abkürzungen, wenn sie allgemein gebräuchlich sind (zB cm, Nr., Dr., MdB, Std., €), ferner wenn sie in der Fachöffentlichkeit üblich sind (sog. Sigel), wie etwa allgemein bekannte Gesetzesbezeichnungen (GG, VwGO, VwVfG, ZPO) oder Gerichtsbezeichnungen (BVerfG, BVerwG, OVG, VGH, Achtung: diese nur in Zitaten, nicht im Text), allgemein bekannte Kürzel für Zeitschriften (NVwZ, DVBl, DÖV, NordÖR) und Abkürzungen zur Kennzeichnung von Bestimmungen (§§, Art., Abs.). Rechtsnormen, deren Abkürzungen nicht allgemein bekannt sind, werden bei ihrer erstmaligen Erwähnung ausgeschrieben und mit der im weiteren Text verwendeten Abkürzung versehen.

Beispiele: Das Bundesverwaltungsgericht hat diese Rechtsprechung später aufgegeben (vgl. BVerwGE 19, 123). „Nach § 18 Abs. 1 des Allgemeinen Eisenbahngesetzes (AEG) vom 27. 12. 1993 (BGBl I S. 2378, 2396) ist für den Neubau von Schienenwegen eine Planfeststellung erforderlich. Auf diese kann nach § 18 Abs. 2 AEG nur verzichtet werden, wenn …".

Teil 2. Das verwaltungsgerichtliche Urteil

§ 4. Grundsätzliches zum verwaltungsgerichtlichen Urteil

Literatur: *Martens/Koch*, Mustertexte zum Verwaltungsprozess, 3. Aufl. 2009, S. 87 ff.; *Böhme/Fleck/Kroiß*, Formularsammlung für Rechtspflege und Verwaltung, S. 114 ff.; *Clausing/Bader u. a.*, Aktuelles Verwaltungsprozessrecht, fortlaufend in: JuS 2006, 314; 2007, 24, 1001; 2008, 329, 874; *Finger*, Aufbau und Tenorierung verwaltungsgerichtlicher Entscheidungen, JA 2008, 635.

Das Urteil ist die Grundform der verwaltungsgerichtlichen Entscheidung; 4.01
alle anderen Entscheidungsformen (Beschluss, Gerichtsbescheid, ja selbst
Widerspruchsbescheide) orientieren sich in Aufbau und Grundstruktur
am Urteil. Es gelten die §§ 107–121 VwGO; entsprechend anwendbar
sind nach Maßgabe des § 173 VwGO ferner die §§ 300 ff. ZPO.

I. Die Urteilsarten im Verwaltungsprozess

1. Das kontradiktorische Endurteil

Das VG entscheidet über die Klage idR durch (kontradiktorisches, dh 4.02
streitentscheidendes) Endurteil (§ 107 VwGO). Das Endurteil schließt
die Instanz ab, soweit über den Streitgegenstand entschieden worden
ist. Normalerweise wird über sämtliche Anträge einer Klage einheitlich
entschieden (Voll-Endurteil). Ist nur ein Teil des Streitgegenstandes entscheidungsreif, so kann im Falle der Teilbarkeit des Streitgegenstandes
ein (regulär rechtsmittelfähiges) **Teilurteil** erlassen werden (§ 110
VwGO; vgl. auch § 301 ZPO); über den weiter anhängigen Rest des
Streitgegenstandes wird dann zu einem späteren Zeitpunkt durch
Schlussurteil entschieden.

Beachte: Auch Teilurteile sind Endurteile, weil über den erfassten Teil des Streitgegenstandes abschließend entschieden wird. Teilurteile können sinnvoll sein bei Klagehäufung (§ 44 VwGO) und bei einfacher (nicht bei notwendiger) Streitgenossenschaft,
wenn nur über die Klage eines Klägers entschieden werden soll, ferner bei Klage und
Widerklage, bei teilbaren Leistungen; **nicht** dagegen bei Anspruchskonkurrenz,
Haupt- und Hilfsanträgen usw.

a) Sachurteil – Prozessurteil

Wegen ihrer unterschiedlichen Rechtskraftwirkung (siehe Rnr. 4.14 ff.) 4.03
werden Sachurteile und Prozessurteile unterschieden. Durch Sachurteil

wird über eine zulässige Klage in der Sache, dh nach Prüfung der Begründetheit, entschieden. Prozessurteile sind (End-)Urteile, in denen Klageanträge wegen Fehlens von Sachurteilsvoraussetzungen als unzulässig abgewiesen werden. Anders als Sachurteile stehen sie einem neuen Prozess über denselben Streitgegenstand nicht entgegen, wenn bzw. soweit die fehlenden Prozessvoraussetzungen später eingetreten oder Prozesshindernisse weggefallen sind.

Beachte: Gelangt der Bearbeiter zu dem Ergebnis, dass ein Prozessurteil zu erlassen ist, so muss der materielle Streitstoff regelmäßig in einem Hilfsgutachten gewürdigt werden (s oben Rnr. 1.05).

b) Voll-Endurteil, Teilurteil, Schlussurteil

4.04 Teilurteile dürfen nur ergehen, wenn sie von späteren Teilurteilen und vom Schlussurteil über den Rest des Streitgegenstandes nicht mehr berührt werden können (*Kopp/Schenke* § 110 Rnr. 2). Ihr Erlass steht im Ermessen des Gerichts und ist nicht von Anträgen der Beteiligten abhängig. Die **Kostenentscheidung** ist dem späteren Schlussurteil vorbehalten; dies ist im Tenor des Teilurteils auszusprechen.

Beachte: Teilurteile sind in der Praxis selten und dürften im Examen kaum vorkommen. Vermieden werden müssen unfreiwillige Teilurteile,zu denen es kommt, wenn im Tenor die Entscheidung über einen Teil des Klagebegehrens vergessen wird. Fehlt **nur eine Nebenentscheidung**, kann das Urteil idR ergänzt werden (vgl. zB Rnr. 6.22).

2. Zwischenurteile

4.05 Die in der verwaltungsgerichtlichen Praxis seltenen Zwischenurteile betreffen nur einzelne Fragen des Verwaltungsprozesses, die auf diese Weise vorweg geklärt werden können. Sie enthalten **keine Nebenentscheidungen**. Zu unterscheiden sind wegen unterschiedlicher Rechtswirkungen selbständige, unselbständige und unechte Zwischenurteile. Der Erlass von Zwischenurteilen steht im Ermessen des Gerichts, das an Anträge nicht gebunden ist.

a) Selbständige Zwischenurteile (§§ 109, 111 VwGO)

4.06 Die **Zulässigkeit** einer Klage kann gem. § 109 VwGO durch selbständig anfechtbares Zwischenurteil festgestellt werden (Bsp. BVerwGE 66, 307 – Zwischenurteil über die Klagebefugnis). Möglich ist auch die Feststellung der Zulässigkeit im Hinblick auf einzelne Zulässigkeitsvoraussetzungen, allerdings mit Ausnahme der Zulässigkeit des Verwaltungsrechtswegs und der örtlichen und sachlichen Zuständigkeit des angerufenen Gerichts, weil insoweit § 17a GVG (iVm § 83 VwGO) eine spezielle Regelung trifft. Bei Leistungsklagen (str. für Verpflichtungsklagen, verneinend BVerwG NVwZ 1996, 176) ist gem. § 111 VwGO ein selbständiges Zwischenurteil über den Anspruch dem Grunde nach möglich (sog. **Grundurteil**).

Beachte: Zwischenurteile nach §§ 109, 111 VwGO binden die Gerichte sämtlicher Instanzen (§§ 318, 512, 548 ZPO iVm § 173 VwGO). Wird ein Endurteil vor Rechtskraft des Zwischenurteils erlassen, so ist dies als durch den Bestand des Zwischenurteils auflösend bedingt anzusehen, dh das Endurteil wird automatisch, dh ohne weitere Entscheidung unwirksam, wenn das Zwischenurteil im Rechtsmittelverfahren aufgehoben wird (vgl. *Kopp/Schenke* § 109 Rnr. 8).

b) Unselbständige Zwischenurteile

Über andere prozessuale Streitpunkte, die nicht die Zulässigkeit der Klage betreffen, kann das Gericht durch unselbständiges Zwischenurteil entscheiden, sofern die Entscheidung nicht aufgrund spezieller Regelungen (vgl. etwa §§ 53, 54, 65, 99 Abs. 2 VwGO) durch Beschluss ergehen muss. Unselbständige Zwischenurteile (§ 303 ZPO iVm § 173 VwGO) sind nicht selbständig anfechtbar und binden nur das Gericht, das sie erlassen hat, nicht auch höhere Instanzen (§ 318 ZPO iVm § 173 VwGO). **4.07**

Beispiele: Zwischenurteil über Unwirksamkeit eines Prozessvergleichs, die Wirksamkeit einer umstrittenen Klageänderung oder die Wiedereinsetzung in den vorigen Stand. Str. für Zwischenurteil über Unwirksamkeit der Klagerücknahme, vgl BVerwG NJW 1997, 2898.

c) Unechte Zwischenurteile

Durch Zwischenurteil kann schließlich auch der eines Hauptbeteiligten und einem Dritten im Beweisverfahren entschieden werden (**isolierter Zwischenstreit**). Derartige Zwischenurteile enthalten Kostenentscheidung (ggfs. zu Lasten des Zeugen/Sachverständigen). Sie sind idR mit der Beschwerde nach § 387 Abs. 3 ZPO iVm 146 ff. VwGO selbständig anfechtbar. **4.08**

Beispiel: Zwischenstreit zwischen Beweisführer und Zeugen bzw. Sachverständigen um die Rechtmäßigkeit der Zeugnisverweigerung (§ 387 ZPO iVm § 98 VwGO) oder Gutachtenverweigerung (§§ 402, 408 ZPO iVm § 98 VwGO). Für den Zwischenstreit ist ein selbständiger Streitwert festzusetzen, der sich nach der Bedeutung für den Ausgang des Verfahrens richtet.

3. Vorbehaltsurteile

Zulässig, wenn auch selten sind Vorbehaltsurteile gem. § 302 ZPO iVm § 173 VwGO für den Fall, dass der Beklagte gegen den Klaganspruch mit einer noch nicht spruchreifen oder nicht entscheidungsfähigen Gegenforderung aufrechnet. Das weitere Verfahren ist dann bis zur Klärung der Gegenforderung auszusetzen und anschließend im Nachverfahren durch Schlussurteil zu entscheiden, in dem das Vorbehaltsurteil für vorbehaltlos zu erklären oder aufzuheben bzw. abzuändern ist. **4.09**

Beispiel: Vorbehaltsurteil, wenn über die Gegenforderung nicht im Verwaltungsrechtsweg entschieden werden kann (vgl. dazu Rnr. 13.33), auch wenn der Kläger selbst im Anfechtungsprozess die Aufrechnung mit einer Gegenforderung erklärt.

4. Versäumnisurteil, Urteil nach Lage der Akten, Anerkenntnis- und Verzichtsurteil

4.10 Versäumnisurteile (§§ 330 ZPO) und Urteile nach Lage der Akten (§§ 251 a, 331 a ZPO) sind im Verwaltungsprozess **unzulässig.** Die Geständnisfiktion des § 331 Abs. 1 ZPO ist mit dem Untersuchungsgrundsatz (§ 86 VwGO) nicht vereinbar. Bei Ausbleiben von Beteiligten kann nach § 102 Abs. 2 VwGO auch ohne sie verhandelt und entschieden werden. Verzichts- und Anerkenntnisurteile sind dagegen auch im verwaltungsgerichtlichen Verfahren entsprechend § 306 f. ZPO iVm § 173 VwGO zulässig (BVerwG DÖV 1997, 376 mwN). Anerkenntnis bzw. Verzicht müssen vorbehaltlos und ohne Bedingungen erklärt werden.

Merke: Ein praktisches Bedürfnis für derartige Urteile besteht bei Anfechtungs- oder Verpflichtungsklagen nur in Ausnahmefällen, weil der Kläger durch Klagerücknahme reagieren kann (dadurch wird ein belastender VA bestandskräftig), der Beklagte durch Erlass des erstrebten bzw. Aufhebung des angegriffenen VA (dadurch tritt regelmäßig eine Erledigung in der Hauptsache ein). Siehe auch *Guttenberg* VBlBW 1992, 244.

II. Verkündung und Zustellung

1. Verkündung

4.11 Das Urteil soll regelmäßig in dem Termin verkündet werden, in welchem die mündliche Verhandlung geschlossen wird, ausnahmsweise in einem besonderen Verkündungstermin, der am Schluss der mV anzuberaumen ist (§ 116 Abs. 1 S. 1 VwGO). Das schriftliche Urteil ist innerhalb von zwei Wochen nach dem Tag der Verkündung vollständig abgefasst der Geschäftsstelle zu übergeben (§ 117 Abs. 4 S. 1 VwGO). Ausreichend ist es, wenn innerhalb der Frist ein von den Berufsrichtern (§ 117 Abs. 1 S. 4 VwGO) unterschriebenes **(Kurz-)Urteil** (§ 117 Abs. 4 S. 2 VwGO: Rubrum und Tenor) der Geschäftsstelle übergeben wird, wenn Tatbestand und Entscheidungsgründe alsbald folgen.

Merke: Die Vorschrift stellt sicher, dass das Urteil abgefasst wird, wenn die mündliche Verhandlung den Richtern noch gegenwärtig ist und ist damit Ausdruck des **Mündlichkeitsprinzips„** vgl. BVerwG NVwZ 1998, 1176). Wird das Urteil nicht **innerhalb von 5 Monaten** nach der Verkündung der Geschäftsstelle übergeben, so gilt es als nicht mit Gründen versehen (GemSenOGB BVerwGE 92, 367); die Sache kann nach § 130 Abs. 1 Nr. 2 VwGO zurückverwiesen werden. Die Frist orientiert sich an §§ 516, 552 ZPO.

2. Zustellung an Verkündungs Statt

4.12 Gem. § 116 Abs. 2 VwGO ist anstelle der Verkündung auch die Zustellung des Urteils zulässig. Dies setzt einen entsprechenden Beschluss voraus, der noch in der mündlichen Verhandlung verkündet werden muss. Von dieser Möglichkeit wird in der Praxis häufig Gebrauch gemacht.

Auch in diesem Fall muss das unterschriebene Urteil innerhalb von zwei Wochen nach der mündlichen Verhandlung der Geschäftsstelle übergeben werden, entsprechend § 117 Abs. 4 S. 2 VwGO mindestens mit Rubrum und Tenor; auch hier gilt die Frist von 5 Monaten als äußerste Zeitgrenze (Rnr. 4.13).

3. Zustellung im schriftlichen Verfahren

Wird im Einverständnis mit den Beteiligten ohne mündliche Verhand- **4.13** lung entschieden, so tritt gem. § 116 Abs. 3 VwGO die Zustellung des Urteils an die Stelle der Verkündung. Hier geht das Gesetz davon aus, dass es einer besonderen Fristbestimmung nicht bedarf (Zustellung s Rnr. 9.01 ff.). Zwischen Beschlussfassung und Übergabe des Urteils an die Geschäftsstelle dürfen auch hier nicht mehr als 5 Monate liegen (Rnr. 4.13).

III. Bindungswirkungen verwaltungsgerichtlicher Urteile

Literatur: *Detterbeck,* Streitgegenstand und Entscheidungswirkungen im öffentlichen Recht, 1994; *Schenke,* Die Unwirksamkeit des VA als Folge der Feststellung seiner Rechtswidrigkeit, JZ 2003, 31; *Kopp/Kopp,* Grenzen der Rechtskraftwirkung von Urteilen aufgrund von Anfechtungsklagen, NVwZ 1994, 1–6.

1. Die Rechtskraft des Urteils (§ 121 VwGO)

a) Formelle und materielle Rechtskraft

Ein Urteil erwächst in **formelle Rechtskraft,** wenn es unanfechtbar wird, **4.14** dh mit ordentlichen Rechtsmitteln (Antrag auf Zulassung der Berufung, Revision, Nichtzulassungsbeschwerde) nicht mehr angefochten werden kann (zB nach Fristablauf, Verzicht, Rücknahme des Rechtsbehelfs). **Außerordentliche Rechtsbehelfe** (zB VB, Antrag auf Wiedereinsetzung, Anhörungsrüge nach § 152 a VwGO) hindern den Eintritt der formellen Rechtskraft nicht. Die Rechtskraft ist auf Antrag durch die Geschäftsstelle zu bescheinigen (§ 167 iVm § 706 ZPO – Rechtskraftzeugnis).

Merke: Die **Anhörungsrüge** nach § 152 a VwGO ist ein subsidiärer Rechtsbehelf zur Abwehr der Verletzung des Anspruchs auf rechtliches Gehör nach Art. 103 Abs. 1 GG. Sie kann nur innerhalb von zwei Wochen nach Kenntnis von der Verletzung erhoben werden (§ 152a Abs. 2 S. 1 VwGO) und ist nur statthaft, wenn die behauptete Verletzung mit keinem anderen Rechtsmittel (Zulassungsantrag, Beschwerde usw.) geltend gemacht werden kann (vgl. *Guckelberger* NVwZ 2005, 11). Zuständig ist der Spruchkörper (bzw. Einzelrichter oder Berichterstatter), durch den entschieden wurde (OVG Potsdam NVwZ 2005, 1213). Bei erfolgreicher Anhörungsrüge wird das Verfahren nach § 152 a Abs. 5 VwGO fortgeführt.

Mit Unanfechtbarkeit erwächst das Urteil zugleich in **materielle Rechts-** **4.15** **kraft** (§ 121 VwGO); sie besteht in der **Bindung der Beteiligten** an den Inhalt der Entscheidung. Derselbe Streitgegenstand kann nicht mehr zum

Gegenstand eines weiteren Prozesses gemacht werden; eine Klage wäre nach hM unzulässig (vgl. *Kopp/Schenke* § 121 Rnr. 9 f.; zT wird nur ein Abweichungsverbot in der Sache angenommen, *Redeker/v. Oertzen* § 121 Rnr. 5). Von der Entscheidung darf auch insoweit nicht abgewichen werden, als damit zugleich **Vorfragen** eines anderen Rechtsverhältnisses beantwortet werden.

Beispiel: Auf eine Anfechtungsklage wird die angefochtene Stilllegungsverfügung durch Urteil aufgehoben. Im späteren Amtshaftungsprozess steht dann zwischen den Beteiligten fest, dass die Stilllegungsverfügung rechtswidrig war (BGHZ 90, 4; 95, 28); das gilt aber nicht für Entscheidungen im vorläufigen Rechtsschutz (BGH NVwZ 2001, 352).

b) Umfang und Grenzen der Rechtskraft

4.16 **aa) Bindungswirkung nur für die Beteiligten.** Die materielle Rechtskraft gilt grundsätzlich nur „inter partes", bindet also nur die Beteiligten des Rechtsstreits einschließlich etwaiger Beigeladener und des Vertreters des öffentlichen Interesses, nicht sonstige Dritte. Die Bindung erfasst auch **Rechtsnachfolger,** sofern eine Rechtsnachfolge in das Rechtsverhältnis möglich ist (s. Rnr. 40.20). In sachlicher Hinsicht werden Umfang und Grenzen der materiellen Rechtskraft durch den Streitgegenstand bestimmt, soweit über ihn konkret entschieden worden ist.

4.17 **bb) Die Bestimmung des Streitgegenstandes.** Streitgegenstand ist der prozessuale Anspruch des Klägers, der sich nach der Klageart richtet. Bei der Anfechtungs- bzw. Verpflichtungsklage ist dies nach hM der Anspruch auf Aufhebung bzw. Erlass des begehrten bzw. angefochtenen VAs und die Feststellung der subjektiven Rechtsverletzung des Klägers (die als notwendige Voraussetzung auch die Feststellung der objektiven Rechtswidrigkeit des angefochtenen VAs beinhaltet).

Merke: Im Einzelnen ist hier vieles streitig (vgl. etwa *Kopp/Schenke* § 90 Rnr. 7 ff.). Der Streitgegenstand umfasst die Feststellung, dass ein VA dieses Inhalts unter diesen Bedingungen den Kläger in seinem Recht verletzt. Die Verwaltung ist daher daran gehindert, einen identischen VA unter denselben Bedingungen gegenüber dem Kläger erneut zu erlassen. Eine Anfechtungsklage dagegen wäre stets begründet, weil das Gericht wegen der Rechtskraft des Urteils gegen den zweiten VA nicht abweichend entscheiden dürfte.

4.18 Bei der Fortsetzungsfeststellungsklage (§ 113 Abs. 1 S. 4 VwGO) gehört die Erledigung des VA zum Streitgegenstand. Streitgegenstand der allgemeinen Leistungsklage ist der Anspruch auf Vornahme oder Unterlassen der streitigen behördlichen Maßnahme, bei der allgemeinen Feststellungsklage (§ 43 VwGO) der Anspruch auf Feststellung des Bestehens oder Nichtbestehens des Rechtsverhältnisses. Streitgegenstand der Normkontrolle nach 47 VwGO sind Rechtswidrigkeit und Unwirksamkeit der angegriffenen Norm.

cc) Reichweite der Entscheidung. Worüber das Gericht mit Rechtskraft-   4.19
wirkung konkret entschieden hat, ergibt sich aus dem Tenor der Entscheidung; vor allem, aber nicht nur bei klagabweisenden Entscheidungen sind zusätzlich Tatbestand und die tragenden Gründe der Entscheidung heranzuziehen (vgl. *Kopp/Schenke* § 121 Rnr. 18 ff. mwN).

Beispiel: Wird ein VA auf eine Anfechtungsklage hin durch Urteil aufgehoben, so
erstreckt sich die Rechtskraft auf die Feststellung, dass der VA aus den im Urteil festgestellten Gründen rechtswidrig ist und den Kläger in seinen Rechten verletzt
(BVerwGE 40, 101, 104). Erlässt die Verwaltung einen neuen inhaltsgleichen VA, vermeidet dabei aber den für die Aufhebung maßgeblichen Fehler, wird der neue VA von
der Rechtskraft nicht berührt.

c) Änderung der Sach- und Rechtslage

Die Rechtskraft steht im Falle einer wesentlichen Änderung der Sach-   4.20
und Rechtslage einer neuen Klage nicht mehr entgegen, weil der neue
Rechtsstreit dann über einen anderen Streitgegenstand geführt wird
(BVerwGE 70, 110 = NJW 1985, 280; BVerwGE 73, 348 f.). Ob die
Änderung der Sach- und Rechtslage wesentlich ist, hängt davon ab, ob
die für die rechtskräftige Entscheidung maßgeblichen Gesichtspunkte
betroffen sind.

Beachte: Die Verfügbarkeit neuer Beweismittel führt zu keiner Änderung der Sach-
und Rechtslage (OVG Bremen NVwZ 1982, 50). Eine veränderte Beweislage kann
aus Gründen der Rechtssicherheit und des Rechtsfriedens nur ausnahmsweise durch
Wiederaufgreifen des Verwaltungsverfahrens nach § 51 VwVfG oder eine Wiederauf-
nahmeklage nach § 580 ZPO iVm § 153 VwGO zur Durchbrechung der Rechtskraft
führen (Zum Verhältnis zwischen 51 VwVfG und § 60 Abs. 1 VwGO vgl. *Wolff,*
NVwZ 1996, 559 ff.; zur Frage einer Wiederaufnahmepflicht kraft Völker- oder Gemeinschaftsrechts vgl. *Pache/Bielitz,* DVBl. 2006, 325 ff.).

2. Tatbestandswirkung von Urteilen

Tatbestandswirkung entfaltet ein Urteil, wenn eine Rechtsnorm in   4.21
ihrem Tatbestand an das Vorhandensein des Urteils anknüpft und damit
bestimmte Rechtsfolgen verbindet, die ohne Rücksicht auf die inhaltliche Richtigkeit des Urteils eintreten. Die Tatbestandswirkung ist anders als die allgemeine Rechtskraft nicht auf die Beteiligten des Verwaltungsprozesses beschränkt. Tatbestandswirkungen gibt es vor allem bei
Strafurteilen.

Beispiele: Im Falle einer Verurteilung zu einer Freiheitsstrafe von mindestens einem
Jahr endet gem. § 41 BBG (bzw. § 24 Abs. 1 BeamtStG) das Beamtenverhältnis mit
der Rechtskraft des Urteils; bei Verurteilung zu einer Straftat werden die Tatbestände
der § 53 Abs. 1, 54, 55 AufenthG erfüllt.

3. Die Feststellungswirkung von Urteilen

Grundsätzlich entfalten die im Tatbestand eines Urteils getroffenen Fest-   4.22
stellungen und die in den Entscheidungsgründen enthaltenen Rechtspo-

sitionen keine Bindungswirkungen für spätere Prozesse, auch soweit es um wichtige Vorfragen geht. Das Gericht ist deshalb nicht gehindert, in neuen Prozessen abweichende Feststellungen zu treffen und Rechtspositionen einzunehmen. Etwas anderes gilt nur dann, wenn dem Urteil kraft besonderer gesetzlicher Bestimmung eine Feststellungswirkung zukommt. Dies ist nur selten der Fall.

Beispiele: § 3 Abs. 4 StVG; § 35 Abs. 3 GewO; §§ 23, 57 BDG; § 84 Abs. 1 WDO.

4. Die (interne) Bindungswirkung von Urteilen

4.23 Die Bindung des Gerichts an die im Urteil selbst getroffene Entscheidung gem. § 318 ZPO iVm § 173 VwGO tritt bereits mit der Verkündung bzw. mit der Übergabe des Tenors an die Geschäftsstelle ein (VGH München NJW 1987, 2247), in den Fällen des § 116 Abs. 3 VwGO mit der Veranlassung der Zustellung (Aufgabe zur Post). Sie führt dazu, dass das Gericht von seiner eigenen Entscheidung nicht mehr abrücken darf, selbst wenn es später, etwa im Zuge der Absetzung der Entscheidung, zu der Überzeugung gelangt, sie sei falsch. Lediglich **offenbare Unrichtigkeiten** (§ 118 VwGO) und sonstige **Unrichtigkeiten des Tatbestands** (§ 119 VwGO) dürfen berichtigt werden. Zulässig ist die Ergänzung des Urteils (§ 120 VwGO). Zur nachträglichen Änderung von Beschlüssen Rnr. 19.53f, 20.22.

IV. Vollstreckung aus verwaltungsgerichtlichen Titeln

1. Allgemeines

4.24 Während VAe durch die Verwaltung nach den Vorschriften der VwVGe vollstreckt werden (s Rnr. 40.01ff.), ist die Vollstreckung verwaltungsgerichtlicher Entscheidungen und sonstiger in § 168 VwGO genannter Titel Sache des VG. Voraussetzung ist, dass das Urteil des VG überhaupt einen vollstreckbaren Inhalt hat. Dies ist idR bei der **Kostenentscheidung** des Urteils der Fall, außerdem bei **erfolgreichen Leistungs- und Verpflichtungsklagen**, wenn also der Beklagte zu einer Leistung verurteilt oder zum Erlass eines VA verpflichtet worden ist. Wird eine Klage dagegen abgewiesen, hat die Hauptsacheentscheidung keinen vollstreckbaren Inhalt.

Beachte: Die Vollstreckung von Gerichtskostenforderungen und ähnlichen Ansprüchen des Gerichts, die sich aus dem GKG und der KostO ergeben, erfolgt nach der JBeitrO. S. *App*, Das Vollstreckungsverfahren nach der JBeitrO – Ein Überblick, MDR 1996, 769.

2. Die Vollstreckung aus Verpflichtungsurteilen (§ 172 VwGO)

Für die Vollstreckung aus Verpflichtungsurteilen, Urteilen auf Folgenbe- **4.25**
seitigung und aus einstweiligen Anordnungen gilt § 172 VwGO. Als einziges Vollstreckungsmittel stehen die Androhung, Festsetzung und Beitreibung eines Zwangsgeldes bis zu dem in § 172 VwGO angegebenen
Höchstbetrag zur Verfügung. Die Vorschrift wird nach hM entsprechend
angewendet auf die Vollstreckung aus Anordnungen nach § 80 Abs. 5
VwGO, aus Prozessvergleichen (§ 106 VwGO) und öffentlich-rechtlichen
Verträgen iSd § 61 VwVfG (*Kopp/Schenke* § 172 Rnr. 2; OVG Lüneburg
NVwZ-RR 2000, 63; OVG Münster DÖV 2006, 923).

Einzelheiten des Anwendungsbereichs des § 172 VwGO, z.B. die Vollstreckung
einer Unterlassungsverpflichtung oder der Verpflichtung zur Abgabe einer Willens-
erklärung, sind umstritten (differenzierend danach, ob sich die Behörde zu hoheitlichen
Regelungen verpflichtet hat, *Kopp/Schenke* § 172 Rnr. 1; differenzierend danach, ob
die Behörde eine „unvertretbare" oder „vertretbare" Verpflichtung trifft, *Sodan/
Ziekow* § 172 Rnr. 30, 41).

Voraussetzungen der Androhung eines Zwangsgeldes nach § 172 VwGO:
a) Antrag des Gläubigers beim Gericht des ersten Rechtszuges,
b) Vorliegen eines vollstreckbaren Titels iSd § 172 VwGO,
c) Vollstreckungsklausel (§ 171 VwGO gilt hier nicht),
d) Zustellung einer vollstreckbaren Ausfertigung an Schuldner,
e) Nichterfüllung innerhalb angemessener Zeit.

Liegen die Voraussetzungen des § 172 VwGO vor, hat das Gericht dem **4.26**
Schuldner nach Anhörung eine **angemessene Frist** zu setzen und für den
Fall der Nichterfüllung der Pflicht innerhalb der Frist ein Zwangsgeld
bis zu 10.000 € anzudrohen. Ist die Frist fruchtlos verstrichen, hat das
Gericht des ersten Rechtszuges das Zwangsgeld festzusetzen und nach
§ 170 VwGO beizutreiben. Androhung und Festsetzung können bei
Fruchtlosigkeit wiederholt werden. Der Nichterlass des VA stellt außerdem eine **Amtspflichtverletzung** dar, die zu Schadensersatzansprüchen
führen kann.

Beachte: Kommt die Behörde der im Urteil ausgesprochenen Verpflichtung nach, den
VA zu erlassen, erfüllt sie aber dann die im VA festgesetzte Leistung nicht, so kann
der Betroffene weder aus dem VA noch aus dem Verpflichtungsurteil vollstrecken; er
muss vielmehr eine Leistungsklage auf Erfüllung der aus dem VA folgenden Verpflichtungen erheben; erst aus dem Leistungsurteil kann dann vollstreckt werden.

3. Vollstreckung von Geldforderungen gegen die öffentliche Hand (§ 170 VwGO)

Soll gegen die öffentliche Hand wegen einer Geldforderung vollstreckt **4.27**
werden, so verfügt nach § 170 VwGO das Gericht des ersten Rechtszuges als Vollstreckungsgericht die erforderlichen Maßnahmen. Mit einem
entsprechenden Antrag an das Gericht wird ein selbständiges Beschlussverfahren eingeleitet. Das Gericht prüft die Voraussetzungen (Titel und

Zustellung, Klausel nach § 171 VwGO nicht erforderlich), benachrichtigt die Beklagte und fordert sie zur Abwendung der Vollstreckung innerhalb einer angemessenen Frist auf, die nicht länger als einen Monat betragen darf (§ 170 Abs. 2 VwGO; Ausnahme für Eilfälle nach § 170 Abs. 5 VwGO). Nach Ablauf der Frist beschließt das Gericht über die Vollstreckungsmaßnahmen durch anfechtbaren (§ 146 VwGO) Beschluss und ersucht die zuständige Stelle mit der Durchführung. Zu beachten ist § 170 Abs. 3, 4 VwGO.

Beachte: Die zuständige Stelle ergibt sich aus der ZPO. Soweit das Vollstreckungsgericht nicht selbst vollstrecken kann (zB in Forderungen) kann zuständige Stelle der Gerichtsvollzieher, das Amtsgericht, Grundbuchamt usw. sein. Diese werden aufgrund der für sie geltenden Bestimmungen tätig.

4. Die Vollstreckung wegen sonstiger Forderungen

4.28   Richtet sich der Titel iSd § 168 VwGO auf ein Tun, Dulden oder Unterlassen, ohne dass ein Fall der §§ 170 oder 172 VwGO vorliegt, also in den Fällen stattgebender, nicht auf Geldzahlung oder Erlass eines VA gerichteter Urteile oder Beschlüsse, so erfolgt die Vollstreckung gem. § 167 Abs. 1 VwGO nach den Bestimmungen der §§ 883 ff. ZPO.

Beispiele: Unterlassungsansprüche (VGH München NVwZ 1983, 578); Ermächtigung des Gläubigers zur Vornahme von Handlungen (VGH München NVwZ 1982, 563).

5. Vollstreckung gegenüber privaten Vollstreckungsschuldnern

4.29   Für die Vollstreckung zugunsten der öffentlichen Hand aus einem der Titel iSd § 168 VwGO ist nach § 169 VwGO **Vollstreckungsbehörde der Vorsitzende des Gerichts** des ersten Rechtszuges (§ 169 Abs. 1 Satz 2 VwGO). Er kann für die Ausführung einzelner Vollstreckungsanordnungen Vollstreckungshilfe anderer Vollstreckungsbehörden (§ 169 Abs. 1 Satz 2 VwGO) oder Amtshilfe sonstiger Organe der Länder (§ 169 Abs. 2 VwGO) in Anspruch nehmen.

Beachte: Vollstreckt wird nach den Bestimmungen des VwVG; vorliegen müssen ein Vollstreckungsantrag sowie die allgemeinen Vollstreckungsvoraussetzungen (Titel und Zustellung; einer Vollstreckungsklausel bedarf es gem. § 171 VwGO nicht). Die einzelnen Vollstreckungsanordnungen trifft der Vorsitzende im Beschlusswege. Als Rechtsmittel gegen solche Entscheidungen kommen die **Erinnerung** gem. § 167 Abs. 1 VwGO iVm § 766 ZPO, bei Einwendungen gegen die Art und Weise der Vollstreckung (formelle Mängel) und die **Beschwerde** gem. § 146 VwGO bei anderen Einwendungen gegen Entscheidungen des Vorsitzenden, die nach Anhörung des Vollstreckungsschuldners ergehen, in Betracht (zur Begründung VGH Kassel DVBl 1997, 1335 f.; OVG Weimar, DÖV 2007, 305).

V. Bedeutung des Streitwerts, Streitwertentscheidung

Literatur: Streitwertkatalog für die Verwaltungsgerichtsbarkeit in der Fassung der am 7./8. Juli 2004 in Leipzig beschlossenen Änderungen (veröffentlicht zB in NVwZ 2004, 1327 und DVBl 2004, 1525).

1. Allgemeines

Die Kosten des Verfahrens setzen sich aus den außergerichtlichen und **4.30** den gerichtlichen Kosten (Gebühren und Auslagen) zusammen. Die Gerichtsgebühren bestimmen sich idR nach dem Streitwert (§ 3 Abs. 1 GKG), die Gerichtskosten nach dem Kostenverzeichnis (§ 3 Abs. 2 GKG iVm der Anlage 1). Der Streitwert ist gem. § 23 Abs. 1 RVG auch für die Bemessung der Anwaltsgebühren maßgebend. In gerichtskostenfreien Verfahren (zB nach AsylVfG) richten sich die Anwaltsgebühren nach dem Gegenstandswert iS. der §§ 22 ff. RVG.

Die Festsetzung des Streitwerts erfolgt durch nach § 68 GKG selbstän- **4.31** dig anfechtbaren Beschluss des Prozessgerichts, sobald das Verfahren durch Endentscheidung oder auf andere Weise erledigt worden ist (§ 63 Abs. 2 S. 1 GKG). Der Beschluss ist nicht Teil der Entscheidung in der Hauptsache, auch wenn er einbezogen wird. Bereits unmittelbar nach Eingang der Sache wird der Streitwert gem. § 63 Abs. 1 GKG durch (unanfechtbaren) Beschluss vorläufig festgesetzt, sofern Fälligkeit nach § 6 GKG besteht (nicht bei PKH).

Beachte: In der **Klausur** kann idR auf einen Streitwertbeschluss, der gem. § 122 Abs. 2 VwGO begründet werden müsste, **verzichtet** werden, sofern im Bereich des jeweiligen Prüfungsamtes nichts anderes vorgeschrieben oder üblich ist. Allerdings muss zB bei der Entscheidung über die vorläufige Vollstreckbarkeit oder die Abwendungsbefugnis ein bestimmter Streitwert zugrunde gelegt werden.

2. Zur Höhe des Streitwertes

Die Höhe des Streitwertes richtet sich nach den §§ 52, 53. GKG. Maß- **4.32** gebend ist stets das Interesse des Klägers, nicht etwa das der andern Beteiligten, welches uU wesentlich größer sein kann. So geht es bei Nachbarklagen gegen Genehmigungen von Industrieanlagen um das Interesse an der Vermeidung der Beeinträchtigung des Nachbarn, nicht um das an der Errichtung der Industrieanlage.

a) Anhaltspunkte für das Interesse des Klägers?

Liegen für das Interesse des Klägers bzw. Antragstellers Anhaltspunkte **4.33** vor, so sind diese gem. § 52 Abs. 1 Satz 1 GKG für die Bestimmung des Streitwerts maßgebend. Dabei geht es um die wirtschaftlichen Auswirkungen des Obsiegens. Dieser entspricht bei bezifferten Geldleistungen (oder hierauf gerichteten VA) gem. § 52 Abs. 3 GKG der Klagforderung.

Nur beim Fehlen von Anhaltspunkten wird der Auffangwert des § 52 Abs. 2 GKG in Höhe von **5.000 Euro** zugrunde gelegt.

Beachte: Bei Eilverfahren wird nach § 53 Abs. 3 GKG ein Bruchteil des für das Hauptsacheverfahren maßgeblichen Wertes genommen, idR wohl ½ , bei Vorwegnahme der Hauptsache mehr; bei Geldleistungen idR. ¼ des Hauptsachewertes. Für Haupt- und Hilfsanträge ist gem. § 45 Abs. 1 Satz 2 GKG ein einheitlicher Streitwert anzusetzen. Gleiches gilt für Klage und Widerklage. Sonderregelungen gelten für beamtenrechtliche Streitigkeiten gem. § 52 Abs. 5, 6 GKG.

b) Der Streitwertkatalog

4.34 Eine Arbeitsgruppe von Richtern hat einen sog. Streitwertkatalog erstellt, der zwar nur Empfehlungen enthält, aber in der Praxis weitgehend zugrunde gelegt wird. Der Katalog wurde 2004 fortgeschrieben und ist an vielen Stellen veröffentlicht (zB NVwZ 2004, 1327; *Kopp/Schenke* Anh. § 164 Rnr. 14).

Beispiele: Klage auf Baugenehmigung für ein Einfamilienhaus: 20.000 EUR; Nachbarklage: 7.500 EUR, mindestens jedoch den Betrag einer Grundstückswertminderung; Gewerbeuntersagung: Jahresbetrag des erzielten oder erwarteten Gewinns, mindestens jedoch 15.000 EUR; Begründung eines Beamtenverhältnisses auf Lebenszeit: 13-facher Betrag des Endgrundgehaltes (§ 52 Abs. 5 Nr. 1 GKG); Hochschulzulassung: Auffangwert nach § 52 Abs. 2 GKG; Sondernutzungserlaubnis nach Straßen- und Wegerecht: zu erwartender Gewinn bis zum Jahresbetrag und mindestens 500 EUR; Waffenschein: 7.500 EUR; gewerberechtliche Marktzulassung: erwarteter Gewinn und mindestens 300 EUR pro Tag.

§ 5. Das Rubrum

Literatur: *Martens/Koch*, Mustertexte zum Verwaltungsprozess, 3. Aufl. 2009, 87 ff.; *Böhme/Fleck/Kroiß*, Formularsammlung für Rechtspflege und Verwaltung, S. 114 ff.; *Bosch/Schmidt*, Praktische Einführung in das verwaltungsgerichtliche Verfahren, S. 286 ff.

I. Die Elemente des Rubrums

1. Urteilskopf

5.01 Der Urteilskopf besteht aus der Bezeichnung des Gerichts, der Entscheidungsform „Urteil" (bzw. „Teilurteil", „Zwischenurteil", „Anerkenntnisurteil"), darunter der Überschrift „Im Namen des Volkes!" und der Angabe des Aktenzeichens.

Beachte: Art und Weise der Bekanntgabe eines Urteils wird mit sog. **Verkündungsvermerk** auf dem Urteil links neben dem Rubrum vermerkt (zB „Verkündet am."). Im Examen kann auf den Verkündungsvermerk verzichtet werden, weil die Anbringung des Vermerks Sache der Geschäftsstelle ist.

2. Gesetzliche Vertreter, Prozessbevollmächtigte

Das Rubrum enthält die vollständigen Namen, Berufsbezeichnungen **5.02** und Anschriften der Beteiligten, ggfs. ihrer gesetzlichen Vertreter und ihrer Prozessbevollmächtigten sowie die Bezeichnung ihrer Stellung als Beteiligte im Verfahren (§ 117 Abs. 2 Nr. 1 VwGO). Terminvertreter werden nicht aufgeführt. Sind als Kläger, Beklagte oder Beigeladene mehrere Personen beteiligt (einfache oder notwendige Streitgenossenschaft), sind sämtliche Streitgenossen nacheinander aufzuführen und durchzunummerieren. In Tatbestand und Entscheidungsgründen sind die Beteiligten dann mit ihrer Ordnungsnummer zu bezeichnen (zB „Der Kläger zu 1) wendet sich gegen die der Beigeladenen zu 2) erteilte Genehmigung").

Merke: Nach der VwGO ist eine Beteiligung gem. § 63 VwGO nur als Kläger, Beklagter, Beigeladener oder (in einzelnen Bundesländern) als Vertreter des öffentlichen Interesses (§ 36 VwGO) bzw. beim BVerwG als Vertreter des Bundesinteresses (§ 35 VwGO) möglich. Streitverkündung (vgl. § 72 ZPO) oder Haupt- und Nebenintervention (vgl. §§ 64, 70 ZPO) gibt es im Verwaltungsprozess nicht. Zur Beiladung Rnr. 26.01 ff.

a) Zur Bezeichnung des Klägers

aa) Gesetzlicher Vertreter. Handelt der Kläger durch einen gesetzlichen **5.03** Vertreter, sind neben dem vollen Namen und der Anschrift des Klägers auch dessen Namen und Anschrift aufzuführen. Dies ist bei juristischen Personen stets, bei natürlichen Personen nur dann der Fall, wenn sie nicht selbst prozessfähig (§ 62 Abs. 1 VwGO) sind. Juristische Personen des Privatrechts werden durch ihren Vorstand bzw. Geschäftsführer vertreten, deren Namen und ladungsfähige Anschriften vollständig aufzuführen sind. Soweit nichtrechtsfähige Personenvereinigungen, nach § 61 Nr. 2 VwGO an einem Verfahren beteiligt sein können (vgl. Rnr. 13.43), werden sie durch ihren Vorstand, in Ermangelung eines solchen durch besondere Beauftragte (§ 62 Abs. 3 VwGO) vertreten.

Beachte: Soweit beschränkt Prozessfähige nach § 62 Abs. 1 Nr. 2 VwGO für die Streitigkeit selbst prozessfähig sind, müssen sie nicht durch ihre gesetzlichen Vertreter (Eltern, Vormund, Pfleger) vertreten werden. Dies ist zB im Ausländer-, Asylrecht, Wehrpflichtrecht, Fahrerlaubnisrecht der Fall.

bb) Prozessbevollmächtigte. Auch etwaige Prozessbevollmächtigte sind **5.04** gem. § 117 Abs. 2 Nr. 1 VwGO mit Namen und Anschrift im Rubrum aufzuführen. Maßgeblich ist die Vollmacht. Bei Anwaltssozietäten müssen nicht die Namen sämtlicher Sozien aufgeführt werden (auf die sich die Vollmacht idR bezieht), wenn sie unter einer Firmenbezeichnung auftritt (zB „Rechtsanwälte Rabe und Partner"). Zum Anwaltszwang und den Folgen einer fehlenden Vollmacht Rnr. 13.47).

Beachte: Gesetzliche Vertreter und Prozessbevollmächtigte müssen streng auseinander gehalten werden. Der Prozessbevollmächtigte vertritt einzelne (möglicherweise durch gesetzliche Vertreter handelnde) Beteiligte aufgrund einer Vollmacht.

b) Zur Bezeichnung des Beklagten

5.05 Richtet sich die Klage gegen die öffentliche Hand, ist als Beklagter grundsätzlich diejenige Person des öffentlichen Rechts aufzuführen, deren Behörden, Organe oder Bedienstete den angefochtenen **Ausgangsbescheid** erlassen bzw. den beantragten VA unterlassen haben (vgl. § 78 Abs. 1 Nr. 1 VwGO) oder gegen die sich der Anspruch auf Erlass eines VA oder auf eine sonstige Leistung richtet. Das gilt auch dann, wenn ein Widerspruchsverfahren durchgeführt und sogar dann, wenn der VA im Widerspruchsverfahren zum Nachteil des Klägers geändert wurde. Nur wenn die Klage sich allein gegen den Widerspruchsbescheid richtet (§ 78 Abs. 2, § 79 Abs. 2 VwGO), kommt es auf die **Widerspruchsbehörde** an.

5.06 **aa) Behörde oder Rechtsträger als Beklagte.** Grundsätzlich ist Klagegegner nicht die Behörde, sondern der Rechtsträger, also die öffentlich-rechtliche Körperschaft, Anstalt oder Stiftung, deren Behörde den VA erlassen, abgelehnt oder unterlassen hat (Rechtsträgerprinzip). Landesrecht kann für Anfechtungs- und Verpflichtungsklagen bestimmen, dass die Klage unmittelbar gegen die Behörde zu richten ist (§ 78 Abs. 1 Nr. 2 VwGO). Hiervon haben die Flächenländer in ihren AGVwGO teilweise Gebrauch gemacht. Siehe hierzu Rnr. 13.44.

5.07 **bb) Vertretung des Rechtsträgers.** Ist die Klage gegen die Körperschaft (bzw. Anstalt oder Stiftung) gerichtet, so ist die Behörde, die im Prozess für den Rechtsträger aufgetreten ist, in das Rubrum als Vertreter aufzunehmen, nicht aber der Name des Behördenleiters oder des Prozessvertreters. Nur wenn eine bestimmte Person allein zur Vertretung des Rechtsträgers zuständig ist, wird deren Name aufgeführt.

Beispiel: „Freie und Hansestadt Hamburg, vertreten durch die Behörde für Inneres"; oder „Bundesrepublik Deutschland, vertreten durch den Bundesminister des Innern"; aber: „Studierendenwerk Hamburg, vertreten durch die Geschäftsführerin Ulrike P."

c) Bezeichnung der Beigeladenen

5.08 Falls Dritte zum Verfahren beigeladen worden sind, müssen sie im Rubrum nach den Hauptbeteiligten als Beigeladene aufgeführt werden („beigeladen: …"). Mehrere Beigeladene werden in der zeitlichen Reihenfolge ihrer Beiladung nacheinander aufgeführt und durchnummeriert.

Merke: Ob es sich um eine einfache oder notwendige Beiladung handelt, spielt für das Rubrum keine Rolle. Der Beiladungsbeschluss wird im Tatbestand überhaupt nicht erwähnt, es sei denn, die Beiladung erfolgte derart spät, dass geprüft werden muss, ob dem Beigeladenen ausreichend rechtliches Gehör gewährt worden ist.

d) Ggfs. Aufnahme des VÖI oder des Vertreters des Bundesinteresses

Vertreter des öffentlichen Interesses (§ 36 VwGO) bzw. der Vertreter des 5.09
Bundesinteresses beim BVerwG (§ 35 VwGO) werden im Rubrum nur
aufgeführt, wenn sie die Beteiligung an dem Verfahren erklärt haben
(BVerwGE 90, 337, 339), und zwar nach den Beigeladenen ("… beteiligt: Der Vertreter des öffentlichen Interesses beim VG Köln …").

3. Gericht, Spruchkörper und Richter

Die genaue Bezeichnung des Gerichts, des Spruchkörpers und der beteiligten 5.10
Richter erfolgt im Verbindungssatz. Aus diesem Satz muss auch
hervorgehen, ob die Kammer oder ein einzelner Richter als Einzelrichter
(§ 6 VwGO) oder als Vorsitzender oder Berichterstatter (§ 87a Abs. 2, 3
VwGO) entschieden hat. Auch das Richteramt muss erkennbar sein (Abkürzung genügt: RiVG, Ri für Richter auf Probe, Ehrenamtl. Ri usw.).

Beispiel: „In der Verwaltungsrechtssache … hat das (Ober-)Verwaltungsgericht …,
Kammer (Senat) … aufgrund der mündlichen Verhandlung vom … (bzw. im schriftlichen Verfahren) durch die Richter … sowie die Ehrenamtlichen Richter … (in den
Fällen des § 6 VwGO: durch den Richter … als Einzelrichter, in den Fällen des § 87a
Abs. 2,3 VwGO: als Vorsitzender bzw. als Berichterstatter) für Recht erkannt:"

4. Kurzangabe des Streitgegenstandes

In einigen Bundesländern ist es üblich, im Rahmen des Einleitungssatzes 5.11
unmittelbar nach der Bezeichnung der Beteiligten eine Kurzangabe des
Streitgegenstandes einzufügen.

Beispiele: „wegen Erteilung einer Baugenehmigung" oder „wegen Anfechtung eines
Gebührenbescheides".

II. Beispiel eines Rubrums

Az.: 19 VG 111/08   Verwaltungsgericht Hamburg   verkündet am … 5.12
Urteil
Im Namen des Volkes!
In der Verwaltungsrechtssache
1. des Maurermeisters Konrad Meier,
Hans-Albers-Platz 1,
20359 Hamburg,
2. der Hausfrau Emma Meier,
wohnhaft ebenda,

Kläger,

Prozessbevollmächtigte: Rechtsanwälte Rabe und Partner,
Gerichtsstraße 39,
22765 Hamburg,
gegen

1. Freie und Hansestadt Hamburg, vertreten durch das Bezirksamt
   Hamburg – Mitte,
   Klosterwall 8
   20095 Hamburg,
   (2....)

   Beklagte,

   beigeladen:
   Rentner Gerhard Müller,
   Hans-Albers-Platz 1
   20359 Hamburg,
   Prozessbevollmächtigte: Rechtsanwälte Eule und Partner,
   Sartoriusstraße 6
   20257 Hamburg,
   (beteiligt: Der Vertreter des öffentlichen Interesses beim VG ...)

   hat das Verwaltungsgericht Hamburg, Kammer 19, aufgrund der mündlichen Verhandlung vom 11.11.2008 durch den Vorsitzenden Richter am VG Dr. Recht, den Richter am VG Wahr und die Richterin Gut sowie die Ehrenamtlichen Richter Klug und Schlau für Recht erkannt:

III. Einzelfragen

1. Wechsel von Beteiligten

5.13 Es sind diejenigen Beteiligten im Rubrum aufzuführen, die im Zeitpunkt der letzten mV, bei Fehlen einer solchen im Zeitpunkt der Entscheidung, (noch) am Verfahren beteiligt sind. Im Laufe des Verfahrens hinzugekommene Beteiligte werden ohne besonderen Zusatz im Rubrum aufgeführt. Ausgeschiedene Beteiligte werden im Rubrum nur dann aufgeführt, wenn sie vom Tenor der Entscheidung noch berührt werden. Wurde ihnen gegenüber das Verfahren bereits nach § 92 Abs. 2 VwGO durch Beschluss eingestellt und über die Kosten entschieden, sind sie im Rubrum nicht mehr aufzuführen. Bei Tod eines Beteiligten werden außer dem Verstorbenen dessen Erben aufgeführt; deren namentliche Bezeichnung kann unterbleiben, insbesondere wenn die Erbfolge noch nicht bekannt ist (VGH Mannheim NJW 1984, 195).

Beispiel: Es heißt dann: „In der Verwaltungsrechtssache des Maurermeisters Konrad Meier, ... jetzt seiner Erben ..., Kläger ...". Ist die Aufnahme ausgeschiedener Beteiligter erforderlich (s. o.), sind zunächst die aktuellen Beteiligten aufzuführen; sodann sind mit einem Hinweis die ausgeschiedenen: „In der Verwaltungssache 1) des Kaufmanns Peter Müller, ... vormals 2) des Maurermeisters Konrad Meier...".

3. Rubrum bei Berufungsurteilen

5.14 Für das Rubrum des Berufungsurteils ergeben sich nur wenige Besonderheiten. Auch wenn sich im Berufungsverfahren die Rolle der Beteiligten geändert hat (zB der Beklagte oder der Beigeladene ist der Berufungskläger) bleibt der erstinstanzliche Aufbau des Rubrums erhalten;

die neue Rolle der Beteiligten im Berufungsverfahren ist durch einen entsprechenden Zusatz zu kennzeichnen.

Beispiel: „Kläger, Berufungsbeklagter; Beklagter, Berufungskläger". Zu beachten ist, dass sich im Berufungsverfahren die Vertretungsverhältnisse ändern können. So vertritt zB in Bayern die Landesanwaltschaft (§ 36 VwGO) das Land. Ausgeschiedene Vertreter und Prozessbevollmächtigte sind nicht mehr aufzuführen.

IV. Unterschriften, Rechtsmittelbelehrung

Das Urteil muss zwingend von denjenigen Berufsrichtern des Gerichts unterschrieben werden, die an der Entscheidung mitgewirkt haben (§ 117 Abs. 1 VwGO). Vollständigkeit der Unterschriften ist Wirksamkeitsvoraussetzung (näher Fischer DRiZ 1994, 95). Nur bei echter Verhinderung (zB wegen Urlaubs, Krankheit usw.) können einzelne Unterschriften unter Angabe des Grundes vom Vorsitzenden ersetzt werden (Verhinderungsvermerk). Gleiches gilt, wenn ein Richter dem Gericht nicht mehr angehört (BVerwG NJW 1991, 1192). Der Wechsel in einen anderen Spruchkörper ist dagegen unschädlich. **5.15**

Beispiel: „RiVG Klug ist wegen Urlaubs gehindert, seine Unterschrift beizufügen."
Beachte: Im Examen kann auf die Namen verzichtet werden, da nur ein Entwurf gefertigt werden muss. Bsp: „Unterschriften der beteiligten Berufsrichter."

Die **Rechtsmittelbelehrung** ist Bestandteil des Urteils (§ 117 Abs. 2 Nr. 6 VwGO). Sie erfolgt üblicherweise im Anschluss an den Tenor. In jedem Fall muss sie von den Unterschriften gedeckt sein. In der Examensklausur genügt der Hinweis auf das zulässige Rechtsmittel. **5.16**

Beispiel: „Rechtsmittel: Antrag auf Zulassung der Berufung gem. § 124 VwGO."

§ 6. Der Tenor

Literatur: *Martens/Koch*, Mustertexte zum Verwaltungsprozess, 3. Aufl. 2009, 91 ff.; *Kment*, Grundfälle zur Tenorierung im verwaltungsgerichtlichen Verfahren, JuS 2005, 420, 517 und 608; *Bosch/Schmidt*, Praktische Einführung in das verwaltungsgerichtliche Verfahren, S. 288 ff.

Als Tenor bezeichnet man die gesamte Entscheidungsformel einschließlich der Nebenentscheidungen. Der Tenor muss knapp, aber vollständig abgefasst werden. Er muss so eindeutig formuliert sein, dass er Grundlage für eine Vollstreckung sein kann. Fehler bei der Tenorierung wiegen idR schwer und führen leicht zur Abwertung der Arbeit. **6.01**

I. Hauptentscheidung

1. Die klagabweisende Entscheidung

6.02 Unterliegt der Kläger, wird die Klage abgewiesen. Ob die Klage als unzulässig oder als unbegründet abgewiesen wird, ist aus dem Tenor ebenso wenig ersichtlich wie etwa die Klageart oder die Zahl der abgewiesenen Anträge. Unterliegt der Kläger nur mit einem von mehreren Anträgen oder unterliegt er mit einem Antrag teilweise, wird zunächst der erfolgreiche Teil tenoriert; anschließend heißt es: „Im Übrigen wird die Klage abgewiesen."

2. Die erfolgreiche Anfechtungsklage

a) Kassatorisches Urteil

6.03 Bei erfolgreicher Anfechtungsklage wird der angefochtene VA aufgehoben (kassiert). Wenn der VA in einem Bescheid erlassen wurde, wird im Tenor dieser Bescheid aufgehoben (ggfs. mit genauer Bezeichnung, zB „Gebührenbescheid vom ...", „Kostenfestsetzungsbescheid vom ..."). Ist ein Widerspruchsbescheid ergangen, ist idR auch dieser Gegenstand der Anfechtungsklage (§ 79 Abs. 1 Nr. 1 VwGO). Der Tenor muss deshalb auch den Widerspruchsbescheid erfassen.

Beispiele: Wurde der Ausgangsbescheid durch den Widerspruchsbescheid modifiziert, heißt es idR: „Der Bescheid vom ... in der Fassung des Widerspruchsbescheides vom ... wird aufgehoben", sonst einfacher: „Der Bescheid vom ... und der Widerspruchsbescheid vom ... werden aufgehoben". Enthält der Bescheid mehrere VAe, von denen nur einzelne aufgehoben werden, kann der Tenor etwa lauten: „Die Ausweisungsverfügung im Bescheid vom ... und der Widerspruchsbescheid werden aufgehoben".

6.04 Eine **teilweise Aufhebung** von VAen ist zulässig (vgl. § 113 Abs. 1 VwGO: „soweit"), setzt aber voraus, dass der VA teilbar ist. Dies ist zB bei auf Geldleistungen gerichteten VA im Hinblick auf die Höhe oder bei zeitlich befristeten Regelungen im Hinblick auf die Frist der Fall. Die Bezeichnung des aufgehobenen Teils muss dem Bestimmtheitsgebot genügen. Im Übrigen ist die Klage abzuweisen. Das gilt grundsätzlich auch dann, wenn die Abweisung nur Nebenansprüche betrifft.

Beispiele: „Der Gebührenbescheid vom ... . (ggfs. in der Fassung des Widerspruchsbescheides vom ...) wird insoweit aufgehoben, als die festgesetzte Gebühr 150,– € übersteigt. Im Übrigen wird die Klage abgewiesen." Oder: „Das Nutzungsverbot im Bescheid vom ... in der Fassung des Widerspruchsbescheides vom ... wird insoweit aufgehoben, als es die Räume im Dachgeschoss des Gebäudes ... betrifft. Im Übrigen wird die Klage abgewiesen."

b) Änderndes Urteil (§ 113 Abs. 2 VwGO)

6.05 Der teilweisen Aufhebung eng verwandt ist die praktisch seltene Abänderung von auf Geldleistungen gerichteten VAen nach § 113 Abs. 2

VwGO. Der Kläger hat ein Wahlrecht, ob er Teilaufhebung oder Abänderung beantragt (*Gerhard* in *Schoch* § 113 Rnr. 38). Während die Behörde im Falle der Teilaufhebung über den aufgehobenen Teil erneut befinden kann, soweit die Rechtskraft des Urteils nicht entgegensteht (Rnr. 4.14), verbleibt ihr im Falle der Abänderung keine Entscheidungsmöglichkeit, weil das Gericht selbst eine abschließende Entscheidung über den gesamten Streitgegenstand getroffen hat.

Beispiel: „Der Gebührenbescheid vom … . (ggfs. in der Fassung des Widerspruchsbescheides vom …) wird geändert. Die Gebühr wird auf … € festgesetzt." Falls eine weiter gehende Änderung beantragt wurde: „Im Übrigen wird die Klage abgewiesen."

Nach § 113 Abs. 2 S. 2 VwGO kann das Gericht die Neuberechnung **6.06** des streitigen Betrages der Behörde überlassen, wenn die Ermittlung des maßgeblichen Betrages einen nicht unerheblichen Aufwand erfordert. Die Entscheidung hierüber steht im Ermessen des Gerichts. Das Urteil muss die maßgeblichen Kriterien der Neuberechnung so genau festlegen, so dass kein Spielraum verbleibt.

Beispiel: „Der Kostenbescheid vom … wird abgeändert. Die Kosten werden in Höhe des Betrages festgesetzt, der sich bei im Übrigen gleich bleibenden Berechnungsgrundlagen nach Abzug der für … anzusetzenden Beträge ergibt."

3. Die erfolgreiche Verpflichtungsklage

Das Gericht erlässt im Falle einer erfolgreichen Verpflichtungsklage den **6.07** begehrten VA nicht selbst, sondern verpflichtet den Beklagten zum Erlass des begehrten VA. Hauptproblem ist hier die genaue Bezeichnung des zu erlassenden VA. Wurde der Erlass des VA zuvor in einem Bescheid und ggfs. in einem Widerspruchsbescheid abgelehnt, werden diese zur Klarstellung ohne besonderen Antrag zugleich aufgehoben.

Beispiel: „Die Beklagte wird unter Aufhebung des Bescheides vom … und des Widerspruchsbescheides vom … verpflichtet, dem Kläger die beantragte Baugenehmigung für die Errichtung eines Wohnhauses auf dem Grundstück … zu erteilen (oder: dem Kläger die mit Schreiben vom …beantragte Sondernutzung für die 50 qm umfassende Wegefläche vor seinem Grundstück … zu erteilen ."

Steht der Erlass des begehrten VA im Ermessen (bzw. im Beurteilungs- **6.08** spielraum bzw. Planungsermessen) des Beklagten (siehe hierzu Rnr. 38.01 ff.), so kann das Gericht die Spruchreife (§ 113 Abs. 5 S. 2 VwGO) nur ausnahmsweise herstellen, sofern nämlich eine Ermessensreduktion auf Null vorliegt (Rnr. 37.33). Ist dies nicht der Fall, ergeht ein **Bescheidungsurteil**, mit dem der Beklagte zur Neubescheidung verpflichtet wird. Wurde ein uneingeschränkter Verpflichtungsantrag gestellt, ist die Klage im Übrigen abzuweisen.

Beispiel: „Die Beklagte wird unter Aufhebung des Bescheides vom … und des Widerspruchsbescheides vom … verpflichtet, über den Antrag des Klägers vom … auf … unter Beachtung der Rechtsauffassung des Gerichts erneut zu entscheiden. Im Übrigen wird die Klage abgewiesen."

4. Tenorierung bei Fortsetzungsfeststellungsurteilen

6.09 Bei Entscheidungen über erfolgreiche Fortsetzungsfeststellungsklagen ist zu differenzieren: Im Falle der erledigten Anfechtungsklage wird festgestellt, dass der angefochtene VA ganz oder teilweise rechtswidrig war. Im Falle der erledigten Verpflichtungsklage ist idR die Rechtswidrigkeit der Ablehnung durch die (erledigten) Bescheide festzustellen. Die Feststellung, dass die Behörde zum Erlass des beantragten VA verpflichtet gewesen ist, kommt nur in Betracht, wenn der Behörde kein Ermessens- oder Beurteilungsspielraum eingeräumt war oder sich das Ermessen auf Null reduziert hatte (BVerwG NVwZ 1987, 229). Eine Verpflichtung zur hypothetischen Neubescheidung ist unzulässig.

Beispiele: Erledigte Anfechtungsklage: „Es wird festgestellt, dass der Bescheid vom … und der Widerspruchsbescheid vom … rechtswidrig waren." Oder im Falle einer Verpflichtungsklage: „Es wird festgestellt, dass die Ablehnung des beantragten VA durch den Bescheid vom … und den Widerspruchsbescheid vom … rechtswidrig war." Oder, wenn ein Anspruch bestand: „Es wird festgestellt, dass der Kläger einen Anspruch auf die mit Bescheid vom … und mit Widerspruchsbescheid vom … abgelehnte Baugenehmigung hatte."

5. Tenorierung bei Feststellungsurteilen

6.10 Der Tenor eines stattgebenden Feststellungsurteils richtet sich nach dem Gegenstand der beantragten Feststellung. Dabei ist zu berücksichtigen, dass grundsätzlich nur das Bestehen oder Nichtbestehen von Rechtsverhältnissen feststellungsfähig ist und nicht die Beantwortung einzelner Rechtsfragen verlangt werden kann (Ausnahme zB § 46 Abs. 5 BAföG).

Beispiele: „Es wird festgestellt, dass der Kläger für den von ihm beabsichtigten Betrieb einer Absatzbar … einer Eintragung in die Handwerksrolle nicht bedarf." Oder: „Es wird festgestellt, dass der Kläger die deutsche Staatsangehörigkeit besitzt." Oder: „Es wird festgestellt, dass der Bescheid der Beklagten vom … nichtig ist."

6. Tenorierung bei allgemeinen Leistungsurteilen

6.11 Im Unterschied zu Verpflichtungsurteilen führen Leistungsurteile unmittelbar zur **Verurteilung** des Beklagten, die begehrte Leistung zu erbringen. Die Leistung kann in jedem (zulässigen) Tun, Dulden oder Unterlassen bestehen, sofern sie nur nicht auf Erlass eines VA gerichtet ist.

Beispiele: „Der Beklagte wird verurteilt, dem Kläger 100 € zuzüglich 7 % Zinsen seit dem … zu zahlen." Oder: „Dem Beklagten wird untersagt, zu behaupten, der Kläger sei informeller Mitarbeiter der Stasi gewesen" (VG Berlin NJW 1993, 2548). Oder: „Der Beklagte wird verurteilt, den PKW Marke … Amtliches Kennzeichen … an den Kläger herauszugeben."

7. Tenorierung in Sonderfällen

a) Die Zurückverweisung bei mangelnder Sachaufklärung

Nach § 113 Abs. 3 VwGO kann das Gericht in einem sehr frühen Sta- **6.12**
dium des Verfahrens, **ohne eine Entscheidung in der Sache selbst** zu
treffen, VA und Widerspruchsbescheid ohne Prüfung der Rechtswidrigkeit allein deshalb aufheben, weil es eine weitere Sachaufklärung für
erforderlich hält. Die in der Praxis selten angewandte Regelung gilt unmittelbar nur für die Anfechtungsklage. Eine entsprechende Anwendung
auf die Verpflichtungsklage wird überwiegend abgelehnt (*Kopp/Schenke*
§ 113 Rnr. 166 mwN).

Merke: § 113 Abs. 3 S. 2 VwGO ermöglicht dem Gericht der Hauptsache darüber hinaus, auf Antrag eines Beteiligten durch unanfechtbaren, aber jederzeit abänderbaren
Beschluss bis zum Erlass eines neuen VA einstweilige Regelungen zu treffen. Anders
als bei der Regelungsanordnung des § 123 Abs. 1 S. 2 VwGO ist hier nicht erforderlich, dass einem Beteiligten anderenfalls wesentliche Nachteile drohen. Ob das Gericht von dieser Möglichkeit Gebrauch macht, ist auf der Basis einer Interessenabwägung unter Berücksichtigung der Erfolgsaussichten in der Hauptsache zu entscheiden.

aa) Voraussetzungen. Von der Möglichkeit einer Sachaufklärungsent- **6.13**
scheidung kann das Gericht nur Gebrauch machen, wenn die in § 113
Abs. 3 VwGO abschließend aufgezählten Voraussetzungen kumulativ
vorliegen:

(1) Eine anhängige **Anfechtungsklage.** Auf andere Klagearten ist die Vorschrift nach
hM nicht entsprechend anwendbar, auch nicht auf die Fortsetzungsfeststellungsklage nach § 113 Abs. 1 S. 4 VwGO.
(2) Seit Eingang der Sache sind **nicht mehr als sechs Monate** vergangen (§§ 113
Abs. 3 S. 4 VwGO). Maßgebend ist der Zeitpunkt der Entscheidung, nicht ihrer
Verkündung oder Zustellung.
(3) Nach Lage der Dinge müssen zweifelsfrei **weitere Ermittlungen erforderlich** sein.
Unerheblich ist, aus welchem Grund diese Ermittlungen im Verwaltungsverfahren
unterblieben sind.
(4) Die notwendigen **Ermittlungen müssen nach Art und Umfang erheblich** sein. Außerdem muss es sachdienlich sein, die Ermittlungen nicht im gerichtlichen Verfahren durchzuführen, sondern der Verwaltung zu überlassen.

bb) Art und Form der Entscheidung. Das Gericht entscheidet in den **6.14**
Fällen des § 113 Abs. 3 VwGO durch reguläres Endurteil mit sämtlichen Nebenentscheidungen. Die Kostenentscheidung richtet sich nach
§ 154 Abs. 1 VwGO (*Gerhardt*, in: *Schoch* § 113 Rnr. 51).

Beachte: Es ist zulässig und sinnvoll, im Tenor nicht nur die Aufhebung der VAe,
sondern auch die Zurückverweisung auszusprechen: „Der Bescheid vom ... und der
Widerspruchsbescheid vom ... werden aufgehoben. Die Sache wird an die Beklagte
zur Entscheidung nach weiterer Sachaufklärung zurückverwiesen."

b) Berufungszulassung und Berufungsentscheidung

Gegen das Urteil des Verwaltungsgerichts ist die Berufung nur zulässig, **6.15**
wenn sie entweder vom Verwaltungsgericht selbst (gem. § 124a Abs. 1
VwGO wegen grundsätzlicher Bedeutung oder Abweichung) oder vom

Oberverwaltungsgericht aufgrund eines Antrags auf **Zulassung der Berufung** hin (§ 124a Abs. 4 VwGO) zugelassen worden ist. Der Antrag ist innerhalb eines Monats nach Zustellung zu stellen und innerhalb von zwei Monaten nach Zustellung zu begründen. Die Zulassung des OVG erfolgt durch Beschluss (§ 124a Abs. 5 S. 1 VwGO).

Merke: Die Zulassungsgründe sind in § 124 Abs. 2 VwGO abschließend aufgeführt. Besonderheiten gelten für das Asylverfahren (§ 78 AsylVfG). Das OVG prüft nur die mit dem Zulassungsantrag dargelegten Gründe (§ 124 Abs. 5 S. 2 VwGO). Viele Anträge auf Zulassung scheitern an der mangelhaften Begründung. Das VG entscheidet über die Zulassung im Urteil (üblicherweise als Nebenentscheidung im Tenor; „Die Berufung wird (nicht) zugelassen"). Das OVG entscheidet über den Antrag auf Zulassung durch Beschluss („Die Berufung wird zugelassen." bzw. „Der Antrag auf Zulassung der Berufung wird abgelehnt. Der Kläger trägt die Kosten des Zulassungsverfahrens. Der Streitwert für das Zulassungsverfahren wird auf ... Euro festgesetzt."). Auch eine Teilzulassung ist möglich.

6.16 Lässt das OVG die Berufung zu, wird das Antragsverfahren als Berufungsverfahren fortgesetzt. Die Berufung ist innerhalb eines Monats nach Zulassung zu begründen (§ 124a Abs. 6 S. 1 VwGO), anderenfalls ist sie sie trotz Zulassung unzulässig. Für die Tenorierung von Berufungsentscheidungen sind mehrere Fallgestaltungen zu unterscheiden.

aa) Unzulässigkeit der Berufung (§ 125 Abs. 2 Satz 1, 2 VwGO): „Die Berufung wird verworfen. Der Kläger (der Beklagte) trägt die Kosten des Berufungsverfahrens. Die Kostenentscheidung ist vorläufig vollstreckbar. Der Kläger (der Beklagte) darf die Vollstreckung durch Sicherheitsleistung oder Hinterlegung in Höhe des zu vollstreckenden Betrags abwenden, wenn nicht der Beklagte (der Kläger) vor Vollstreckung Sicherheit gleicher Höhe leistet. Der Streitwert für das Berufungsverfahren wird auf ... Euro festgesetzt. Die Revision wird (nicht) zugelassen. "

bb) Unbegründetheit der Berufung: „Die Berufung wird zurückgewiesen". Nebenentscheidungen entsprechend aa).

cc) Begründetheit der Berufung des Klägers: „Auf die Berufung des Klägers wird das Urteil des Verwaltungsgerichts ... vom ... geändert. Der Beklagte wird unter Aufhebung des Bescheides vom ... und des Widerspruchsbescheides vom ... verpflichtet, dem Kläger die beantragte Genehmigung für ... zu erteilen. Der Beklagte trägt die Kosten des Verfahrens in beiden Rechtszügen. Die Revision wird (nicht) zugelassen."

dd) Begründetheit der Berufung des Beklagten: „Auf die Berufung des Beklagten wird das Urteil des Verwaltungsgerichts ... vom ... geändert. Die Klage wird abgewiesen. Der Kläger trägt die Kosten des Verfahrens in beiden Rechtszügen. Die Revision wird (nicht) zugelassen."

ee) Aufhebung und Zurückverweisung (§ 130 Abs. 2 VwGO): „Das Urteil des Verwaltungsgerichts ... vom ... wird aufgehoben. Die Sache wird an das Verwaltungsgericht ... zurückverwiesen. Die Kostenentscheidung bleibt der Endentscheidung vorbehalten."

c) Tenorierung nach teilweiser Erledigung

6.17 Im Falle der **Klagrücknahme** (§ 92 VwGO) stellt das Gericht das Verfahren ein (§ 92 Abs. 3 VwGO) und entscheidet durch (unanfechtbaren) Beschluss nur noch über die Kosten (§ 161 Abs. 1 VwGO). Gleiches gilt bei **Erledigung des Rechtsstreits** aufgrund übereinstimmender Erklärungen der Hauptbeteiligten. In diesem Fall ist § 92 Abs. 3 VwGO analog anwendbar; die Kostenentscheidung richtet sich nach § 161 Abs. 2 VwGO (s. Rnr. 6.34) Bei einer nur teilweisen Erledigung wird über den weiterhin streitigen Rest durch Urteil entschieden. Sofern Einstellungs- und Kostenentscheidung hinsichtlich des erledigten Teils nicht in einem selbständigen Beschluss ausgesprochen worden sind, müssen sie in das Urteil über den streitigen Teil aufgenommen werden.

Beispiele: „Soweit die Klage die Abschiebungsandrohung im Bescheid von ... in der Fassung des Widerspruchsbescheides vom ... betrifft, wird das Verfahren eingestellt. Im Übrigen wird die Klage abgewiesen". Oder: „Soweit die Beklagte den Kostenbescheid vom ... und den Widerspruchsbescheid vom ... in der mündlichen Verhandlung vom ... aufgehoben hat, wird das Verfahren eingestellt. Der Bescheid vom ... und der Widerspruchsbescheid vom ... werden aufgehoben, soweit sie von der Beklagten aufrecht erhalten worden sind."

d) Tenorierung bei Streit über Erledigung

Erklärt der Kläger den Rechtsstreit einseitig für erledigt und wider- 6.18
spricht der Beklagte der Erledigungserklärung so behandelt das Gericht die Erledigungserklärung als Änderung des Klageantrags in einen Feststellungsantrag (§ 91 VwGO gilt insoweit nicht) und entscheidet durch Urteil, in dem entweder antragsgemäß festgestellt wird, dass sich der Rechtsstreit in der Hauptsache erledigt hat, oder der Feststellungsantrag abgewiesen wird (Prüfung bei Streit um die Erledigung näher Rnr. 29.12). Wurde der ursprüngliche Antrag hilfsweise aufrecht erhalten, ist über diesen zu entscheiden.

Beispiele: Bei erfolgreichem Erledigungsantrag: „Es wird festgestellt, dass sich die Klage in der Hauptsache erledigt hat." Bei erfolgreichem Hilfsantrag: „Die Beklagte wird unter Aufhebung des Bescheides vom ... und des Widerspruchsbescheides vom ... verpflichtet, dem Kläger die mit Schreiben vom ... beantragte Genehmigung zu erteilen. Im übrigen wird die Klage abgewiesen."

e) Tenorierung bei Verweisung an anderes Gericht

Ist der Verwaltungsrechtsweg nicht eröffnet, so muss der Rechtsstreit 6.19
nach § 17a Abs. 2 GVG an das zuständige Gericht verwiesen werden. Gleiches gilt nach § 83 VwGO für den Fall der örtlichen oder sachlichen Unzuständigkeit. Entschieden wird über die Verweisung in beiden Fällen von Amts wegen nach Anhörung der Beteiligten durch (zu begründenden) Beschluss (§ 17a Abs. 2 S. 3, Abs. 4 GVG) ohne mündliche Verhandlung (§ 17a Abs. 4 S. 1 GVG). Die **Kostenentscheidung** bleibt dem Gericht vorbehalten, an das verwiesen wird (§ 17b Abs. 2 GVG). Auch andere Nebenentscheidungen enthält der Verweisungsbeschluss nicht.

Beispiele: „Das Verwaltungsgericht erklärt den zu ihm beschrittenen Rechtsweg für unzulässig und verweist die Sache an das zuständige Landgericht ... Die Kostenentscheidung bleibt dem Landgericht ... vorbehalten." Bei Verweisung wegen örtlicher Unzuständigkeit: „Das Verwaltungsgericht erklärt sich für örtlich unzuständig und

verweist die Sache an das örtlich zuständige Verwaltungsgericht .... Die Kostenentscheidung bleibt dem Verwaltungsgericht ... vorbehalten."

6.20 Verweisungsbeschlüsse wegen Unzulässigkeit des Rechtsweges sind mit
der Beschwerde anfechtbar (§ 17a Abs. 4 S. 3 GVG), die Verweisung
wegen sachlicher oder örtlicher Unzuständigkeit ist dagegen unanfechtbar (§ 83 S. 2 VwGO). Nach Unanfechtbarkeit des Beschlusses wird das
Verfahren mit dem Eingang der Akten bei dem im Beschluss bezeichne-
ten Gericht anhängig (§ 17b Abs. 1 GVG). Der Beschluss ist für dieses
Gericht und der Sache nach auch für die Gerichte im weiteren Instan-
zenzug (§ 17a Abs. 5 GVG) bindend (§ 17a Abs. 2 S. 3 GVG), sofern
nicht ausnahmsweise ein Fall grober Fehlerhaftigkeit vorliegt (zweifelhaft OVG Hamburg NordÖR 2001, 27).

> **Merke:** Nach § 17a Abs. 3 GVG können Zulässigkeit des Rechtsweges und gem. § 83
> VwGO örtliche oder sachliche Zuständigkeit **durch Beschluss verbindlich vorab** posi-
> tiv festgestellt werden. Diese Möglichkeit tritt an die Stelle des Zwischenurteils nach
> § 109 VwGO. Die Anfechtbarkeit entspricht der des Verweisungsbeschlusses. Im Üb-
> rigen wird durch § 17a Abs. 5 GVG sichergestellt, dass Rechtsweg und Zuständigkeit
> später nicht mehr anders beurteilt werden können als in der ersten Instanz.

II. Die Kostenentscheidung

1. Grundsätzliches

a) Kostenlastentscheidung und Kostenfestsetzung

6.21 Das Gericht ist verpflichtet, im Endurteil hinsichtlich der Kosten des
Verfahrens eine **Kostenentscheidung** zu treffen (§ 161 Abs. 1 VwGO).
Entschieden wird nur, wer im Verhältnis zwischen den Beteiligten des
Verfahrens untereinander die Kosten zu tragen hat. Sie ist idR nicht iso-
liert anfechtbar (§ 158 VwGO). Sie ist zu unterscheiden vom **Kostenan-
satz** (§ 19 GKG), durch den jedes Gericht (zuständig ist der Urkundsbe-
amte der Geschäftsstelle) die bei ihm entstandenen Gerichtskosten dem
Kostenschuldner (s. o.) gegenüber geltend macht, und von der **Kosten-
festsetzung**, mit der der Urkundsbeamte gem. § 164 VwGO auf Antrag
die von einem anderen Beteiligten zu erstattenden außergerichtlichen
Kosten festsetz, und von der **Festsetzung des Vergütungsanspruchs** eines
Rechtsanwalts gegen seinen eigenen Mandanten gem. § 11 RVG.

> **Merke:** Kläger bzw. Antragsteller sind gem. § 22 Abs. 1 GKG unabhängig von der
> Kostenentscheidung Schuldner für die Gerichtskosten. Allerdings wird derjenige, dem
> im Urteil die Kosten ganz oder teilweise auferlegt worden sind, gem. § 29 Nr. 1 GKG
> als sonstiger Kostenschuldner gem. § 31 Abs. 2 GKG vorrangig herangezogen.

6.22 Ist die Kostenentscheidung versehentlich ganz oder teilweise unterblieben, so ist das Urteil nach § 120 VwGO auf Antrag, der innerhalb von
2 Wochen nach Zustellung des Urteils zu stellen ist, zu ergänzen. Eine
Ergänzung durch Beschluss ist in den in § 120 VwGO ausdrücklich ge-

nannten Fällen nicht zulässig (*Olbertz* in *Schoch* § 162 Rnr. 104 mwN).

b) Umfang der Kostenpflicht

Die Kostenentscheidung des Gerichts umfasst die Kosten des gesamten   6.23
Verfahrens einschließlich des Vorverfahrens (§ 162 VwGO). Dies sind
die **Gerichtskosten** und die **außergerichtlichen Kosten.** Die Kostenentscheidung ergeht idR ohne Rücksicht darauf, ob tatsächlich Kosten angefallen sind. Die außergerichtlichen **Kosten eines Beigeladenen** werden
nur dann erfasst, wenn das Gericht sie aus Billigkeit der unterlegenen
Partei oder der Staatskasse auferlegt (s. näher Rnr. 6.28). Die Kosten
eines Bevollmächtigten im Vorverfahren gehören nur dazu, wenn das
Gericht die Hinzuziehung für notwendig erklärt hat (§ 162 Abs. 2 S. 2
VwGO; siehe näher Rnr. 6.40).

Beachte: Zu den Kosten des Vorverfahrens gehören auch Gebühren und Auslagen,
die der Kläger aufgrund eines Bescheides für ein erfolgloses Widerspruchsverfahren
gezahlt hat. Trägt der Beklagte die Kosten des gesamten Verfahrens, sind auch die
durch Bescheid erhobenen Gebühren und Auslagen zu erstatten. Ein solcher Bescheid
muss deshalb nicht selbständig angefochten werden, wenn in der Hauptsache ein Klageverfahren läuft.

c) Gerichtskostenfreiheit

In Fürsorgestreitigkeiten, für die die Verwaltungsgerichte nach § 188   6.24
VwGO (noch) zuständig sind, werden gem. § 188 Satz 2 VwGO Gerichtskosten nicht erhoben. Das betrifft alle Angelegenheiten der Fürsorge mit Ausnahme der Gebiete der Sozialhilfe und Asylbewerberleis-
tungsgesetzes, für die die Sozialgerichte zuständig sind. Der Begriff der
Fürsorge ist weit zu verstehen, er umfasst alle gesetzlichen Zuwendungen
und geldwerten Vorteile, die den Betroffenen wegen Bedürftigkeit gewährt werden, zB Wohngeld oder Rundfunkgebührenbefreiung. Gerichtskostenfreiheit gilt auch für Sachen auf den Gebieten der Jugendhilfe,
Kriegsopferfürsorge, Schwerbehindertenfürsorge, Ausbildungsförderung
nach dem BAföG. Gerichtskostenfreiheit gilt auch für **Asylstreitigkeiten**
(§ 83 b Abs. 1 AsylVfG).

Beachte: Die Kostenentscheidung lautet: „Gerichtskosten werden nicht erhoben. Die
außergerichtlichen Kosten trägt der …". Besteht Gerichtskostenfreiheit, so findet keine Streitwertfestsetzung statt; stattdessen erfolgt auf Antrag die **Festsetzung des Ge-
genstandswertes** nach § 33 RVG. Die Gewährung von PKH ist bei Gerichtskostenfreiheit nicht ausgeschlossen.

2. Grundsatz: Kostenlast des Unterlegenen (§ 154 Abs. 1 VwGO)

Die Kostentragung ist in den §§ 154 ff. VwGO im Grundsatz ebenso ge-   6.25
regelt wie in den §§ 91 ff. ZPO: Der **unterliegende Teil trägt die Kosten**
des Verfahrens. Gleiches gilt für den, der erfolglos Rechtsmittel eingelegt hat (§ 154 Abs. 2 VwGO) sowie für denjenigen, der eine Klage oder
ein Rechtsmittel zurücknimmt (§ 155 Abs. 2 VwGO).

Beispiele: „Der Kläger trägt die Kosten des Verfahrens." Bei erfolglosem Rechtsmittel: „Der Antragsteller trägt die Kosten des Beschwerdeverfahrens" bzw. „Der Kläger trägt die Kosten des Zulassungsverfahrens".

3. Kostenteilung (§ 155 Abs. 1 VwGO)

6.26 Bei teilweisem Obsiegen bzw. Unterliegen werden die Kosten verhältnismäßig geteilt (§ 155 Abs. 1 Satz 1 VwGO), sofern das Unterliegen des einen Teils nicht geringfügig ist (§ 155 Abs. 1 Satz 3 VwGO in Abweichung von § 92 Abs. 2 ZPO). Gleiches gilt, wenn der Kläger mehrere Klageanträge gestellt hat und nur mit einigen von ihnen obsiegt. Hier bestimmt sich der Kostenanteil nach dem **Verhältnis der Bedeutung** der erfolgreichen zu der Gesamtheit der **Anträge.** Dies erfordert idR die gesonderte Bemessung der Streitwerte für jeden einzelnen Antrag.

Beispiele: „Die Kosten des Verfahrens tragen die Beteiligten je zur Hälfte." Oder: „Von den Kosten des Verfahrens tragen der Kläger 1/3, der Beklagte 2/3." Oder: „Die Kosten des Verfahrens werden gegeneinander aufgehoben." Das bedeutet gem. § 155 Abs. 1 S. 2 VwGO, dass die Gerichtskosten geteilt werden und die Beteiligten ihre außergerichtlichen Kosten jeweils selbst tragen. Dies ist idR unbillig, wenn auf der Seite der Verwaltung außergerichtliche Kosten praktisch nicht angefallen sind.

Ergeht auf eine Verpflichtungsklage mangels Spruchreife nur ein Bescheidungsurteil, so hat auch der Kläger einen Teil der Kosten zu tragen, weil die Klage im Übrigen abgewiesen werden muss. Der Anteil hängt davon ab, wie nahe das Bescheidungsurteil dem Klageziel kommt (idR zwischen 1/2 und 1/4). Gleiches gilt im Falle des § 113 Abs. 2 VwGO.

4. Mehrere Kostenpflichtige

6.27 Besteht der unterliegende Teil aus mehreren Personen, tragen diese die Kosten im Grundsatz nach (gleichen) **Kopfteilen** (§ 159 S. 1 VwGO iVm § 100 ZPO), sofern das Gericht nicht bei erheblicher Unterschiedlichkeit das jeweilige Maß der Beteiligung zum Maßstab nimmt (§ 100 Abs. 2 ZPO). Das gilt nicht nur im Fall der Streitgenossenschaft, also bei mehreren Klägern und Beklagten, sondern auch, wenn neben dem Kläger oder dem Beklagten Beigeladene kostenpflichtig sind. Nach § 159 S. 2 VwGO können die Kosten (über § 100 Abs. 4 ZPO hinaus) mehreren Personen als **Gesamtschuldnern** auferlegt werden, wenn ihnen gegenüber nur einheitlich entschieden werden kann. Die interne Verteilungsquote unter den Gesamtschuldnern wird im Tenor nicht angegeben.

Beispiele: „Die Kosten des Verfahrens tragen die Kläger je zur Hälfte"; oder in Fällen des § 159 S. 2 VwGO: „... tragen Kläger und Beigeladene als Gesamtschuldner."

5. Kosten bei der Beteiligung von Beigeladenen

a) Die Kostenpflicht des Beigeladenen (§ 154 Abs. 3 VwGO)

Gem. § 154 Abs. 3 VwGO können (dh nach hM „müssen") einem Bei- **6.28**
geladenen Kosten (nur) dann auferlegt werden, wenn er erfolglos Anträge gestellt oder Rechtsmittel eingelegt hat. Auch der notwendig Beigeladene kann also Kostenrisiken vermeiden, indem er keinen Antrag stellt. Bei unstreitiger Beendigung des Rechtsstreits durch die Hauptbeteiligten trifft den Beigeladenen keine Kostenpflicht (*Ewer* NordÖR 2002, 134).

Beispiel bei erfolgreicher Nachbarklage: „Die Kosten des Verfahrens tragen die Beklagte und der Beigeladene je zur Hälfte."

b) Kostenerstattungsanspruch des Beigeladenen (§ 162 Abs. 3 VwGO)

Eine Erstattung der außergerichtlichen Kosten des Beigeladenen setzt **6.29**
voraus, dass das Gericht diese Kosten von Amts wegen **aus Billigkeitsgründen** der unterlegenen Partei oder der Staatskasse auferlegt (§ 162 Abs. 3 VwGO). Die Entscheidung ist von Amts wegen zu treffen, sie bedarf keines Antrags. Die Kostenerstattung entspricht idR der Billigkeit, wenn der Beigeladene erfolgreich Anträge gestellt hat und damit ein eigenes Kostenrisiko eingegangen ist (anders bei Missbräuchlichkeit, vgl. BVerwG NJW 1995, 2865). Kostenerstattung kann auch dann der Billigkeit entsprechen, wenn der Beigeladene das Verfahren wesentlich gefördert hat, ohne Anträge zu stellen. Dass ein Fall notwendiger Beigeladener vorliegt, rechtfertigt die Kostenerstattung allein nach hM nicht (BVerwG NVwZ-RR 2001, 276).

Beispiele: „Die Kosten des Verfahrens trägt der Kläger einschließlich der außergerichtlichen Kosten des Beigeladenen zu 1). Der Beigeladene zu 2) trägt seine außergerichtlichen Kosten selbst." Oder: „Die Kosten des Verfahrens trägt der Kläger mit Ausnahme der außergerichtlichen Kosten des Beigeladenen, die dieser selbst trägt."

6. Beteiligung des Vertreters des öffentlichen oder des Bundesinteresses

Die VwGO hat eine Kostenlast des Vertreters des öffentlichen Interesses **6.30**
(§ 36 VwGO) und des Bundesinteresses beim BVerwG (§ 35 VwGO) im Falle ihrer Beteiligung am Prozess (§ 63 Nr. 4 VwGO) ebenso wenig vorgesehen wie einen Kostenerstattungsanspruch für diese Einrichtungen. Eine analoge Anwendung der Vorschriften über die Beiladung (§§ 154 Abs. 3, 162 Abs. 3 VwGO) kommt wegen gänzlich anderer Zielsetzungen nicht in Betracht. Eine Kostenpflicht greift nur ein, wenn der Vertreter des öffentlichen Interesses selbst erfolglos Rechtsmittel einlegt (vgl. *Kopp/Schenke* § 154 Rnr. 10).

7. Kostenentscheidung bei Berufungsurteilen

6.31 Bei erfolgloser Berufung wird nur über die Kosten der Berufungsinstanz entschieden, weil die Kostenentscheidung des VG erhalten bleibt. Gem. § 154 Abs. 2 VwGO trägt der Berufungsführer die Kosten der Berufungsinstanz. Gleiches gilt für das erfolglose Zulassungsverfahren nach § 124a VwGO: Bei der erfolgreichen Berufung wird dagegen über die Kosten beider Instanzen nach den allgemeinen Regeln neu entschieden.

Beispiele: „Die Berufung des Klägers gegen das Urteil des VG Hamburg vom … wird zurückgewiesen. Der Kläger trägt die Kosten des Berufungsverfahrens." Andernfalls: „Auf die Berufung des Beklagten wird das Urteil des VG Hamburg vom … aufgehoben. Die Klage wird abgewiesen. Der Kläger trägt die Kosten des Verfahrens"; s. auch oben Rnr. 6.15.

8. Kostenentscheidung in Sonderfällen

a) Kosten bei sofortigem Anerkenntnis (§ 156 VwGO)

6.32 Hat der Beklagte „keinen Anlass zur Klage gegeben", also zB die Erfüllung des Anspruchs nicht abgelehnt, fallen die Kosten des Verfahrens nach § 156 VwGO dem Kläger zur Last, wenn der Beklagte den Klageanspruch sofort anerkennt. Diese Regelung spielt wegen § 75 VwGO für Anfechtungs- und Verpflichtungsklagen keine Rolle. Sie gilt aber auch, wenn der Beklagte sich berechtigterweise erst infolge einer Änderung der Sach- und Rechtslage veranlasst sieht, den Klageanspruch anzuerkennen.

Beachte: Der Rechtsgedanke des § 156 VwGO gilt auch für § 161 Abs. 2 VwGO, wenn der Rechtsstreit sich erledigt, weil der Beklagte das Begehren von sich aus erfüllt, ohne dass er zur Erhebung der Klage Anlass gegeben hat (anderenfalls gilt § 161 Abs. 3 VwGO).

b) Kosten bei Verschulden eines Beteiligten (§ 155 Abs. 4)

6.33 Kosten, die durch das Verschulden eines Beteiligten entstanden sind (zB Versäumung von Terminen, Nachschieben von Gründen im Prozess, verspätetes Vorbringen, unrichtige Rechtsmittelbelehrung), können diesem unabhängig vom Ausgang des Verfahrens zur Last gelegt werden (§ 155 Abs. 4 VwGO). Die Entscheidung steht im Ermessen des Gerichts. Das Verhalten im Vorverfahren ist einzubeziehen. Eine spezielle Regelung enthält § 155 Abs. 3 VwGO für zusätzliche Kosten, die bei einer **Wiedereinsetzung** in den vorigen Stand entstanden sind. Sie fallen zwingend (kein Ermessen) dem Antragsteller zur Last.

Beachte: Nach dem **Grundsatz der Einheitlichkeit der Kostenentscheidung** müssten diese Kosten an sich isoliert festgestellt und dann in einen Bruchteil der Gesamtkosten umgerechnet („gequotelt") werden. In der Praxis wird anstelle dieses umständlichen Verfahrens die Berechnung dem Kostenfestsetzungsverfahren überlassen. Der Tenor lautet dann: „Die Kosten des Verfahrens trägt der Beklagte mit Ausnahme der Kosten, die durch den Antrag des Klägers auf Wiedereinsetzung in den vorigen Stand zusätzlich entstanden sind".

c) Kosten bei Erledigung des Rechtsstreits

Soweit sich der Rechtsstreit erledigt hat, richtet sich die Kostenentschei- **6.34**
dung nach § 161 Abs. 2, 3 VwGO. Wird der erledigte Teil nicht vor Beendigung des Klageverfahrens durch Beschluss mit Kostenausspruch
ausgeschieden, ist eine einheitliche Entscheidung über die Kosten des
streitigen und des unstreitigen Teiles zu treffen. Zur Praxis anstelle der
an sich auch hier erforderlichen Quotelung siehe Rnr. 6.33.

d) Kosten bei vollmachtloser Vertretung

Wird in fremdem Namen Klage erhoben, ohne dass trotz Fristsetzung **6.35**
eine schriftliche Vollmacht (§ 67 Abs. 3 S. 1 VwGO) vorgelegt wird, so
wird die Klage als unzulässig abgewiesen (GemSOGB BVerwGE 69,
380 = NJW 1984, 2149). Die Kosten des Verfahrens trägt in diesem
Fall der vollmachtlose Vertreter (*Kopp/Schenke* § 154 Rnr. 3 mwN).
Praktische Bedeutung hat diese Regelung für Prozessbevollmächtigte,
die trotz entsprechender Rüge (§ 67 Abs. 6 VwGO) keine Vollmacht
vorweisen können.

Beachte: Bestimmt das Gericht für das Nachreichen der Vollmacht eine Frist, kann
die Klage nach Ablauf der Frist als unzulässig abgewiesen werden. Bis zur Verkündung (oder Zustellung) des klagabweisenden Urteils kann die Vollmacht aber auch
nach Fristablauf noch heilen.

e) Niederschlagung der Kosten

Bei Kosten, die wegen unrichtiger Behandlung der Rechtssache durch **6.36**
das Gericht selbst entstanden sind, ist zu differenzieren: Zusätzlich ent-
standene **Gerichtskosten** bleiben gem. § 21 GKG außer Ansatz, aber
nicht schon im Tenor der Kostenentscheidung, sondern erst beim Kos-
tenansatz gem. § 19 GKG (*Kopp/Schenke* § 155 Rnr. 24 ff.). **Außergerichtliche Kosten**, die zusätzlich entstanden sind, werden als Anteil der
Gesamtkosten umgerechnet und analog § 162 Abs. 3 VwGO der Staatskasse auferlegt (*Kopp/Schenke* § 155 Rnr. 24).

Beispiel: „Der Kläger trägt ³/₄ der Kosten des Verfahrens; ¹/₄ der Kosten trägt die
Staatskasse."

III. Vorläufige Vollstreckbarkeit

1. Grundsatz: Nur hinsichtlich der Kosten

Anfechtungs- und Verpflichtungsurteile sind auch im Erfolgsfalle nur **6.37**
hinsichtlich der Kosten für vorläufig vollstreckbar zu erklären (§ 167
Abs. 2 VwGO). Gleiches gilt der Natur der Sache nach für Feststellungs-
urteile, die ebenso wie Gestaltungsurteile keine vollstreckungsfähige
Hauptentscheidung haben. Nur stattgebende Leistungsurteile können in
der Hauptsache für vorläufig vollstreckbar erklärt werden. Im Übrigen

richtet sich die vorläufige Vollstreckbarkeit gem. § 167 Abs. 1 VwGO nach den §§ 708 ff. ZPO.

Beispiel: „Die Beklagte trägt die Kosten des Verfahrens; insoweit ist das Urteil (gegen Sicherheitsleistung in Höhe von …€) vorläufig vollstreckbar."

2. Mit oder ohne Sicherheitsleistung?

6.38 Grundsätzlich sind gem. § 709 ZPO Urteile des VG (anders nach § 708 Nr. 10 ZPO Urteile des OVG bzw. VGH) **nur gegen Sicherheitsleistung** für vorläufig vollstreckbar zu erklären, sofern nicht ein Fall des § 708 ZPO vorliegt. Praktisch wichtig ist § 708 Nr. 11 ZPO, wonach bei Unterschreiten des dort für die Kosten festgesetzten Schwellenwertes von derzeit 1.500 € keine Sicherheit zu leisten ist. Für die Frage, in welcher Höhe die Kostenentscheidung eine Vollstreckung ermöglicht (§ 708 Nr. 11 ZPO), sind zu den außergerichtlichen Kosten des obsiegenden Teils diejenigen Gerichtskosten zu rechnen, die vom obsiegenden Teil verauslagt wurden.

Berechnung: Die Höhe der Kosten ist vom Streitwert (bei gerichtskostenfreien Verfahren vom Gegenstandswert) abhängig (siehe hierzu Rnr. 4.32 ff.). Sodann ist bei anwaltlich vertretenen Beteiligten Zahl und ggfs. Bruchteil der nach RVG angefallenen Gebühren festzustellen und die Summe um 20 Euro Aufwandspauschale und die MWSt zu erhöhen. Hinzuzurechnen sind die bereits gezahlten Gerichtskosten.

IV. Abwendungsbefugnis (§ 711 ZPO)

6.39 Ist das Urteil **ohne Sicherheitsleistung** (hinsichtlich der Kosten oder hinsichtlich der Hauptsache) für vorläufig vollstreckbar erklärt worden, so ist gem. § 711 ZPO von Amts wegen die Abwendungsbefugnis des unterliegenden Teils auszusprechen:

Beispiel: „Der . . . (unterliegende Teil) darf die Vollstreckung durch Sicherheitsleistung in Höhe von 110 % des vollstreckbaren Betrages abwenden, wenn nicht der . . . (obsiegende Teil) vor der Vollstreckung Sicherheit in Höhe von 110 % des zu vollstreckenden Betrages leistet." In der Praxis wird stattdessen gern tenoriert: „… durch Sicherheitsleistung in Höhe der festzusetzenden Kosten …". Im Examen ist dies nicht zu empfehlen. Bei Herausgabeklagen darf die Vollstreckung durch Hinterlegung abgewendet werden.

V. Notwendigkeit eines Bevollmächtigten im Vorverfahren

6.40 Die Gebühren und Auslagen eines Rechtsanwaltes im Vorverfahren sind nach § 162 Abs. 2 Satz 2 VwGO nur dann erstattungsfähig, wenn das Gericht die Hinzuziehung eines Bevollmächtigten für das Vorverfahren auf **Antrag** des (jedenfalls teilweise obsiegenden) Beteiligten für notwendig erklärt hat. Die Notwendigkeit ist nicht nur in schwierigen und umfangreichen Verfahren anzunehmen, sondern entspricht der Regel (vgl. *Kopp/Schenke* § 162 Rnr. 18). Das gilt auch für den Rechtsanwalt in eigener Sache, wenn die Hinzuziehung bei einem anderen Beteiligten notwendig gewesen wäre (BVerwGE 61,100). Anderes kann gelten, wenn das Vorverfahren als unbedeutende Formsache anzusehen ist, oder der Betroffene schon berufsbedingt die erforderliche Sach- und Rechtskunde hat und in enger Beziehung zur Verwaltung steht (BVerwG BayVBl 1999, 736).

Beachte: Die Entscheidung darüber ist, auch wenn sie im Rahmen des Urteils erfolgt, als selbständiger Beschluss anzusehen, der auch nachträglich ergehen kann und nach § 146 Abs. 3 VwGO selbständig anfechtbar ist. „Die Hinzuziehung eines Bevollmächtigten im Vorverfahren war notwendig." Der Ausspruch erfolgt idR im Anschluss an die Abwendungsbefugnis.

VI. Zulassung von Rechtsmitteln

Das VG kann (ggfs. muss) im Urteil die Berufung nach § 124a Abs. 1 **6.41** VwGO wegen eines Zulassungsgrundes nach § 124 Abs. 2 Nr. 3 (grundsätzliche Bedeutung der Rechtssache) oder Nr. 4 VwGO (Abweichung von einer Entscheidung des OVG, des BVerwG, des GemOGB oder des BVerfG in einer tragenden Frage) zulassen (§ 124a Abs. 1 VwGO).

Beispiel: „Die Berufung wird zugelassen." In den Entscheidungsgründen ist darzulegen, wegen welcher Frage die grundsätzliche Bedeutung der Rechtssache angenommen wird bzw. von welcher Entscheidung des übergeordneten OVG abgewichen wird.

§ 7. Der Tatbestand

Literatur: *Martens/Koch*, Mustertexte zum Verwaltungsprozess, 3. Aufl. 2009, 109 ff.; *Wahrendorf/Huschens*, Grundfragen beim Abfassen verwaltungsgerichtlicher Urteile, NWVBl 2005, 197; *Preusche*, Der Tatbestand in der verwaltungsrechtlichen Assessorklausur, JuS 2000, 170.

I. Grundsätzliches

Gem. § 117 Abs. 2 Nr. 4 VwGO muss das verwaltungsgerichtliche Urteil **7.01** einen Tatbestand haben, in dem der Sach- und Streitstand unter Hervorhebung der gestellten Anträge seinem wesentlichen Inhalt nach gedrängt darzustellen ist (§ 117 Abs. 3 VwGO). Der Tatbestand hat Beweisfunktion für das Vorbringen der Beteiligten (§ 314 ZPO iVm § 173 VwGO). **Offenbare Unrichtigkeiten**, Schreib- und Rechenfehler sind gem. § 118 VwGO jederzeit von Amts wegen zu berichtigen; die weitergehende **Berichtigung** des Tatbestandes erfolgt nach § 119 Abs. 1 VwGO auf einen entsprechenden Antrag (Frist beachten).

Merke: Der gesamte Tatbestand sollte neutral formuliert werden und nicht bereits rechtliche Wertungen zum Ausdruck bringen, die später in den Entscheidungsgründen begründet werden müssen. Im Übrigen ist der Sachverhalt so vollständig wiederzugeben, dass alle in den Entscheidungsgründen angestellten Erwägungen im Tatbestand ihre Grundlage finden.

1. Unterschiede zum Zivilurteil

7.02 Im Grundsatz gelten für Form und Aufbau dieselben Regeln wie für den Tatbestand eines Zivilurteils. Es gibt aber eine Reihe **wichtiger Unterschiede:**

– Keine strenge Trennung von Streitigem und Unstreitigem,
– keine strenge Trennung von Sachvortrag und Rechtsmeinung,
– mehr Raum für die Rechtsauffassungen der Beteiligten,
– Darstellung der Vorgänge im Verwaltungs- Widerspruchsverfahren,
– keine Konzentration des gesamten Vorbringens im Prozessvortrag, sondern chronologisch geordnete Wiedergabe,
– Bedeutung der Daten von Bescheiden, Widerspruch und Klage.

2. Bezugnahme auf einzelne Schriftstücke

7.03 Sofern die amtlichen Weisungen oder der Bearbeitervermerk nicht etwas anderes vorschreiben, ist es, wie in der Praxis üblich, grundsätzlich zulässig, im Tatbestand eines Urteils wegen der Einzelheiten auf den **Inhalt einzelner Urkunden** bzw. Schriftstücke **Bezug zu nehmen** (§ 117 Abs. 3 S. 2 VwGO). Zu vermeiden ist dagegen eine Pauschalverweisung auf sämtliche Schriftstücke oder ganze Akten (Angstklausel), durch die sich der Sachverhalt nämlich nicht in rechtlich relevanter Weise (vgl. § 314 ZPO iVm § 173 VwGO) vervollständigen lässt.

Beispiel: „Der Kläger erhob mit Schreiben vom … Widerspruch und machte geltend, die Beklagte hätte seinen PKW nicht abschleppen lassen dürfen. Der Wagen habe auf dem Grünstreifen zwischen Fahrbahn und Gehweg gestanden und dort den Verkehr nicht behindert. Für die Einzelheiten wird auf das Widerspruchsschreiben (Bl. 11 d. A.) Bezug genommen."

II. Der Aufbau des Tatbestandes

Überblick

1. Einleitungssatz
2. Sachverhaltsschilderung
3. Verfahrensgeschichte bis zur Klageerhebung
4. Klageerhebung
5. Klägervortrag
6. Anträge des Klägers und des Beklagten
7. Beklagtenvortrag
8. Ggfs. Vortrag und Anträge weiterer Beteiligter
9. Ggfs. Prozessgeschichte

1. Einleitungssatz (Präsens)

Der Tatbestand sollte mit einem Einleitungssatz beginnen, der ohne 7.04
Vorwegnahme rechtlicher Würdigungen über das streitige Begehren des
Klägers informiert und ihn in die Lage versetzt, die Bedeutung der Ein-
zelheiten des Tatbestandes besser zu verstehen.

Beispiele: „Der Kläger erstrebt die Erteilung einer Baugenehmigung für die Errichtung
eines Einfamilienhauses." Oder: „Der Kläger wendet sich gegen die Heranziehung zu
Kosten für das Abschleppen eines PKW." Nicht dagegen: „Der Kläger wendet sich
mit der Anfechtungsklage gegen einen VA, mit dem ihm gegenüber die Kosten für das
im Wege der Ersatzvornahme vorgenommene Abschleppen seines PKW festgesetzt
werden."

2. Die Sachverhaltsschilderung (Imperfekt)

Nach dem Einleitungssatz wird der feststehende Sachverhalt wiederge- 7.05
ben. Im Imperfekt werden diejenigen Teile des Sachverhalts geschildert,
die vom Gericht ohne weiteres, dh ohne dass dies gereclitfertigt werden
müsste, der Entscheidung zugrunde gelegt werden können. Unstreitig-
keit zwischen den Beteiligten reicht – anders als im Zivilurteil – nicht.
Hinzukommen muss, dass dieser Teil des Sachverhalts auch für das Gericht unzweifelhaft zutreffend ist.

Beachte: Ausführungen der Beteiligten, die – obschon unbestritten – entweder für das
Gericht in ihrem Wahrheitsgehalt zweifelhaft oder stark subjektiv gefärbt sind, werden hier nicht aufgenommen, selbst dann nicht, wenn das Gericht sie der Entscheidung später tatsächlich zugrunde legt. Bestrittener Sachvortrag sollte hier nur ausnahmsweise und nur unter entsprechender Kennzeichnung aufgenommen werden,
wenn dies für das Verständnis des Sachverhalts notwendig ist.

3. Verfahrensgeschichte bis zur Klageerhebung (Imperfekt)

An die Schilderung des feststehenden Sachverhalts schließt sich idR die 7.06
Darstellung des Verwaltungsverfahrens (im Imperfekt) an. Das Verwal-
tungsverfahren kann durch Erlass eines VA oder durch den Antrag eines
Beteiligten ausgelöst worden sein (vgl. § 22 VwVfG bzw. § 18 SGB X).
Wiederzugeben sind

– Anträge der Beteiligten im Verwaltungsverfahren,
– Entscheidungen der Verwaltung mit Gründen,
– Widersprüche und Vortrag der Beteiligten und
– Widerspruchsbescheide mit Begründung.

Beachte: Das **Datum der Bekanntgabe** bzw. Zustellung von Bescheiden sowie des Eingangs von Anträgen und Widersprüchen wird angegeben, soweit es für die Zulässigkeit der Klage von Bedeutung sein kann. IdR werden auch die den Bescheiden beigefügten **Gründe** wieder gegeben, soweit sie für die Entscheidung des Rechtsstreits
(Ermessenserwägungen) oder die Verständlichkeit des Sachverhalts relevant sind.

4. Klageerhebung (Perfekt)

7.07 Die Mitteilung der Klageerhebung erfolgt im Perfekt. Anzugeben ist nur der Tag des Eingangs der Klageschrift bei Gericht, in den Fällen des § 222 Abs. 2 ZPO iVm § 57 Abs. 2 VwGO auch der Wochentag.

Beispiele: „Am …, einem Montag, hat der Kläger die vorliegende Klage erhoben".
Nicht dagegen: „Mit Klageschrift vom …, bei Gericht eingegangen am …, hat der Kläger die vorliegende Klage erhoben". Nur bei isolierter Klage gegen den Widerspruchsbescheid kann formuliert werden: „Gegen den am … zugestellten Widerspruchsbescheid hat der Kläger am … Klage erhoben."

5. Vortrag des Klägers (Präsens)

7.08 An die Mitteilung der Klageerhebung schließt sich eine knappe Darstellung des Klägervortrags an. Dabei spielen auch die vorgetragenen Rechtsansichten eine wichtige Rolle. Sinnvoll ist, den Vortrag des Klägers in indirekter Rede (Präsens) zu referieren.

Beispiele: „Er trägt vor, …" oder „er macht geltend, …".

Eine sprachliche **Unterscheidung zwischen Tatsachenvortrag und Rechtsmeinung** (zB „er behauptet, …" im Gegensatz zu: „er meint, …") ist idR nicht nötig, kann aber zur Hervorhebung von Differenzen im Sachvortrag der Beteiligten nützlich sein. Das Vorbringen ist geordnet und gestrafft darzustellen; zur Änderung des Vorbringens Rnr. 7.21.

Beachte: Vorbringen aus dem Verwaltungsverfahren darf im Klägervortrag nicht erneut wiedergegeben werden. Soweit der Kläger zB sein Vorbringen aus dem Widerspruchsverfahren wiederholt oder sogar darauf verweist, kann etwa wie folgt formuliert werden: „Der Kläger wiederholt (und vertieft) sein Vorbringen aus dem Widerspruchsverfahren und trägt ergänzend vor, … "

6. Anträge des Klägers und des Beklagten (Präsens)

7.09 Die (zuletzt gestellten) Anträge einschließlich der Hilfsanträge sind einzurücken und im **tatsächlichen Wortlaut wiederzugeben,** auch wenn es später in den Entscheidungsgründen zu einer Präzisierung oder Modifizierung im Wege der Auslegung (§ 88 VwGO) kommt. Anträge, die solche Nebenentscheidungen betreffen, die ohnehin von Amts wegen getroffen werden müssen (zB Kostenentscheidung), werden weggelassen.

Beispiel: Der Kläger beantragt,
              den Bescheid des Beklagten vom … und den Widerspruchsbescheid vom … aufzuheben und den Beklagten zu verpflichten, dem Kläger die beantragte Aufenthaltserlaubnis zu erteilen,
         hilfsweise,
              den Beklagten zu verpflichten, den Aufenthalt des Klägers bis zum … zu dulden.
         Der Beklagte beantragt,
              die Klage abzuweisen."

7. Antrag und Vortrag des Beklagten

Der Antrag des Beklagten wird im Anschluss an den Antrag des Klägers 7.10
referiert. Für den Vortrag des Beklagten gelten keine Besonderheiten.
Verweist der Beklagte in der Klageerwiderung auf die Gründe einer Verwaltungsentscheidung, zB des Widerspruchsbescheides, oder wiederholt
er diese, so reicht ein diesbezüglicher Hinweis im Tatbestand aus.

Beispiel: „Der Beklagte wiederholt und vertieft die Gründe des Widerspruchsbescheides und trägt ergänzend vor, ... "

8. Antrag und/oder Vortrag der übrigen Beteiligten

Wenn Beigeladene oder ein VöI am Verfahren beteiligt sind, so sind de- 7.11
ren Vortrag und Anträge im Anschluss an den Beklagtenvortrag nacheinander zu referieren. Haben einzelne Beteiligte Anträge nicht gestellt,
so ist auch dies mitzuteilen.

Beispiel: „Der Beigeladene stellt keinen Antrag." Beiladungsbeschlüsse des Gerichts
sind nicht zu erwähnen, es sei denn, das Gericht hätte eine beantragte Beiladung abgelehnt oder die Beiladung ist so spät erfolgt, dass dem Beigeladenen nicht mehr ausreichend rechtliches Gehör gewährt werden konnte (dann gehört diese Feststellung in
die Prozessgeschichte).

9. Prozessgeschichte

In der Prozessgeschichte ist die Entwicklung nach Klageerhebung (im 7.12
Perfekt) nur darzustellen, soweit sie **für den Ausgang des Verfahrens
relevant** ist und nicht sinnvoll in den Vortrag der Beteiligten integriert
werden kann. Hierzu zählen

– Maßnahmen des Gerichts (zB Hinweise, Beschlüsse, **Beweiserhebungen**),
– Änderungen der Sach- und Rechtslage und die prozessuale Reaktion
der Beteiligten,
– uU auch in der mündlichen Verhandlung abgegebene Erklärungen
einzelner Beteiligter,
– ggfs. Erklärung des Einverständnisses der Beteiligten mit einer Entscheidung im schriftlichen Verfahren.

Beachte: Bei einer **Beweiserhebung** sind Beweisthema (Beweisfrage) und Beweismittel
anzugeben. Das Ergebnis der Beweisaufnahme in den Grundzügen möglichst wertungsneutral darzustellen. Für die Einzelheiten ist auf das Protokoll Bezug zu nehmen. Wenn Beteiligte zu dem Ergebnis der Beweisaufnahme in relevanter Weise Stellung genommen haben, ohne dass dies bereits im Vortrag der Beteiligten sinnvoll wiedergegeben werden kann, erfolgt die Wiedergabe im Rahmen der Prozessgeschichte.

10. Bezugnahme auf das Protokoll und auf die Sachakten

Abschließende Bezugnahmen auf den Akteninhalt oder auf einzelne 7.13
Schriftsätze sind zu unterlassen. Auch eine pauschale Bezugnahme auf

das Protokoll ist wenig sinnvoll. Haben dem Gericht Sachakten der Verwaltung vorgelegen und sind sie Gegenstand der mündlichen Verhandlung geworden, so ist dies im Tatbestand abschließend mitzuteilen.

Beispiel: „Die das umstrittene Vorhaben des Klägers betreffenden Bauakten haben dem Gericht vorgelegen und sind Gegenstand der mündlichen Verhandlung gewesen."

III. Aufbau des Tatbestandes von Berufungsurteilen

1. Allgemeines

7.14   Der Tatbestand des Berufungsurteils enthält sämtliche Elemente des erstinstanzlichen Tatbestands in knapper Darstellung. Vortrag und Anträge der Beteiligten in der ersten Instanz werden im Perfekt referiert. An die Prozessgeschichte der ersten Instanz schließt sich die Wiedergabe des erstinstanzlichen Urteils einschließlich seiner Gründe an. Darauf folgt der Antrag auf Zulassung der Berufung. Vortrag und Anträge der Beteiligten in der Berufungsinstanz werden im Präsens wiedergegeben.

Beispiel: „Am ... hat der Kläger die vorliegende Klage erhoben.
Der Kläger hat vorgetragen, ...
Der Kläger hat beantragt, ...
Der Beklagte hat beantragt, ...
Der Beklagte hat vorgetragen, ...
Das Verwaltungsgericht hat Beweis erhoben über ... Mit Urteil vom ... hat das Verwaltungsgericht die Klage abgewiesen. Zur Begründung hat es im Wesentlichen ausgeführt: ...
Gegen das ihm am ... zugestellte Urteil hat der Kläger am ... die Zulassung der Berufung beantragt, die mit Beschluss vom ... zugelassen wurde.
Der Kläger trägt mit der Berufung vor, ...
Der Kläger beantragt, ...
Der Beklagte beantragt, ...
Das Gericht hat Beweis erhoben über ..."

2. Die Anträge im Berufungsverfahren

7.15   Für Anträge im Berufungsverfahren gelten die oben Rnr. 7.10 und die unter Rnr. 7.17 ff. dargestellten Grundsätze. Zu beachten ist aber, dass das angefochtene Urteil in die Formulierung des Antrags einzubeziehen ist.

Beispiel: „Der Kläger beantragt, das Urteil des Verwaltungsgerichts vom ... abzuändern und den Bescheid vom ... und den Widerspruchsbescheid vom ... aufzuheben".

IV. Einzelfragen

1. Nichterscheinen von Beteiligten

7.16   Ist ein Beteiligter im Termin zur mündlichen Verhandlung nicht erschienen, so kann auch ohne ihn verhandelt und entschieden werden, sofern er rechtzeitig und unter Hinweis darauf geladen worden ist, dass bei seinem Ausbleiben auch ohne ihn verhandelt und entschieden werden kann (§ 102 Abs. 2 VwGO). Die ordnungsgemäße Ladung ist im Tatbestand mitzuteilen, und zwar dort, wo an sich der Klageantrag wiedergegeben würde.

Beispiel: „Im Termin zur mündlichen Verhandlung am ... ist der Kläger trotz ordnungsgemäßer Ladung unter Hinweis gem. § 102 Abs. 2 VwGO nicht erschienen".

Bei der **Wiedergabe des Antrags** ist zu differenzieren: Lässt sich dem 7.17 Vorbringen des ausgebliebenen Beteiligten ein bestimmtes Klagebegehren erst im Wege der Auslegung entnehmen, so unterbleibt die Wiedergabe eines Klageantrages gänzlich. Es wird dann lediglich der Antrag der übrigen Beteiligten aufgenommen. Lässt sich dem schriftlichen Vorbringen des Beteiligten hinreichend eindeutig ein bestimmter Klageantrag entnehmen, der seinem Klagebegehren entspricht, so wird dieser im Anschluss an die Feststellung seines Nichterscheinens aufgenommen.

Beispiel: „Aus seiner Klagschrift vom ... (seinem Schriftsatz vom ...) ergibt sich der Antrag, den Beklagten unter Aufhebung des Bescheides vom und des Widerspruchsbescheides vom ..., zu verpflichten, ..."

2. Schriftliches Verfahren

Das Einverständnis der Beteiligten mit einer Entscheidung im schrift- 7.18 lichen Verfahren ist in der Prozessgeschichte mitzuteilen. Stehen die Anträge der Beteiligten fest, zB weil sie in einer vorangegangenen mündlichen Verhandlung bereits gestellt wurden oder sich aus den Schriftsätzen ergeben, so werden sie im Tatbestand an der üblichen Stelle aufgeführt.

Beispiel: „In der mündlichen Verhandlung vom ... hat der Kläger den Antrag gestellt, ..."; oder: „Aus dem Schriftsatz vom ... ergibt sich der Antrag, ..."

Stehen die Anträge nicht eindeutig fest, so wird es idR nicht zu einer 7.19 Entscheidung im schriftlichen Verfahren kommen. Ist dies gleichwohl der Fall, unterbleibt die Aufnahme von Anträgen in den Tatbestand; in den Entscheidungsgründen ist dann durch Auslegung des Vorbringens zu ermitteln, welcher Antrag dem Rechtsschutzbegehren zugrunde liegt.

Beachte: Eine Entscheidung im schriftlichen Verfahren setzt voraus, dass **sämtliche Beteiligten** sich damit schriftlich (telefonisch reicht, wenn eindeutiger Aktenvermerk gefertigt, vgl. BVerwGE 62, 7 = NJW 1981, 1852) **einverstanden** erklärt haben (§ 101 Abs. 2 VwGO). Das Einverständnis gilt im Zweifel nicht für den gesamten Prozess, sondern nur nur bis zur nächsten Entscheidung des Gerichts (BVerwG NVwZ 1984, 645).

3. Mängel in der Antragstellung

Anträge in exakt der Fassung wiederzugeben, in der sie zu Protokoll 7.20 gegeben worden sind. Mängel der Anträge, etwa Ungenauigkeiten, Ungcreimtheiten oder Unvollständigkeit, sind im Tatbestand nicht zu berichtigen. Nur offenbare Schreibfchler usw. dürfen berichtigt werden. Im Übrigen müssen fehlerhafte Anträge im Rahmen der Entscheidungsgründe gewürdigt werden.

4. Änderung der Anträge

7.21 In den Tatbestand ist grundsätzlich nur die **letzte Fassung der Anträge** aufzunehmen. Es kann aber sinnvoll sein, auch die ursprüngliche Fassung von Anträgen wiederzugeben. Erforderlich ist dies dann, wenn der neue Antrag sonst unverständlich wäre, wenn die Zulässigkeit der Klageänderung umstritten oder zweifelhaft ist oder wenn die Änderung die Kostenentscheidung beeinflusst.

Beispiel: „Nachdem der Kläger zunächst auch die Aufhebung des Bescheides vom ... beantragt hatte, beantragt er nunmehr, ... "

5. Änderung des Sachvortrags der Beteiligten

7.22 Der Entscheidung das **Vorbringen der letzten mündlichen Tatsachenverhandlung** zugrunde zu legen; dementsprechend ist im Tatbestand der letzte Stand des Sachvortrags der Beteiligten wiederzugeben. Überholtes Vorbringen ist jedenfalls dann mitzuteilen, wenn daraus in den Entscheidungsgründen irgendwelche Folgerungen gezogen werden könnten, zB hinsichtlich der Glaubhaftigkeit des Vorbringens oder für Art und Inhalt des Rechtsschutzbegehrens.

Beispiel: „Mit der Klage hat der Kläger zunächst vorgetragen, er habe ... Mit Schriftsatz vom ... hat der Kläger demgegenüber vorgetragen, er sei am ... "

§ 8. Die Entscheidungsgründe

Literatur: *Martens/Koch*, Mustertexte zum Verwaltungsprozess, 3. Aufl. 2009, 113 ff.; *Wahrendorf/Huschens*, Grundfragen beim Abfassen verwaltungsgerichtlicher Urteile, NWVBl 2005, 197; *Emde*, Die Entscheidungsgründe des verwaltungsgerichtlichen Urteils, JuS 1997, 258, 453.

I. Grundsätzliches

1. Funktionen der Entscheidungsbegründung

8.01 Die Entscheidungsgründe enthalten eine knappe Zusammenfassung der Erwägungen, auf denen die Entscheidung in tatsächlicher und rechtlicher Hinsicht beruht (§ 313 Abs. 3 ZPO iVm § 173 VwGO). In nachvollziehbarer Weise ist darzulegen, nach welchen Rechtsnormen der Rechtsstreit zu entscheiden ist und weshalb sich bei Anwendung dieser

Normen auf den Streitfall die getroffene Entscheidung ergibt. Umfang und Gewichtung der Entscheidungsgründe sind von ihren Funktionen her zu bestimmen. Diese sollen vor allem

– den Beteiligten deutlich machen, ob und ggfs. in welchem Umfang und aus welchen Gründen das Gericht ihrem Vorbringen nicht gefolgt ist,
– eine inhaltliche Kontrolle durch die Beteiligten und ggfs. die nächsthöhere Instanz ermöglichen.

2. Der Urteilsstil

a) Von der Folge zur Voraussetzung

Als Urteilsstil bezeichnet man die in den Entscheidungsgründen anzu- 8.02
wendende **Begründungstechnik,** mit der der Leser vom Endergebnis über Zwischenergebnisse zu den jeweils maßgeblichen rechtlichen Erwägungen geführt wird. Für die dafür erforderliche gedankliche Verknüpfung sind Wörter wie „denn", „nämlich", „weil", „wonach" usw. die typischen sprachlichen Mittel; Gegenargumente werden sprachlich in „Zwar-Aber-Sätzen" oder mit „Allerdings-Sätzen" behandelt. Der Anschluss mit „denn" sollte nur bei monokausalen Verknüpfungen Verwendung finden. Verlangt wird eine klare Begründungsstruktur, die jederzeit darüber orientiert, welches Ergebnis bzw. Teilergebnis gerade begründet wird.

Beispiel: „Die Klage ist zulässig. Die Zulässigkeit scheitert nicht an der fehlenden Klagebefugnis. Der Kläger kann geltend machen, durch den angefochtenen VA in seinen Rechten verletzt zu sein (§ 42 Abs. 2 VwGO). Die für den VA maßgebliche Vorschrift des § ... vermittelt dem Kläger ein subjektives öffentliches Recht. Ein solches Recht ergibt sich aus einer Rechtsnorm nach allgemeiner Meinung dann, wenn sie neben dem öffentlichen Interesse jedenfalls auch dem Schutz der Interessen eines bestimmten Personenkreises zu dienen bestimmt ist. Das ist hier der Fall. Die Vorschrift dient nämlich auch dem Schutz der unmittelbaren Nachbarn. Dies folgt daraus, dass ... "

b) Die Sprache des Urteils

Die dem Urteil angemessene sprachliche Ausdrucksweise ist 8.03

– klar und präzise,
– einfach und schlicht,
– sachlich und neutral,
– zurückhaltend, aber bestimmt.

Beachte: Starke Formulierungen, wie „niemals", keineswegs", „selbstverständlich" usw. sind ebenso zu vermeiden wie blumige, lyrische oder journalistische Ausdrucksweisen. Wichtig ist, dass die Neutralität des Gerichts auch in den Formulierungen gewahrt bleibt und dass diese nicht mehr Angriffsflächen bieten als unumgänglich.

3. Die Gliederung der Entscheidungsgründe

8.04 Die Entscheidungsgründe müssen klar durchgegliedert sein. Sinnvoll ist es, die wesentlichen Punkte der Gliederung in einem Einleitungssatz jeweils der Zulässigkeits- und Begründetheitsprüfung voranzustellen. Diese Technik erlaubt es auch, die meist umständlich wirkenden Zwar-Aber-Sätze vor die Klammer zu ziehen und im Text selbst zu vermeiden.

Beispiel: „Die Klage ist unbegründet. Die angefochtenen Bescheide sind rechtmäßig (§ 113 Abs. 1 VwGO). Es fehlt weder an der Zuständigkeit des Beklagten für den Erlass der angefochtenen Verfügungen (1), noch an den nach § ... erforderlichen materiellen Voraussetzungen (2). Ein Verstoß dieser Bestimmung gegen höherrangiges Recht lässt sich nicht feststellen (3).“ In den jeweils entsprechend gekennzeichneten Abschnitten folgt dann die Begründung der angekündigten Teilergebnisse.

4. Hilfserwägungen und obiter dicta

a) Grundsatz: Nur die tragenden Gründe

8.05 Entscheidungsgründe sind so knapp wie möglich abzufassen. Mitgeteilt werden nur die „tragenden“ Gründe. Außerdem sollte die Begründung auf die Rechtsansichten der Beteiligten angemessen eingehen. Auch logisch an sich vorrangige Fragen dürfen offen, dh unentschieden bleiben, wenn es für die Entscheidung im Ergebnis nicht auf sie ankommt; lediglich der prozessuale Vorrang (Rnr. 3.14) ist auch im Urteil beachtlich. Lässt sich die Entscheidung auf mehrere Gründe stützen, ist im Grundsatz nur einer von diesen anzugeben, nämlich derjenige, der am klarsten und überzeugendsten ist. Dies ist idR auch derjenige, der den geringsten Begründungsaufwand erfordert. Von diesem Grundsatz gibt es Ausnahmen, in denen auch Gesichtspunkte behandelt werden, die die Entscheidung nicht tragen:

b) Zulässiges obiter dictum

8.06 Erwägungen der Beteiligten, die im Rechtsstreit eine wesentliche Rolle gespielt haben, aber nach Auffassung des Gerichts für die Entscheidung nicht von Bedeutung sind, können in einem sog. obiter dictum behandelt werden, damit die Begründung auch insoweit nachvollziehbar wird.

Beispiel: „Die Klage ist unbegründet. Die angefochtenen Bescheide sind rechtmäßig. Sie können sich zwar nicht auf die Bestimmung des § ... (1) oder auf die Vorschrift des ... (2) und auch nicht auf § ... (3) stützen, wohl aber auf die Bestimmung des § ... (4)“. (In einzelnen Abschnitten folgen alsdann die Ausführungen zu den angekündigten Punkten.)

c) Hilfserwägungen

8.07 Von Hilfserwägungen spricht man, wenn die Begründung nicht nur auf einen einzigen maßgeblichen Gesichtspunkt, sondern hilfsweise auf weitere Gesichtspunkte, die die Entscheidung ebenfalls tragen könnten, gestützt wird. Anders als im Gutachten werden solche Hilfsbegründungen in den Entscheidungsgründen grundsätzlich nicht gegeben. Nur ausnahmsweise können es die Funktionen der Begründung rechtfertigen, auch Hilfsüberlegungen aufzunehmen.

Beispiel: „Die Klage ist unzulässig. Die gem. § 74 VwGO maßgebliche Klagefrist von einem Monat ist nicht eingehalten (1). Außerdem fehlt dem Kläger die gem. § 42 Abs. 2 VwGO erforderliche Klagebefugnis (2)."

d) Zweifelsäußerungen

Gewissermaßen zwischen obiter dictum und Hilfserwägung stehen Zweifelsäußerungen, die jedenfalls im Examen grundsätzlich vermieden werden sollten.   8.08

Beispiel: „Es bestehen bereits erhebliche Zweifel daran, dass die Voraussetzung a) vorliegt. Diese Frage kann aber letztlich offen bleiben, weil der Anspruch des Klägers jedenfalls am Fehlen der Voraussetzung b) scheitert."

5. Argumentationsaufwand und Schwerpunktsetzung

Von großer Bedeutung ist die Schwerpunktsetzung. Zwar sind in einem Streitfall idR mehrere Probleme rechtlicher oder tatsächlicher Art zu bewältigen, diese müssen aber nicht alle in gleicher Tiefe und Breite erörtert werden. Der Bearbeiter muss vielmehr seinen Begründungsaufwand nach der Bedeutung des Problems für den Fall und nach dem zu erwartenden Überzeugungsbedarf richtig dosieren. Der Schwerpunkt der Argumentation muss bei den Problemen liegen, an denen sich der Fall entscheidet, bei den „Knackpunkten".   8.09

Im Übrigen muss der Argumentationsaufwand umso größer sein, je eher mit Widerstand gegen die vertretene Lösung gerechnet werden muss. Will der Bearbeiter zB von einer ihm bekannten Linie der Rspr. abweichen, so muss er seine abweichende Auffassung argumentativ hinreichend absichern; folgt er dagegen der Linie der Rspr., so kann er sich an dieser Stelle idR kürzer fassen.

6. Die Bezeichnung der Rechtsnormen

Unerlässlich ist die präzise Bezeichnung der herangezogenen Rechtsnormen. Hierzu gehört nicht nur die Angabe von Absätzen und Sätzen der Paragraphen bzw. Artikel eines Gesetzes, sondern auch die genaue Bezeichnung des Gesetzes (bzw. der Rechtsverordnung oder Satzung) selbst, sofern es für das Gesetz keine allgemein geläufige Abkürzung gibt (zB GG, VwGO, BauGB, BImSchG usw) und die Fassung keine besondere Rolle spielt. Bei der ersten Erwähnung ist dann die amtliche Bezeichnung mit Datum und Fundstelle sowie der im folgenden Text verwendeten Abkürzung anzugeben. Legt der Bearbeiter die neueste Fassung der Norm zugrunde, so reicht der Zusatz „m. Ä." (dh „mit späteren Änderungen") aus, anderenfalls ist die maßgebliche Fassung genau zu bezeichnen.   8.10

Beispiel: „Gesetz zum Schutz der Kulturpflanzen (PflSchG) v. 14. 5. 1998 (BGBl. I
S. 971, 1527, 3512 m. Ä.)" oder: „ ... (BGBl. I S. 971, 1527, 3512) idF vom 1. 9.
2005 (BGBl. I S. 2618)".

7. Verarbeitung von Rechtsprechung und Literatur

8.11 In der Klausur können Nachweise aus der Rspr. selbst dann nicht ange-
führt werden, wenn die entsprechenden Fundstellen in den als Hilfsmittel zugelassenen Kommentaren angegeben sind, weil es sich dann um
einen unzulässigen Nachweis „aus zweiter Hand" handeln würde.

Beachte: Zu vermeiden ist die Berufung auf die „herrschende Meinung", die „Rechtsprechung", die „Literatur", die „Mindermeinung" oder „die im Vordringen befind-
liche Meinung". Vielmehr ist die Argumentation in den Entscheidungsgründen idR
als eigene zu formulieren und ggfs. durch geeignete Nachweise aus den zugelassenen
Hilfsmitteln abzusichern. Lediglich wenn eine allgemeine Auffassung über eine bestimmte Frage besteht, von der abzuweichen kein Anlass besteht, sollte diese gebracht
werden.

II. Aufbau der Entscheidungsgründe

1. Ggfs. Begründung der Berechtigung einer Endentscheidung

8.12 In bestimmten Fällen, etwa im Falle einer Entscheidung im schriftlichen
Verfahren (§ 101 Abs. 2 VwGO), durch Gerichtsbescheid (§ 84 VwGO)
oder trotz Ausbleibens einzelner Beteiligter (§ 102 Abs. 2 VwGO) ist
eine Begründung dafür geboten, weshalb beim gegenwärtigen Stand des
Verfahrens eine Endentscheidung getroffen werden darf. Vor die Darlegungen zur Zulässigkeit wird dann ein Vorspruch gesetzt.

Beispiele: „Über die Sache kann trotz Ausbleibens des ... in der mündlichen Verhandlung vom ... verhandelt und entschieden werden, weil der ... rechtzeitig und unter
Hinweis gem. § 102 Abs. 2 VwGO geladen worden ist". Oder: „Die Kammer kann
ohne mündliche Verhandlung durch Gerichtsbescheid entscheiden, weil sie der Auffassung ist, dass die Sache keine besonderen Schwierigkeiten rechtlicher oder tatsächlicher Art aufweist und der Sachverhalt geklärt ist."

2. Ggfs. Auslegung des Klagebegehrens

8.13 Das Rechtsschutzbegehren muss inhaltlich genau feststehen. Unklare
Anträge sind ggfs. durch Auslegung des Vorbringens im Hinblick auf
das **Rechtsschutzziel** zu präzisieren, fehlende (zB bei Entscheidung ohne
mündliche Verhandlung) oder unvollständige Anträge ggfs. zu ergänzen.
Da das Gericht an die Fassung der Anträge nicht gebunden ist (§ 88
VwGO), muss es in derartigen Fällen die **Anträge** im Hinblick auf das
dem Vorbringen zugrunde liegende Klageziel **auslegen,** ohne allerdings
über die Anträge hinauszugehen. Das gilt auch für Anträge, die in der
mV gestellt wurden (aA *Kintz,*Rnr. 61).

Beispiel: „Der Kläger wendet sich gegen den Widerruf seiner Gaststättenkonzession durch den Bescheid vom ... und den Widerspruchsbescheid vom ... Darüber hinaus wendet er sich aber auch gegen die in diesen Bescheiden enthaltene Schließungsverfügung. Zwar hat er dies in seinem Antrag in der Klageschrift vom ... nicht zum Ausdruck gebracht; eine verständige Würdigung seines übrigen Vorbringens in der Klageschrift ergibt aber, dass die Anfechtung der Schließungsverfügung von seinem Rechtsschutzbegehren mitumfasst wird ...“

3. Einleitungssatz mit Ergebnis

Es ist sinnvoll und allgemein üblich, das Ergebnis der Entscheidung den Gründen voranzustellen. Mit Hilfe dieses Einleitungssatzes werden die Entscheidungsgründe grob vorstrukturiert (Rnr. 8.04). Seine Formulierung hängt von den in den Gründen tatsächlich behandelten Problemen ab. **8.14**

Beispiele: Wenn keine Zulässigkeitsfragen zu behandeln sind, lautet der Satz: „Die zulässige Klage hat in der Sache (keinen) Erfolg.“ Oder: „Die zulässige Klage ist (nicht) begründet.“ Sind Zulässigkeitsfragen zu erörtern, so kann wie folgt formuliert werden: „Die Klage ist zulässig (I), aber nicht begründet (II).“ bzw. „Die Klage ist zulässig (I) und begründet (II).“ Die römischen Ziffern markieren dann die Abschnitte der Zulässigkeits- und der Begründetheitsprüfung. Wurde zuvor der Klageantrag ausgelegt, so lässt sich wie folgt anknüpfen: „Die so verstandene Klage ist ...“.

4. Begründung der Entscheidung über die Zulässigkeit

a) Grundregel der Zulässigkeitsprüfung

Eine Klage ist nur dann zulässig, wenn sämtliche Zulässigkeitsvoraussetzungen (siehe hierzu § 13) gegeben sind. Schon das Fehlen einer einzigen führt zur Unzulässigkeit der Klage. Die **Prüfung** erfolgt **von Amts wegen;** ob die Beteiligten sich auf einen unzulässigen Rechtsstreit sachlich einlassen, spielt grundsätzlich keine Rolle (siehe aber Rnr. 14.12). Maßgebend ist der Zeitpunkt der gerichtlichen Entscheidung; bis dahin kann also eine zunächst unzulässige Klage noch zulässig und eine zunächst zulässige Klage noch unzulässig werden. **8.15**

Merke: Eine Ausnahme bilden insoweit die das Gericht betreffenden Zulässigkeitsvoraussetzungen, die idR trotz Änderung der Verhältnisse erhalten bleiben, wenn sie bei Klageerhebung vorgelegen haben (§ 17 Abs. 1 S. 1 GVG – **perpetuatio fori;** s. Rnr. 13.36).

b) Prüfung nur der problematischen Zulässigkeitsfragen

Von der Vielzahl der Zulässigkeitsvoraussetzungen dürfen und müssen in den Entscheidungsgründen nur diejenigen Erwähnung finden oder geprüft werden, die zweifelhaft sein können oder deren Vorliegen von einem Beteiligten bestritten worden ist. **8.16**

Beachte: Falsch wäre es deshalb, nach einem vorbereiteten Schema (Checkliste) die einzelnen Sachurteilsvoraussetzungen der Reihe nach aufzuzählen und ihr Vorliegen zu bestätigen. Ist keine der in Betracht kommenden Zulässigkeitsvoraussetzungen zweifelhaft (in Klausuren ein eher seltener Fall), so reicht der Satz aus: „Die Klage ist zulässig“.

c) Reihenfolge der Zulässigkeitsvoraussetzungen

8.17 Grundsätzlich sind zunächst die den Rechtsweg und die Zuständigkeit des Gerichts, sodann die die Beteiligten und schließlich die den Streitgegenstand betreffenden Zulässigkeitsvoraussetzungen zu prüfen, Letztere wieder unterteilt in allgemeine und besondere Sachurteilsvoraussetzungen (siehe § 13). Scheitert die Zulässigkeit an mehreren Voraussetzungen, ist das Urteil idR nur auf das Fehlen einer einzigen zu stützen, das Fehlen weiterer kann in einem obiter dictum erwähnt werden.

Beispiel: „Die Klage ist unzulässig. Dem Kläger fehlt die für die Erhebung einer Anfechtungsklage gem. § 42 Abs. 2 VwGO erforderliche Klagebefugnis ... Im Übrigen wurde die Klagefrist nicht eingehalten."

d) Zulässigkeitsprüfung bei mehreren Anträgen

8.18 Die Zulässigkeit mehrerer Anträge ist idR getrennt zu prüfen. Eine Zusammenfassung ist nur dann zweckmäßig, wenn die Zulässigkeitsfragen praktisch identisch sind, oder wenn keine wesentlichen Zulässigkeitsfragen auftreten.

Beispiel: „Die Klage ist mit Anfechtungs- und Verpflichtungsantrag zulässig. Für beide Anträge hat das erforderliche Vorverfahren stattgefunden ...".

5. Begründung der Entscheidung in der Sache

a) Allgemeines

8.19 Für die Begründetheitsprüfung lassen sich allgemein gültige Schemata oder Checklisten nicht aufstellen. Welche Punkte in der Begründetheitsprüfung eine Rolle spielen können, wird in den §§ 14 ff. für die einzelnen Klagearten dargestellt.

8.20 **aa) Gemeinsame Grundstruktur.** Die Darlegungen zur Begründetheit weisen eine gemeinsame Grundstruktur auf, die durch vier Ordnungsebenen gebildet wird. Auf der ersten Ebene werden die Voraussetzungen angegeben, die erfüllt sein müssen, damit die Klage in der Sache Erfolg haben kann. Für Anfechtungs- und Verpflichtungsklagen folgen diese aus § 113 VwGO. Auf der zweiten Ebene wird die Begründung durch die maßgeblichen Rechtsgrundlagen (für die Anfechtungsklage die Ermächtigungsgrundlagen, für Verpflichtungs- und Leistungsklagen die Anspruchsgrundlagen) gegliedert. Auf der dritten Ebene erfolgt die Strukturierung nach den Tatbestandsmerkmalen der zu prüfenden Rechtsnorm. Auf der vierten Ebene schließlich findet die argumentative Auseinandersetzung über das Vorliegen der einzelnen Tatbestandsmerkmale der Norm statt.

Eine tragfähige juristische Argumentation kann sich nur innerhalb eines zutreffend vorstrukturierten Rahmens vollziehen. Bevor man sich die Mühe macht, einzelne Fragen mit den Methoden juristischer Argumentation zu bewältigen, muss die Struktur der Darlegungen zur Begründetheit insgesamt klar sein.

bb) Juristische Argumentation. Die Möglichkeiten juristischer Argumenta- 8.21
tion sind vielfältig und können hier nicht im Einzelnen dargestellt werden.
Zum klassischen Quartett der Interpretationsregeln BVerfGE 11, 126,
130). Wenn für eine bestimmte Auslegung Argumente ad hoc entwickelt
werden müssen, ist es zu empfehlen, sich folgende Fragen zu stellen:

- Was ist im Gesetz gesagt? (Auslegung nach dem Sprachgebrauch und
  Systematik),
- Was ist gewollt? (Auslegung nach dem Sinn und Zweck der Norm),
- Was ist vernünftig? (Berücksichtigung der Auswirkungen).

Da im Examen idR keine Materialien zur Verfügung stehen, bleibt nur
die Möglichkeit, über den vermuteten Sprachgebrauch im Gesetz sowie
über die mit der Vorschrift verfolgten Zwecke Hypothesen aufzustellen
und zu versuchen, diese mit Wortwahl- und Regelungsvergleichen sowie
mit Überlegungen aus der Systematik des Gesetzes abzustützen.

Eine brauchbare Darstellung der Auslegungsmethoden findet sich bei *Sodan/Ziekow*,
Grundkurs § 2, und bei *Gast*, Juristische Rhetorik, Dritter Teil, S. 238 ff. 4. Aufl.
2005; eine beispielhafte Argumentation findet sich in der Entscheidung des GemS-
OGB BVerwGE 90, 332 (Abgeschlossenheitsbescheinigung). Siehe auch *Schroeder*,
Die Auslegung des EU-Rechts, JuS 2004, 180.

b) Grundstruktur anhand eines Beispiels

Im Folgenden soll am Beispiel einer Anfechtungsklage die Begründungs- 8.22
struktur deutlich gemacht werden.
Begründungssatz **erster Ordnung**:

„Die Klage ist begründet. Die angefochtenen Verfügungen sind rechtswidrig (1) und
verletzen den Kläger in seinen Rechten (§ 113 Abs. 1 S. 1 VwGO) (2)." Andere Begründungssätze erster Ordnung könnten lauten: „Die angefochtenen Verfügungen
sind rechtmäßig"; oder: „Die angefochtenen Verfügungen sind zwar rechtswidrig, verletzen den Kläger aber nicht in seinen Rechten".

Die Elemente des Begründungssatzes erster Ordnung müssen nun nach- 8.23
einander mit Hilfe von Sätzen **zweiter Ordnung** begründet werden. Im
Beispielsfall wird also im ersten Abschnitt (1) dargelegt, weshalb die angefochtenen Verfügungen rechtswidrig sind, im zweiten (2), weshalb der
Kläger dadurch in seinen Rechten verletzt wird.

„(1) Für den Widerruf der Gaststättenerlaubnis liegen weder die Voraussetzungen des
§ 15 Abs. 2 GastG (a) noch die des § 15 Abs. 3 GastG vor (b)."

Auf der **dritten Ebene** werden nun die Tatbestandsmerkmale der in Be- 8.24
tracht zu ziehenden Rechtsgrundlagen nacheinander abgehandelt:

„(a) Zu Unrecht nimmt die Beklagte an, es seien nachträglich Tatsachen eingetreten,
die die Versagung der Erlaubnis gem. § 4 Abs. 1 GastG rechtfertigen könnten. Die
Voraussetzungen für eine Versagung nach der hier allein in Betracht kommenden Vorschrift des § 4 Abs. 1 Nr. 1 GastG sind nicht eingetreten. Es liegen keine Tatsachen
vor, die die Annahme rechtfertigen, dass der Kläger die erforderliche Zuverlässigkeit
nicht besitzt."

8.25 Auf der **vierten Ebene** gelangt der Bearbeiter an den Punkt, von dem an der Argumentationszusammenhang ohne selbst entwickelte Begründungssätze nicht mehr hergestellt werden kann. Nehmen wir an, der Widerruf der Gaststättenerlaubnis sei ausgesprochen worden, weil der Kläger mehrmals wegen Verstößen gegen die StVO bestraft worden ist. Es würde nun nicht ausreichen, wenn die Begründung lediglich die Feststellung enthielte, dass die festgestellten Verstöße gegen die StVO keine Tatsachen seien, die die Annahme rechtfertigten, dass der Kläger die erforderliche Zuverlässigkeit nicht besitzt. Auch für diese „Feststellung" des Gerichts muss eine Begründung gegeben werden. Das Gericht muss hierfür erstens darlegen, welche Qualität die Tatsachen haben müssen, aus denen auf die Unzuverlässigkeit eines Gewerbetreibenden geschlossen werden kann, und zweitens, weshalb den im Falle des Klägers vorliegenden Tatsachen diese Qualität ganz oder teilweise fehlt. Es könnte also formulieren:

> „Als Tatsachen isd § 4 Abs. 1 Nr. 1 GastG kommen nur solche in Betracht, die den Schluss darauf zulassen, dass der Gastwirt die ihm beim Betrieb der Gaststätte obliegenden Pflichten insbesondere gegenüber der Allgemeinheit, den Gästen und den Mitarbeitern zukünftig nicht in ausreichendem Maße erfüllen wird (aa). Ein solcher Schluss kann aus den Verurteilungen wegen Verstößen gegen die StVO nicht gezogen werden (bb)."

8.26 Auch diese beiden Sätze reichen als Begründung noch nicht aus; vielmehr sind beide weiter begründungsbedürftig. Es muss also weiter dargelegt werden, erstens warum das Gericht eine solche Qualität der Tatsachen verlangt und zweitens warum es die vorliegenden Tatsachen nicht als ausreichend erachtet. Hier beginnt nun die eigentliche juristische Argumentation, die mit methodisch zulässigen Argumenten geführt werden muss. Im Hinblick auf Sprachgebrauch (Wortlautauslegung) und auf Sinn und Zweck der Vorschrift könnte es zur Begründung (von aa) weiter heißen:

> „aa) Bereits seinem Wortlaut nach stellt § 4 Abs. 1 Nr. 1 GastG auf „die für den Gewerbebetrieb erforderliche" Zuverlässigkeit ab, nicht auf die allgemeine persönliche Integrität. Ähnlich wie die allgemeine Vorschrift des § 35 GewO soll auch § 4 Abs. 1 Nr. 1 GastG von seiner ordnungsrechtlichen Zielrichtung her gewährleisten, dass die Gewerbeausübung ohne Gefährdung von Rechtsgütern der Allgemeinheit und einzelner Dritter erfolgt. Deshalb können als Tatsachen im Sinne der Vorschrift nur solche herangezogen werden, die den Kläger gerade oder jedenfalls auch im Hinblick auf seine gewerbliche Betätigung als unzuverlässig erscheinen lassen können."

Zur Begründung von (bb) ließe sich sodann weiter ausführen:

> „bb) Dies ist bei den vorliegenden Verurteilungen wegen Verstößen gegen die StVO nicht der Fall. Sie haben weder einen gewerberechtlichen Bezug, noch sind sie nach Art und Zahl derart gravierend, dass sie einen allgemeinen Schluss auf eine entsprechende Persönlichkeitsstruktur des Klägers und damit auch auf seine Unzuverlässigkeit auch im gewerberechtlichen Bereich zulassen."

Die Begründung derartiger Sätze muss je nach Bedeutung für die Entscheidung und Überzeugungskraft bzw. zu erwartendem Widerstand gegen die darin enthaltenen Aussagen mehr oder weniger umfangreich ausfallen. Entspricht ein Satz zB allgemeiner Auffassung, so bedarf er idR keiner näheren Begründung; in der Praxis begnügen sich die Gerichte nicht selten mit Hinweisen auf die höchstrichterliche Rspr., was in einer Examensarbeit vermieden werden sollte. Muss dagegen – wie zumeist in der Klausur – davon ausgegangen werden, dass es zu einer Frage keine bereits gefestigte Auffassung gibt, ist eine eigene Argumentation erforderlich, ebenso, wenn von einer bestehenden Rspr. abgewichen werden soll. 8.27

6. Begründung der Nebenentscheidungen

Die Nebenentscheidungen werden im Urteil idR sehr knapp begründet. Längere Darlegungen sind unüblich und nur in Ausnahmefällen erforderlich. 8.28

Beispiel: „Der Kläger hat als unterliegender Teil gem. § 154 Abs. 1 VwGO die Kosten des Verfahrens zu tragen. Ein Grund, ihm auch die außergerichtlichen Kosten des Beigeladenen aufzuerlegen, besteht nicht, zumal dieser keine Anträge gestellt hat. Die Entscheidungen über die vorläufige Vollstreckbarkeit hinsichtlich der Kosten und über die Abwendungsbefugnis des Klägers folgen aus den §§ 708 Nr. 11, 711 ZPO iVm § 167 VwGO.“

§ 9. Zustellung gerichtlicher und behördlicher Entscheidungen

Literatur: *Engelhardt/App/Schlatmann*, Verwaltungs-Vollstreckungsgesetz, Verwaltungszustellungsgesetz, Kommentar, 8. Aufl. 2008; *Hess*, Neues deutsches und europäisches Zustellungsrecht, NJW 2002, 2417; *Kremer*, Neuerliche Reform des Verwaltungszustellungsrechts des Bundes, NJW 2006, 332; *Tegethoff*, Das neue Verwaltungszustellungsrecht, JA 2007, 131.

I. Allgemeines

1. Zustellungserfordernisse

Die Zustellung ist eine besonders formalisierte Form der Bekanntgabe von Schriftstücken und elektronischen Dokumenten (§ 166 ZPO bzw. § 2 VwZG). Sie ist nur in den gesetzlich vorgeschriebenen Fällen erforderlich, aber auch sonst zulässig und aus Beweisgründen sinnvoll. Sie besteht im Grundsatz in der **Übergabe des Schriftstücks** in Urschrift, Ausfertigung oder beglaubigter Abschrift gegen ein Empfangsbekenntnis. Elektronische Dokumente werden auf Speichermedium (zB 9.01

CD-Rom) übergeben oder, wenn der elektronische Zugang eröffnet ist, elektronisch übermittelt (zB per E-Mail mit qualifizierter elektronische Signatur).

9.02 Gerichtliche Entscheidungen sind stets zuzustellen, wenn durch sie eine Frist in Lauf gesetzt wird, Urteile und streitentscheidende Beschlüsse auch sonst. Auch Klageschriften, Terminsbestimmungen und Ladungen (§ 56 VwGO) sind stets zuzustellen. Für **behördliche Entscheidungen** gilt: Widerspruchsbescheide müssen nach § 73 Abs. 3 VwGO stets zugestellt werden, sonstige VAe nur dann, wenn dies gesetzlich besonders angeordnet worden ist. Dies ist etwa bei VAen im förmlichen Verfahren (§ 69 Abs. 2 VwVfG) und bei Planfeststellungsbeschlüssen der Fall (§ 74 Abs. 1 VwVfG), sonst bei besonders wichtigen Entscheidungen.

Beispiele: Entscheidungen über Asylanträge (§ 31 Abs. 1 AsylVfG); Einberufungsbescheide (§ 21 Abs. 3 WPflG); beamtenrechtliche Entscheidungen, soweit nicht weitergehende Regelungen bestehen (§ 175 BBG); Entscheidungen über Entschädigungen für die Enteignung von Vermögenswerten in der ehem. DDR (§ 33 Abs. 4 VermG).
Merke: Eine gesetzlich nicht vorgeschriebene Zustellung kann bei Fehlerhaftigkeit nicht in eine (wirksame) Bekanntgabe umgedeutet, wohl aber durch Bekanntgabe geheilt (Rnr. 9.07) werden.

2. Maßgebliche Zustellungsbestimmungen

9.03 Die Zustellung **gerichtlicher Entscheidungen** richtet sich gem. § 56 Abs. 2 VwGO nach §§ 166 ff. ZPO. **Bundesbehörden** stellen nach dem Verwaltungszustellungsgesetz des Bundes (VwZG) zu, **Landesbehörden** nach dem des jeweiligen Landes. Das gilt auch für Widerspruchsbescheide. Das VwZG und die Zustellungsbestimmungen für Behörden orientieren sich weitgehend an den Zustellungsregelungen der ZPO, weshalb sie hier gemeinsam behandelt werden können.

II. Wesentliche Bestimmungen

1. Adressaten der Zustellung

9.04 Zuzustellen ist grundsätzlich an den **Adressaten** der Entscheidung persönlich, bei nicht oder nur beschränkt geschäftsfähigen Personen an den gesetzlichen Vertreter (§ 170 ZPO bzw. § 6 VwZG), sofern sie nicht für das konkrete Verfahren handlungs- bzw. prozessfähig sind. Bei mehreren gesetzlichen Vertretern genügt die Zustellung an einen von ihnen (§ 170 Abs. 3 ZPO bzw. § 6 Abs. 3 VwZG). Bei juristischen Personen und sonstigen Personenvereinigungen erfolgt die Zustellung an einen der Leiter (§ 170 Abs. 2 ZPO) bzw. deren gesetzliche Vertreter (§ 6 Abs. 2 VwZG), bei Behörden an den Behördenleiter.

Beachte: Ist in einem Verfahren ein **Bevollmächtigter** bestellt, so müssen gerichtliche Zustellungen nach § 172 ZPO stets an diesen erfolgen. Für behördliche Zustellungen gilt das nur bei Vorliegen einer schriftlichen Vollmacht (§ 7 Abs. 1 S. 2 VwZG); im Übrigen steht es im Ermessen der Behörde, ob an den Adressaten oder einen Bevollmächtigten zugestellt wird (§ 7 Abs. 1 S. 1 VwZG).

2. Zustellungsnachweis

Der Nachweis der Zustellung wird bei der Zustellung durch persönliche Aushändigung durch **Empfangsbekenntnis** geführt (§ 5 Abs. 1 VwZG), bei der Zustellung durch die Post durch eine ordnungsgemäß ausgefüllte **Zustellungsurkunde** nach § 182 ZPO (vgl. § 176 ZPO bzw. § 3 VwZG), bei schriftlicher oder elektronischer Zustellung an Anwälte, Steuerberater, Behörden usw. (§ 5 Abs. 4 VwZG) durch ein unterschriebenes bzw. elektronisches **Empfangsbekenntnis** (§ 174 ZPO bzw. § 5 Abs. 7 VwZG), bei der Zustellung durch Einschreiben durch den **Rückschein** (§ 175 ZPO bzw. § 4 VwZG) und bei der Zustellung im Ausland durch den Rückschein oder das Zeugnis der ersuchten Behörde (§ 9 Abs. 2 VwZG). 9.05

Merke: Fehlt es an einem Nachweis oder ist er fehlerhaft, so berührt das die Wirksamkeit der Zustellung allerdings nicht, wenn sie auf andere Weise nachgewiesen wird (vgl. § 189 ZPO bzw. § 8 VwZG; *Engelhardt/App/Schlatmann* § 8 Rnr. 2 mwN; *Tegethoff* JA 2007, 131, 134).

3. Zustellungsfiktion bei Verweigerung der Annahme

Wird die Annahme des Schriftstücks ohne ausreichenden Grund verweigert, so ist das Schriftstück am Ort der Zustellung in der Wohnung oder dem Geschäftslokal zurückzulassen. Die Zustellung gilt damit als bewirkt (§ 179 ZPO bzw. § 5 Abs. 2 S. 1 VwZG iVm § 179 ZPO). Ein sachlicher Grund für die Verweigerung der Annahme liegt vor, wenn es an einzelnen Voraussetzungen für die jeweils gewählte Form der Zustellung fehlt. 9.06

4. Zustellungsfehler, Heilung

Eine fehlerhafte Zustellung ist unwirksam. Allerdings können Zustellungsfehler geheilt und Zustellungsnachweise teilweise nachträglich ergänzt oder korrigiert werden. Im Übrigen gilt allgemein, dass bei fehlerhafter oder nicht nachweisbarer Zustellung diese gleichwohl als in dem Zeitpunkt bewirkt gilt, in dem der Empfänger das Schriftstück nachweislich erhalten hat (§ 189 ZPO bzw. § 8 VwZG). Diese seit 2001 bestehende Heilungsmöglichkeit rückt die Zustellung in die Nähe der Bekanntgabe. 9.07

III. Die einzelnen Zustellungsformen

9.08 ZPO und VwZG sehen neben der unmittelbaren Aushändigung (§ 5 VwZG, § 173 ZPO) folgende Zustellungsformen vor: Zustellung durch die Post mit Zustellungsurkunde (ZU) gem. § 3 VwZG, mittels eingeschriebenem Brief gem. § 4 VwZG, die Zustellung auf andere Weise gegen Empfangsbekenntnis (EB) gem. § 5 Abs. 3, 4 VwZG, die öffentliche Zustellung (§ 10 VwZG) und die Zustellung im Ausland (§ 9 VwZG).

1. Zustellungsurkunde, Empfangsbekenntnis, eingeschriebener Brief

a) Zustellung mit Zustellungsurkunde (ZU)

9.09 Sie ist die Grundform des Zustellungsnachweises (§ 182 ZPO). Im behördlichen Verfahren kann sie (nur) durch Postbedienstete (gem. § 2 Abs. 2 VwZG aber nicht nur Deutsche Post AG, sondern jeder Erbringer von Postdienstleistungen; vgl. §§ 33 bis 35 PostG), im gerichtlichen Verfahren auch durch Justizbedienstete, Gerichtsvollzieher oder eine ersuchte Behörde angefertigt werden. Die ZU bestätigt die Aushändigung des zuzustellenden Dokuments oder in den Fällen der Ersatzzustellung Niederlegung bzw. Einwurf in den Briefkasten. Voraussetzung für den Beweis nach § 418 ZPO sind die Mindestinhalte nach § 182 Abs. 2 ZPO, insbesondere eindeutige Unterschrift (Kürzel genügt nicht) und genaue Bezeichnung des Schriftstücks (**Individualisierungsgebot**).

b) Zustellung gegen Empfangsbekenntnis (EB)

9.10 Nach § 5 Abs. 1 VwZG kann die Zustellung in Verwaltungsverfahren dadurch bewirkt werden, dass der zustellende Bedienstete das Dokument dem Adressaten in einem (regelmäßig verschlossenen) Umschlag aushändigt und sich vom Empfänger ein EB mit dem Datum der Zustellung unterschreiben lässt. Eine Zustellung gegen EB an Anwälte, Steuerberater, Behörden usw. kann auch auf andere Weise geschehen (§ 174 ZPO bzw. § 5 Abs. 4 VwZG). Das Dokument wird dem Adressaten dabei idR mit normaler Post übersandt oder per Telefax übermittelt. Neuerdings ist auch elektronische Übermittlung mit qualifizierter elektronischer Signatur möglich, wenn dafür der Zugang eröffnet wurde (§ 174 Abs. 3 ZPO bzw. § 5 Abs. 5 und 6 VwZG). Zum Nachweis der Zustellung reicht das vom Empfänger unterschriebene und zurückgesandte Empfangsbekenntnis aus (§ 174 Abs. 4 ZPO bzw. § 5 Abs. 7 VwZG). Erst wenn der Rechtsanwalt bzw. zeichnungsberechtigte Beamte das Schriftstück persönlich in Empfang genommen hat, ist die Zustellung bewirkt (OVG Hamburg NJW 1999, 965).

Beachte: Im Verwaltungsverfahren kann auch anderen Personen gegen EB zugestellt werden (§ 5 Abs. 1 VwZG). Im gerichtlichen Verfahren besteht neben § 174 ZPO nur die Möglichkeit einer Aushändigung auf der Amtsstelle mit Aktenvermerk (§ 173 ZPO), sonst ist als Nachweis nur die ZU (§§ 177, 182 ZPO) vorgesehen.

c) Zustellung durch Einschreiben

Für die gerichtliche Zustellung eines eingeschriebenen Briefs ist nur die Zustellung durch **Einschreiben mit Rückschein** zugelassen, § 175 ZPO. Dagegen hat die Behörde die Wahl zwischen Übergabeeinschreiben und (Übergabe-)Einschreiben mit Rückschein, § 4 VwZG. Dabei ist stets Übergabe erforderlich, ein **Einwurfeinschreiben** genügt nicht (BVerwG NJW 2001, 458). Bei fehlendem Rückschein gilt die (widerlegbare) Zustellungsfiktion, wonach das Einschreiben am dritten Tage nach der Aufgabe als zugestellt gilt. **9.11**

Beachte: Die Dreitagesfiktion gilt auch dann, wenn der dritte Tag ein Sonntag oder Feiertag ist (hM, vgl. *Eyermann* § 56 Rnr. 4 Kommentierung zu §56 wurde eingestellt. Der Autor verweist auf Literatur zur ZPO.). Voraussetzung ist, dass über die Aufgabe zur Post ein Aktenvermerk gefertigt wurde. Die Fiktion kann durch substantiiertes Bestreiten beseitigt werden; dann muss der Absender den Zugang beweisen.

2. Die Ersatzzustellung

Eine Ersatzzustellung kann durch Übergabe des Schriftstücks an bestimmte dritte Personen, durch Niederlegung oder durch Einlegen in den Briefkasten erfolgen. Maßgeblich sind die §§ 178 ff. ZPO, die nicht nur für gerichtliche Ersatzzustellungen gelten, sondern auch für die behördliche (§ 3 Abs. 2, § 5 Abs. 2 VwZG). Die Ersatzzustellung wird in diesen Fällen durch eine ZU nach § 182 ZPO nachgewiesen. Bei Zustellung durch Behördenbedienstete erfolgt der Nachweis durch **Aktenvermerk** gem. § 5 Abs. 2 VwZG. Es gibt folgende Möglichkeiten: **9.12**

a) Ersatzzustellung in der Wohnung

Wird der Adressat in seiner Wohnung nicht angetroffen, so kann die Zustellung auch an eine zur Familie zählende in der Wohnung lebende Person (dazu gehören nach hM auch zB Pflegekinder und Lebensgefährten) oder an eine Hausangestellte (nach FG Berlin NJW 1986, 344 auch an Putzfrau) erfolgen, sofern diese erwachsen (Volljährigkeit nicht erforderlich) sind (§ 178 Abs. 1 Nr. 1 ZPO). **9.13**

Wohnung in diesem Sinne ist unabhängig vom Wohnsitz die Räumlichkeit, in der der Adressat tatsächlich wohnt, insbesondere auch schläft. Vorübergehende Abwesenheit, auch bei längerem Urlaub, ist unschädlich (BVerwG NJW 1991, 1904); anders aber bei Wohnungswechsel und Abwesenheit wegen einer Freiheitsstrafe.

Nach § 178 Abs. 1 Nr. 3 ZPO kann die Ersatzzustellung an Personen in Gemeinschaftseinrichtungen auch durch Übergabe an den Leiter der Einrichtung bzw. seinen Vertreter erfolgen. **9.14**

Beispiel: Zustellung eines für einen in einer Pension wohnenden Asylbewerber bestimmten Schriftstücks an Inhaber der Pension (VGH Kassel NVwZ 1989, 397 für ZU nach § 11 VwZG a. F.).

b) Ersatzzustellung in Geschäftsräumen/Behörden

9.15 Allen Personen, die Geschäftsräume unterhalten, kann nach § 178 Abs. 1 Nr. 2 ZPO sowohl in der Wohnung als auch in ihrem Geschäftsräumen, dort auch an Gewerbegehilfen (dauerndes Dienstverhältnis erforderlich, VGH München NJW 1991, 1249) zugestellt werden, unabhängig davon, ob sich das Schriftstück auf den privaten oder geschäftlichen Bereich bezieht. Die Regelung gilt auch für die Zustellung an Behörden (s. insoweit die Regelung in § 5 Abs. 3 VwZG: Nacht-, Sonn- und Feiertagszustellung nur nach Erlaubnis des Behördenleiters).

c) Ersatzzustellung durch Einlegen in den Briefkasten

9.16 Nach § 180 ZPO kann die Ersatzzustellung dadurch erfolgen, dass das Schriftstück in den zur Wohnung oder zum Geschäftsraum gehörenden Briefkasten eingeworfen wird. Der Zusteller vermerkt auf dem Umschlag der Sendung den Zeitpunkt des Einlegens in den Briefkasten.

d) Ersatzzustellung durch Niederlegung

9.17 Eine Niederlegung des Schriftstücks beim Amtsgericht oder der Post nach § 181 ZPO (bei behördlicher Zustellung auch bei der Behörde selbst, § 3 Abs. 2 Satz 2, § 5 Abs. 2 Satz 2 VwZG) kommt nur in Betracht, wenn die Ersatzzustellung durch Einwurf in den Briefkasten (§ 180 ZPO) oder durch Übergabe an den Leiter einer Gemeinschaftseinrichtung (§ 178 Abs. 1 Nr. 3 ZPO) nicht möglich ist. In diesen Fällen muss eine **Mitteilung über die Niederlegung** in der für gewöhnliche Briefe üblichen Weise in den Machtbereich des Empfängers gelangen; Kenntnisnahme des Empfängers ist nicht erforderlich.

Beachte: Ist die ZU ordnungsgemäß ausgefüllt (vgl. § 182 ZPO), so erbringt sie idR auch den Beweis dafür, dass die Mitteilung über die Niederlegung in der üblichen Weise in den Machtbereich des Empfängers gelangt ist. Das gilt auch dann, wenn der Empfänger glaubhaft macht, dass er zB den Briefkasten regelmäßig geleert, das Schriftstück aber nicht gefunden habe. Zur ordnungsgemäßen Ausfüllung gehört auch die Bezeichnung des Schriftstücks. Die bloße Angabe eines Aktenzeichens reicht idR nicht (OVG Hamburg HmbJVBl 1996, 77).

3. Öffentliche Zustellung

9.18 Die öffentliche Zustellung ist nur in den in § 185 ZPO bzw. in § 10 Abs. 1 VwZG genannten Fällen (unbekannter Aufenthalt, unbekannte Geschäftsanschrift, Unmöglichkeit einer Auslandszustellung, Exterritorialität) zulässig. Sie unterliegt einer besonderen Formstrenge und erfolgt nach § 186 ZPO durch Entscheidung des Prozessgerichts, im behördlichen Verfahren nach § 10 Abs. 1 Satz 2 VwZG auf Anordnung eines zeichnungsberechtigten Bediensteten.

Die Zustellung erfolgt durch öffentliche **Bekanntmachung einer Benachrichtigung** an der Gerichtstafel oder einer elektronischen „Gerichtstafel" (§ 186 Abs. 2 ZPO) bzw. –

bei behördlichen Verfahren – an der dafür allgemein bestimmten Stelle (§ 10 Abs. 2 VwZG). Bei der öffentlichen Zustellung muss die Benachrichtigung die in § 186 Abs. 2 ZPO bzw. § 10 Abs. 2 VwZG vorgeschriebenen Angaben enthalten. Das Gericht kann nach § 187 ZPO anordnen, dass die Benachrichtigung zusätzlich im elektronischen Bundesanzeiger oder in anderen Blättern (zB Tageszeitungen) zu veröffentlichen ist. Eine entsprechende Möglichkeit haben Behörden nach § 10 Abs. 2 VwZG sogar alternativ zu den anderen Methoden, wiederum aber nur für den Bundesanzeiger.

Die Benachrichtigung muss in gerichtlichen Verfahren mindestens **einen Monat** aushängen (§ 188 ZPO), in Verwaltungsverfahren nur **zwei Wochen** (§ 10 Abs. 2 Satz 6 VwVG). Dabei wird der erste Tag nicht mitgezählt (§ 187 Abs. 1 BGB). Bei öffentlichen Zustellungen durch Behörden ist Zeitpunkt und Art der Benachrichtigung in den Akten zu vermerken (§ 10 Abs. 2 Satz 5 VwVG). **9.19**

Beachte: Öffentliche Zustellungen erweisen sich sehr häufig als fehlerhaft. Häufigste Fehler: Nichteinhaltung der Frist, unvollständiger, unrichtiger oder nicht vollständig unterschriebener Vermerk, keine hinreichenden Versuche, den Aufenthaltsort des Empfängers zu ermitteln. Die Rspr. legt zu Recht **strenge Maßstäbe** an (*Kopp/ Schenke* § 56 Rnr. 40 mwN).

In sog. **Massenverfahren** (mehr als 50 Personen) gilt für gerichtliche Zustellungen ergänzend § 56 a VwGO, der statt der Zustellung an jeden einzelnen Beteiligten die öffentliche Bekanntmachung (§ 56 a Abs. 2 VwGO) erlaubt. Zuvor muss allen Beteiligten der entsprechende Gerichtsbeschluss über die Zulässigkeit der öffentlichen Bekanntmachung im weiteren Verfahren jedoch einzeln zugestellt werden. **9.20**

4. Zustellung im Ausland

Für die meist schwierige Zustellung im außereuropäischen Ausland ist nach § 183 ZPO bzw. § 9 VwZG ein Ersuchen des Gerichts oder der Behörde an die diplomatische oder konsularische Auslandsvertretung oder an das Auswärtige Amt erforderlich. **9.21**

Gericht bzw. Behörde können nach erfolgreicher Zustellung des verfahrenseinleitenden Schriftstücks im Rahmen des Rechtshilfeersuchens den Empfänger auffordern, einen Zustellungsbevollmächtigten im Inland zu benennen, ansonsten alle weiteren Zustellungen per Post an die ausländische Anschrift geben mit einer Zustellungsfiktion von zwei Wochen (§ 184 ZPO) bzw. sieben Tagen (§ 9 Abs. 3 VwZG).

Bestehen entsprechende völkerrechtliche Vereinbarungen kann auch per Post mittels Einschreiben mit Rückschein oder durch Übermittlung elektronischer Dokumente gegen Empfangsbekenntnis zugestellt werden (§ 183 Abs. 1 ZPO; § 9 Abs. 1 Nr. 1 und 4 VwZG; Aufzählung bilateraler und internationaler Vereinbarungen bei *Engelhardt/App*, § 9 Rnr. 10). **9.22**

Beispiele: Für Zustellungen in Belgien, Estland, Frankreich, Italien, Luxemburg, Österreich und Spanien gilt das **EuZustÜ** (Europäisches Übereinkommen über die Zustellung von Schriftstücken in Verwaltungssachen im Ausland vom 24. 11. 1977,

BGBl. II, 535). Die Zustellung erfolgt durch eine zentrale Behörde des Vertragsstaats nach den Regeln des anderen Staates, kann auf Ersuchen der absendenden Stelle aber auch auf andere, insbesondere in einer deutschem Recht entsprechenden Weise erfolgen. Der Empfänger kann die Annahme verweigern, wenn das Schriftstück nicht in seiner Amtssprache verfasst ist. Die ebenfalls vorgesehene Direktzustellung per Post findet derzeit für Deutschland keine Anwendung (näheres *Engelhardt/App*, S. 535 ff.). Für Zustellungen nach Österreich gilt zudem der bilaterale **deutsch-österreichische Vertrag** über Amts- und Rechtshilfe in Verwaltungssachen vom 31. 5. 1988. Hiernach ist Direktzustellung per Post möglich, insbesondere durch Einschreiben mit Rückschein.

Teil 3. Weitere Entscheidungsformen in der Fallbearbeitung

§ 10. Beschluss und Gerichtsbescheid

I. Allgemeines

1. Streitentscheidende Beschlüsse

Im Verwaltungsprozess kommen nach Struktur und Bedeutung sehr un- **10.01**
terschiedliche Beschlüsse vor. Nur wenige davon können Hauptgegen-
stand einer Aufgabenstellung sein, nämlich nur solche, die eine eigene,
wenigstens summarische **Prüfung des Streitstoffes** und eine entsprechende Begründung erfordern.

Merke: Praktische Bedeutung haben im Assessorexamen nur die Beschlüsse nach
§§ 47, 80, 80 a, 123 VwGO. Zu Beiladungs-, Beweis-, Prozesskostenhilfe- und Erledi-
gungsbeschlüssen siehe Rnr. 26.01 ff.

2. Anwendbare Vorschriften

Die Regelungen für Entscheidungen in Beschlussform sind unübersicht- **10.02**
lich und wenig einheitlich. Nach § 122 VwGO sind eine Reihe von für
Urteile geltenden Vorschriften auf Beschlüsse entsprechend anwendbar.
Diese Aufzählung ist nicht abschließend. Die meisten Bestimmungen
der §§ 81 ff. VwGO sind auch auf Beschlüsse bzw. die selbständigen Beschlussverfahren anwendbar, soweit sich aus speziellen Regelungen oder
der Natur der Sache nach nicht etwas anderes ergibt (vgl. *Kopp/Schenke*
§ 122 Rnr. 3). Viele Fragen sind für einzelne Beschlussverfahren speziell
geregelt.

Beispiele: Abänderbarkeit von Beschlüssen im einstweiligen Rechtsschutz gem. § 80
Abs. 7 VwGO (analog anwendbar auf Beschlüsse nach § 123 VwGO, s. Rnr. 20.22);
Unanfechtbarkeit von Beiladungsbeschlüssen gem. § 65 Abs. 4 S. 3 VwGO; Begrün-
dungserfordernis bei Beschlüssen nach § 161 Abs. 2 VwGO.

3. Anfechtbarkeit von Beschlüssen

Grundsätzlich sind Beschlüsse gem. § 146 Abs. 1 VwGO mit der **Be-** **10.03**
schwerde anfechtbar; die **Beschwerdefrist beträgt zwei Wochen.** Dies
gilt nicht für die in § 146 Abs. 2 VwGO genannten Beschlüsse sowie
solche, die sich auf Kosten, Gebühren und Auslagen beziehen, wenn der

Beschwerdewert 200 Euro nicht übersteigt (§ 146 Abs. 3 VwGO). Für **Beschlüsse im vorläufigen Rechtsschutz** nach §§ 80, 80a, 123 VwGO gelten gem. § 146 Abs. 4 VwGO Sonderregelungen, wonach die Beschwerde nicht nur innerhalb von zwei Wochen eingelegt, sondern auch **binnen eines Monats begründet** werden muss, im Beschwerdeverfahren nur die dargelegten Gründe geprüft werden und für das VG keine Abhilfemöglichkeit besteht. In vielen Fällen ist die Anfechtbarkeit von Beschlüssen speziell geregelt.

Beispiele: Keine Anfechtung von Beiladungsbeschlüssen (§ 65 Abs. 4 S. 3 VwGO), von Verweisungsbeschlüssen bei örtlicher Unzuständigkeit (§ 83 S. 2 VwGO), Anfechtung der Gewährung von PKH nur durch die Staatskasse (§ 127 Abs. 3 ZPO iVm § 166 VwGO); ferner die Einschränkungen in § 34 S. 1 WPflG; § 75 S. 1 ZDG; § 80 AsylVfG; § 37 Abs. 2 VermG. Eine Erweiterung der Anfechtbarkeit sieht dagegen § 68 Abs. 1 GKG für Streitwertbeschlüsse vor (6-Monatsfrist des § 63 Abs 3 GKG); vorläufige Streitwertfestsetzungen sind dagegen unanfechtbar.

II. Grundregeln für das Abfassen von Beschlüssen

1. Das Rubrum eines Beschlusses

10.04 Für das Rubrum ergeben sich gegenüber dem Urteil wenige Besonderheiten. Beschlüsse ergehen nicht im Namen des Volkes; das Gericht hat den Tenor der Entscheidung nicht „für Recht erkannt", sondern „beschlossen".

Beachte: Im Rubrum lautet der Verbindungssatz dementsprechend: „In der Verwaltungsrechtssache ... hat das VG ... am ... (aufgrund der mündlichen Verhandlung vom ...) durch die Richter ... beschlossen:"

10.05 Beteiligt sind grundsätzlich nur die Berufsrichter der Kammer, die nach § 6 VwGO auch die selbständigen Beschlussverfahren auf den Einzelrichter übertragen können. Im Einverständnis mit den Beteiligten kann nach § 87a Abs. 2 VwGO der Vorsitzende (bzw. nach § 87a Abs. 3 VwGO der Berichterstatter) allein entscheiden. Entscheidet die Kammer nach mündlicher Verhandlung, wirken auch die ehrenamtlichen Richter mit.

Beachte: In **selbständigen Antragsverfahren** (zB im einstweiligen Rechtsschutz und im Normenkontrollverfahren) sind die Hauptbeteiligten als Antragsteller bzw. Antragsgegner zu bezeichnen; bei urteilsvertretenden Beschlüssen bleibt es dagegen bei der Bezeichnung als Kläger und Beklagter. Die Bezeichnung der Beigeladenen und des ggfs. beteiligten Vertreters des öffentlichen Interesses bleibt in jedem Fall unverändert.

2. Der Tenor eines Beschlusses

10.06 In den selbständigen Beschlussverfahren enthält der Tenor neben der Hauptentscheidung **nur eine Kostenentscheidung** (auch über die außergerichtlichen Kosten von Beigeladenen nach § 162 Abs. 3 VwGO, aber ohne eine Entscheidung über die Hinzuziehung von Bevollmächtigten im Vorverfahren nach § 162 Abs. 2 S. 2 VwGO). Beschlüsse enthalten **keine weiteren Nebenentscheidungen.** Soweit sie einen vollstreckbaren Inhalt haben, sind sie ohne besonderen Ausspruch sofort vollstreckbar (§§ 168 Abs. 1 Nr. 1, 2, 149 VwGO). Die **Streitwertfestsetzung** wird in den Tenor des Beschlusses aufgenommen, bleibt aber auch hier rechtlich selbständig. Hängebeschlüsse sind selbständig anfechtbar, enthalten aber keine Kostenentscheidung (*Guckelberger*, NVwZ 2001, 275). Letzteres gilt auch für Entscheidungen über Streitwertbeschwerden (§ 68 Abs. 3 GKG).

Beispiele: „Die aufschiebende Wirkung des Widerspruches vom … gegen die dem Beigeladenen durch Bescheid vom … erteilte Baugenehmigung wird angeordnet. Die Antragsgegnerin und die Beigeladene tragen die Kosten des Verfahrens je zur Hälfte. Der Wert des Streitgegenstandes wird auf 10.000 Euro festgesetzt." Oder: „Die Antragsgegnerin wird im Wege der einstweiligen Anordnung verpflichtet, dem Antragsteller bis zu einer rechtskräftigen oder klagabweisenden Entscheidung in der Hauptsache für sein Studium an … im Fach … Leistungen nach dem BAföG zu bewilligen. Die Kosten des Verfahrens trägt die Antragsgegnerin. Der Wert des Streitgegenstandes wird auf …. Euro festgesetzt."

3. Die Gründe eines Beschlusses

Beschlüsse sind gem. § 122 Abs. 2 S. 1 VwGO zu **begründen, wenn sie mit einem Rechtsmittel angefochten** werden können oder über einen Rechtsbehelf entscheiden. Beschlüsse über die Aussetzung der Vollziehung nach §§ 80, 80 a VwGO, über Anordnungen nach 123 VwGO und über die Kosten nach Erledigung der Hauptsache (§ 161 Abs. 2 VwGO) sind unabhängig davon stets zu begründen (§ 122 Abs. 2 S. 2 VwGO). Die Gründe von Beschlüssen haben **keinen Tatbestand,** müssen aber im Examen idR eine Darstellung des Sachverhalts enthalten. Hierfür werden sie in zwei Abschnitte unterteilt, von denen der erste eine Sachverhaltsdarstellung (Aufbau wie der Tatbestand eines Urteils), der zweite die rechtliche Begründung enthält.

10.07

Beispiel: Gründe: I. Der Antragsteller erstrebt vorläufigen Rechtsschutz gegen die dem Beigeladenen erteilte Baugenehmigung für die Errichtung eines Einfamilienhauses. (Absatz) Der Antragsteller ist Eigentümer des Grundstücks … , das an seiner Westseite auf der gesamten Tiefe an das Grundstück des Beigeladenen grenzt. Beide Grundstücke sind im B-Plan … als reines Wohngebiet mit zweigeschossiger offener Bauweise (WR II o) ausgewiesen. … II. Der Antrag ist nach §§ 80a Abs. 3 i.V.m. § 80 Abs. 5 VwGO zulässig. …

4. Unterschriften und Rechtsmittelbelehrung

Unterschriften und Rechtsmittelbelehrung sind Bestandteil des Beschlusses. Auf die Wiedergabe der Namen sowie eine ausformulierte Rechtsmittelbelehrung kann im Examen idR verzichtet werden.

10.08

Beispiele: „Rechtsmittel: Antrag auf Zulassung, Beschwerde gem. § 146 Abs. 4, 5 VwGO" oder (bei Streitwertbeschwerde): „Rechtsmittel: Beschwerde gem. § 68 Abs. 1 GKG".

5. Die Streitwertentscheidung

10.09 Die Entscheidung über den Streitwert (§ 63 Abs. 2 GKG) ist – wie beim Urteil – zwar rechtlich selbständig, kann aber in den Beschluss aufgenommen werden; in der ersten Instanz ist dann die Erforderlichkeit unterschiedlicher Rechtsmittelbelehrungen zu beachten, weil für die Beschwerde gegen Streitwertfestsetzungen andere Fristen gelten (vgl. § 68 GKG).

III. Begriff und Voraussetzungen des Gerichtsbescheides

1. Der Gerichtsbescheid als urteilsvertretende Entscheidung

10.10 Nach § 84 VwGO können **Gerichte im ersten Rechtszug**, nicht auch im Berufungs- oder Revisionsverfahren (§§ 125 Abs. 1 Satz 2, 141 VwGO), über eine Klage ohne mündliche Verhandlung durch Gerichtsbescheid entscheiden, wenn die Sache keine besonderen Schwierigkeiten rechtlicher oder tatsächlicher Art aufweist und der Sachverhalt geklärt ist. Der Gerichtsbescheid hat die **Wirkungen eines Urteils**; die Vorschriften über Urteile gelten entsprechend (§ 84 Abs. 1 Satz 3 VwGO).

2. Die Voraussetzungen für den Erlass eines Gerichtsbescheides

10.11 Ein Gerichtsbescheid kann (nur) ergehen, wenn ein **Klageverfahren in der ersten Instanz** anhängig ist, gleichviel ob bei einem VG, OVG/VGH oder beim BVerwG, die Sache **keine besonderen Schwierigkeiten** rechtlicher oder tatsächlicher Art aufweist und der Sachverhalt geklärt ist (§ 84 Abs. 1 Satz 1 VwGO), und zuvor auch insoweit rechtliches Gehör gewährt wurde (§ 84 Abs. 1 Satz 2 VwGO).

Merke: Eine Zurückverweisung durch das Berufungsgericht nach § 130 Abs. 1 Nr. 2 VwGO allein deshalb, weil das VG zu Unrecht davon ausgegangen ist, diese Voraussetzungen lägen vor, kommt nicht in Betracht.

3. Entscheidung durch die Berufsrichter

10.12 Die Entscheidung ergeht **ohne mündliche Verhandlung**. Ehrenamtliche Richter wirken deshalb nicht mit. Die Entscheidung wird durch die Berufsrichter der Kammer oder, wenn Einverständnis der Beteiligten mit einer Entscheidung durch den Vorsitzenden bzw. den Berichterstatter besteht (§ 87a Abs. 2, 3 VwGO) oder die Sache nach § 6 VwGO dem Einzelrichter übertragen worden ist, durch diesen allein getroffen.

4. Die äußere Form des Gerichtsbescheides

Der Gerichtsbescheid hat nach § 84 Abs. 1 Satz 3 VwGO die äußere **10.13**
Form eines Urteils. § 117 VwGO ist entsprechend anwendbar. Rubrum
und Tenor sind wie in einem Urteil abzufassen (siehe hierzu Rnr. 5.01 ff.).
Wie das Urteil ergeht auch der Gerichtsbescheid im Namen des Volkes.
Der Gerichtsbescheid enthält sämtliche Nebenentscheidungen, die auch
in einem entsprechenden Urteil enthalten sein müssten.

Beachte: Allerdings wird die Entscheidung mit „Gerichtsbescheid" überschrieben. Der
Verbindungssatz kann lauten: „In der Verwaltungsrechtssache … hat das VG … am
… ohne mündliche Verhandlung durch Gerichtsbescheid entschieden:" In den Entscheidungsgründen ist einleitend darzulegen, dass die Sache keine besonderen Schwierigkeiten rechtlicher oder tatsächlicher Art aufweist und der Sachverhalt geklärt ist.

5. Anfechtungsmöglichkeiten, Fortsetzung des Verfahrens

Die Anfechtbarkeit von Gerichtsbescheiden hängt nach § 84 Abs. 2 **10.14**
VwGO davon ab, welches Rechtsmittel in dem jeweiligen Verfahren gegen ein reguläres Urteil gegeben wäre. Drei Fallgestaltungen sind zu unterscheiden:

– Wäre gegen ein Urteil der Antrag auf Zulassung der Berufung zulässig (§ 124 a
Abs. 4 VwGO), haben die Beteiligten die Wahl zwischen diesem Rechtsmittel oder
einem Antrag auf mündliche Verhandlung (§ 84 Abs. 2 Nr. 2 VwGO). Im ersten
Fall wird wie beim Urteil über den Zulassungsantrag entschieden; im zweiten wird
das Verfahren bei Antragstellung binnen eines Monats im ersten Rechtszug fortgesetzt und eine mV anberaumt; der Gerichtsbescheid gilt dann als nicht ergangen
(§ 84 Abs. 3 VwGO).
– Wäre gegen ein Urteil **Revision** zulässig, so kann dieses Rechtsmittel auch gegen
den Gerichtsbescheid eingelegt werden (§ 84 Abs. 2 Nr. 1 VwGO); bei Nichtzulassung der Revision kann entweder Nichtzulassungsbeschwerde erhoben oder Antrag
auf mündliche Verhandlung gestellt werden.
– Wäre im konkreten Fall gegen eine Entscheidung durch Urteil ein **Rechtsmittel
nicht gegeben,** so können die Beteiligten gem. § 84 Abs. 2 Nr. 4 VwGO lediglich
den Antrag auf mündliche Verhandlung stellen und die Fortsetzung des Verfahren
fortgesetzt wird; der Gerichtsbescheid gilt als nicht ergangen.

§ 11. Die Anwaltsklausur

Literatur: *Mürbe/Geiger/Haidl*, Die Anwaltsklausur in der Assessorprüfung, 5. Aufl.
2004; *Decker/Konrad*, Die Anwaltsklausur – öffentliches Recht, 2009.

I. Allgemeines

1. Leistungsformen

In der Anwaltsklausur ist auf der Grundlage eines Aktenstücks idR eine **11.01**
Klageschrift zu entwerfen; in Betracht kommen auch **Widerspruchs-**

schreiben, Schriftsätze mit Einlegung von Rechtsbehelfen (**Beschwerdeschrift, Berufungszulassungsantrag**) oder **Anträge auf vorläufigen Rechtsschutz**. Auch ein Mandantenschreiben kann (uU zusätzlich) gefordert sein. Die Aufgabe wird neben dem Entwurf des erforderlichen Schriftsatzes idR die Erstattung eines Gutachtens über solche Fragen verlangen, die im Schriftsatz nicht behandelt werden können bzw. sollen. Verbreitet ist auch der umgekehrte Fall, dass ein passender Schriftsatz je nach dem Ergebnis eines zuvor erstatteten Anwaltsgutachtens (einschließlich Erwägungen zum prozessualen Vorgehen) erstellt werden soll. In diesem Fall ist auf eine Formulierung zu achten, die zur Vermeidung von Wiederholungen im Schriftsatz Verweisungen auf das Gutachten ermöglicht (zum Gutachten s. Rnr. 3.01 ff.). Als Grundmodell der Anwaltsklausur wird hier die Erhebung einer Klage vor dem Verwaltungsgericht behandelt.

Beachte: Denkbar ist auch der Entwurf eines verwaltungsrechtlichen Vertrages, einer Satzung für eine öffentlich-rechtliche Anstalt oder Körperschaft oder schlicht ein Gutachten zu einer bestimmten Rechtslage. Derartige kautelarjuristische Aufgaben dürften aber eher selten vorkommen und sollen deshalb hier unbehandelt bleiben. **Beispiele** für Anwaltsklausuren: *Kintz*, Der Raucherclub und das Nichtraucherschutzgesetz, JuS 2008, 816; *Berger*, Gaststättenerlaubnis unter Auflagen, JA 2008, 375; *Berger*, Die Waffenbörse, JA 2005, 377; *Everts*, Zulässigkeit einer kommunalen Bürgerbefragung, JuS 2004, 899.

2. Grundstrukturen, Besonderheiten

11.02 Die Grundstruktur einer Klageschrift entspricht im Wesentlichen derjenigen einer verwaltungsgerichtlichen Entscheidung. Das gilt insbesondere für die Sachverhaltsdarstellung und die rechtlichen Überlegungen. Besonderheiten ergeben sich vor allem aus der **Funktion der Klageschrift,** deren Ziel es sein muss, das Begehren des Mandanten in eine Erfolg versprechende Form zu kleiden. Deshalb geht es anders als beim Urteil nicht um die objektive und neutrale Darstellung von Sachverhalt und maßgeblichen rechtlichen Erwägungen. Zunächst ist das Klageziel ermitteln, sodann die Frage nach dem richtigen Beklagten (Passivlegitimation, Prozessführungsbefugnis) und dem zuständigen Gericht beantworten, und schließlich für den zutreffend bestimmten Streitgegenstand sachdienliche Anträge entwickeln. Erst dann folgen eine geschickte Aufbereitung des Streitstoffs mit dem Ziel, die für den Kläger günstigen Elemente des Sachverhalts mit etwaigen Beweisangeboten zu präsentieren, und die überzeugende Darlegung der Gründe für den Erfolg der Klage in der Sache.

Beachte: Hinsichtlich des anzurufenden Gerichts kann sich der Bearbeiter idR an der den angefochtenen Bescheiden beigefügten Rechtsmittelbelehrungen orientieren. Gleichwohl sollte eine Kontrolle nicht nur im Hinblick auf den Rechtsweg (§ 40 VwGO), sondern auch auf die örtliche (§ 52 VwGO), sachliche (§§ 45 ff. VwGO) und instanzielle Zuständigkeit erfolgen.

II. Aufbau und Grundüberlegungen einer Klageschrift

1. Rubrum der Klageschrift

Mit Einreichung der Klageschrift wird das Prozessrechtsverhältnis be- **11.03**
gründet. Deshalb darf die Klage nicht unter Bedingungen oder einer
Fristbestimmung erhoben werden. Der notwendige Inhalt der Klageschrift ergibt sich aus § 82 VwGO. Hierzu gehört die Angabe des Beklagten (Antragsgegners) sowie, wenn erforderlich, der übrigen am Rechtsstreit beteiligten bzw. zu beteiligenden Personen, ggfs. ihrer gesetzlichen
Vertreter (s Rnr. 5.03) und Prozessbevollmächtigten. Passivlegitimiert ist
derjenige Rechtsträger, gegen den sich das Begehren materiell richtet
(§ 78 VwGO). Eine Vollmacht ist beizufügen (s für den Fall einer fehlenden Vollmacht Rnr. 13.47).

a) Grundfall

Die Klageschrift beginnt mit Namen und Anschrift des Rechtsanwalts an- **11.04**
stelle des Briefkopfs sowie mit der Nennung von Ort und Datum. Es folgen dann Bezeichnung und Adresse des Gerichts, welches angerufen werden soll. Daran schließt sich zumeist in der Mitte der Zeile als Überschrift
die Bezeichnung des ergriffenen Rechtsbehelfs (Klage, Widerspruch, Beschwerde, Berufung usw.) an. Es folgt dann der Einleitungssatz, in dem
die Beteiligten ähnlich wie im Rubrum des Urteils mit ihrer Parteirolle
bezeichnet aufgeführt werden, und der mit den Anträgen abschließt.

Beispiel: „In der Sache Burkhard Meier, wohnhaft …, Kläger, gegen die Freie und
Hansestadt Hamburg, vertreten durch das Bezirksamt Eimsbüttel, …, Beklagte, wird
aufgrund beigefügter Vollmacht **Klage** erhoben mit folgenden Anträgen: …" In einigen Bundesländern ist es üblich, vor den Anträgen noch einen Betreff anzugeben.
Bsp.: „ … Klage erhoben wegen Anfechtung eines Gebührenbescheides. Es wird beantragt … ". Streitwert: 10.000 EUR nach Tz … des Streitwertkatalogs.

b) Sonderkonstellationen

Handelt es sich um einen Fall, in dem eine Beiladung voraussichtlich **11.05**
notwendig ist oder als sinnvoll erachtet wird (s. Rnr. 26.04), können die
beizuladenden Personen bereits im Rubrum aufgeführt werden, um dem
Gericht deren zügige Beiladung zu erleichtern. Handelt es sich um Fälle,
in denen besondere Vertretungsverhältnisse bestehen, so sind diese ebenso wie im Rubrum eines Urteils aufzuführen. Dasselbe gilt, wenn mehrere Kläger vorhanden sind oder sich die Klage gegen mehrere Beklagte
richtet (s. Rnr. 5.02 ff.).

2. Klageanträge

Die Formulierung der Klageanträge sollte erst erfolgen, wenn der Streit- **11.06**
stoff gedanklich im Hinblick auf sämtliche in Betracht kommenden

Rechtsschutzmöglichkeiten umfassend rechtlich bewältigt worden ist. Dabei kann sich der Bearbeiter grundsätzlich an den Entscheidungsformeln des Gerichts orientieren (s. Rnr. 6.01 ff.). Typischerweise sind in Anwaltsklausuren mehrere Klageanträge zu stellen (und zu begründen). Nebenentscheidungen müssen dagegen nicht besonders beantragt werden, wenn über sie ohnehin von Amts wegen entschieden werden muss.

Beispiele: Entbehrlich sind die Anträge (und deren Begründung), der Gegenseite die Kosten des Verfahrens aufzuerlegen oder das Urteil hinsichtlich der Kosten für vorläufig vollstreckbar zu erklären (ggfs. ist ein Vollstreckungsschutzantrag nach den §§ 167 VwGO, 709 ff, 108 ZPO zu stellen). Nicht entbehrlich ist der Antrag, die **Hinzuziehung eines Bevollmächtigten** im Vorverfahren für notwendig zu erklären, § 162 Abs. 2 VwGO. Ebenso muss ggfs. ein Antrag auf **Wiedereinsetzung in den vorigen Stand** bei Fristversäumung, § 60 VwGO, aufgenommen werden, auch wenn über die Wiedereinsetzung bei Vornahme der versäumten Prozesshandlung von Amts wegen entschieden wird.

a) Klagehäufung

11.07 Um Anwaltsklausuren prozessual anzureichern, enthalten die Aufgaben häufig mehrere Klagebegehren, die in einer Klageschrift verarbeitet werden müssen. Eine objektive Klagehäufung ist unter den Voraussetzungen des § 44 VwGO möglich; liegen sie nicht vor, müssen uU zwei selbständige Klagen erhoben werden. Zur Verbindung von Anfechtungsklage und Folgenbeseitigungsantrag nach § 113 Abs. 1 Satz 2 VwGO oder Leistungsantrag nach § 113 Abs. 4 VwGO als besondere Formen der Stufenklage siehe näher Rnr. 13.60.

b) Haupt- und Hilfsanträge

11.08 Ist umstritten oder zweifelhaft, in welcher Antragsform (bzw. Klageart) das Begehren zulässigerweise geltend gemacht werden muss, kann sich ein Hilfsantrag empfehlen, wenn nicht auszuschließen ist, dass das Gericht einer anderen Rechtsauffassung folgt, als im Schriftsatz vertreten wird.

Beispiele: Anfechtungsklage und hilfsweise Verpflichtungsklage bei Klage gegen eine Nebenbestimmung zu einem VA wegen des Meinungsstreits um die richtige Klageart (dazu Rnr. 34.40 ff.); Leistungsklage und hilfsweise Verpflichtungsklage, wenn unklar ist, ob die begehrte Leistung den vorherigen Erlass eines VA erfordert (s. hierzu Rnr. 15.05 f.).

11.09 Im Fall der **Verpflichtungsklage** ist zu überlegen, ob Spruchreife der Sache iSd § 113 Abs. 5 VwGO besteht bzw. voraussichtlich durch das Gericht hergestellt werden kann (dann muss der Erlass des begehrten VA beantragt werden) oder ob die Voraussetzungen einer Ermessensreduzierung auf null (s. hierzu näher Rnr. 37.33) nicht dargelegt werden können bzw. nicht zu erwarten sind und daher nur eine Neubescheidung unter Beachtung der Rechtsauffassung des Gerichts in Betracht kommt.

Beachte: Wird vorschnell das weitergehende Begehren beantragt, besteht die Gefahr des teilweisen Unterliegens mit der entsprechenden Kostenfolge (s. Rnr. 6.25). Im umgekehrten Fall besteht die Gefahr, mit dem Antrag hinter dem klägerischen Begehren zurückzubleiben (dazu Rnr. 15.30). Grundsätzlich enthält der Verpflichtungsantrag als rechtliches Minus auch einen Bescheidungsantrag, weshalb ein entsprechender Hilfsantrag entbehrlich ist.

3. Angabe des Streitwerts

Im Verwaltungsprozess wird nunmehr auch die Angabe des Streitwerts   **11.10** in der Klagschrift verlangt (§ 61 GKG). Die Angabe sollte im Schriftsatz bereits vor der Begründung der Anträge erfolgen. Im Hinblick auf die im Regelfall erforderliche vorläufige Festsetzung des Streitwerts durch das Gericht nach GKG ist die Angabe eines Streitwerts außerdem sinnvoll und üblich. Für die Höhe des Streitwerts s. Rnr. 4.32 ff.

4. Sachvortrag

a) Grundsätze

Die Begründung einer Klage beginnt mit einer Darstellung des Sachver-   **11.11** halts. Der Aufbau kann sich im Wesentlichen am Tatbestand eines verwaltungsgerichtlichen Urteils orientieren (s. Rnr. 7.01 ff.). Hinsichtlich des Umfangs gilt der auch für gerichtliche Entscheidungen maßgebliche Satz, wonach im Sachvortrag alles gebracht werden muss, was Gegenstand der rechtlichen Würdigung werden soll. Das gilt auch insoweit, als es um die Erfolgsaussichten von Hilfsanträgen usw. geht.

Beachte: Die Beteiligten unterliegen der **Wahrheitspflicht.** Sie dürfen keine Tatsachen vortragen, von denen sie wissen, dass sie unzutreffend sind. Der Prozessbevollmächtigte ist dagegen nicht gehalten, Zweifel an dem Vortrag seines Mandanten zu artikulieren und solche Teile der Schilderung des Mandanten in den Vortrag aufzunehmen, die für das Begehren ungünstig sind.

b) Vollständigkeitsgebot

Anders als beim Urteil muss die Klageschrift den Streitstoff nicht voll-   **11.12** ständig präsentieren. Geboten ist vielmehr, diejenigen Sachverhaltselemente vollständig vorzutragen, die das Klagebegehren tragen können. IdR wird es auch erforderlich sein, Sachverhaltsteile vorzutragen, die dem Erfolg des Klageantrags entgegenstehen könnten. Nur dann besteht nämlich die Möglichkeit, die zu erwartenden Gegenargumente auf der Grundlage dieser Sachverhaltsteile zu entkräften.

Beispiel: Geht es um die Genehmigung einer baulichen Anlage, so ist es idR notwendig, auch die Frage einer sicher zu erwartenden Lärmbelastung anzusprechen, um darlegen zu können, dass der Lärm die zulässigen Grenzen nicht überschreiten wird.

c) Beweisanträge

Die für zivilrechtliche Anwaltsklausuren typische Ankündigung von   **11.13** (Hilfs-) Beweisanträgen zu entscheidungserheblichen Tatsachen ist auch in der verwaltungsgerichtlichen Klageschrift im Rahmen der Prozess-förderungspflicht üblich, obwohl hier der Untersuchungsgrundsatz des § 86 Abs. 1 VwGO gilt. Dies geschieht innerhalb der Sachverhaltsdar-stellung an der jeweiligen Tatsachenstelle abgesetzt durch Benennung des konkreten Beweismittels (zB „Beweis: Einholung Sachverständigen-gutachten").

Beachte: In der Anwaltsklausur ist die Ankündigung von Beweisanträgen überflüssig, wenn die Tatsachen, die sich aus den vorliegenden Behördenakten bzw. aus dem Pro-tokoll des Mandantengesprächs ergeben, unstrittig sind. Zur Prozessförderungspflicht s. Rnr. 27.03 ff. und zur Beweislast im Verwaltungsprozess Rnr. 27.14.

Könnten weitere für den Kläger günstige Tatsachen wichtig sein, die bisher dem Anwalt nicht vorliegen (zB bei Geltendmachung von Aus-kunftsansprüchen) bietet es sich ggfs. an, das Gericht aufzufordern, behördliche Akten des betreffenden Verwaltungsvorgangs nach § 99 VwGO beizuziehen und zur späteren ergänzenden Begründung der Klage Akteneinsicht nach § 100 VwGO zu gewähren, soweit noch nicht geschehen.

5. Rechtliche Erwägungen

11.14 Der **Aufbau** der rechtlichen Überlegungen folgt im Wesentlichen dem verwaltungsgerichtlichen Urteil. Im Unterschied zu den Entscheidungs-gründen ist es aber Aufgabe des Prozessbevollmächtigten, die dem Mandanten günstigen Gesichtspunkte in den Vordergrund zu rücken. Das bedeutet nicht, dass Zweifel und Bedenken ausgeblendet werden sollten. Eine gute Klageschrift zeichnet sich vielmehr dadurch aus, dass – ebenso wie beim Urteil – alle Gesichtspunkte des Falles gewürdigt werden, aber eben aus der Perspektive des Mandanten und deshalb nicht neutral.

Beachte: Es ist durchaus zulässig, im Rahmen der rechtlichen Würdigung auch sug-gestive Formulierungen zu benutzen, um das Begehren des Mandanten in einem güns-tigen Licht erscheinen zu lassen. Dies darf aber nicht gegen das auch für den Prozess-bevollmächtigten geltende Sachlichkeitsgebot verstoßen.

11.15 Bei der **Argumentation** zu umstrittenen Rechtsfragen ist zu beachten, dass sich die Klageschrift nicht darauf beschränken darf, einer bestimm-ten, für den Kläger günstigen Rechtsmeinung zu folgen (und etwa in Lit. und Rspr. vertretene Gegenauffassungen unter den Tisch fallen zu lassen). Da nicht auszuschließen ist, dass das entscheidende Gericht ge-rade eine gegenteilige Auffassung vertritt, liegt der **Schwerpunkt** der Ar-gumentation nicht auf der positiven Begründung der eigenen Rechts-meinung, sondern auf der argumentativen Auseinandersetzung mit den Gegenpositionen. Dies gilt besonders, wenn eine zwar vertretbare, aber von der hM bzw. bekannten Rspr. abweichende Position zugunsten des Mandanten vertreten wird.

Beachte: In diesen Fällen muss zusätzlich überlegt und ggfs. in einer **Hilfsbegründung** dargestellt werden, ob nicht auch die für den Mandanten nachteilige Rechtsauffassung im Ergebnis zielführend sein kann, etwa weil sich das klägerische Begehren auf alternative Rechtsgrundlagen stützen lässt (zB die Begründung der Voraussetzungen einer Befreiung nach § 31 Abs. 2 BauGB, falls das Gericht der Gegenansicht folgt, das Bauvorhaben sei im betreffenden Baugebiet nach § 34 Abs. 2 BauGB iVm der BauN-VO unzulässig). Diese Methodik darf jedoch nicht dazu verleiten, die Grenzen des juristisch Vertretbaren zu verlassen.

6. Sonstige Elemente

Die Einhaltung von Klage- und besonderen Begründungsfristen (zB § 17 **11.16** Abs. 6 b FStrG) muss aus dem Datum im Briefkopf bzw. aus der Sachverhaltsschilderung ersichtlich sein. Dasselbe gilt bei richterlicher Fristsetzung nach § 87 b VwGO. Für eine eventuelle Wiedereinsetzung in den vorigen Stand sind die Tatsachen zur Begründung des Wiedereinsetzungsantrags anzuführen und glaubhaft zu machen (§ 60 Abs. 2 Satz 2 VwGO; also etwa durch Beifügung einer eidesstattlichen Versicherung, vgl. § 294 ZPO; zur Wiedereinsetzung vgl. Rnr. 14,15).

Ist der Antrag gestellt, die **Hinzuziehung des Prozessbevollmächtigten** **11.17** des Klägers im Vorverfahren für notwendig zu erklären isd § 162 Abs. 2 Satz 2 VwGO, genügt in der Klausur zur Begründung der anwaltlichen Beauftragung im Widerspruchsverfahren idR der kurze pauschale Verweis auf die Schwierigkeit und Umfang der Sache und die Rechtsunkundigkeit des Widerspruchsführers.

7. Unterschrift und Anlagen

Die Klageschrift endet mit der Unterschrift des Rechtsanwalts (zum **11.18** Schriftformerfordernis des § 81 Abs. 1 VwGO vgl. Rnr. 13.48). Üblich ist der Hinweis auf die der Klageschrift beigefügten Schriftstücke, insbesondere die schriftliche Vollmacht nach § 67 Abs. 3 Satz 1 VwGO, die Kopien von VA und Widerspruchsbescheid nach § 82 Abs. 1 Satz 3 VwGO und andere entscheidungserhebliche Urkunden, die dem Gericht noch nicht vorliegen (vgl. § 86 Abs. 5 VwGO), und schließlich die Abschriften für die übrigen Beteiligten nach § 81 Abs. 2 VwGO.

§ 12. Widerspruchsbescheid und Abhilfeentscheidung

Literatur: *Geis/Hinterseh*, Grundfälle zum Widerspruchsverfahren, JuS 2001, 1074, 1176 und JuS 2002, 34; *Schoch*, Das Widerspruchsverfahren nach §§ 68 ff. VwGO, Jura 2003, 752; *Weber*, Zur Abhilfe nach § 72 VwGO einschließlich Kostenentscheidung und deren Tenorierung, KommJur 2006, 175.

I. Allgemeines zum Widerspruchsverfahren

12.01 Zu den Zulässigvoraussetzungen von Anfechtungs- und Verpflichtungsklage gehört in den meisten Bundesländern nach wie vor die Durchführung eines Widerspruchsverfahrens vor der Erhebung der Klage (siehe Rnr. 14.07 ff.). Zu unterscheiden sind der Widerspruch gegen einen belastenden VA (**Anfechtungswiderspruch**) und gegen der Widerspruch gegen die vollständige oder teilweise Ablehnung eines Antrags auf Erlass eines begünstigenden VA (**Verpflichtungswiderspruch**). Auf das Widerspruchsverfahren kommen neben den §§ 68 ff. VwGO auch Vorschriften des Verwaltungsverfahrensrechts zur Anwendung. Teilweise tritt auf Grund besonderer gesetzlicher Vorschriften ein Beschwerdeverfahren an die Stelle des regulären Widerspruchsverfahrens (zB § 336 LAG, § 22 WBO), im Abgabenrecht das Einspruchsverfahren (§§ 347 ff. AO). Die **Zwecke des Widerspruchsverfahrens** sind vielfältig. Es dient dem Rechtsschutz des Bürgers, der Selbstkontrolle der Verwaltung und der Entlastung der Gerichte.

II. Der Widerspruchsbescheid

12.02 In Widerspruchs- bzw. Beschwerdebescheiden ist neben der **Rechtmäßigkeit** eines VA auch über seine **Zweckmäßigkeit** zu entscheiden (§ 68 Abs. 1 S. 1 VwGO), soweit die Berücksichtigung der Zweckmäßigkeit überhaupt rechtlich zulässig ist. Dies ist nur der Fall, wenn bei der Widerspruchsbehörde ein **Entscheidungsspielraum** verbleibt, nach hM (s. Rnr. 37.02) also nur bei Widersprüchen gegen Ermessens-, Beurteilungs- und Planungsentscheidungen. Der Spielraum muss der Widerspruchsbehörde zustehen.

Beispiel: Bei Prüfungsentscheidungen ist der Beurteilungsspielraum typischerweise, allerdings nicht immer, dem Prüfungsausschuss, nicht aber der Widerspruchsbehörde zugewiesen.

1. Aufbau und äußere Form

a) Bescheid- oder Beschlussform

Aufbau und äußere Form von Widerspruchsbescheiden sind in § 73 VwGO nur rudimentär geregelt. Die Praxis in den Bundesländern ist nicht einheitlich. Das gilt auch für die Wahl zwischen der **Bescheid-** **und der Beschlussform.** Wird nach den maßgeblichen Bestimmungen über den Widerspruch durch einen besonderen Ausschuss (zB Widerspruchsausschuss) entschieden, ist regelmäßig die Beschlussform zu wählen. Insgesamt erscheint die Beschlussform dem Widerspruchsbescheid auch sonst angemessener. Im Examen kommt es auf die im jeweiligen Bundesland übliche Praxis an. **12.03**

b) Grundelemente des Widerspruchsbescheides

Widerspruchsbescheide haben einen Tenor, der eine Hauptentscheidung, eine Kostenentscheidung und ggfs. eine Entscheidung über die sofortige Vollziehbarkeit (§ 80 Abs. 2 Nr. 4 VwGO) oder die Aussetzung der Vollziehung (§ 80 Abs. 4 VwGO) umfasst. Sie verfügen wie Beschlüsse über Gründe, die im ersten Abschnitt eine Schilderung des Sachverhalts und im zweiten die tragenden rechtlichen Erwägungen enthalten sollten. **12.04**

2. Anrede oder Rubrum

Widerspruchsbescheide in **Beschlussform** verfügen wie Beschlüsse über ein Rubrum, in welchem allerdings nur der Widerspruchsführer (auch Widersprechender genannt) und ggfs. weitere nach § 13 Abs. 2 VwVfG hinzugezogene Personen als Beteiligte sowie ihre Bevollmächtigten aufgeführt werden, nicht aber die Ausgangsbehörde. **12.05**

> **Beispiel:** „Freie und Hansestadt Hamburg, Bezirksamt Altona, Widerspruchsausschuss
> Hamburg, den .... Az.: ...
> In der Widerspruchssache
> des Kaufmanns Hans Meier, wohnhaft ... Widerspruchsführer,
> Bevollmächtigter: Rechtsanwalt ...,
> beteiligt: Architekt Peter Müller, wohnhaft ...,
> Bevollmächtigter: Rechtsanwalt ...,
> ergeht auf die mündliche Verhandlung vom ..., an welcher teilgenommen haben
> ..., folgender Widerspruchsbescheid:"

Widerspruchsbescheide in Bescheidform enthalten lediglich die übliche Adressierung und Anrede. Der gesamte Bescheid sollte im Grundsatz unpersönlich formuliert werden, es sei denn, eine besondere Geschäftsanweisung schreibt die Ich-Form vor. **12.06**

> **Beispiel:** „Der Landrat des Kreises Münsingen ... Münsingen, den ... Az.: ...
> Widerspruchsbescheid
> In der Widerspruchssache
> des Kaufmanns Hans Meier, wohnhaft ..., Widerspruchsführer,
> Bevollmächtigter: Rechtsanwalt ...,
> ergeht folgender Widerspruchsbescheid:"

3. Tenor der Widerspruchsentscheidung

a) Hauptentscheidung

12.07 Wie beim Urteil ist darauf zu achten, dass der Tenor hinreichend bestimmt ist, und dass – insbesondere bei teilweiser Zurückweisung des Widerspruches – kein Teil des Widerspruches unbeschieden bleibt. Hierfür bedarf es einer sorgfältigen Analyse des Widerspruchsgegenstandes. Wenige Probleme bereitet der Tenor bei Zurückweisung des Widerspruchs und bei der Stattgabe in den Fällen des Anfechtungswiderspruchs, weil entweder die Zurückweisung des Widerspruchs oder die Aufhebung des angefochtenen VA auszusprechen ist.

> **Beispiele:** „Der Widerspruch vom .... wird zurückgewiesen." Der Bescheid des Wirtschafts- und Ordnungsamts vom ... wird aufgehoben.. „Der Gebührenbescheid vom ... wird insoweit aufgehoben, als eine den Betrag von 120 Euro übersteigende Gebühr festgesetzt worden ist. Im Übrigen wird der Widerspruch zurückgewiesen."

12.08 Beim erfolgreichen Verpflichtungswiderspruch ist umstritten, ob die Widerspruchsbehörde den beantragten VA selbst erlassen oder die Ausgangsbehörde nur zum Erlass verpflichten kann. Richtigerweise steht die Wahl zwischen beiden Möglichkeiten grundsätzlich im Ermessen der Widerspruchsbehörde. In der Praxis erfolgt idR eine Anweisung an die Ausgangsbehörde (*Pietzner/Ronellenfitsch* § 42 Rnr. 15 ff.).

> **Merke:** Dem Gebot effektiven Rechtsschutzes würde es an sich eher gerecht, wenn die Widerspruchsbehörde den beantragten VA selbst erließe, sofern sie zu einer eigenen Entscheidung in der Sache überhaupt befugt ist (s. unten Rnr. 12.35) und dies ohne weiteres, insbesondere ohne schwierigere Berechnungen möglich ist (so die hM, vgl. *Kopp/Schenke* § 73 Rnr. 7).

> **Beispiele:**
> – „Der Landkreis ... wird unter Aufhebung des ablehnenden Bescheides vom ... verpflichtet, dem Widerspruchsführer die am ... beantragte Baugenehmigung zu erteilen".
> – „Auf Ihren Widerspruch vom ... werden Sie zum Studium an der Universität ... im Fach ... zugelassen. Der ablehnende Bescheid vom ... wird aufgehoben".
> – „Der Bescheid vom ... wird aufgehoben. Der Prüfungsausschuss ... wird angewiesen, über die Bewertung der Prüfungsleistungen des Widersprechenden neu zu entscheiden. Im Übrigen wird der Widerspruch zurückgewiesen".

12.09 Im Falle der **Erledigung des Widerspruchs** durch Rücknahme, Vergleich oder Erledigungserklärung des Widerspruchsführers wird eine Widerspruchsentscheidung in der Sache unzulässig, und eine gleichwohl er gangene Sachentscheidung ist schon deshalb aufzuheben (BVerwG NVwZ 2001, 1288). Die Widerspruchsbehörde darf das Verfahren nur noch einstellen. Die Zustimmung der Ausgangsbehörde zur Erledigungserklärung des Widerspruchsführers ist nicht erforderlich, weil die Ausgangsbehörde nicht Beteiligte ist und § 161 Abs. 2 VwGO analog deshalb nicht passt (*Pietzner/Ronellenfitsch* § 42 Rnr. 33).

Beachte: Eine Einstellung des Widerspruchsverfahrens im Falle der Erledigung ist **auch von Amts wegen** möglich und erforderlich, wenn der Widerspruchsführer selbst keine Erledigungserklärung abgibt (BVerwGE 81, 226, 228). Hält dieser aber seinen Widerspruch bewusst aufrecht, obwohl Erledigung eingetreten ist, so ist der Widerspruch mangels Rechtsschutzinteresses als unzulässig zurückzuweisen. Eine analoge Anwendung des § 113 Abs. 1 S. 4 VwGO scheidet nach hM aus, weshalb auch bei berechtigtem Interesse des Widerspruchsführers kein Anspruch auf Feststellung besteht, dass der angegriffene VA rechtswidrig gewesen ist (BVerwGE 26, 161; aA *Kopp/Schenke* § 73 Rnr. 9).

b) Die Kostenentscheidung

Im Widerspruchsbescheid ist gem. § 73 Abs. 3 S. 2 VwGO auch darüber **12.10** zu entscheiden, wer die Kosten des Widerspruchsverfahrens trägt. Dabei handelt es sich wie in Urteilen und Beschlüssen nur um eine Kostenlastentscheidung, die unabhängig davon zu treffen ist, ob den Beteiligten überhaupt Kosten entstanden sind. Die Festsetzung der erstattungsfähigen Kosten erfolgt im Kostenfestsetzungsverfahren (Rnr. 12.12). Zur Kostengrundentscheidung gehört auch die Entscheidung darüber, ob die Zuziehung eines Rechtsanwalts oder sonstigen Bevollmächtigten notwendig war (§ 80 Abs. 3 S. 2 VwVfG).

Beispiele: Der Widerspruch … wird zurückgewiesen. Der Widerspruchsführer trägt die Kosten des Widerspruchsverfahrens." Bei erfolgreichem Widerspruch: „Die mit Bescheid vom … erteilte Baugenehmigung wird aufgehoben. Die …Behörde trägt die Kosten des Widerspruchsverfahrens. Die Hinziehung eines Rechtsanwalts im Widerspruchsverfahren war notwendig."

aa) Regelungen über die Kostenlast. Die VwGO enthält keine Regelun- **12.11** gen darüber, wer die Kosten des Widerspruchsverfahrens zu tragen hat. Die Antwort folgt aus § 80 VwVfG bzw. § 63 SGB X bzw. den entsprechenden landesrechtlichen Vorschriften, soweit diese anwendbar sind. Diese Regelungen orientieren sich zwar an den §§ 154 ff. VwGO, enthalten aber zumeist nur eine Regelungen für eine Kostenerstattung für die Fälle der Stattgabe oder der Abweisung, nicht für die unstreitige Erledigung des Widerspruches. Lediglich die VwVfGe weniger Bundesländer sehen für den Fall der Erledigung eine Erstattung vor (zB Bayern, Baden-Württemberg, Rheinland-Pfalz und Thüringen).

Beachte: Ist eine Kostenerstattung nicht geregelt (zB bei Unanwendbarkeit der VwVfGe und des SGB X), sind § 80 VwVfG bzw. § 63 SGB X nach hM **nicht entsprechend** anwendbar (str., vgl. *Kopp/Ramsauer* § 80 Rnr. 18 ff. mwN). Folgt man dem, scheidet in diesen Fällen eine Kostenerstattung ganz aus. Gleiches gilt nach hM bei unstreitiger Erledigung des Widerspruchsverfahrens (BVerwGE 62, 205), nicht aber bei Abhilfe (vgl. Rnr. 12.43). Im Übrigen darf sich die Ausgangsbehörde nicht ohne sachliche Gründe der Kostenlast des § 80 VwVfG bzw. § 63 SGB X dadurch entziehen, dass sie, statt dem VA abzuhelfen, ihn zurücknimmt, weil dafür eine Kostenregelung fehlt (BVerwG NVwZ-RR 2003, 871).

12.12   bb) Die Kostenfestsetzung. Die Festsetzung der tatsächlich zu erstattenden Kosten erfolgt auf Antrag des Begünstigten außerhalb des eigentlichen Widerspruchsverfahrens (§ 80 Abs. 3 VwVfG) durch **selbständigen VA** (Kostenfestsetzungsbescheid). Die Höhe der Erstattung richtet sich für den (erfolgreichen) Widerspruchsführer nach dessen notwendigen Aufwendungen, sonst nach den einschlägigen Verwaltungskosten- oder Gebührenbestimmungen. Eine Erstattung der Kosten eines Bevollmächtigten setzt nach § 80 Abs. 2 VwVfG voraus, dass dessen Hinzuziehung im Widerspruchsbescheid für notwendig erklärt worden ist.

Beachte: Schließt sich an das Widerspruchsverfahren ein gerichtliches Verfahren an, werden die Kosten des Widerspruchsverfahrens gem. § 162 Abs. 1 VwGO in die gerichtliche Kostenentscheidung einbezogen. Ein Kosten- oder Gebührenbescheid, mit dem die Kosten des (erfolglosen) Widerspruchsverfahrens zuvor dem Widerspruchsführer auferlegt worden waren, braucht deshalb nicht selbständig angefochten zu werden, weil diese Kosten dem Kläger ohnehin erstattet werden müssen, wenn er im Klageverfahren mit der Kostenfolge des § 154 Abs. 1 VwGO obsiegt.

c) Ggfs. Entscheidung über die sofortige Vollziehbarkeit

12.13   Die Widerspruchsbehörde kann während des laufenden Widerspruchsverfahrens selbst eine Anordnung über die sofortige Vollziehbarkeit der von ihr getroffenen bzw. bestätigten Entscheidung treffen. Sie kann eine bereits angeordnete sofortige Vollziehbarkeit aussetzen oder aufrechterhalten oder die sofortige Vollziehbarkeit von sich aus erstmalig anordnen. Streitig ist, ob sie dieses Recht bereits vor Beginn und nach dem Ende des Widerspruchsverfahrens hat (Rnr. 19.22).

Beispiele: „Der Widerspruch gegen die mit Bescheid vom verfügte Gewerbeuntersagung wird zurückgewiesen. Die sofortige Vollziehung des Bescheides wird angeordnet." Oder, wenn die Anordnung bereits im Ausgangsbescheid enthalten war: „Die sofortige Vollziehung des Bescheides bleibt aufrecht erhalten."

4. Die Begründung des Widerspruchsbescheides

a) Die Sachverhaltsdarstellung

12.14   Die Sachverhaltsdarstellung folgt im Wesentlichen dem Aufbau des Tatbestandes im gerichtlichen Urteil (Rnr. 7.01), lässt sich aber idR schon wegen der kürzeren Verfahrensgeschichte erheblich knapper abfassen. Auch die Darstellung der Gründe des Ausgangsbescheides kann kürzer ausfallen, soweit im Widerspruchsbescheid eine eigenständige sachliche Entscheidung zu treffen ist. Im Examen sollten im Übrigen keine Abstriche bei der Vollständigkeit der Darstellung gemacht werden, es sei denn, es ist nach den Amtlichen Weisungen zusätzlich ein Sachbericht anzufertigen.

b) Die rechtliche Würdigung im Widerspruchsbescheid

Im zweiten Abschnitt der Gründe sind die maßgeblichen rechtlichen Er- 12.15
wägungen für die Entscheidung wiederzugeben. Der Aufbau folgt im
wesentlichen dem eines Urteils bzw. eines Beschlusses, allerdings ergeben sich bei der Prüfung von Zulässigkeit und Begründetheit des Widerspruches Besonderheiten, die ihre Rechtfertigung in der Natur des Widerspruchsverfahrens finden (Rnr. 12.20 ff.).

c) Begründung der Anordnung der sofortigen Vollziehbarkeit

Wird im Widerspruchsbescheid die sofortige Vollziehbarkeit angeordnet 12.16
oder eine derartige Anordnung des Ausgangsbescheides bestätigt, so ist
eine eigenständige Begründung des Sofortvollzugs zwingend erforderlich
(§ 80 Abs. 3 VwGO). Diese Begründung sollte deutlich von der Begründung im übrigen unterschieden werden und in einem besonderen Abschnitt untergebracht werden.

Beispiel: Die Anordnung der sofortigen Vollziehung der Entziehung der Fahrerlaubnis
ist im besonderen öffentlichen Interesse geboten. Die weitere Teilnahme des Widerspruchsführers am Straßenverkehr wird mit hoher Wahrscheinlichkeit zu einer Gefährdung der übrigen Verkehrsteilnehmer führen. Seine Verstöße haben schon in der
Vergangenheit zu ernsten Gefährdungen geführt; Art und Zahl der bisherigen Verstöße begründen die Besorgnis, dass er auch künftig Verkehrsteilnehmer gefährden
würde, wenn er weiterhin am Kraftfahrzeugverkehr teilnehmen könnte."

5. Rechtsbehelfsbelehrung

Die Rechtsmittelbelehrung ist notwendiger Teil des Widerspruchsbe- 12.17
scheides (§ 73 Abs. 3 S. 1 VwGO). Sie ist im Anschluss an die Gründe
aufzunehmen. Rechtsmittel ist die Klage, die innerhalb eines Monats
nach Zustellung des Widerspruchsbescheides schriftlich oder zur Niederschrift beim Urkundsbeamten des Gerichts beim zuständigen VG erhoben werden muss. In der Klausur reicht der Hinweis auf die Art des
Rechtsmittels aus, sofern die Weisungen nichts anderes vorschreiben.

Beispiel: „Rechtsmittelbelehrung: Klage beim VG"

6. Unterschrift

Der Widerspruchsbescheid ist von dem für die Entscheidung zuständigen 12.18
Beamten zu unterschreiben. Bei Entscheidungen eines Widerspruchsaus-
schusses reicht idR die Unterschrift des Vorsitzenden.

III. Die Prüfung der Zulässigkeit des Widerspruches

Übersicht

1. Zuständige Widerspruchsbehörde, Nichtabhilfe (§ 73 VwGO)
2. Allgemeine Zulässigkeitsvoraussetzungen
3. Statthaftigkeit des Widerspruches (§ 68 VwGO)
4. Ordnungsgemäße Widerspruchserhebung (§ 70 VwGO)
5. Widerspruchsbefugnis (analog § 42 Abs. 2 VwGO)
6. Einhaltung der Widerspruchsfrist (§ 70 VwGO)
7. Widerspruchshindernisse
8. Allgemeines Rechtsschutzinteresse

1. Zuständige Widerspruchsbehörde, Nichtabhilfe

12.19 Üblicherweise beginnt die Zulässigkeitsprüfung mit der Prüfung der Zuständigkeit der Widerspruchsbehörde. Dies ist an sich verkehrt, weil es sich dabei nicht um eine Frage der Zulässigkeit des Widerspruchs handelt, sondern um eine Sachentscheidungsvoraussetzung. Gleiches gilt auch für das Vorliegen einer Nichtabhilfeentscheidung der Ausgangsbehörde nach § 72 VwGO, ohne die die Widerspruchsbehörde nicht entscheiden darf, (sofern sie nicht mit der Ausgangsbehörde identisch ist (vgl. BVerwGE 70, 11 = NVwZ 1985, 577).

Beachte: Wenn der Widerspruchsführer seinen Widerspruch nach § 70 Abs. 1 VwGO bei der richtigen Behörde erhoben hat, führt weder das Fehlen der Nichtabhilfeentscheidung, noch eine Entscheidung durch eine unzuständige Widerspruchsbehörde zur Unzulässigkeit. Aus praktischen Gründen wird die allgemein übliche Prüfungsstruktur auch hier übernommen.

a) Nächsthöhere oder Ausgangsbehörde

12.20 Grundsätzlich ist zur Entscheidung über den Widerspruch die **nächsthöhere Behörde** berufen (Devolutiveffekt des Widerspruches, § 73 Abs. 1 Nr. 1 VwGO). Welche dies im konkreten Fall ist, ergibt sich nur aus den maßgeblichen organisationsrechtlichen oder kommunalverfassungsrechtlichen Bestimmungen. In einer Klausur werden hierzu nur dann Ausführungen zu machen sein, wenn sich nach dem Vortrag der Beteiligten oder aus anderen Gründen insoweit Zweifel aufdrängen.

Beispiele: Gegenüber Städten und Gemeinden ist nächsthöhere Behörde idR die Kreisbehörde; gegenüber dem Kreis ist der Regierungspräsident nächsthöhere Behörde; fehlt die Mittelinstanz, ist das zuständige Ministerium nächsthöhere Behörde (beachte dann aber § 73 Abs. 1 Nr. 2 VwGO).

12.21 Obwohl nach der Systematik des § 73 VwGO die Behörde, die den Ausgangsbescheid erlassen hat, nur ausnahmsweise zugleich Widerspruchsbehörde sein sollte, weil über den Widerspruch gerade eine bis dahin unbeteiligte Behörde entscheiden sollte, ist **Identität von Ausgangs- und Widerspruchsbehörde** heute praktisch der Regelfall, (was Sinn und

Zweck des Widerspruchsverfahrens deutlich in Frage gestellt hat. Von der Möglichkeit des § 73 Abs. 2 VwGO, **Widerspruchsausschüsse** einzusetzen, ist nur selten Gebrauch gemacht worden.

Beispiele: Widerspruchsausschüsse nach § 40 SchwbG, § 24 UmweltauditG, Musterungskammern nach § 33 Abs. 3 WPflG, Kammern in KDV-Sachen gem. § 18 Abs. 1 KDVG; Widerspruchsausschüsse in Hamburg, Rechtsausschüsse in Rheinland-Pfalz und Saarland.

Der praktisch wichtigste Fall der Identität von Widerspruchs- und Aus-   **12.22** gangsbehörde liegt vor, wenn die nächsthöhere Behörde eine oberste Bundes- oder Landesbehörde wäre (§ 73 Abs. 1 Nr. 2 VwGO). In den Ländern ohne Mittelinstanz ist das idR bei Entscheidungen der Kreisbehörden der Fall (Ausnahme: Beamtensachen nach § 54 Abs. 3 BeamtStG). Der in § 73 Abs. 1 Nr. 2 VwGO genannte Fall, in dem die Ausgangsbehörde selbst eine oberste Bundes- oder Landesbehörde ist, kommt nur in den wenigen Fällen vor, in denen deshalb das Widerspruchsverfahren nicht überhaupt nach § 68 Abs. 1 Nr. 1 VwGO entfällt, also zB in den Beamtensachen nach § 54 Abs. 3 BeamtStG. Von Bedeutung ist § 73 Abs. 1 Nr. 3 VwGO, wonach in Selbstverwaltungssachen die Selbstverwaltungsbehörde entscheidet.

Beachte: Dies gilt nur für Entscheidungen im eigenen, nicht im übertragenen Wirkungskreis. Die Selbstverwaltungskörperschaft kann die Zuständigkeit für Widerspruchsentscheidungen selbst regeln. Ist nach Gesetz (idR durch AGVwGO) eine Aufsichtsbehörde zuständig, so beschränkt sich deren Kontrolle auf Rechtsfehler.

2. Allgemeine Zulässigkeitsvoraussetzungen des Widerspruchs

Da das Widerspruchsverfahren der Anfechtungs- und Verpflichtungskla-   **12.23** ge vorgeschaltet ist, müssen die allgemeinen Zulässigkeitsvoraussetzungen für jedes Rechtsschutzbegehren vor den Verwaltungsgerichten erfüllt sein. Das bedeutet nicht nur, dass der Rechtsweg zu den Verwaltungsgerichten eröffnet sein muss (s Rnr. 13.04 ff.), sondern auch, dass allgemeine Verfahrensvoraussetzungen wie Beteiligungs- und Handlungsfähigkeit vorliegen müssen, die allerdings gem. § 79 VwVfG nach den §§ 11 ff. VwVfG zu prüfen sind, nicht nach der VwGO.

3. Statthaftigkeit des Widerspruches (§ 68 VwGO)

Statthaft ist ein Widerspruchsverfahren nur in den Fällen, in denen es   **12.24** nach § 68 VwGO oder nach spezialgesetzlichen Regelungen vorgeschrieben ist. Dies ist der Fall, wenn sich der Widerspruchsführer gegen einen erlassenen VA wendet oder gegen die Ablehnung bzw. Unterlassung eines VA. Außerdem darf das Widerspruchsverfahren nicht nach § 68 Abs. 1 S. 2 VwGO oder nach spezialgesetzlichen Regelungen unzulässig sein (s näher Rnr. 14.10 ff.).

Beachte: Der gesetzliche Ausschluss führt zur Unzulässigkeit des Widerspruchs; der Widerspruch kann in diesen Fällen auch den Eintritt der Unanfechtbarkeit nicht verhindern. Etwas anderes gilt, wenn die Rspr. ein statthaftes Widerspruchsverfahren als entbehrlich ansieht, zB bei Erlass eines Zweitbescheides oder wenn ein notwendiger Streitgenosse das Widerspruchsverfahren bereits durchgeführt hat. Dann besteht ein Wahlrecht, ob zunächst Widerspruch oder gleich Klage erhoben werden soll.

4. Ordnungsgemäße Widerspruchserhebung

12.25 Der Widerspruch muss schriftlich oder zur Niederschrift bei der Ausgangsbehörde erhoben werden (§ 70 Abs. 1 VwGO). Wird der Widerspruch direkt bei der Widerspruchsbehörde erhoben, so wahrt dies die Frist; die Widerspruchsbehörde muss den Widerspruch dann der Ausgangsbehörde zur Entscheidung nach § 72 VwGO vorlegen. Der Widerspruch muss nicht notwendig als solcher bezeichnet sein; das Begehren muss aber zweifelsfrei deutlich werden, insbesondere muss der angefochtene (oder erstrebte) VA hinreichend genau bezeichnet sein. Eine Begründung ist nicht erforderlich. Zum Erfordernis der **Schriftform** siehe Rnr. 13.48.

Beachte: Erhebung zur **Niederschrift** setzt voraus, dass der Widerspruch in Anwesenheit des Widersprechenden zu Protokoll genommen wird. Ein später gefertigter Aktenvermerk des Sachbearbeiters über den mündlich erhobenen Widerspruch reicht nicht (OVG Saarlouis NVwZ 1986, 578). Gleiches gilt für fernmündlich erhobene Widersprüche.

5. Widerspruchsbefugnis

12.26 Die Widerspruchsbefugnis entspricht sachlich der Klagebefugnis (§ 42 Abs. 2 VwGO – siehe hierzu Rnr. 14.20 ff.). Kann der Widerspruchsführer nicht geltend machen, durch den angefochtenen VA (oder durch die Ablehnung bzw. Unterlassung) in seinen subjektiven öffentlichen Rechten verletzt zu sein, ist der Widerspruch als unzulässig abzulehnen. Die Widerspruchsbehörde ist nicht befugt, aus Kulanz oder aus anderen Gründen auf die Prüfung der Widerspruchsbefugnis zu verzichten.

Beachte: Die Widerspruchsbehörde darf insbesondere den unzulässigen Widerspruch eines Dritten nicht zum Anlass nehmen, eine Überprüfung der Recht- und Zweckmäßigkeit des VA vorzunehmen und den begünstigenden VA bei Rechtswidrigkeit aufzuheben (BVerwGE 65, 313, 319 = NVwZ 1982, 624).

6. Widerspruchsfrist

12.27 Der Widerspruch ist innerhalb eines Monats nach Bekanntgabe (§ 70 Abs. 1 S. 1 VwGO) des VA bei der Ausgangsbehörde zu erheben. Die Frist wird auch im Falle rechtzeitigen Eingangs bei der Widerspruchsbehörde gewahrt. Eine Erhebung des Widerspruchs bei anderen (unzuständigen) Behörden wahrt die Frist nicht; maßgebend ist dann der Zeitpunkt des Eingangs bei der zuständigen Behörde nach Weiterleitung

(*Redeker/v. Oertzen* § 70 Rnr. 9). Auch die Erhebung einer (mangels Vorverfahrens unzulässigen) Klage wahrt die Frist nicht (ausf. *Sodan/ Ziekow* § 68 Rnr. 114 f.). Bei unverschuldeter Versäumung der Frist ist auf (rechtzeitig gestellten) Antrag Wiedereinsetzung in den vorigen Stand zu gewähren (§§ 60, 70 Abs. 2 VwGO; vgl. Rnr. 14.15 ff.)

Beachte: Die Frist beginnt erst mit Bekanntgabe (§ 41 VwVfG) des VA gegenüber dem Widerspruchsführer, zufälliges Bekanntwerden des VA oder Bekanntgabe an oder durch Dritte ist nicht ausreichend. Fehlt es an einer Bekanntgabe gegenüber dem Widerspruchsführer, so läuft die Frist ihm gegenüber nicht; es kommt dann nur eine Unzulässigkeit des Widerspruchs wegen Verwirkung in Betracht (vgl. Rnr. 12.29).

Bei fehlender, unrichtiger oder unvollständiger Rechtsmittelbelehrung **12.28** gilt gem. § 58 Abs. 2 Satz 1 VwGO eine Widerspruchsfrist von einem Jahr. Wiedereinsetzung in diese Jahresfrist ist nur möglich bei Fristversäumung infolge höherer Gewalt oder falscher Rechtsbehelfsbelehrung, dass ein Rechtsbehelf überhaupt nicht gegeben sei (§ 58 Abs. 2 Satz 2 VwGO). § 60 VwGO ist nicht anwendbar.

Merke: Ist der Widerspruch verspätet eingelegt, so ist die nach erfolgloser Durchführung des Vorverfahrens (rechtzeitig) erhobene Klage mangels ordnungsmäßiger Durchführung des Vorverfahrens unzulässig (hM vgl. *Eyermann* § 70 Rnr. 7).

7. Widerspruchshindernisse

Unzulässig ist ein Widerspruch, wenn der Widerspruchsführer zuvor **12.29** wirksam auf die Erhebung eines Widerspruches **verzichtet** hat oder das Widerspruchsrecht **verwirkt** ist. Ein Verzicht kann entweder einseitig der Behörde oder einem durch den VA begünstigten Beteiligten gegenüber erklärt oder vertraglich vereinbart (pactum de non petendo) werden; er führt zu einem Zulässigkeitshindernis für einen später gleichwohl eingelegten Widerspruch. Für den Verzicht ist Schriftform zu verlangen.

Merke: Eine Verwirkung des Widerspruchsrechts eines Nachbarn gegenüber einer dem Bauherrn erteilten Baugenehmigung ist spätestens ein Jahr nach Möglichkeit der Kenntnisnahme (Beginn der Baumaßnahme) anzunehmen (BVerwGE 44, 294 = NJW 1974, 1260; BVerwGE 72, 309). Dies gilt auch, wenn der Nachbar aus anderen Gründen an der Kenntnisnahme gehindert ist.

8. Allgemeines Rechtsschutzinteresse

Auch für das Widerspruchsverfahren muss ein Rechtsschutzinteresse bestehen. Es fehlt, wenn eine positive Entscheidung dem Widersprechenden keine nennenswerten Vorteile bringen kann oder es einfachere Möglichkeiten der Rechtsverfolgung gibt. **12.30**

Beispiele: Widerspruch gegen Ablehnung eines Baugenehmigungsantrags bei offensichtlich fehlender und nicht erreichbarer Berechtigung des Antragstellers zum Bauen (BVerwGE 61, 128, 130); Widerspruch gegen Ablehnung einer nicht erforderlichen Ausnahmebewilligung für die unselbständige Ausübung eines Handwerks (BVerwGE 61, 145, 150).

IV. Die Prüfung der Begründetheit des Widerspruches

1. Grundsatz der vollständigen Kontrolle

12.31 Im Grundsatz hat die Widerspruchsbehörde gem. § 68 Abs. 1 VwGO eine vollständige Kontrolle des angegriffenen VA vorzunehmen. Die Kontrolle bezieht sich nicht nur auf die Rechtmäßigkeit des VA (oder seiner Unterlassung bzw. Ablehnung), sondern auch auf die Zweckmäßigkeit.

a) Kontrolle auch der Zweckmäßigkeit

12.32 Zweckmäßigkeitskontrolle heißt, dass die Widerspruchsbehörde nicht auf Rechtkontrolle beschränkt ist, sondern auch die Ausfüllung der Entscheidungsspielräume überprüfen und ggfs. durch eine eigene Entscheidung ersetzen kann. Diese Möglichkeit besteht allerdings nur, wenn der Spielraum der Verwaltung allgemein, nicht speziell der Ausgangsbehörde zugewiesen ist. In dieser eigenen Ermessens-, Beurteilungs- oder Planungsentscheidung liegt die gegenüber der gerichtlichen Kontrolle besondere Leistung einer Entscheidung im Widerspruchsverfahren.

Beispiel: Wenn die Letztentscheidungskompetenz bei der Ausgangsbehörde oder einem speziellen Gremium (zB Prüfungsausschuss) liegt, findet im Widerspruchsverfahren nur eine Rechtmäßigkeitskontrolle statt.

b) Die reformatio in peius

12.33 Anders als im gerichtlichen Verfahren besteht nach hM **grundsätzlich kein Verbot** einer reformatio in peius (Verböserung). Die Widerspruchsbehörde kann also im Rahmen ihrer Entscheidungskompetenz im Widerspruchsverfahren zu einer für den Widerspruchsführer ungünstigeren Entscheidung kommen als die Ausgangsbehörde, ohne dass zugleich die Voraussetzungen der Rücknahme eines VA vorliegen müssten (*Kopp/ Ramsauer* § 79 Rnr. 53 mwN). Der Widerspruchsführer ist zuvor anzuhören, § 71 VwGO. Eine Verböserung ist allerdings **unzulässig**, soweit **speziellere Regelungen** oder der **Schutz berechtigten Vertrauens** sie ausschließen.

Beispiele: Zulässige Erweiterung einer Gewerbeuntersagung auf weitere Gewerbearten (BVerwG DVBl 1996, 1318); unzulässige Verböserung durch Kreis- oder Stadtausschuss in Rheinland-Pfalz mangels Kontrollbefugnis (OVG Koblenz NVwZ-RR 2004, 723); Verböserung idR unzulässig, wenn Widerspruchsbehörde auf Rechtkontrolle bzw. Rechtsaufsicht beschränkt ist, wenn Grundsätze des Vertrauens- oder Bestandsschutzes entgegenstehen, wenn sonst unzumutbare Nachteile drohen (zB BVerwGE 67, 134). Im **Prüfungsrecht** ist wegen des Grundsatzes der Chancengleichheit eine Verböserung grundsätzlich ausgeschlossen (BVerwG NVwZ 1993, 688; vgl. Rnr. 38.14).

12.34 Von derartigen Fällen abgesehen bleibt dem Widerspruchsführer nur die Möglichkeit, seinen Widerspruch zurückzunehmen, sofern sich eine für ihn ungünstigere Entscheidung abzeichnet (ausführlich *Pietzner*, Reformatio in peius im Widerspruchsverfahren, VerwArch 80 (1989), 501; 82 (1991), 261; *Meister*, Die reformatio in peius im Widerspruchsverfahren, JA 2002, 567).

Beachte: Keine reformatio in peius liegt vor, wenn die Widerspruchsbehörde dem VA einen weiteren selbständigen belastenden VA hinzufügt. Hierfür fehlt ihr idR die Kompetenz (VGH München DÖV 1982, 83).

2. Einschränkungen der Kontrollbefugnis

a) Fälle der Beschränkung auf Rechtskontrolle

Die umfassende Kontrollbefugnis der Widerspruchsbehörde kann durch Gesetz eingeschränkt werden. Die Befugnis auch des Landesgesetzgebers hierzu wird aus der nach § 68 Abs. 1 S. 2 VwGO folgenden Möglichkeit des Ausschlusses eines Widerspruchsverfahrens überhaupt gefolgert. Die Beschränkung der Kontrolle auf die Rechtmäßigkeit des angefochtenen VA ist zB vorgesehen bei Widersprüchen 12.35

– in Selbstverwaltungsangelegenheiten, wenn die Kommunalaufsichtsbehörde Widerspruchsbehörde ist,
– in Prüfungsangelegenheiten, wenn die Beurteilungskompetenz einem Prüfer oder einem Prüfungsgremium zugewiesen ist (Rnr. 38.06).

b) Keine Kontrolle von Mitwirkungsentscheidungen Dritter

Die Widerspruchsbehörde kann im Rahmen der Widerspruchsentscheidung nicht die Rechtmäßigkeit und/oder Zweckmäßigkeit von Mitwirkungshandlungen Dritter überprüfen, die nicht ihrem Weisungsrecht unterliegen. 12.36

Beispiel: Verweigert die Gemeinde ihr nach § 36 BauGB erforderliches Einvernehmen, so kann auch die Widerspruchsbehörde nicht von sich aus die Baugenehmigung erteilen, wenn sie die Verweigerung des Einvernehmens für rechtswidrig hält (BVerwGE 22, 342, 347; BVerwG NVwZ 1986, 557). Nach § 36 Abs. 2 S. 3 BauGB kann allerdings die zuständige Landesbehörde (Kommunalaufsichtsbehörde) ein rechtswidrig versagtes Einvernehmen ersetzen.

c) Keine Verwerfung von Rechtsnormen

Die Widerspruchsbehörde ist grundsätzlich gehindert, eine einschlägige Rechtsnorm außer Anwendung zu lassen, wenn sie sie mit höherrangigem Recht für nicht vereinbar hält. Das gilt nicht nur für die Fälle, in denen Gerichte nach Art. 100 GG vorlegen müssten, sondern auch für diejenigen, in denen die Gerichte eine eigene Kompetenz zur Verwerfung der Norm im Streitfall hätten. 12.37

Beachte: Für Rechtsverordnungen und Satzungen ist die von der hM zu Recht abgelehnte Verwerfungskompetenz nicht unbestritten (offen gelassen in BVerwG NVwZ 2001, 1035; dafür *Rabe* ZfBR 2003, 329; dagegen *Engel* NVwZ 2000, 1258 und OVG Saarlouis NVwZ 1993, 396). Folgt man der hM, so bleibt der Behörde nur der

Weg, die Rechtsnorm trotz bestehender Zweifel anzuwenden und innerhalb der Behördenhierarchie auf eine Änderung der Norm hinzuwirken. Gegebenenfalls kommt auch ein Normenkontrollantrag der Behörde nach § 47 VwGO in Betracht (näher *Kopp/Schenke*, § 47 Rnr. 94).

3. Besonderheiten der Kontrolle

a) Maßgeblicher Zeitpunkt der Sach- und Rechtslage

12.38 Maßgebender Zeitpunkt für die Beurteilung der Sach- und Rechtslage ist grundsätzlich der **Zeitpunkt des Erlasses des Widerspruchsbescheides.** Im Widerspruchsbescheid können und müssen also auch rechtliche und tatsächliche Gesichtspunkte berücksichtigt werden, die bei der Ausgangsentscheidung noch nicht vorlagen oder bekannt waren. Ausnahmen von diesem Grundsatz müssen gesetzlich bestimmt sein.

Beispiele: Ausnahmen gelten wie im gerichtlichen Verfahren für **Zeitabschnittsregelungen** wie Entscheidungen über Sozialhilfe oder Ausbildungsförderung; bei denen es auf den Zeitpunkt der Antragstellung oder auf Kalenderjahre ankommt . Bei Entscheidungen über Nachbarwidersprüche im Baurecht kommt es umgekehrt idR auf den Zeitpunkt des Erlasses der Baugenehmigung an.

b) Heilung von Form- und Verfahrensfehlern

12.39 Form- und Verfahrensfehler führen nicht zum Erfolg des Widerspruches, soweit sie im Widerspruchsverfahren geheilt werden können. Dies ist grundsätzlich anzunehmen, wenn die fehlende oder fehlerhafte Verfahrenshandlung im Laufe des Widerspruchsverfahrens nachgeholt oder korrigiert wird. § 45 VwVfG und § 41 SGB X sind Ausdruck eines allgemeinen Rechtsgedankens. Geheilt werden können deshalb auch andere formelle Fehler, die nicht zur Nichtigkeit führen (*Kopp/Ramsauer* § 45 Rnr. 8 ff.). Eine Heilung ist ausnahmsweise nicht möglich, wenn die Widerspruchsbehörde auf reine Rechtskontrolle beschränkt ist und deshalb eine Ermessensentscheidung nicht korrigieren darf (so idR im Prüfungsrecht, teilweise auch im Kommunalrecht) oder wenn ein bestimmtes Verfahren zwingend vor Erlass des Ausgangsbescheides durchzuführen ist.

Beispiel: Anhörung der Hauptfürsorgestelle vor Entlassung eines Schwerbehinderten (§ 47 SchwbG).

4. Aufbau der Begründetheitsprüfung

a) Aufbau der Rechtmäßigkeitsprüfung wie beim Urteil

12.40 Die Begründetheitsprüfung wird im Grundsatz ebenso aufgebaut wie bei einem Urteil (siehe Rnr. 14.27 ff.; 15.11 ff.); insoweit ergeben sich Besonderheiten nur im Hinblick auf die Kontrollbefugnisse (siehe oben Rnr. 12.30 ff.). Hinzu treten muss allerdings idR eine Zweckmäßigkeitsprüfung.

Beachte: Anfechtungs- und Verpflichtungswiderspruch sind wie die entsprechenden Klagen gem. § 113 Abs. 1 bzw. 5 VwGO erfolgreich, wenn der angegriffene VA (bzw. die Ablehnung oder Unterlassung eines beantragten VA) rechtswidrig ist und den Widerspruchsführer in seinen Rechten verletzt. Auf eine Prüfung der Rechtsverletzung kann also trotz der Formulierung in § 68 Abs. 1 VwGO nicht verzichtet werden. Bestehen Entscheidungsspielräume, so kann der Widerspruch darüber hinaus auch dann erfolgreich sein, wenn die Widerspruchsbehörde eine günstigere Sachentscheidung trifft.

b) Erforderlichkeit einer Zweckmäßigkeitsprüfung

In der Zweckmäßigkeitsprüfung (Rnr. 12.32) liegt ein wesentlicher Unter- **12.41** terschied gegenüber der verwaltungsgerichtlichen Rechtskontrolle. Sie ist nur dort möglich, wo der Verwaltung Entscheidungsspielräume zustehen, nach hM also nur bei Bestehen von Ermessens-, Beurteilungs- oder Planungsermächtigungen. Die Widerspruchsbehörde ist idR verpflichtet, eine eigene Ermessens-, Beurteilungs- bzw. Planungsentscheidung zu treffen und die hierfür maßgeblichen Gründe im Rahmen von § 73 Abs. 3 VwGO darzulegen (s. hierzu Rnr. 37.08). Ausnahmsweise ist sie darauf beschränk, die Ausgangsentscheidung gem. § 114 VwGO auf Fehler hin zu überprüfen (s. näher Rnr. 12.35; 38.05).

Beispiel: Hat die Widerspruchsbehörde eine eigene Ermessensentscheidung zu treffen, heißt es in der Begründung nicht: „Die Ermessensentscheidung ist aus Rechtsgründen nicht zu beanstanden …", sondern zB: „Die Ermessensentscheidung (der Ausgangsbehörde) erweist sich als recht- und zweckmäßig. Sie entspricht den Zwecken der Ermächtigung und erscheint bei Abwägung sämtlicher relevanter Gesichtspunkte als angemessen …"

V. Die Abhilfeentscheidung

Zu einer Abhilfeentscheidung kommt es nur, wenn die Erstbehörde über **12.42** den Widerspruch ganz oder teilweise **zugunsten des Widersprechenden** entscheiden und ihren eigenen VA ganz oder teilweise aufheben bzw. ändern will. Die **Nichtabhilfeentscheidung** ist zwar zwingende Voraussetzung für die Entscheidung der Widerspruchsbehörde (s. Rnr. 12.19), hat aber nur verwaltungsinterne Bedeutung und wird nicht nach außen besonders bekannt gegeben. Im Examen ist sie deshalb nicht als Leistungsform zu erwarten.

1. Voraussetzungen der Abhilfeentscheidung

Eine Abhilfeentscheidung setzt die Zulässigkeit des Widerspruchs voraus. **12.43** Insoweit sind dieselben Voraussetzungen zu prüfen wie bei der Entscheidung der Widerspruchsbehörde. Hält die Ausgangsbehörde den zulässigen Widerspruch für begründet, so hilft sie ihm ab und entscheidet über die Kosten (§ 72 VwGO). Die Prüfung entspricht weitgehend derjenigen der Widerspruchsbehörde, die Entscheidung beschränkt sich aber auf eine (vollständige oder teilweise) Abhilfe. Wird ein **Teilabhilfebescheid** erlassen, muss der Widerspruch der Widerspruchsbehörde vorgelegt werden. Die Befugnis zur Abhilfe bleibt auch nach Weiterleitung des Widerspruches an die Widerspruchsbehörde bestehen (*Kopp/Schenke* § 72 Rnr. 2).

Beachte: Von der Abhilfeentscheidung ist der **Zweitbescheid** streng zu unterscheiden, mit dem die Erstbehörde ohne Rücksicht auf den Widerspruch (etwa bei Änderung der Sachlage usw.) den VA ändern oder bestätigen kann. Der Zweitbescheid muss die Voraussetzungen des §§ 48 ff. VwVfG bzw. §§ 45 ff. SGB X erfüllen (siehe hierzu Rnr. 34.48 ff.). Für die Abhilfe kommt es nur auf §§ 68 ff. VwGO an.

2. Inhalt der Abhilfeentscheidung

12.44   Die Abhilfe besteht in der vollständigen oder teilweisen Aufhebung des angefochtenen oder im vollständigen oder teilweisen Erlass des abgelehnten VA. In der Abhilfeentscheidung muss auch über die Kosten entschieden werden. Das gilt nach hM grundsätzlich aber nur für den Fall der vollständigen Abhilfe (*Eyermann* § 72 Rnr. 8; aA *Kopp/Schenke* § 72 Rnr. 5). Die Abhilfe ist gem. § 39 VwVfG (bzw. 35 SGB X) zu begründen. Einem Dritten, der durch die Abhilfeentscheidung betroffen wird, steht wie gegen einen Erstbescheid als Rechtsbehelf der Widerspruch zu.

3. Abhilfeentscheidung in Prüfungsverfahren

12.45   Eine besondere Rolle spielt die Abhilfeentscheidung beim Widerspruch gegen Entscheidungen in berufsbezogenen Prüfungen dann, wenn die Widerspruchsbehörde auf die Rechtskontrolle beschränkt ist. Werden in diesen Fällen gegen die Prüfungsentscheidung substantiierte Einwendungen erhoben, so sind sie dem ursprünglich befassten Prüfungsausschuss zuzuleiten. Dieser muss dann darüber entscheiden, ob die Einwendungen zur Korrektur der Bewertung Anlass geben. Ist dies der Fall, so hilft der Prüfungsausschuss durch Abänderung der Bewertung ganz oder teilweise ab, anderenfalls entscheidet die Widerspruchsbehörde idR im Rahmen einer reinen Rechtskontrolle (sog. **verwaltungsinternes Kontrollverfahren**, vgl. Rnr. 38.14).

Teil 4. Einzelne Klage- und Antragsverfahren

§ 13. Allgemeine Zulässigkeitsvoraussetzungen

Literatur: *Fischer*, Zulässigkeit der Klage und Zulässigkeit des Rechtsweges, Jura 2003, 748; *Leifer*, Die Eröffnung des Verwaltungsrechtswegs als Problem des Klausuraufbaus, JuS 2004, 956.

Allgemeine Zulässigkeitsvoraussetzungen sind solche, die unabhängig **13.01** von der konkreten Klage- oder Antragsart für jedes selbständige Rechtsschutzbegehren erfüllt sein müssen. Besondere Zulässigkeitsvoraussetzungen beziehen sich dagegen auf einzelne Klage- und Antragsarten. Maßgeblich ist grundsätzlich der Zeitpunkt der Entscheidung.

Reihenfolge: Im Grundsatz sind zunächst die auf das angerufene Gericht bezogenen Voraussetzungen zu prüfen, dann diejenigen, die die Beteiligten, und schließlich die, die den Streitgegenstand betreffen. Die besonderen Sachurteilsvoraussetzungen werden im Anschluss an die Statthaftigkeit der jeweiligen Klage- und Antragsart geprüft und damit gewissermaßen dazwischengeschoben.

Übersicht

Beachte: Die notwendige Beiladung (§ 65 Abs. 2 VwGO) ist keine Zulässigkeitsvoraussetzung, sondern nur Sachurteilsvoraussetzung, weil ohne sie idR die Entscheidungsreife fehlt. Die **Prozessführungsbefugnis** des Beklagten ist in der Zulässigkeit nur zu behandeln, wenn sich die Klage gem. § 78 Abs. 1 Nr. 2 VwGO gegen eine Behörde zu richten hat. Ob die Klage im übrigen gegen den richtigen Klagegegner gerichtet ist, prüft die hM im Rahmen der **Passivlegitimation**, dh in der Begründetheit (BVerwGE 80, 127; BVerwG NVwZ-RR 2003, 41; str, aA VGH Kassel NVwZ-RR 2005, 519; *Kopp/Schenke* § 78 Rnr. 1).

I. Bestehen der deutschen staatlichen Gerichtsbarkeit

13.02 Traditionell wurde unter dieser Voraussetzung nur die im Verwaltungsprozess wenig bedeutsame Frage geprüft, ob die deutsche Gerichtsbarkeit nach den §§ 18 ff. GVG (Exterritorialität von Mitgliedern diplomatischer und konsularischer Vertretungen) ausgeschlossen ist. Heute stellen sich Probleme vor allem im Hinblick auf **innerkirchliche Streitigkeiten** (siehe Rnr. 13.21f) und Streitigkeiten um Maßnahmen völkerrechtlicher oder zwischenstaatlicher Einrichtungen (zB ESA, vgl. EGMR NJW 1999, 1173), insbes. von **Organen der Europäischen Union.** Insoweit wird Rechtsschutz allein durch den EuGH (bzw. EuG) gewährt (s. Rnr. 30.10 ff.).

Beispiele: Die deutsche Gerichtsbarkeit ist nicht gegeben für Rechtsakte gem. Art. 249 EG; für Streitigkeiten zwischen Europäischen Schulen und Lehrpersonal (BVerwGE 91, 126; VGH München DVBl 1996, 448); für Streitigkeiten zum Dienstrecht der Eurocontrol (VGH Mannheim DVBl 1980, 127).

13.03 Regierungsakte fallen unter die deutsche Gerichtsbarkeit, soweit sie überhaupt zu unmittelbaren Rechtsbeeinträchtigungen führen können. Dies ist zB nicht der Fall kraft ausdrücklicher Regelung für Beschlüsse parlamentarischer **Untersuchungsausschüsse** (Art. 44 Abs. 4 GG) und für **Maßnahmen nach dem G 10** (vgl. Art. 10 Abs. 2 S. 2 GG).

Umstritten ist die Justiziabilität von Gnadenentscheidungen. Während das BVerfG eine gerichtliche Kontrolle nur im Falle des Widerrufs von Gnadenakten annimmt (BVerwGE 25, 352; 30, 108), ist nach hM in der Literatur der Rechtsweg generell eröffnet (*Jarass/Pieroth* Art. 19 Rnr. 43 mwN).

II. Der Rechtsweg zu den Verwaltungsgerichten

Übersicht

1. Eröffnung des Rechtswegs durch bindende Verweisung
2. Besondere Zuweisungen auf den Verwaltungsrechtsweg
3. Besondere Zuweisung auf einen anderen Rechtsweg
   a) Amtshaftungs- und Entschädigungssachen
   b) Baulandsachen
   c) Steuerrechtliche Streitigkeiten
   d) Sozialrechtliche Streitigkeiten
   e) Straf- und Ordnungswidrigkeitenrecht
   f) Justizverwaltungsakte und Strafverfolgungsmaßnahmen
   g) Innerkirchliche Streitigkeiten
   h) Freiwillige Gerichtsbarkeit
4. Die verwaltungsgerichtliche Generalklausel
   a) Öffentlich-rechtliche Streitigkeit
   b) Nichtverfassungsrechtlicher Art
5. Rechtsweg bei Doppelnatur des Rechtsstreits
6. Aufrechnung mit privatrechtlichen Forderungen

1. Eröffnung des Rechtswegs durch bindende Verweisung

Der Verwaltungsrechtsweg ist unabhängig von der Natur des Rechts- 13.04
streits gegeben, wenn der Streit zuvor durch Beschluss an ein Gericht
der Verwaltungsgerichtsbarkeit verwiesen worden ist und die Verweisung gem. § 17a Abs. 2 S. 3 GVG bindende Wirkung entfaltet. Auch die
rechtswidrige Verweisung bindet (Ausnahme: offensichtliche Gesetz-
widrigkeit, Willkür; vgl. BVerwG NJW 1993, 3087). Dieselbe Bindungswirkung wird auch durch einen Beschluss über die Zulässigkeit
des Rechtswegs nach § 17a Abs. 3 GVG ausgelöst.

Beachte: Der Verweisungsbeschluss ist gem. § 17a Abs. 4 S. 3 GVG mit der Beschwerde anfechtbar. Gleiches gilt für den Beschluss nach § 17a Abs. 3 GVG. Die Weiterver-
weisung auf einen anderen Rechtsweg ist nicht (mehr) zulässig. Wenn der Verwaltungsrechtsweg in irriger Weise bejaht worden ist, muss das zuständige Gericht die
volle Rechtsschutzfunktion übernehmen, das einschlägige materielle Recht anwenden
und nach seiner Prozessordnung in derjenigen Verfahrensart entscheiden, dem Rechtsschutzbegehren des Klägers am meisten entspricht (BVerwG NJW 2006, 1226).

2. Besondere Zuweisungen auf den Verwaltungsrechtsweg

Keine Prüfung der verwaltungsprozessualen Generalklausel des § 40 13.05
Abs. 1 VwGO erfolgt, wenn die Sache bereits kraft besonderer Zuweisung vor die Verwaltungsgerichte gehört. Insoweit gilt der Grundsatz
der Spezialität.

Beispiele: § 54 Abs. 1 BeamtStG für beamtenrechtliche Streitigkeiten; § 6 Abs. 1 UIG
für den Anspruch auf Zugang zu Umweltinformationen; § 54 BAföG für Streitigkeiten nach BAföG; § 82 SG für Streitigkeiten nach dem Soldatengesetz; § 72b TierSG
für Entschädigungsansprüche nach § 66 TierSG.

3. Besondere Zuweisung auf einen anderen Rechtsweg

Ist der Rechtsstreit spezialgesetzlich Gerichten eines anderen Rechts- 13.06
wegs zugewiesen, erübrigt sich die Prüfung nach § 40 Abs. 1 VwGO;
deshalb ist die Frage einer besonderen Zuweisung vorrangig zu prüfen.
Diese sog. abdrängenden Zuweisungen sind relativ häufig.

a) Amtshaftungs- und Entschädigungssachen

Traditionell sind Streitigkeiten über Ansprüche gegen den Fiskus den or- 13.07
dentlichen Gerichten zugewiesen, und zwar auch dann, wenn sie öffentlich-rechtlicher Natur sind. Verwaltungsgerichtliche Zuständigkeiten
sind nur in einigen neueren Gesetzen enthalten. Den ordentlichen Gerichten zugewiesen sind die Streitigkeiten über Ansprüche aus

- **Amtshaftung** (Art. 34 Satz 3 GG – siehe Rnr. 24.15 ff.),
- **Enteignung** (Art. 14 Abs. 3 Satz 4 GG – siehe Rnr. 24.36 ff.),
- **Aufopferung** (§ 40 Abs. 2 VwGO – siehe Rnr. 24.47 ff.),
- enteignungsgleichem bzw. enteignendem Eingriff (Rnr. 24.54 ff.; 24.69 ff.),
- **öffentlich-rechtlicher Verwahrung** (Rnr. 24.30),
- Verletzung **nichtvertraglicher öffentlich-rechtlicher Pflichten** (Rnr. 24.29 ff.).

13.08 Entschädigungsansprüche in gesetzlich geregelten Fällen der **entschädi-gungspflichtigen Inhaltsbestimmung** des Eigentums nach Art. 14 Abs. 1 S. 2 GG nimmt § 40 Abs. 2 S. 1 HS 2 VwGO ausdrücklich von der Zuweisung auf den Zivilrechtweg aus, insoweit ist der Verwaltungsrechtsweg eröffnet (überholt daher BGH 128, 207 = NJW 1995, 964). Für gesetzlich nicht geregelte Entschädigungsansprüche wegen Eigentumsbeschränkungen ist nach wie vor der Weg zu den ordentlichen Gerichten eröffnet.

Beispiele: Der Verwaltungsrechtsweg ist eröffnet für Entschädigungsansprüche wegen Nutzungsverboten oder -beschränkungen aus Gründen des Naturschutzes oder des Gewässerschutzes (vgl. BVerwGE 94, 1 = NJW 1993, 2949 – „Herrschinger Moos"). Es handelt sich dabei nicht um Enteignungen, sondern Inhalts- und Schrankenbestimmungen iSd. Art. 14 Abs. 1 S. 2 GG, auch wenn sie in konkrete, durch Art. 14 Abs. 1 S. 1 GG geschützte Rechtspositionen eingreifen (instruktiv OLG Zweibrücken, Urteil vom 24. 7. 2004 – 6 O 8/02). Gleiches gilt für Entschädigungsansprüche bei der Zwangsschlachtung von Tieren nach §§ 66, 72 b TierSG. Für polizeirechtliche Ersatzansprüche des Notstandspflichtigen bestehen dagegen Zuweisungen auf den Zivilrechtsweg durch die Polizeigesetze der Länder (gesetzlicher Aufopferungsanspruch).

b) Streitigkeiten in Baulandsachen

13.09 Gem. § 217 BauGB entscheiden die Kammern für Baulandsachen bei den Landgerichten (§ 219 BauGB), in der zweiten Instanz Baulandsenate beim OLG, über Enteignungs- und Bodenordnungsmaßnahmen nach dem BauGB sowie in den weiteren in § 217 Abs. 1 BauGB genannten Fällen (zB bei Enteignung nach BauGB, Entschädigungsansprüchen bei Veränderungssperren, Vorkaufsrechten, Planungsschäden, Umlegung usw.). Sie rechnen zur ordentlichen Gerichtsbarkeit, entscheiden aber in der Besetzung von zwei Zivilrichtern und einem Verwaltungsrichter (§ 220 BauGB). Auch sonst sind Streitigkeiten über Enteignungsmaßnahmen häufig nach Landesrecht den Baulandkammern zugewiesen.

Beispiele: Den Kammern für Baulandsachen besonders zugewiesen sind in einigen Ländern Streitigkeiten über Entschädigungsansprüche auf den Gebieten des Naturschutzrechts, des Wasserrechts, des Denkmalschutzrechts und des Enteignungsrechts.

c) Steuerrechtliche Streitigkeiten

13.10 Der Rechtsweg zu den Finanzgerichten ist gem. § 33 FGO eröffnet u.a. in Streitigkeiten über Abgabenangelegenheiten, soweit die Abgaben (Steuern, Gebühren, Beiträge oder Sonderabgaben) erstens bundesrechtlich geregelt sind und zweitens durch Bundes- oder Landesfinanzbehörden verwaltet werden (sog. Behördenprinzip). Erfasst werden auch Vollstreckungssachen der Finanzbehörden und berufsrechtliche Streitigkeiten der Steuerberater. Nicht erfasst werden landesrechtlich oder kommunalrechtlich geregelte Abgaben, zB örtliche Verbrauchs- und Aufwandssteuern, die im Übrigen auch nicht von den Bundes- oder Landesfinanzbehörden verwaltet werden, sowie die Gebühren und Beiträge, sofern keine landesrechtliche Zuweisung erfolgt ist.

Beispiele: Hundesteuern, Getränkesteuern, Zweitwohnungssteuern fallen idR nicht unter § 33 FGO; ebenso nicht Erschließungs- und Ausbaubeiträge, Sielabgaben, Fremdenverkehrsbeiträge sowie Verwaltungs- und Benutzungsgebühren, sofern sie nicht in den AGFGO der Länder (insbesondere in den Stadtstaaten) den Finanzgerichten besonders zugewiesen sind (Übersicht bei *Lechelt* DStZ 1996, 611).

Abgabenangelegenheiten sind sämtliche Streitigkeiten im Zusammen- **13.11** hang mit der Erhebung der Abgabe, zB auch um Auskunft und Akteneinsicht (sofern nicht spezialgesetzlich im UIG oder IFG geregelt, vgl. OVG Hamburg NordÖR 2009, 258), ihrer Vollstreckung oder Erstattung. Nicht erfasst werden Streitigkeiten um steuerrechtlich relevante Bescheinigungen durch die allgemeinen Verwaltungsbehörden, die zB für Steuervergünstigungen benötigt werden.

Beispiele: Verwaltungsrechtsweg für Anspruch eines Museumsbetreibers auf Bescheinigung der Kultusbehörde zur Umsatzsteuerbefreiung (BVerwG DÖV 2006, 962); auf Steuerbescheinigung nach § 7 d EStG für Umweltinvestitionen (BVerwG NVwZ 1987, 216); auf Bescheinigung über die Milchablieferungsmenge nach der Milchgarantiemengen-VO (BVerwGE 79, 171; DÖV 1988, 879).

d) Sozialrechtliche Streitigkeiten

Nach § 51 SGG sind Streitigkeiten auf den Gebieten des Sozialversiche- **13.12** rungsrechts und der Arbeitsverwaltung (einschließlich der Aus- und Fortbildung) den Sozialgerichten zugewiesen. Erfasst werden seit 2005 auch Streitigkeiten um Sozialhilfe (SGB XII) und Arbeitslosengeld II (SGB II). Den Sozialgerichten sind außerdem besonders zugewiesen die Streitigkeiten um Erziehungsgeld (§ 13 BErzGG) sowie nach § 3 SchwBG, § 61 BSeuchG und § 10 HäftlingshilfeG. Gleiches gilt für Sonderformen der Sozialversicherung wie die Krankenversicherung für Landwirte usw. Nach wie vor nicht vor die Sozialgerichte gehören demgegenüber Streitigkeiten nach dem BAföG und dem WoGG.

Hinweis: In Angelegenheiten der gesetzlichen Krankenversicherung sind die Sozialgerichte unabhängig davon zuständig, ob es sich um öffentlich-rechtliche oder eine privatrechtliche Streitigkeit handelt (vgl. § 51 Abs. 2 SGG). Streitigkeiten um Hausverbote in Gebäuden von Sozialbehörden und Versicherungsträgern sollen vor die allgemeinen Verwaltungsgerichte gehören.

e) Straf- und Ordnungswidrigkeitenrecht

Strafsachen gehören gem. § 13 GVG vor die ordentlichen Gerichte, so- **13.13** weit nicht speziell die Zuständigkeit der Verwaltungsbehörden oder der Verwaltungsgerichte begründet ist. Der Rechtsweg zu den Strafgerichten ist ferner kraft besonderer gesetzlicher Zuweisung gegeben für den Rechtsschutz

- gegen Bußgeldbescheide (§§ 67 ff. OWiG),
- gegen Anordnungen im Bußgeldverfahren (§ 62 OWiG),
- gegen Vollstreckung von Bußgeldentscheidungen (§ 104 OWiG),
- im gesamten Bereich der Strafvollstreckung (§ 110 StrVollzG).

f) Justizverwaltungsakte und Strafverfolgungsmaßnahmen

13.14 Ebenso wie für Strafsachen ist für Maßnahmen im Bereich der Strafverfolgung, insbesondere im Bereich des Strafprozesses, der Verwaltungsrechtsweg ausgeschlossen. Insoweit wird Rechtsschutz entweder durch
die Strafgerichte selbst gewährt (zB § 98 Abs. 2 StPO) oder durch Straf-
senate des OLG (§§ 23 ff. EGGVG).

13.15 **aa) Rechtsschutz nach der StPO.** Gegen Maßnahmen von Organen der
Strafrechtspflege (Strafgerichte, Staatsanwälte und Polizei, letztere entweder gem. § 163 StPO oder als Hilfsorgane der Staatsanwaltschaft
gem. § 152 GVG) zur Aufklärung und Verfolgung von Straftaten enthält die StPO spezielle Rechtsschutzregelungen (zB § 98 Abs. 2 StPO
über die gerichtliche Überprüfung einer Beschlagnahme durch den Er-
mittlungsrichter bzw. das erkennende Gericht). Gegen die richterliche
Anordnung sonstiger Ermittlungsmaßnahmen nach der StPO kann der
Betroffene nach hM entsprechend § 98 Abs. 2 StPO eine gerichtliche
Überprüfung beantragen (zB Durchsuchung, DNA-Untersuchung). Das
gilt auch für eine nichtrichterliche Maßnahmen, deren Anordnung unter
Richtervorbehalt steht und die aufgrund einer Eilkompetenz von der
Polizei ergriffen wurden (BGHSt 44, 265). Zuständig ist dann der für
die Anordnung zuständige Strafrichter.

> **Merke:** Die hM nimmt aus Gründen der Praktikabilität den Rechtsweg zu den Straf-
> gerichten auch für die nachträgliche Rechtmäßigkeitsprüfung erledigter strafprozes-
> sualer Ermittlungsmaßnahmen entsprechend § 98 Abs. 2 StPO an und beruft sich da-
> bei auf die Subsidiaritätsklausel des § 23 Abs. 3 EGGVG (BGHSt 45, 183; vgl. auch
> BVerfG NJW 2005, 1855). Hiergegen *Schenke*, Polizeirecht Rnr. 425, der in diesen
> Fällen §§ 23 ff. EGGVG anwenden will (dazu Rnr. 13.16).

13.16 **bb) Justizverwaltungsakte.** Soweit die StPO keinen speziellen Rechtsbehelf vorsieht, ist für Maßnahmen auf dem Gebiet der Strafrechtspflege
der Rechtsweg nach §§ 23 ff. EGGVG zu den Strafsenaten des OLG
gegeben. Erfasst werden nicht nur VAe, sondern auch alle sonstigen
öffentlich-rechtlichen Maßnahmen. Die Polizei wird hier funktional als
Justizhörde angesehen, soweit sie auf dem Gebiet der Strafrechtspflege
tätig wird.

> **Merke: Umstritten** ist der Rechtsweg gegenüber **Presseerklärungen der Polizei** in an-
> hängigen Ermittlungsverfahren. Hier nimmt BVerwG NJW 1992, 62 den Verwal-
> tungsrechtsweg an (wie bei der Öffentlichkeitsarbeit anderer Behörden), **aA** OLG
> Stuttgart NJW 2001, 3797 (sachnäherer Rechtsweg nach §§ 23 ff. EGGVG).

13.17 Der Rechtsweg nach §§ 23 ff. EGGVG ist außerdem bei sonstigen Maßnahmen der Justizverwaltung auf den Gebieten des Zivilrechts, des Zi-
vilprozesses und der freiwilligen Gerichtsbarkeit eröffnet. Auch insoweit
ist der Verwaltungsrechtsweg ausgeschlossen.

> **Beispiele:** Rechtsschutz gegen Entscheidungen über Ehefähigkeitszeugnis für Auslän-
> der nach § 10 EheG. **Keine Justizverwaltungsakte** sind Maßnahmen, die in richter-

licher Unabhängigkeit vorgenommen werden, sowie dem Richter vorbehaltene Eingriffsakte und Organisationsakte der richterlichen Selbstverwaltung (zB Geschäftsverteilungsplan, vgl. BVerwGE 50, 11: Verwaltungsrechtsweg).

cc) Doppelfunktionale Maßnahmen. Wenn Maßnahmen der Vollzugs- **13.18** polizei sowohl präventivpolizeilichen Charakter haben, also der öffentlichen Sicherheit und Ordnung dienen, als auch Strafverfolgungscharakter, ist die Rechtswegabgrenzung umstritten.

Beispiele: Maßnahmen zur Gefahrenabwehr gegen Störer, die zuvor bereits Straftaten begangen haben und deshalb auch strafrechtlich verfolgt werden sollen; Sicherstellung von gefährlichen Gegenständen, die auch als Beweismittel in Betracht kommen.

Wenn sich das Geschehen nicht in einzelne Handlungskomplexe mit un- **13.19** terschiedlicher Zielsetzung aufspalten lässt, ist bei doppelfunktionalem Handeln der Rechtsweg sowohl zu den Verwaltungsgerichten eröffnet (weil die Maßnahmen der Gefahrenabwehr dienen) als auch zu den OLG in Strafsachen (weil die Maßnahmen auch der Strafverfolgung dienen). Man sollte es dem Betroffenen überlassen, welchen Rechtsweg er beschreiten will. Das angerufene Gericht hat dann nach § 17 Abs. 2 GVG den Streit unter allen rechtlichen Aspekten zu entscheiden (vgl. *Ehlers* in Schoch § 40 Rnr. 607).

Merke: Die h.M. ordnet doppelfunktionale Maßnahmen entweder der Strafverfolgung zu (dann Rechtsweg nach §§ 23 ff. EGGVG bzw. zu den Strafgerichten) oder der Gefahrenabwehr (dann Verwaltungsrechtsweg). Maßgebend für die Einordnung soll der **Schwerpunkt** des Handelns sein, wie er sich objektiv nach außen darstellt (BVerwGE 47, 255; *Eyermann* § 40 Rnr. 130), nach aA soll die Polizei die Zielsetzung selbst (uU im Nachhinein) festlegen (*Schenke* Polizeirecht Rnr. 419 ff.).

dd) Vorfeldmaßnahmen. Der Verwaltungsrechtsweg ist eröffnet für **13.20** Maßnahmen der Polizei, die aufgrund eines Polizeigesetzes ergriffen werden und der Verhinderung von Straftaten oder der präventiven Überwachung dienen. Dies gilt auch für die Erhebung erkennungsdienstlicher Daten nach § 81 b 2. Alt. StPO (Erkennungsdienst) oder den Spezialregelungen in den Polizeigesetzen der Länder und deren Aufbewahrung wegen des präventiven Charakters und der polizeilichen Aufgabe der Strafverfolgungsvorsorge außerhalb der Zwecke des Strafverfahrens. Konsequent ist daher BVerwG NJW 2006, 1225 f: die Zuständigkeit für polizeiliche Maßnahmen der Strafverfolgungsvorsorge nach § 81 b 2. Alt. StPO beurteilt sich nicht nach der StPO, sondern nach den Polizeigesetzen der Länder.

Merke: § 484 enthält eine spezialgesetzliche Regelung für die Verwendung von nach § 81b StPO erhobenen Daten für (präventive) Zwecke künftiger Strafverfahren. Der Anspruch auf Löschung dieser Daten ergibt sich entweder aus §§ 484 Abs. 1, 489 Abs. 2 StPO (Dateien der Strafverfolgungsbehörden) oder § 484 Abs. 5 (Dateien der Polizei) i.V.m. den Datenlöschungsregelungen der Landespolizeigesetze. Der Sache nach handelt es sich um einen FBA. Dazu muss aus kriminalistischer Sicht die Wiederholungsgefahr beurteilt werden (OVG Schleswig NordÖR 1999, 76).

g) Innerkirchliche Streitigkeiten

13.21 Das Handeln von Kirchen und sonstigen als Körperschaften des öffentlichen Rechts anerkannten Religionsgesellschaften lässt sich in drei Kategorien einteilen. Die Teilnahme am allgemeinen Privatrechtsverkehr ist zivilrechtlich zu beurteilen. Öffentliches Handeln liegt in den Fällen der Beleihung vor sowie im Bereich der Erfüllung kirchlicher Aufgaben, insbesondere bei innerkirchlichen Angelegenheiten (forum internum).

Beispiele für Beleihung von Kirchen: Kirchensteuerrecht (BVerwGE 21, 330); uU auch beim Betreiben öffentlicher Einrichtungen (*Renck* DÖV 1999, 458 zum kirchlichen Gebührenrecht); Privatrecht: Aufnahme in kirchlichen Kindergarten (OVG Münster NVwZ 1996, 812).

13.22 Im Bereich des **forum internum** ist die staatliche Gerichtsbarkeit und damit auch der Verwaltungsrechtsweg ausgeschlossen. Dies wird aus Art. 140 GG iVm Art. 137 Abs. 3 WRV hergeleitet, wonach die Kirchen ihre eigenen Angelegenheiten im Rahmen der für alle geltenden Gesetze verwalten und ordnen können (BVerfGE 66, 1). Zum forum internum gehören insbesondere die Pflege, Bewahrung und Fortentwicklung des Glaubens und der hierauf bezogenen Aktivitäten (Sakramente, kirchliche Organisation). Soweit kirchliche Maßnahmen unmittelbare Rechtswirkungen nach außen, insbesondere auf Dritte haben, ist der Verwaltungsrechtsweg dagegen eröffnet.

Beispiele: Verwaltungsrechtsweg bei Streit über Kirchenaustritt, liturgisches Glockengeläut (BVerwGE 68, 62, anders bei Zeitschlagen der Kirchturmuhr BVerwG NJW 1994, 956), Lärm von Kirchengrundstück (VGH München DVBl 2004, 839), Entwidmung einer Kirche (BVerwG NVwZ 1997, 799), Anerkennung als öffentliche Körperschaft (BVerwG NJW 1997, 2396 – Zeugen Jehovas), Kirchensteuer, Benutzung kirchlicher Friedhöfe usw.; dagegen kein Verwaltungsrechtsweg für innerkirchliche Rechtsakte, insbesondere zum kirchlichen Dienstrecht für Pfarrer und Kirchenbeamte (BVerwGE 117, 145; BVerfG KuR 2009, 135; aA dagegen OVG Koblenz NJW 2009, 1223) und zum Körperschaftsstatus kirchlicher Untergliederungen (BVerwG NVwZ 2009, 390).

h) Freiwillige Gerichtsbarkeit

13.23 Die freiwillige Gerichtsbarkeit ist Teil der ordentlichen Gerichtsbarkeit. Für Maßnahmen auf den Gebieten des Nachlass-, Vormundschafts-, Register-, Grundbuch- und Wohnungseigentums- sowie Familienrechts nach dem FGG ist der Verwaltungsrechtsweg daher nicht eröffnet. Ebenso sind Maßnahmen der **Freiheitsentziehung** nach dem „Gesetz über das Verfahren in Familiensachen und in den Angelegenheiten der freiwilligen Gerichtsbarkeit" (FamFG) des Bundes den Amtsgerichten im Rahmen der freiwilligen Gerichtsbarkeit zugewiesen (vgl. §§ 421 ff. FamFG). Dasselbe gilt für die Abschiebehaft im Ausländerrecht (§§ 62, 106 Abs. 2 AufenthG). Die Polizeigesetze der Länder verweisen bei Maßnahmen der **Unterbringung** und des **Gewahrsams** idR auf die bundesrechtliche Regelung.

Für die **nachträgliche** Überprüfung der Rechtmäßigkeit einer Freiheits- 13.24
entziehung sind bei Fehlen einer gesetzlichen Zuweisung die Verwaltungsgerichte zuständig (Zuständigkeit des Amtsgerichts zB nach
Art. 18 Abs. 2 BayPAG, § 31 Abs. 2 BerlASOG; Zuständigkeit des Verwaltungsgericht mangels Regelung dagegen zB in ThürPOG: OVG Weimar DÖV 1999, 879 f. und BremPolG: OVG Bremen NVwZ-RR 1997,
474; ausdrücklich z.B. § 13a Abs. 2 HmbSOG).

4. Die Zuweisung durch die Generalklausel des § 40 Abs. 1 VwGO

Gem. § 40 Abs. 1 VwGO ist der Verwaltungsrechtsweg eröffnet für alle 13.25
öffentlich-rechtlichen Streitigkeiten nichtverfassungsrechtlicher Art, für
die keine besondere Zuweisung auf einen anderen Rechtsweg eingreift.

a) Öffentlich-rechtliche Streitigkeit

aa) Maßgeblichkeit der streitentscheidenden Rechtsnorm. Um eine öf- 13.26
fentlich-rechtliche Streitigkeit handelt es sich dann, wenn das dem Streit
zugrunde liegende Rechtsverhältnis öffentlich-rechtlich ist. Das ist der
Fall, wenn das geltend gemachte Recht aus dem öffentlichen Recht
folgt. Für Vornahmeklagen kommt es darauf an, ob der Kläger den behaupteten Anspruch auf Rechtsnormen stützt bzw. stützen kann, die
dem öffentlichen Recht angehören.

Beispiel: Ein Anspruch auf Baugenehmigung stützt sich auf die einschlägige Rechtsgrundlage in der maßgeblichen Landesbauordnung. Diese gehört dem öffentlichen
Recht an, weil Zuordnungssubjekt auf der einen Seite notwendigerweise ein Träger
hoheitlicher Gewalt, nämlich die Genehmigungsbehörde ist, ist der Streit öffentlich-
rechtlich. Ebenso beim Streit um den Anspruch auf Genehmigungen im Anlagenrecht
und im Wirtschaftsverwaltungsrecht sowie beim Streit um Sozialleistungen (WoGG,
BAföG) usw.

Für **Abwehr- und Unterlassungsklagen** gilt nichts anderes. Der Kläger 13.27
macht auch hier Ansprüche geltend. Diese sind öffentlich-rechtlich, wenn
sie dem Schutz subjektiver öffentlicher Rechte dienen. Derartige Rechte
können sich nur aus solchen Normen des öffentlichen Rechts ergeben,
die für die Rechtmäßigkeit der Maßnahme beachtlich sind. Der Streit ist
danach öffentlich-rechtlich, wenn sich die **Maßnahme an Normen des
öffentlichen Rechts messen** lassen muss. Unerheblich ist dagegen, ob die
Maßnahme zu Recht in öffentlich-rechtlicher Form ergangen ist.

Beispiel: Eine Behörde erlässt einem Kantinenpächter gegenüber eine Räumungsverfügung in Form eines VA. Für die Klage gegen diesen VA ist der Verwaltungsrechtsweg
gegeben, obwohl das eigentlich zwischen den Beteiligten bestehende Rechtsverhältnis
ein privatrechtliches Pachtverhältnis ist. Nicht dieses ist aber Gegenstand des Rechtsstreits, sondern der belastende VA (vgl. OVG Lüneburg DVBl 1954, 297). Umgekehrt
wird für die Geltendmachung eines privatrechtlichen Anspruchs der Verwaltungsrechtsweg nicht dadurch eröffnet, dass der Staat die Erfüllung durch VA ablehnt. Der
Verwaltungsrechtsweg ist dann nämlich nur für die Anfechtung des ablehnenden VA
gegeben, nicht auch für die Durchsetzung des Anspruchs selbst.

13.28 **bb) Auswahl und Qualifizierung der streitentscheidenden Norm.** Ob eine Rechtsnorm dem öffentlichen oder dem privaten Recht angehört, lässt sich in den meisten Fällen relativ leicht beurteilen (s. näher Rnr. 32.01 ff.). Ist die Qualifizierung unproblematisch (zB im allgemeinen Polizei- und Ordnungsrecht), so bedarf es weder im Urteil noch im Gutachten hierzu irgendwelcher Ausführungen. Allerdings enthalten die Fachgesetze des besonderen Verwaltungsrechts neben öffentlich-rechtlichen auch einzelne privatrechtliche Normen.

Merke: überflüssig ist eine Begründung dafür, dass Normen des BImSchG, des BauGB, des SGB oder der BauOen und der Polizeigesetze der Länder öffentlich-rechtlich sind; privatrechtlicher Natur jedoch § 70 Abs. 1 GewO (OVG Hamburg GewArch 1987, 303); ebenso §§ 105 ff. GewO.

13.29 Mehr Schwierigkeiten als die Qualifizierung der Rechtsnormen bereitet in der Praxis die Frage, auf welche Normen des öffentlichen oder privaten Rechts der Kläger sein Begehren stützt. Das ist vor allem dann problematisch, wenn sowohl privatrechtliche als auch öffentlich-rechtliche Normen in Frage kommen. Siehe hierzu näher Rnr. 32.02 ff.

Beispiele: Für Ansprüche auf Unterlassung rufschädigender Äußerungen oder von Lärmbeeinträchtigungen lassen sich Grundlagen sowohl im öffentlichen Recht wie im Privatrecht finden (zB § 1004 BGB), ebenso für Ansprüche auf Folgenbeseitigung, Zulassung zur Benutzung von Gebäuden, Ansprüche aus Verträgen mit öffentlichen Einrichtungen, auf Erfüllung öffentlicher Aufgaben durch private Unternehmen.

b) Streitigkeit nichtverfassungsrechtlicher Art

13.30 Die Streitigkeit darf nicht verfassungsrechtlicher Art sein. Dies ist materiellrechtlich zu beurteilen. Ob für eine verfassungsrechtliche Streitigkeit tatsächlich Rechtsschutz durch ein Verfassungsgericht (zB nach § 13 BVerfGG) besteht, ist nach hM unerheblich (vgl. *Kopp/Schenke* § 40 Rnr. 31). Es kann also verfassungsrechtliche Streitigkeiten geben, für die weder der Verwaltungsrechtsweg noch der Weg zu einem Verfassungsgericht eröffnet ist. Das darf allerdings nicht dazu führen, dass subjektive öffentliche Rechte nicht den durch Art. 19 Abs. 4 GG garantierten Rechtsschutz erhalten (BVerwG NJW 1995, 2344).

13.31 **Begriff der verfassungsrechtlichen Streitigkeit:** Maßgebend ist nach hM nach wie vor der Grundsatz der doppelten Verfassungsunmittelbarkeit. Danach muss es sich um Streitigkeiten zwischen Verfassungsorganen oder anderen am Verfassungsleben beteiligten Rechtsträgern handeln (formelles Kriterium), die ihr **besonderes Gepräge** durch Verfassungsrecht erhalten (materielles Kriterium). Teilweise wird es für ausreichend gehalten, wenn der Klagegegner Verfassungssubjekt ist (*Ehlers* in Schoch § 40 Rnr. 154), oder auf das formelle Kriterium wird ganz verzichtet (*Kopp/Schenke* § 40 Rnr. 32 a ff. mwN).

Beispiele: Verfassungsrechtlich ist der Streit über eine auf Art. 85 Abs. 3 GG gestützte **Bundesweisung** (BVerwG NVwZ 1998, 500); nicht dagegen der **Bund-Länder-Streit**

über Anwendung und Auslegung einfachen Rechts (BVerwG NVwZ 2009, 599); bei parlamentarischem **Untersuchungsausschuss** kommt es darauf an, ob es um verfassungsspezifische Fragen der Einsetzung, Aufgabenzuweisung usw. oder um verwaltungsspezifische Maßnahmen im Untersuchungsverfahren gegenüber dem Bürger zB als Zeugen geht (BVerwG BayVBl 1981, 214); verfassungsrechtlich sind Entscheidungen **über Parlamentsauflösung, Sitzverteilung oder Rederecht** der Abgeordneten und Wahlprüfungsverfahren, **nicht dagegen** exekutive Maßnahmen im Rahmen der Abgeordnetenentschädigung (BVerwG NJW 1985, 2344), oder bei Ausübung **des Hausrechts**, ebenfalls nicht der Streit über Sendezeiten für **Wahlwerbung** oder behördliche Entscheidungen gegenüber Parteien oder Bürgern im Wahlverfahren; bei Äußerungen zu Sekten oder gefährlichen Produkten tritt die Regierung wie jeder andere Hoheitsträger auf, daher kein Verfassungsstreit, vgl. zur Rechtmäßigkeit solcher Äußerungen BVerwGE 82, 76.

5. Rechtsweg bei Doppelnatur des Rechtsstreits

Es kommt vor, dass für ein und denselben Rechtsstreit der Rechtsweg **13.32** nicht nur zu den Verwaltungsgerichten, sondern auch zu den ordentlichen Gerichten eröffnet ist, je nach dem, auf welche Rechtsgrundlage der Kläger sein Begehren stützt. Hat das angerufene Gericht den Rechtsweg bejaht, entscheidet es nach § 17 Abs. 2 GVG über den Rechtsstreit **unter allen in Betracht kommenden rechtlichen Gesichtspunkten**, auch unter solchen, für die der beschrittene Rechtsweg an sich nicht gegeben ist. **Ausnahmen** gelten nach § 17 Abs. 2 S. 2 GVG für die Zuweisungen des Art. 14 Abs. 3 S. 4 GG und des Art. 34 S. 3 GG.

Beispiel: Das VG darf über den Schadensersatzanspruch eines Beamten gegen seinen Dienstherrn nur unter dem Aspekt der beamtenrechtlichen Fürsorgepflicht entscheiden, nicht unter dem Aspekt der Amtshaftung. Umgekehrt darf das LG nicht nur unter dem Aspekt der Amtshaftung und des enteignungsgleichen Eingriffs, sondern auch wegen Verletzung der beamtenrechtlichen Fürsorgepflicht entscheiden.

6. Aufrechnung mit privatrechtlichen Forderungen

Die Aufrechnung mit oder gegen öffentlich-rechtliche Forderungen ist **13.33** auch im Verwaltungsprozess grundsätzlich zulässig. Sie bringt die Klageforderung zum Erlöschen. Die Erklärung seitens der Behörde ist **kein VA** (vgl. Rnr. 34.17). Voraussetzungen sind analog §§ 387 ff. BGB **Gleichartigkeit, Gegenseitigkeit, Fälligkeit und Einredefreiheit** der zur Aufrechnung gestellten Forderung sowie das Fehlen eines Aufrechnungsverbotes. Die Aufrechnung mit privatrechtlichen Forderungen, die noch nicht rechtskräftig festgestellt und bestritten sind, muss idR zur Aussetzung des Prozesses führen (BVerwGE 77, 19; mit ausführlicher Begründung OVG Schleswig NVwZ 2004, 1513).

Beachte: Nach hM ergibt sich aus § 17 Abs. 2 S. 1 GVG keine Annexkompetenz für eine Entscheidung über die zur Aufrechnung gestellte privatrechtliche Forderung (BVerwG NJW 1999, 160; *Hufen* § 36 Rnr. 35 mwN; aA *Kopp/Schenke* § 40 Rnr. 45). Ansprüche wegen Amtshaftung und Enteignungsentschädigung sind nach § 17 Abs. 2 S. 2 GVG ausdrücklich ausgenommen. Ist die zur Aufrechnung gestellte Gegenforderung nicht rechtskräftig festgestellt und bestritten, ist ein Vorbehaltsurteil gem. § 302 ZPO ivm § 173 VwGO möglich. Zugleich ist das Verfahren nach § 94 VwGO auszusetzen, bis über die Gegenforderung im zuständigen Rechtsweg entschieden worden ist.

III. Zuständigkeit des Verwaltungsgerichts

1. Sachliche Zuständigkeit (§§ 45 ff. VwGO)

13.34 Sachlich zuständig ist gem. § 45 VwGO in der ersten Instanz grundsätzlich das VG; allerdings gibt es eine wachsende Zahl von Ausnahmen. Derzeit sind **OVG** bzw. **VGH** nach § 47 VwGO in erster Instanz für **abstrakte Normenkontrollverfahren** zuständig (s. Rnr. 21.01 ff.); außerdem nach § 48. VwGO für Verfahren betreffend

- bestimmte **Atomanlagen** (§ 48 Abs. 1 Nr. 1, 2 VwGO)
- **Kraftwerke** mit mehr als 300 MW (§ 48 Abs. 1 Nr. 3 VwGO)
- Anlagen zur **Abfallverbrennung** und -zersetzung (§ 48 Abs. 1 Nr. 5 VwGO)
- **Verkehrsflughäfen** und Landeplätze (§ 48 Abs. 1 Nr. 6 VwGO)
- **Verkehrsanlagen** nach § 48 Abs. 1 Nr. 6–9 VwGO, soweit nicht BVerwG zuständig;
- **Vereinsverbote** durch Landesbehörden (§ 48 Abs. 2 VwGO).

13.35 Das **BVerwG** ist in erster (und letzter) Instanz nach § 50 VwGO zuständig für

- Nichtverfassungsrechtliche **Streitigkeiten zwischen Bund und Ländern** bzw. zwischen verschiedenen Ländern (§ 50 Abs. 1 Nr. 1 VwGO);
- **Vereinsverbote** und bestimmte weitere Verfügungen des Bundesinnenministers (§ 50 Abs. 1 Nr. 2 VwGO);
- Dienstrechtliche Streitigkeiten im Bereich des **Bundesnachrichtendienstes** (§ 50 Abs. 1 Nr. 4 VwGO);
- Streitigkeiten wegen Maßnahmen und Entscheidungen nach § 44a AbgG; Verhaltensregeln für **Mitglieder des Deutschen Bundestages** (§ 50 Abs. 1 Nr. 5 VwGO)
- Planfeststellungs- und Plangenehmigungsverfahren für fachgesetzlich **bestimmte Verkehrsanlagen** nach AEG, FStrG, BWaStrG, MbPlG (§ 50 Abs. 1 Nr. 6 VwGO).

Beispiele: Streit um Kündigung des Staatsvertrages zum NDR (BVerwGE 60, 162 = NJW 1980, 2826), um Beweiserhebungsbefugnis eines Parlamentarischen Untersuchungsausschusses eines Landes in anderem Land (BVerwG DVBl 2000, 487)

2. Örtliche Zuständigkeit (§ 52 VwGO)

13.36 Anders als im Zivilprozess sind die Regelungen der VwGO über die örtliche Zuständigkeit der Gerichte zwingend. Gerichtsstandsvereinbarungen sind unzulässig, rügeloses Einlassen der Beteiligten auf die vor dem unzuständigen Gericht erhobene Klage unbeachtlich. Für einen bei Erhebung der Klage begründeten Gerichtsstand gilt die **perpetuatio fori**, dh der Gerichtsstand bleibt während des gesamten Prozesses auch bei Änderung der Sach- und Rechtslage erhalten (§ 17 Abs. 1 S. 1 GVG).Die Gerichtsstände sind in § 52 VwGO in der Weise geregelt, dass der jeweils vorangehende die nachfolgenden ausschließt.

Beispiel: Für die Klage gegen einen VA des Eisenbahnbundesamtes ist gem. § 52 Nr. 2 VwGO der Sitz der Behörde maßgeblich, soweit nicht § 52 Nr. 1 VwGO eingreift. Für Klagen gegen Planfeststellungsbeschlüsse des Eisenbahnbundesamtes ist deshalb § 52 Nr. 1 VwGO (Ortsgebundenheit) und nicht Nr. 2 maßgeblich.

a) Gerichtsstand der Belegenheit der Sache (§ 52 Nr. 1 VwGO)

Der Gerichtsstand des § 52 Nr. 1 VwGO (rei sitae) entspricht § 24 ZPO. Er betrifft nicht nur Streitigkeiten über unbewegliches Vermögen, insbes Grundstücke, sondern auch über sonstige ortsgebundene Rechte. **Ortsgebunden** sind auf bestimmte Grundstücke oder Grundflächen bezogene Rechte und Rechtsverhältnisse, für die diese Beziehung den wesentlichen Inhalt ausmacht.   **13.37**

Beispiele: Streit um Bau- und Anlagengenehmigungen,Abrissverfügungen, Nutzungsverbote, baurechtliche Auflagen, Planfeststellungsbeschlüsse, Plangenehmigungen, um Anliegerbeiträge, um Wasser-, Forst-, Jagd- und Wegerechte, um Grenzfeststellungen (VG Dessau NVwZ-RR 1999, 704; Rückübertragung von Grundstücken (BVerwG LKV 1995, 115); **nicht dagegen** Freisetzungsgenehmigung nach dem GenTG (BVerwG NJW 1997, 1022). Für Genehmigungen in der AWZ gilt nicht Nr. 1 (kein Gerichtsbezirk), sondern Nr. 2 (VG Hamburg NordÖR 2004, 161).

b) Gerichtsstand für Beamtenklagen (§ 52 Nr. 4 VwGO)

Für Klagen der Beamten gegen ihren Dienstherrn aus einem gegenwärtigen, vergangenen oder für die Zukunft angestrebten öffentlichen Dienstverhältnis ist das Gericht zuständig, in dessen Bezirk der Kläger seinen dienstlichen Wohnsitz oder in Ermangelung eines solchen seinen Wohnsitz oder gewöhnlichen Aufenthalt hat.   **13.38**

Beispiele: Klagen von Beamten, Richtern, Soldaten, Wehrpflichtigen oder Zivildienstleistenden, **nicht** aber von Kirchenbeamten, Beamten an Europäischen Einrichtungen (keine deutsche Gerichtsbarkeit), auch nicht (wegen ihres privatrechtlichen Charakters) von Arbeitern und Angestellten im öffentlichen Dienst.

c) Klagen gegen Bundesbehörden (§ 52 Nr. 2 VwGO)

Bundesbehörden werden privilegiert, indem für Anfechtungs- und Verpflichtungsklagen auch dann der Sitz der Bundesbehörde maßgebend ist, wenn die angegriffenen VAe dort nicht erlassen worden sind bzw. erlassen werden müssten (BVerwG NJW 1997, 1022 für Robert-Koch-Institut). Die hM lehnt eine entsprechende Anwendung auf bundesweit zuständige Landesbehörden zu Recht ab (s § 52 Nr. 3 S. 2 VwGO). Eine   **13.39** praktisch wichtige **Ausnahme** gilt gem. § 52 Nr. 2 Satz 3 VwGO für **Klagen in Asylsachen,** für die dasjenige VG örtlich zuständig ist, in dessen Bezirk der Ausländer seinen Aufenthalt zu nehmen hat.

Beispiele: Für den Streit mit dem Bundesverwaltungsamt über die Rückzahlung von BAföG-Darlehen ist das VG Köln zuständig. Für Klagen gegen den Bund auf Gebieten, die in die Zuständigkeit der diplomatischen oder konsularischen Auslandsvertretungen fallen, ist nach § 52 Nr. 2 Satz 4 VwGO der Sitz der Bundesregierung maßgeblich.

d) Sonstige Anfechtungs- und Verpflichtungsklagen (§ 52 Nr. 3 VwGO)

13.40   Für Anfechtungs- und Verpflichtungsklagen gegen andere als Bundesbehörden ist gem. § 52 Nr. 3 VwGO das Gericht zuständig, in dessen Bezirk der VA erlassen (dh abgesandt bzw. mündlich eröffnet) wird. Auf den Ort der Bekanntgabe (§ 41 VwVfG) oder der Zustellung kommt es nicht an. **Abweichend** hiervon ist gem. § 52 Nr. 3 S. 2 VwGO für die VAe von Behörden, deren Zuständigkeit sich auf mehrere Gerichtsbezirke erstreckt, und für gemeinsame Länderbehörden der Wohnsitz des Betroffenen maßgebend.

Beispiele: Gemeinsames Prüfungsamt für die Länder Bremen, Hamburg und Schleswig-Holstein; Ämter für Ausbildungsförderung bei Auslandsausbildungen (§ 45 Abs. 4 BAföG). Eine Ausnahme gilt für Klagen gegen die ZVS, für die gem. § 52 Nr. 3 S. 4 VwGO allein das VG Köln zuständig ist.

e) Auffanggerichtsstand: Sitz bzw. Wohnsitz des Beklagten

13.41   Kommt keiner der genannten Gerichtsstände zum Zuge, so ist gem. § 52 Nr. 5 VwGO das VG örtlich zuständig, in dessen Bezirk der Beklagte seinen Sitz, Wohnsitz oder in Ermangelung dessen seinen Aufenthalt hat bzw. seinen letzten Wohnsitz oder letzten Aufenthalt hatte.

IV. Beteiligungsfähigkeit (§ 61 VwGO)

13.42   Die **Beteiligungsfähigkeit** bedeutet die Fähigkeit, als Subjekt am Verwaltungsprozess in einer der Rollen des § 63 VwGO beteiligt zu sein. Sie entspricht der Parteifähigkeit (§ 50 ZPO). Beteiligungsfähig sind nach § 61 Nr. 1 VwGO natürliche und juristische Personen. Über § 50 Abs. 2 ZPO hinaus können unter den Voraussetzungen des § 61 Nr. 2 VwGO auch Vereinigungen ohne Rechtsfähigkeit beteiligt sein und nach § 61 Nr. 3 VwGO auch Behörden, wenn Landesrecht dies vorsieht.

Beachte: Richterrechtlich ist die Parteifähigkeit über § 50 Abs. 2 ZPO hinaus beträchtlich ausgeweitet worden, etwa auf Gewerkschaften (BGHZ 50, 325) und BGB-Gesellschaften, soweit sie eigene Rechte haben (BGH WM 2001, 408; BGHZ 142, 315). Für beide gilt im Verwaltungsprozess § 61 Nr. 2 VwGO.

1. Die Beteiligungsfähigkeit von Vereinigungen

Nach § 61 Nr. 2 VwGO können (nichtrechtsfähige) Vereinigungen am   13.43
Verfahren beteiligt sein, soweit ihnen Rechte zustehen können.
Sind ihnen subjektive öffentliche Rechte eingeräumt, sollen sie diese auch pro-
zessual durchsetzen können. Nach hM reicht es aus, dass der Vereinigung
in dem von der Klage betroffenen Rechtskreis Rechte zustehen können.
Nicht erforderlich ist für § 61 VwGO (anders für die VB), dass der Ver-
einigung gerade das geltend gemachte Recht zusteht (BVerwGE 90, 304;
Sodan/Ziekow § 61 Rnr. 29); letzteres ist eine Frage der Klagebefugnis.

Beispiele: Bauherrengemeinschaft bei Streit um Baugenehmigung (VGH Kassel NJW
1997, 1938); Unterorganisationen von Parteien (OVG Hamburg NordÖR 2003, 67);
Gesellschaft bürgerlichen Rechts – GbR (OVG Bautzen NJW 2002, 1361); Verkehrs-
verbund im Streit um Genehmigung seiner Tarife (BVerwG NVwZ 1985, 192);
Fakultat bei Streit um Promotion oder Habilitation (VGH Mannheim VerwRspr 21,
251); Wohnungseigentümergemeinschaft (BGH NJW 2005, 2061); str. für Initiatoren
eines Bürgerbegehrens (verneinend OVG Münster NVwZ-RR 1999, 136; bejahend
OVG Koblenz NVwZ-RR 1997, 241); zur Beteiligungsfähigkeit im **Organstreit**
Rnr. 22.05 ff.

2. Behörden nach Maßgabe des Landesrechts

Grundsätzlich sind im Verwaltungsprozess nicht die Behörden selbst,   13.44
sondern ihre Träger, die (rechtsfähigen) Körperschaften, Anstalten und
Stiftungen des öffentlichen Rechts beteiligungsfähig (**Rechtsträgerprinzip**). Sie werden im Prozess idR durch die hierfür zuständigen Behörden
vertreten. Die Länder können aber eine **Beteiligungsfähigkeit von Behörden des Landes** (auch der Kommunen und sonstigen Körperschaften)
vorsehen. Dies ist im Hinblick auf Kommunalverfassungsstreitigkeiten
sinnvoll, im übrigen dann, wenn einzelne Behörden zB der OKD für
Staat und Kreis tätig werden können.

Beispiele: Hiervon haben die Länder Brandenburg, Mecklenburg-Vorpommern, Nordrhein-Westfalen und das Saarland für alle Behörden, Niedersachsen, Rheinland-Pfalz,
Sachsen-Anhalt und Schleswig-Holstein teilweise (jeweils in den AGVwGO) Gebrauch gemacht (*Kopp/Schenke*, § 61 Rnr. 13).

V. Prozessfähigkeit (§ 62 VwGO)

Die Prozessfähigkeit betrifft die Fähigkeit, selbst Verfahrenshandlungen   13.45
wirksam vorzunehmen oder durch einen Bevollmächtigten vornehmen
zu lassen. Grundsätzlich entspricht sie der Geschäftsfähigkeit. Über
§§ 52 ff. ZPO hinaus können gem. § 62 Abs. 1 VwGO auch die beschränkt Geschäftsfähigen prozessfähig sein, soweit sie für bestimmte
Sachbereiche als geschäftsfähig oder handlungsfähig anerkannt sind.
Das öffentliche Recht sieht in vielen Rechtsbereichen eine solche Handlungsfähigkeit vor.

Beispiele: Ausländer- und Asylrecht (§ 80 Abs. 1 AufenthG, § 12 Abs. 1 AsylVfG); Sozialrecht (§ 36 SGB I); Teilnahme am Religionsunterricht (BVerwGE 68, 17= NJW 1983, 2585); Wehrdienstangelegenheiten (§§ 19 Abs. 5, 44 Abs. 1 WPflG); Fahrerlaubnis gem. §§ 5, 10 FeV; Melderecht (VGH Mannheim NJW 1985, 2965).

13.46 Juristische Personen und Personenvereinigungen sind selbst nicht prozessfähig, sie handeln durch ihre gesetzlichen oder satzungsmäßigen Vertreter (Vorstand, Geschäftsführer usw.). Personen, die unter einer **Betreuung** stehen, verlieren ihre Prozessfähigkeit grundsätzlich nicht. Erst die Anordnung eines Einwilligungsvorbehalts (§ 1903 BGB) schränkt die Prozessfähigkeit ein (im Einzelnen *Kopp/Schenke*, § 62 Rnr. 13).

VI. Postulationsfähigkeit, ordnungsgemäße Vertretung

13.47 Jeder prozessfähige Beteiligte kann vor dem VG selbst die erforderlichen Anträge stellen und Verfahrenshandlungen vornehmen oder auch andere Personen bevollmächtigen, soweit damit nicht gegen das RBerG verstoßen wird. Vor dem BVerwG und den OVG bzw. VGH müssen sich Beteiligte durch eine in § 67 VwGO genannte Person vertreten lassen. Juristischen Personen des öffentlichen Rechts und Behörden ist Vertretung durch eigene Bedienstete mit Befähigung zum Richteramt gestattet (§ 67 Abs. 4 S. 4 VwGO; **Behördenprivileg**).

Beachte: Die Vollmacht ist schriftlich zu erteilen (§ 67 Abs. 6 S. 1 VwGO). Eine ohne Vollmacht erhobene Klage wird als unzulässig abgewiesen, wenn die Vollmacht trotz Fristsetzung nicht spätestens bis zur Entscheidung des Gerichts nachgereicht wird (GemSenOGB BVerwGE 69, 380 = NJW 1984, 2149). Die Kosten sind dann dem vollmachtlosen Vertreter aufzuerlegen (*Kopp/Schenke* § 154 Rnr. 3 mwN). Die Entscheidung ist nach § 158 Abs. 2 VwGO unanfechtbar (VGH München NJW 1994, 1019).

VII. Ordnungsgemäße Klageerhebung, Änderung von Klageanträgen

1. Schriftform (§ 81 VwGO)

13.48 Die Klage ist schriftlich zu erheben. Telegramm, Telekopie, Computerfax oder Telefax können ausreichend sein (im Einzelnen *Kopp/Schenke* § 81 Rn. 6). Nur beim VG kann die Klage auch zur Niederschrift des Urkundsbeamten der Geschäftsstelle erhoben werden. Für die Schriftform gilt § 126 Abs. 1 BGB. Eine fehlende Unterschrift führt zur Unzulässigkeit, sofern sich nicht aus anderen Umständen (zB Briefumschlag) zweifelsfrei, dh ohne dass darüber Beweis erhoben werden müsste, Urheberschaft und Verkehrswille des Klägers ergeben (BVerwGE 81, 32: „vergleichbare Gewähr" aus anderen Anhaltspunkten).

Beachte: Der Mangel der Schriftlichkeit kann nicht geheilt werden; möglich ist nur die erneute – fehlerfreie – Klageerhebung innerhalb der Klagefrist in Betracht.

Eine **elektronische Klagerhebung** ist nach § 55a Abs. 1 S. 1 VwGO nur **13.49**
zulässig, soweit dies für den jeweiligen Gerichtsbereich **durch VO zugelassen** worden ist. Erforderlich ist dann gem. § 55a Abs. 1 S. 3 VwGO
eine qualifizierte elektronische Signatur nach § 2 Nr. 3 SigG, um eine
Funktionsäquivalenz zur Schriftform herzustellen.

Merke: Eine entsprechende VO gibt es auf Bundesebene für das BVerwG und den
BFH, auf Landesebene jedoch noch nicht für alle Verwaltungsgerichte (zB Brandenburg, Bremen, Hessen, Niedersachsen, Nordrhein-Westfalen, Rheinland-Pfalz; zT
nicht alle VGe). Die Website des Elektronischen Gerichts- und Verwaltungspostfachs
unter *www.egvp.de* bündelt den elektronischen Rechtsverkehr für die daran teilnehm-
enden Gerichte und Behörden. Vgl dazu *Kopp/Schenke* § 55 a Rnr. 6 ff.

2. Grundsatz der Bedingungsfeindlichkeit

Die Klageerhebung darf nicht von Bedingungen irgendwelcher Art ab- **13.50**
hängig gemacht werden. Das gilt nicht nur für außerprozessuale Bedingungen (zB Klagerhebung für den Fall der Zustimmung Dritter), sondern auch für prozessuale. So ist es zB unzulässig, die Klage unter der
Bedingung zu erheben, dass Prozesskostenhilfe gewährt wird (BVerwGE
59, 302). Zulässig ist dagegen eine Eventualklagehäufung, in der Klage
also für den Fall der Erfolglosigkeit des Hauptantrags Hilfsanträge vor-
zusehen.

3. Mindestinhalt und Ausschlussfrist (§ 82 VwGO)

Die Klage muss gem. § 82 Abs. 1 VwGO die Person des Klägers ein- **13.51**
schließlich seiner ladungsfähigen Anschrift (BVerwG NJW 1999, 2608:
Postfach nicht ausreichend) und des Beklagten sowie den Streitgegenstand so genau bezeichnen, dass die Identifizierung des Streitgegenstandes und des Streitverhältnisses möglich ist. Hier sind keine strengen
Anforderungen zu stellen. Die zwingenden Mindestangaben in einer
Klage- oder einer Antragsschrift können zwar nachgeholt werden, auch
nach Ablauf der Klage- oder Antragsfrist (BVerwG NVwZ 1983, 29;
zT aA *Kopp/Schenke* § 82 Rnr. 2). Unzulässig wird die Klage aber, wenn
der Kläger oder Antragsteller eine ihm nach § 82 Abs. 2 Satz 2 VwGO
ordnungsgemäß gesetzte Ausschlussfrist verstreichen lässt. Dann kommt
eine nachträgliche Heilung nicht mehr in Betracht.

4. Zulässigkeit einer Klageänderung (§ 91 VwGO)

Hat der Kläger bzw. Antragsteller seinen Klagantrag während des Pro- **13.52**
zesses geändert oder um einen weiteren Antrag ergänzt, ist zu prüfen,
ob die Klage mit dem geänderten oder erweiterten Antrag zulässig ist.
Dieser Prüfung kommt ein **prozessualer Vorrang** vor den besonderen
Sachurteilsvoraussetzungen zu. Ist die Klageänderung unzulässig, so
wird die Klage hinsichtlich des geänderten Antrages als unzulässig abgewiesen. Wird der ursprüngliche Antrag hilfsweise aufrechterhalten,

wovon im Zweifel auszugehen ist (vgl. *Kopp/Schenke* § 91 Rnr. 29), ist auch über diesen zu entscheiden.

Beachte: Ist die Klageänderung unzulässig, so sind Zulässigkeit und Begründetheit des geänderten Antrags nach den Weisungen idR in einem **Hilfsgutachten** zu würdigen, sofern der ursprünglich gestellte Antrag nicht hilfsweise aufrechterhalten wurde, was im Zweifel anzunehmen ist.

13.53 Bei der Prüfung ist wie folgt vorzugehen:

– *Liegt eine Klageänderung vor?* Die besonderen Voraussetzungen des § 91 VwGO müssen nur in Fällen echter Klageänderungen vorliegen.

Keine Klageänderung iSd § 91 VwGO sind entspr. § 264 ZPO Ergänzungen und Berichtigungen, aber auch Erweiterungen oder Beschränkungen des Klageantrages, Änderungen der Klage- oder Antragsart oder die sachdienliche Reaktion auf Änderungen des Sachverhalts nach Klageerhebung. Bei der Abgrenzung sind die Gerichte idR großzügig. Auch für den Übergang zur **Fortsetzungsfeststellungsklage** nach § 113 Abs. 1 S. 4 VwGO oder zum Antrag auf Feststellung der Erledigung gilt § 91 VwGO nicht.

– *Hat das Gericht die Klageänderung zugelassen?* Die Zulässigkeit einer Klageänderung ist nicht mehr zu prüfen, wenn das Gericht sie bereits zugelassen hat, was auch stillschweigend geschehen kann.

Beispiel: Das Gericht hat über die Zulässigkeit der Klagänderung durch Zwischenurteil entschieden, oder über den geänderten Klagantrag verhandelt oder Beweis erhoben.

– *Haben die Beteiligten zugestimmt?* Sachdienlichkeit ist nicht mehr zu prüfen, wenn die übrigen Beteiligten (einschließlich Beigeladenen und VöI) der Klageänderung zugestimmt haben.

Merke: Die Zustimmung der Beteiligten kann auch stillschweigend erfolgen, zB durch rügeloses Einlassen auf den geänderten Klageantrag.

– *Ist die Klageänderung sachdienlich?* Über die Sachdienlichkeit muss nicht vorab entschieden werden; die Zulassung des neuen Klageantrages kann zunächst auch stillschweigend erfolgen, muss aber in der Endentscheidung begründet werden.

Kriterien: Sachdienlichkeit hängt davon ab, ob der Streitstoff im Wesentlichen derselbe bleibt und die endgültige Beilegung des Streites gefördert wird, ob also die Änderung prozessökonomisch sinnvoll ist, zB wenn ein neuer VA mit im Wesentlichen gleichen Inhalt in den Prozess einbezogen werden soll. Nach hM scheidet Sachdienlichkeit idR aus, wenn der neue Antrag unzulässig wäre (BVerwG DVBl 1992, 562; aA *Kopp/Schenke* § 91 Rnr. 19 mwN).

VIII. Statthaftigkeit der Klage- bzw. Antragsart

1. Die Klagearten der VwGO

13.54 Die VwGO sieht vier Kategorien von Klagen vor: Gestaltungsklagen, Leistungsklagen, Feststellungsklagen und sonstige Rechtsschutzformen.

Als Gestaltungsklage kennt die VwGO die **Anfechtungsklage** (§ 42 Abs. 1 VwGO) und die abstrakte **Normenkontrolle** nach § 47 VwGO; bei den Leistungsklagen wird zwischen der **Verpflichtungsklage,** die sich auf den Erlass eines VA richtet (§ 42 Abs. 1 VwGO), und der in der VwGO nicht ausdrücklich geregelten **allgemeinen Leistungsklage** auf ein sonstiges (öffentlich-rechtliches) Tun, Dulden oder Unterlassen unterschieden. Neben der **allgemeinen Feststellungsklage,** die sich auf das Bestehen bzw. Nichtbestehen von Rechtsverhältnissen oder auf die Nichtigkeit von VAen richten kann (§ 43 VwGO), kennt die VwGO die **Fortsetzungsfeststellungsklage** (§ 113 Abs. 1 S. 4 VwGO) für den Fall, dass sich ein Anfechtungs- oder Verpflichtungsbegehren erledigt. Zu den sonstigen Rechtsschutzformen gehören die Verfahren des vorläufigen Rechtsschutzes nach §§ 80, 80 a VwGO (Rnr. 19.01) und nach § 123 VwGO (Rnr. 20.01).

Merke: Diese Regelungen sind nicht abschließend. Allerdings lassen sich sonstige Rechtsschutzbegehren, wie zB der vorbeugende Rechtsschutz (Rnr. 16.13; 18.08), der Rechtsschutz im Kommunalverfassungs- und Organstreitverfahren (Rnr. 22.01) und im Vollstreckungsverfahren idR in einer der geregelten Klagearten oder Rechtsschutzformen geltend machen, zB vorbeugender Rechtsschutz in den Formen der Feststellungs- (siehe Rnr. 16.13) oder Leistungsklage (siehe 18.08), Rechtsschutz in Organstreitigkeiten in den Formen der Feststellungs- und Leistungsklage (siehe Rnr. 22.08). Zur Vollstreckungsgegenklage Rnr. 40.42.

2. Die Bedeutung der Klagearten für die Zulässigkeitsprüfung

Jedes Rechtsschutzbegehren ist nur in der dafür vorgesehenen Klageart **13.55** statthaft. So kann zB ein belastender VA nur mit der Anfechtungsklage bekämpft werden. Deshalb müssen die besonderen Zulässigkeitsvoraussetzungen für die maßgebliche Klageart gegeben sein. Das gilt unabhängig von der vom Kläger bzw. Antragsteller gewählten Bezeichnung oder Formulierung (§ 88 VwGO) seines Begehrens.

Beispiel für die Formulierung im Urteil: „Die Klage ist als Anfechtungsklage zulässig. Bei der vom Kläger angegriffenen Maßnahme handelt es sich um einen belastenden VA, nämlich ... Die besonderen Sachurteilsvoraussetzungen der Anfechtungsklage liegen vor ... "

IX. Sonstige Rechtsschutzhindernisse

1. Anderweitige Rechtshängigkeit oder Rechtskraft

Gem. § 17 Abs. 1 S. 2 GVG ist eine Klage unzulässig, wenn wegen des- **13.56** selben Streitgegenstandes und denselben Beteiligten bereits eine Klage bei einem anderen Gericht anhängig ist. Unschädlich ist die Rechtshängigkeit der Sache bei einem Verfassungsgericht (BVerwGE 50, 129). Die Klagesperre der anderweitigen Rechtshängigkeit wirkt auch für und gegen die Beigeladenen des bereits anhängigen Prozesses (VGH Mannheim NVwZ 1984, 146). Ihr Umfang hängt vom Streitgegenstand ab.

Merke: Die diversen zur **Frage des Streitgegenstandes** vertretenen Theorien sind im Examen lediglich insoweit von Bedeutung, als sie das Schicksal später erlassener VAe bestimmen können. Ein neuer, nicht lediglich wiederholender VA mit identischem Inhalt, der das Ergebnis einer neuen Sachprüfung ist (Zweitbescheid), stellt danach idR einen neuen Streitgegenstand dar, gegen den unabhängig von der ersten Klage eine neue Klage erhoben werden könnte.

13.57 Eine Klage ist nach hM unzulässig, wenn zwischen denselben Beteiligten über denselben Streitgegenstand bereits durch Urteil entschieden worden ist. Dies ist eine Folge der materiellen Rechtskraft verwaltungsgerichtlicher Urteile (§ 121 VwGO, s. näher Rnr. 4.14 ff.). Auch hier kommt es für die Sperrwirkung auf die Bestimmung des Streitgegenstandes an. Die Sperrwirkung entfällt bei Änderung der maßgeblichen Sach- und Rechtslage.

Beispiel: Ein Verpflichtungsurteil auf Erlass einer Baugenehmigung steht einer abweichenden Entscheidung nicht mehr entgegen, wenn später eine Veränderungssperre erlassen wurde (BVerwG BauR 2007, 1709).

2. Verzicht und Verwirkung des Klagerechts

13.58 Unzulässig ist ein Rechtsschutzbegehren auch beim Vorliegen von sonstigen beachtlichen Hindernissen, etwa dann, wenn ein wirksamer Klageverzicht (*Kopp/Schenke* § 74 Rnr. 21) vorliegt, bei vertraglicher Verpflichtung gegenüber einem Beteiligten, eine Klage nicht zu erheben (pactum de non petendo, BVerwG DVBl 1994, 213 zum außergerichtlichen Vergleich) oder die bereits erhobene Klage zurückzunehmen, oder bei wirksamer Schiedsgerichtsvereinbarung (BVerwG NVwZ 1993, 584 – nur auf Einrede zu berücksichtigen, vgl. *Kopp/Schenke* § 40 Rnr. 56).

X. Allgemeines Rechtsschutzbedürfnis

13.59 Das allgemeine Rechtsschutzbedürfnis fehlt, wenn das Rechtsschutzbegehren dem Kläger keinerlei nennenswerte Vorteile bringen kann (BVerwGE 78, 85, 91), offensichtlich rechtsmissbräuchlich ist (zB wegen Verwirkung des Klagerechts), oder das Rechtsschutzziel auf einem einfacheren Weg erreichbar ist (*Kopp/Schenke* Vorb. § 40 Rnr. 33 ff.). Die Zulässigkeit einer Klage des Eigentümers eines sog. **Sperrgrundstücks**, das nur zur Begründung der Klagebefugnis erworben wurde, ist Frage der Klagebefugnis (Rnr. 14.20).

Beispiele: Kein Rechtsschutzbedürfnis für Klage auf Notenverbesserung, wenn zB infolge einer Versetzung in die nächsthöhere Klasse von der beanstandeten Note keine beachtlichen Nachteile mehr ausgehen, oder für Klage auf Baugenehmigung, wenn zivilrechtliche Baubefugnis nicht erreicht werden kann (BVerwG NVwZ 1994, 482) oder das Vorhaben aus anderen Gründen offensichtlich unzulässig ist (BVerwGE 48, 242, 247). Der Klage der öffentlichen Hand darf die Möglichkeit, stattdessen einen VA zu erlassen, dann nicht entgegen gehalten werden, wenn ohnehin mit einer Klage gegen den VA zu rechnen wäre (BVerwGE 80, 164).

XI. Umgang mit Sonderfällen

1. Die objektive Klagehäufung (§ 44 VwGO)

Eine objektive Klagehäufung liegt vor, wenn in einer Klage mehrere 13.60
selbständige Klagebegehren (also nicht Nebenforderungen wie Kosten
oder Zinsen), kumulativ oder eventual zusammengefasst werden. Auch
die Stufenklage ist ein Fall der Klagehäufung. Ob die Voraussetzungen
einer objektiven Klagehäufung vorliegen, ist **keine Frage der Zulässigkeit**, sondern betrifft allein die Zulässigkeit von Verhandlung und Entscheidung in einem einheitlichen Verfahren. Mehrere Klagebegehren
können gem. § 44 VwGO in einer Klage zusammen verfolgt werden,
wenn

– sie sich gegen denselben Beklagten richten,
– sie miteinander in Zusammenhang stehen und
– dasselbe Gericht zuständig ist.

Beachte: Der Zusammenhang muss kein sachlicher sein; es genügt, wenn die verschiedenen Klagebegehren einem einheitlichen Lebensvorgang zuzurechnen sind (*Kopp/
Schenke* § 44 Rnr. 5). Fehlt es an dem nach § 44 VwGO erforderlichen Zusammenhang, kann das Gericht durch (gem. § 146 Abs. 2 VwGO unanfechtbaren, aber vom
Gericht abänderbaren) Beschluss anordnen, dass über die einzelnen Klagebegehren in
getrennten Verfahren verhandelt und entschieden werden soll (§ 93 VwGO).

2. Sonderfälle der Verbindung von Anträgen

a) Zusätzlicher Folgenbeseitigungsantrag (§ 113 Abs. 1 S. 2 VwGO)

Die VwGO lässt in § 113 Abs. 1 S. 2 aus Gründen der Prozessökonomie 13.61
die Geltendmachung des Folgenbeseitigungsanspruches zusammen mit
der Anfechtungsklage zu (*Kopp/Schenke* § 113 Rnr. 80 ff. mwN). Die Regelung setzt das Bestehen eines FBA voraus (siehe zu diesem Rnr. 25.02).
Ohne diese Regelung könnte die Folgenbeseitigung erst nach Rechtskraft
des (positiven) Anfechtungsurteils verlangt werden, was eine erhebliche
Verzögerung bedeutet. Es handelt sich deshalb um eine besondere Form
der Stufenklage.

Beachte: Ob der mit dem Antrag nach § 113 Abs. 1 Satz 2 VwGO geltend gemachte
FBA tatsächlich besteht, insbesondere spruchreif ist, stellt eine Frage der Begründetheit dar. Erfordert die Folgenbeseitigung einen VA, der im Ermessen der Verwaltung
steht, so kann der Kläger nach Ablehnung des VA auch eine Verpflichtungsklage analog § 113 Abs. 1 S. 2 VwGO mit der Anfechtungsklage verbinden. **Beispiel:** Der Kläger ficht die seinem Nachbarn erteilte Baugenehmigung an und beantragt zugleich die
Verpflichtung des Beklagten zum Erlass der abgelehnten Abrissverfügung.

b) Verbindung von Anfechtungsklage und Leistungsantrag (§ 113 Abs. 4 VwGO)

13.62 Die Verbindung von Anfechtungs- und Leistungsklage wird durch § 113 Abs. 4 VwGO als besondere Form der Stufenklage (BVerwG DVBl 2000, 1063) ebenfalls zugelassen, um dem Kläger einen Folgeprozess zu ersparen. Die Vorschrift, die eine enge Verwandtschaft mit dem spezielleren § 113 Abs. 1 S. 2 VwGO aufweist, ist auch auf Leistungen in der Form des VA anwendbar. Auch hier bedarf es keines Vorverfahrens. Es müssen Anhaltspunkte dafür bestehen, dass die geschuldete Leistung nicht freiwillig erbracht wird, sonst fehlt es am Rechtsschutzinteresse.

Beispiel: Anfechtungsklage eines Beamten gegen Entlassungsbescheid wird mit einer Leistungsklage auf Nachzahlung des teilweise einbehaltenen Gehalts (VGH München BayVBl 1982, 693) verbunden; Anfechtungsklage gegen Aufhebung eines Bewilligungsbescheids wird mit Klage auf Zahlung der bewilligten Leistung verbunden.

3. Die subjektive Klagehäufung

13.63 Gem. § 64 VwGO iVm §§ 59 ff. ZPO können an einem Rechtsstreit mehrere Kläger oder Beklagte beteiligt sein. Sie bilden eine **Streitgenossenschaft** (s. *Deckenbrock/Dötsch* JA 2003, 882). Voraussetzung ist eine wesentliche Gleichartigkeit der Ansprüche (§ 60 ZPO). Liegen diese Voraussetzungen nicht vor, so führt eine gleichwohl gemeinschaftlich erhobene Klage nicht zur Unzulässigkeit, sondern idR zur Trennung nach § 93 VwGO. Die hilfsweise Klageerhebung gegen einzelne Beklagte ist wegen der Bedingungsfeindlichkeit der Klage unzulässig.

Merke: Es werden einfache und notwendige Streitgenossenschaften unterschieden. Notwendig ist sie dann, wenn die Entscheidung den Streitgenossen gegenüber aus prozessualen oder aus materiellen Gründen notwendig einheitlich erfolgen muss. **Beispiel:** Klage von Ehegatten auf Änderung des Familiennamens (BVerwGE 66, 266). Notwendige Streitgenossen können über den Streitgegenstand durch Klagerücknahme, Erledigungserklärung, Vergleich, Verzicht usw. nur gemeinsam verfügen.

4. Der Wechsel von Beteiligten

13.64 Der gewillkürte Wechsel von Beteiligten wird im Grundsatz nach den Regeln der Klageänderung behandelt (ausf. *Eyermann* § 91 Rnr. 20 ff.), wobei aber einige Besonderheiten zu beachten sind. Das Hinzutreten weiterer Kläger ist von der Zustimmung der bisherigen Kläger abhängig, das Ausscheiden einzelner Kläger löst die Folgen einer Klagerücknahme aus (BVerwGE 65, 45, 52). Die Einwilligung des Beklagten ist nicht notwendig, wenn der Wechsel sachdienlich ist. Das Verfahren ist den ausscheidenden Klägern gegenüber einzustellen (§ 92 Abs. 3 VwGO), der ausscheidende Kläger trägt die Mehrkosten, die durch den Wechsel ausgelöst werden (VGH München BayVBl 1991, 211).

Richtet der Kläger seine Klage im Laufe des Prozesses gegen einen anderen Beklagten, also im **Fall des Beklagtenwechsels**, so gilt: Sofern der Kläger nicht nur eine Klarstellung vornimmt, ist dem ausscheidenden Beklagten gegenüber eine Klagerücknahme anzunehmen. Der neue Beklagte muss in den laufenden Prozess nur dann eintreten, wenn er zustimmt oder das Gericht den Wechsel für sachdienlich hält. Bleibt bei Anfechtungs- und Verpflichtungsklagen der angegriffene bzw. begehrte VA identisch, ist der Wechsel stets sachdienlich (*Eyermann* § 91 Rnr. 23 mwN).

§ 14. Die Anfechtungsklage

Literatur: *Ehlers*, Die verwaltungsgerichtliche Anfechtungsklage, Jura 2004, 30 und 176; *Martens*, Mustertexte zum Verwaltungsprozess, 2009, 94 ff.

I. Grundsätzliches zur Anfechtungsklage

1. Gegenstand, Ziel und Wirkungen der Anfechtungsklage

Die Anfechtungsklage (§ 42 Abs. 1 VwGO) ist Gestaltungsklage, gerich- **14.01** tet auf die vollständige oder – bei Teilbarkeit – teilweise Aufhebung eines VA unmittelbar durch das Gericht mit ex tunc-Wirkung (sog. Kassation). Gegenstand ist idR der **ursprüngliche VA in der Gestalt**, die er durch den **Widerspruchsbescheid** erhalten hat (§ 79 Abs. 1 Nr. 1 VwGO). Im Anfechtungsprozess werden also VA und Widerspruchsbescheid grundsätzlich als Einheit betrachtet, auf die sich Anfechtung und Aufhebung idR nur insgesamt beziehen können. Das gilt auch, wenn der Widerspruchsbescheid von einer anderen Behörde erlassen wurde.

Beachte: Umstritten ist, ob in den Fällen des § 79 Abs. 1 Nr. 1 VwGO VA und Widerspruchsbescheid zusammen aufgehoben werden, auch wenn der Ausgangsbescheid keinen Fehler aufweist. Dies wird unter Hinweis auf die strikte Einheit von VA und Widerspruchsbescheid zT angenommen. Demgegenüber geht die nun wohl hM davon aus, dass nur der Widerspruchsbescheid isoliert aufgehoben wird, wenn sich der Ausgangsbescheid als rechtmäßig erweist (ausführlich *Sodan/Ziekow* § 79 Rnr. 18 ff. mwN).

Eine **isolierte Anfechtung** des Widerspruchsbescheides kommt nur in Be- **14.02** tracht, wenn er entweder einen Dritten erstmalig beschwert (§ 79 Abs. 1 Nr. 2 VwGO), oder wenn er gegenüber dem ursprünglichen VA eine selbständige zusätzliche Beschwer enthält (§ 79 Abs. 2 S. 1 VwGO). Als zusätzliche Beschwer zählt nach § 79 Abs. 2 S. 2 VwGO auch die Verletzung von Verfahrensvorschriften, wenn der VA auf diesem Fehler beruht, der Fehler also nicht nach § 46 VwVfG unbeachtlich ist.

Beispiel: Der Bauherr wehrt sich mit der Anfechtungsklage gegen einen Widerspruchsbescheid, in welchem ihm auf den Widerspruch eines Nachbarn gegen die Baugenehmigung Schutzauflagen gemacht werden.

14.03 In materiellrechtlicher Hinsicht wird mit der Anfechtungsklage der allgemeine (ungeschriebene) **Abwehranspruch** gegen die Verletzung subjektiver öffentlicher Rechte durch einen VA geltend gemacht (Rnr. 33.02). Die Gestaltungswirkung des Aufhebungsurteils tritt (erst) mit der Rechtskraft des Urteils ein und wirkt grundsätzlich auf den Zeitpunkt des Erlasses des VA zurück (*Eyermann* § 113 Rnr. 3).

> **Merke:** Die Anfechtungsklage löst im Normalfall den **Suspensiveffekt** (§ 80 Abs. 1 VwGO) aus, sofern dieser nicht bereits aufgrund eines Widerspruchs eingetreten war. Aus dem angegriffenen VA dürfen danach bis zur rechtskräftigen Entscheidung keine nachteiligen Folgerungen für den Kläger gezogen werden (Rnr. 19.09 ff.). Die Ausnahmen ergeben sich aus § 80 Abs. 2 VwGO.

2. Abgrenzungsfragen

a) VA-Qualität der angefochtenen Maßnahme

14.04 Mit der Anfechtungsklage kann nur die Aufhebung einer Maßnahme begehrt werden, die auch tatsächlich die Rechtsnatur eines VA hat (§ 42 Abs. 1 VwGO). Ist die Rechtsnatur der Maßnahme zweifelhaft, so ist diese Frage bereits im Rahmen der Zulässigkeit zu prüfen. Zu Abgrenzungsfragen siehe Rnr. 34.10 ff.; zur Anfechtung von Nebenbestimmungen siehe Rnr. 34.40.

> **Beachte:** Gelangt der Bearbeiter bei der Prüfung zu dem Ergebnis, dass es sich bei der angegriffenen Maßnahme nicht um einen VA handelt, wird es sich idR empfehlen, von vornherein die Prüfung mit der zutreffenden Klageart zu beginnen und diese ggfs. gegen die nicht einschlägige Anfechtungsklage abzugrenzen. **Beispiel:** „Die Klage ist als allgemeine Leistungsklage zulässig. Der Kläger wendet sich mit ihr gegen … Diese Maßnahme stellt mangels … keinen VA dar.“

b) Verhältnis zu Widerruf und Rücknahme

14.05 Nach Unanfechtbarkeit des VA kann der Betroffene die Aufhebung des VA nur noch durch eine Entscheidung der Verwaltung erreichen. Ein Anspruch darauf besteht auch bei Rechtswidrigkeit des VA grundsätzlich nicht, sofern nicht die Voraussetzungen für ein Wiederaufgreifen des Verfahrens (§ 51 VwVfG) vorliegen. Auf Widerruf und Rücknahme besteht idR kein Anspruch, weil §§ 48, 49 VwVfG Ermessensnormen sind (Rnr. 34.46 ff.). Ein Anspruch auf ermessensfehlerfreie Entscheidung über Widerruf oder Rücknahme ist mit der Verpflichtungsklage geltend zu machen.

c) Zulässigkeit einer isolierten Anfechtungsklage?

14.06 Umstritten ist, ob der Kläger anstelle einer Verpflichtungsklage auf Erlass des begehrten VA auch lediglich eine (sog. isolierte) Anfechtungsklage gegen den VA erheben kann, mit dem der Antrag abgelehnt worden ist. In der Regel ist die Verpflichtungsklage spezieller; der Kläger hat also keine Wahl zwischen Anfechtung der Ablehnung und Verpflichtung zur Begünstigung (*Hufen* § 14 Rnr. 19). Nur in Einzelfällen ist eine isolierte Anfechtung denkbar, wenn der Kläger (derzeit) kein Interesse an der Begünstigung hat, die Ablehnung aber die Möglichkeit ausschließen würde, die Begünstigung später zu erhalten (vgl. *Kopp/Schenke* § 42 Rnr. 30)

Beachte: Ebenfalls als „isolierte Anfechtungsklage" werden die isolierte Anfechtung des Widerspruchsbescheids nach § 79 Abs. 2 VwGO (dazu Rnr. 14.02) und häufig auch die Teilanfechtung belastender Nebenbestimmungen zu einem VA (dazu Rnr. 34.41) bezeichnet.

II. Die besonderen Sachurteilsvoraussetzungen

Übersicht

1. Durchfuhrung eines Widerspruchsverfahrens (§§ 68 ff. VwGO),
2. Einhaltung der Klagefrist (§ 74 VwGO),
3. Klagebefugnis (§ 42 Abs. 2 VwGO).

1. Durchführung eines Widerspruchsverfahrens (§§ 68 ff. VwGO)

Grundsätzlich muss vor Erhebung einer Anfechtungsklage ein Vorverfahren durchgeführt worden sein, in welchem **Rechtmäßigkeit und Zweckmäßigkeit** des VA überprüft worden sind (§ 68 Abs. 1 S. 1 VwGO). Ein Verzicht der Beteiligten auf das Vorverfahren ist nicht möglich (BVerwGE 66, 343), weil es auch im öffentlichen Interesse (Fehlerkontrolle durch die Verwaltung, Entlastung der Gerichte) liegt. **14.07**

Beachte: Derzeit besteht in den Ländern die Tendenz Widerspruchsverfahren einzuschränken oder ganz abzuschaffen. Von dieser seit 1996 bestehenden Möglichkeit haben Bayern, Hessen,, Niedersachsen und Nordrhein-Westfalen weitgehend Gebrauch gemacht (krit. zu Recht *v. Nieuwland* NordÖR 2006, 191)

a) Rechtzeitigkeit des Widerspruches

Der Widerspruch muss ordnungsgemäß, vor allem rechtzeitig, dh innerhalb eines Monats nach Bekanntgabe des Ausgangsbescheides (§ 70 VwGO) erhoben worden sein (Rnr. 12.27), anderenfalls wird der VA unanfechtbar mit der Folge, dass der Widerspruch als unzulässig zurückgewiesen wird und eine daraufhin erhobene Klage unzulässig ist. Die Widerspruchsbehörde ist aber nach hM nicht gehindert, über den Widerspruch trotz Verfristung in der Sache zu entscheiden (BVerwGE 57, 3422; sehr str., vgl. *Kopp/Schenke* § 70 Rnr. 9 mwN). Dies gilt aber nicht in den Drittwiderspruchsfällen, in denen der Begünstigte durch die Unanfechtbarkeit eine gesicherte Rechtsposition erlangt, wie etwa der Inhaber einer Baugenehmigung bei verspätetem Nachbarwiderspruch (BVerwGE 60, 314). **14.08**

Beachte: Hätte bei verspätetem Widerspruch Wiedereinsetzung in den vorigen Stand gewährt werden müssen, kann der Widerspruchsbescheid mit der Begründung isoliert angefochten werden, dass ein wesentlicher Verfahrensfehler iSd § 79 Abs. 2 Satz 2

VwGO vorliege. Die Aufhebung des Widerspruchsbescheides setzt aber nach hM voraus, dass sich der Fehler in der Sache auswirkt, dh eine andere Entscheidung (als die Zurückweisung des Widerspruchs) nicht ausgeschlossen ist (BVerwGE 61, 47 = NJW 1981, 1683; str. aA *Kopp/Schenke* § 79 Rnr. 11).

b) Die Untätigkeitsklage (§ 75 VwGO)

14.09 Bleibt die Widerspruchsbehörde untätig, entscheidet sie also nicht innerhalb angemessener Zeit über den Widerspruch, so kann nach Ablauf von 3 Monaten Klage erhoben werden, ohne dass der Widerspruchsbescheid abgewartet werden muss. Gleiches gilt für den Fall, dass bereits über den Antrag auf Erlass eines VA nicht in angemessener Zeit entschieden worden ist.

> **Merke:** Ist wegen besonderer Eilbedürftigkeit eine kürzere Frist geboten (§ 75 S. 2 VwGO), kann die Klage auch schon vorher erhoben werden. Das Fachrecht enthält zT eigene Fristenregelungen (vgl. zB § 14a BImSchG). Eine verfrüht erhobene Klage wächst durch Zeitablauf in die Zulässigkeit hinein. Liegt ein zureichender Grund für die Untätigkeit vor, setzt das Gericht das Verfahren aus.

c) Ausnahmen vom Erfordernis des Vorverfahrens

14.10 Die Durchführung eines Vorverfahrens kann gem. § 68 Abs. 1 S. 2 VwGO oder speziell durch Bundes- oder Landesgesetz ausgeschlossen sein, Dies gilt nach § 68 Abs. 1 Nr. 1 VwGO für die Anfechtung von **VAen oberster Bundes- oder Landesbehörden** (Ausnahme Beamtenrecht gem. § 54 Abs. 2 BeamtStG), nach § 68 Abs. 1 Nr. 2 VwGO, wenn Dritte durch einen Widerspruchsbescheid **erstmalig beschwert** werden (zB Klage des Bauherrn, wenn Baugenehmigung im Widerspruchsverfahren aufgehoben wird).

> **Beachte:** In diesen Fällen ist das Vorverfahren nicht zulässig. Wird gleichwohl anstelle der Klage ein unzulässiger Widerspruch erhoben, kann dies zur Unanfechtbarkeit des VA führen.

14.11 **Bundesrechtlich** ist das Widerspruchsverfahren zB ausgeschlossen für die Anfechtung VAen in förmlichen Verwaltungsverfahren (§ 70 VwVfG), nach § 83 Abs. 2 AufenthG bei Versagung einer Duldung, für die Anfechtung von Planfeststellungsbeschlüssen (§ 74 VwVfG). **Landesrechtlich** gibt es eine Fülle von Ausschlüssen bis hin zur weitgehenden Abschaffung des Widerspruchsverfahrens in einigen Ländern (s oben Rnr. 14.07). Daneben gibt es eine Reihe von Fällen, in denen das Widerspruchsverfahren zwar zulässig, aber entbehrlich ist. Hier ist einiges umstritten.

> **Beispiele:** Anerkannt ist die Entbehrlichkeit, wenn sich die Klage gegen einen VA richtet, der einen bereits im Vorverfahren überprüften VA wiederholt, ergänzt, ändert oder ersetzt und sich keine neuen Rechtsfragen stellen„bei der notwendigen Streitgenossenschaft, wenn ein Vorverfahren bereits von einem Streitgenossen durchgeführt wurde, bei sachdienlicher objektiver Klagänderung, bei der Erweiterung von Klaganträgen usw.

Umstritten, im Ergebnis aber **abzulehnen** ist die Entbehrlichkeit des **14.12**
Vorverfahrens in den meisten anderen Fällen, etwa bei rügelosem Einlassen des Beklagten auf eine ohne Vorverfahren erhobene Klage (so
BVerwGE 68, 121, 123; hiergegen zu Recht die Lit., vgl. *Dolde* in
Schoch § 68 Rnr. 29), ferner dann, wenn zunächst eine allgemeine Leis-
tungs- oder Feststellungsklage erhoben wurde, die später auf eine Anfechtungsklage umgestellt wird.

2. Die Einhaltung der Klagefrist (§ 74 VwGO)

a) Die Monatsfrist

Gem. § 74 Abs. 1 S. 1 VwGO muss die Klage **binnen eines Monats** nach **14.13**
Zustellung des Widerspruchsbescheides erhoben werden. Maßgeblich ist
der Zeitpunkt des Eingangs bei Gericht. Für die Zustellung des Widerspruchsbescheides gelten nach § 73 Abs. 3 S. 2 VwGO die Bestimmungen des VwZG des Bundes (Einzelheiten siehe Rnr. 9.01 ff.).

Merke: Für die Berechnung der Monatsfrist gelten gem. § 57 Abs. 2 VwGO iVm
§ 222 Abs. 1 ZPO die §§ 187 ff. BGB. Der erste Tag wird nicht mitgezählt. Von praktischer Bedeutung ist vor allem die sog. **Montagsregelung des § 222 Abs. 2 ZPO** in
den Fällen, in denen das Fristende auf das Wochenende bzw. auf einen Feiertag fällt.

b) Die Jahresfrist (§ 58 Abs. 2 VwGO)

Ist die Rechtsmittelbelehrung unterblieben oder unrichtig, wird die Mo- **14.14**
natsfrist nicht in Lauf gesetzt. Die Klage muss dann allerdings zwingend
innerhalb eines Jahres erhoben werden, sofern nicht höhere Gewalt die
Klageerhebung auch innerhalb der Jahresfrist verhindert oder die Rechtsmittelbelehrung auf Unanfechtbarkeit lautete.

Beispiele für unrichtige Belehrung: Angabe des falschen Gerichts, des falschen Rechts-
behelfs, unberechtigte Anforderungen, fehlende Angabe des Ortes (BVerwGE 85, 298
= NVwZ 1991, 261; genaue Adresse ist nach BVerwGE 85, 300 nicht erforderlich);
Angabe nicht vorgesehener Form- und Begründungserfordernisse (BVerwGE 37, 86).

c) Wiedereinsetzung in den vorigen Stand (§ 60 VwGO)

Wird die Klagefrist unverschuldet versäumt, so kann das Gericht Wie- **14.15**
dereinsetzung in den vorigen Stand gewähren (hierzu umfassend *Müller*
NJW 1995, 3224). § 60 VwGO gilt für alle gesetzlichen Fristen, gem.
§ 70 Abs. 2 VwGO auch bei Versäumung der Widerspruchsfrist, **nicht
aber** für sog. Präklusions- oder Ausschlussfristen (zB Jahresfrist gem.
§ 60 Abs. 3 VwGO; Jahresfrist gem. § 48 Abs. 4 VwVfG) und nicht für
gerichtliche oder behördliche Fristen.

Beachte: Für vom Gericht gesetzte Fristen gilt § 224 Abs. 2 ZPO, in dessen Rahmen
jedenfalls nicht strenger als nach § 60 VwGO entschieden werden darf (vgl. BVerwG
NJW 1994, 673); Ähnliches gilt für die Verlängerung einer von einer Behörde gesetzten Frist nach § 31 Abs. 7 VwVfG.

14.16 **aa) Innerhalb von zwei Wochen** nach dem Wegfall des Hindernisses, spätestens aber innerhalb eines Jahres (§ 60 Abs. 2, 3 VwGO) ist die versäumte Rechtshandlung (Klage, Widerspruch) nachzuholen. Innerhalb dieser Frist müssen auch die Wiedereinsetzungsgründe geltend gemacht werden, nur deren Glaubhaftmachung kann später erfolgen (*Kopp/Schenke* § 60 Rnr. 27). Ein **förmlicher Antrag ist entbehrlich.**

14.17 **bb) Wiedereinsetzungsgründe.** Hinderungsgründe müssen nicht den gesamten Zeitraum der Frist erfassen. Ausreichend ist, dass sie während des Laufs der Frist eintreten und so spät wieder entfallen, dass anschließend die Frist nicht mehr eingehalten werden kann (*Kopp/Schenke* § 60 Rnr. 7).

Beispiele: Krankheit, Prozessunfähigkeit, urlaubsbedingte Abwesenheit, sofern der Betroffene nicht wegen der besonderen Umstände mit dem Zugang des Schriftstücks rechnen musste, Verzögerungen des regelmäßigen Postlaufes. Bei längerer Abwesenheit müssen Vorkehrungen getroffen werden. Sprachunkenntnis rechtfertigt die Wiedereinsetzung idR nicht. Ein rechtzeitig vollständig gestellter PKH-Antrag rechtfertigt die Wiedereinsetzung auch bei Ablehnung, es sei denn, der Kläger musste mit der Nichtanerkennung der Mittellosigkeit rechnen (vgl. *Kopp/Schenke* § 60 Rnr. 15).

14.18 **cc) Verschulden** liegt vor, wenn der Betroffene diejenige Sorgfalt außer Acht lässt, die für einen gewissenhaften Beteiligten geboten und zumutbar ist. Maßgebend sind die konkreten Verhältnisse des Betroffenen (*Kopp/Schenke* § 60 Rnr. 9 mwN). Verschulden Dritter (Eltern, Ehepartner, Hausgenossen) wird nicht zugerechnet, wohl aber gem. § 85 Abs. 2 ZPO persönliches **Verschulden des Prozessbevollmächtigten**, nicht dagegen der von ihm eingeschalteten Hilfspersonen (zB Kanzleipersonal), sofern glaubhaft gemacht wird, dass sie ordnungsgemäß ausgewählt, angeleitet und überwacht wurden (*Eyermann* § 60 Rnr. 15 ff.).

14.19 **dd) Entscheidung.** Zuständig ist das Gericht, bei dem die versäumte Prozesshandlung vorzunehmen ist. Über Wiedereinsetzung wird idR **im Rahmen der Endentscheidung** (Urteil oder Beschluss) entschieden. Zulässig ist auch ein Zwischenurteil. Ob auch durch Beschluss entschieden werden kann, ist umstritten (verneinend *Kopp/Schenke* § 60 Rnr. 37). Die Aufnahme in den Tenor der Endentscheidung ist nicht erforderlich; es reicht, wenn sich die Tatsache, dass dem Kläger Wiedereinsetzung gewährt worden ist, aus den Gründen ergibt. Eine stillschweigende Wiedereinsetzung ist nicht zulässig (BVerwGE 59, 309 = NJW 1981, 698).

Beispiel für Formulierung: „Die Klage ist zulässig. Zwar hat der Kläger die Klagefrist des § 74 VwGO versäumt, weil ihm der Widerspruchsbescheid vom ... am ... ordnungsgemäß zugestellt wurde. Ihm ist aber gem. § 60 Abs. 1 VwGO Wiedereinsetzung in die Klagefrist zu gewähren, weil er ohne sein Verschulden gehindert war, die Klagefrist einzuhalten". ...

3. Die Klagebefugnis (§ 42 Abs. 2 VwGO)

Gem. § 42 Abs. 2 VwGO muss der Kläger geltend machen, durch den **14.20** angegriffenen VA **in seinen Rechten verletzt** zu sein. Damit knüpft die Norm an die Lehre von den subjektiven öffentlichen Rechten an (s Rnr. 33.02 ff.). Da es sich bei der Klagebefugnis um eine qualifizierte Sachurteilsvoraussetzung handelt, deren abschließende Beurteilung die Begründetheit der Klage vorwegnehmen würde, reicht die **Möglichkeit der Rechtsverletzung** aus. Diese fehlt nach hM (BVerwGE 96, 305) nur dann, wenn nach dem vorliegenden Sachverhalt die Verletzung subjektiver öffentlicher Rechte des Klägers eindeutig und nach jeder denkbaren Betrachtungsweise ausgeschlossen erscheint (ausführlich *Hipp/Hufeld* JuS 1998, 802).

a) Normalfall: Anfechtung durch den Adressaten eines VA

Ist der Kläger selbst Adressat eines belastenden VA, so ist seine Klage- **14.21** befugnis idR unproblematisch und bedarf keiner besonderen Begründung, weil er in diesem Fall stets in seinen (subjektiven öffentlichen) Rechten verletzt ist, wenn sich der VA als rechtswidrig erweist. In den wenigen Ausnahmefällen liegt in Wahrheit ein den Adressaten belastender VA nicht vor.

Beispiele für fehlende Klagebefugnis des Adressaten: Zurückweisung von Einwendungen im Anhörungsverfahren nach § 10 BImSchG, wenn keine Betroffenheit in eigenen Rechten vorliegt; Zurückweisung von Bedenken und Anregungen nach § 3 Abs. 2 S. 4 BauGB. Zu den Grenzen der Adressatentheorie, die an sich **tautologischen Charakter** hat, *Gurlitt,* Die Verwaltung 1995, 449.

b) Sonderfall: Prozessstandschaft

Eine **gewillkürte Prozessstandschaft,** also die Geltendmachung fremder **14.22** Rechte im eigenen Namen aufgrund einer Ermächtigung des Rechtsinhabers, ist dem Verwaltungsprozess grundsätzlich fremd (BVerwGE 61, 340 = NVwZ 1982, 40). Deshalb können Vereine oder Gesellschaften nicht die Rechte ihrer Mitglieder klageweise geltend machen, auch dann nicht, wenn die Förderung dieser Interessen zu den satzungsmäßigen Aufgaben des Vereins oder Verbandes gehört (BVerwGE 104, 367).

Beachte: Wenn **Eltern** in eigenem Namen für ihre Kinder tätig klagen, können sie nur ihre eigenen Rechte geltend machen, zB Klage wegen Nichtversetzung ihres Kindes oder gegen bestimmte Unterrichtsinhalte (VGH Mannheim NJW 1987, 3274). Anderenfalls müssen sie als gesetzliche Vertreter ihres Kindes in dessen Namen Klage erheben.

Die **gesetzliche Prozessstandschaft,** also die Geltendmachung fremder **14.23** Rechte im eigenen Namen aufgrund einer entsprechenden gesetzlichen Ermächtigung, gibt es dagegen auch im Verwaltungsprozess und rechtfertigt dann auch die Klageerhebung in eigenem Namen; sie kommt allerdings selten vor.

Beispiele: Insolvenzverwalter, Testamentsvollstrecker, Rechtsvorgänger im anhängigen Prozess (§ 265 ZPO iVm § 173 VwGO), Länder hinsichtlich der Verwaltung der Bundesfernstraßen (VGH Mannheim NVwZ 1982, 252). Der Betreuer nach §§ 1896 ff. BGB handelt dagegen nicht im eigenen Namen.

c) Abweichende Regelungen, insbesondere Verbandsklage

14.24 Bundes- und Landesgesetze lassen in bestimmten Fällen Klagen auch ohne Klagebefugnis nach § 42 Abs. 2 VwGO zu. Bundesrechtlich ist dies zB geschehen in § 8 Abs. 4, § 12, § 16 Abs. 3 S. 3 HandwO für die Industrie- und Handelskammern sowie in § 95 SGB XII für den erstattungsberechtigten Träger der Sozialhilfe. Eine Sondersituation ergibt sich auch bei **Organstreitverfahren** (siehe näher Rnr. 22.01 ff.).Einen weiteren Sonderfall stellt die sog. **Vereins- oder Verbandsklage im Umweltrecht** dar. Sie geht in ihrer heutigen Form auf die sog. **Aarhus-Konvention** und die zu ihrer Umsetzung erlassenen Richtlinien der EU zurück. Derzeit gibt es die naturschutzrechtliche Verbandsklage in § 61 BNatSchG und die ergänzende Verbandsklage nach §§ 1, 2 UmwRG (näher *Koch* NVwZ 2007, 369; *Ziekow* NVwZ 2007, 259).

Merke: § 61 BNatSchG betrifft die Anfechtung von Planfeststellungsbeschlüssen mit naturschutzrechtlicher Eingriffswirkung und die Befreiung von Bestimmungen der Naturschutzverordnungen (*Seelig/Gündling*, Die Verbandsklage im Umweltrecht, NVwZ 2002, 1152). Die Verbandsklage nach URG richtet sich gegen die Genehmigung UVP-pflichtiger Anlagen, setzt aber nach § 2 Abs. 2 Nr. 1 UmwRG voraus, dass auch Privatleute klagen könnten (krit. zu Recht OVG Münster NordÖR 2009, 345; *Berkemann* NordÖR 2009, 336).

d) Sonderfall: Drittanfechtungsklage

14.25 Einer besonderen Prüfung der Klagebefugnis bedarf es bei der Anfechtungsklage dann, wenn der Kläger sich als Dritter gegen einen VA wendet, der an einen anderen Adressaten gerichtet ist und diesen begünstigt **(VA mit Drittwirkung)**. Dies ist vor allem bei den sog. Nachbar- und Konkurrentenklagen der Fall (s. zu den subjektiven Rechten in diesen Fällen Rnr. 33.20; 33.31).

Beachte: IdR muss die Klagebefugnis aus Normen des einfachen Rechts hergeleitet werden (**Vorrang des einfachen Rechts**). Dann ist bereits in der Zulässigkeit festzustellen, ob diese Normen dem Kläger subjektive Rechte vermitteln. Bei der Herleitung aus Grundrechten muss eine rechtlich relevante Betroffenheit von Grundrechten des Klägers möglich erscheinen. Bei einer **materiellen Einwendungspräklusion** (vgl. zB § 73 Abs. 4 S. 3 VwVfG für Planfeststellungsbeschlüsse) entfällt auch die Klagebefugnis (vgl. *Kopp/Ramsauer* § 73 Rnr. 92).

14.26 Es ist nicht Aufgabe der Klagebefugnis, den materiellen Prüfungsrahmen für die Begründetheitsprüfung festzulegen. Es müssen in der Zulässigkeit deshalb nicht sämtliche einschlägigen Normen auf ihre drittschützende Wirkung hin untersucht werden. Vielmehr reicht es aus, die Klagebefugnis aus einem einzigen subjektiven öffentlichen Recht zu begründen.

Beachte: Im Gutachten ist es allerdings idR erforderlich, mehrere der für die Begründetheit der Klage maßgeblichen Rechtsnormen darauf zu untersuchen, ob sich aus ihnen die Klagebefugnis herleiten lässt, damit die Klagebefugnis im Urteil oder in der Klageschrift auf die einfachste und überzeugendste Möglichkeit gestützt werden kann.

III. Der Aufbau der Begründetheitsprüfung

Ausgangspunkt der Prüfung ist stets § 113 Abs. 1 Satz 1 VwGO. Danach ist eine Anfechtungsklage begründet, soweit der angefochtene VA in der Fassung, die er ggfs. durch den Widerspruchsbescheid erhalten hat (§ 79 Abs. 1 VwGO), rechtswidrig ist und den Kläger dadurch in seinen Rechten verletzt. Hieraus folgt idR ein **zweistufiger Prüfungsaufbau:** Erste Stufe: Prüfung der Rechtmäßigkeit, zweite Stufe: Prüfung der Rechtsverletzung. **14.27**

Einstufig ist der Prüfungsaufbau im Urteil dann, wenn die Klage bereits mangels Rechtswidrigkeit des angefochtenen VA erfolglos bleibt: Eine rechtmäßige Entscheidung kann nicht zu einer Verletzung subjektiver öffentlicher Rechte führen. Bleibt die Klage dagegen wegen fehlender Verletzung subjektiver öffentlicher Rechte erfolglos, so muss idR zweistufig geprüft werden, weil sich die Verletzung subjektiver Rechte idR erst nach Feststellung der objektiven Rechtsverstöße beurteilen lässt.

Übersicht
1. Rechtswidrigkeit des VA
   a) Ermittlung einer Ermächtigungsgrundlage
   b) Maßgeblicher Zeitpunkt
   c) Tatbestandsvoraussetzungen
   d) Gültigkeit der Ermächtigungsgrundlage
2. Rechtsverletzung des Klägers
   a) Normalfall
   b) Sonderfall Drittanfechtung

1. Die Rechtswidrigkeitsprüfung

Ein belastender VA ist rechtswidrig, wenn er sich nicht auf eine **gültige Ermächtigungsgrundlage** stützen lässt. Es ist daher zunächst eine gesetzliche Grundlage zu suchen und sodann zu prüfen, ob die formellen und materiellen Voraussetzungen für den Erlass des VA vorliegen. Die Frage, ob die Ermächtigungsgrundlage auch gültig ist, dh nicht gegen höherrangiges Recht verstößt, ist nur zu untersuchen, wenn sich aus dem Vortrag der Beteiligten oder aus anderen Gründen Zweifel ergeben. **14.28**

Beachte: Ob die Gültigkeit der Rechtsnorm darstellungstechnisch vor den Tatbestandsvoraussetzungen zu prüfen ist, hängt vom Einzelfall, insbesondere davon, ob die Zweifel an der Gültigkeit prinzipieller Natur sind oder die Auswirkungen im konkreten Fall betreffen, sowie davon, ob eine verfassungskonforme Auslegung in Betracht kommt.

a) Maßgeblicher Zeitpunkt für die Sach- und Rechtslage

14.29 Der maßgebliche Zeitpunkt für die der Beurteilung zugrunde zu legende Sach- und Rechtslage und damit auch für die Fassung der maßgeblichen Ermächtigungsnormen ist aus dem materiellen Recht herzuleiten (BVerwGE 64, 218, 222; 65, 1, 2). Zumeist kommt es auf den Zeitpunkt des Erlasses der **letzten Behördenentscheidung**, also idR des Widerspruchsbescheides an (hM, vgl. *Eyermann* § 113 Rnr. 45 ff. mwN; zT aA *Kopp/Schenke* § 113 Rnr. 35 ff.). Spätere Änderungen der Sach- oder Rechtslage berühren dann die Rechtmäßigkeit des VA nicht mehr.

Beispiele: Keine Berücksichtigung einer nach Erlass des Widerspruchsbescheides geschlossenen Ehe bei der Prüfung der Rechtmäßigkeit einer Ausweisungsverfügung (BVerwGE 60, 133); keine Beachtlichkeit späterer Umstände bei Gewerbeuntersagungen (BVerwGE 65, 1) oder Entziehung der Fahrerlaubnis (BVerwGE 51, 359). Bei Nachbarklagen dürfen Änderungen der Sach- und Rechtslage nach Erlass der Baugenehmigung nicht zu Lasten des Bauherrn berücksichtigt werden (VGH Mannheim VBlBW 1995, 481).

14.30 **Andere Zeitpunkte** sind maßgeblich zB bei VAen mit Dauerwirkung (BVerwGE 59, 5), bei VAen, deren Vollzug sinnlos oder unangemessen ist (zB BVerwG NJW 1996, 1186 für Abrissverfügungen), bei rückwirkendem Inkrafttreten von Vorschriften (zB BVerwGE 64, 218 für Erschließungsbeiträge) und bei Zeitabschnittsregelungen, also VAen, deren Regelungen sich von vornherein auf ganz bestimmte Zeiträume beziehen (BVerwGE 59, 148, 160), sowie bei der Beurteilung der Rechtmäßigkeit von Baugenehmigungen im Rahmen von **Drittanfechtungsklagen** (OVG Münster BauR 2008, 799: Zeitpunkt des Erlasses der Baugenehmigung).

b) Die Feststellung einer anwendbaren Ermächtigungsgrundlage

14.31 **aa) Maßgeblichkeit der Rechtsfolge.** Als Ermächtigungsgrundlage kommen nur solche Rechtsnormen in Betracht, die allein oder zusammen mit anderen als **Rechtsfolge** den Erlass eines VA mit einem Inhalt zulassen, der dem des angegriffenen VA entspricht. Dabei sind die **spezielleren Normen vor den allgemeineren zu prüfen**; liegen die Tatbestandsvoraussetzungen der spezielleren Norm nicht vor, so kommen die allgemeineren nur noch in Betracht, wenn die spezielleren keine abschließende Regelung treffen.

Beispiele: Gegenüber einem Versammlungsteilnehmer kann ein Platzverweis erst nach Auflösung der Versammlung gem. § 15 Abs. 2 VersG oder nach Ausschluss gem. § 18 Abs. 3 VersG auf polizeiliche Ermächtigungsgrundlagen gestützt werden (BVerwG NVwZ 2005, 80). Liegen im Falle der Ausweisung eines Ausländers die Voraussetzungen des § 55 AufenthG nicht vor, so kann die Ausweisungsverfügung zwar auf § 53 AufenthG gestützt werden, aber auch bei Bestehen einer Gefahr nicht auf eine polizeiliche Generalklausel.

14.32 Die Ermächtigungsnorm selbst enthält idR nicht sämtliche Voraussetzungen für den Erlass des VA. Vor allem formelle Voraussetzungen (Zuständigkeit, Verfahren, Form) ergeben sich häufig aus weiteren Vorschriften, die bei der Prüfung zusätzlich herangezogen werden müssen, insbesondere aus dem jeweils anwendbaren Verwaltungsverfahrensgesetz.

Beispiele: Die Zuständigkeit für den Erlass einer Ausweisungsverfügung ergibt sich aus § 71 Abs. 1 AufenthG; Vorschriften für das einzuhaltende Verfahren und die Form des VA ergeben sich aus dem einschlägigen VwVfG; die verfahrensrechtlichen Voraussetzungen einer Genehmigung nach § 4 BImSchG ergeben sich aus §§ 10 ff. BImSchG iVm der 9. BImSchV.

bb) Gültigkeit der Ermächtigung. Die Prüfung der Gültigkeit kann vor, während und nach der Normanwendung geprüft werden. Bestehen Zweifel an der Gültigkeit der Norm aus Gründen, die von den Wirkungen im konkreten Fall unabhängig sind, sollte die Prüfung vorangestellt werden. Lassen sich die Bedenken durch eine verfassungskonforme Auslegung ausräumen, so ist diese an einem dafür geeigneten Tatbestandsmerkmal anzuknüpfen. **14.33**

Beachte: Auch die Ermessensprüfung muss verfassungsrechtlicher Prüfung standhalten. Teilt das Gericht die Auffassung eines Beteiligten nicht, die Normanwendung führe zu einem verfassungswidrigen Ergebnis, so ist dies im Anschluss an die Normanwendung darzulegen. Zum Aufbau der Gültigkeitsprüfung von Rechtsnormen siehe Rnr. 30.21 ff.

c) Die Prüfung des VA auf formelle Fehler

Bei formellen Fehlern geht es um solche der Zuständigkeit, des Verfahrens und der Form des VA. Die ordnungsgemäße Bekanntgabe (Rnr. 34.08) bzw. Zustellung (Rnr. 9.01) ist zwar Wirksamkeitsvoraussetzung, nicht aber Rechtmäßigkeitsvoraussetzung; auch Mängel der Rechtsmittelbelehrung berühren nicht die Rechtmäßigkeit des VA, sondern hindern nur den Lauf der Widerspruchsfrist (§ 58 VwGO). Die formellen Fehler werden im Widerspruchsverfahren idR geheilt (§ 45 VwVfG bzw. § 41 SGB X). Eine Heilung kann bei den meisten Fehlern auch im Laufe des gerichtlichen Verfahrens noch erfolgen. **14.34**

Beachte: Die Nachholung einer fehlenden Verfahrenshandlung kann in einer Klausur nicht einfach unterstellt werden. Die Heilung einer fehlenden Anhörung setzt keinen neuen VA voraus, wohl aber eine überprüfende Entscheidung in einem Nachverfahren, die dokumentiert sein muss (*Kopp/Ramsauer* § 45 Rnr. 46).

Formelle Fehler, die nicht geheilt sind und nicht zur Nichtigkeit des VA führen, sind gem. § 46 VwVfG bzw. § 42 SGB X **unbeachtlich,** wenn offensichtlich ist, dass der Fehler die Entscheidung in der Sache nicht beeinflusst hat. Dies gilt nicht nur für streng gebundene Entscheidungen und Ermessensentscheidungen im Falle der Ermessensreduktion auf Null, sondern auch wenn praktisch ausgeschlossen werden kann, dass sich der Fehler auf eine Ermessens- oder Beurteilungsentscheidung ausgewirkt hat (vgl. *Kopp/Ramsauer* § 46 Rnr. 34). Für **absolute Verfahrensfehler** wie zB Verstöße gegen § 36 BauGB (BVerwG NuR 2009, 249; OVG Münster BauR 2008, 799, 802) gilt § 46 VwVfG nicht. **14.35**

Beachte: Grundsätzlich lässt sich bei Ermessens- und Beurteilungsentscheidungen nicht ausschließen, dass die Entscheidung bei fehlerfreiem Verfahren anders ausgefallen wäre. Dies kann aber nach den konkreten Umständen anders sein, zB wenn sich ein Bewertungsfehler im Prüfungsverfahren schon rechnerisch nicht auf das Endergebnis ausgewirkt haben kann.

14.36 **aa) Zuständigkeit:** Die handelnde Behörde muss örtlich (§ 3 VwVfG, § 2 SGB X), sachlich und instanziell zuständig sein, andernfalls ist der VA rechtswidrig. Ob innerhalb der zuständigen Behörde der nach dem Geschäftsverteilungsplan zuständige Sachbearbeiter entschieden hat, spielt für die Rechtmäßigkeit des VA keine Rolle. Hat eine nach §§ 20 f. VwVfG, §§ 16 f. SGB X ausgeschlossene Person entschieden, so liegt hierin ein Verfahrensfehler, kein Zuständigkeitsfehler.

14.37 **bb) Verfahren:** Sofern nicht ausnahmsweise etwas anderes geregelt ist, gelten die allgemeinen Vorschriften des nichtförmlichen Verfahrens (§ 10 VwVfG bzw. § 9 SGB X). Von Bedeutung ist hier vor allem die Gewährung rechtlichen Gehörs (§ 28 VwVfG bzw. § 24 SGB X), wozu auch die Gewährung von Akteneinsicht gehört (§ 29 VwVfG bzw. § 25 SGB X). Im Umfeld der Ermächtigungsnorm finden sich häufig spezielle Verfahrensregelungen.

Beispiele: Bestimmungen des AsylVfG für das Asylverfahren, der §§ 72 ff. VwVfG für das Planfeststellungsverfahren, der LBauOen für das Baugenehmigungsverfahren, der VwVGe für das Vollstreckungsverfahren.

14.38 **cc) Form, Begründung:** Es gilt der Grundsatz der Formfreiheit des VA (Rnr. 34.05). Schriftliche oder schriftlich bestätigte VAe sind zu begründen, sofern nicht eine Begründung nach § 39 Abs. 2 VwVfG bzw. § 35 Abs. 2 SGB X entbehrlich ist. Unvollständige Begründungen können gem. § 45 Abs. 2 VwVfG bzw. § 41 Abs. 2 SGB X im gerichtlichen Verfahrens noch vervollständigt werden. Zum Nachschieben von Gründen bei fehlerhafter, also unzutreffender oder unvollständiger Begründung siehe Rnr. 37.18.

Beachte: Fehlerhaftigkeit oder Unvollständigkeit der Begründung haben auf die Rechtmäßigkeit keinen Einfluss, wenn sich der VA aus anderen als von der Behörde angegebenen Gründen als rechtmäßig erweist, außerdem keine Ermessensentscheidung vorliegt und schließlich die neuen Gründe den VA nicht im Wesen verändern (*Kopp/Ramsauer* § 45 Rnr. 18 ff.).

14.39 **dd) Bestimmtheit:** Ein VA muss inhaltlich hinreichend bestimmt sein (§ 37 Abs. 1 VwVfG bzw. § 33 Abs. 1 SGB X). Dies setzt voraus, dass der Adressat eindeutig ist, der Empfänger den Inhalt der Regelung unschwer erkennen kann (Empfängerhorizont) und dass die Regelung ggfs. auch einer Vollstreckung fähig ist.

Beachte: Fehlende Bestimmtheit führt – wenn kein Fall des § 44 Abs. 2 VwVfG vorliegt – nur bei schwerem und offensichtlichem Fehler zur Nichtigkeit des VA nach § 44 Abs. 1 VwVfG (der VA ist völlig unverständlich und undurchführbar, oder der Verpflichtete ist nicht erkennbar). Bei bloßer Rechtswidrigkeit ist eine nachträgliche

Heilung durch Klarstellung möglich, auch noch im Verwaltungsprozess (BVerwG NVwZ-RR 2006 589). Offenbare Unrichtigkeiten können gemäß § 42 VwVfG jederzeit berichtigt werden.

d) Prüfung des VA auf materielle Fehler

IdR liegt der Schwerpunkt der Begründetheitsprüfung auf der materiellen Fehlerkontrolle. Ein solcher Fehler liegt vor, **14.40**

- wenn die materiellen Voraussetzungen einer gültigen Ermächtigungsgrundlage nicht gegeben sind, der VA also von der gesetzlichen Ermächtigung nicht gedeckt ist, oder
- wenn die Verwaltungsbehörde von dem ihr eingeräumten Ermessen (bzw. Beurteilungsspielraum oder Planungsermessen) fehlerhaft Gebrauch gemacht hat, oder
- wenn die Ermächtigungsgrundlage ihrerseits wegen Verstoßes gegen höherrangiges Recht nicht wirksam ist.

Beachte: Der Grundsatz der Verhältnismäßigkeit ist kein selbständiger Prüfungspunkt; die Verhältnismäßigkeit ist nur im Rahmen der (ggfs. verfassungskonformen) Auslegung der Ermächtigungsnorm, der Verfassungsmäßigkeit und der Ausübung des Ermessens, Beurteilungsspielraums oder Planungsermessens zu prüfen.

aa) Prüfung der Tatbestandsmerkmale: Die Prüfung erfolgt nach der Sequenztechnik: Es ist unter Berücksichtigung von Vorrangfragen (siehe Rnr. 3.15 ff.) eine Reihenfolge der Tatbestandsmerkmale zu bilden; anschließend sind diese nacheinander durchzuprüfen. **14.41**

Merke: Dies Vorgehen ist zwar alternativlos, aber an sich unbefriedigend, weil es eine einheitlich gedachte Regelung in sprachlich gegliederte Teilelemente aufspaltet, die für sich Sinn und Zweck der Regelung nicht angemessen repräsentieren. Es ist deshalb unerlässlich, stets den Gesamtzusammenhang der Regelung im Blick zu haben.

bb) Ggfs. Prüfung auf Beurteilungsfehler: Bei jedem einzelnen Tatbestandsmerkmal ist zu prüfen, ob der Verwaltung damit ein **Beurteilungsspielraum** eröffnet wird. Dann nämlich darf das Vorliegen dieses Tatbestandsmerkmals nicht eigenständig geprüft werden; vielmehr muss sich die Prüfung darauf beschränken, ob Beurteilungsfehler vorliegen. Zu den Einzelheiten siehe Rnr. 38.19 ff. **14.42**

cc) Prüfung auf Ermessensfehler: Räumt die Ermächtigungsnorm Ermessen ein, so müssen zunächst die Tatbestandsvoraussetzungen der Norm geprüft werden, bevor am Maßstab des § 114 VwGO zu prüfen ist, ob Ermessensfehler vorliegen (s. Rnr. 37.19 ff.). Diese führen ebenso zur Rechtswidrigkeit wie das Fehlen von Tatbestandsvoraussetzungen. **14.43**

2. Prüfung der Rechtsverletzung

Die Anfechtungsklage hat nach § 113 Abs. 1 S. 1 VwGO nur Erfolg, soweit der Kläger durch die Rechtswidrigkeit in seinen Rechten verletzt **14.44** ist. Die objektive Rechtswidrigkeit des VA muss also eine Verletzung subjektiver Rechte des Klägers zur Folge haben.

a) Regelfall: Rechtsverletzung des Adressaten

14.45 Ficht der Kläger einen gegen ihn selbst gerichteten belastenden VA an, ist die Rechtsverletzung automatische Folge der Rechtswidrigkeit und bedarf deshalb keiner besonderen Prüfung. Dies gilt unabhängig davon, um welche Art des Rechtsverstoßes es sich handelt, denn der Adressat eines belastenden VA braucht eine Beeinträchtigung seiner Rechtssphäre nur hinzunehmen, wenn der VA sowohl in formeller als auch in materieller Hinsicht mit dem gesamten anwendbaren Recht vereinbar ist.

Beachte: Es gibt Fälle, in denen allein aus der Adressatenstellung eine Rechtsverletzung nicht folgt, zB bei Zurückweisung von Einwendungen im Anhörungsverfahren nach § 74 Abs. 2 Satz 1 VwVfG und nach § 10 Abs. 4 BImSchG.

b) Drittanfechtung, Prozessstandschaft, Verbandsklage

14.46 Probleme wirft das Erfordernis der Rechtsverletzung in den Fällen auf, in denen in der Zulässigkeitsprüfung bereits die Frage der Klagebefugnis problematisch war (s. oben Rnr. 14.22 ff.). In diesen Fällen ist, soweit dies nicht bereits in der Zulässigkeit geschehen musste, genau zu prüfen, ob gerade aus der verletzten Norm ein subjektives Recht des Klägers (auf Einhaltung bzw. Beachtung dieser Norm) folgt. Dies ist nach der nach wie vor maßgebenden Schutznormtheorie der Fall, wenn die Norm jedenfalls auch die Interessen des Klägers zu schützen bestimmt ist (siehe näher Rnr. 33.04).

Beispiele: Der Kläger wendet sich gegen eine seinem Nachbar erteilte Baugenehmigung oder gegen eine seinem Konkurrenten gewährte Vergünstigung, Eltern begehren Rechtsschutz wegen ihrer Kinder, Verbände machen öffentliche Interessen geltend.

14.47 **Prüfungstechnisch** ist zu differenzieren: Beim Urteilsentwurf kann sich der Bearbeiter in den Drittanfechtungsfällen idR schon auf der ersten Stufe der objektiven Prüfung darauf beschränken, solche Rechtsverstöße zu prüfen, bei denen die Möglichkeit besteht, dass sich der Kläger auf sie berufen kann. Rechtsnormen, deren Einhaltung der Kläger eindeutig nicht verlangen kann, können bereits mit dieser Begründung ungeprüft bleiben. Bei einem Rechtsgutachten ist dagegen eine vollständig Rechtmäßigkeitsprüfung vorzunehmen.

Beispiel: Bei einer Nachbarklage muss der Bearbeiter die Vereinbarkeit der angefochtenen Baugenehmigung mit dem Naturschutzrecht idR nicht näher prüfen, weil der Nachbar die Einhaltung naturschutzrechtlicher Vorschriften nicht verlangen kann. Anders kann dies bei einer Klage gegen einen Planfeststellungsbeschluss sein, wenn der Kläger wegen enteignungsrechtlicher Vorwirkung eine umfassende Prüfung verlangen kann.

§ 15. Die Verpflichtungsklage

Literatur: *Ehlers*, Die verwaltungsgerichtliche Verpflichtungsklage, Jura 2004, 310; *Martens*, Mustertexte zum Verwaltungsprozess, 2009, 99 ff.

I. Grundsätzliches zur Verpflichtungsklage

1. Gegenstand der Verpflichtungsklage

Die Verpflichtungsklage (§§ 42, 113 Abs. 5 VwGO) ist ihrem Wesen **15.01** nach Leistungsklage, bei der die begehrte Leistung im Erlass eines VA liegt. Das Verpflichtungsbegehren richtet sich inzident auf die Aufhebung zuvor erlassener ablehnender VAe der Verwaltung, ohne dass dies besonders beantragt werden müsste. In einer Verpflichtungsklage ist idR ein Antrag auf Neubescheidung ist als Minus zum Verpflichtungsantrag enthalten.

Merke: Die Formulierung in § 113 Abs. 5 VwGO knüpft in leicht irreführender Weise an die überkommene Konzeption des verwaltungsgerichtlichen Rechtsschutzes als Abwehr rechtswidrigen Verwaltungshandelns an und macht den Erfolg einer Verpflichtungsklage nicht vom Bestehen eines entsprechenden Anspruchs, sondern von der Rechtswidrigkeit der Ablehnung oder Unterlassung des beantragten VA und einer dadurch bewirkten Rechtsverletzung des Klägers abhängig. S hierzu unten Rnr. 15.11.

Von einer **Bescheidungsklage** spricht man, wenn sich die Klage nur da- **15.02** rauf richtet, den Beklagten (ggfs. unter Aufhebung der ablehnenden Entscheidungen) zu verpflichten, über den Antrag auf Erlass des VA (erneut) unter Beachtung der Rechtsauffassung des Gerichts zu entscheiden (zum Streitgegenstand BVerwG DÖV 2007, 340). Eine Beschränkung auf ein Bescheidungsurteil kommt insbesondere in Betracht, wenn der Erlass des beantragten VA im **Ermessen** der Verwaltung steht oder ein Beurteilungsspielraum oder planerischen Gestaltungsspielraum besteht, das Gericht also Spruchreife nicht herstellen kann, außerdem wenn bei **gebundenen Entscheidungen** die an sich mögliche Verpflichtungsklage für den Kläger kein geeignetes Instrument der Rechtsverfolgung darstellt.

Beispiele: Beantragter VA richtet sich auf Geldleistung, für deren Berechnung die Voraussetzungen des § 113 Abs. 2 Satz 2 VwGO vorliegen; zur Verpflichtung zu bestimmtem VA wäre zB bei komplexen technischen Sachverhalten eine umfangreiche weitere Aufklärung erforderlich (*Eyermann* § 113 Rnr. 39).

Hat der Kläger nur ein Bescheidungsurteil beantragt, obwohl ein Ver- **15.03** pflichtungsurteil möglich wäre, kann wegen § 88 VwGO ein über das Klagebegehren hinausgehendes Verpflichtungsurteil nicht ergehen (vgl. BVerwGE 69, 198, 201). Ergeht im umgekehrten Fall statt des beantragten Verpflichtungsurteils nur ein Bescheidungsurteil, ist die Klage im Übrigen mit entsprechenden Kostenfolgen abzuweisen (*Kopp/Schenke* § 113 Rnr. 187).

2. Abgrenzungsfragen

a) Abgrenzung zur Anfechtungsklage

15.04 Abgesehen von der Abgrenzung der Bescheidungsklage zur isolierten Anfechtungsklage (Rnr. 14.06) bestehen Probleme beim Rechtsschutz gegen belastende Nebenbestimmungen (Rnr. 34.40), beim Rechtsschutz des nicht berücksichtigten Konkurrenten in Auswahlentscheidungen (Rnr. 33.31) und bei der Geltendmachung des FBA (Rnr. 25.04).

b) Abgrenzung zur allgemeinen Leistungsklage

15.05 **aa) Vorgeschalteter Gewährungsakt.** Eine allgemeine Leistungsklage ist immer dann unzulässig, wenn das materielle Recht – nicht notwendig ausdrücklich – vorsieht, dass die begehrte Leistung der Verwaltung nur aufgrund vorheriger Bewilligung durch einen VA erbracht werden darf. Es ist dann nur eine Verpflichtungsklage statthaft.

Beispiele: Gewährung von Sozialhilfe (§ 17 SGB XII), Wohngeld (§ 26 WoGG), Ausbildungsförderung (§ 50 BAföG), jeweils als spezielle Regelungen zu § 40 SGB I, wonach ein Anspruch auf Sozialleistungen – abgesehen von Ermessensleistungen – mit Vorliegen der gesetzlichen Voraussetzungen gegeben ist. Der Besoldungsanspruch der Beamten ergibt sich demgegenüber unmittelbar aus dem Gesetz; ein VA ist nicht vorgeschaltet. Die Besoldungsmitteilungen haben keinen VA-Charakter.

15.06 In Zweifelsfällen muss durch Auslegung ermittelt werden, ob der begehrten Leistung ein VA als Gewährungsakt vorgeschaltet ist (dann Verpflichtungsklage) oder nicht (dann allgemeine Leistungsklage). Ist über die begehrte Leistung eine Ermessensentscheidung zu treffen, ist idR ein VA erforderlich. Fehlt eine gesetzliche Grundlage für die begehrte (öffentlich-rechtliche) Leistung überhaupt, kann sich ein Anspruch stets nur auf (ermessensfehlerfreie) Entscheidung durch VA richten.

Beispiele: Anspruch auf Gewährung von Subventionen auf Grund von Richtlinien. Beim Anspruch auf Auskunft oder Akteneinsicht nach §§ 3 ff. UIG und nach §§ 2 ff. IFG muss ein Antrag gestellt werden, über den durch VA entschieden wird. Die Verweigerung von Akteneinsicht hat nach allgemeiner Auffassung VA-Qualität (während eines Verwaltungsverfahrens kann nach umstrittener h.M. dagegen gem. § 44a VwGO erst zusammen mit dem Rechtsschutz gegen die Entscheidung in der Sache vorgegangen werden; kritisch dazu *Kopp/Ramsauer*, VwVfG, § 29 Rn. 44).

15.07 **bb) Maßnahmen in Sonderstatusverhältnissen.** In sog. Sonderstatusverhältnissen (zB Strafgefangenen-, Schul-, Beamtenverhältnis) ist danach zu differenzieren, ob die erstrebte Maßnahme dem Grundverhältnis (dann Verpflichtungsklage) oder dem Betriebsverhältnis (dann allgemeine Leistungsklage) zuzurechnen ist (siehe näher Rnr. 34.33).

Beispiele: Verpflichtungsklage auf Abänderung einer dienstlichen Beurteilung, auf Herabsetzung der Pflichtstundenzahl für Lehrer, auf Anrechnung der Wegezeit zum Dienstort auf die Arbeitszeit, auf Bewilligung einer Beihilfe Leistungsklage auf Rückgängigmachung einer Umsetzung eines Beamten, auf Durchführung von Schutzmaßnahmen am Arbeitsplatz, auf Zahlung von Bezügen.

II. Die besonderen Sachurteilsvoraussetzungen

1. Vorverfahren und Klagefrist

Wie bei der Anfechtungsklage gehören die vorherige Durchführung 15.08 eines Vorverfahrens (§ 68 VwGO) und die Einhaltung der Klagefrist (§ 74 VwGO) zu den besonderen Zulässigkeitsvoraussetzungen (siehe Rnr. 14.07 ff.). Von besonderer Bedeutung ist hier die Regelung des § 75 VwGO, wonach ein Vorverfahren entbehrlich ist, wenn über einen Antrag oder einen Widerspruch nicht innerhalb von 3 Monaten entschieden worden ist.

Beachte: Teilweise enthält das Fachrecht abweichende Fristbestimmungen, zB § 10 Abs. 6a BImSchG. Die Klage wächst in die Zulässigkeit hinein.

2. Klagebefugnis (§ 42 Abs. 2 VwGO)

Die Klagebefugnis liegt regelmäßig vor, wenn der Kläger einen an ihn 15.09 selbst gerichteten begünstigenden VA erstrebt. In diesen Fällen bedarf es idR einer besonderen Prüfung in Gutachten oder Urteil ebenso wenig wie bei der Anfechtungsklage gegen einen den Kläger selbst belastenden VA. Es gibt aber auch Ausnahmen, in denen auch in diesen Fällen eine Klagebefugnis zu verneinen ist, weil ein subjektives öffentliches Recht, welches durch die Ablehnung des beantragten VA verletzt worden sein könnte, unter keinem denkbaren Gesichtspunkt ersichtlich ist.

Beispiele: Klage auf Unabkömmlich-Stellung gem. § 13 WPflG (BVerwGE 58, 244); Klage auf Einberufung einer Bürgerversammlung (VGH München BayVBl 1990, 718); Klage auf Teilnahmeverbot von Soldaten an Veranstaltung (VG Köln NVwZ 1992, 90).

Problematisch sind vor allem die Fälle, in denen der Kläger den Erlass 15.10 eines VA begehrt, durch den ein Dritter belastet werden soll (Klage auf Einschreiten gegenüber Dritten; siehe hierzu Rnr. 33.41 (keine passende Stelle gefunden, auf die verwiesen werden kann)), ferner die selteneren Fälle, in denen er einen begünstigenden VA zugunsten eines Dritten (Fall der Prozessstandschaft, vgl. Rnr. 14.22),oder einen VA ohne ersichtliche gesetzliche Grundlage erstrebt.

Beispiele: Verpflichtungsklage des Nachbarn auf Einstellung oder Beseitigung eines Schwarzbaus (BVerwG NVwZ 1992, 165); Anspruch auf verkehrsbehördliche Maßnahmen zur ungehinderten Benutzung einer Garagenausfahrt (BVerwGE 37, 112); bei Ermessen der Behörde besteht regelmäßig (Ausnahme Ermessensreduzierung auf Null) nur ein Anspruch auf ermessensfehlerfreie Entschließung darüber, ob und welche Maßnahmen ergriffen werden.

III. Der Aufbau der Begründetheitsprüfung

1. Anspruchsaufbau oder Rechtswidrigkeitsaufbau

15.11 Es gibt zwei grundsätzlich gleichwertige Möglichkeiten, die Begründetheitsprüfung einer Verpflichtungsklage aufzubauen. Beim Anspruchsaufbau wird geprüft, ob der Kläger einen Anspruch auf den beantragten VA oder jedenfalls auf ermessensfehlerfreie Entscheidung über den Erlass des VA hat. Der sog. Rechtswidrigkeitsaufbau orientiert sich dem Wortlaut des § 113 Abs. 5 VwGO entsprechend an der Rechtswidrigkeit der Ablehnung. Danach ist eine Verpflichtungsklage begründet, wenn (1) die Ablehnung (oder Unterlassung) des beantragten VA rechtswidrig ist, (2) der Kläger dadurch in seinen Rechten verletzt wird und (3) die Sache spruchreif ist. Er ist sinnvoll, wenn Entscheidungsspielräume vorhanden sind, weil sich dann die Spruchreife besser in den Prüfungsablauf einfügen lässt.

Beispiel: „Die Klage ist begründet. Die Ablehnung des Antrags durch den Bescheid vom … ist rechtswidrig (1) und verletzt den Kläger in seinen Rechten (2). Zwar ist die Beklagte nach § … nicht verpflichtet, dem Kläger … zu gewähren, weil der Erlass des beantragten VA im Ermessen der Beklagten steht (a). Die Beklagte hat von dem ihr eingeräumten Ermessen aber keinen fehlerfreien Gebrauch gemacht (b)."

15.12 Für die Richtigkeit der Prüfung kommt es nicht darauf an, ob der Anspruchsaufbau oder der in § 113 Abs. 5 VwGO vorgezeichnete Prüfungsaufbau gewählt wird. Das liegt daran, dass bei streng gebundenen Entscheidungen ein Anspruch auf den beantragten VA besteht und die Ablehnung eines entsprechenden Antrags deshalb notwendigerweise rechtswidrig ist. Bei Ermessensentscheidungen (oder solchen mit Beurteilungsspielraum) beschränkt sich der Anspruch auf ermessensfehlerfreie Entscheidung; die Verpflichtungsklage kann in diesen Fällen nur dann Erfolg haben, wenn nicht bereits fehlerfrei entschieden wurde. Der Anspruchsaufbau setzt sich mehr und mehr durch. Er wird neuerdings selbst dann gewählt, wenn nur ein Anspruch auf ermessensfehlerfreie Entscheidung besteht.

Beispiel: „Die Klage ist begründet. Die Ablehnung des Antrags auf Bewilligung von Ausbildungsförderung ist rechtswidrig und verletzt den Kläger in seinen Rechten (§ 113 Abs. 5 VwGO). Der Kläger hat einen Anspruch auf die beantragte Bewilligung von Leistungen nach dem BAföG für sein Studium … Die Förderungsvoraussetzungen liegen vor …"

2. Der Prüfungsaufbau nach dem Wortlaut des § 113 Abs. 5 VwGO

Übersicht

a) Rechtswidrigkeit der Ablehnung
  aa) Verstoß gegen zwingende Rechtsnormen
  bb) Verstoß gegen Ermessensnormen
  cc) Rechtsverstoß bei Fehlen einer Rechtsnorm
b) Rechtsverletzung des Klägers
  aa) Normalfall: VA gegenüber dem Kläger
  bb) Sonderfall: VA gegenüber Dritten
c) Spruchreife
  aa) Anwendung zwingenden Rechts
  bb) Ermessens-, Beurteilungs-, Planungsentscheidungen

a) Rechtswidrigkeit von Ablehnung oder Unterlassung des VA

Die Rechtswidrigkeit von Ablehnung oder Unterlassung des begehrten **15.13** VA kann sich entweder daraus ergeben, dass eine gültige Rechtsnorm den Erlass des VA zwingend vorsieht, oder, wenn der Erlass des begehrten VA im Ermessen der Verwaltung steht, dass diese ihr Ermessen nicht fehlerfrei ausgeübt hat. Danach ist zu differenzieren:

aa) Verstoß gegen zwingende Rechtsnormen. Sieht die Rechtsnorm den **15.14** Erlass des VA unter bestimmten tatbestandlichen Voraussetzungen zwingend vor, so ist lediglich zu prüfen, ob diese Voraussetzungen im Streitfall gegeben sind und ob die Rechtsnorm gültig ist. Ist dies der Fall, so darf der begehrte VA nicht abgelehnt bzw. unterlassen werden; damit liegt die Rechtswidrigkeit der Ablehnung oder Unterlassung des VA vor; auf formelle Fehler des ablehnenden VA kommt es in diesem Fall nicht an.

Beispiel für Formulierung: „Die Klage ist begründet. Die Ablehnung der Erteilung der Baugenehmigung im Bescheid vom ... und im Widerspruchsbescheid vom ... ist rechtswidrig und verletzt den Kläger in seinen Rechten (§ 113 Abs. 5 S. 1 VwGO). Der Kläger hat einen Anspruch auf die beantragte Baugenehmigung. Dieser ergibt sich aus § 72 Abs. 1 HBauO, dessen Voraussetzungen vorliegen. Das Vorhaben entspricht allen öffentlich-rechtlichen Vorschriften, die in diesem Baugenehmigungsverfahren zu prüfen sind. (...) Die Sache ist auch spruchreif. Der Beklagten steht für die Entscheidung über die beantragte Baugenehmigung kein Ermessen zu. ..."

bb) Verstoß gegen Ermessensnormen. Steht der Erlass des begehrten VA **15.15** im Ermessen (Rechtsfolge-, Beurteilungs- oder Planungsermessen) der Verwaltung, so ist zunächst zu prüfen, ob die Beklagte überhaupt berechtigt wäre, den begehrten VA zu erlassen, ob also die Tatbestandsvoraussetzungen für die Betätigung des Ermessens vorliegen. Ist dies nicht der Fall, ist die Klage unbegründet. Anderenfalls ist in einem zweiten Schritt zu prüfen, ob die zuständige Behörde bei der Entscheidung von ihrem Ermessen fehlerfreien Gebrauch gemacht hat (§ 114 VwGO). Ist dies nicht der Fall, sind Ablehnung bzw. Unterlassung rechtswidrig.

Formulierungsbeispiel: „Die auf Verpflichtung der Beklagten zur Neubescheidung gerichtete Klage ist begründet...Die ablehnenden Entscheidungen im Bescheid vom ... und im Widerspruchsbescheid vom ... sind rechtswidrig und verletzen den Kläger in seinen Rechten (§ 113 Abs. 5 VwGO). Die Erteilung der Baugenehmigung steht im Ermessen der Beklagten (1). Die Beklagte hat von dem ihr eingeräumten Ermessen nicht in einer dem Zweck der Ermächtigung entsprechenden Weise Gebrauch gemacht (2). Das Gericht kann Spruchreife nicht herstellen, weil kein Fall der Ermessensreduzierung auf Null vorliegt (3)"

15.16 **cc) Rechtsverstoß bei Fehlen einer geschriebenen Rechtsnorm.** Fehlt eine geschriebene Rechtsnorm, aus welcher Ansprüche hergeleitet werden könnten, so kann eine Verpflichtungsklage nur Erfolg haben, wenn dem Kläger erstens aus ungeschriebenem Recht (zB Gewohnheitsrecht) oder aus Art. 3 GG ein Anspruch auf eine fehlerfreie Ermessensentscheidung zusteht (hierzu Rnr. 33.39 ff.), und zweitens Ablehnung oder Unterlassung des VA fehlerhaft erfolgt ist, also ein Ermessensfehler vorliegt.

b) Verletzung subjektiver öffentlicher Rechte des Klägers

15.17 **aa) Normalfall: VA gegenüber dem Kläger.** Erlaubt eine Rechtsnorm den Erlass eines begünstigenden VA gegenüber einem Personenkreis, zu dem Kläger gehört, so ist davon auszugehen, dass diese Rechtsnorm dem Kläger auch ein subjektives öffentliches Recht vermittelt und der Kläger durch die Ablehnung oder Unterlassung des VA in seinen Rechten verletzt wird (sog. Antragstheorie). Eines besonderen Eingehens auf das Problem der Rechtsverletzung bedarf es in diesem Falle nicht.

Beispiele: Ein Antrag auf Wohngeld, Sozialhilfe oder Ausbildungsförderung ist zu Unrecht abgelehnt worden; ebenso bei Anträgen auf Erteilung einer Genehmigung nach dem GastG, einer Baugenehmigung

15.18 **bb) Ausnahme: VA gegenüber Dritten.** Eine nähere Prüfung erfordert die Frage der Rechtsverletzung immer dann, wenn der vom Kläger erstrebte VA sich gegen Dritte richten soll. Wenn eine Rechtsnorm gefunden ist, die der Verwaltung ein Einschreiten gegen den Dritten erlaubt, ist weiter zu prüfen, ob diese Norm gerade dem Kläger ein Recht vermittelt, der Kläger also ein subjektives öffentliches Recht auf Einhaltung der Norm hat (siehe näher Rnr. 15.30, 33.02 ff.).

Beispiele: Klage richtet sich auf Erlass einer Stilllegungs- oder Abrissverfügung gegenüber einem Bauherrn, auf Einschreiten wegen Lärmbelästigungen oder auf den Erlass von Schutzauflagen gegenüber einem Anlagenbetreiber.

c) Spruchreife

15.19 Spruchreife liegt vor, wenn in der Sache sämtliche Feststellungen getroffen worden sind, die dem Gericht eine abschließende Entscheidung ermöglichen, und wenn das Gericht in rechtlicher Hinsicht zu einer eigenen Entscheidung in der Sache ermächtigt ist.

15.20 **aa) Anwendung zwingenden Rechts.** Grundsätzlich sind die Gerichte nach der nach wie vor herrschenden normativen Ermächtigungslehre

(s. Rnr. 38.03) verpflichtet, Spruchreife herzustellen und den Fall selbst zu entscheiden, soweit der Verwaltung nicht im Einzelfall ein Ermessens-, Beurteilungs- oder planerischer Gestaltungsspielraum zusteht. Das Gericht hat im Rahmen der Amtsermittlung (§ 86 VwGO) die erforderlichen Feststellungen zu sämtlichen entscheidungserheblichen Fragen zu treffen.

Beachte: Die Aufklärungspflicht bezieht sich grundsätzlich auch auf Punkte, um die die Beteiligten sich gar nicht gestritten haben, die aber für die abschließende Entscheidung über das Verpflichtungsbegehren geklärt sein müssen. Dies ist mitunter sehr zeitaufwendig und unter prozessökonomischen Aspekten wenig sinnvoll, aber aus prozessualen Gründen idR nicht vermeidbar.

Ob und unter welchen Voraussetzungen das Gericht sich auf die Klä- **15.21** rung der streitigen Fragen beschränken und die Anwendung der maßgeblichen Rechtsnormen im Übrigen der Verwaltung überlassen darf, ist umstritten (vgl. *Kopp/Schenke* § 113 Rnr. 166, 197 mwN). Viel spricht für eine Orientierung am Maßstab des § 113 Abs. 3 VwGO (vgl. *Eyermann* § 113 Rnr. 40). Anerkannt hat die Rspr. einen Verzicht auf weitere Feststellungen in Fällen, die komplexe technische Sachverhalte betreffen (BVerwG NVwZ 1990, 257) oder komplizierte Berechnungen erfordern, wie zB im Bereich von Sozialleistungen (BVerwGE 41, 227; abgelehnt aber im Wohngeldrecht BVerwGE 69, 201).

Beispiel: Ist bei einer auf Bewilligung von Ausbildungsförderung gerichteten Klage nur der Anspruch dem Grunde nach streitig, so ist folgender Tenor denkbar: „Der Beklagte wird unter Aufhebung des Bescheides vom … und des Widerspruchsbescheides vom … verpflichtet, dem Kläger für sein Studium … an der Universität … Ausbildungsförderung für die Zeit vom … bis … nach den Bestimmungen des BAföG zu bewilligen."

bb) Ermessens-, Beurteilungs-, Planungsentscheidungen. Weist das Ge- **15.22** setz die Letztentscheidungskompetenz hinsichtlich einzelner Fragen der Verwaltung zu, indem es dieser einen Ermessens-, Beurteilungs-, oder Planungsspielraum einräumt, so kann und darf das Gericht abgesehen von den Fällen der Reduktion des Spielraums auf null (Rnr. 37.33 ff.) die Sache nicht spruchreif machen. In diesen Fällen kann das Gericht nur die ablehnenden VAe aufheben, wenn sie rechtswidrig sind und den Kläger in seinen Rechten verletzen, aber nicht zum Erlass des beantragten VA verpflichten. Es ergeht ein Bescheidungsurteil (Rnr. 15.28 ff.).

IV. Besondere Probleme der Verpflichtungsklage

1. Maßgeblicher Zeitpunkt für die Sach- und Rechtslage

Auf welchen Zeitpunkt es ankommt, ist den für den Erlass des begehr- **15.23** ten VA maßgeblichen Rechtsnormen durch Auslegung zu entnehmen (BVerwGE 84, 157 = NJW 1990, 2700; siehe auch *Klein* NVwZ 1990,

633). Da diese aber nur selten klare Regelungen enthalten, stößt die Auslegung auf Schwierigkeiten.

a) Grundsatz: Zeitpunkt der gerichtlichen Entscheidung

15.24 Sofern die Rechtsnorm keine Anhaltspunkte für eine anderweitige Festlegung erlaubt, ist als maßgeblicher Zeitpunkt für die Beurteilung der Sach- und Rechtslage (anders als nach hM bei der Anfechtungsklage) **der Zeitpunkt der Entscheidung des Gerichts** (letzte mündliche Verhandlung) zugrunde zu legen. So bleibt bei einer Klage auf Erteilung einer Baugenehmigung eine frühere für den Kläger günstigere Rechtslage unberücksichtigt, auch wenn sie im Zeitpunkt der Antragstellung oder der Klageerhebung noch galt (BVerwGE 68, 320).

Das Gericht darf im Grundsatz (Ausnahmen siehe unten) nur dann zum Erlass des begehrten VA verpflichten, wenn diese Verpflichtung im Zeitpunkt der gerichtlichen Entscheidung (noch) besteht. Die Klage kann auch dann erfolgreich sein, wenn der Anspruch erst im Laufe des gerichtlichen Verfahrens entsteht, der Beklagte ihn also zunächst zu Recht abgelehnt hatte. Dieser kann der Kostenpflicht analog § 156 VwGO dadurch entgehen, dass er den begehrten VA erlässt. Umgekehrt kann der Anspruch während des Verfahrens entfallen. In diesem Fall kann der Kläger der Kostenpflicht entgehen, wenn er die bis dahin begründete Klage für erledigt erklärt.

b) Zeitpunkt bei fehlender Spruchreife

15.25 Der Grundsatz der Maßgeblichkeit der Sach- und Rechtslage im Zeitpunkt der gerichtlichen Entscheidung wird zunächst **für spruchreife Verpflichtungsanträge** angenommen. Lässt sich dagegen Spruchreife nicht herstellen und kommt deshalb nur ein Bescheidungsurteil in Betracht, so ist der maßgebliche Zeitpunkt streitig. Die Rspr. geht dann teilweise vom **Zeitpunkt der letzten Verwaltungsentscheidung** aus.

Beispiele: BVerwG NVwZ 1995, 1110 – Erteilung einer Aufenthaltserlaubnis; VGH München NVwZ 1991, 396 – Abgabenerlass; VGH Mannheim VBlBW 1991, 308 für die Verlängerung eines Fremdenpasses. Zu Recht kritisch zu dieser Rspr. *Kopp/ Schenke* § 113 Rnr. 217; *Gerhardt* in *Schoch* § 113 Rnr. 66.

15.26 Entscheidend kann auch hier nur das materielle Recht sein. Danach kommt es darauf an, ob das maßgebliche Gesetz für den Fall einer Änderung der Sach- und Rechtslage ein neues Verwaltungsverfahren vorschreibt oder nicht. Räumt die Norm der Verwaltung Ermessen ein, so liegt nahe, dass es bei Änderung der Sach- und Rechtslage neu betätigt werden soll.

Allerdings kann die Behörde nach dem 1996 eingeführten § 114 S. 2 VwGO ihre Ermessenserwägungen auch im verwaltungsgerichtlichen Verfahren ergänzen. Dies rechtfertigt aber noch keine neue Lösung des Problems, weil das Ergänzen von Erwägungen nicht mit einem neuen Verwaltungsverfahren gleichgesetzt werden darf.

c) Abweichende Regelungen

15.27 In vielen Fällen ergibt sich aus dem anwendbaren Recht, dass das Gericht seiner Entscheidung einen anderen Zeitpunkt für die Beurteilung der maßgeblichen Sach- und Rechtslage zugrunde zu legen hat. In Betracht kommen zB der Zeitpunkt der Antragstellung, der Zeitpunkt der letzten Verwaltungsentscheidung oder bestimmte andere in der Rechtsnorm vorgesehene Stichtage.

Beispiele: Zeitabschnittsregelungen, die an Voraussetzungen anknüpfen, die zu bestimmten Zeitpunkten gegeben sein müssen, wie Zulassung zum Studium, bestimmte Sozialleistungen wie etwa Sozialhilfe (BVerwGE 55, 148, 151); Aufnahme in den Krankenhausbedarfsplan (weitere Ausnahmen bei *Kopp/Schenke* § 113 Rnr. 220 ff.); ferner **Übergangsvorschriften** im Rahmen einer Gesetzesänderung, **Stichtagsregelungen,** wonach für alle oder einzelne Tatbestandsmerkmale bestimmte im Gesetz festgelegte Zeitpunkte maßgebend sein sollen, wie zB Zeitpunkt der Antragstellung (§ 28 Abs. 4 BAföG; § 11 Abs. 1 WoGG, vgl. hierzu BVerwG NVwZ 1990, 1079), Zeitpunkt der Aufnahme der Ausbildung (§ 10 Abs. 3 BAföG).

2. Besonderheiten eines Bescheidungsurteils

a) Bindung an die Rechtsauffassung des Gerichts

Liegt keine Spruchreife vor, so kann das Gericht lediglich ein Bescheidungsurteil fällen. Darin wird der Beklagte unter Aufhebung der ablehnenden Entscheidungen verpflichtet, über den Antrag auf den begehrten VA unter Beachtung der Rechtsauffassung des Gerichts neu zu entscheiden. Die in den Entscheidungsgründen zum Ausdruck kommende Rechtsauffassung des Gerichts ist für die Behörde bindend. Dabei geht es im Wesentlichen darum, die im aufgehobenen VA gemachten Ermessensfehler zu vermeiden. Zulässig sind aber auch Vorgaben darüber hinaus. **15.28**

b) Abweisung der Klage im Übrigen

Hat der Kläger einen Verpflichtungsantrag gestellt und ergeht daraufhin nur ein Bescheidungsurteil, so ist die Klage im Übrigen abzuweisen. Der Kläger muss in diesem Fall auch einen Teil der Kosten tragen (idR ¹/₄ bis ¹/₂). Diesem Kostenrisiko kann er nur entgehen, indem er von vornherein nur einen Bescheidungsantrag stellt. Dann aber verliert er die Chance, im Falle einer Ermessensreduktion auf null ein Verpflichtungsurteil zu erstreiten, weil das Gericht gem. § 88 VwGO nicht über den gestellten Antrag hinausgehen darf. **15.29**

Beispiel: Die Ablehnung des Antrages auf Erteilung einer Aufenthaltserlaubnis zum Zweck des Hochschulstudiums gem. § 16 Abs. 1 S. 1 AufenthG ist rechtswidrig und verletzt den Kläger in seinen Rechten; für eine Ermessensreduktion fehlen aber Anhaltspunkte. In diesem Fall ist es sinnvoll, von vornherein lediglich auf Neubescheidung zu klagen.

3. Probleme des materiellen Verpflichtungsanspruchs

Die Begründetheit der Verpflichtungsklage hängt davon ab, ob ein Anspruch auf den Erlass des begehrten VA oder zumindest ein Anspruch auf ermessensfehlerfreie Entscheidung über den Erlass des VA besteht. **15.30**

Hier treten typischerweise folgende materielle Probleme auf, auf die hier nur hingewiesen werden kann (näher Rnr. 33.01 ff.):

– Rechtsnormen mit präventiven Verboten mit Erlaubnisvorbehalt sind häufig nicht als Anspruchsnormen formuliert.

> **Beispiele:** § 2 GastG regelt nur das Erlaubniserfordernis, § 4 GastG nur die Versagungsgründe. Das GastG geht stillschweigend davon aus, dass bei Fehlen von Versagungsgründen ein Anspruch auf die Erlaubnis besteht. Gleiches gilt für den Anspruch auf Baugenehmigungen nach den Landesbauordnungen (siehe hierzu Rnr. 33.09).

– Rechtsnormen mit Eingriffscharakter enthalten idR keine ausdrückliche Regelung der Frage, wer einen Anspruch auf ein Einschreiten der Behörde geltend machen kann.

> **Beispiele:** Die polizeilichen Generalklauseln enthalten lediglich die Voraussetzungen, unter denen ein Einschreiten zum Schutz der öffentlichen Sicherheit und Ordnung zulässig ist. Die Formulierung lässt nicht erkennen, wer einen Anspruch auf polizeiliches Einschreiten geltend machen kann (s. hierzu Rnr. 15.18).

– In vielen Fällen, insbesondere im Bereich der leistenden Verwaltung, fehlt es überhaupt an einer geschriebenen Anspruchsnorm.

> **Beispiele:** Ansprüche auf Zulassung zu öffentlichen Einrichtungen (Rnr. 33.17), Ansprüche auf Folgenbeseitigung und Unterlassung (Rnr. 25.01 ff.), auf Auskunft und Akteneinsicht (Rnr. 27.17); Ansprüche auf Subventionen (Beihilfen).

§ 16. Die Feststellungsklage

Literatur: *Schenke,* Verwaltungsprozessrecht, § 10; *Ehlers,* Verwaltungsgerichtliche Feststellungsklagen, Jura 2007, 179.

I. Grundsätzliches zur Feststellungsklage

16.01 Die Feststellungsklage erlangt angesichts der inzwischen anerkannten Möglichkeiten vorbeugenden Rechtsschutzes und der schwindenden Bedeutung der Subsidiarität der Feststellungsklage (§ 43 Abs. 2 VwGO) wachsende Bedeutung. Sie richtet sich auf Feststellung des Bestehens oder Nichtbestehens eines konkreten Rechtsverhältnisses überhaupt bzw. mit einem anderen als dem vom Gegner behaupteten Inhalt oder auf Nichtigkeit eines VA (§ 43 Abs. 1 VwGO). Neuerdings wird sie sogar anstelle der Fortsetzungsfeststellungsklage bei Erledigung vor Klageerhebung erwogen (Rnr. 17.03).

II. Die besonderen Zulässigkeitsvoraussetzungen

1. Bestehen oder Nichtbestehen eines Rechtsverhältnisses

Ein Rechtsverhältnis liegt vor, wenn zwischen Personen rechtliche Beziehungen derart bestehen, dass die eine von der anderen aufgrund von Rechtsnormen ein bestimmtes Verhalten (Tun, Dulden oder Unterlassen) oder die Anerkennung eines Rechtsstatus verlangen kann. Voraussetzung ist stets das Vorliegen eines subjektiven öffentlichen Rechts (*Schenke*, Verwaltungsprozessrecht Rnr. 380). **16.02**

Beachte: In allen Fällen, in denen Anfechtungs-, Verpflichtungs- oder allgemeine Leistungsklagen erhoben werden können, liegen zugleich Rechtsverhältnisse iSd § 43 Abs. 1 VwGO vor. Siehe auch Rnr. 16.08

a) Feststellungsfähige Rechtsverhältnisse

Feststellungsfähig sind Rechtsverhältnisse in ihrer Gesamtheit, aber auch einzelne aus ihnen folgende Rechte oder Pflichten, ebenso Statusrechte wie Staatsangehörigkeit, Beamtenstatus, Rechtstellung als anerkannter Kriegsdienstverweigerer, Mitglied in einer bestimmten Körperschaft usw. (näher *Kopp/Schenke* § 43 Rnr. 12). Die hM verlangt zwar nicht, dass die Parteien an dem fraglichen Rechtsverhältnis beteiligt sind (BVerwG NJW 1997, 3257), wohl aber eigene Rechtsbetroffenheit des Klägers iSd § 42 Abs. 2 VwGO, dh von dem Rechtsverhältnis müssen Rechte oder Pflichten des Klägers abhängig sein (str., vgl. Rnr. 16.09). **16.03**

Die Feststellung iSd § 43 VwGO muss sich auf konkrete Rechte und Pflichten der Beteiligten oder einen Status (Staatsangehörigkeit, Beamtenstatus) beziehen (BVerwG DVBl 2000, 636). Auch ein Anspruch auf Normerlass kann Gegenstand einer Feststellungsklage sein (BVerwG NVwZ 1990, 163), sofern keine verfassungsrechtliche Streitigkeit vorliegt (krit. *Kopp/Schenke* § 43 Rnr. 8 j). **Nicht feststellungsfähig** sind einzelne rechtliche oder tatsächliche Elemente von Rechtsverhältnissen (rechtliche Vorfragen usw.), sofern dies nicht spezialgesetzlich vorgesehen ist (wie zB § 46 Abs. 3 BAföG). **16.04**

Beispiele: Nicht feststellungsfähig sind die Richtigkeit eines kommunalen Mietspiegels (BVerwGE 100, 262 = NJW 1996, 2046), die Eignung, Zuverlässigkeit von Personen, Echtheit von Urkunden, nach hM auch nicht die **Gültigkeit von Rechtsnormen**; insoweit stehen nur die Normenkontrolle nach § 47 VwGO und die VB zur Verfügung, *Kopp/Schenke* § 43 Rnr. 14. Die Gültigkeit einer Norm kann aber für das Bestehen eines Rechtsverhältnisses entscheidend sein (BVerwG NJW 2000, 3584: Flugrouten, sog. **heimliche Normenkontrolle**, vgl. *Hufen* § 18 Rnr. 8).

b) Gegenwärtige, künftige und erledigte Rechtsverhältnisses

Nicht notwendig ist, dass das Rechtsverhältnis gegenwärtig besteht, sofern es mit hinreichender Wahrscheinlichkeit in Kürze entstehen wird **16.05** und bereits jetzt ein entsprechendes Feststellungsinteresse anzuerkennen ist (vorbeugende Feststellungsklage, siehe Rnr. 16.13). Nach hM sind auch Rechtsverhältnisse feststellungsfähig, die in der Vergangenheit liegen, also sich bereits erledigt haben, sofern ein berechtigtes Interesse besteht (BVerwGE 80, 355, 365; BVerwG NJW 1997, 2534). Insoweit gelten dieselben Grundsätze wie für die Fortsetzungsfeststellungsklage nach § 113 Abs. 1 S. 4 VwGO.

Beachte: Die Anerkennung der Feststellungsfähigkeit von erledigten Rechtsverhältnissen hat zu Abgrenzungsproblemen hinsichtlich der Fortsetzungsfeststellungsklage bei Erledigung vor Klageerhebung geführt. S. hierzu Rnr. 17.03.

c) Rechtsverhältnisse im Organstreitverfahren

16.06   Mit der Feststellungsklage kann Rechtsschutz auch in den Organstreitverfahren gewährt werden. Neben der allgemeinen Leistungsklage ist sie eine geeignete Klageart zur Klärung von Rechtsverhältnissen zwischen Organen eines Rechtsträgers, insbesondere der Kommunen, soweit der Kläger über „wehrfähige Rechte" verfügt (siehe näher Rnr. 22.09).

2. Feststellung der Nichtigkeit eines VA

16.07   Auch die Nichtigkeit eines VA kann mit einer Feststellungsklage geltend gemacht werden. Diese Möglichkeit steht gleichwertig neben der gleichfalls zulässigen Anfechtungsklage und einer auf Feststellung der Nichtigkeit des VA gem. § 44 Abs. 5 VwVfG bzw. § 40 Abs. 5 SGB X gerichteten Verpflichtungsklage. Der Grundsatz der **Subsidiarität gilt hier nicht** (§ 43 Abs. 2 Satz 2 VwGO). Es muss sich um einen VA handeln, der den Kläger für den Fall seiner Wirksamkeit in seinen Rechten beeinträchtigte.

3. Subsidiarität der Feststellungsklage

16.08   Gem. § 43 Abs. 2 VwGO kann eine Feststellung des Bestehens oder Nichtbestehens eines Rechtsverhältnisses nicht begehrt werden, soweit der Kläger seine Rechte durch Gestaltungs- oder Leistungsklage verfolgen kann oder hätte verfolgen können. Damit soll eine **Umgehung der besonderen Sachurteilsvoraussetzungen** von Anfechtungs- und Verpflichtungsklage **verhindert werden**. In praktisch allen Fällen von Gestaltungs- und Leistungsklagen wären sonst auch Feststellungsklagen zulässig.

Zunehmend werden in der Rspr. Ausnahmen vom Grundsatz der Subsidiarität gemacht, wenn die besonderen Urteilsvoraussetzungen von Anfechtungs- oder Verpflichtungsklagen nicht umgangen werden (BVerwGE 77, 207, 211; 90, 112, 114; kritisch die Lit., vgl. *Eyermann* § 43 Rnr. 43).

4. Klagebefugnis

Ähnlich wie bei der allgemeinen Leistungsklage wird auch für die Feststellungsklage eine Klagebefugnis entsprechend § 42 Abs. 2 VwGO verlangt (vgl. BVerwGE 100, 262, 271 = NJW 1996, 2084; BVerwG DVBl 1995, 1250 mwN). Obwohl dies auf eine Korrektur des Gesetzes hinausläuft, hat sich diese Auffassung inzwischen durchgesetzt.

16.09

5. Feststellungsinteresse

Der Kläger muss ein berechtigtes Interesse an der baldigen Feststellung geltend machen können (§ 43 Abs. 1 VwGO). Ausreichend ist jedes nach vernünftigen Erwägungen aufgrund einer gesetzlichen Regelung oder nach allgemeinen Rechtsgrundsätzen anzuerkennende schutzwürdige Interesse (*Kopp/Schenke* § 43 Rnr. 23). Das Interesse muss gerade dem Beklagten gegenüber bestehen (etwa weil gerade dieser ein Recht bestreitet oder sich eines Rechtes berühmt) und muss seiner Art und seinem Gewicht nach schutzwürdig sein.

16.10

Merke: Bei erledigten Rechtsverhältnissen besteht kein Unterschied zu dem berechtigten Interesse im Sinne des § 113 Abs. 1 S. 4 VwGO.

III. Die Begründetheitsprüfung bei der Feststellungsklage

1. Bestehen oder Nichtbestehen eines Rechtsverhältnisses

Begründet ist die Feststellungsklage, wenn das behauptete Rechtsverhältnis besteht oder – im Falle der negativen Feststellungsklage – nicht besteht. Wegen der großen Zahl strukturell unterschiedlicher Rechtsverhältnisse kann eine allgemein gültige Prüfungsreihenfolge hier nicht vorgeschlagen werden. In vielen Fällen kann man sich am Prüfungsablauf bei anderen Klagearten orientieren.

16.11

Beispiele: Feststellung, dass schlichtes Verwaltungshandeln rechtswidrig war, entspricht weitgehend der Prüfung einer Fortsetzungsfeststellungsklage; Feststellung, dass ein Anspruch auf schlicht hoheitliches Handeln, Tun oder Unterlassen besteht, entspricht der allgemeinen Leistungsklage.

2. Nichtigkeit eines VA

Die auf Feststellung der Nichtigkeit eines VA gerichtete Klage hat Erfolg, wenn der VA erstens rechtswidrig ist, der Fehler zweitens nach dem Maßstab des § 44 VwVfG bzw. § 40 SGB X zur Nichtigkeit führt und drittens den Kläger (formal) in seinen Rechten verletzt. Hieraus folgt ein **dreistufiger Aufbau**. Im ersten und dritten Prüfungspunkt entspricht er vollständig der Anfechtungsklage. Führt der Fehler nicht zur Nichtigkeit, kann eine Umdeutung in eine Anfechtungsklage in Betracht kommen.

16.12

IV. Die vorbeugende Feststellungsklage

16.13 Grundsätzlich wird nach der VwGO Rechtsschutz erst nach Erlass der beeinträchtigenden oder nach Ablehnung der beantragten Maßnahme gewährt. Vorbeugender Rechtsschutz durch eine vorbeugende Unterlassungsklage oder durch eine vorbeugende Feststellungsklage kommt deshalb nur in Betracht, wenn es dem Kläger unter dem Aspekt effektiven Rechtsschutzes (Art. 19 Abs. 4 GG) nicht zumutbar wäre, Rechtsschutz erst im Nachhinein durch Anfechtungs-, Verpflichtungs- und Folgenbeseitigungsklagen zu suchen und auch vorläufiger Rechtsschutz nicht ausreicht (*Dreier,* Vorbeugender Verwaltungsrechtsschutz, JA 1987, 415).

Beachte: Die Prüfung der Zulässigkeit entspricht (bis auf das Subsidiaritätserfordernis, s. Rnr. 16.08) der regulären Feststellungsklage. Die besonderen Voraussetzungen des vorbeugenden Rechtsschutzes sind beim Feststellungsinteresse zu prüfen.

1. Subsidiarität der vorbeugenden Feststellungsklage?

16.14 Obwohl nach dem Wortlaut des § 43 Abs. 2 VwGO das Subsidiaritätsprinzip auch für vorbeugende Feststellungsklagen gelten müsste, soweit auch eine vorbeugende Unterlassungsklage zulässig wäre, geht die Rspr. zutreffend davon aus, dass § 43 Abs. 2 VwGO einer vorbeugenden Feststellungsklage idR nicht entgegensteht, weil eine Umgehung besonderer Sachurteilsvoraussetzungen nicht zu befürchten ist (**aA** *Kopp/Schenke* § 43 Rnr. 24, 28). Gleichwohl wird die vorbeugende Unterlassungsklage in vielen Fällen effektiveren Rechtsschutz bieten.

2. Feststellungsinteresse

16.15 Ein Feststellungsinteresse besteht bei vorbeugenden Feststellungsklagen nur dann, wenn die sonstigen zur Verfügung stehenden Rechtsschutzformen einschließlich der Möglichkeiten des vorläufigen Rechtsschutzes dem Gebot eines effektiven Rechtsschutzes nicht hinreichend gerecht werden (*Kopp/Schenke* § 43 Rnr. 24). Dies kann nur angenommen werden, wenn dem Kläger ein Abwarten wegen der damit verbundenen Nachteile nicht zugemutet werden kann (BVerwGE 71, 319 = NJW 1986, 300). Dies kommt in folgenden Fallkonstellationen in Betracht:

a) Kein Abwarten von Strafsanktionen

16.16 Besteht Streit über das Erlaubnis bestimmten Verhaltens, ohne dass dies auf andere Weise verbindlich geklärt werden könnte, kann ein hinreichendes Interesse an einer vorbeugenden Feststellung bestehen. Das gilt insbesondere dann, wenn das umstrittene Verhalten strafbar oder ordnungswidrig sein könnte und der Kläger Gefahr läuft, sich entsprechenden Sanktionen auszusetzen. Auch die Gefahr sonstiger irreparabler Nachteile kann ausreichend sein (sog. Damokleslage).

Beispiele: Drohender Bußgeldbescheid (VGH Mannheim NVwZ-RR 1997, 264); drohende Strafanzeige (BVerwG NVwZ 1988, 431); ähnlich wenn Streit darüber besteht, ob bestimmte Benutzungen öffentlicher Wege oder bestimmte gewerbliche Tätigkeiten erlaubnispflichtig sind; Gefahr der Sperrung von Telefonanschlüssen (OVG Münster NJW 1984, 1642).

b) Unmöglichkeit oder Unzumutbarkeit anderen Rechtsschutzes

Eine vorbeugende Feststellungsklage kommt auch in den Fällen in Betracht, in denen der Kläger Rechtsschutz andernfalls gar nicht oder nur unter unzumutbaren Bedingungen erlangen kann. (*Kopp/Schenke* § 43 Rnr. 24 mwN).   16.17

Beispiele: Gefahr einer Vielzahl von Vollstreckungsakten bei unzulässiger Zwangsvollstreckung (VG München BayVBl 1974, 198); Gefahr beeinträchtigender Maßnahmen, die nicht oder nicht rechtzeitig bekannt gegeben werden.

§ 17. Die Fortsetzungsfeststellungsklage

Literatur: *R. P. Schenke*, Die Neujustierung der Fortsetzungsfeststellungsklage, JuS 2007, 697; *Ehlers*, Die Fortsetzungsfeststellungsklage, Jura 2001, 415; *Ogorek*, Die Fortsetzungsfeststellungsklage, JA 2002, 222; *Deckenbrock/Dötsch*, Die Erledigung in der Hauptsache im Verwaltungsprozess, JuS 2004, 489, 589, 689.

I. Allgemeines zur Fortsetzungsfeststellungsklage

1. Fortsetzung erledigter Anfechtungs- oder Verpflichtungsklagen

Hat sich im Falle einer Anfechtungsklage der angefochtene VA vor Erlass des Urteils erledigt, muss die Klage mangels Rechtsschutzinteresses an sich als unzulässig abgewiesen werden, wenn der Kläger sie nicht für erledigt erklärt. Um den Kläger aber nicht um die Früchte des bisherigen Prozesses zu bringen, sieht § 113 Abs. 1 S. 4 VwGO vor, dass das Gericht auf Antrag durch Urteil ausspricht, dass der VA rechtswidrig gewesen ist, soweit der Kläger ein berechtigtes Interesse an der Feststellung hat.   17.01

Beachte: Nach hM handelt es sich nicht um eine eigenständige Klageart, auch nicht um eine spezielle Feststellungsklage, sondern um den Sonderfall der (erledigten) Anfechtungsklage, weshalb deren besondere Sachurteilsvoraussetzungen bis zur Erledigung beachtet werden müssen.

Die Vorschrift ist analog **anwendbar auf die erledigte Verpflichtungsklage,** wenn sich also der Anspruch auf den begehrten VA im Prozess erledigt (BVerwGE 109, 74). Auf Antrag des Klägers stellt das Gericht fest,   17.02

dass die Ablehnung oder Unterlassung des VA rechtswidrig gewesen ist. Die Fortsetzungsfeststellungsklage kann sich in diesen Fällen auch auf die Feststellung richten, dass die Beklagte zum Erlass des VA verpflichtet war. In beiden Fällen muss die ursprüngliche Verpflichtungsklage zulässig gewesen und ein Feststellungsinteresse gegeben sein.

Beispiele: Die Klage auf Zulassung zu einer Veranstaltung oder auf Sondernutzung einer Wegefläche erledigt sich durch Zeitablauf; der Anspruch auf Erteilung einer Bau- oder Anlagengenehmigung erledigt sich im Verpflichtungsprozess durch Erlass einer Veränderungssperre oder eines Bebauungsplans mit entgegenstehenden Festsetzungen.

2. Analoge Anwendung bei Erledigung des VA vor Klageerhebung

17.03   Es ist nach wie vor hM, dass § 113 Abs. 1 Satz 4 VwGO entsprechend auch auf die Fälle anwendbar ist, in denen die Erledigung des VA vor Klageerhebung oder vor Erhebung des Widerspruches eingetreten ist (vgl. nur *Kopp/Schenke* § 113 Rnr. 99 mwN), obwohl es wegen der Zulässigkeit der allgemeinen Feststellungsklage nach § 43 VwGO an sich an einer gesetzgeberischen Lücke fehlt (*Schoch/Schmidt-Aßmann/Pietzner* VwGO § 113 Rn. 99).

Beachte: Neuerdings scheint das BVerwG dazu zu neigen, anstelle von § 113 Abs. 1 S. 4 VwGO analog bei Erledigung vor Klageerhebung direkt § 43 VwGO anzuwenden (BVerwGE 109, 203 = NVwZ 2000, 63; hierzu *Schenke* NVwZ 2000, 1255 ablehnend, *Fechner* NVwZ 2000, 127 zustimmend). Da das Erfordernis der Klagefrist aufgegeben wurde, ist der wichtigste Unterschied zwischen beiden Klagearten entfallen, weshalb der Streit ohne praktische Auswirkungen bleibt (s. Rnr. 17.11).

3. Keine entsprechende Feststellung der Rechtmäßigkeit des VA

17.04   Eine entsprechende Anwendung des § 113 Abs. 1 S. 4 VwGO auf den Beklagten (Antrag auf Feststellung, dass der VA rechtmäßig war) wird allgemein abgelehnt. Hat der Beklagte ausnahmsweise ein berechtigtes Interesse an einer Klageabweisung, so kann er der Erledigungserklärung des Klägers widersprechen und seinen Klageabweisungsantrag weiter verfolgen (BVerwGE 82, 41 = NVwZ 1989, 862; BVerwGE 87, 62 = NVwZ 1991, 162). Das Gericht stellt dann die Erledigung nur fest, wenn die Klage vor der Erledigung zulässig und begründet war (siehe näher Rnr. 29.13 ff.).

4. Keine entsprechende Anwendung auf erledigte Leistungsklagen

17.05   Nicht entsprechend anwendbar ist § 113 Abs. 1 Satz 4 VwGO nach hM auf Fälle erledigter Leistungsklagen (OVG Münster NJW 1994, 1673; *Kopp/Schenke* § 113 Rnr. 116 mwN str.; aA VGH München BayVBl 1992, 310; *Hufen*, Verwaltungsprozessrecht § 18 Rnr. 44 mwN). Hierfür besteht jedenfalls dann auch kein Bedürfnis, wenn man mit der hM von der Anwendbarkeit des § 43 VwGO auf erledigte Rechtsverhältnisse ausgeht (siehe Rnr. 16.05). Zu bejahen ist die Anwendbarkeit des § 113 Abs. 1 Satz 4 VwGO dagegen bei Erledigung verwaltungsaktähnlicher Maßnahmen, etwa von Maßnahmen der Verwaltungsvollstreckung und der unmittelbaren Ausführung (siehe Rnr. 17.07).

II. Die besonderen Sachurteilsvoraussetzungen

Die besonderen Sachurteilsvoraussetzungen gelten im Falle der Erledi- **17.06** gung von Anfechtungs- und Verpflichtungsklage gleichermaßen. An die Stelle der Feststellung der Rechtswidrigkeit des erledigten VA tritt bei der Verpflichtungsklage die Feststellung der Rechtswidrigkeit der Ablehnung bzw. Unterlassung des erledigten Antrags (BVerwG NVwZ 1987, 229) oder, wenn Spruchreife gegeben ist, die Feststellung, dass der Beklagte zum Erlass des VA verpflichtet war (BVerwGE 65, 38, 41; OVG Münster DVBl 1994, 547).

1. Erledigung des angefochtenen VA

a) VA-Qualität der erledigten Maßnahme

Bei der erledigten Maßnahme muss es sich um einen VA handeln (siehe **17.07** hierzu Rnr. 34.01). Erfasst werden Widerspruchsbescheide und nichtige VAe. Auch auf erledigte Vollstreckungsakte ist § 113 Abs. 1 S. 4 VwGO anwendbar. Umstritten, nach Sinn und Zweck der Regelung aber entgegen der hM zu bejahen ist die Anwendbarkeit auf dem VA vergleichbare konkrete Rechtsakte (OVG Münster NJW 1994, 1673) wie Maßnahmen im Wege der unmittelbaren Ausführung (Rnr. 40.36), auf Regelungen in Sonderstatusverhältnissen (Rnr. 34.32) und auf Regelungen, die Gegenstand von Organstreitverfahren (Rnr. 22.01) sein können.

Beispiele: Polizeiliche Maßnahmen ohne vorangegangenen Grund-VA wie das Abschleppen eines verkehrsgefährdend geparkten PKW bei Abwesenheit des Verantwortlichen, das Betreten von Grundstücken zur Gefahrenabwehr in Abwesenheit des Berechtigten. Weitere Bsp. bei *Kästner*, Unmittelbare Maßnahmen der Gefahrenabwehr, JuS 1994, 361. Die hM hält demgegenüber die allgemeine Feststellungsklage für gegeben (Rnr. 16.03). Mit der Aufgabe des Erfordernisses der Klagefrist (Rnr. 17.11) besteht ein praktischer Unterschied nicht mehr. Zu Vollstreckungsakten siehe Rnr. 40.34.

b) Voraussetzungen der Erledigung

Erledigt hat sich die Maßnahme, wenn von dem VA keine belastenden **17.08** Wirkungen mehr ausgehen oder dem Kläger mit einer Aufhebung objektiv nicht mehr gedient wäre (*Kopp/Schenke* § 113 Rnr. 101). Vollzug oder Erfüllung des VA führen als solche jedenfalls dann nicht zur Erledigung, wenn eine Rückabwicklung möglich und sinnvoll ist, weil der VA in diesen Fällen als Rechtsgrund für die Leistung weiterwirkt.

Beispiele: Erledigung tritt ein durch Aufhebung oder Ersetzung des angefochtenen VA seitens der Verwaltung, durch Eintritt einer auflösenden Bedingung oder bei Befristung durch Ablauf der Frist, durch Zurücknahme des abgelehnten Antrags oder durch Eintritt des angestrebten Erfolges auf andere Weise. Erledigung tritt ferner ein mit Wegfall des Regelungszwecks, zB der Widerruf der Erlaubnis bei Aufgabe der Gaststätte (BVerwGE 81, 74). Weitere Beispiele bei *Kopp/Schenke* § 113 Rnr. 103. Keine Erledigung eines Gebühren- oder Kostenbescheides nach Zahlung, eines Baugenehmigungsbescheides nach Errichtung der baulichen Anlage oder eines Bauvorbescheides nach Erlass der Baugenehmigung (BVerwG NVwZ 1995, 894; zum Vorbescheid anders noch BVerwG DVBl 1989, 673).

17.09 Umstritten ist die Frage, ob Erledigung schon deshalb eintreten kann, weil keine Möglichkeit der Rückgängigmachung mehr besteht (so zB *Gerhardt* in *Schoch* § 113 Rnr. 88). Teilweise wird dies mit der Begründung verneint, entscheidend sei, ob die Aufhebung des VA für den Kläger sinnlos ist (so *Kopp/Schenke* § 113 Rnr. 102 mwN), teilweise mit der Begründung, dass die Beschwer weggefallen sein muss (*Eyermann* § 113 Rnr. 81).

Beispiel: Keine Erledigung einer Polizeiverfügung, wenn anschließender Kostenbescheid an die Wirksamkeit der Verfügung unabhängig von ihrer Rechtmäßigkeit anknüpft (Koblenz NVwZ 1997, 1009; str., aA zB Mannheim NVwZ 1994, 1130).

2. Erfordernis eines Vorverfahrens

17.10 Da mit der Fortsetzungsfeststellungsklage ein Anfechtungs- oder Verpflichtungsprozess gewissermaßen fortgesetzt wird, müssen auch dessen Zulässigkeitsvoraussetzungen bis zur Erledigung vorgelegen haben. Dazu gehört auch die ordnungsgemäße Durchführung eines Vorverfahrens. Umstritten ist aber, ob im Falle der Erledigung vor Klageerhebung noch ein Vorverfahren durchgeführt werden muss.

Die hM geht zu Recht davon aus, dass eine entsprechende Anwendung der §§ 68 ff. VwGO nicht zu erfolgen hat, weil das Hauptziel des Vorverfahrens, die Möglichkeit einer Korrektur des angefochtenen VA, nach dessen Erledigung nicht mehr erreicht werden könne (BVerwGE 26, 161, 165). Das bedeutet, dass nach Erledigung ein Vorverfahren nicht mehr eingeleitet zu werden braucht, dass ein bereits laufendes Vorverfahren seine Erledigung findet, dass aber vor der Erledigung keine Unanfechtbarkeit des VA eingetreten sein darf.

3. Einhaltung der Klagefrist

17.11 Ist die Erledigung nach Klageerhebung eingetreten, so ist eine Fortsetzungsfeststellungsklage nur zulässig, wenn zuvor die Klagefrist eingehalten worden war. Auch für die Erledigung vor Klageerhebung nahm die hM zu Recht an, dass die Klagefrist eingehalten werden muss, weil das Ziel des § 74 VwGO, nach einer gewissen Zeit Unanfechtbarkeit und damit Rechtsfrieden einkehren zu lassen, sich auch im Rahmen des § 113 Abs. 1 S. 4 VwGO erreichen lässt (*Kopp/Schenke* § 113 Rnr. 128; str., aA jetzt die Rspr, vgl BVerwGE 109, 203; BVerwG NVwZ 2000, 63).

Beachte: Die Klagefrist beginnt mit dem Eintritt des erledigenden Ereignisses, sofern sie nicht schon vorher zu laufen begonnen hatte. Hinsichtlich der Frist selbst wird idR § 58 Abs. 2 VwGO eingreifen.

4. Erfordernis einer Klagebefugnis bis zur Erledigung

Eine Fortsetzungsfeststellungsklage soll nur derjenige erheben können,   17.12
der vor Eintritt der Erledigung zur Erhebung einer Anfechtungs- oder Verpflichtungsklage berechtigt gewesen wäre. Deshalb ist stets zu prüfen, ob der Kläger vor Eintritt der Erledigung klagebefugt gewesen wäre. Zur Klagebefugnis siehe Rnr. 14.20 ff.

5. Feststellungsinteresse

Gem, § 113 Abs. 1 Satz 4 VwGO muss der Kläger ein berechtigtes In-   17.13
teresse an der Feststellung der Rechtswidrigkeit des erledigten VA haben. Ein derartiges Interesse kann sich vor allem unter drei Aspekten ergeben, der Wiederholungsgefahr, der Rehabilitation und der Vorbereitung eines weiteren Prozesses.

Beachte: Ist die Erledigung dadurch eingetreten, dass der VA wegen der behaupteten Rechtswidrigkeit aufgehoben worden ist, so besteht idR kein berechtigtes Interesse an einer gerichtlichen Feststellung der Rechtswidrigkeit (BVerwG NVwZ 1985, 266); allgemein zum Festsetzungsfeststellungsinteresse *Schnellenbach* DVBl 1990, 140).

a) Rehabilitationsinteresse

Wichtigster Fall des Fortsetzungsfeststellungsinteresses ist das Rehabilita-   17.14
tionsinteresse des Betroffenen bei VAen mit einem die persönliche Integrität verletzenden, diskriminierenden Charakter. Ein derartiges Rehabilitationsinteresse kommt vor allem bei Maßnahmen der Vollzugspolizei in Betracht.

Beispiele: Klage der Betroffenen im Fall des Hamburger Kessels (VG Hamburg NVwZ 1987, 829); ähnlich im Fall des Berliner Kessels (VG Berlin NVwZ-RR 1990, 188); Feststellung der Rechtswidrigkeit der Einrichtung einer Kontrollstelle und der Durchführung von Kontrollen im Vorfeld einer Demonstration (VG Schleswig NVwZ-RR 1990, 190).

b) Wiederholungsgefahr

Eine Wiederholungsgefahr begründet ein Feststellungsinteresse nur   17.15
dann, wenn aufgrund **konkreter Anhaltspunkte** mit dem Erlass eines VA desselben Inhalts gerechnet werden muss. Die bloß theoretische Möglichkeit der Wiederholung eines gleichen VA in ähnlicher Situation reicht nicht.

Beispiele: Wiederholungsgefahr bei Streit um Ausnahme von Bannmeilenverbot, wenn weitere Versammlungen im Bannmeilenbereich beabsichtigt sind (BVerwG DVBl 1994, 541). Ebenso bei Ablehnung von wegerechtlichen Sondernutzungen.

c) **Vorbereitung eines Amtshaftungsprozesses**

17.16 Nach nunmehr hM kommt eine Fortsetzungsfeststellungsklage zur Vorbereitung eines Amtshaftungsprozesses nur in Betracht, wenn die Erledigung des angefochtenen VA **nach Klagerhebung** eingetreten ist, also ein Anfechtungsprozess bereits anhängig war (BVerwGE 81, 226).

Bei Erledigung vor Klagerhebung muss Amtshaftungsklage unmittelbar beim zuständigen LG erhoben werden, welches dann im Rahmen des Amtshaftungsanspruches auch die Rechtswidrigkeit des erledigten VA zu prüfen hat. Eine Fortsetzungsfeststellungsklage kommt außerdem dann nicht in Betracht, wenn ein Amtshaftungsprozess **offensichtlich aussichtslos** sein würde (BVerwGE 100, 83, 92, sog. Negativevidenz).

III. Begründetheitsprüfung

1. Erledigte Anfechtungsklage

17.17 Die Begründetheitsprüfung entspricht derjenigen der Anfechtungsklage, bezogen auf den Zeitpunkt der Erledigung. Eine Fortsetzungsfeststellungsklage ist also begründet, wenn der erledigte VA rechtswidrig war und den Kläger in seinen Rechten verletzt hat. Obwohl sie in § 113 Abs. 1 Satz 4 VwGO nicht erwähnt ist, kann auf die Prüfung der Rechtsverletzung nicht verzichtet werden.

Maßgeblicher Zeitpunkt für die Beurteilung der Sach- und Rechtslage ist der Zeitpunkt, der auch bei der Prüfung der Anfechtungsklage maßgeblich gewesen wäre, wenn das Gericht über die Klage im **Zeitpunkt der Erledigung** entschieden hätte. Soweit danach ausnahmsweise auf den Zeitpunkt der letzten mündlichen Tatsachenverhandlung abzustellen wäre, kommt es stattdessen auf den Zeitpunkt der Erledigung an.

2. Erledigte Verpflichtungsklage

17.18 Für die Begründetheitsprüfung bei erledigter Verpflichtungsklage ist zu unterscheiden, ob sich die Klage auf die Feststellung bezieht, dass die Ablehnung oder Unterlassung des beantragten VA vor der Erledigung rechtswidrig war oder auf die Feststellung, dass die Beklagte zum Erlass des ursprünglich beantragten VA verpflichtet gewesen ist. Letzteres setzt voraus, dass im maßgeblichen Zeitpunkt ein Anspruch auf den VA bestanden hat. Dabei ist derjenige Zeitpunkt zugrunde zu legen, der bei einer Entscheidung im Zeitpunkt der Erledigung maßgebend gewesen wäre, idR also der **Zeitpunkt der Erledigung** selbst.

Beispiel: Der Anspruch auf Erteilung einer Aufenthaltserlaubnis erledigt sich durch Einbürgerung, der Anspruch auf Erteilung einer Baugenehmigung erledigt sich durch den Erlass eines neuen Bebauungsplans, dessen Festsetzungen dem Vorhaben entgegenstehen.

17.19 Stand der Erlass des ursprünglich begehrten VA im Ermessen der Beklagten, kann sich die Feststellung nur auf die Rechtswidrigkeit der Ablehnung beziehen. Rechtswidrig ist die Ablehnung oder Unterlassung des beantragten VA nicht nur dann gewesen, wenn der VA hätte erlassen werden müssen, der Beklagte zum Erlass des VA also rechtlich verpflichtet war, sondern auch dann, wenn die Ablehnung auf einem Ermessens-, Beurteilungs- oder Planungsfehler beruht hat und keine Reduzierung des Spielraums auf Null vorgelegen hat. Zur Tenorierung s. Rnr. 6.09.

Merke: Auch das **Vorliegen eines Ermessensfehlers** bei der Ablehnung oder Unterlassung des VA kann nicht zur Feststellung führen, dass die Beklagte verpflichtet ist, ihr Ermessen trotz der Erledigung der Klage noch einmal fehlerfrei auszuüben.

§ 18. Die allgemeine Leistungsklage

Literatur: *Ehlers*, Die allgemeine verwaltungsgerichtliche Leistungsklage, Jura 2006, 351; *Erichsen*, Die allgemeine Leistungsklage, Jura 1992, 384; *Dreier*, Vorbeugender Verwaltungsrechtsschutz, JA 1987, 415.

I. Grundsätzliches zur allgemeinen Leistungsklage

1. Gegenstand der allgemeinen Leistungsklage

Mit der allgemeinen Leistungsklage kann die Verurteilung zu einem Handeln, Dulden oder Unterlassen begehrt werden. Eine ausdrückliche Regelung in der VwGO fehlt, sie wird aber zB in §§ 43 Abs. 2, 111, 113 Abs. 3, 170 VwGO erwähnt bzw. vorausgesetzt und ist allgemein anerkannt. **18.01**

Beispiele: Leistungsansprüche aus öffentlich-rechtlichen Verträgen, Unterlassungsansprüche gegen hoheitliches Handeln, Ansprüche auf behördliche Auskunft, Anspruch auf Akteneinsicht, auf Folgenbeseitigung, soweit diese nicht im Erlass eines VA besteht (zB Widerruf öffentlich-rechtlicher ehrverletzender Äußerung). Bei einer auf den Erlass untergesetzlicher Rechtsnormen gerichteten Leistungsklage stellt sich regelmäßig das Problem des Normerlassanspruches (BVerwG NVwZ 1990, 162; *Duken*, NVwZ 1993, 546).

2. Allgemeines

Die allgemeine Leistungsklage führt zur Verurteilung, nicht zur Verpflichtung des Klagegegners; die Vollstreckung richtet sich gem. § 167 Abs. 1 VwGO nach der ZPO, bei der Vollstreckung wegen Geldforderungen ist § 170 VwGO zu beachten (vgl. Rnr. 4.27). Leistungsurteile können für vorläufig vollstreckbar erklärt werden (§§ 708 ff. ZPO iVm § 167 Abs. 1 VwGO). Vorläufiger Rechtsschutz kann bei Leistungsklagen in der Hauptsache nur nach § 123 VwGO gewährt werden. **18.02**

3. Abgrenzungsfragen

18.03   Abgrenzungsprobleme ergeben sich vor allem gegenüber der Verpflichtungsklage. Hier kommt es darauf an, ob die begehrte hoheitliche Verwaltungsleistung durch VA (dann nur Verpflichtungsklage) bzw. aufgrund eines VA erbracht werden muss (siehe Rnr. 15.05 ff.). Im zuletzt genannten Fall muss zunächst der VA erstritten werden, bevor – bei Nichtleistung – eine allgemeine Leistungsklage erhoben werden kann.

Gegenüber der Anfechtungsklage können sich Probleme bei der Geltendmachung von Folgenbeseitigungsansprüchen (§ 113 Abs. 1 Satz 2 VwGO) ergeben. Gegenüber der Feststellungsklage können Abgrenzungsprobleme im Rahmen des vorbeugenden Rechtsschutzes auftreten. Zum Rechtsschutz im Kommunalverfassungsstreit siehe Rnr. 22.08.

II. Die besonderen Sachurteilsvoraussetzungen

1. Subsidiarität gegenüber Anfechtungs- und Verpflichtungsklage

18.04   Die Zulässigkeit der allgemeinen Leistungsklage setzt voraus, dass der begehrte Rechtsschutz nicht durch eine Anfechtungs- oder eine Verpflichtungsklage gewährt werden kann bzw. bei rechtzeitiger Erhebung von Widerspruch und Klage hätte gewährt werden können. Sonst könnten deren besondere Sachurteilsvoraussetzungen, insbesondere Vorverfahren und Klagefrist, umgangen werden.

2. Prozessführungsbefugnis und Klagebefugnis

18.05   Die hM verlangt entsprechend § 42 Abs. 2 VwGO eine Klagebefugnis auch für die allgemeine Leistungsklage (vgl. BVerwGE 100, 271; *Kopp/ Schenke* § 42 Rnr. 62), um auch hier Popularklagen auszuschließen.

Dies ist nicht gerechtfertigt und im Übrigen systemwidrig, weil die Klagebefugnis ihre innere Rechtfertigung aus dem Streitgegenstand in Anfechtungs- und Verpflichtungsklagen bezieht. Der Kläger muss bei der Leistungsklage ohnehin einen (eigenen) Anspruch geltend machen, dessen Bestehen in der Begründetheit zu prüfen ist (siehe auch *Erichsen* Jura 1994, 482).

III. Begründetheit der allgemeinen Leistungsklage

18.06   Die allgemeine Leistungsklage ist begründet, wenn der geltend gemachte Anspruch des Klägers auf ein Tun, Dulden oder Unterlassen im Zeitpunkt der Entscheidung des Gerichts tatsächlich besteht.

Hier gelten im Grundsatz die allgemeinen Regeln über das Entstehen und Erlöschen von Ansprüchen, über Einwendungen, Einreden usw. Ein Relationsaufbau ist aber auch bei der Prüfung der allgemeinen Leistungsklage nicht möglich, weil auch insoweit der Untersuchungsgrundsatz (§ 86 VwGO) gilt.

Besondere praktische Schwierigkeiten lösen **die ungeschriebenen An-**   18.07
spruchsgrundlagen aus, insbesondere der allgemeine ungeschriebene Ab-
wehr- und Unterlassungsanspruch, aus dem sich etwa Ansprüche auf
die Abwehr von Immissionen, auf Widerruf ehrverletzender Äußerungen
und auf Folgenbeseitigung ergeben können, sofern die Beeinträchtigungen hoheitlich einzustufen sind (siehe hierzu näher Rnr. 25.01).

IV. Die vorbeugende Unterlassungsklage

Da es keine vorbeugende Anfechtungsklage gibt, kommt für den vorbeu-   18.08
genden Rechtsschutz neben der Feststellungsklage (s. oben Rnr. 15.05)
nur die allgemeine Leistungsklage in Form der vorbeugenden Unterlassungsklage in Betracht. Dabei ist zu unterscheiden zwischen Klagen auf
Unterlassung von VAen und solchen auf Unterlassung von schlichthoheitlichem Handeln. Eine Klage auf Unterlassung eines VA wird heute
überwiegend für zulässig gehalten, wenn es für den Kläger unzumutbar
wäre, den Erlass eines VA abzuwarten und sich anschließend mit der
Anfechtungsklage gegen ihn zu wenden (**qualifiziertes Rechtsschutzbe-**
dürfnis, vgl. *Kopp/Schenke* vor § 40 Rnr. 33). In praktisch allen diesen
Fällen ist auch eine vorbeugende Feststellungsklage zulässig, die allerdings gegenüber der allgemeinen Leistungsklage den Nachteil hat, dass
sie nicht zu einem vollstreckbaren Titel führt. Zu den Fallgruppen des
vorbeugenden Rechtsschutzes siehe Rnr. 16.13 ff.

Beispiele: Unterlassen einer Ortsplanung (BVerwGE 40, 323); Unterlassen polizeilichen Einschreitens (OVG Bremen NJW 1967, 222); kein qualifiziertes Rechtsschutzbedürfnis für Antrag, bei Standortsuche ein bestimmtes Gebiet außer Betracht zu lassen (OVG Schleswig NVwZ 1994, 918).

§ 19. Einstweiliger Rechtsschutz nach §§ 80, 80 a VwGO

Literatur: *Schoch*, Der verwaltungsprozessuale vorläufige Rechtsschutz (Teil I bis III),
Jura 2001, 671, Jura 2002, 37 und 318; *Zacharias*, Ausgewiesene Fragen des vorläu-
figen Rechtsschutzes im Verwaltungsprozess, JA 2002, 345; *Proppe*, Einstweiliger
Rechtsschutz: Die Methodik der gerichtlichen Entscheidung nach § 80 Abs. 5 VwGO,
JA 2004, 324; *Schenke*, Probleme der Vollziehungsanordnung, VerwArch 2000, 587.

Überblick

I. Grundzüge des vorläufigen Rechtsschutzes nach der VwGO

1. Suspensiveffekt und einstweilige Anordnung

19.01 Die VwGO kennt zwei unterschiedliche Formen vorläufigen Rechtsschutzes: Die aufschiebende Wirkung (Suspensiveffekt) von Widerspruch und Anfechtungsklage gegen belastende VAe gem. §§ 80, 80 a VwGO und die einstweilige Anordnung nach § 123 VwGO für alle übrigen Fälle. Als Grundregel gilt gem. § 123 Abs. 5 VwGO: Wenn vorläufiger Rechtsschutz nach §§ 80, 80 a VwGO erreicht werden kann, ist ein Antrag auf Erlass einer einstweiligen Anordnung unzulässig. Voraussetzung für vorläufigen Rechtsschutz nach §§ 80, 80 a VwGO ist, dass **in der Hauptsache Anfechtungsklage**, nicht aber Verpflichtungs- oder allgemeine Leistungsklage erhoben werden müsste.

Ausnahme: Vorläufiger Rechtsschutz richtet sich aufgrund des Wegfalls der Fiktionswirkung des § 81 Abs. 3 und 4 AufenthG im Falle der Ablehnung eines Antrags auf Erteilung bzw. Verlängerung eines Aufenthaltstitels nach § 80 V VwGO (VGH Mannheim VBlBW 2006, 111).

a) Einzelne Abgrenzungsfragen

19.02 Der vorläufige Rechtsschutz richtet sich nur dann nach §§ 80, 80 a VwGO, wenn es um die Abwehr eines belastenden VA geht. Hier spielt also die **Qualifizierung der Maßnahme** als VA eine wichtige Rolle. So ist etwa vorläufiger Rechtsschutz gegen beamtenrechtliche Umsetzungen nach § 123 VwGO zu behandeln (BVerwGE 60, 145, 149), vorläufiger Rechtsschutz gegen Verbot des Tragens von Ohrschmuck dagegen nach § 80 Abs. 5 VwGO, da das Verbot ein VA ist (OVG Münster NJW 1989, 2770). Weitere Bsp. siehe Rnr. 34.10 ff.

Der vorläufige Rechtsschutz gegen belastende Nebenbestimmungen zu begünstigenden VAen kann sich nur nach § 80 VwGO richten, soweit die Zulässigkeit einer (isolierten) Anfechtung angenommen wird (s. näher Rnr. 34.40 f.). Wird Verpflichtungsklage erhoben, richtet sich der vorläufige Rechtsschutz mit dem Ziel, vom Haupt-VA ohne Beachtung der Nebenbestimmung Gebrauch machen zu können, nach § 123 VwGO.

19.03 Im **Nachbar- oder Konkurrentenstreit** richtet sich der vorläufige Rechtsschutz nach § 80 VwGO, wenn sich der Nachbar bzw. Konkurrent gegen einen VA wendet, der den Adressaten begünstigt (sog. VA mit Drittwirkung). Dies stellt § 80 a Abs. 1 VwGO klar. Das bedeutet, dass Widerspruch und Klage des Dritten unter bestimmten Voraussetzungen (s. Rnr. 19.05) den Suspensiveffekt des § 80 Abs. 1 VwGO auslösen können, sofern kein Fall der sofortigen Vollziehbarkeit vorliegt (s. hierzu näher Rnr. 19.19).

Beachte: Im beamtenrechtlichen Konkurrentenstreit ist nach hM vorläufiger Rechtsschutz nur nach § 123 VwGO möglich, und zwar auch dann, wenn dem Antragsteller durch VA mitgeteilt worden ist, dass die Wahl nicht auf ihn, sondern auf einen Konkurrenten gefallen ist. Der Antrag muss sich dann auf die Verpflichtung des Dienstherrn richten, die Beförderung einstweilen zu unterlassen, weil der Mitteilungs-VA nicht vollziehbar ist.

b) Auslegung und Umdeutung von Anträgen

Anträge dürfen nicht allein wegen unzutreffender Bezeichnung oder Formulierung ablehnt werden. Vielmehr sind sie auch bei anwaltlicher Vertretung gem § 88 VwGO im Hinblick auf das sich aus dem gesamten Vortrag folgende Rechtsschutzziel auszulegen. Darüber hinaus muss eine Umdeutung in Betracht gezogen werden, um dem Rechtsschutzbegehren wirksam Rechnung zu tragen. Vorschnelle Umdeutungen sind allerdings zu vermeiden. **19.04**

Beispiel: Der Antragsteller wendet sich gegen den Widerruf einer in seinem Interesse verfügten Wohnungsbeschlagnahme. Er möchte erreichen, dass die Beschlagnahme aufrecht erhalten wird. Sein Antrag auf Erlass einer einstweiligen Anordnung ist in einen Antrag auf Wiederherstellung der aufschiebenden Wirkung des Widerspruchs gegen den Widerruf umzudeuten, weil dieser gem. § 123 Abs. 5 VwGO vorrangig ist (*Ramsauer* JuS 1991, 409).

2. Die aufschiebende Wirkung nach § 80 Abs. 1 VwGO

Ist der Bürger mit einem ihn belastenden VA nicht einverstanden, muss er – soweit heute noch vorgesehen – Widerspruch und später Anfechtungsklage erheben. Damit löst er im Normalfall automatisch den Suspensiveffekt des § 80 Abs. 1 VwGO aus, wonach er zum Ausgleich für die einseitige Handlungsmacht der öffentlichen Hand bis zur endgültigen Entscheidung in der Hauptsache so behandelt wird, als sei der VA nicht ergangen. Der Suspensiveffekt ist grundsätzlich für jeden durch den VA Betroffenen gesondert zu prüfen. Er tritt nur zugunsten desjenigen Betroffenen ein, der Widerspruch bzw. Anfechtungsklage erhoben hat. **19.05**

Ausnahme: Allgemeinverfügungen, weil deren Wirksamkeit bzw. Vollziehbarkeit nur einheitlich beurteilt werden kann, wie zB Planfeststellungsbeschlüsse (BVerwGE 64, 353), Organisationsakte, Verkehrsschilder usw. (*Kopp/Schenke* § 80 Rnr. 17 f.).

Umstritten ist, ob bzw. inwieweit Widerspruch bzw. Anfechtungsklage **zulässig** sein müssen: Die hM differenziert: Der Verwaltungsrechtsweg muss eröffnet sein, weil § 80 sonst VwGO nicht gilt. Ist die angefochtene Maßnahme kein VA, kann der Suspensiveffekt ebenfalls nicht eintreten, weil Widerspruch und Anfechtungsklage dann nicht zulässig sind. Das gilt nach heue hM auch bei fehlender Klage- bzw. Widerspruchsbefugnis (BVerwG DVBl 1993, 256) sowie bei Unanfechtbarkeit des VA. **19.06**

a) Reichweite der aufschiebenden Wirkung

19.07 Es besteht ein Lehrbuchstreit darüber, ob die aufschiebende Wirkung des § 80 Abs. 1 VwGO die Wirksamkeit des VA hemmt (so zB *Eyermann* § 80 Rnr. 4) oder die Vollziehbarkeit (so die hM, vgl. zB BVerwGE 66, 218, 222 mwN). Der Streit ist wenig fruchtbar, da beide Theorien idR zu gleichen Ergebnissen kommen (*Kopp/Schenke* § 80 Rnr. 22 ff.). Die aufschiebende Wirkung nach § 80 Abs. 1 VwGO **schließt zunächst jede Vollstreckung** des angefochtenen VA **aus**. Die Vollstreckungsgesetze verlangen idR ohnehin Unanfechtbarkeit oder sofortige Vollziehbarkeit des VA (siehe Rnr. 40.12 ff.).

Beispiele: Keine Vollstreckung angefochtener Leistungsbescheide (anders gem. § 80 Abs. 2 Nr. 1 VwGO bei öffentlichen Abgaben und Kosten), keine Abschiebung, wenn Ausweisungsverfügung angefochten worden ist und auch sonst keine vollziehbare Ausreisepflicht besteht. Keine Vollstreckung einer angefochtenen Abrissverfügung, einer angefochtenen nachträglichen Auflage nach dem BImSchG usw.

19.08 Ist der Suspensiveffekt eingetreten, dürfen **auch keine sonstige Folgerungen** tatsächlicher oder rechtlicher Art aus dem angefochtenen VA gezogen werden. Es dürfen etwa **keine Strafen, Geldbußen oder andere Sanktionen** bei Zuwiderhandlungen gegen die in dem angefochtenen VA enthaltenen Anordnungen verhängt werden (*Kopp/Schenke* § 80 Rnr. 29, 32); sie sind ohnehin idR erst nach Unanfechtbarkeit oder sofortiger Vollziehbarkeit zulässig (*Sodan/Ziekow* § 80 Rnr. 49 mwN). Säumnisfolgen können nicht eintreten, solange der VA von der aufschiebenden Wirkung erfasst wird; der Lauf von Fristen, die durch den VA ausgelöst werden, wird gehemmt.

Beispiele: Verpflichtung, einen Schuppen binnen eines Monats abzureißen, einen Geldbetrag binnen eines Monats zu zahlen: Die Fristen sind während des Bestehens der aufschiebenden Wirkung unbeachtlich; sie werden idR gegenstandslos, wenn sie ablaufen, ohne dass sie beachtet werden mussten (beachte aber Spezialregelungen, zB nach § 37 Abs. 2 AsylVfG). **Umstritten** ist, ob eine **Aufrechnung** mit einer Forderung erklärt werden kann, wenn der zugrunde liegende VA angefochten worden ist (bejahend BVerwGE 66, 221; verneinend zu Recht die hM, vgl. *Sodan/Ziekow* § 80 Rnr. 39 mwN; differenzierend *Felix* NVwZ 1996, 734).

19.09 Auch die Gestaltungswirkung eines VA ist betroffen. Sind zB Widerruf bzw. Rücknahme suspendiert, bleibt der VA einstweilen in Kraft; Untersagungsverfügungen werden nicht wirksam, von Genehmigungen darf kein Gebrauch gemacht werden. Wendet sich ein Beamter mit dem Widerspruch gegen eine Entlassungsverfügung, so ist er so zu behandeln, als bestehe das Beamtenverhältnis fort; umgekehrt darf von einer Genehmigung kein Gebrauch gemacht werden, wenn ein Dritter Widerspruch eingelegt hat. Anders ist dies bei Baugenehmigungen, da diese nach § 212 a BauGB sofort vollziehbar sind.

b) Beginn und Ende der aufschiebenden Wirkung

Die aufschiebende Wirkung tritt im Zeitpunkt der Erhebung von An- **19.10**
fechtungsklage oder Widerspruch ein, wirkt aber im Regelfall auf den
Zeitpunkt des Erlasses des belastenden VA zurück. Sie dauerte früher
bis zu einer bestandskräftigen oder rechtskräftigen Entscheidung in der
Hauptsache. Nach § 80 b VwGO endet nunmehr die aufschiebende Wirkung im Falle der Klageabweisung in der Hauptsache bereits 3 Monate
nach Ablauf der gesetzlichen Begründungsfrist für die Berufung bzw.
die Revision, sofern das OVG nicht die Fortdauer durch Beschluss anordnet.

Beachte: Ist der VA bereits (teilweise) vollzogen, kann nach § 80 Abs. 5 S. 3 VwGO
ein Antrag auf Rückgängigmachung der Vollziehung gestellt werden. **Umstritten** ist,
ob Vollziehungsmaßnahmen in jedem Fall rückgängig zu machen sind oder ob insoweit eine Interessenabwägung stattfinden muss (so zutreffend VGH Mannheim DÖV
1974, 605; aA *Sodan/Ziekow* § 80 Rnr. 48).

3. Die sofortige Vollziehbarkeit kraft Gesetzes

Vom automatisch mit Widerspruch bzw. Anfechtungsklage eintretenden **19.11**
Suspensiveffekt nach § 80 Abs. 1 VwGO macht das Gesetz in § 80
Abs. 2 Nr. 1–3 VwGO Ausnahmen. In diesen Fällen kann der Betroffene
die aufschiebende Wirkung seines Rechtsbehelfs nur mit einem Antrag
bei der Behörde auf **Aussetzung der Vollziehung** nach § 80 Abs. 4
VwGO (Rnr. 19 24 ff.) oder beim VG auf **Anordnung der aufschiebenden Wirkung** nach § 80 Abs. 5 VwGO (Rnr. 19.27 ff.) erreichen. Im Einzelnen handelt es sich um folgende Fälle:

a) VA über öffentliche Abgaben und Kosten

Setzt der VA öffentliche Abgaben und Kosten fest, entfällt die aufschie- **19.12**
bende Wirkung gem. § 80 Abs. 2 Nr. 1 VwGO. Grund hierfür ist die
Finanzierungsfunktion von Abgaben und Kosten. Außerdem ist in diesen Fällen eine Vollziehung idR leichter rückgängig zu machen; schließlich soll kein Anreiz zur Zahlungsverzögerung bestehen.

aa) Begriff der öffentlichen Abgaben. Erfasst werden sämtliche klas- **19.13**
sischen Abgaben (Steuern, Beiträge und Gebühren); sonstige Abgaben
nur, wenn sie vorrangig der Deckung des öffentlichen Finanzbedarfs
dienen, also **Finanzierungsfunktion** haben. Nicht erfasst werden solche
Abgaben, die primär anderen Zielen dienen.

Beispiele: Erfasst werden Kreisumlagen (VGH Kassel DVBl 1991, 1325), Erschließungsbeiträge (BVerwG NVwZ 1983, 472); Sonderabgaben mit speziellen Finanzie-
rungsfunktionen (vgl. BVerfG NVwZ 1996, 469) wie Sonderabfallabgaben (VGH
Kassel NVwZ 1995, 1027, str.), Abwasserabgaben (OVG Bremen NVwZ 1987, 65,
str.). **Nicht erfasst** werden Fehlbelegungsabgaben (hM, vgl OVG Hamburg NVwZ
1992, 318, str., aA OVG Münster DVBl 1993, 563), auch nicht Stellplatzablösungs-
beträge (hM, vgl OVG Hamburg NordÖR 1999, 377; aA *Kopp/Schenke* § 80

Rnr. 57) und Zwangsgelder. Umstritten ist auch die Einordnung von Säumniszuschlägen (OVG Hamburg NordÖR 2006, 67: keine aufschiebende Wirkung; aA *Sodan/ Ziekow* § 80 Rnr. 59 mwN).

19.14 **bb) Begriff der öffentlichen Kosten.** Öffentliche Kosten isd § 80 Abs. 2 Nr. 1 VwGO sind nur die in einem **Verwaltungsverfahren** (zB Widerspruchsverfahren) entstandenen Gebühren und Auslagen, unabhängig davon, ob sie in einem selbständigen VA oder als Nebenentscheidung festgesetzt wurden (OVG Koblenz NVwZ-RR 2004, 157; ausführlich *Sodan/Ziekow* § 80 Rnr. 61). Die Bedeutung ist deshalb gering. Keine Kosten sind auch Erstattungsansprüche für Aufwendungen, die die öffentliche Hand verauslagt hat.

Umstritten ist, ob die **Kosten der Verwaltungsvollstreckung** dazu gehören, also etwa die Kosten einer Ersatzvornahme oder der unmittelbaren Ausführung. Dies wird von der hM verneint (zB OVG Hamburg DÖV 2000, 780 für Abschiebungskosten; ebenso OVG Bautzen NVwZ-RR 2003, 475). Nach der neueren Gegenauffassung werden sie erfasst (vgl. OVG Schleswig NVwZ-RR 2001, 586; VGH München DÖV 1994, 1013). Die Androhung und Festsetzung von Zwangsgeld fällt unter § 80 Abs. 2 Nr. 3 VwGO.

b) Unaufschiebbare Maßnahmen von Polizeivollzugsbeamten

19.15 Nach § 80 Abs. 2 Nr. 2 VwGO entfällt die aufschiebende Wirkung bei **unaufschiebbaren** Anordnungen und Maßnahmen von Polizeivollzugsbeamten. Es muss sich um Beamte der **Vollzugspolizei** (Verkehrs-, Kriminal-, Bereitschaftspolizei usw.) handeln, Beamte der Ordnungsverwaltung gehören nicht dazu. Erfasst werden nach allg. M. auch Regelungen durch **Verkehrszeichen**, weil sie Anordnungen von Polizeivollzugsbeamten ersetzen.

Merke: Soweit die Bekanntgabe des **Smog-Alarms** als VA eingestuft wird, wird § 80 Abs. 2 Nr. 2 VwGO nach hM ebenfalls analog angewendet (str, vgl. *Jacobs* NVwZ 1987, 100, 105; *Schoch* § 80 Rnr. 124).

c) Andere durch Bundes- oder Landesgesetz geregelte Fälle

19.16 Nach § 80 Abs. 2 Nr. 3 VwGO entfällt die aufschiebende Wirkung, wenn dies gesetzlich (Rechtsverordnung ist nicht ausreichend) vorgesehen ist. Wichtigste Anwendungsfälle sind Maßnahmen der Verwaltungsvollstreckung und die Nachbarklage im Baurecht (§ 212 a BauGB). Erfasst werden nicht nur Maßnahmen nach den Vollstreckungsgesetzen (s. Rnr. 40.01 ff.), sondern auch spezialgesetzlich geregelte Vollstreckungsmaßnahmen, wie etwa die Abschiebung nach § 59 AufenthG, nicht aber deren Kosten (*Kopp/Schenke* § 80 Rnr. 63). Zu weitgehend VGH Mannheim VBlBW 1991, 299 (Schließung und Versiegelung eines Betriebs nach § 15 Abs. 2 GewO als Vollstreckung einer Gewerbeuntersagung).

Weitere Beispiele: Planung von Verkehrswegen: § 17 Abs. 6 a Satz 1 FStrG, § 29 Abs. 6 S. 2 PBefG, § 5 Abs. 2 VerkPBG, § 20 Abs. 5 Satz 1 AEG, § 20 Abs. 7 S. 1 WaStrG, §§ 10 Abs. 6 S. 1, 27 g Abs. 7 S. 1 LuftVG; **Beamten-/Dienstrecht:** § 54

Abs. 4 BeamtStG, §§ 33 Abs. 4 S. 2, 35 Abs. 4 S. 2 WPflG, § 3 Abs. 1 S. 1, 17 Abs. 6
S. 1 WBO; **Jugendschutz:** § 25 Abs. 4 S. 1 JuSchG; **Seuchenschutz:** § 80 TierseuchenG;
Finanzwirtschaft: § 49 KWG, § 30 Abs. 3 AWG, §§ 6 a Abs. 2 S. 2, 33 Abs. 2 VermG,
§ 12 Abs. 1 InVorG; **Unternehmensaufsichts-/Regulierungsrecht:** § 4 Abs. 7 WpHG,
§ 137 Abs. 1 TKG, § 37 AEG; **Parteienrecht:** § 32 Abs. 4 ParteiG; **Ausländerrecht:**
§ 75 AsylVfG, § 84 Abs. 1 AufenthG; **Sozialrecht:** § 39 SGB II, § 88 Abs. 4 SGB IX,
§ 93 Abs. 3 SGB XII.

4. Die Feststellung der aufschiebenden Wirkung

Wird die aufschiebende Wirkung missachtet etwa weil die Verwaltung   19.17
irrtümlich von einer sofortigen Vollziehbarkeit des VA ausgeht und deshalb Vollziehungsmaßnahmen ankündigt oder einleitet; kann Rechtsschutz weder durch Wiederherstellung noch durch Anordnung der ja
bereits bestehenden aufschiebenden Wirkung gewährt werden. Für diese
Fälle wurde analog § 80 Abs. 5 VwGO der Antrag auf Feststellung der
aufschiebenden Wirkung entwickelt. Ein Antrag auf Wiederherstellung
oder Anordnung kann ggfs. in einen derartigen Feststellungsantrag umgedeutet werden.

Die **Zulässigkeitsvoraussetzungen** des Feststellungsantrags entsprechen   19.18
weitgehend dem Antrag auf Wiederherstellung der aufschiebenden Wirkung (Rnr. 19.27). Insbesondere setzt der Antrag voraus, dass Widerspruch bzw. Anfechtungsklage erhoben wurden. An die Stelle der dort
erforderlichen Anordnung des Sofortvollzugs tritt die Gefahr der (faktischen) Vollziehung, die anzunehmen ist, wenn die Behörde die Vollziehung androht oder bereits eingeleitet hat. **Begründet** ist der Antrag
bereits dann, wenn der Suspensiveffekt nach § 80 Abs. 1 VwGO tatsächlich besteht, also kein Fall des § 80 Abs. 2 VwGO vorliegt. Auch
die Rückgängigmachung der Vollziehung kommt in Betracht).

Beispiel für Tenorierung: „Es wird festgestellt, dass der Widerspruch des Antragstellers gegen den Bescheid vom … aufschiebende Wirkung hat" oder: „Der Widerspruch
des Antragstellers gegen den Bescheid vom … hat aufschiebende Wirkung".

II. Anordnung des Sofortvollzugs und Aussetzung der Vollziehung

1. Die Anordnung des Sofortvollzugs

Nach § 80 Abs. 2 Nr. 4 VwGO kann die Behörde den Sofortvollzug   19.19
eines VA anordnen. Die Anordnung ist nicht selbst VA, sondern eine
selbständige (Neben-)Entscheidung, die mit dem VA verbunden werden
kann (aber nicht muss). Sie lässt die aufschiebende Wirkung vom Zeitpunkt ihres Erlasses an mit Wirkung für die Zukunft entfallen und
schafft außerdem idR die Möglichkeit zur Verwaltungsvollstreckung
vor Eintritt der Unanfechtbarkeit des VA (Rnr. 40.12). Sie ist streng zu

unterscheiden von einer mit dem VA verbundenen Fristbestimmung (zB der Bestimmung, einen gefährlichen Zustand sofort oder innerhalb einer Woche zu beseitigen). Rechtsschutz gegen den Sofortvollzug ist nur nach § 80 Abs. 4 bzw. 5 VwGO gegeben.

a) Formelle Voraussetzungen der Anordnung des Sofortvollzugs.

19.20 **Zuständig** ist die Ausgangsbehörde, während des Widerspruchsverfahrens daneben auch die Widerspruchsbehörde. Die Anordnung muss **ausdrücklich und schriftlich** erfolgen. Es bedarf entweder eines selbständigen Bescheides oder eines selbständigen Ausspruches in dem Bescheid, der auch den VA enthält (§ 80 Abs. 2 Nr. 4 VwGO: „besonders"). Der Sofortvollzug kann nach zutreffender hM **ohne Anhörung** des Betroffenen verfügt werden (OVG Lüneburg NVwZ-RR 2007, 429). **Schriftform** und eine **selbständige schriftliche Begründung** sind dagegen zwingend (§ 80 Abs. 3 S. 1 VwGO).

Merke: Die **Begründung** muss erkennen lassen, weshalb die Behörde ein besonderes, dh ein über das allgemeine (bei rechtmäßigen VAen stets gegebene) Vollzugsinteresse hinausgehendes öffentliches Interesse oder ein überwiegendes privates eines Beteiligten an der sofortigen Vollziehbarkeit annimmt. Die Begründung muss inhaltlich einschlägig, aber nicht materiell tragfähig sein (OVG Münster AbfallR 2006, 67), Zu den Folgen einer fehlenden oder unzulänglichen Begründung siehe Rnr. 19.35.

b) Materielle Voraussetzungen

19.21 **aa) Besonderes Vollzugsinteresse.** Die Behörde muss ein besonderes Vollzugsinteresse haben (siehe hierzu näher Rnr. 19.40). Dieses kann sich aus einem öffentlichen Interesse ergeben (Dringlichkeit, Eilbedürftigkeit, besondere Nachteile durch Zeitablauf) oder aus einem überwiegenden privaten Interesse eines Beteiligten. Letzteres gilt insbesondere in den Fällen des § 80a Abs. 1 Nr. 1 und Abs. 3 VwGO, in denen sich Widerspruch oder Anfechtungsklage gegen einen den Dritten begünstigenden VA richten.

19.22 **bb) Überwiegen des besonderen Vollzugsinteresses.** Das besondere Vollzugsinteresse muss schwerer wiegen als das Interesse des Betroffenen an der aufschiebenden Wirkung. Das Gesetz geht vom Regelfall des Suspensiveffekts aus und verlangt deshalb für den Sofortvollzug besondere Umstände. Bei der erforderlichen Interessenabwägung kommt den mutmaßlichen Erfolgsaussichten von Widerspruch bzw. Anfechtungsklage wesentliche Bedeutung zu (sog. materiell-akzessorische Interessenabwägung. Die Abwägung ist gerichtlich voll überprüfbar (s. unten Rnr. 19.40).

c) Tenorierung des Sofortvollzugs

19.23 Die Anordnung der sofortigen Vollziehung (des Sofortvollzugs) erfolgt üblicherweise im Bescheid unmittelbar nach der für vollziehbar zu erklärenden Verfügung selbst; möglich ist aber auch die Anordnung im

Anschluss an die allgemeine Begründung oder in einem selbständigen Bescheid. Einer eigenständigen Rechtsmittelbelehrung bedarf es nur dann, wenn der Antrag nach § 80 Abs. 5 VwGO ausnahmsweise fristgebunden ist.

Beispiele: „Die sofortige Vollziehbarkeit dieser Verfügung (oder: der unter Nr. 1, 2 ... des Bescheides getroffenen Verfügungen) wird gem. § 80 Abs. 2 Nr. 4 VwGO angeordnet.“ Oder: „Die sofortige Vollziehbarkeit der Ausweisungsverfügung vom ... wird gem. § 80 Abs. 2 Nr. 4 VwGO angeordnet.“ Oder zur Klarstellung im Widerspruchsbescheid: „Die Anordnung der sofortigen Vollziehbarkeit bleibt aufrechterhalten.“ Die besondere Begründung des Sofortvollzugs (§ 80 Abs. 3 VwGO) folgt idR nach der allgemeinen Begründung.

2. Die Aussetzung der Vollziehung (§ 80 Abs. 4 VwGO)

Nach § 80 Abs. 4 VwGO können sowohl Ausgangsbehörde als auch **19.24** Widerspruchsbehörde nicht nur in den Fällen der sofortigen Vollziehbarkeit kraft Gesetzes, sondern auch in den Fällen der Anordnung der Vollziehbarkeit nach § 80 Abs. 2 Nr. 4 VwGO die Vollziehung aussetzen. § 80 a Abs. 1 Nr. 2 und Abs. 3 VwGO stellt klar, dass dies auch im Fall der **Drittbetroffenheit** möglich ist.

Merke: Die hM nimmt an, dass die Aussetzung auch durch die Widerspruchsbehörde bereits vor Erhebung des Widerspruches möglich ist (*Kopp/Schenke* § 80 Rnr. 81, 108 mwN); die Zuständigkeit der Ausgangsbehörde selbst bleibt unberührt, und zwar auch in den Fällen des § 80 Abs. 2 Nrn. 1–3 VwGO (**Fall echter Zuständigkeitskonkurrenz**).

a) Voraussetzungen der Aussetzung

Die Aussetzung der Vollziehung erfolgt entweder auf Antrag, der nach **19.25** § 80 a Abs. 1 Nr. 2 VwGO auch von einem belasteten Dritten gestellt werden kann, oder von Amts wegen. Über einen Antrag ist nach denselben Maßstäben zu entscheiden, die auch für die gerichtliche Entscheidung nach § 80 Abs. 5 VwGO maßgeblich sind; für die Prüfung des Antrags nach § 80 Abs. 4 VwGO kann deshalb auf Rnr. 19.27 ff. verwiesen werden.

b) Die Aussetzungsentscheidung

Die Entscheidung der Widerspruchs- oder der Ausgangsbehörde folgt in **19.26** Form und Inhalt den allgemeinen Regeln des VwVfG. Sie ergeht durch Bescheid, der, wenn der Antrag abgelehnt wird, gem. § 39 VwVfG einer Begründung bedarf. Sie kann befristet und mit Auflagen versehen werden. Gegen die Ablehnung des Antrags kann der Betroffene nur mit einem Antrag nach § 80 Abs. 5 VwGO vorgehen.

Beispiel: „Die Vollziehbarkeit (oder: Vollziehung) der Baugenehmigung (des Gebührenbescheides) vom ... wird einstweilen (bis zur Entscheidung über den Widerspruch, oder: bis zur endgültigen Entscheidung über die Anfechtungsklage) ausgesetzt.“

III. Antrag auf Wiederherstellung der aufschiebenden Wirkung

19.27 Gegen die Anordnung der sofortigen Vollziehbarkeit kann der Betroffene beim Gericht der Hauptsache gem. § 80 Abs. 5 VwGO die Wiederherstellung der aufschiebenden Wirkung beantragen. Widerspruch und Anfechtungsklage gegen die Anordnung sind nicht zulässig. Nur in den Fällen des § 80 Abs. 6 VwGO, also bei öffentlichen Abgaben und Kosten, setzt der Antrag (auf Anordnung der aufschiebenden Wirkung) einen vorherigen Antrag nach § 80 Abs. 4 VwGO voraus.

Beachte: § 80 Abs. 5 VwGO unterscheidet zwischen der Wiederherstellung der aufschiebenden Wirkung in den Fällen des § 80 Abs. 2 Nr. 4 VwGO und der Anordnung der aufschiebenden Wirkung in den Fällen des § 80 Abs. 2 Nr. 1-3 VwGO. Der Unterschied ist nicht nur terminologischer Natur, sondern kennzeichnet ein unterschiedliches Regel-Ausnahme-Verhältnis.

Übersicht Prüfungsaufbau

1. Allgemeine Zulässigkeitsvoraussetzungen
2. Besondere Antragsvoraussetzungen
   a) Vorliegen eines belastenden VA
   b) Anordnung der sofortigen Vollziehbarkeit
   c) Widerspruch oder Anfechtungsklage erhoben
   d) Klagebefugnis/Widerspruchsbefugnis
   e) Grundsätzlich keine Fristgebundenheit
3. Begründetheit des Antrags
   a) Ausreichende Begründung des Sofortvollzugs
   b) Besonderes Vollzugsinteresse
   c) Überwiegen des besonderen Vollzugsinteresses
4. Tenorierung

1. Allgemeine Zulässigkeitsvoraussetzungen

19.28 Für den Antrag müssen die allgemeinen Zulässigkeitsvoraussetzungen jedes verwaltungsgerichtlichen Rechtsschutzes vorliegen (zB Rechtsweg; Zuständigkeit des Gerichts der Hauptsache usw., s. § 13). Insoweit sind nur Zweifelsfragen zu untersuchen.

2. Besondere Antragsvoraussetzungen

a) Vorliegen eines belastenden VA

19.29 Der Antrag ist zulässig, wenn er sich auf einen erlassenen, Rechte oder Rechtspositionen des Antragsteller belastenden VA bezieht. Unschädlich ist es, wenn der VA zugleich einen Dritten begünstigt. In diesen Fällen folgt die Anwendbarkeit des § 80 Abs. 5 VwGO aus § 80a Abs. 3 VwGO. Die Frage, ob der VA den Antragsteller nicht nur faktisch, sondern auch rechtlich belastet, ist bei der Antragsbefugnis (Rnr. 19.32) zu prüfen.

b) Anordnung der sofortigen Vollziehbarkeit

Die sofortige Vollziehbarkeit des VA muss gem. § 80 Abs. 2 Nr. 4 **19.30**
VwGO angeordnet worden sein (siehe hierzu Rnr. 19.20). Nicht ausreichend ist, dass die Behörde (irrigerweise) der Auffassung ist, der VA sei
sofort vollziehbar, und etwa Vollstreckungsmaßnahmen ankündigt oder
einleitet. In solchen Fällen ist der Antrag uU in einen Antrag auf Feststellung der aufschiebenden Wirkung umzudeuten. Liegt ein Fall gesetzlich angeordneten Sofortvollzugs vor, ist ein Antrag auf Anordnung der
aufschiebenden Wirkung zu prüfen.

c) Widerspruch oder Anfechtungsklage erhoben

Umstritten ist, ob Widerspruch bzw. Anfechtungsklage bereits erhoben **19.31**
sein müssen. Hierfür spricht, dass sich der Antrag gerade auf Wiederherstellung des durch Widerspruch bzw. Anfechtungsklage ausgelösten
Suspensiveffekts richtet (OVG Koblenz NJW 1995, 1043; *Eyermann*
§ 80 Rnr. 65 mwN). Die Gegenmeinung (VGH Mannheim NVwZ
1995, 813; *Sodan/Ziekow* § 80 Rnr. 129; *Kopp/Schenke* § 80 Rnr. 139)
beruft sich vor allem auf § 80 Abs. 5 S. 2 VwGO. Jedenfalls bei besonderer Eilbedürftigkeit kann auf Widerspruch bzw. Anfechtungsklage
verzichtet werden.

d) Klagebefugnis/Widerspruchsbefugnis

Die Zulässigkeit des Antrags setzt außerdem die Klage- bzw. Wider- **19.32**
spruchsbefugnis (§ 42 Abs. 2 VwGO) des Antragstellers in der Hauptsache voraus. Der Antragsteller muss geltend machen können, durch
den VA in seinen Rechten verletzt zu werden (s. näher Rnr. 14.20), sofern nicht ein Fall der Verbandsklage vorliegt, bei der der Antragsteller
von den Erfordernissen des § 42 Abs. 2 VwGO befreit ist (s. näher
Rnr. 14.24).

e) Grundsätzlich keine Fristgebundenheit

Grundsätzlich ist der Antrag nach § 80 Abs. 5 VwGO nicht fristgebun- **19.33**
den. Nur bei speziellen gesetzlichen Regelungen muss der Antrag innerhalb einer bestimmten Frist gestellt werden (zB **Drei-Tagesfrist** nach
§ 18a Abs. 4 AsylVfG; **Wochenfrist** nach § 36 Abs. 3 AsylVfG; **Monatsfrist** bei den meisten Planfeststellungsbeschlüssen; vgl. zB § 17e Abs. 2
FStrG; § 18e Abs. 2 AEG).

3. Begründetheit des Antrags

Das Gesetz bestimmt in § 80 Abs. 5 VwGO keine Begründetheitsvoraus- **19.34**
setzungen und überlässt die Entscheidung über die Wiederherstellung
der aufschiebenden Wirkung der Entscheidung des Gerichts, wobei das
besondere Vollzugsinteresse und das Interesse des Antragstellers an der
Wiederherstellung des Suspensiveffekts gegeneinander abzuwägen sind.

Dabei sind nach allg M. die Erfolgsaussichten in der Hauptsache zu berücksichtigen (**materiell-akzessorische Interessenabwägung**).

Merke: Der Aufbau der Prüfung ist je nach Fallgestaltung und Ergebnis unterschiedlich: Soll der Antrag abgelehnt werden, empfiehlt sich die unten wiedergegebene Prüfungsreihenfolge. Hat der Antrag dagegen Erfolg, weil die Erfolgsaussichten in der Hauptsache für den Antragsteller gut sind und seine Interessen deshalb überwiegen, kann die Prüfung einer ausreichenden Begründung des Sofortvollzugs ebenso entbehrlich sein wie die des besonderen Vollzugsinteresses, weil für die Vollziehung eines rechtswidrigen VA idR kein öffentliches Interesse besteht. Man kann dann im Rahmen der Interessenabwägung sofort zur Würdigung der Erfolgsaussichten in der Hauptsache kommen.

a) Ausreichende Begründung des Sofortvollzugs

19.35 An erster Stelle wird in der Praxis idR geprüft, ob die Anordnung des Sofortvollzugs dem Begründungserfordernis des § 80 Abs. 3 VwGO genügt. Danach muss die Anordnung mit einer eigenständigen **Begründung für das besondere Interesse** an der sofortigen Vollziehbarkeit versehen sein; nicht ausreichend ist, wenn sich dieses Interesse aus der allgemeinen Begründung ergibt. Diese Begründung darf nicht offensichtlich unzulänglich sein, muss sich aber nicht zwingend als tragfähig erweisen. Umstritten, richtigerweise aber zu verneinen ist die Möglichkeit des Nachschiebens von Gründen (*Kopp/Schenke* § 80 Rnr. 87; aA OVG Bremen NordÖR 1999, 284).

Umstritten ist, ob das das Fehlen einer ausreichenden Begründung allein schon zur Wiederherstellung der aufschiebenden Wirkung (so die neuere Auffassung, vgl. OVG Magdeburg DVBl 1994, 808; *Schoch* in *Schoch* § 80 Rnr. 298; *Kopp/Schenke* § 80 Rnr. 87) oder nur zur **Aufhebung der Anordnung der sofortigen Vollziehbarkeit** (so die bisher hM, vgl. OVG Hamburg NJW 1978, 2167; *Brühl* JuS 1995, 722, 726 mwN) führt. Der Streit hat keine praktischen Auswirkungen. Nach beiden Auffassungen kann die sofortige Vollziehbarkeit bei bloßem Begründungsmangel erneut (mit verbesserter Begründung) angeordnet werden (*Sodan/Ziekow* § 80 Rnr. 154 mwN).

b) Besonderes Vollzugsinteresse

19.36 Der Antrag auf Wiederherstellung der aufschiebenden Wirkung ist bereits begründet, wenn es an dem für § 80 Abs. 2 Nr. 4 VwGO erforderlichen besonderen Vollzugsinteresse überhaupt fehlt. Dies gilt, was häufig übersehen wird, sogar bei offensichtlicher oder voraussichtlicher Rechtmäßigkeit des VA. Die Erfolgsaussichten in der Hauptsache dürfen erst im Rahmen der Abwägung eine Rolle spielen (*Finkelnburg* Rnr. 958 mwN; OVG Koblenz NVwZ 1987, 240, 247).

19.37 **aa) Besonderes öffentliches Interesse.** Das besondere öffentliche Vollzugsinteresse wird idR mit einer besonderen Eilbedürftigkeit begründet; es kann sich nach heute hM letztlich aus denselben Umständen (zB Gefahrenabwehr) ergeben, die den Erlass des VA selbst rechtfertigen (*Finkelnburg* Rnr. 759). Es muss aber stets gewichtiger sein als das allgemeine Interesse an der Vollziehung eines VA. Dies ist etwa der Fall, wenn besondere Gefahren, Nachteile oder Schäden für die Allgemeinheit drohen.

Beispiele: Besonderes Interesse an der sofortigen Vollziehung der Ausweisung und Abschiebung eines gefährlichen Ausländers, der Entziehung der Fahrerlaubnis gegenüber trunksüchtigem Autofahrer, eines Planfeststellungsbeschlusses für eine dringend benötigte Abfalldeponie oder Verkehrsanlage, eines Demonstrationsverbots bei drohenden Gefahren für Passanten oder Anlieger, einer Gewerbeuntersagung gegenüber unzuverlässigem Unternehmer bei Gefahren für Kunden oder Arbeitnehmer. Die Gefahr der Umgehung einer Genehmigungspflicht kann ein besonderes Vollzugsinteresse jedenfalls dann begründen, wenn ein Genehmigungsanspruch nicht offensichtlich gegeben ist.

Nach zutreffender hM können **auch fiskalische Interessen** den Sofortvollzug rechtfertigen (*Kopp/Schenke* § 80 Rnr. 99). Voraussetzung ist aber, dass ihnen nach den Umständen des Einzelfalls im Vergleich mit dem für Regelungen dieser Art typischerweise vorliegenden fiskalischen Interessen ein **besonderes Gewicht** zukommt.   19.38

Beispiele: Die Möglichkeit einer späteren erfolgreichen Rückforderung staatlicher Leistungen ist gering, es würde zu Finanzierungsengpässen bei öffentlichen Aufgaben kommen oder es muss bei Fortsetzung der gewerblichen Tätigkeit mit einem erheblichen Anwachsen der Steuerschuld gerechnet werden. Bloße Zinsnachteile oder administrative Erschwernisse reichen dagegen nicht aus.

bb) Überwiegende private Interessen. In den Fällen des § 80a VwGO kann die sofortige Vollziehbarkeit auch mit privaten Interessen gerechtfertigt werden. Bei diesen kann aber idR nicht zwischen besonderem und allgemeinem Interesse unterschieden werden. Deshalb macht das Gesetz die Anordnung in diesem Fall allein von dem „Überwiegen" des privaten Interesses abhängig. Bei der hiernach erforderlichen Abwägung fallen die Prüfungspunkte b) und c) zusammen.   19.39

Beispiele: Überwiegende private Interessen eines Unternehmers können es rechtfertigen, die sofortige Vollziehbarkeit einer Genehmigung nach § 4 BImSchG gegen die Interessen des widersprechenden Nachbarn anzuordnen, wenn der Widerspruch aller Voraussicht nach erfolglos bleiben muss. Gleiches gilt im Konkurrentenstreit, wenn der Widerspruch des Konkurrenten voraussichtlich erfolglos bleibt.

c) Überwiegen des besonderen Vollzugsinteresses

Das (besondere) öffentliche oder das private Interesse an der sofortigen Vollziehbarkeit ist mit dem Privatinteresse des Antragstellers an der Wiederherstellung der aufschiebenden Wirkung abzuwägen. In welchem Umfang dabei die Erfolgsaussichten in der Hauptsache eine Rolle spielen, wird unterschiedlich beurteilt. Teilweise wird ihnen keine Bedeutung beigemessen (so wohl *Finkelnburg* Rnr. 761 ff.), teilweise sollen sie nur bei Offensichtlichkeit berücksichtigt werden (so wohl *Kintz* Rnr. 288). Nach zutreffender hM ist die **Abwägung materiellakzessorisch**, dh dass es wesentlich auf die Erfolgsaussichten in der Hauptsache ankommt. Ist den widerstreitenden Interessen etwa gleich großes Ge-   19.40

wicht beizumessen, so ist der Suspensiveffekt wiederherzustellen (VGH Kassel NVwZ 1995, 1010).

Beachte: Das Gericht trifft hier eine eigene Abwägungsentscheidung; es ist an die Erwägungen der Behörde weder hinsichtlich der abzuwägenden Interessen noch hinsichtlich deren Gewichtung gebunden. Für die Prüfung empfiehlt sich folgende Reihenfolge:

19.41 **aa) Erfolgsaussichten feststellbar.** Lässt der vorliegende Streitstoff eine Aussage über die Erfolgsaussichten in der Hauptsache zu, so ist dies idR für die Interessenbewertung maßgebend. Wird der Antragsteller also in der Hauptsache Erfolg haben, so ist im Rahmen der Abwägung seinen Interessen idR der Vorzug zu geben und die aufschiebende Wirkung von Widerspruch bzw. Anfechtungsklage wiederherzustellen. Umgekehrt gilt: Wird die Anfechtung des VA in der Hauptsache erfolglos bleiben, so überwiegt das Interesse an der sofortigen Vollziehbarkeit.

Merke: Teilweise wird vertreten, dass Erfolgsaussichten nur bei Offensichtlichkeit berücksichtigt werden sollten (*Sauthoff* NVwZ 1988, 698). Damit ist aber idR lediglich gemeint, dass hinreichend eindeutige Aussagen über die Erfolgsaussichten möglich sein müssen. Eine sachliche Abweichung liegt hierin nicht, weil im Eilverfahren nur eine summarische Prüfung stattfinden kann.

19.42 **bb) Interessenabwägung bei offenem Ausgang.** Wenn über die Erfolgsaussichten des Rechtsbehelfs (zB bei ungewissem Sachverhalt) keine tragfähigen Aussagen gemacht werden können, kommt es allein auf die Gewichtung der beteiligten Interessen an. Dabei geht es um das Gewicht der betroffenen Rechtspositionen und die Intensität ihrer Beeinträchtigung durch die sofortige Vollziehung bzw. durch den Suspensiveffekt. Hierzu kommt es idR dann, wenn der Sachverhalt sich nicht aufklären lässt. Rechtsfragen müssen dagegen auch im Eilverfahren idR beantwortet werden.

Beachte: Summarische Prüfung bedeutet, dass nur die ohne Zeitverzug zur Verfügung stehenden Beweise erhoben werden und ggfs. auf der Basis eines lediglich glaubhaft gemachten (§ 920 Abs. 2 iVm § 294 ZPO), also nicht restlos geklärten Sachverhalts entschieden werden muss.

4. Tenorierung

19.43 Hat der Antrag Erfolg, so lautet der Tenor: „Die aufschiebende Wirkung des Widerspruches (der Anfechtungsklage) vom … gegen den Bescheid vom … (ggfs. idF des Widerspruchsbescheides vom …) wird wieder hergestellt." Oder bei nur teilweisem Erfolg: … wird insoweit wieder hergestellt, als sich der Widerspruch (die Anfechtungsklage) gegen … richtet. Im übrigen wird der Antrag abgelehnt.

Beachte: Bei bloßem Begründungsmangel (Rnr. 19.35) wird nach hM tenoriert: „Die Anordnung der sofortigen Vollziehbarkeit im Bescheid vom … wird aufgehoben." Da in diesem Fall kein teilweises Unterliegen vorliegt, erfolgt auch keine Abweisung im Übrigen. Der Antragsgegner trägt die Verfahrenskosten gem. § 154 Abs. 1 VwGO allein (zB VGH München NVwZ-RR 1997, 445, 633; OVG Weimar, ThürVBl 1994, 137).

5. Formulierungs- und Aufbaufragen

Der Aufbau der Begründetheitsprüfung und die dabei zu behandelnden **19.44**
Gesichtspunkte können je nach Fall und Ausgang des Verfahrens und
nach Vortrag der Beteiligten stark variieren. So muss auf die Entbehrlichkeit einer vorherigen Anhörung nur eingegangen werden, wenn dies
von einem Beteiligten gerügt wurde. Eine Prüfung des besonderen Vollzugsinteresses kann sich erübrigen, wenn die Erfolgsaussichten des Widerspruchs gut sind, etwa weil sich der angefochtene VA als rechtswidrig erweist. In Examensklausuren steht regelmäßig die summarische
Prüfung der Erfolgsaussichten im Mittelpunkt.

Beispiel für die Begründungsstruktur: Der nach § 80 Abs. 5 VwGO zulässige Antrag
auf Wiederherstellung der aufschiebenden Wirkung des Widerspruchs des Antragstellers gegen die im Bescheid vom … enthaltenen Auflagen zur Durchführung der von
ihm angekündigten Demonstration hat keinen Erfolg. Es besteht ein besonderes öffentliches Interesse am Sofortvollzug dieser Auflagen, das gewichtiger ist als das Interesse des Antragstellers an der aufschiebenden Wirkung.
Im Bescheid vom … wird das besondere Vollzugsinteresse in einer den Anforderungen des § 80 Abs. 3 VwGO genügenden Weise damit begründet, dass der Sofortvollzug notwendig sei, um die Gefahr gewaltsamer Auseinandersetzungen der Teilnehmer
der Demonstration mit den Teilnehmern der zeitgleich stattfindenden Kundgebung …
zu verhindern. …
Die nach § 80 Abs. 5 VwGO gebotene Abwägung ergibt ein Überwiegen des besonderen öffentlichen Interesses. Nach der in einem Verfahren des vorläufigen Rechtsschutzes erforderlichen, aber auch ausreichenden summarischen Prüfung wird der Widerspruch des Antragstellers aller Voraussicht nach ohne Erfolg bleiben. Die angefochtenen Auflagen finden ihre Ermächtigungsgrundlage in § 15 Abs. 1 VersG. Danach
kann die zuständige Behörde einen Aufzug von bestimmten Auflagen abhängig machen, wenn nach den erkennbaren Umständen die öffentliche Sicherheit oder Ordnung bei der Durchführung unmittelbar gefährdet ist. Diese Voraussetzungen liegen
vor. … Besondere Interessen, die es gebieten könnten, trotz der voraussichtlichen
Aussichtslosigkeit des Widerspruchsverfahrens die aufschiebende Wirkung wieder herzustellen, sind weder vorgetragen noch sonst für das Gericht ersichtlich. …

IV. Antrag auf Anordnung der aufschiebenden Wirkung

Übersicht

1. Allgemeines
2. Besondere Antragsvoraussetzungen
3. Die Begründetheit des Antrags
   a) Begründetheit bei öffentlichen Abgaben und Kosten
   b) Begründetheit in den übrigen Fällen
4. Aufbau- und Formulierungsfragen

1. Allgemeines

Der Antrag auf Anordnung der aufschiebenden Wirkung muss dann ge- **19.45**
stellt werden, wenn der Widerspruch bzw. die Anfechtungsklage des
Antragstellers bereits kraft Gesetzes keine aufschiebende Wirkung hat,

also in den Fällen des § 80 Abs. 1 Nr. 1–3 VwGO. Wird in diesen Fällen Wiederherstellung beantragt, ist der Antrag nach §§ 88, 122 VwGO entsprechend auszulegen. Die allgemeinen Zulässigkeitsvoraussetzungen für verwaltungsgerichtlichen Rechtsschutz müssen vorliegen (s. oben Rnr. 19.28). Für die **Tenorierung** gelten dieselben Grundsätze wie bei der Wiederherstellung der aufhebenden Wirkung (Rnr. 19.43). Allerdings wird die aufschiebende Wirkung im Erfolgsfalle „angeordnet", nicht „wiederhergestellt".

2. Besondere Antragsvoraussetzungen

19.46 Der Antrag setzt voraus, dass ein belastender VA vorliegt (a), dass Widerspruch und/oder Anfechtungsklage kraft Gesetzes keine aufschiebende Wirkung haben (b), dass Widerspruch bzw. Anfechtungsklage erhoben wurden (c) und dass Widerspruchs- bzw. Klagebefugnis besteht (d). Insoweit ergeben sich zum Antrag auf Wiederherstellung keine Besonderheiten, deshalb kann auf die Ausführungen oben Rnr. 19.28 ff. verwiesen werden.

Merke: In den Fällen des § 80 Abs. 2 Nr. 1 VwGO (**Streit um öffentliche Abgaben und Kosten**) ist der Antrag nur zulässig, wenn die Behörde **zuvor einen Antrag auf Aussetzung** ganz oder teilweise abgelehnt hat, auf einen Antrag untätig geblieben ist oder wenn Vollstreckung droht. Ein fehlender Aussetzungsantrag ist im gerichtlichen Verfahren **nicht nachholbar**. Für alle übrigen Fälle ist ein vorheriger Aussetzungsantrag nicht erforderlich; das Fehlen kann aber Kostenfolgen nach § 156 VwGO haben, wenn die Verwaltung die Vollziehung von sich aus aussetzt.

3. Die Begründetheit des Antrags

a) Begründetheit bei öffentlichen Abgaben und Kosten

19.47 Für die Anordnung der aufschiebenden Wirkung von Widerspruch und Anfechtungsklage gegen die Erhebung von Abgaben oder Kosten (hierzu oben Rnr. 19.12 ff.) ist in § 80 Abs. 4 S. 3 VwGO eine auch für den Antrag nach § 80 Abs. 5 VwGO maßgebliche Sonderregelung getroffen worden: Danach ist der Antrag begründet, wenn entweder **ernstliche Zweifel an der Rechtmäßigkeit** des VA bestehen (entspricht weitgehend den überwiegenden Erfolgsaussichten in der Hauptsache) oder wenn der Sofortvollzug für den Pflichtigen eine **unbillige Härte** wäre, die nicht zur Wahrung überwiegender öffentlicher Interessen geboten ist.

Beispiel: Die sofortige Vollziehung einer Abgabenforderung würde wegen lediglich vorübergehender Liquiditätsschwierigkeiten des Antragstellers die Versteigerung seines Einfamilienhauses oder die Insolvenz seines Betriebes zur Folge haben.

b) Begründetheit in den übrigen Fällen

19.48 In allen übrigen Fällen ist ähnlich wie beim Antrag auf Wiederherstellung eine **materiell-akzessorische Interessenabwägung** durchzuführen.

Danach ist der Antrag begründet, wenn die besonderen Interessen des Antragstellers an der Anordnung der aufschiebenden Wirkung gewichtiger sind als das vom Gesetz für den Regelfall vorausgesetzte Interesse an der sofortigen Vollziehbarkeit des VA. Anders als bei der Wiederherstellung muss hier das Interesse des Antragstellers and der aufschiebenden Wirkung überwiegen.

aa) Erfolgsaussichten feststellbar. Wenn die summarische Prüfung ergibt, dass Widerspruch bzw. Anfechtungsklage des Antragstellers in der Hauptsache wahrscheinlich Erfolg haben, ist die aufschiebende Wirkung anzuordnen. Eine Offensichtlichkeit der Erfolgsaussichten des Antragstellers ist nach zutreffender hM nicht Voraussetzung. Umgekehrt: Werden Widerspruch bzw. Anfechtungsklage in der Hauptsache voraussichtlich ohne Aussicht auf Erfolg bleiben, so kann ein Überwiegen der privaten Interessen allenfalls in besonderen Ausnahmefällen vorliegen.   **19.49**

bb) Erfolgsaussichten offen. Ist der Ausgang des Hauptsacheverfahrens offen, so ist die aufschiebende Wirkung nur anzuordnen, wenn besondere Gründe vorliegen. Der Fall muss von der im Gesetz geregelten typischen Interessenkonstellation wesentlich abweichen und die besonderen privaten Interessen müssen bei der Abwägung mit den öffentlichen Interessen an der sofortigen Vollziehung überwiegen.   **19.50**

4. Aufbau- und Formulierungsfragen

Der Aufbau der Begründetheitsprüfung entspricht weitgehend dem bei Wiederherstellung, muss aber auf den Umstand Rücksicht nehmen, dass das Gesetz selbst für den Normalfall den Sofortvollzug vorsieht und damit ein entsprechendes Gewicht des öffentlichen Interesses annimmt.   **19.51**

Beispiel für Begründungsstruktur: Der Antrag auf Anordnung der aufschiebenden Wirkung des Widerspruchs des Antragstellers gegen die dem Beigeladenen erteilte Baugenehmigung hat Erfolg. Der Antrag ist zulässig ... Er ist auch in der Sache begründet. Bei der nach § 80 Abs. 5 VwGO gebotenen Abwägung der betroffenen Interessen ergibt sich ein Überwiegen der Interessen des Antragstellers, dessen Widerspruch nach der im Verfahren des vorläufigen Rechtsschutzes allein möglichen, aber auch ausreichenden summarischen Prüfung aller Voraussicht nach erfolgreich sein wird. Die dem Beigeladenen erteilte Baugenehmigung dürfte nämlich rechtswidrig sein und den Antragsteller in seinen Rechten verletzen. ... Gründe, die trotz der hiernach bestehenden Erfolgsaussichten des Widerspruchs die Aufrechterhaltung des nach § 212a BauGB angeordneten Sofortvollzugs der Baugenehmigung rechtfertigen könnten, sind weder vorgetragen noch sonst ersichtlich. ...

V. Rechtsbehelfe, Abänderungsbefugnis

1. Beschwerde

19.52 Gegen die Entscheidungen des VG nach § 80 Abs. 5 VwGO ist die Beschwerde zum OVG bzw. VGH ohne besondere Zulassung zulässig (§ 146 Abs. 4 VwGO). Sie ist **innerhalb von zwei Wochen** nach Zustellung der erstinstanzlichen Entscheidung beim VG (judex a quo) einzulegen (§ 147 VwGO) und **innerhalb eines Monats** (nach Zustellung) beim OVG bzw. VGH zu begründen (§ 146 Abs. 4 S. 1 VwGO). Eine Abhilfemöglichkeit des VG besteht nicht (§ 146 Abs. 4 S. 5 VwGO).

Beachte: Das OVG prüft nur die dargelegten Gründe (§ 146 Abs. 4 S. 6 VwGO). Eine umfassende Prüfung findet also nicht statt. Deshalb ist die Begründung der Beschwerde von wesentlicher Bedeutung.

2. Abänderung auf Antrag oder von Amts wegen

19.53 Wenn sich die für die Entscheidung maßgeblichen Verhältnisse nachträglich geändert haben oder bestimmte Umstände ohne Verschulden nicht geltend gemacht werden konnten, können die Beteiligten nach § 80 Abs. 7 S. 2 VwGO unabhängig von den Beschwerdefristen die Abänderung des Beschlusses beantragen. Von Amts wegen kann das Gericht den Beschluss auch unabhängig davon ändern (§ 80 Abs. 7 S. 1 VwGO).

Beispiele: Antrag auf Abänderung nach Änderung der höchstrichterlichen Rechtsprechung (OVG Lüneburg NVwZ 2005, 236), der EuGH-Rechtsprechung (BVerfG NVwZ 2005, 438), nach Vorlage neuer Beweismittel, die unverschuldet bis dahin nicht vorgelegt werden konnten (VGH Mannheim NVwZ 2002, 908), Vorliegen von Wiederaufnahmegründen gem. § 153 VwGO), Nichterfüllung von Auflagen usw.

19.54 Zuständig ist das Gericht der Hauptsache. Das gilt auch dann, wenn das VG Gericht der Hauptsache ist, das OVG bzw. der VGH aber den Beschluss im Beschwerdeverfahren erlassen hat. Das Abänderungsverfahren ist ein **selbständiges Verfahren** mit denselben Beteiligten, die allerdings in veränderten Rollen beteiligt sein können. Gegen den Änderungsbeschluss sind Rechtsbehelfe im selben Umfang eröffnet wie gegen den Ausgangsbeschluss.

Tenorierung: „Der Beschluss des VG … vom … wird abgeändert. Die aufschiebende Wirkung der Klage wird wieder hergestellt. Der Antragsgegner trägt die Kosten des Abänderungsverfahrens." (Die Kostenentscheidung des Ausgangsbeschlusses bleibt unberührt.)

§ 20. Anträge auf Erlass einstweiliger Anordnungen

Literatur: *Schoch*, Der verwaltungsprozessuale vorläufige Rechtsschutz (Teil I bis III), Jura 2001, 671, Jura 2002, 37 und 318; *Schrader*, Die Vorwegnahme der Hauptsache und das Ermessen im Rahmen des einstweiligen Rechtsschutzes, JuS 2005, 37; *Zacharias*, Ausgewiesene Fragen des vorläufigen Rechtsschutzes im Verwaltungsprozess, JA 2002, 345; *Mückl*, Die einstweilige Anordnung nach § 123 VwGO im System des vorläufigen Rechtsschutzes, JA 2000, 329; *Zimmerling/Brehm*, Der vorläufige Rechtsschutz im Prüfungsrecht, NVwZ 2004, 651.

I. Der vorläufige Rechtsschutz nach § 123 VwGO

1. Grundzüge

Die Regelungen in § 123 VwGO sind der einstweiligen Verfügung des Zivil- 20.01
prozesses nachgebildet. Die speziellere Sicherungsanordnung (§ 123 Abs. 1 S. 1 VwGO) entspricht § 935 ZPO; sie dient dem Schutz des status quo gegen Veränderungen zum Nachteil des Antragstellers. Die Regelungsanordnung (§ 123 Abs. 1 S. 2 VwGO) entspricht § 940 ZPO. Sie ermöglicht auch weitergehende Maßnahmen mit dem Ziel, den Antragsteller vor unzumutbaren Nachteilen zu schützen, bis hin zur Vorwegnahme der Hauptsache.

Merke: In der Praxis wird auf die Abgrenzung teilweise überhaupt verzichtet. Die an sich unterschiedlichen Voraussetzungen beider Anordnungsformen werden dann „gleichgeschaltet", indem in beiden Fällen das Vorliegen eines Anordnungsgrundes und eines Anordnungsanspruchs verlangt wird. Das ist zwar verfehlt, wirkt sich allerdings im praktischen Ergebnis idR nicht aus (kritisch auch *Schoch* § 123 Rnr. 50).

Die §§ 920 ff. ZPO sind gem. § 123 Abs. 3 VwGO analog anwendbar. 20.02
Zwingend ist der **Vorrang der Regelungen des Suspensiveffekts** nach §§ 80, 80a VwGO. Danach kommt eine einstweilige Anordnung nicht in Betracht, wenn vorläufiger Rechtsschutz nach §§ 80, 80a VwGO zu gewähren ist (§ 123 Abs. 5 VwGO). Letzteres ist immer dann der Fall, wenn in der Hauptsache Anfechtungsklage erhoben werden müsste (Rnr. 1901). Eine Umdeutung ist zulässig. Es kommt auch vor, dass beide Formen des vorläufigen Rechtsschutzes nebeneinander einschlägig sind und geprüft werden müssen (*Ramsauer* JuS 1991, 409).

Beispiele: Einstweilige Anordnung gegen Schulorganisationsakte nur, sofern diese keine VA-Qualität haben (*Kopp/Ramsauer* § 35 Rnr. 95 mwN), ferner bei Nichtversetzung eines Schülers (VGH Mannheim DVBl 1993, 53) oder bei beamtenrechtlichem Konkurrentenstreit im Vorfeld einer Beförderung (s. Rnr. 33.38).

2. Das Verfahren bei Anträgen nach § 123 VwGO

a) Selbständiges Beschlussverfahren

Über Anträge auf Erlass einstweiliger Anordnungen wird in einem selb- 20.03
ständigen Beschlussverfahren entschieden. Eine Beiladung Dritter (§ 65

VwGO) ist zulässig und uU auch geboten. Das Gericht entscheidet zwar nur durch Beschluss; hat eine mündliche Verhandlung stattgefunden, aber in der für Urteile vorgesehenen Besetzung. Die Kammer entscheidet dann also unter Mitwirkung von ehrenamtlichen Richtern.

20.04 Einstweilige Anordnungen können **schon vor Erhebung von Widerspruch bzw. Anfechtungsklage**, genauer: unabhängig davon beantragt werden. Allerdings kann das Gericht die Fortdauer der Anordnung von einer Klageerhebung in der Hauptsache innerhalb einer bestimmten Frist abhängig machen (§ 926 ZPO iVm § 123 Abs. 3 VwGO). Außerdem muss der Antragsteller auch nach Erlass der beantragten einstweiligen Anordnung verhindern, dass ablehnende bzw. entgegenstehende VAe unanfechtbar werden.

Beispiel: Der Antragsteller erreicht im Wege der einstweiligen Anordnung die vorläufige Zuweisung eines Studienplatzes an einer Hochschule, die zuvor seinen Antrag auf Zuteilung eines Studienplatzes abgelehnt hatte. Wird der ablehnende VA mangels rechtzeitigem Widerspruch unanfechtbar, kann die Hochschule die Aufhebung der einstweiligen Anordnung verlangen (s. unten Rnr. 20.12).

b) Summarisches Verfahren

20.05 Das Verfahren nach § 123 VwGO ist wie das nach § 80 Abs. 5 VwGO ein summarisches Verfahren, in welchem die entscheidungserheblichen Tatsachen wegen der Eilbedürftigkeit nur glaubhaft gemacht werden müssen (§ 920 Abs. 2 ZPO iVm § 123 Abs. 3 VwGO). Das Gericht kann zwar alle Beweismittel einschließlich der eidesstattlichen Versicherung heranziehen, eine Beweisaufnahme ist aber nur statthaft, wenn sie sofort stattfinden kann, dh ohne dass es zu Verzögerungen kommt (§ 294 ZPO).

Merke: Die Entscheidung über **Rechtsfragen** darf nur ausnahmsweise dem Hauptsacheverfahren überlassen werden, etwa wenn die Klärung besonders schwierig und zeitaufwendig wäre. Eine **Vorlagepflicht** nach Art. 100 GG im Eilverfahren besteht nur, soweit das Gebot effektiven Rechtsschutzes dies zulässt (BVerfGE 86, 382, 389 = NJW 1992, 2749; *Urban* NVwZ 1989, 433). Ähnliches gilt für die Vorlagepflicht nach Art. 234 EG an den EuGH (EuGHE 1995 I-3761 Rnr. 32 – Atlanta I).

II. Die Sicherungsanordnung (§ 123 Abs. 1 Satz 1 VwGO)

20.06 Eine Sicherungsanordnung kann in Bezug auf den Streitgegenstand eines (anhängigen oder jedenfalls möglichen) Hauptsacheverfahrens beantragt werden. Sie dient, wie der Name signalisiert, der Sicherung eines (subjektiven öffentlichen) Rechts des Antragstellers, dessen Verwirklichung anderenfalls, also bei einem Abwarten des Hauptsacheverfahrens wegen der drohenden Veränderung eines bestehenden Zustandes vereitelt oder wesentlich erschwert werden könnte. Es geht also um die Verteidigung bestehender Positionen, nicht um die Einräumung von Positionen, auf die ein Anspruch besteht.

Beispiele: Dem Dienstherrn eines Beamten kann im Wege der einstweiligen Anordnung die Beförderung eines Mitbewerbers verboten werden, weil im Falle der Beförderung das Recht des Antragstellers auf fehlerfreie Berücksichtigung im Auswahlverfahren erlöschen könnte (BVerwGE 80, 127; VGH Kassel NJW 1985, 1103); einstweilige Anordnung zur Sicherung von Geldforderungen (VGH Mannheim DÖV 1988, 976). Regelungsanordnung dagegen, wenn sich das Begehren auf vorläufige Zuweisung eines Studienplatzes, auf einstweilige Zulassung zu öffentlichen Einrichtungen oder Veranstaltungen richtet.

Überblick Prüfungsvoraussetzungen

1. Allgemeine Zulässigkeitsvoraussetzungen
2. Besondere Antragsvoraussetzungen
3. Sicherungsanspruch
4. Sicherungsgrund
5. Verbot der Vorwegnahme der Hauptsache

1. Allgemeine Zulässigkeitsvoraussetzungen

Die allgemeinen Zulässigkeitsvoraussetzungen verwaltungsgerichtlichen   **20.07**
Rechtsschutzes müssen erfüllt sein (Rnr. 13.01 ff.). In der Hauptsache muss der Verwaltungsrechtsweg gegeben sein. Zuständig ist nach § 123 Abs. 2 S. dasjenige Gericht des ersten Rechtszuges, das auch für die Hauptsache zuständig ist oder zuständig wäre; nur während der Anhängigkeit der Hauptsache in der Berufungsinstanz, liegt die sachliche Zuständigkeit nach § 123 Abs. 2 S. 1 VwGO beim Berufungsgericht. Passivlegitimiert ist der Schuldner des gefährdeten Anspruchs.

2. Besondere Antragsvoraussetzungen

Die **Statthaftigkeit** des Antrags setzt nach § 123 Abs. 5 VwGO voraus,   **20.08**
dass vorläufiger Rechtsschutz nicht nach § 80 VwGO erreicht werden kann. Letzteres ist der Fall, wenn dem Antragsteller durch Herbeiführung, Feststellung, Anordnung oder Wiederherstellung der aufschiebenden Wirkung (§ 80 VwGO) geholfen werden kann. Weitere Voraussetzung ist die **Antragsbefugnis** entsprechend § 42 Abs. 2 VwGO. Der Antragsteller muss geltend machen, dass ihm ein subjektives Recht zusteht, das durch drohende Veränderungen des status quo gefährdet ist. Schließlich darf das **Rechtsschutzinteresse** für den Antrag nicht fehlen.

Beachte: Das Rechtsschutzinteresse wird idR fehlen, wenn der Antragsteller sich nicht zunächst an die Behörde gewandt hat mit dem Ziel, die Sicherung seines Rechts dort zu erreichen (VGH Mannheim NVwZ-RR 2005, 174), sofern dies nicht von vornherein aussichtslos erscheinen musste. Erfordert das materielle Recht einen Antrag, so ist dieser zwingende Voraussetzung für den Sicherungsanspruch.

3. Sicherungsanspruch

Das Bestehen des gefährdeten Rechts muss glaubhaft (§ 920 Abs. 2 S. 2   **20.09**
ZPO iVm § 123 Abs. 3 VwGO) gemacht werden. Das bedeutet, dass das zu sichernde Recht bei Zugrundelegung des glaubhaften Sachvor-

trags tatsächlich bestehen muss. Hier ist also die materielle Prüfung des Sicherungsanspruchs vorzunehmen. Als sicherungsfähige Rechte kommen sämtliche subjektiven öffentlichen Rechte in Betracht, unabhängig davon, ob sie in der Hauptsache mit einer Verpflichtungsklage oder einer allgemeinen Leistungsklage durchzusetzen wären. Auch das Recht auf ermessensfehlerfreie Entscheidung ist selbst dann sicherungsfähig, wenn keine Reduzierung auf Null vorliegt. Dabei geht es idR darum, die Möglichkeit einer fehlerfreien Entscheidung offen zu halten.

Beachte: Glaubhaftmachung bezeichnet eine besondere Art der Beweisführung mit einer freien Form der Beweisaufnahme und einem minderen Maß an richterlicher Überzeugung, nämlich der überwiegenden Wahrscheinlichkeit. Zulässig sind nach § 294 alle Beweismittel einschließlich der Versicherung an Eides Statt. Letztere ist aber bei plausiblem Sachverhalt nicht notwendig und umgekehrt bei wenig plausiblem Sachverhalt nicht ausreichend.

4. Sicherungsgrund

20.10 Ein Sicherungsgrund liegt vor, wenn die Gefahr besteht, dass die Verwirklichung des Rechts bei Abwarten des Rechtsschutzes in der Hauptsache durch Veränderung des bestehenden Zustandes vereitelt oder wesentlich erschwert würde. Die Gefahr darf sich noch nicht verwirklicht haben. Erforderlich ist die Anordnung ferner nur, wenn eine **Interessenabwägung** ergibt, dass die Sicherungsinteressen des Antragstellers gegenüber gegenläufigen öffentlichen oder privaten Interessen vorrangig schutzwürdig sind.

Beispiele: Einstweilige Anordnung mit dem Ziel einer weiteren Duldung eines Ausländers nach § 60 AufenthG zur Vermeidung der Aufenthaltsbeendigung; Verbot der Beförderung des Konkurrenten zur Sicherung des Anspruchs auf gerechte Auswahl. Die Rückgängigmachung bereits eingetretener Nachteile kann mit einer Sicherungsanordnung nicht erreicht werden.

5. Keine Vorwegnahme der Hauptsache

20.11 Die Bestimmung der Art und Weise der Sicherung steht im Ermessen des Gerichts. Da die Sicherungsanordnung nur der Sicherung des gefährdeten Rechts dient, darf sie sich grundsätzlich nur auf die Erhaltung des gegenwärtigen Zustandes, nicht aber auf die endgültige Erfüllung des Rechts des Antragstellers richten (BVerwG DVBl 2000, 487). Nach hM kann die Sicherung in geeigneten Fällen auch durch eine vorläufige Feststellung erfolgen. Eine Vorwegnahme der Hauptsache liegt vor, wenn der zu sichernde Anspruch ganz oder teilweise befriedigt wird, das zu sichernde Recht eingeräumt wird usw.

Beachte: Die hM macht von dem Verbot der Vorwegnahme der Hauptsache Ausnahmen dann, wenn dem Antragsteller anderenfalls unzumutbare Nachteile drohten (BVerwG NVwZ 1999, 650; VGH München NVwZ-RR 2005, 254. Richtigerweise kann in diesen Fällen nur eine Regelungsanordnung nach § 123 Abs. 1 S. 2 VwGO ergehen.

III. Die Regelungsanordnung (§ 123 Abs. 1 Satz 2 VwGO)

Die Regelungsanordnung (§ 123 Abs. 1 S. 2 VwGO) dient der **Abwehr** 20.12
wesentlicher Nachteile, die dem Antragsteller daraus erwachsen können,
dass über ein streitiges Rechtsverhältnis in der Hauptsache nicht sofort
entschieden werden kann. Sie erfasst tatbestandlich auch die Fälle der
spezielleren Sicherungsanordnung, erfordert aber als Anordnungsgrund
„wesentliche" Nachteile. Die Praxis unterscheidet meist nicht exakt zwischen Sicherungs- und Regelungsanordnung und prüft auch für § 123
Abs. 1 S. 2 VwGO Anordnungsanspruch und Anordnungsgrund; in der
Klausur wird die Abgrenzung aber erwartet, obwohl die Unterschiede in
der Begründetheit marginal sind. Wegen der Spezialität der Sicherungs
anordnung ist zunächst § 123 Abs. 1 S. 1 VwGO zu prüfen.

Beispiele: Antrag auf vorläufige Zulassung zum Studium bei Streit um die Aufnahme-
Kapazität einer Hochschule (informativ OVG Greifswald NVwZ-RR 1994, 334);
Antrag auf Verpflichtung der Antragsgegnerin zur vorläufigen Gewährung von Für-
sorgeleistungen, weil der Lebensunterhalt nicht sichergestellt ist oder zur vorläufigen
Gewährung von Ausbildungsförderungsleistungen, weil andernfalls das Studium gefährdet wäre; Antrag auf vorläufige Zulassung der Vorbereitung eines Parteitags in
einer Stadthalle.

Überblick
1. Zulässigkeitsvoraussetzungen
2. Streitiges Rechtsverhältnis (Anordnungsanspruch)
3. Abwehr wesentlicher Nachteile (Anordnungsgrund)
4. Verbot der Vorwegnahme der Hauptsache
5. Begrenzung auf den Entscheidungsrahmen der Hauptsache

1. Zulässigkeitsvoraussetzungen

Zunächst müssen die **allgemeinen Zulässigkeitsvoraussetzungen** erfüllt 20.13
sein (s. § 13). Für das streitige Rechtsverhältnis muss der Verwaltungsrechtsweg gegeben sein. Zuständig ist das Gericht der Hauptsache
(*Kopp/Schenke* § 80 Rnr. 142). Sodann ist zu prüfen, ob der **Antrag
statthaft** ist; in diesem Zusammenhang ist die Vorrangigkeit des einstweilige Rechtsschutzes nach §§ 80, 80a VwGO oder nach § 47 Abs. 6
VwGO zu untersuchen. Ein nicht statthafter Antrag ist uU umzudeuten.
Zu den besonderen Zulässigkeitsvoraussetzungen gehört analog § 42
Abs. 2 VwGO die **Antragsbefugnis,** mit der die Möglichkeit der Verletzung eigener subjektiver öffentlicher Rechte geltend gemacht werden
muss (Ausnahme Verbandsklage).

2. Streitiges Rechtsverhältnis (Anordnungsanspruch)

Der Begriff des Rechtsverhältnisses ist mit dem des § 43 VwGO iden- 20.14
tisch. Es handelt sich um Rechtsbeziehungen zwischen zwei oder mehr

Personen, kraft deren eine Person ein Tun, Dulden oder Unterlassen verlangen kann, also einen Anordnungsanspruch hat. Dieser kann sich auf Erlass oder Unterlassung eines VA (Abwehr eines erlassenen VA richtet sich nach §§ 80, 80a VwGO), auf schlichthoheitliches Tun, Dulden oder Unterlassen oder Folgenbeseitigung richten, nicht aber auf Abwehr eines erlassenen VA, weil insoweit §§ 80, 80a VwGO eingreifen. Die hM verlangt, dass der Anspruch im Rahmen des streitigen Rechtsverhältnisses **glaubhaft gemacht** werden muss (*Sodan/Ziekow* § 123 Rnr. 77).

Merke: Richtigerweise reicht für die Regelungsanordnung anders (als für die Sicherungsanordnung) die Glaubhaftmachung des streitigen Rechtsverhältnisses aus, weshalb eine Regelungsanordnung auch dann ergehen kann, wenn das Bestehen eines Anordnungsanspruchs offen ist. In diesem Fall wird es aber in aller Regel am **Anordnungsgrund** fehlen, weil „wesentliche" Nachteile nur glaubhaft sein werden, wenn ein erfolgreich glaubhaft gemachtes Recht des Antragstellers gefährdet erscheint (s unten Rnr. 20.15).

3. Notwendigkeit zur Abwehr wesentlicher Nachteile (Anordnungsgrund)

20.15 Die Regelungsanordnung muss zur Abwehr wesentlicher Nachteile, drohender Gefahr oder aus anderen Gründen notwendig erscheinen. Grundsätzlich wird einem Rechtsinhaber zugemutet, den Ausgang eines Hauptsacheverfahrens abzuwarten, und zwar selbst dann, wenn er in der Hauptsache mit hoher Wahrscheinlichkeit obsiegen wird (Vorrang des repressiven Rechtsschutzes). Nur wenn die Nachteile des Abwartens so erheblich sind, dass sie dem Antragsteller nicht zugemutet werden können, greift § 123 Abs. 1 S. 1 VwGO ein.

Beachte: Der Antragsteller muss Umstände geltend machen, aus denen sich ergibt, dass ein weiteres Zuwarten für ihn mit **besonderen Nachteilen** verbunden ist. Diese Nachteile werden vom Gericht dann mit den übrigen beteiligten Interessen unter Berücksichtigung der Erfolgsaussichten eines Rechtsstreits in der Hauptsache abgewogen. Es ist also wie folgt zu prüfen:

a) Besondere Nachteile des Antragstellers

20.16 Es müssen Umstände vorliegen, die zu besonderen Nachteilen führen (können), wenn der Antragsteller den Ausgang eines Hauptsacheverfahrens abwarten müsste. Die zu erwartenden Nachteile müssen über das üblicherweise mit einer zeitlichen Verzögerung der Befriedigung von Ansprüchen verbundene Maß hinausgehen.

Beispiele: Entscheidung in der Hauptsache käme zu spät (VGH Kassel NJW 1994, 1750); es drohen Schäden, die irreparabel sind (VGH Mannheim, NVwZ 1993, 400); Zeitverlust durch verzögerte Studienaufnahme (BVerfG NVwZ 2004, 1112); Gefahr, das Studium wegen Vorenthaltung von BAföG abbrechen zu müssen.

b) Die Wesentlichkeit von Nachteilen

20.17 Ob die zu erwartenden Nachteile wesentlich sind, lässt sich nur aufgrund einer **materiellakzessorischen Abwägung** mit den Interessen der übrigen Beteiligten feststellen. Dazu bedarf es zunächst auch der Feststellung der Nachteile, die bei Erlass der beantragten Anordnung für das öffentliche Interesse oder für private Dritte zu erwarten sind. Die Bewertung der beteiligten Interessen hängt ab von ihrer grundrechtlichen Bedeutung, der Intensität der erwarteten Beeinträchtigung und etwaigen Ausweichmöglichkeiten, vor allem aber von den **Erfolgsaussichten in der Hauptsache.** (Diese sind hier allerdings nur zu prüfen, wenn dies nicht schon im Rahmen des Anordnungsanspruchs geschehen ist.)

Merke: Je größer die Erfolgsaussichten sind, desto gewichtiger sind die Interessen des Antragstellers in der Abwägung. Ist hinsichtlich der Hauptsache eine eindeutige Voraussage möglich, so ist diese für die Interessenabwägung regelmäßig entscheidend: Wird der Antragsteller in der Hauptsache unterliegen, so kommt eine Regelungsanordnung regelmäßig nicht in Betracht; sind seine Erfolgsaussichten dagegen gut, so wird die Interessenabwägung meist zu seinen Gunsten ausschlagen.

4. Das Verbot der Vorwegnahme der Hauptsache

Die Regelungsanordnung ergeht gem. § 123 Abs. 1 Satz 2 zur Regelung eines vorläufigen Zustandes. Hieraus folgt ein grundsätzliches Vorwegnahmeverbot, welches allerdings durchbrochen werden darf, nämlich wenn wesentliche Nachteile drohen (BVerwG DVBl 1993, 355) und der Antragsteller in der Hauptsache voraussichtlich obsiegen wird (VGH Mannheim NVwZ 1994, 599; *Kopp/Schenke* § 123 Rnr. 14). Diese Voraussetzungen müssen allerdings für die Regelungsanordnung nach dem Wortlaut des § 123 Abs. 1 S. 2 VwGO ohnehin vorliegen. Deshalb liegt im Vorwegnahmeverbot idR keine zusätzliche Hürde (krit. zum Vorwegnahmeverbot allgemein *Sodan/Ziekow* § 123 Rnr. 102).

20.18

Beispiele: Einstweilige Erteilung eines Jagdscheins aus gesellschaftlichen Gründen (VGH Mannheim NVwZ 2004, 630); Vorläufige Gewährung von Sozialleistungen (zB Wohngeld, wenn keine anderen Mittel zum Lebensunterhalt zur Verfügung stehen; Heilbehandlungskosten im Rahmen der Schwerbehindertenfürsorge); vorläufige Zuweisung eines Studienplatzes zur Vermeidung von Wartezeiten; Teilnahme am Unterricht in der höheren Klasse bei Streit um Versetzung (VGH Mannheim DVBl 1993, 53); einstweilige Erteilung einer Aussagegenehmigung vor einem parlamentarischen Untersuchungsausschuss wegen Ablauf der Wahlperiode (BVerwGE 109, 258).

5. Begrenzung auf Entscheidungsrahmen der Hauptsache

Grundsätzlich kann der Antragsteller mit einer Regelungsanordnung nicht mehr erreichen als in der Hauptsache. Auch hier müssen aber im Hinblick auf das Gebot effektiven Rechtsschutzes Ausnahmen gemacht werden, etwa dann, wenn die Behörde einen Antrag ermessensfehlerhaft abgelehnt hat, eine korrekte **Ermessensentscheidung** in der Hauptsache aber zu spät kommen würde und es überwiegend wahrscheinlich ist, dass bei fehlerfreier Ermessensbetätigung zugunsten des Antragstellers entschieden werden würde. Dann kann das Gebot effektiven Rechts-

20.19

schutzes den Erlass der Regelungsanordnung trotz fehlender Ermessens-reduktion erfordern (VGH Mannheim VBlBW 2001, 228; *Eyermann* § 123 Rnr. 66; aA VGH Kassel NVwZ-RR 2003, 814).

Beispiel: Der Antrag auf Sondernutzungserlaubnis für ein unmittelbar bevorstehendes Straßenfest ist ermessensfehlerhaft abgelehnt worden. Eine Widerspruchsentscheidung ist erst nach dem Fest zu erwarten. Besondere Gründe für eine Ablehnung sind nicht ersichtlich.

IV. Tenorierungsfragen, Rechtsbehelfe und Abänderbarkeit

1. Tenorierung

20.20 Bei der Tenorierung hat das Gericht nach Inhalt sowie nach zeitlichen und sachlichen Begrenzungen einen gewissen Gestaltungsspielraum (*Sodan/ Ziekow* § 123 Rnr. 109). Bei großer Eilbedürftigkeit kann das Gericht, an-statt die Behörde zu verpflichten, einen VA zu erlassen, die erforderliche Regelung auch selbst treffen. Zulässig sind auch vorläufige Feststellungen, wenn sie effektivem Rechtsschutz entsprechen (VGH Kassel NVwZ 1994, 1750).

Beispiele: „Der Antragsgegner wird im Wege der einstweiligen Anordnung verpflichtet, dem Antragsteller für sein Studium im Fach ... an der Universität ... bis zum ..., längstens aber bis zu einer rechtskräftigen, bestandskräftigen oder klageabweisenden Entscheidung in der Hauptsache, Ausbildungsförderung in Höhe von ... (oder: nach den Bestimmungen des BAföG) (als Darlehen) zu gewähren." Oder: „Der Antragsgeg-ner wird im Wege der einstweiligen Anordnung verpflichtet, den Antragsteller vorläu-fig zum Studium im Fach ... zuzulassen, sofern der Antragsteller bis zum ... erklärt, dass er den Studienplatz annimmt." Oder: „Der Antragsgegner wird im Wege der einstweiligen Anordnung verpflichtet, dem Beigeladenen die Fortsetzung der Baumaß-nahmen auf dem Grundstück ... zu untersagen."

2. Rechtsbehelfe, Abänderbarkeit

20.21 Gegen Entscheidungen des VG in einstweiligen Anordnungsverfahren ist gem. § 146 Abs. 4 VwGO die **Beschwerde** statthaft. Sie muss gem. § 147 Abs. 1 VwGO innerhalb von 2 Wochen nach Zustellung erhoben werden. Das VG kann der Beschwerde nicht abhelfen (§ 146 Abs. 4 S. 5 VwGO). OVG bzw. VGH prüfen gem. § 146 Abs. 4 VwGO nur die in-nerhalb der Begründungsfrist von einem Monat dargelegten Gründe.

20.22 Unabhängig davon kann das Gericht der Hauptsache Beschlüsse in einstweiligen Anordnungsverfahren jederzeit selbst **von Amts wegen än-dern,** auch wenn sie vom OVG in der Beschwerdeinstanz erlassen wur-den. Die Beteiligten können die Änderung wegen Änderung der Verhält-nisse beantragen, § 927 ZPO und § 80 Abs. 7 VwGO enthalten insoweit einen allgemeinen Rechtsgedanken, der auch für das Verfahren nach § 123 VwGO gilt (OVG Koblenz DÖV 2001, 41; vgl. zur Begründung

Kopp/Schenke § 123 Rnr. 35). Abänderungsanträge lösen selbständige Verfahren aus, Beschlüsse des Gericht sind anfechtbar wie die Ausgangsentscheidung (Rnr. 19.54).

§ 21. Normenkontrollanträge nach § 47 VwGO

Literatur: *Ehlers,* Die verwaltungsgerichtliche Normenkontrolle, Jura 2005, 171; *Oebbecke,* Kommunale Satzungsgebung und verwaltungsgerichtliche Kontrolle, NVwZ 2003, 1313; *Jäde,* Rechtsschutzaspekte der einstweiligen Anordnung in verwaltungsgerichtlichen Normenkontrollverfahren gegen Bebauungspläne, UPR 2009, 41.

Übersicht

I. Allgemeines zur abstrakten Normenkontrolle
II. Zulässigkeitsvoraussetzungen
III. Begründetheitsprüfung
IV. Die Entscheidung im Normenkontrollverfahren
V. Einstweiliger Rechtsschutz nach § 47 Abs. 6 VwGO

I. Allgemeines zur abstrakten Normenkontrolle nach § 47 VwGO

1. Funktion und Bedeutung der abstrakten Normenkontrolle

In der Praxis wie im Examen wird die abstrakte Normenkontrolle nach 21.01 § 47 VwGO immer wichtiger. Das liegt daran, dass die anlassbezogene konkrete Normenkontrolle, die in jedem gerichtlichen Verfahren inzident stattfindet, in dem es auf die Wirksamkeit der Norm ankommt, dem Bedürfnis nach Rechtssicherheit immer weniger gerecht wird, weil sie häufig zu spät kommt und keine allgemein verbindliche Klärung bewirkt (zur konkreten Normenkontrolle bzw. **Inzidentkontrolle** Rnr. 30.19). In der abstrakten Normenkontrolle nach § 47 VwGO geht es allein um die Gültigkeit der Norm als solcher, unabhängig von einem konkreten Streitfall.

Ziel der Regelung ist es unter anderem, eine schnelle Klärung der Gültigkeit der Norm zu erreichen und damit eine Vielzahl von späteren Einzelprozessen zu vermeiden. Insgesamt dient § 47 VwGO sowohl dem **Schutz subjektiver Rechte** als auch als **objektives Beanstandungsverfahren** (BVerwG NVwZ 2008, 899). Der Antrag setzt zwar eine Befugnis gem. § 47 Abs. 2 VwGO voraus, die Begründetheit hängt aber nicht von einer Verletzung subjektiver Rechte des Antragstellers ab. Das Gericht prüft die Norm vielmehr unter allen rechtlichen Gesichtspunkten auf die Vereinbarkeit mit höherrangigem Recht.

a) Allgemein verbindliche Unwirksamkeitsentscheidung

Hat der Antrag Erfolg, ist die Feststellung des Gerichts, die angegriffene 21.02 Rechtsnorm sei unwirksam, allgemein verbindlich (§ 47 Abs. 5 Satz 2 VwGO), gilt also gegenüber jedermann. Verwaltung und Gerichte dürfen die für ungültig erklärte Norm nicht mehr anwenden, Bürger können aus ihr keine Rechte mehr herleiten. Soweit der Antrag erfolglos bleibt, kommt der ablehnenden Entscheidung dagegen keine Allgemeinverbindlichkeit zu; Dritte sind nicht gehindert, selbst einen Normenkontrollantrag zu stellen.

Beachte: Kommt ein Gericht in einem konkreten Streitfall im Rahmen einer Inzidentkontrolle zu dem Ergebnis, eine Rechtsnorm sei ungültig, bleibt diese nur in diesem Klageverfahren außer Anwendung, sofern das Verfahren nicht ausgesetzt und nach Art. 100 GG dem BVerfG vorgelegt werden muss. Verwaltung und Gerichte sind nicht gehindert, die Norm in anderen Fällen weiter anzuwenden.

b) Verhältnis zu den übrigen Rechtsbehelfen der VwGO

21.03   Das abstrakte Normenkontrollverfahren nach § 47 VwGO steht selbständig neben den sonstigen Rechtsbehelfen der VwGO. Der Antragsteller kann den Normenkontrollantrag deshalb auch dann stellen, wenn er seine Einwendungen gegen die beanstandete Norm zugleich in anderen Verfahren, etwa im Rahmen einer Anfechtungsklage gegen einen auf die Norm gestützten VA, geltend macht.

Beachte: Wird im Normenkontrollverfahren die Unwirksamkeit der Norm festgestellt, ist diese Feststellung auch in konkreten Klageverfahren zugrunde zu legen. Umgekehrt gilt das nicht: Kommt ein Gericht in einem Urteil über ein konkretes Klagebegehren nach einer Inzidentprüfung zum Ergebnis, die Norm sei unwirksam, hat das keine unmittelbaren Auswirkungen auf ein abstraktes Normenkontrollverfahren (sofern damit nicht zugleich die Antragsbefugnis nach § 47 Abs. 2 VwGO entfällt).

2. Das Verfahren der abstrakten Normenkontrolle

21.04   Der Antrag ist beim zuständigen OVG bzw. VGH zu stellen. Er ist gegen diejenige Person (Körperschaft, Anstalt, Stiftung) zu richten, die die angefochtene Norm erlassen hat (§ 47 Abs. 2 S. 2 VwGO). Die Hauptbeteiligten werden als Antragsteller und Antragsgegner bezeichnet. Daneben können der Vertreter des öffentlichen Interesses sowie nach § 47 Abs. 2 S. 4 VwGO auch Beigeladene beteiligt sein (*Komorowski* NVwZ 2003, 200). Dem Land und anderen juristischen Personen, deren Zuständigkeit durch die Rechtsvorschrift berührt wird, kann Gelegenheit zur Äußerung gegeben werden. Im übrigen gelten die allgemeinen **Grundsätze des Urteilsverfahrens.** Ob über den Antrag aufgrund einer mV (dann durch Urteil mit entsprechender Besetzung der Richterbank) entschieden wird oder nicht (dann durch Beschluss), steht im Ermessen des Gerichts.

Rechtsmittel: Gegen die Endentscheidung des OVG bzw. VGH kann unabhängig davon, ob durch Beschluss oder Urteil entschieden wurde, Revision zum BVerwG nach § 132 VwGO eingelegt werden, soweit sie aus den Gründen des § 132 Abs. 2 VwGO zugelassen wurde. Gegen die Nichtzulassung der Revision kann nach § 133 VwGO innerhalb eines Monats nach Zustellung der Entscheidung Nichtzulassungsbeschwerde zum BVerwG erhoben werden, die innerhalb von zwei Monaten ab Zustellung zu begründen ist.

II. Die Zulässigkeitsvoraussetzungen

Übersicht

1. Allgemeine Zulässigkeitsvoraussetzungen

Für den Antrag nach § 47 VwGO gelten die allgemeinen Zulässigkeits- **21.05** voraussetzungen, die aber für die Beteiligungsfähigkeit und Passivlegitimation gegenüber §§ 61, 78 VwGO modifiziert werden. Den Antrag kann nach § 47 Abs. 2 VwGO jede natürliche oder juristische Person sowie jede Behörde stellen. Er ist gegen die Körperschaft, Anstalt oder Stiftung zu richten, die die Norm erlassen hat. Der Verwaltungsrechtsweg muss eröffnet sein, da OVG bzw. VGH nach § 47 Abs. 1 VwGO nur **im Rahmen ihrer Gerichtsbarkeit** entscheiden können. Die angegriffene Rechtsnorm muss danach dem öffentlichen Recht angehören; es darf keine anderweitige Zuweisung (s. Rnr. 13.06) eingreifen.

Beispiel: Unzulässig ist ein Normenkontrollantrag gegen Bußgeldbestimmungen in einer Satzung, da insoweit gem. § 68 OWiG der Verwaltungsrechtsweg nicht gegeben ist; auch eine Annexkompetenz wird hier verneint (OVG Schleswig NordÖR 2003, 37).

2. Schriftform, Jahresfrist, Beteiligungs- und Postulationsfähigkeit

Der Normenkontrollantrag muss neuerdings innerhalb eines Jahres nach **21.06** Bekanntmachung der Rechtsvorschrift gestellt werden. Für Rechtsnormen, die vor dem 1. 1. 2007 erlassen wurden, verbleibt es bei der früheren Zweijahresfrist. Ein Hinweis auf die Frist ist nach hM entbehrlich. Eine Antragstellung nach Fristablauf ist unzulässig. Es handelt sich um eine **Präklusionsnorm:** Wiedereinsetzung in den vorigen Stand bei Versäumung der Frist ist nicht möglich (hM, vgl. VGH Mannheim DÖV 2004, 433).

Beachte: Die Frist gilt nur für die abstrakte Normenkontrolle; eine Inzidentkontrolle (Rnr. 30.19) bleibt auch nach Fristablauf möglich. Allerdings enthalten Vorschriften des materiellen Rechts teilweise entsprechende Fristenregelungen, die in sämtlichen Verfahren zu berücksichtigen sind (so zB § 215 Abs. 1 BauGB für die meisten Fehler von Bebauungsplänen, s hierzu näher Rnr. 30.45 ff.).

21.07 Der Normenkontrollantrag muss schriftlich (§ 81 Abs. 1 S. 1 VwGO) durch einen Rechtsanwalt oder andere nach § 67 VwGO vertretungsberechtigte Person gestellt werden und Antragsteller, Antragsgegner (s. oben Rnr. 21.04) und die beanstandete Rechtsvorschrift bezeichnen. Antragsteller können natürliche und juristische Personen sowie Behörden sein (§ 47 Abs. 2 S. 1 VwGO). Als Antragsgegner passivlegitimiert ist der Rechtsträger, dessen Organe die angegriffene Rechtsnorm erlassen haben (§ 47 Abs. 2 S. 2 VwGO).

3. Zulässiger Antragsgegenstand nach § 47 Abs. 1 VwGO

21.08 Der Antrag kann sich gegen Satzungen und Rechtsverordnungen nach dem BauGB richten (§ 47 Abs. 1 Nr. 1 VwGO); gegen andere Rechtsnormen im Rang unter den Landesgesetzen nur, wenn das jeweilige Landesrecht dies zulässt (§ 47 Abs. 1 Nr. 2 VwGO). Der Antrag ist nur gegen bereits erlassene Normen statthaft (BVerwG DVBl 1992, 1241). Die Norm muss aus der Sicht des Normgebers bereits im Zeitpunkt der Antragstellung Geltung für sich in Anspruch nehmen; ob die Vorschriften über den Erlass eingehalten wurden, ist nicht entscheidend.

Merke: Für weitere Fälle normativen Unrechts, die von § 47 Abs. 1 VwGO nicht erfasst werden, kommt nach heute hM auch die allgemeine Feststellungsklage in Betracht. Das gilt jedenfalls für den Rechtsschutz gegen untergesetzliche Rechtsnormen in Fällen, in denen die Inzidentkontrolle nicht ausreicht (BVerfG NVwZ 2006, 922; BVerwGE 124, 47, 54; hierzu näher Seiler DVBl 2007, 538).

a) Satzungen und Rechtsverordnungen nach dem BauGB

21.09 Unter § 47 Abs. 1 Nr. 1 VwGO fallen **sämtliche nach dem BauGB erlassenen Satzungen** sowie die von den Stadtstaaten an ihrer Stelle erlassenen Rechtsnormen (vgl. § 246 Abs. 2 BauGB), auch solche in Gesetzesform (BVerfGE 70, 36). Nicht entscheidend ist, ob die erlassene Norm bereits in Kraft getreten ist (BVerwG BauR 2002, 445).

Beispiele: Bebauungspläne (§ 10 BauGB), auch die nach § 173 Abs. 3 BBauG übergeleiteten Pläne und die nach § 9 Abs. 4 BauGB aufgenommenen Satzungsbestimmungen; Veränderungssperren (§ 16 BauGB); Satzungen nach § 34 Abs. 4 BauGB; Außenbereichssatzungen (§ 35 Abs. 6 BauGB); Sanierungssatzungen (§ 142 Abs. 3 BauGB); Erschließungsbeitragssatzungen (§ 123 BauGB); **nicht** aber der Umlegungsplan (§ 66 BauGB – VA). Guter Überblick bei *Stüer* BauR 2007, 1495.

21.10 Flächennutzungspläne werden heute trotz fehlender Satzungsqualität entsprechend § 47 Abs. 1 Nr. 1 VwGO als zulässige Antragsgegenstände angesehen, soweit sie Darstellungen über **Konzentrationsflächen** nach § 35 Abs. 3 S. 3 BauGB enthalten (BVerwG NVwZ 2007, 1081), weil sie insoweit eine den Satzungen entsprechende Verbindlichkeit haben (siehe zur Antragsbefugnis insoweit OVG Lüneburg ZNER 2008, 398).

b) Sonstige Rechtsnormen (§ 47 Abs. 1 Nr. 2 VwGO)

aa) Sonstige unter dem Landesgesetz stehende Rechtsvorschriften. § 47   **21.11**
Abs. 1 Nr. 2 VwGO erfasst Rechtsverordnungen der Länder, auch wenn
sie auf einer bundesrechtlichen Ermächtigungsgrundlage beruhen, Satzungen der Kommunen (auch Benutzungsordnungen und Geschäftsordnungen der Gemeindevertretungen) und das Satzungsrecht der sonstigen
Selbstverwaltungskörperschaften des Landes (zB Rechtsanwalts-, Archi-
tektenkammern; Industrie- und Handelskammern, Sozialversicherungs-
einrichtungen auf Landesebene).

Beispiele: Natur- und Landschaftsschutzverordnungen, Polizeiverordnungen, zB Hun-
deverordnungen (*Waldhoff* JuS 2007, 769), Gebührensatzungen, Satzungen über die
Benutzung öffentlicher Einrichtungen, über Anschluss- und Benutzungszwang, Ge-
schäftsordnungen kommunaler Vertretungsorgane (VGH Kassel NVwZ 2007, 107),
Ladeschlussverordnungen (*Jahrn* Jus 2002, 693), Weiterbildungsordnungen der Ärztekammern, Raumordnungspläne, soweit sie Ziele der Raumordnung enthalten
(BVerwGE 119, 217), **nicht aber** Verwaltungsvorschriften, Allgemeinverfügungen
(OVG Greifswald NordÖR 2000, 66), auch nicht gemeindliche Mietspiegel (BVerwG
NJW 1996, 2046), oder bundes- oder gemeinschaftsrechtliche Normen, gleich welcher Rechtsqualität. Umstritten, richtigerweise erfasst werden gerichtliche **Geschäfts-
verteilungspläne** (*Sodan/Ziekow* § 47 Rnr. 112 mwN; **aA** OVG Lüneburg NJW 1984,
627).

bb) Erfordernis landesrechtlicher Ausführungsbestimmungen. Nach § 47   **21.12**
Abs. 1 Nr. 2 VwGO setzt die abstrakte Normenkontrolle nicht-bau-
rechtlicher Normen voraus, dass sie in landesrechtlichen Bestimmungen
(AGVwGO) zugelassen worden ist. Alle Bundesländer bis auf Berlin,
Hamburg und Nordrhein-Westfalen haben von dieser Möglichkeit Ge-
brauch gemacht, Rheinland-Pfalz und Bayern mit Einschränkungen. Die
Normenkontrolle lässt sich dann auch nicht über die allgemeine Fest-
stellungsklage erreichen (s hierzu Rnr. 16.04).

4. Antragsbefugnis (§ 47 Abs. 2 VwGO)

Obwohl es sich beim abstrakten Normenkontrollverfahren (auch) um   **21.13**
ein objektives Beanstandungsverfahren handelt, kann den Antrag nur
derjenige stellen, der eine Rechtsverletzung geltend machen kann, oder
eine Behörde, die mit dem Vollzug der Norm befasst ist. Damit soll eine
Popularklage ausgeschlossen werden.

a) Natürliche und juristische Personen

Antragsbefugt sind nach § 47 Abs. 2 S. 1 VwGO zunächst natürliche   **21.14**
und juristische Personen, soweit sie geltend machen können, durch die
Rechtsnorm oder deren Anwendung in ihren Rechten verletzt zu sein
oder in absehbarer Zeit verletzt zu werden. Insoweit gelten die gleichen
Maßstäbe wie für § 42 Abs. 2 VwGO (BVerwGE 107, 215). Die Antragsbefugnis fehlt nach hM nur, wenn eine Rechtsverletzung eindeutig
ausscheidet (BVerwG NVwZ 2001, 1038).

Merke: Früher reichte die Geltendmachung eines Nachteils aus. Die Neuregelung diente dem Ziel, die Antragsbefugnis einzuschränken. Dieses Ziel wurde nicht erreicht; die Maßstäbe für die Antragsbefugnis sind wegen der Annahme subjektiver Rechte praktisch gleich geblieben ((*Dürr* NVwZ 1996, 105).

21.15 **aa) Rechtsverletzung bei Plänen nach dem BauGB.** Nach allg. M vermittelt § 1 Abs. 7 BauGB im Rahmen des Abwägungsgebots ein **subjektives Recht auf angemessene Berücksichtigung** der betroffenen eigenen Belange (BVerwGE 107, 215). Seit der noch zum früheren Recht ergangenen Grundsatzentscheidung BVerwGE 59, 87 = NJW 1980, 1061 ist die Antragsbefugnis danach bereits dann gegeben, wenn der Antragsteller durch den Plan oder seine Anwendung in einem Interesse betroffen ist oder in absehbarer Zeit betroffen werden kann, das im Rahmen des **Abwägungsgebots** als privates Interesse berücksichtigt werden muss.

Beispiele: Antragsbefugnis der durch die Festsetzungen des Plans nachteilig betroffenen (Mit-)**Eigentümer** von Grundstücken im Plangebiet, wobei es nicht darauf ankommt, ob sich die Lage per Saldo verschlechtert (BVerwG NVwZ 1998, 732). Erfasst werden auch Nießbraucher (BVerwGE 82, 61), Grundstückskäufer mit Auflassungsvormerkung (BVerwG BauR 2002, 1199), **Pächter** (BVerwG NVwZ 2000, 806) und **Mieter** (BVerwG NVwZ 2000, 807). Einzelne Wohnungseigentümer können nur dann allein vorgehen, wenn ihr Sondereigentum betroffen ist. Die Versagung eines Vorteils durch Nichteinbeziehung in den Geltungsbereich eines Plans begründet keine Antragsbefugnis (VGH Mannheim NVwZ-RR 1990, 123).

21.16 **bb) Antragsbefugnis bei sonstigen Rechtsvorschriften.** Einigkeit besteht darin, dass jeder antragsbefugt ist, der aufgrund konkreter Umstände damit rechnen muss, dass auf Grundlage der angefochtenen Rechtsnorm belastende Maßnahmen gegen ihn ergriffen werden, die er mit der Anfechtungsklage angreifen könnte (*Eyermann* § 47 Rnr. 53). Gleiches gilt auch dann, wenn die Norm dem Antragsteller gegenwärtig oder in absehbarer Zeit unmittelbar Gebote oder Verbote auferlegt, ohne dass es eines Umsetzungsaktes bedürfte. Bloß faktische Nachteile reichen nicht aus.

Beispiele: Antragsbefugnis von Hundehaltern gegen Haltungsbeschränkungen für „gefährliche" Hunde in Hundeverordnung (OVG Lüneburg NVwZ-RR 2001, 749); eines Abfallerzeugers gegen Abfallbehälternutzungspflicht in Abfallwirtschaftssatzung (BVerwG NVwZ 2005, 695); ein Reitverbot in einer Landschaftsschutz-VO soll denjenigen beeinträchtigen, der schon vorher Reitsport ausgeübt hat (BVerwG NVwZ 2000, 1296); keine Antragsbefugnis eines emeritierten Professors gegen Studien- und Prüfungsordnungen der Hochschule (BVerwG NVwZ-RR 2006, 36); Nicht ausreichend ist es, wenn sich nur die wirtschaftlichen Rahmenbedingungen verschlechtern oder wenn nur ideelle Interessen betroffen sind (*Kopp/Schenke* § 47 Rnr. 52).

21.17 **cc) Präklusion.** Nach dem 2007 erlassenen § 47 Abs. 2a VwGO fehlt die Antragsbefugnis dann, wenn der Antragsteller bei einer Normenkontrolle gegen einen Bebauungsplan oder eine Satzung nach §§ 34, 35 BauGB nur Einwendungen geltend macht, die er im Rahmen der Bürgerbeteiligung nach § 3 Abs. 2 BauGB (bzw. § 13 Abs. 2 BauGB) hätte geltend machen können, aber entweder verspätet oder gar nicht geltend gemacht hat. Hierauf muss aber bei der Auslegung hingewiesen worden sein (§ 3 Abs. 2 S. 2 BauGB).

Beachte: § 47 Abs. 2a VwGO enthält nur eine formelle Präklusion für Normenkontrollverfahren und schließt nicht aus, dass sich der Antragsteller in anderen Prozessen auf seine Interessen beruft. Insoweit ist allerdings die Regelung in § 3 Abs. 2 BauGB selbst zu berücksichtigen.

b) Die Antragsbefugnis von Behörden

Antragsbefugt sind auch Behörden. Der Behördenbegriff ist weit gefasst. **21.18** Er umfasst sowohl Bundes- wie auch Landes- und Kommunalbehörden. Die Regelung enthält keine weiteren Voraussetzungen. Als Korrektiv ist deshalb das Rechtsschutzinteresse heranzuziehen. Dies liegt nur bei Behörden vor, die mit der Ausführung der Norm befasst sind oder die Norm bei Wahrnehmung ihrer öffentlichen Aufgaben zu berücksichtigen haben (BVerwGE 81, 307; VGH Mannheim NVwZ-RR 2006, 232).

Beachte: Gemeinden können als juristische Personen antragsbefugt sein oder mit ihren Organen als Behörden. Als juristische Person kann sie sich für jeder Privatmann auf Rechte aus § 1 Abs. 7 BauGB berufen, wenn ihre Grundstücke betroffen sind oder auf das sog. interkommunale Abstimmungsgebot in § 2 Abs. 2 BauGB als Konkretisierung ihrer Planungshoheit (BVerwG NVwZ 2006, 458). Stellt die Gemeinde den Antrag als zur Ausführung verpflichtete Behörde, ist eine besondere Antragsbefugnis entbehrlich.

Umstritten ist, ob die Vorschrift über § 61 Nr. 3 VwGO hinaus eine be- **21.19** sondere Beteiligungsfähigkeit von Behörden enthält, oder ob die Antragsfähigkeit von Behörden eine landesrechtliche Regelung gem. § 61 Nr. 3 VwGO erfordert (so *Eyermann* § 47 Rnr. 56 mwN; aA *Kopp/ Schenke* § 47 Rnr. 38; *Sodan/Ziekow* § 47 Rnr. 264). Würde die Beteiligungsfähigkeit von Behörden verneint, müsste sich die Antragsbefugnis auf die Körperschaft beziehen, die Trägerin der Behörde ist, was wenig sinnvoll wäre.

5. Keine entgegenstehende Rechtshängigkeit oder Rechtskraft

Ein bereits anhängiger oder im Ergebnis erfolglos gebliebener Normen- **21.20** kontrollantrag eines anderen Antragstellers berührt die Zulässigkeit nicht; eine abweisende Entscheidung nach § 47 Abs. 5 VwGO wirkt nur gegenüber dem Antragsteller mit der Folge, dass dieser selbst einen gleichen Antrag nicht erneut stellen kann. Anhängige Klagen auch des Antragstellers selbst, in denen inzident die Frage der Gültigkeit der Rechtsnorm zu entscheiden ist, stehen der abstrakten Normenkontrolle nicht im Wege, ebenso wenig Entscheidungen.

6. Allgemeines Rechtsschutzbedürfnis

21.21 Das Rechtsschutzbedürfnis fehlt, wenn der Antragsteller seine Rechtsstellung mit der begehrten gerichtlichen Entscheidung weder rechtlich noch faktisch verbessern kann und die Entscheidung deshalb für ihn nutzlos erscheint (BVerwG NVwZ 2002, 869). Dient der Antrag zB der Verhinderung bestimmter Vorhaben, fehlt das Rechtsschutzinteresse, wenn die Anlagen unanfechtbar genehmigt oder die beabsichtigte Rechtsverfolgung aus anderen Gründen aussichtslos ist (BVerwG NVwZ 1989, 653).

> **Beachte:** Das allgemeine Rechtsschutzbedürfnis fehlt bei Anträgen von Behörden, in deren Aufgabenkreis die Beachtung der Norm nicht fällt (Rnr. 21.18). Einer Behörde, die die beanstandete Norm selbst erlassen hat und auch selbst wieder beseitigen könnte, fehlt ebenfalls das Rechtsschutzinteresse (vgl. *Kopp/Schenke* § 47 Rnr. 94).

III. Die Begründetheitsprüfung

1. Allgemeines zum Prüfungsmaßstab

a) Prüfungsumfang

21.22 Normenkontrollanträge führen zu einer umfassenden Prüfung der Norm auf Vereinbarkeit mit höherrangigem Recht (Bundes- und Landesrecht) statt. Auch Verfassungsrecht ist zu prüfen, soweit es nicht nach § 47 Abs. 3 VwGO Verfassungsgerichten vorbehalten ist. (s. Rnr. 21.21). Die Prüfung erstreckt sich nicht nur auf formelle und materielle Fehler der Rechtsnorm, die der Antragsteller rügt, sondern auch auf weitere Fehler, die sich sonst aufdrängen (BVerwG NVwZ 2002, 83). Ob die verletzten Rechtsnormen die Interessen des Antragstellers schützen sollen, also subjektive Rechte enthalten, spielt keine Rolle.

> **Beachte:** Die hM nimmt zutreffend an, dass auch Europarecht zu prüfen ist (VGH Mannheim VBlBW 1992, 333; BVerwG NVwZ-RR 1995, 358, 359; beide noch zu § 47 Abs. 5 VwGO aF). Ein Verstoß gegen EU-Rrecht führt allerdings nicht zur Nichtigkeit der Norm, sondern nur zu ihrer Unanwendbarkeit. In diesem Fall kann deshalb nur auf **Unanwendbarkeit** der Norm erkannt werden.

b) Der für die Sach- und Rechtslage maßgebliche Zeitpunkt

21.23 Maßgebend für die Prüfung der Wirksamkeit ist im Grundsatz der Zeitpunkt des Erlasses der Norm (Verkündung bzw. Bekanntmachung), nicht der Zeitpunkt des Inkrafttretens. Eine im Zeitpunkt ihres Erlasses gültige Norm kann aber uU durch spätere Änderungen der Sach- und Rechtslage ungültig werden, etwa bei Änderungen im höherrangigen Recht, die sich auf die Gültigkeit auswirken, oder bei späterem Eintritt von Funktionslosigkeit (Rnr. 30.58); deshalb ist auch die Zeit bis zur Entscheidung über den Normenkontrollantrag in Betracht zu ziehen. Zur späteren Unwirksamkeit vgl. *Kopp/Schenke* § 47 Rnr. 135.

c) Unbeachtlichkeits- und Heilungsvorschriften

Grundsätzlich führen Verstöße gegen höherrangiges Recht zur Unwirk- **21.24** samkeit, auch wenn es sich um Verfahrensverstöße handelt (*Kopp/ Schenke* § 47 Rnr. 120; **Nichtigkeitsdogma**, krit. *Ossenbühl* NJW 1986, 2805 f.). Allerdings gibt es spezialgesetzliche Ausnahmen, in denen Fehler geheilt oder unbeachtlich werden können.

Beispiele: Für Bebauungspläne gelten die §§ 214 f BauGB, wonach nur bestimmte Rechtsverstöße zur Unwirksamkeit führen, sofern sie rechtzeitig gerügt wurden. Entsprechende Bestimmungen für Satzungen finden sich in den GemOen der Länder. Verstöße gegen EG-Recht führen nicht zur Unwirksamkeit, sondern zur Unanwendbarkeit der Norm (*Hufen* § 30 Rnr. 16).

2. Der Aufbau der Begründetheitsprüfung

Begründet ist der Normenkontrollantrag dann, wenn die beanstandete **21.25** Rechtsnorm gegen höherrangiges Recht verstößt und dieser Rechtsverstoß beachtlich ist. Zur Prüfung der Rechtmäßigkeit von VOen und Satzungen im Einzelnen siehe Rnr. 30.33 ff, 30.42 ff. Auf eine Verletzung subjektiver öffentlicher Rechte des Antragstellers kommt es nicht an. Eine nur teilweise Unwirksamkeit kommt in Betracht, wenn der Antragsteller nur durch einen Teil der Norm benachteiligt wird und die Norm im Übrigen Bestand haben kann (*Kopp/Schenke* § 47 Rnr. 121).

IV. Verfahren und Entscheidung im Normenkontrollverfahren

1. Entscheidungsverfahren

Ob das Gericht nach mündlicher Verhandlung durch Urteil oder ohne **21.26** Verhandlung durch Beschluss entscheidet, steht in seinem Ermessen (§ 47 Abs. 5 Satz 1 VwGO). Unabhängig von der gewählten Entscheidungsform muss das Gericht in der für Urteile maßgeblichen Besetzung entscheiden (BVerwGE 72, 122). Auf Tenorierung und Begründung hat die Form keinen Einfluss (BVerwG DÖV 1986, 247).

2. Tenor der Entscheidung

a) Die Hauptentscheidung

Vor Erlass des EAG-Bau wurde zwischen der Feststellung der Nichtig- **21.27** keit, Unwirksamkeit und Rechtswidrigkeit unterschieden (BVerwGE 64, 77, 81 = NJW 1982, 104). Heute wird bei Fehlerhaftigkeit gem § 47 Abs. 5 Satz 2 VwGO nur die (vollständige oder teilweise) Unwirksamkeit der Norm festgestellt. Kann der Fehler in einem ergänzenden Verfahren behoben werden, wird die Unanwendbarkeit der Norm bis zur Heilung des Fehlers im ergänzenden Verfahren ausgesprochen oder festgestellt. Verstöße gegen EU-Recht führen stets nur zur Unanwendbarkeit der Norm.

Beispiele: „Der Bebauungsplan Barmbek-Süd 27 vom 21. Dezember 1976 (HmbGVBl S. 287) ist unwirksam." Oder: „Es wird festgestellt, dass der Bebauungsplan … unwirksam ist. „ Bei nur teilweiser Unwirksamkeit: „Die Festsetzung des … Gebiets (oder: des … Grundstücks) als Industriegebiet (GI) im Bebauungsplan … ist unwirksam." Bei Heilungsmöglichkeit: „Der Bebauungsplan … ist bis zur Heilung … in einem ergänzenden Verfahren nicht anzuwenden."

b) Nebenentscheidungen

21.28 In Urteilen und Beschlüssen nach § 47 Abs. 5 VwGO ist auf der Grundlage der §§ 154 ff. VwGO über die **Kosten** zu entscheiden; ferner über die **vorläufige Vollstreckbarkeit** hinsichtlich der Kosten (nach § 708 Nr. 10 ZPO ohne Sicherheitsleistung). Außerdem ist eine Entscheidung über die **Zulassung der Revision** zu treffen (§ 132 Abs. 1 VwGO). Die Entscheidung über den **Streitwert** erfolgt in einem selbständigen Beschluss nach §§ 52 ff. GKG (Nach Streitwertkatalog zwischen 7.000 und 60.000 €). Abschließend folgt die **Rechtsmittelbelehrung** (Revision oder Nichtzulassungsbeschwerde gem. § 133 VwGO).

V. Vorläufiger Rechtsschutz im Normenkontrollverfahren

21.29 Nach § 47 Abs. 6 VwGO kann eine einstweilige Anordnung (nur) ergehen, wenn dies zur Abwendung schwerer Nachteile oder aus anderen wichtigen Gründen dringend geboten ist. Die Vorschrift ist § 32 BVerfGG nachgebildet, weshalb sich die dort entwickelten Grundsätze zT auch hier anwenden lassen (*Kopp/Schenke* § 47 Rnr. 148). Ergänzend können die für § 123 VwGO geltenden Grundsätze herangezogen werden.

1. Prüfung von Anträgen auf vorläufigen Rechtsschutz

a) Zulässigkeit

21.30 Vorläufiger Rechtsschutz wird nur auf besonderen Antrag gewährt, der allerdings schon vor dem Antrag in der Hauptsache gestellt werden kann. Der Antrag hat keine aufschiebende Wirkung. Die auch für die Hauptsache maßgeblichen Antragsvoraussetzungen gelten auch hier. Das Gericht entscheidet auch im vorläufigen Rechtsschutz in der vollen Besetzung.

b) Begründetheit: Dringendes Gebotensein

21.31 Die Anordnung muss zur Abwehr schwerer Nachteile oder anderer wichtiger Gründe dringend geboten sein. Beim **Begriff des schweren Nachteils** für den Antragsteller ist nach allgemeiner Ansicht ein strenger Maßstab anzulegen. **Andere wichtige Gründe** sind solche, die den Erlass der Anordnung im Interesse der Allgemeinheit, also ohne Rücksicht auf die Nachteile für den Antragsteller geboten erscheinen lassen können.

Merke: Ob die Anordnung dringend geboten ist, hängt, sofern der Normenkontrollantrag in der Hauptsache nicht offensichtlich aussichtslos ist, von einer umfassenden Abwägung der beteiligten öffentlichen und privaten Interessen ab. Soweit es (nur) um schwere Nachteile für den Antragsteller selbst geht, ist zu berücksichtigen, ob er diese auch durch vorläufigen Rechtsschutz in anderen Verwaltungsstreitverfahren in zumutbarer Weise abwenden kann (vgl. *Finkelnburg/Jank* Rnr. 616).

Umstritten ist, ob ein Antrag auch dann „zwingend geboten" sein kann, **21.32** wenn der Antragsteller vorläufigen Rechtsschutz in einem anderen Verwaltungsstreitverfahren, zB nach den §§ 80, 123 VwGO erreichen könnte (so die wohl hM, vgl. *Sodan/Ziekow* § 47 Rnr. 399 mwN, auch für die Gegenmeinung). Hier wird es darauf ankommen, ob das anderweitige Verfahren zu einem vergleichbar effektiven Rechtsschutz führt.

2. Die Entscheidung nach § 47 Abs. 6 VwGO

Die Entscheidung nach § 47 Abs. 6 VwGO ergeht durch Beschluss, auch **21.33** wenn eine mündliche Verhandlung stattgefunden hat. Der Beschluss muss eine Kostenentscheidung enthalten. Er ist unanfechtbar, kann aber bei Änderung der Umstände vom Gericht selbst abgeändert werden. Zulässig sind nur Regelungen abstrakt-genereller Natur, konkrete Regelungen zugunsten Einzelner sind unzulässig.

Beispiele: Die Verordnung des Magistrats der Stadt Bremerhaven über die Öffnungszeiten von Verkaufsstellen aus Anlass von Märkten, Messen und ähnlichen Veranstaltungen vom ... wird einstweilen außer Vollzug gesetzt. Oder: Der Vollzug des Bebauungsplanes Nr. ... „Wohngebiet ..." der Stadt E wird bis zur Entscheidung über den Normenkontrollantrag der Antragstellerin im Verfahren ... ausgesetzt, soweit in dem Baugebiet „WA 1" ... festgesetzt worden ist.

§ 22. Kommunalverfassungs- und Organstreit

Literatur: *Franz*, Der Kommunalverfassungsstreit, Jura 2005, 156; *Rennert*, Die Klausur im Kommunalrecht, JuS 2008, 119; *Roth*, Verwaltungsrechtliche Organstreitigkeiten, 2001.

I. Der Begriff des Kommunalverfassungs- und Organstreits

Als Organstreit bezeichnet man den Rechtsstreit zwischen Organen ein **22.01** und desselben Verwaltungsträgers, idR innerhalb einer öffentlich-rechtlichen Körperschaft. Gegenstand des Streites können Rechte und Pflichten der Organe sowie die von ihnen erlassenen internen Maßnahmen sein (*Hufen* § 21). Heute ist anerkannt, dass ein Organstreit nicht nur im kommunalen Bereich (Kommunalverfassungsstreit), sondern auch zwischen Organen anderer Körperschaften und Anstalten (zB Hochschulen, Rundfunkanstalten, berufsständische Kammern) zulässig sein kann.

Beispiele: Streit zwischen Gemeinderat und Bürgermeister über Kompetenzen, zwischen Gemeinderatsfraktion und Gemeinderat über die Öffentlichkeit einer Gemeinderatssitzung, zwischen Fakultät und Hochschule und zwischen Intendant und Aufsichtsgremium eines öffentlich-rechtlichen Senders.

II. Justiziabilität

22.02 Nach der im 19. Jahrhundert überwiegend vertretenen **Impermeabilitätslehre** waren die Rechtsverhältnisse innerhalb der Organisation der Verwaltungsträger nicht der Kontrolle durch die Verwaltungsgerichte unterworfen. Danach konnte es keine Rechtsstreitigkeiten innerhalb einer Körperschaft des öffentlichen Rechts geben. Streitigkeiten waren durch den nächsthöheren Vorgesetzten, in letzter Konsequenz durch die Verwaltungsspitze zu entscheiden. Heute gilt dies nur noch für Streitigkeiten, die strikt in den hierarchischen Aufbau der Verwaltung eingegliedert sind. Für sie gilt nach wie vor die Unzulässigkeit des Insichprozesses. Etwas anderes gilt für Organe, denen gewisse Möglichkeiten der eigenen Willensbildung, insbesondere im Rahmen der Selbstverwaltung zugewiesen sind.

Beachte: Ein Organstreit setzt stets eigene wehrfähige Rechte der Organe voraus. Darin unterscheidet er sich von einem **Insichprozess,** der grundsätzlich unzulässig ist. Innerhalb eines hierarchisch strukturierten Rechtsträgers werden Meinungsverschiedenheiten von Organen und Behörden auf der Leitungsebene und nicht vor Gericht entschieden. Deshalb können Behörden mit gemeinsamer Entscheidungsspitze nicht gegeneinander klagen (BVerwG NJW 1992, 927; *Herbert* DÖV 1994, 108).

III. Zulässigkeit von Rechtsschutzanträgen

Übersicht Zulässigkeit

1. Verwaltungsrechtsweg
2. Beteiligungsfähigkeit
3. Zulässige Klageart
4. Klagebefugnis
5. Allgemeines Rechtsschutzinteresse

1. Verwaltungsrechtsweg

22.03 Für Streitigkeiten zwischen Organen öffentlich-rechtlicher Körperschaften ist idR der Verwaltungsrechtsweg gem. § 40 Abs. 1 VwGO eröffnet. Es handelt sich stets um solche des öffentlichen Rechts, da die Rechtsverhältnisse zwischen den Organen einer öffentlich-rechtlichen Körperschaft sich allein nach Normen des öffentlichen Rechts richten.

Beispiel: Klage gegen Ausschluss aus Ratsfraktion (VGH Kassel NVwZ 1990, 391 mwN; aA VGH München NJW 1988, 2754, wonach die bayerischen Ratsfraktionen keinen öffentlichen Rechtsstatus haben sollen).

Etwas anderes gilt, wenn es sich um Streitigkeiten verfassungsrecht- 22.04 licher Art handelt. Um solche handelt es sich, wenn sich Verfassungsorgane über einen Gegenstand streiten, der dem Verfassungsrecht angehört. Dies ist bei Organen auf kommunaler Ebene grundsätzlich nicht möglich; bei Verfassungsorganen kommt es dagegen auf die konkrete Zuordnung des Rechtsstreits an.

Beispiele: Verfassungsrechtlich sind Organstreitigkeiten zwischen Parlamentspräsident und einzelnen Abgeordneten über Ordnungsmaßnahmen (BVerfGE 60, 374) oder Streitigkeiten um die Rückforderung von Fraktionszuschüssen (StGH Bremen NVwZ 1997, 786), verwaltungsrechtlich dagegen solche um Maßnahmen des Hausrechts (str. bei Sperrung des Telefonanschlusses), um Wahlkampfkosten usw. (vgl. auch Rnr. 13.30 ff.). Fraktionen im Gemeinderat sind keine Verfassungsorgane.

2. Beteiligungsfähigkeit

Da es um Klagen von Organen juristischer Personen geht, ist § 61 22.05 VwGO nicht unmittelbar anwendbar. Zwar kann es sein, dass die beteiligten Organe zugleich auch Behörden iSd § 61 Nr. 3 VwGO sind, sie nehmen aber in einem Kommunalverfassungs- bzw. Organstreit nicht die Rechte des Behördenträgers wahr, sondern ihre eigenen Organrechte.

Beispiele: Streit zwischen Konzil, akademischem Senat, Studentenschaft oder Fakultät und Präsident einer Hochschule, sofern der Präsident in der Sache nicht weisungs- bzw. entscheidungsbefugt ist (OVG Hamburg NVwZ 1982, 448 für Organe der Studentenschaft); Streit zwischen Gemeinderat oder einzelnen Ratsfraktionen und Bürgermeister um Geschäftsordnungsfragen (*Eyermann* § 61 Rnr. 10).

Die Beteiligungsfähigkeit im Organstreitverfahren ist in entsprechender 22.06 Anwendung des § 61 Nr. 2 VwGO zu beurteilen (vgl. *Schoch* JuS 1987, 783, 786). Danach sind Organe in einem Kommunalverfassungs- bzw. Organstreit (nur) beteiligungsfähig, „soweit ihnen ein Recht zustehen kann", dh nur in solchen Verfahren, in denen es gerade um die ihnen möglicherweise zustehenden Rechte geht.

Beachte: Die hM prüft die Beteiligungsfähigkeit im Organstreit nicht konkret, sondern lässt es ausreichen, dass dem Organ überhaupt Rechte zustehen können. Ob im konkreten Fall Rechte geltend gemacht werden können, wird dagegen im Rahmen der hier (für alle in Betracht kommenden Klagearten) für erforderlich gehaltenen Klagebefugnis geprüft (vgl. *Ehlers* NVwZ 1990, 105, 109 f. mwN).

Prozessführungsbefugt (und zugleich aktivlegitimiert) ist im Organstreit 22.07 dasjenige Organ, welches eigene Rechte gegenüber einem anderen geltend macht. Die Frage der passiven Prozessführungsbefugnis (zT auch als Passivlegitimation bezeichnet) **ist umstritten**. Nach hM gilt das Rechtsträgerprinzip für Klagen im Organstreitverfahren nicht. Vielmehr ist die Klage gegen das Organ zu richten, dem die behauptete Verletzung von Organrechten zuzurechnen ist bzw. gegen das der Anspruch auf Tätigwerden sich richtet (OVG Mannheim NVwZ-RR 1990, 39; *Meissner* in Schoch § 78 Rnr. 50 mwN; aa VGH München BayVBl 1985, 339).

Beispiele: Klage der Fraktion des Gemeinderats ist gegen den Bürgermeister, nicht gegen die Gemeinde als solche zu richten; Klage der Fakultät gegen den Präsidenten der Hochschule, nicht gegen die Hochschule selbst. Siehe auch VG Leipzig DÖV 1998, 1023 zum richtigen Antragsgegner bei Streit um Zulassung zu einer Bürgermeisterwahl.

3. Zulässige Klageart

22.08 Anfechtungs- und Verpflichtungsklage kommen nach zutreffender hM nicht in Betracht, weil sie sich beide auf ein Handeln durch VA beziehen, eine Handlungsform, deren Voraussetzungen bei Innenrechtsstreitigkeiten nicht vorliegen (*Sodan/Ziekow* § 42 Rnr. 231 mwN).

Merke: Überwiegend werden die Organstreitigkeiten in die Form einer Feststellungsklage gekleidet, aber auch die allgemeine Leistungsklage kommt in Betracht (OVG Münster NVwZ 1999, 1252 zur Klage eines Ratsmitglieds auf Akteneinsicht). Umstritten dagegen ist, ob auch eine allgemeine Gestaltungsklage, mit der die Kassation der beanstandeten Maßnahmen erreicht werden könnte, für zulässig erachtet werden kann (näher *Hufen* § 21 Rnr. 11). Auch eine Normenkontrolle nach § 47 VwGO kommt in Betracht (VGH München NVwZ-RR 1990, 432).

4. Klagebefugnis

22.09 Das klagende Organ muss geltend machen können, durch die beanstandete Maßnahme oder deren Ablehnung in seinen organschaftlichen Rechten verletzt worden zu sein. Hier liegt die entscheidende prozessuale Hürde. Es kommt darauf an, ob die Rechtsordnung den fraglichen Organen über Funktionen und Kompetenzen hinaus auch eigene „**wehrfähige Rechte**" einräumt, Rechte also, die das fragliche Organ ggfs. auch gerichtlich soll durchsetzen können (OVG Bautzen DVBl 1997, 1287). Derartige Rechte werden vor allem dann anerkannt, wenn bestimmte Regelungen im Interesse der Sicherung eines pluralistisch strukturierten Willensbildungsprozesses erlassen werden (instruktiv OVG Saarlouis NuR 1995, 483).

Beispiele: Rechte auf ordnungsgemäße Einberufung einer Ratssitzung (OVG Münster NVwZ 1992, 286), auf Einhaltung des Grundsatzes der Öffentlichkeit (OVG Münster DÖV 2001, 916), von Wahlrechtsgrundsätzen (VGH München NVwZ-RR 1990, 503); Recht der Ratsmitglieder auf Akteneinsicht (OVG Münster NVwZ 1999, 1252); weitere Bsp. bei *Schoch* JuS 1987, 789 (Fn. 89 f, 891 Fn. 103 ff.). Die hM geht davon aus, dass sich die Organe nicht auf Grundrechte berufen können (BVerwG NVwZ 1997, 1220 zu einer Wahlempfehlung des Bürgermeisters).

5. Rechtsschutzinteresse

Wie bei allen Rechtsschutzbegehren ist auch bei Anträgen in Kommu-   22.10
nalverfassungs- und Organstreitverfahren das Rechtsschutzinteresse zu
prüfen. Es fehlt, wenn die beantragte Entscheidung dem Antragsteller
keinerlei Vorteile mehr bringen kann oder sich das Begehren auf anderem Wege einfacher und schneller durchsetzen ließe. Hier spielt eine
wichtige Rolle, dass sich Organstreitigkeiten mit dem Ablauf von Wahl-
perioden idR erledigen (OVG Lüneburg NdsVBl 2002, 135).

IV. Begründetheitsprüfung

Wird der Antrag im Kommunalverfassungs- bzw. Organstreit in die   22.11
Form eines Feststellungsantrags gekleidet, so ist die Begründetheitsprüfung wie bei einer allgemeinen Feststellungsklage aufzubauen. Der Unterschied zur regulären Feststellungsklage liegt in der Natur des Rechtsverhältnisses (hier Innen-, dort Außenrechtsverhältnis); dies wirkt sich
aber auf den Aufbau der Begründetheitsprüfung nicht aus. Wird im
Rahmen eines Kommunalverfassungs- oder Organstreits ein Klageantrag auf ein Tun, Dulden oder Unterlassen gerichtet, so ist wie bei der
allgemeinen Leistungsklage zu prüfen, ob der Antragsteller einen Anspruch auf das verlangte Handeln oder einen Abwehranspruch gegen
das beanstandete Handeln hat. Auch hier ergeben sich keine besonderen
Aufbauprobleme.

Beachte: Bei der **Tenorierung** ist zu beachten, dass auch eine **Kostenentscheidung** zu
Lasten des unterlegenen Organs getroffen werden muss, obwohl die Kosten im Ergebnis aber dem Rechtsträger zur Last fallen.

§ 23. Verfassungsgerichtliche Entscheidungen

Literatur: *Hillgruber/Goos*, Verfassungsprozessrecht, 2. Aufl. 2006; *Lechner/Zuck*,
Bundesverfassungsgerichtsgesetz. Kommentar, 5. Aufl. 2006; *Zuck*, Das Recht der
Verfassungsbeschwerde, 3. Aufl. 2006; *Robbers*, Verfassungsprozessuale Probleme in
der öffentlich-rechtlichen Arbeit, 2. Aufl. 2005.

Überblick

I. Das Verfassungsbeschwerdeverfahren

1. Allgemeines zur Verfassungsbeschwerde (VB)

a) Die Individualverfassungsbeschwerde als außerordentlicher Rechtsbehelf

23.01 Die in Art. 93 Abs. 1 Nr. 4a GG und in den §§ 90 ff. BVerfGG geregelte VB ist ein außerordentlicher Rechtsbehelf, mit dem die Verletzung von Grundrechten und grundrechtsgleichen Rechten durch die öffentliche Gewalt geltend gemacht werden kann. Der Begriff der öffentlichen Gewalt umfasst Exekutive, Legislative und Judikative in Bund, Ländern, Gemeinden und sonstigen Körperschaften, Anstalten und Stiftungen des öffentlichen Rechts. Die VB kann sich auch gegen Entscheidungen der Gerichte, auch der Zivilgerichte richten. Sie löst **keinen Suspensiveffekt** aus; nach § 32 Abs. 1 BVerfGG können aber durch einstweilige Anordnung vorläufige Regelungen getroffen werden (Rnr. 23.52).

b) Das Verfassungsbeschwerdeverfahren

23.02 **aa) Vorprüfung und Annahme zur Entscheidung.** Um die außerordentlich große Zahl der VB zu bewältigen, wurde ein besonderes Annahmeverfahren eingeführt (§§ 93a ff. BVerfGG). Über die Annahme entscheidet eine Kammer, ein aus jeweils drei Richtern des zuständigen Senats bestehender sog. Vorprüfungsausschuss. Nach § 93a Abs. 2 BVerfGG ist die VB zur Entscheidung anzunehmen, wenn sie grundsätzliche Bedeutung hat oder es zur Durchsetzung der in § 90 Abs. 1 genannten Rechte „angezeigt" ist, vor allem wenn besonders schwere Nachteile drohen. Im Examen ist eine Vorprüfung nicht erforderlich.

Merke: Die Kammer kann durch **einstimmigen Beschluss** (§ 93d Abs. 3 BVerfGG) die Annahme der VB ablehnen oder unter den Voraussetzungen des § 93c BVerfGG, wenn sie die VB für offensichtlich begründet hält, unmittelbar selbst entscheiden (§ 93a S. 1 BVerfGG). Im Übrigen, wenn also die Kammer weder ablehnt noch selbst stattgibt, entscheidet der Senat über die Annahme. In diesem Fall ist die VB ist angenommen, wenn mindestens drei Richter ihr zustimmen.

23.03 **bb) Das Hauptsacheverfahren.** Ist die Sache zur Entscheidung angenommen worden, was idR durch formlosen Beschluss erfolgt, der den Beteiligten idR nicht besonders bekannt gegeben wird, so beginnt das Hauptsacheverfahren (§§ 17 ff. BVerfGG). Spätestens dann stellt der Vorsitzende gem. § 23 Abs. 2 S. 1 BVerfGG den Antrag der Gegenseite zu. Das Gericht ermittelt den **Sachverhalt von Amts wegen** (§ 26 Abs. 1 BVerfGG). Es kann die Feststellungen eines rechtskräftigen Urteils übernehmen, sofern dieses auf einem ebenfalls von Amts wegen ermittelten Sachverhalt beruht (§ 33 Abs. 2 BVerfGG). Den in § 94 BVerfGG genannten Organen und Personen wird Gelegenheit zur Stellungnahme gegeben.

Merke: Eine mündliche Verhandlung ist zwar vorgesehen (§ 25 Abs. 1 BVerfGG), das Gericht kann aber nach § 94 Abs. 5 BVerfGG davon absehen. Dies ist in der Praxis die Regel. Es entscheidet nach mündlicher Verhandlung durch Urteil, andernfalls durch Beschluss (§ 25 Abs. 2 BVerfGG). Auf die Rechtswirkungen der Entscheidung (§§ 31, 79 BVerfGG) hat die Form keinen Einfluss.

c) Der Tenor der verfassungsgerichtlichen Entscheidung

aa) Hauptentscheidung. Über die in § 95 BVerfGG vorgesehenen Ent- 23.04
scheidungsformeln hinaus hat das BVerfG weitere Varianten entwickelt, um den jeweiligen Fällen gerecht zu werden, vor allem um zu vermeiden, dass im Falle der schlichten Nichtigkeitsentscheidung ein Zustand eintritt, der „der Verfassung noch ferner stünde als bei einer vorübergehenden weiteren Anwendung der Norm" (BVerfGE 51, 1, 28; 55, 100, 112; 82, 126, 154). Auch im Falle der Erfolglosigkeit der VB gibt es unterschiedliche Entscheidungsformeln.

Beispiele: „Die VB wird nicht zur Entscheidung angenommen" (§ 93c BVerfGG); „Die VB wird verworfen" (§ 24 BVerfGG); „Die VB wird zurückgewiesen" (dh sie ist zulässig, aber unbegründet).

Bei stattgebenden Entscheidungen ist nach § 95 Abs. 1 BVerfGG fest- 23.05
zustellen, welche Vorschrift des GG durch welche Handlung oder Unterlassung verletzt wurde. Wird der VB gegen eine Gerichtsentscheidung stattgegeben, so wird diese (uU gemeinsam mit gleich lautenden Instanzentscheidungen) aufgehoben (§ 95 Abs. 2 BVerfGG). Bei Stattgabe einer VB gegen ein Gesetz wird dieses für nichtig erklärt (§ 95 Abs. 3 BVerfGG). In Betracht kommt auch die bloße Feststellung der Verfassungswidrigkeit, ggfs. verbunden mit einer Übergangsfrist, während der die Bestimmungen noch angewandt werden dürfen, oder auch die Feststellung der Vereinbarkeit der Norm bei verfassungskonformer Auslegung.

Beispiele: „§ 1355 Abs. 2 des Bürgerlichen Gesetzbuches (...) ist mit Art. 3 Abs. 2 GG unvereinbar. Bis zum Inkrafttreten einer gesetzlichen Neuregelung sind die ... mit folgender Maßgabe anzuwenden" (BVerfGE 84, 9 – Ehename); oder bei VB gegen Gerichtsentscheidung: „Die Beschlüsse des OLG ... vom ..., des LG ... vom ... und des AG ... vom ... verletzen die Bf. in ihren Grundrechten aus Art. 4 Abs. 1 und 2 GG. Sie werden aufgehoben. Die Sache wird an das AG ... zurückverwiesen." (BVerfGE 83, 341 – Bahai); bei verfassungskonformer Auslegung: „§ ... des Gesetzes ... ist nur in der sich aus den Entscheidungsgründen ergebenden Auslegung mit dem GG vereinbar" (BVerfGE 51, 304).

bb) Nebenentscheidungen. Da das Verfahren selbst kostenfrei ist (§ 34 23.06
Abs. 1 BVerfGG), ist nur über die vollständige oder teilweise **Erstattung von Auslagen** der Beteiligten aus der Staatskasse gem. § 34a BVerfGG und über die Auferlegung einer **Missbrauchsgebühr** nach § 34 BVerfGG zu entscheiden. Möglich ist ferner eine Regelung der Vollstreckung gem. § 35 BVerfGG.

d) Bindungswirkungen

23.07 Entscheidungen des BVerfG binden zunächst die Verfahrensbeteiligten im Rahmen der materiellen Rechtskraft, darüber hinaus aber auch die Verfassungsorgane des Bundes und der Länder sowie alle Gerichte und Behörden (§ 31 Abs. 1 BVerfGG). Das gilt auch für eine vom BVerfG inzident vorgenommene Verfassungsauslegung. Wird ein Gesetz als mit dem GG vereinbar oder unvereinbar oder für nichtig erklärt, so hat die Entscheidung darüber hinaus Gesetzeskraft (§ 31 Abs. 2 BVerfGG), gilt also inter omnes.

Beachte: Die Entscheidung lässt bestandskräftige VAe grundsätzlich unberührt, hindert aber deren (weitere) Vollstreckung. Die Regelung in § 79 Abs. 2 BVerfGG gilt nicht nur für die abstrakte Normkontrolle, sondern entsprechend für die VB gem. 95 Abs. 3 Satz 3 BVerfGG; grundlegend BVerfG DÖV 2006, 299: analog auch für als verfassungswidrig verworfene Auslegungen bzw. Anwendungen unbestimmter Rechtsbegriffe.

e) Verhältnis zur Verfassungsgerichtsbarkeit der Länder

23.08 Sämtliche Bundesländer verfügen über eigene Landesverfassungsgerichte. Diese können hoheitliche Maßnahmen aber allein auf die Vereinbarkeit mit Landesverfassungsrecht, nicht auch mit dem Verfassungsrecht des Bundes prüfen. Grundrechte können deshalb nur dann Maßstab sein, wenn die jeweilige Landesverfassung (in Übereinstimmung mit den Art. 1–19 GG) eigene Grundrechte (vgl. Art. 142 GG) enthält.

Beachte: Umgekehrt darf das BVerfG nur die Vereinbarkeit mit Bundesverfassungsrecht, nicht auch mit Landesverfassungsrecht prüfen (BVerfG NJW 2000, 1104: keine VB gegen Rechtschreibreform in Schleswig-Holstein; BVerfG NJW 1999, 43: keine VB wegen Verletzung von Wahlrechtsgrundsätzen bei Landeswahlen).

23.09 Die Erhebung einer **VB zum jeweiligen Landesverfassungsgericht** ist in den Ländern **Bayern, Berlin, Brandenburg, Hessen, Rheinland-Pfalz, Saarland, Sachsen, Sachsen-Anhalt** und **Thüringen** vorgesehen (Einzelheiten s. *Robbers*, ab S. 131). Problematisch ist, ob mittels einer Landes-VB auch die Anwendung von mit Bundesrecht identischem Landesverfassungsrecht überprüft werden kann (vgl. hierzu *Klein/Haratsch* JuS 2000, 209; *Rozek* AöR 119, S. 450 ff.). Zum Verhältnis von Bundes- und Landes-VB vgl. *Sachs* JuS 1996, 841.

2. Die Zulässigkeitsprüfung von Verfassungsbeschwerden

Überblick

a) Beteiligungsfähigkeit (Grundrechtsfähigkeit)
b) Prozessfähigkeit und Postulationsfähigkeit
c) Zulässiger Beschwerdegegenstand
d) Beschwerdebefugnis
e) Subsidiarität, Erschöpfung des Rechtsweges
f) Einhaltung der Antragsfrist
g) Mindestanforderung an die Antragstellung
h) Rechtskraft, Rechtshängigkeit
i) Allgemeines Rechtsschutzbedürfnis

a) Beteiligungsfähigkeit (Grundrechtsfähigkeit)

In § 90 Abs. 1 BVerfGG und Art. 93 Abs. 1 Nr. 4a GG ist die Beteili- **23.10**
gungsfähigkeit an die **Grundrechtsfähigkeit** gekoppelt. Danach können
zunächst **alle natürlichen Personen** (auch Ausländer) mit der Behauptung,
durch eine Maßnahme der öffentlichen Gewalt in ihren Grundrechten
bzw. grundrechtsgleichen Rechten verletzt zu sein, eine VB erheben. Für
Abgeordnete ist bei Verletzung von Art. 38 GG das Organstreitverfahren
vorrangig, soweit es gegen einen Antragsgegner gerichtet werden kann
(BVerfGE 108, 251, 267). **Inländische juristische Personen** und Personenvereinigungen des Privatrechts ohne eigene Rechtspersönlichkeit sind beteiligungsfähig, soweit Grundrechte nach Maßgabe des Art. 19 Abs. 3
GG „ihrem Wesen nach" anwendbar sind. Für die Beteiligungsfähigkeit
(nicht notwendig für die Beschwerdebefugnis) ist dies idR anzunehmen.

Beachte: Juristische Personen aus den Mitgliedstaaten der EU können ebenfalls als
Träger von Grundrechten Beteiligte eines VB-Verfahrens sein, soweit sie durch EU-
Recht gleichgestellt sind (*Jarass/Pieroth* Art. 19 Rnr. 17). Das gilt insbesondere im Be-
reich der Grundfreiheiten nach dem EG.

Juristische Personen des öffentlichen Rechts können nach umstrittener **23.11**
aber hM nur die Justizgrundrechte (Art. 101, 103 Abs. 1 GG) geltend
machen, sind im übrigen aber nicht beteiligungsfähig. Dies soll nach
der Rspr. des BVerfG auch für Gemeinden und auch dann gelten, wenn
Aufgaben in verwaltungsprivatrechtlicher Organisationsform betrieben
werden. Bei gemischtwirtschaftlichen Unternehmen soll es auf den Einfluss des Staates ankommen (str, vgl. *Ramsauer* NZS 2006, 507; *Schoch*
Jura 2001, 201).

Beispiele: BVerfGE 21, 362, 369 (Sozialversicherungsträger); BVerfGE 61, 82, 100
(Gemeinden); BVerfGE 68, 193, 206 (Handwerksinnung); BVerfG NJW 1990, 1783
(gemischtwirtschaftliche Unternehmen mit beherrschendem Einfluss der öffentlichen
Hand); BVerfG NJW 1997, 1634 (Ärztekammer); BVerfG NVwZ-RR 2001, 93 (Be-
rufsgenossenschaft); BVerfG DVBl 2004, 1161 (gesetzliche Krankenkassen); BVerfGE
75, 192, 197 – Sparkassen; VerfGH Berlin DÖV 2005, 515 – kommunale Wohnungs-
baugesellschaft).

Ausnahmen hat das BVerfG bisher anerkannt bei juristischen Personen, **23.12**
die einem speziellen durch Grundrechte geschützten Lebensbereich zugeordnet sind. Dies gilt etwa für Universitäten und ihren Untergliederungen für Art. 5 Abs. 3 GG (BVerfGE 15, 256, 262; 39, 302, 314),
Rundfunkanstalten für Art. 5 Abs. 1 Satz 2 GG (BVerfGE 59, 231, 255;
78, 101) und Kirchen und Religionsgemeinschaften insbesondere für
Art. 3 und 4 Abs. 2 GG (BVerfGE 53, 366, 387; 70, 138, 161).

Merke: Die Gemeinden sind damit auf die sog. Kommunal-VB (Art. 93 Abs. 1 Nr. 4b
GG, begrenzt auf die kommunale Selbstverwaltungsgarantie des Art. 28 Abs. 2 GG)
beschränkt und können trotz Beeinträchtigung ihres Eigentums nicht die Verletzung
von Art. 14 GG (zB durch überörtliche Planungen) geltend machen (BVerfGE 61, 108
– Sasbach).

b) Prozessfähigkeit und Postulationsfähigkeit

23.13 Das BVerfG knüpft die **Prozessfähigkeit** (Fähigkeit, eine VB selbst in eigenem Namen zu erheben) mangels besonderer Regelungen an die **Grundrechtsmündigkeit** und stellt dabei nicht auf eine feste Altersgrenze, sondern auf die Einsichtsfähigkeit der betreffenden Person ab (BVerfGE 28, 255; *Gusy*, Die VB, Rnr. 60). Wenn Fachrecht die Altersgrenze speziell regelt, kann dies für den Gegenstandsbereich zugrunde gelegt werden. Im übrigen ist die Vertretung durch Eltern nach § 1629 BGB bzw. bei betreuten Personen durch deren Betreuer nach §§ 1896 ff. BGB erforderlich.

Beispiele: Handlungsfähigkeit wurde anerkannt bei minderjährigen Wehrpflichtigen (BVerfGE 60, 234, 240), bei Fragen der religiösen Kindererziehung (BVerfGE 74, 244, 251 = NJW 1987, 1873).

23.14 **Postulationsfähigkeit** ist die Fähigkeit, Prozesshandlungen selbst, ohne Bevollmächtigten vorzunehmen (Rnr. 13.45). Nach § 22 BVerfGG kann der Beschwerdeführer die VB ohne Prozessbevollmächtigten erheben. In der mündlichen Verhandlung muss er sich dagegen durch einen Rechtsanwalt oder einen Lehrer des Rechts an einer deutschen Hochschule vertreten lassen. Gesetzgebende Organe können sich durch ihre Mitglieder, Bund, Länder und ihre Verfassungsorgane können sich durch ihre Beamten vertreten lassen.

c) Zulässiger Beschwerdegegenstand

23.15 Gegenstand der VB können nur **Akte (inländischer) öffentlicher Gewalt** sein. Als solche kommen sämtliche Maßnahmen (Handlungen wie Unterlassungen) im Geltungsbereich der Grundrechte in Betracht, also Akte der Exekutive, auch der mittelbaren Staatsverwaltung wie der Kommunen, der berufsständischen Kammern oder der Sozialversicherungen, der Legislative und der Judikative. Bei mehreren Hoheitsakten in derselben Sache (zB VA und darauf bezogene Gerichtsentscheidungen) müssen idR sämtliche Akte angegriffen werden (BVerfGE 84, 1, 3). Auf die Rechtsform kommt es nicht an; entscheidend ist, dass sich der Schutz der Grundrechte nach Art. 1 Abs. 3 GG auf die Maßnahme erstrecken kann.

Ausgeschlossen ist die VB gegen Maßnahmen **ausländischer Stellen** (zB Nato, UNO), auch wenn diese im Inland erlassen werden oder sich auswirken (zB BVerfGE 66, 57), von **Organen der EU**, solange diese selbst angemessenen Grundrechtsschutz gewährleistet (BVerfGE 102, 147, 162 – Bananenmarktordnung; BVerfGE 73, 374 – Solange II, hierzu *Nicolaysen/Nowak* NJW 2001, 1233) und gegen **innerkirchliche Maßnahmen** die nicht über das forum internum hinausgehen (BVerfG NJW 1983, 2569; s. Rnr. 13.21 f.).

23.16 **aa) Rechtssetzungsakte als Beschwerdegegenstand.** Die VB kann sich unmittelbar gegen Gesetze im materiellen Sinne (Gesetze, Rechtsverordnungen und Satzungen) richten; allerdings muss idR eine unmittelbare Beschwer gegeben sein (siehe unten Rnr. 23.18). Diese fehlt idR dann, wenn die Rechtsnorm durch andere Maßnahmen, zB durch VAe, umgesetzt werden muss, gegen die dann die VB gerichtet werden kann. Auch gegen gesetzgeberisches Unterlassen kommt eine VB in Betracht (BVerfGE 44, 1, 22); insoweit sind idR nähere Ausführungen zur Beschwerdebefugnis erforderlich.

Beachte: Echtes Unterlassen kann mit einer VB nur angegriffen werden, wenn sich aus den Grundrechten ausnahmsweise justiziable Handlungspflichten des Gesetzgebers ergeben (vgl. zB BVerfGE 56, 54, 71 – Fluglärm; BVerfG NJW 2001, 3323: erfolglose VB zur Nichtumsetzung des LPartG in Bayern), oder wenn Grundrechtseingriffe einer (bisher fehlenden) gesetzlichen Grundlage bedürfen (BVerfG NJW-Spezial 2006, 188: Jugendstrafvollzug). Anders bei **unechtem Unterlassen,** bei dem sich die Grundrechtsverletzung aus der fehlenden Einbeziehung in eine günstige Regelung und der hieraus folgenden Ungleichbehandlung ergeben kann (BVerfGE 78, 350: Ausschluss der Wählervereinigungen aus der Parteienfinanzierung; VerfGBbg DÖV 2006, 258: Ausschluss der Weltanschauungsgemeinschaften vom Religionsunterricht an staatlichen Schulen).

bb) Maßnahmen der Judikative. Nicht nur Gerichtsentscheidungen über **23.17** Maßnahmen der Exekutive, auch Gerichtsentscheidungen als solche können Gegenstand einer VB sein, unabhängig davon, ob sie im Zivil-, Straf- oder Verwaltungsprozess ergangen sind. Hier stellen sich Probleme zumeist bei der Erschöpfung des Rechtswegs (s. Rnr. 23.23) und dem Erfordernis der spezifischen Grundrechtsverletzung (Rnr. 23.22).

d) Beschwerdebefugnis

Der Bf. muss geltend machen, durch den Beschwerdegegenstand in ei- **23.18** nem Grundrecht oder einem der in Art. 93 Abs. 1 Nr. 4 a GG genannten grundrechtsgleichen Rechten verletzt zu sein. Dargelegt werden muss, dass der Bf. in eigenen Grundrechten „**selbst, gegenwärtig und unmittelbar**" betroffen ist (BVerfGE 108, 370, 384). Da bei dieser Prüfung Teile der Begründetheitsprüfung vorweggenommen werden, kommt es lediglich darauf an, ob eine **Grundrechtsverletzung möglich** erscheint oder eindeutig ausscheidet.

Darzulegen ist, wie sich die beanstandete Maßnahme auf die Rechtsposition des Bf. konkret auswirkt, dh welche Nachteile entstanden oder zu erwarten sind, welche Rolle sie für den Bf. konkret spielen, welche grundrechtlichen Positionen dadurch beeinträchtigt werden. Das Gericht prüft die Frage, ob danach eine Verletzung der in Art. 93 Abs. 1 Nr. 4 a GG genannten Rechte möglich erscheint, umfassend, dh unter sämtlichen für die spätere Begründetheitsprüfung maßgeblichen Gesichtspunkten.

aa) Betroffenheit in eigenen Rechten. Der Bf. muss eigene Rechte gel- **23.19** tend machen. Das Erfordernis dient dem Ausschluss von Popularklagen. Eine Geltendmachung fremder Rechte ist nur bei gesetzlicher Prozessstandschaft (Testamentsvollstrecker, Nachlass- und Insolvenzverwalter), **nicht bei gewillkürte Prozessstandschaft** möglich. Allerdings können Maßnahmen, die sich nicht primär gegen ihn selbst richten, sondern gegen Dritte, zu einer Betroffenheit des Bf. in eigenen Rechten führen (BVerfGE 108, 370).

Beispiele: Maßnahmen im Schulverhältnis berühren das Erziehungsrecht der Eltern aus Art. 6 Abs. 2 GG (BVerfGE 98, 218 – Rechtschreibreform; BVerfGE 96, 288 – zwangsweise Einschulung in Sonderschule); die Ausweisung eines Ausländers betrifft auch den Ehepartner in seinem Grundrecht aus Art. 6 Abs. 1 GG (BVerfGE 51, 395). Zur Betroffenheit durch Rasterfahndung HessStGH NVwZ 2006, 685.

23.20 **bb) Gegenwärtige Betroffenheit.** Im Grundsatz muss die Betroffenheit des Bf. bereits eingetreten sein und noch andauern. Bei Gesetzen genügt idR eine mit Wahrscheinlichkeit **in absehbarer Zeit eintretende Betroffenheit** (BVerfGE 26, 256; 50, 290, 321). Nicht ausreichend ist, wenn sich die Maßnahme lediglich „irgendwann einmal in Zukunft" auf die Rechtsposition des Bf. auswirken kann oder wird (BVerfGE 60, 360, 371). Gegen noch nicht verkündete Rechtsnormen ist die VB unzulässig. Hat sich die Beeinträchtigung durch Zeitablauf oder aus anderen Gründen erledigt, so kommt es auf das **Andauern des Rechtsschutzinteresses** an.

Anerkannt worden ist ein solches Interesse, wenn Wiederholungsgefahr besteht (problematisch; vgl. BVerfG NVwZ 1989, 451), weitere mittelbare Nachteile zu besorgen sind (BVerfGE 48, 314 f.), die besondere Bedeutung des Grundrechts oder der Maßnahme eine nachträgliche Kontrolle durch das BVerfG erfordern (BVerfGE 52, 235; 53, 157), die Klärung einer grundsätzlichen verfassungsrechtlichen Frage zu erwarten ist (BVerfGE 49, 52).

23.21 **cc) Unmittelbare Betroffenheit** fehlt, wenn noch konkrete Umsetzungsakte zu erwarten sind und es dem Bf. zuzumuten ist, diesen abzuwarten und sich ggfs. gegen ihn zu wehren (BVerfGE 73, 40, 68). Durch eine Rechtsnorm ist ein Bf. unmittelbar betroffen, wenn die Rechtsnorm für ihn unmittelbar beachtlich ist und befolgt werden muss. So muss der Bf. bei Straf- und Bußgeldnormen nicht erst die Verhängung mit einem Verstoß provozieren, bevor er VB erhebt (BVerfGE 70, 81). Auch im Zivilrecht muss der Bf nicht zunächst einen uU riskanten Konflikt heraufbeschwören (BVerfGE 50, 319). Gleiches gilt, wenn die Rechtsnorm zwar einer Umsetzung bedarf, ein Abwarten dem Bf. aber wegen sofort eintretender erheblicher Nachteile nicht zumutbar ist (BVerfGE 70, 35).

23.22 **dd) Erfordernis der spezifischen Grundrechtsverletzung.** Da eine VB nur zulässig ist, wenn zuvor der Rechtsweg ausgeschöpft wurde, haben in den meisten Fällen Fachgerichte bereits über die Sache zu Lasten des Bf entschieden. Erweisen sich diese Entscheidungen als unrichtig, so liegt allein darin an sich schon eine Grundrechtsverletzung (BVerfGE 6, 32 – Elfes). Damit das BVerfG nicht zu einer Superrevisionsinstanz wird, lässt das BVerfG die bloße Fehlerhaftigkeit von Gerichtsentscheidungen, auch wenn sie Maßnahmen der Exekutive bestätigen, nicht ausreichen.

Streitig ist, ob das Erfordernis der spezifischen Grundrechtsverletzung bereits in der Zulässigkeitsprüfung oder erst bei der Begründetheitsprüfung zu untersuchen ist

(*Pieroth/Schlink* Rnr. 1187). Sinnvoll ist die Prüfung in der Zulässigkeit nur dann, wenn eine spezifische Grundrechtsverletzung offensichtlich fehlt.

e) Subsidiarität der Rechtssatz-VB; Erschöpfung des Rechtsweges

Die VB ist als außerordentlicher Rechtsbehelf gegenüber fachgericht- **23.23** lichem Rechtsschutz subsidiär. Dessen Möglichkeiten müssen voll ausgeschöpft werden. Ggfs müssen auch andere geeignete Maßnahmen zur Abwehr ergriffen werden (BVerfG NVwZ 2000, 1407 – VB gegen HundeVO). In **Konkretisierung** dieses Grundsatzes kann gem. § 90 Abs. 2 BVerfGG eine VB grundsätzlich erst nach der vollständigen Erschöpfung des Rechtswegs erhoben werden, dh erst nach (ordnungsgemäßer, insbesondere fristgerechter) Ausnutzung sämtlicher Rechtsbehelfe (BVerfGE 85, 80, 86). Nach dem Grundsatz der **Subsidiarität** müssen darüber hinaus auch andere geeignete Rechtsbehelfe zur Abwehr ergriffen werden (BVerfG NVwZ 2000, 1407 – VB gegen HundeVO; BVerfG NVwZ 2006, 922: Feststellungsklage gegen Rechtsnorm).

Beachte: Der Begriff der Rechtsbehelfe wird weit gezogen. Dazu gehören nicht nur Klagen und Anträge, sondern auch Anträge auf Wiedereinsetzung (BVerfGE 93, 99, 106), auf Wiederaufnahme (BVerfG NJW 1992, 1030), Restitutionsklagen, Rechtsbehelfe im Rahmen der Zwangsvollstreckung; nach BVerfG sogar Gegenvorstellungen und Dienstaufsichtsbeschwerden (BVerfGE 73, 322, 329; BVerfG NJW 1990, 107; krit. zu Recht *Zuck* Rnr. 619); uU auch die Anhörungsrüge nach § 152a VwGO (*Zuck* NVwZ 2005, 739).

Ausnahmen vom Gebot der Rechtswegerschöpfung sieht das Gesetz in **23.24** den Fällen des § 90 Abs. 2 S. 2 BVerfGG vor bei Gefahr eines schweren und unabwendbaren Nachteils für den Fall der vorherigen Ausschöpfung des Rechtsweges und bei allgemeiner Bedeutung der VB (Beispiel: VB gegen die Volkszählung – BVerfGE 65, 1). Darüber hinaus ist eine Ausnahme anerkannt bei **Unzumutbarkeit**.

Beispiele: Unzumutbar ist die Einlegung offensichtlich aussichtsloser Rechtsbehelfe, insb. bei gefestigter Rspr. (BVerfGE 61, 319; 84, 59, 72) oder nach unanfechtbarer Ablehnung von PKH (BVerfGE 22, 3149).

f) Antragsfrist; Mindestanforderungen an die Antragstellung

Die VB ist nach § 93 Abs. 1 BVerfGG grundsätzlich binnen eines **Monats 23.25** zu erheben und zu begründen. Richtet sich die VB gegen ein Gesetz oder einen sonstigen Hoheitsakt, gegen den ein Rechtsweg seiner Natur nach nicht offensteht, kann die VB nur binnen eines Jahres nach Inkrafttreten des Gesetzes bzw. Erlass des Hoheitsakts erhoben werden. Eine Wiedereinsetzung in den vorigen Stand ist nur in die Monatsfrist möglich (§ 93 Abs. 2 BVerfGG, nicht dagegen in die Jahresfrist (BVerfGE 4, 309, 313; hierzu *Zuck* Rnr. 287 mwN). Die VB ist nur zulässig, wenn der Antrag nach Form und Inhalt bestimmten **Mindestanforderungen** genügt. Diese ergeben sich aus den §§ 23, 92 BVerfGG und müssen innerhalb der nach § 93 BVerfGG maßgeblichen Frist erfüllt sein:

Es handelt sich um folgende: **Schriftform** (§ 23 Abs. 1 BVerfGG): Die VB muss schriftlich vom Bf. selbst oder einem Bevollmächtigten abgefasst und unterschrieben sein. Die Unterschrift ist uU entbehrlich, wenn der Urheber eindeutig erkennbar ist (BVerfGE 15, 291); Telegramm, Telefax sind ausreichend (BVerfGE 32, 368), ebenso Telefax. Die VB muss an das BVerfG gerichtet und als VB bezeichnet sein sowie Namen und Anschrift des Bf. enthalten. Die Maßnahme(n), gegen die sich der Bf. mit der VB wendet, muss (bzw. müssen) eindeutig bezeichnet sein (zB: „Urt. des BVerwG v ... Az. ... " oder: „§ ... des Gesetzes ... v. ...“). Die Grundrechte oder grundrechtsgleichen Rechte, in welchen sich der Bf. verletzt fühlt, müssen angegeben sein. Die konkreten Beeinträchtigungen, die durch die angegriffene Maßnahme verursacht werden (eigene Beschwer), müssen substantiiert dargelegt werden.

g) Rechtskraft, Rechtshängigkeit; Rechtsschutzbedürfnis

23.26 Dass Dritte bereits gegen dieselbe Maßnahme eine VB erhoben haben, hindert die Zulässigkeit der VB nicht, ebenso wenig eine bei einem anderen Verfassungsgericht erhobene VB. Dass die Rechtskraft einer bereits getroffenen Entscheidung entgegensteht, dürfte selten sein, ist aber dann, wenn die Entscheidung für und gegen alle wirkt, nicht ausgeschlossen. Das allgemeine Rechtsschutzbedürfnis fehlt, wenn die VB mutwillig erscheint, weil für den Bf. keinerlei nennenswerte Vorteile zu erwarten sind oder weil er sein Begehren auf einfachere Weise verfolgen kann.

Beachte: Das BVerfG behandelt einzelne der hier zu anderen Zulässigkeitsvoraussetzungen gerechneten Fragen gelegentlich unter dem Aspekt des allgemeinen Rechtsschutzbedürfnisses, weshalb der Anforderungsgehalt dieses Merkmals verschwommen ist.

3. Die Begründetheitsprüfung bei der Verfassungsbeschwerde

a) Umfassender Prüfungsmaßstab

23.27 Ist die VB erst einmal zulässig, nimmt das BVerfG bei Prüfung der Begründetheit eine **umfassende Prüfungskompetenz** in Anspruch. Es prüft dann die angefochtenen Maßnahmen unter allen in Betracht kommenden verfassungsrechtlichen Gesichtspunkten und betrachtet die Beschwerdebegründung nur noch als Anregung (BVerfGE 70, 138, 162; 71, 202, 204).

Dieser umfassende Prüfungsmaßstab wird in der Literatur teilweise kritisiert (AK-GG-*Rinken* Art. 93 Rnr. 63 mwN). Die objektivrechtliche Funktion der VB (BVerfGE 45, 63, 74) erfordert aber eine umfassende Prüfung, zumal eine Grundrechtsbeeinträchtigung nur dann gerechtfertigt ist, wenn sie in jeder Hinsicht mit der Rechtsordnung vereinbar ist (Rnr. 31.22).

b) Verfassungsrechtlicher Prüfungsaufbau

23.28 Unabhängig davon, ob sich die VB gegen eine Maßnahme der Legislative, Exekutive oder Judikative richtet, ist bei der VB anders als beim verwaltungsgerichtlichen Prüfungsaufbau das möglicherweise verletzte Grundrecht Ausgangspunkt der Begründetheitsprüfung.

Es wird also zunächst geprüft, ob durch die angegriffene Maßnahme der Schutz-bzw. Gewährleistungsbereich eines Grundrechts berührt wird (*Callies/Kallmayer* JuS 1999, 785); erst anschließend wird geprüft, ob die Maßnahme verfassungsrechtlich gerechtfertigt werden kann, etwa weil sie sich auf ein Gesetz stützen kann, das Ausdruck einer Grundrechtsschranke ist. Einzelheiten siehe Rnr. 31.12 ff.

c) Spezifische Grundrechtsverletzung

Richtet sich die VB (auch) gegen Gerichtsentscheidungen, so hat sie nicht schon dann Erfolg, wenn sich diese als rechtswidrig erweisen. Da das BVerfG keine reguläre Instanz ist (keine „Superrevisionsinstanz"), kann es auch nicht seine Aufgabe sein, Gerichtsentscheidungen auf ihre Vereinbarkeit mit dem einfachen Gesetzesrecht zu überprüfen, obwohl im einfachen Rechtsverstoß an sich auch eine Grundrechtsverletzung liegt. Diese reicht nicht aus; vorliegen muss eine spezifische Grundrechtsverletzung. **23.29**

Beispiele: Eine spezifische Grundrechtsverletzung wird angenommen, wenn das Gericht ein Gesetz angewandt hat, das sich als verfassungswidrig erweist, wenn es seine Entscheidung auf Grundrechte gestützt und dabei deren Anwendungsbereich oder Gewährleistungsgehalt verkannt hat, wenn es willkürliche, sachfremde, nicht mehr verständliche Überlegungen angestellt hat (BVerfG NJW 1993, 383), wenn es bei der Anwendung einfachen Rechts Bedeutung und Tragweite der Grundrechte verkannt hat (verfassungswidrige Gesetzesanwendung).

Bei Fällen verfassungswidriger Gesetzesanwendung behilft man sich zumeist mit der **Schumann'schen Formel,** wonach eine falsche Gerichtsentscheidung dann eine spezifische Grundrechtsverletzung enthält, wenn auch der Gesetzgeber selbst gehindert wäre, das in der Entscheidung gefundene Ergebnis in einer Rechtsnorm anzuordnen (*Schumann,* Verfassungs- und Menschenrechtsbeschwerde gegen richterliche Entscheidungen, 1963, S. 207 ff.; näher *Kenntner* NJW 2005, 785). **23.30**

4. Die Kommunalverfassungsbeschwerde (Art. 93 Abs. 1 Nr. 4 b GG)

a) Allgemeines

Mit der Kommunal-VB gem. Art. 93 Abs. 1 Nr. 4 b GG wird den Kommunen die Möglichkeit gegeben, eine Verletzung ihres in Art. 28 Abs. 2 GG garantierten Rechts auf Selbstverwaltung abzuwehren. Bf. können alle kommunalen Körperschaften des öffentlichen Rechts sein, die sich auf die Garantie des Art. 28 Abs. 2 GG berufen können, also die Gemeinden (Art. 28 Abs. 2 S. 1 GG), die Kreise und – in eingeschränktem Umfang – auch die sonstigen Gemeindeverbände (Art. 28 Abs. 2 S. 2 GG). **23.31**

Merke: Der Umfang des Schutzes der kommunalen Selbstverwaltung ist teilweise umstritten, insbesondere soweit es um tatsächliche Beeinträchtigungen des kommunalen Bereichs geht. S. hierzu näher *Mayen,* Die Garantie der kommunalen Selbstverwaltung, JuS 2006, 404.

b) Beschwerdegegenstand

23.32 Gegenstand der Kommunal-VB können nur Rechtsnormen des Bundes-
oder Landesrechts sein, durch die die Gemeinden in rechtlicher Hinsicht
betroffen werden (BVerfGE 71, 25, 34; BVerfG NVwZ 1988, 47). Nach
hM kann sich eine Kommunal-VB **nur gegen Rechtssätze** richten
(BVerfGE 79, 127, 140 – Rastede).

Beispiel: Keine Kommunal-VB gegen Planfeststellungsbeschlüsse, die das Planungs-
konzept einer Gemeinde beeinträchtigen, oder gegen Anlagengenehmigungen nach
dem BImSchG, auch wenn kommunale Belange betroffen sind.

c) Beschwerdebefugnis

23.33 Mit der Kommunal-VB kann nur eine Verletzung der Garantie der
kommunalen Selbstverwaltung (Art. 28 Abs. 2 GG) abgewehrt werden.
Diese umfasst die Kompetenz zur Regelung aller Angelegenheiten der
örtlichen Gemeinschaft (**Prinzip der Allzuständigkeit** der Gemeinden
und der subsidiären Allzuständigkeit der Kreise). Hierzu gehören die
Finanzhoheit (BVerfGE 71, 25, 36), die Planungshoheit (BVerfGE 56,
298, 317), die Personalhoheit (BVerfGE 17, 172, 182), die Organisationshoheit (BVerfG NVwZ 1987, 123) und das Recht auf eine angemessene Finanzausstattung.

Beachte: Die Rüge von Grundrechten scheidet nach der Rspr. bereits deshalb aus,
weil die Gemeinden nach Art. 19 Abs. 3 GG nicht als Grundrechtsträger angesehen
werden (BVerfGE 61, 82, 100 ff. – Sasbach).

d) Subsidiarität der Zuständigkeit des BVerfG

23.34 Eine Kommunal-VB zum BVerfG ist nach der ausdrücklichen Regelung
des Art. 93 Abs. 1 Nr. 4 b GG (siehe auch § 91 S. 2 BVerfGG) unzulässig, soweit bei einem Landesverfassungsgericht Beschwerde erhoben
werden kann. Eine Kommunal-VB sehen die Länder Baden-Württemberg, Bayern, Brandenburg, Bremen, Nordrhein-Westfalen, Rheinland-
Pfalz, Sachsen, Sachsen-Anhalt und das Saarland vor.

e) Prüfungsmaßstab

23.35 Prüfungsmaßstab der Kommunal-VB ist allein das Recht der Kommunen aus Art. 28 Abs. 2 GG. Zu prüfen ist zunächst, ob eine Beeinträchtigung der Selbstverwaltungsgarantie vorliegt, der Schutzbereich des
Art. 28 Abs. 2 GG also eröffnet ist. In einem zweiten Schritt ist zu prüfen, ob die angegriffene Rechtsnorm eine zulässige, insbesondere ver-
hältnismäßige Einschränkung des Selbstverwaltungsrechts enthält.

Beachte: Auch hier gilt, dass ein die Selbstverwaltung einschränkendes Gesetz nur
dann Bestand haben kann, wenn es auch im Übrigen mit dem gesamten objektiven
Verfassungsrecht vereinbar ist. Einschränkend prüft das BVerfG die Vereinbarkeit des
angefochtenen Gesetzes nur mit solchen Vorschriften, die geeignet sind, „das verfassungsrechtliche Bild der Selbstverwaltung mitzubestimmen" (BVerfGE 71, 25).

II. Das abstrakte Normenkontrollverfahren
(Art. 93 Abs. 1 Nr. 2, 2 a, Abs. 2 GG)

1. Allgemeines

Das abstrakte Normenkontrollverfahren nach § 93 Abs. 1 Nr. 2 GG 23.36 dient der Kontrolle von Rechtsnormen, ist also anders als der Organstreit oder der Bund-Länder-Streit **nicht kontradiktorisch** und hat deshalb keinen Antragsgegner. Nach Art. 93 Abs. 1 Nr. 2 a GG können die dort genannten Antragsteller förmliche Bundesgesetze auf die Vereinbarkeit mit Art. 72 Abs. 2 GG prüfen lassen. Dieselben Antragsteller können nach dem im Rahmen der Föderalismusreform neu geschaffenen Art. 93 Abs. 2 GG die Feststellung beantragen, dass die Erforderlichkeit einer Bundesregelung iSd Art. 72 Abs. 2 GG weggefallen ist (vgl. § 13 Abs. 6 b BVerfGG).

2. Zulässigkeit

a) Antragsberechtigung

Der Antrag nach § 93 Abs. 1 Nr. 2 GG kann nur von der Bundesregie- 23.37 rung, einer Landesregierung oder dem Bundestag (mindestens ein Drittel seiner Mitglieder, die als Einheit auftreten müssen, ohne Rücksicht auf Fraktionszugehörigkeit) gestellt werden. Die Aufzählung ist abschließend (BVerfGE 68, 346, 349). Das gilt auch für die Aufzählung in § 93 Abs. 1 Nr. 2 a GG (Bundesrat, Landesregierungen, Landesparlamente).

b) Zulässiger Antragsgegenstand

Alle Rechtsnormen des Bundes- und Landesrechts können Gegenstand 23.38 der Normenkontrolle nach Art. 93 Abs. 1 Nr. 2 GG sein; die Normenkontrolle nach Art 93 Abs. 1 Nr. 2 a und der Antrag nach Art. 93 Abs. 2 GG sind dagegen auf die in Art. 72 Abs. 2 GG genannten förmlichen Bundesgesetze beschränkt.

Beispiele: Gesetze, VOen, Satzungen, allgemein verbindliche Tarifverträge, Regeln des Völkerrechts iSd Art. 25 GG, auch die GeschOBT, nicht aber VwV ohne Außenwirkung. Soweit es sich um Rechtsnormen handelt, die EG-Recht umsetzen, findet aber nur eine auf den nationalen Spielraum beschränkte Kontrolle statt.

c) Antragsbefugnis

Der Antragsteller muss ein Klarstellungsinteresse geltend machen. Kon- 23.39 krete Zweifel an der Verfassungsmäßigkeit reichen aus. Die Befugnis ist insbesondere gegeben, wenn ein Gericht oder ein Verfassungsorgan die Norm für ungültig hält.

Beispiele: Antragsbefugnis ist gegeben, wenn das BVerwG eine VO für verfassungswidrig hält und deshalb nicht anwendet (BVerfGE 83, 37). Eine Landesregierung kann den Antrag auch auf Recht eines anderen Landes richten (BVerfGE 83, 37, 49). In diesem Fall wird aber ein eigenes berechtigtes Interesse nur selten gegeben sein; gleiches gilt, wenn sich der Antrag auf Recht richtet, das auf ihrer eigenen Initiative beruht (BVerfG NJW 1998, 589 zur HmbBeihVO).

3. Begründetheit, Tenorierung

23.40 Die zur Kontrolle gestellte Rechtsnorm wird unabhängig vom Anlass des Antrags unter allen rechtlichen Gesichtspunkten geprüft (BVerfGE 86, 148, 211 – Länderfinanzausgleich). Der Kontrollmaßstab hängt von der Stellung der Norm in der Normhierarchie ab. So müssen sich Landesgesetze nicht nur am GG, sondern auch am sonstigen Bundesrecht messen lassen; Rechtsverordnungen des Bundes auch an Art. 80 GG. Zum Aufbau der Prüfung im Einzelnen s. Rnr. 21.05 ff. Ist die Norm rechtmäßig, wird dies zur Klarstellung ausdrücklich festgestellt; ist sie rechtswidrig, gibt es neben der im BVerfGG vorgesehenen Feststellung der Nichtigkeit verschiedene Entscheidungsvarianten.

Beispiele: „§ 138 Abs. 1 Nr. 2 und Abs. 3 Nr. 9 AFG ist mit dem Art. 3 Abs. 1 iVm Art. 6 Abs. 1 GG unvereinbar" (BVerfGE 87, 234); „§ 9 Abs. 2 GjS ist mit Art. 5 Abs. 3 S. 1 GG unvereinbar. Er kann jedoch bis zu einer gesetzlichen Neuregelung, längstens bis ... weiter angewandt werden." (BVerfGE 83, 130 – Mutzenbacher).

III. Das Organstreitverfahren

1. Allgemeines

23.41 Im Organstreitverfahren (Art. 93 Abs. 1 Nr. 1 GG, § 13 Nr. 5 BVerfGG) entscheidet das BVerfG über die Auslegung des GG aus Anlass von Streitigkeiten über den Umfang der Rechte und Pflichten eines obersten Bundesorgans oder anderer Beteiligter, die durch das GG oder durch eine Geschäftsordnung eines obersten Bundesorgans mit eigenen Rechten ausgestattet sind. Es ist ein kontradiktorisches Verfahren zwischen Verfassungsorganen des Bundes über ihre im Verfassungsrecht wurzelnden Rechte und Pflichten (§ 64 BVerfGG). Es ist gegenüber dem abstrakten Normenkontrollverfahren nicht subsidiär.

Beispiele: Ein Abgeordneter hält die Auflösung des Bundestages durch den Bundespräsidenten für rechtswidrig und sieht seine Rechte dadurch verletzt (BVerfGE 62, 1); Verstoß gegen Mitwirkungsrechte oder sonstige Rechte von Fraktionen (BVerfGE 70, 324, 351); pflichtwidrige Unterlassung einer Mitwirkung; Nichternennung des Bundeskanzlers durch Bundespräsidenten nach Wahl.

2. Zulässigkeit

a) Allgemeine Zulässigkeitsvoraussetzungen

Für das Organstreitverfahren ergibt sich der Rechtsweg zum BVerfG **23.42**
aus Art. 93 Abs. 1 Nr. 1 GG, § 13 Nr. 5 BVerfGG. Beteiligt sind Antragsteller und Antragsgegner, da es ein kontradiktorisches Verfahren ist.
Beteiligungsfähig sind oberste Bundesorgane, Teile derselben und andere
Beteiligte, denen GG oder Geschäftsordnungen (GO-BT, GO-BReg,
GO-BR) Rechte einräumen.

Beispiele: Bundespräsident, Bundesratspräsident, Bundeskanzler, Bundesminister (soweit nicht Art. 65 S. 3 GG vorrangig), Bundestag, Bundestagsausschüsse, Fraktionen
(uU auch über eine Legislaturperiode hinaus, VerfGHNW DVBl 1997, 824), einzelne
Abgeordnete, politische Parteien, soweit es um ihren verfassungsrechtlichen Status
geht (BVerfGE 82, 322).

Der förmliche (§ 23 BVerfGG) **Antrag** ist innerhalb von 6 Monaten **23.43**
nach Bekanntwerden der beanstandeten Maßnahme zu stellen (§ 64
Abs. 3 BVerfGG). Es handelt sich um eine Ausschlussfrist, dh es gibt
nach hM **keine Wiedereinsetzung** (BVerfGE 71, 299, 304). Andere Verfassungsorgane können dem Verfahren gem. § 65 Abs. 2 BVerfGG beitreten, wenn die Entscheidung auch für ihre eigenen Zuständigkeiten
von Bedeutung ist.

Beachte: Stets ist zu prüfen, ob das Rechtsschutzbedürfnis fehlt, zB weil die Beschwer
weggefallen ist und kein Interesse an der Feststellung besteht (BVerfGE 87, 207) oder
weil ein einfacherer Weg zur Verfügung steht (BVerfGE 68, 1, 77).

b) Streitgegenstand und Antragsbefugnis

Der Antrag muss sich gegen eine Maßnahme oder eine Unterlassung **23.44**
des Antragsgegners, der ebenfalls beteiligungsfähig sein muss, richten.
Die Rechtsform der Maßnahme ist nicht von Bedeutung; sie muss aber
geeignet sein, Rechte des Antragstellers zu beeinträchtigen. Bloße Behauptungen, etwa der Verfassungswidrigkeit von Maßnahmen des Antragstellers, vorbereitende Handlungen (Gesetzentwurf), Ankündigungen usw. reichen nicht aus.

Beispiele: Erlass von Rechtsnormen, Auflösung des Bundestages, Ordnungsmaßnahmen des Bundestagspräsidenten, Einsetzung eines Untersuchungsausschusses, Verweigerung des Fraktionsstatus.

Der Antragsteller muss geltend machen, dass er durch die Maßnahme **23.45**
(oder Unterlassung) in eigenen aus der Verfassung folgenden Rechten
verletzt wird oder dass eigene Rechte jedenfalls gefährdet werden (§ 64
BVerfGG). Die Verletzung muss den Antragsteller gerade in seiner **verfassungsrechtlichen Organstellung** treffen (wichtig vor allem für Parteien). Gerügt werden kann nach § 64 BVerfGG auch die Verletzung
von Rechten des Organs, dem der Antragsteller angehört (gesetzliche
Prozessstandschaft); für Abgeordnete soll dies allerdings nur mit Einschränkungen gelten (BVerfGE 90, 286, 342; 117, 359, 366).

Beispiele: Rechte des Abgeordneten aus Art. 38 GG; der Fraktionen aus §§ 10, 35 GO-BT; Gefährdung des verfassungsrechtlichen Status von Parteien, nicht jedoch ihrer sonstigen Rechte (BVerfGE 84, 290, 299 – PDS-Vermögen).

3. Begründetheit

23.46 Die Begründetheit ist im Organstreit wegen der kontradiktorischen Ausgestaltung davon abhängig, dass eigene Verfassungsrechte des Antragstellers tatsächlich verletzt oder gefährdet werden. Ein objektiver Verstoß der beanstandeten Maßnahme oder Unterlassung gegen Verfassungsrecht reicht nicht aus. Deshalb bietet sich – wie im verwaltungsrechtlichen Anfechtungsprozess – ein zweistufiger Prüfungsaufbau an (objektive Rechtswidrigkeit der Maßnahme, dann Rechtsverletzung).

Beispiel für Tenorierung: „Der Deutsche Bundestag verletzt die Rechte der Antragstellerin aus ... dadurch, dass er nicht das Recht auf Mitgliedschaft in den Untersuchungsausschüssen eingeräumt hat, soweit ..." (BVerfGE 84, 304 – PDS).

IV. Der Bund-Länder-Streit (Art. 93 Abs. 1 Nr. 3 GG)

1. Allgemeines

23.47 Das BVerfG entscheidet nach Art. 93 Abs. 1 Nr. 3 GG, § 13 Nr. 7, §§ 68 ff. BVerfGG bei Meinungsverschiedenheiten über Rechte und Pflichten des Bundes und der Länder, insbesondere bei der Ausführung von Bundesrecht durch die Länder und der Ausübung der Bundesaufsicht. Es handelt sich um ein **kontradiktorisches Verfahren**, in dem der Bund und das jeweilige Land, vertreten jeweils durch ihre Regierungen, beteiligt sind. Die Regelungen über den Organstreit gelten entsprechend (§ 69 BVerfGG).

Beispiele: Streit um Weisung des Bundesumweltministers an Landesregierung nach Art. 85 Abs. 3 GG (Auftragsverwaltung) betreffend Genehmigung eines Kernkraftwerks nach dem AtomG (BVerfGE 81, 310); Weisung des Bundes gegenüber Ländern zur Abstufung einer Bundesstraße in eine Landesstraße (BVerfGE 102, 167).

2. Zulässigkeit

a) Allgemeine Zulässigkeitsvoraussetzungen

23.48 Der Rechtsweg zum BVerfG ist für den Bund-Länder-Streit nach Art. 93 Abs. 1 Nr. 3 GG und § 13 Nr. 7 BVerfGG eröffnet. Parteien können nur der Bund und die einzelnen Länder sein. Die organschaftlicher Vertretung erfolgt für den Bund durch die Bundesregierung, für ein Land durch die Landesregierung (§ 68 BVerfGG). Notwendig ist ein entsprechender Kabinettsbeschluss. Der schriftliche Antrag muss die verletzte Verfassungsbestimmung bezeichnen

b) Antragsberechtigung, Frist, Vorverfahren

Der Antrag muss binnen 6 Monaten gestellt werden, nachdem die bean- 23.49
standete Maßnahme oder Unterlassung bekannt geworden ist (§ 69 iVm
§ 64 Abs. 3 BVerfGG). In den Fällen des Art. 84 Abs. 4 S. 1 GG ist zuvor der Bundesrat anzurufen. Die Antragsbefugnis liegt vor, wenn nach
dem Sachvortrag die Verletzung eigener Rechte (Kompetenzen bzw. Zuständigkeiten) möglich erscheint. Diese Rechte müssen sich unmittelbar
aus dem GG ergeben und das Verhältnis von Bund und Ländern betreffen (BVerfGE 109, 1, 5); die Berufung auf einfaches Recht reicht nicht
aus.

Das allgemeine **Rechtsschutzbedürfnis** entfällt, auch wenn der Streit zB durch Wohl-
verhaltenszusage beigelegt wurde oder wenn er sich zB durch Zeitablauf erledigt hat,
nur dann, wenn kein besonderes Feststellungsinteresse besteht (BVerfGE 41, 291,
303).

c) Zulässiger Verfahrensgegenstand

Die Aufzählung in Art. 93 Abs. 1 Nr. 3 BVerfGG (Streit um Ausführung 23.50
von Bundesrecht durch die Länder, um Maßnahmen der Bundesaufsicht) ist nicht abschließend. Stets muss es sich aber um einen konkreten
Streit über verfassungsrechtliche Pflichten im Bund-Länder-Verhältnis
handeln.

Beispiele: Streit um Bundeszwang gem. Art. 37 GG, um bundesfreundliches Verhalten
(BVerfGE 104, 238 – Gorleben), Weisungsrechte des Bundes bei der Bundesauftrags-
verwaltung (BVerfGE 104, 249); Wahrnehmung der Mitwirkungsrechte des Bundes in
der EU (BVerfGE 92, 203), nicht dagegen Maßnahmen in Verwaltungsverfahren
(BVerfG NJW 1998, 219); weitere Bsp. bei *Jarass/Pieroth* Art. 93 Rnr. 25.

3. Begründetheit

Der Antrag ist begründet, wenn die gerügte Maßnahme oder die bean- 23.51
standete Unterlassung des Antragsgegners verfassungsrechtliche Rechte
(Zuständigkeiten, Kompetenzen) des Antragstellers verletzt. Es empfiehlt sich deshalb eine zweistufige Prüfung (Rechtswidrigkeit und
Rechtsverletzung). Eine Rechtsverletzung liegt vor, wenn der Antragsteller die Einhaltung der verletzten Verfassungsnorm verlangen kann.
Prüfungsmaßstab ist nur Verfassungsrecht. Deshalb kann die einfache
Rechtswidrigkeit einer Weisung nicht gerügt werden (BVerfGE 81, 310,
333).

Beispiel für Tenorierung: „Das Land ... verstößt dadurch gegen Art. 85 Abs. 3 GG,
dass das Umweltministerium sich weigert, der Weisung des Bundesministers ... zu
folgen" (BVerfGE 84, 25 – Schacht Konrad).

V. Die einstweilige Anordnung nach § 32 BVerfGG

1. Allgemeines

23.52 Nach § 32 BVerfGG kann das BVerfG „im Streitfall einen Zustand durch einstweilige Anordnung vorläufig regeln, wenn dies zur Abwehr schwerer Nachteile, zur Verhinderung drohender Gewalt oder aus einem anderen wichtigen Grund zum gemeinen Wohl dringend geboten ist." Diese Möglichkeit besteht in sämtlichen Verfahrensarten, nicht nur im VB-Verfahren. Die Anhängigkeit eines Hauptsacheverfahrens ist nicht Voraussetzung. Die einstweilige Anordnung kann auf Antrag, aber auch von Amts wegen ergehen (BVerfGE 42, 103, 119). Sie entspricht der Regelungsanordnung nach § 123 Abs. 1 S. 2 VwGO im Verwaltungsprozess. Allerdings hat das BVerfGG eigenständige Entscheidungsgrundsätze entwickelt.

2. Zulässigkeit eines Antrags auf einstweilige Anordnung

23.53 Jeder, der an einem Hauptverfahren beteiligt ist bzw. zulässigerweise beteiligt sein könnte, kann den Erlass einer einstweiligen Anordnung beantragen, und zwar unabhängig von der Anhängigkeit des Hauptverfahrens. Die Zulässigkeitsprüfung folgt danach derjenigen des (anhängigen oder infrage kommenden) **Hauptsacheverfahrens**. Ist letzteres offensichtlich nicht zulässig, ist auch der Eilantrag unzulässig (BVerfGE 46, 337). Der Antrag ist nicht fristgebunden, muss aber den Anforderungen des § 23 BVerfGG entsprechen.

Merke: Das Rechtsschutzinteresse an einem Antrag wird fehlen, wenn die Anordnung völlig ungeeignet wäre (BVerfGE 23, 33, 40) oder wenn es einfachere Möglichkeiten gibt, drohende Nachteile abzuwehren, etwa ein Eilantrag bei einem Fachgericht.

3. Begründetheit

23.54 Ist das Begehren in der Hauptsache offensichtlich unbegründet, wird die Anordnung ohne weitere Prüfung abgelehnt (BVerfGE 113, 113), teilweise sogar als unzulässig (BVerfGE 79, 379, 383). Im übrigen wird nicht wie bei der Anordnung im Verwaltungsprozess das Vorliegen eines Anordnungsanspruchs geprüft, sondern nur der **Anordnungsgrund** iSd § 32 Abs. 1 BVerfGG: Die Anordnung muss aus einem wichtigen Grund nötig sein, insb. um schwere Nachteile, drohende Gewalt zu verhinden. Dabei nimmt das BVerfG idR eine **Folgenabwägung** vor, ohne sich zu den Erfolgsaussichten in der Hauptsache (explizit) zu äußern: Auf der einen Seite die Nachteile, die einträten, wenn die angegriffene Maßnahme sich später als verfassungswidrig herausstellen würde (zB schwere irreparable Schäden), auf der anderen Seite diejenigen Nachteile, wenn die Maßnahme einstweilen nicht in Kraft träte, sie sich aber im Haupt-

sacheverfahren als verfassungsgemäß erwiese (BVerfGE 89, 38, 44 – So-
malia; BVerfGE 88, 173 – Awacs).

Merke: Tatsächlich spielen die Erfolgsaussichten für die Abwägung eine Rolle, das
Gericht vermeidet aber Aussagen dazu, um die Hauptsache nicht zu präjudizieren
(*Berkemann* JZ 1993, 165). Nur selten hat das BVerfG zu den Erfolgsaussichten Stel-
lung bezogen (BVerfGE 46, 160 – *Schleyer*; BVerfGE 63, 254 – CSU Wahlwerbung).
Bei offensichtlicher Begründetheit wird die Anordnung idR erlassen, wenn Eilbedürf-
tigkeit vorliegt (BVerfGE 104, 23, 28).

4. Verfahren und Entscheidung

Die einstweilige Anordnung kann gem. § 32 Abs. 2 S. 1 BVerfGG ohne   **23.55**
mündliche Verhandlung ergehen; Entscheidungsform ist dann der Beschluss. Hiergegen ist gem. § 32 Abs. 3 BVerfGG der Widerspruch möglich, über den innerhalb von 2 Wochen aufgrund mündlicher Verhandlung zu entscheiden ist (Ausnahme: Kein Widerspruch des Bf im VB-
Verfahren). Zuständig ist der Senat der Hauptsache, in VB-Verfahren
kann gem. § 93 d Abs. 2 BVerfGG die Kammer entscheiden. Die Anordnungen bleiben 6 Monate in Kraft (§ 32 Abs. 6 BVerfGG), können aber
wiederholt erlassen werden (BVerfGE 88, 83). In besonders eiligen Fällen kann die Anordnung ohne vorherige Anhörung der am Verfahren
zur Hauptsache Beteiligten und gem. § 32 Abs. 7 BVerfGG in Notbeset-
zung ergehen.

Tenorierung: „Die Wirkung der Entscheidung des BayVerfGH wird auf die Dauer
von …, längstens bis zur Entscheidung über die VB ausgesetzt" (BVerfGE 90, 277 –
Lokalrundfunk); oder: „Bis zur Entscheidung über die VB wird die aufschiebende
Wirkung der Klage … einstweilen angeordnet" (BVerfGE 88, 76).

§ 24. Klagen auf Schadensersatz und Entschädigung

Literatur: *Detterbeck*, Allgemeines Verwaltungsrecht, 7. Aufl., 2009, §§ 21 ff.; *Durner*,
Grundfälle zum Staatshaftungsrecht, JuS 2005, 739 und 900; *Schlick*, Die Rechtsprechung des BGH zu den öffentlich-rechtlichen Ersatzleistungen, NJW 2008, 31 und
127; *Itzel*, Neuere Entwicklungen im Amts- und Staatshaftungsrecht, MDR 2005,
545, 2006, 544.

I. Allgemeines zum Staatshaftungsrecht

1. Haftung aus Vertrag, Delikt oder Gesetz

Die öffentlich-rechtlichen Grundlagen einer Haftung der öffentlichen   **24.01**
Hand lassen sich in drei Kategorien einteilen:

– Haftung in schuldrechtlichen bzw. **schuldrechtsähnlichen Sonderbeziehungen,**

– übernommene deliktische Haftung für schuldhaft rechtswidriges hoheitliches Handeln ihrer Bediensteten (**Amtshaftung**),
– die Verpflichtung zur Entschädigung in Fällen rechtmäßiger oder
rechtswidriger **Enteignung oder Aufopferung.**

2. Rechtswegfragen

24.02 Da es sich um öffentlich-rechtliche Streitigkeiten i.S. des § 40 Abs. 1
VwGO handelt, müsste für Ansprüche aus der Verletzung öffentlich-
rechtlicher Pflichten an sich der Rechtsweg zu den Verwaltungsgerichten eröffnet sein. Weil aber teilweise besondere Zuweisungen zur ordentlichen Gerichtsbarkeit bestehen, die zT auch Abgrenzungsfragen
aufwerfen, ist stets eine nähere Prüfung notwendig. Ist der Rechtsweg
zu den ordentlichen Gerichten gegeben, so ist gem. § 71 Abs. 2 GVG
das **Landgericht** sachlich zuständig.

Beachte: Lässt sich ein Anspruch auf mehrere Grundlagen stützen, für die unterschiedliche Rechtswegzuweisungen bestehen, so hat der Kläger grundsätzlich die
Wahl, welchen Rechtsweg er beschreitet. Das angerufene Gericht muss dann nach
§ 17 Abs. 2 GVG auch über solche Ansprüche entscheiden, die nicht in seine Gerichtsbarkeit fallen. Ausgenommen sind aber Ansprüche, die durch Art. 34 S. 3 GG
und Art. 14 Abs. 3 S. 4 GG zwingend den ordentlichen Gerichten zugewiesen sind.

a) Vertragliche Haftung

24.03 Für alle Ansprüche aus öffentlich-rechtlichen Verträgen (Rnr. 35.01) ist
nach § 40 Abs. 1 VwGO der Verwaltungsrechtsweg gegeben. Das folgt
daraus, dass sie von der Zuweisung auf den ordentlichen Rechtsweg in
§ 40 Abs. 2 VwGO ausdrücklich ausgenommen sind und gilt nicht nur
für Primär-, sondern auch für Schadensersatzansprüche nach § 280 BGB
iVm § 62 VwVfG (§ 40 Abs. 2 VwGO).

Umstritten ist die Frage, ob auch Ansprüche aus sog. **culpa in contrahendo** (§§ 280,
311 Abs. 2 BGB), also der Pflichtenlage vor Abschluss eines öffentlich-rechtlichen
Vertrages, erfasst werden (zu Recht verneinend BGH NJW 1986, 1109, BVerwG
NJW 2002, 2894; aA *Hufen* § 11 Rnr. 72). Es handelt sich um gesetzlich, nicht um
vertraglich begründete Pflichten. Zu den strengen Voraussetzungen einer Haftung aus
culpa in contrahendo BGH NVwZ 2006, 1207.

b) Deliktische Haftung

24.04 Für die Haftung wegen unerlaubter Handlungen ist stets der **Rechtsweg**
zu den **ordentlichen Gerichten** gegeben. Dies folgt für den Anspruch
aus Amtshaftung unmittelbar aus Art. 34 S. 3 GG, im Übrigen aus der
privatrechtlichen Natur der Ansprüche aus §§ 823 ff. BGB gegen Bedienstete der öffentlichen Hand (einschließlich des § 839 BGB gegen Beamte bei fiskalischer Tätigkeit). Gleiches gilt für deliktische Ansprüche,
die sich nach §§ 31, 89, 831 BGB unmittelbar gegen den Dienstherrn
selbst richten.

c) Gesetzliche Schadensersatz- und Entschädigungsansprüche

Für gesetzliche Schadensersatz- und Entschädigungsansprüche gegen die 24.05 öffentliche Hand kommt es auf die gesetzlichen Zuweisungen durch Bundes- oder Landesgesetz auf den Verwaltungsrechtsweg oder den Zivilrechtsweg an. Neben § 40 Abs. 2 VwGO gibt es eine Fülle von speziellen Zuweisungen, durch die zT auch die Zuständigkeit der Kammern für Baulandsachen (§§ 217 ff. BauGB) begründet wird.

aa) **Für Enteignungsentschädigungen** gilt die besondere Zuweisung zu 24.06 den ordentlichen Gerichten nach Art. 14 Abs. 3 S. 4 GG, die der einfache Gesetzgeber nicht verändern kann. Hiervon werden aber unmittelbar nur die Fälle der klassischen Enteignung (s Rnr. 24.36) erfasst, nicht die Fälle sonstiger Eigentumsbeeinträchtigungen, die über den Rahmen der Sozialbindung hinausgehen.

Beachte: Die praktisch wichtigsten Fälle der Enteignung, nämlich diejenigen nach §§ 85 ff. BauGB, sind durch §§ 217 ff. BauGB den Kammern und Senaten für **Bau-landsachen** besonders zugewiesen worden. Die Spruchkörper der ersten und zweiten Instanz entscheiden in der Besetzung mit zwei Zivilrichtern und einem Verwaltungs-richter. Die meisten Länder haben auch die landesrechtlichen Enteignungsverfahren nach § 232 BauGB den Baulandkammern zugewiesen.

bb) **Ansprüche aus Aufopferung** für das gemeine Wohl sind nach § 40 24.07 Abs. 2 den ordentlichen Gerichten zugewiesen. Dies betrifft zunächst die Aufopferung im engeren Sinn, also bei Schäden an immateriellen Rechtsgütern (s. Rnr. 24.47), gilt aber darüber hinaus auch für Ansprüche aus enteignendem Eingriff (s. näher Rnr. 24.69), die ihre Wurzeln im Aufopferungsgedanken haben. Ausdrücklich ausgenommen und damit den Verwaltungsgerichten zugewiesen sind Ansprüche wegen entschädigungspflichtiger Inhaltsbestimmungen des Eigentums. Für diese war der Rechtsweg früher umstritten (vgl. BVerwGE 94, 6; BGHZ 128, 207).

Beispiele: Entschädigungsansprüche auf Grundlage der Natur- oder Denkmalschutz-gesetze für naturschutz- oder denkmalschutzrechtliche Nutzungsbeschränkungen (BVerwGE 94, 6); Ansprüche bei Untunlichkeit von Schutzauflagen für beeinträchtigenden Planungen gem. § 74 Abs. 2 S. 3 VwVfG oder spezialgesetzlichen Regelungen, zB § 17 Abs. 4 S. 2 FStrG und § 42 BImSchG); Entschädigung nach § 66 ViehSeuchG.

cc) **Vermögensrechtliche Ansprüche aus öffentlich-rechtlicher Verwah-** 24.08 **rung** sind nach § 40 Abs. 2 VwGO ebenfalls den ordentlichen Gerichten zugewiesen. Es werden allerdings nur Ansprüche des Bürgers gegen die öffentliche Hand, erfasst, nicht umgekehrt (VGH Mannheim InfAuslR 2001, 382). Umstritten ist, ob neben Schadensersatzansprüchen auch Herausgabeansprüche erfasst werden (verneinend die wohl hM, vgl. *Ehlers* in Schoch § 40 Rnr. 538; anders, wenn als FBA geltend gemacht, *Kopp/Schenke* § 40 Rnr. 64).

Beispiele: Ein Verwahrungsverhältnis wird begründet durch die Sicherstellung oder Beschlagnahme von Sachen nach den Vorschriften des Polizeirechts. Auf die Rechtmä-ßigkeit der Begründung des Verwahrungsverhältnisses kommt es nicht an. Nicht erfasst werden vertraglich begründete Verwahrungsverhältnisse.

24.09 **dd) Ansprüche aus Verletzung** sonstiger öffentlich-rechtlicher Pflichten sind nach der dritten Variante des § 40 Abs. 2 VwGO ebenfalls den ordentlichen Gerichten zugewiesen. Hierher gehören Schadensersatz- und Entschädigungsansprüche wegen Pflichtverletzungen vor allem aus schuldrechtsähnlichen Sonderbeziehungen und wegen enteignungsgleicher und aufopferungsgleicher Eingriffe (s. unten Rnr. 24.29 ff. und 24.54 mit Beispielen).

Beachte: Für Ansprüche aus der Verletzung der beamtenrechtlichen Fürsorgepflicht gilt abweichend § 54 BeamtStG, wonach auch in diesen Fällen der Rechtsweg zu den Verwaltungsgerichten eröffnet ist.

II. Der Amtshaftungsanspruch

24.10 Für Schäden aus der Verletzung von Pflichten im Rahmen öffentlich-rechtlichen Handelns haftet unabhängig von der Natur des Anstellungsverhältnisses dem Geschädigten gegenüber gem. Art. 34 GG allein der Staat oder die Körperschaft, in deren Dienst der Handelnde steht. Das Konzept des Amtshaftungsanspruchs beruht auf dem Gedanken der Überleitung der Haftung von dem eigentlich unmittelbar verantwortlichen handelnden Amtsträger auf die öffentliche Hand, und zwar auf die Körperschaft, die den Amtsträger beschäftigt bzw. für die er tätig wird. Der Amtsträger selbst kommt von der Haftung frei.

Beachte: Ob die öffentliche Hand im **Innenverhältnis** beim Handelnden Regress nehmen kann, hängt von Art und Inhalt des Anstellungs- oder Dienstverhältnisses ab. Nach den Vorschriften des Beamtenrechts (§§ 48 BeamtStG, 75 BBG) kann nur bei Vorsatz oder grober Fahrlässigkeit Regress genommen werden. Auch bei Arbeitern und Angestellten im öffentlichen Dienst nimmt die hM einen Ausschluss der Haftung bei leichter Fahrlässigkeit an (Palandt-*Thomas* § 839 Rnr. 87).

Überblick

1. Passivlegitimation
2. Kein spezialgesetzlicher Ausschluss
3. Handeln in Ausübung eines öffentlichen Amtes
   a) Haftungsrechtlicher Beamtenbegriff
   b) Erfordernis öffentlich-rechtlichen Handelns
   c) Handeln „in Ausübung" des Amtes
4. Verletzung einer Amtspflicht
   a) Das Verhältnis von Amtspflicht und Rechtspflicht
   b) Problem der Bestandskraft von Verwaltungsakten
5. Amtspflicht dem Geschädigten gegenüber
6. Kausalität zwischen Schaden und Amtspflichtverletzung
7. Verschulden
8. Fehlen anderweitiger Ersatzmöglichkeit (§ 839 Abs. 1 S. 2)
9. Fehlen einer Abwendungsmöglichkeit (§ 839 Abs. 3 BGB)
10. Verjährung
11. Anspruchsumfang

1. Passivlegitimation

Passivlegitimiert können alle juristischen Personen des öffentlichen 24.11
Rechts sein, auch Kommunen, berufsständische Kammern, Sozialversicherungsträger und Kirchen (vgl. BGH NJW 2003, 1308 für Sekten-
beauftragten). Der Amtshaftungsanspruch richtet sich gegen diejenige
Körperschaft, Anstalt oder Stiftung, die der handelnden Person das öffentliche Amt übertragen bzw. anvertraut hat (Amtsübertragungstheo-
rie, vgl. BGHZ 99, 326, 330). Besteht ein öffentlich-rechtliches Dienstverhältnisses ist die **Anstellungskörperschaft**, passivlegitimiert, auch
wenn zB fremde Aufgaben wahrgenommen werden, wie zB bei Erledigung staatlicher Aufgaben durch Bedienstete der Kommunen (BGH
LKV 2007, 288). Bei **Beliehenen und Verwaltungshelfern** ohne Dienst-
herren haftet die Körperschaft, die das öffentliche Amt übertragen hat
(BGH NVwZ 2006, 966 - **Anvertrauenstheorie**).

Beispiele: Das Land haftet für Sachverständige des TÜV (BGH DÖV 1993, 671), die
beauftragende Stadt für Fehler eines privaten Labors bei BSE-Test (BGH NVwZ
2006, 966). Bei Abordnung und im Falle der **Doppelstellung** eines Beamten (zB Land-
rat als staatlicher und kommunaler Beamter) haftet die Körperschaft, deren Aufgaben
bei der Amtspflichtverletzung wahrgenommen wurden (BGHZ 99, 326, 330). Bei
bindenden Weisungen haftet die Anstellungskörperschaft des anweisenden Bediensteten.

2. Kein spezialgesetzlicher Ausschluss

Nach wie vor ist die Amtshaftung für einzelne Bereiche hoheitlichen 24.12
Handelns (nach hM zulässigerweise, vgl. BGHZ 62, 372, 376) durch
besondere gesetzliche Regelungen ausgeschlossen oder beschränkt worden (nach hM ist ein Ausschluss durch Satzung nicht möglich, vgl.
BGHZ 61, 7, str.). In diesen Fällen haftet der Beamte wieder unmittelbar, sofern das Gesetz nichts anderes vorsieht. Ausschlüsse gibt es nur
noch für

– Handeln von sog. Gebührenbeamten (§ 5 Nr. 1 RBHG), zB Bezirks-
   schornsteinfeger im Rahmen der Bauabnahme und Feuerstättenschau
   (BGHZ 62, 372);
– Handeln von Beamten des Auswärtigen Dienstes (§ 5 Nr. 2 RBHG);
– Handeln der Notare (§ 19 Abs. 1 BNotarO);
– Handeln von Beamten gegenüber Ausländern, wenn die Gegenseitig-
   keit mit ausländischen Staaten nicht verbürgt ist (§ 7 RBHG und § 7
   PrBHG iVm Art. 77 EGBGB; dazu BVerfG EuGRZ 2006, 105 zum
   Haftungsausschluss für Kriegsverbrechen im Zweiten Weltkrieg).

3. Handeln in Ausübung eines öffentlichen Amtes

a) Haftungsrechtlicher Beamtenbegriff

24.13 „Jemand" muss in Ausübung eines öffentlichen Amtes gehandelt haben. Auf die dienstrechtliche Stellung kommt es nicht an. Entscheidend ist, dass dem Handelnden ein öffentliches Amt übertragen worden ist, aufgrund dessen dieser öffentlich-rechtlich tätig geworden ist. Die schädigende Handlung muss nach öffentlichem Recht zu beurteilen sein (näher Rnr. 32.01 ff.); die Rechtsform im Übrigen spielt keine Rolle. In Betracht kommen also **nicht nur klassische Amtswalter** wie etwa Beamte, Soldaten, Richter, Arbeiter, Angestellte des öffentlichen Dienstes, Minister (BGHZ 78, 41, 44), **Mandatsträger** (wie zB Abgeordnete, Gemeinderäte, BGHZ 92, 34, 51), **Organe** von Kommunen und anderen Selbstverwaltungskörperschaften (BGHZ 81, 21) sowie Wehr- und Zivildienstleistende (BGHZ 152, 380), sondern auch **Beliehene und Verwaltungshelfer** (s. Rnr. 32.21 ff.). Maßgeblich ist stets die handelnde Person, nicht das Unternehmen bzw. die juristische Person, bei der sie beschäftigt ist (BGH NVwZ 2006, 966).

Merke: Handelt die Person privatrechtlich, so richtet sich der deliktische Anspruch unmittelbar gegen sie selbst. Beamte und Richter haften nach § 839 BGB, andere Personen, zB Arbeiter oder Angestellte im öffentlichen Dienst, nach § 823 BGB. Der Hoheitsträger selbst haftet bei privatrechtlicher Tätigkeit deliktisch nur nach § 831 BGB für Verrichtungsgehilfen oder nach §§ 31, 89 BGB für Organe.

c) Handeln „in Ausübung" des Amtes

24.14 Die Schädigung muss „in Ausübung" des öffentlichen Amtes erfolgt sein (BGHZ 69, 128, 132 – Fluglotsenstreik), nicht nur „bei Gelegenheit". Dass sich ein Beamter im Zeitpunkt der Schädigung im Dienst befindet, ist nicht entscheidend. Erforderlich ist nicht nur ein äußerer, sondern auch ein innerer Zusammenhang mit der Amtspflicht (BGH NVwZ 2007, 288). Problematisch ist der innere Zusammenhang, wenn der Handelnde anlässlich der Dienstausübung Straftaten begeht.

Beispiele: Soldat erschießt verhassten Vorgesetzten mit Dienstwaffe (nach BGHZ 11, 181, 185 kein innerer Zusammenhang). Anders zu Recht BGH NJW 2002, 3173: Wachpersonal, welches Plünderungen verhindern soll, beteiligt sich daran. Ebenso BGH NJW 2002, 3172: Mobbing gegen Polizistin durch Dienstvorgesetzten erfolgt „in Ausübung".

4. Verletzung einer Amtspflicht

24.15 Der Amtshaftungsanspruch stellt auf die Verletzung von (konkreten aus dem Dienst- oder Amtsübertragungsverhältnis herrührenden) Amtspflichten, nicht von Rechtspflichten ab. Allerdings besteht im Grundsatz für alle Dienstverhältnisse die **Amtspflicht**, im Rahmen dienstlicher Weisungen die Bestimmungen der **Rechtsordnung zu beachten** und die aus der Rechtsordnung folgenden Pflichten nicht zu verletzen. Aus einer Rechtspflicht folgt deshalb normalerweise auch eine Amtspflicht.

Beispiele für Amtspflichten: Pflicht, Rechte und Rechtsgüter des Einzelnen nicht zu schädigen, also unerlaubte Handlungen iSd § 823 Abs. 1 BGB zu unterlassen (BGHZ 69, 128, 138); Pflicht, Anträge innerhalb angemessener Zeit zu bearbeiten (BGHZ 170, 260); Pflicht, die Grenzen der Zuständigkeit einzuhalten (BGHZ 81, 21, 27); Pflicht, keine falschen Auskünfte zu geben (BGH NVwZ-RR 2001, 79); Pflicht, die Regeln der Straßenbautechnik zu beachten (BGH NVwZ-RR 2006, 758); öffentlich-rechtlich ausgestaltete Verkehrssicherungspflicht (*Rinne* NJW 1996, 3303); zu den Pflichten der Behörde im Baugenehmigungsverfahren BGHZ 118, 263; 170, 99; zur Haftung wegen behördlicher Warnungen nach dem ProdSG: *Tremml/Nolte* NJW 1997, 2265.

a) Verhältnis von Amtspflicht und Rechtspflicht

Das Befolgen einer rechtswidrigen Weisung stellt idR keine Amtspflicht-   24.16
verletzung dar. Dies folgt daraus, dass ein Amtswalter grundsätzlich verpflichtet ist (uU nach erfolgloser Remonstration), auch rechtswidrige
Anordnungen zu befolgen, sofern er damit nicht eine strafbare Handlung oder eine Ordnungswidrigkeit begeht (s. für Beamte §§ 36 Beamt-
StG, 63 BBG). In diesem Falle muss der Amtshaftungsanspruch an die
rechtswidrige Weisung selbst anknüpfen, die ihrerseits amtspflichtwidrig
ist. Problematisch ist dies allerdings dann, wenn es sich um allgemeine
Weisungen (Verwaltungsvorschriften) handelt (siehe Rnr. 24.19).

Merke: Allgemein wird angenommen, dass Amtspflichten auch dort bestehen können, wo es keine Rechtspflichten gibt. Diese – zutreffende – Auffassung bleibt für den Amtshaftungsanspruch aber letztlich ohne Bedeutung, weil es keine „dem Betroffenen gegenüber" bestehende Amtspflicht geben kann, die nicht zugleich auch zumindest eine Konkretisierung einer Rechtspflicht ist, anderenfalls bliebe die Amtspflicht im internen Bereich (ähnlich *Detterbeck/Windthorst/Sproll* § 9 Rnr. 89 f.).

b) Problem der Bestandskraft von Verwaltungsakten

Umstritten ist die Frage, ob der Erlass eines rechtswidrigen VA auch   24.17
dann als Verletzung einer Amtspflicht angesehen werden kann, wenn
dieser unanfechtbar und bestandskräftig geworden ist. Der BGH bejaht
diese Frage (BGHZ 113, 17 = NJW 1991, 1168 st. Rspr.). Bindungswirkung trete nur bei gerichtlich bestätigten VAen ein (BGHZ 95, 28, 35).
Diese Position wird zu Recht kritisiert (*Detterbeck/Windthorst/Sproll*
§ 11 Rnr. 25). Ausführlich zum Streitstand *Beaucamp* DVBl 2004, 352.

Beachte: Die Frage spielt wegen des Anspruchsausschlusses nach § 839 Abs. 3 BGB dann keine Rolle, wenn der Geschädigte den Schaden durch rechtzeitige Anfechtung des VA hätte verhindern können.

5. Amtspflicht dem Geschädigten gegenüber

a) Subjektive öffentliche Rechte

Die Amtspflicht muss dem Geschädigten gegenüber bestehen. Dies ist   24.18
praktisch nur dann der Fall, wenn die Amtspflicht mit einer Rechtspflicht identisch ist, deren Einhaltung der Betroffene verlangen kann,
oder mit anderen Worten, wenn ein subjektives öffentliches Recht des

Betroffenen besteht (BGH NJW 1994, 1647). Dies ist etwa der Fall bei der rechtswidrigen Ablehnung oder Verzögerung einer Baugenehmigung gegenüber dem Bauherrn (BGHZ 118, 263) oder bei rechtswidriger Unterlassung eines rechtlich gebotenen Einschreitens. Tatsächliche oder wirtschaftliche Interessen an ordnungsgemäßer Aufgabenerfüllung reichen nicht.

Beispiele: Staatliche Betriebsüberwachung soll idR nicht die Hersteller, Händler, Eigentümer, Halter oder Käufer von Anlagen oder Fahrzeugen schützen (zB BGH NJW 2004, 3484 – Kfz-Überwachung durch den TÜV gegenüber dem Käufer des Kfz; BGHZ 39, 358, 362 ff. – Baustatiküberprüfung; BGH NJW 1965, 200 – Seilbahnüberwachung; BGH ZIP 2001, 843, 845 – Prüfung von Flugzeugen). Die Pflicht zur Überwachung kann jedoch auch Dritten gegenüber bestehen (OLG Koblenz NJW 2003, 297: TÜV gegenüber geschädigten Verkehrsteilnehmern; BGHZ 170, 356: Kommunalaufsicht gegenüber Gemeinde). Aufsicht über Banken, Versicherungen und Börsen wird nach § 4 Abs. 4 FinDAG nur im öffentlichen Interesse ausgeübt (bestätigt durch BGHZ 162, 49; überholt BGHZ 74, 144). Kein Drittschutz bei Aufsicht der Landesmedienanstalten über private Rundfunkanbieter (OVG Hamburg NJW 1994, 73), oder der Berufsaufsicht der Ärztekammern gegenüber Patienten. Anders die Amtspflichten des Jugendamts zur Überwachung der Pflegeeltern gegenüber dem Kind (BGH NJW 2005, 68; die Pflegeeltern selbst handeln nicht hoheitlich: BGH NJW 2006, 1121).

b) Organisationspflichten, legislatives und normatives Unrecht

24.19 Insbesondere bei Verzögerungsschäden, für die den Amtswalter zB wegen Überlastung kein Verschulden trifft, kommt die Haftung wegen eines Organisationsmangels in Betracht. Der BGH nimmt neuerdings eine drittbezogene Amtspflicht der Behördenleitung an, für eine sachgerechte Verteilung des Personals zu sorgen, wenn Engpässe entstehen. Dagegen verneint die Rspr. eine drittgerichtete Amtspflicht des Haushaltsgesetzgebers, für eine hinreichende Personalausstattung durch Zuweisung von Haushaltsmitteln zu sorgen (BGHZ 170, 260 = NVwZ 2007, 260) wie auch sonst der Erlass rechtswidriger Gesetze durch das Parlament (legislatives Unrecht) und im Regelfall auch von Rechtsverordnungen (normatives Unrecht) nicht zur Amtshaftung führen soll (BGHZ 134, 30, 32).

Beachte: Etwas anderes soll gelten, wenn Rechtsnormen einen in besonderer Weise individualisierbaren Personenkreis betreffen, zu dem eine besondere Beziehung besteht (BGH NJW 2005, 74), zB bei Erlass von Bebauungsplänen unter Verstoß gegen drittschützende Vorschriften (BGHZ 106, 323; 123, 363 – Altlasten). **Nicht überzeugend** ist diese Rspr. in Bezug auf rechtswidrige **Verwaltungsvorschriften**, die dem Vollzug von Rechtsnormen im Einzelfall gelten. Diese können nicht anders behandelt werden als Einzelweisungen, die, wenn sie rechtswidrig sind, drittbezogene Amtspflichten verletzen können (*Leisner-Egensperger* DÖV 2004, 65). Im Übrigen betrachtet der BGH regelmäßig das Institut des **enteignungsgleichen Eingriffs** als geeignete Grundlage für eine Staatshaftung für rechtswidrige untergesetzliche Normen (z.B. BGH DVBl 1993, 718).

6. Kausalität zwischen Schaden und Amtspflichtverletzung

Die Amtspflichtverletzung muss den Schaden **adäquat kausal** verursacht   24.20
haben (BGH NJW 2005, 71 für Unterlassen). **Verfahrens- wie Ermessensfehler** sind für einen Schaden nur dann kausal, wenn bei amts-
pflichtgemäßem Verhalten ein auch in der Sache anderes Handeln zu erwarten gewesen wäre. Dies ist bei Verfahrensfehlern in den Fällen des
§ 46 VwVfG bzw. § 42 SGB X nicht anzunehmen (BGHZ 63, 319,
325), bei Ermessensfehlern dann fraglich, wenn sich das Ermessen nicht
auf Null reduziert hat. Hier muss das Gericht uU selbst prognostizieren,
wie die Behörde bei Vermeidung des Fehlers mit hoher Wahrscheinlichkeit entschieden hätte (BGHZ 74, 144, 156; 75, 120, 125).

Beispiel: Die wegerechtliche Sondernutzung zur Aufstellung einer Würstchenbude anlässlich einer größeren Veranstaltung wird ermessensfehlerhaft versagt. Der Primäran-
spruch hat sich durch Zeitablauf erledigt. Ob die Sondernutzung bei fehlerfreier Entscheidung erteilt worden wäre, ist fraglich. Die Kausalität entfällt nicht schon deshalb, weil keine Verpflichtung zur Erteilung bestand. Vielmehr kommt es darauf an,
wie ohne den Ermessensfehler entschieden worden wäre (BGH NVwZ 1985, 682;
BVerwG NVwZ 1989, 1156).

7. Verschulden

a) Grundsatz: Fahrlässigkeit ist ausreichend

Die Amtspflichtverletzung muss schuldhaft, dh idR mindestens fahrläs-   24.21
sig erfolgt sein. Hier gilt wie im Zivilrecht der **objektivierte Fahrlässig-
keitsmaßstab** (§ 276 Abs. 1 S. 2 BGB). Maßstab ist der pflichtgetreue
Durchschnittsbeamte. Problematisch sind hier vor allem Fehler bei der
Rechtsanwendung, insbesondere bei Irrtum über die Anwendbarkeit
von Rechtsnormen. Hier muss der Amtsträger die Sach- und Rechtslage
unter Heranziehung aller verfügbaren Hilfsmittel sorgfältig prüfen und
vernünftige Überlegungen anstellen. Kein Verschulden liegt vor, wenn
die Rechtsauffassung objektiv vertretbar und subjektiv aufgrund sorg-
fältiger Prüfung gewonnen wurde (BGHZ 119, 365).

Beachte: Seit alters her wird dem Amtswalter ein Schuldvorwurf nicht gemacht, wenn
ein **Kollegialgericht** später zum selben (letztlich unzutreffenden) Ergebnis gelangt ist
(BGH NVwZ-RR 2000, 744). Diese Regel ist heute nicht mehr ohne weiteres akzep-
tabel. Sie kann zB nicht gelten bei evidenter Rechtswidrigkeit (BGH NJW 1980,
1679), bei unzureichender Entscheidungsgrundlage des Kollegialgerichts (BGH NJW
2003, 1311) oder bei besonderem Fachwissen der Behörde (OLG Koblenz NVwZ
2002, 765).

b) Spruchrichterprivileg

Bei Amtspflichtverletzungen von Richtern ist das **Spruchrichterprivileg**   24.22
(§ 839 Abs. 2 S. 1 BGB) zu beachten, wonach eine Haftung nur eintritt,
wenn der Richter mit der Pflichtverletzung zugleich eine Straftat begeht.
Die Regelung erfasst nur die spezifisch richterliche Entscheidungstätig-
keit, allerdings auch die Maßnahmen zur Vorbereitung der Entschei-

dung (Terminsanberaumung, Durchführung der mündlichen Verhandlung, Beweiserhebung usw.).

Beachte: Erfasst werden nach neuerer Rspr. auch Beschlüsse im einstweiligen Rechtsschutz (BGH NJW 2005, 436). Anders wird dies bei einstweiligen Anordnungen im Rahmen der freiwilligen Gerichtsbarkeit gesehen, weil es sich materiell um Verwaltungsentscheidungen handele (BGHZ 155, 306). Aber auch bei richterlichen Amtspflichtverletzungen außerhalb des Anwendungsbereichs des § 839 Abs. 2 Satz 1 BGB ist der Verfassungsgrundsatz der richterlichen Unabhängigkeit zu beachten, so dass jedenfalls keine Haftung für leichte Fahrlässigkeit besteht (BGHZ 155, 306; anders OLGR Koblenz 2005, 211: richterliche Unabhängigkeit keine Frage des Verschuldens, sondern bereits Amtspflichtverletzung zu verneinen).

c) Sachverständigenhaftung

24.23 Bei der Haftung von Sachverständigen für fehlerhafte und unrichtige Gutachten ist nach Art der Gutachtertätigkeit zu differenzieren: Sog. staatlich anerkannte Sachverständige, die durch Gesetz übertragene Tätigkeiten selbständig ausüben, handeln als Beliehene selbst hoheitlich. Bei Sachverständigen, die auf privatvertraglicher Grundlage von Behörden zur Entscheidungsfindung herangezogen werden, kommt es darauf an, wie eng die gutachterliche Tätigkeit mit der hoheitlichen Aufgabe der Behörde zusammenhängt.

Beispiele: Als Beliehene haften amtlich anerkannte Sachverständige für den Kraftfahrzeugverkehr (BGHZ 49, 108), der mit der Vorprüfung einer überwachungsbedürftigen Anlage betraute TÜV-Sachverständige (BGHZ 122, 85) oder ein Prüfer bei der Nachprüfung der Lufttüchtigkeit eines Luftfahrtgeräts (BGHZ 147, 169), Prüfingenieure für Baustatik im Baugenehmigungsverfahren; als Verwaltungshelfer haftet ein BSE-Schnelltest-Labor (BGHZ 161, 6).

24.24 Obwohl der **gerichtlich bestellte Sachverständige** aufgrund eines öffentlich-rechtlichen Auftrags tätig wird, wird seine Tätigkeit als privatrechtliche angesehen. Nicht der Staat haftet für die Verletzung seiner Pflichten, sondern er persönlich, und zwar auf Grundlage der abschließenden Regelung in § 839 a BGB, worin die Haftung für leichte Fahrlässigkeit ausgeschlossen wird. Die Vorschrift gilt für sämtliche gerichtlichen Verfahren und wird auch auf Verwaltungsverfahren jedenfalls dann analog angewandt, wenn die Bestellung aufgrund eines öffentlich-rechtlichen Auftrags und nicht aufgrund eines Werkvertrags erfolgt.

Problematisch ist, ob die Amtshaftung eingreift, wenn der gerichtliche Sachverständige zugleich als Amtsträger handelt, zu dessen normaler Amtstätigkeit die Erstattung gerichtlicher Sachverständigengutachten gehört (zB Amtsarzt, behördlicher Gutachterausschuss). Die Frage wurde offen gelassen in BGH NVwZ-RR 2003, 401 (analoge Anwendung ablehnend MüKo/*Wagner* § 839 a BGB Rnr. 8 f.).

8. Fehlen anderweitiger Ersatzmöglichkeit (§ 839 Abs. 1 S. 2 BGB)

24.25 Auch für die Haftung des Staates gilt im Grundsatz das (ursprünglich nur den Beamten selbst zugedachte) Privileg der **Subsidiarität der Haftung** in § 839 Abs. 1 S. 2 BGB. Der Geschädigte muss danach in den

Fällen fahrlässiger Pflichtverletzung vorrangig andere Ansprüche auf Ersatz des Schadens verfolgen. Allerdings hat dieses heute kaum noch gerechtfertigte Subsidiaritätsprinzip inzwischen in der Rspr. des BGH zahlreiche Durchbrechungen erfahren. Die Amtshaftung **ist nicht mehr** subsidiär gegenüber

– Versicherungsansprüchen des Geschädigten (BGHZ 79, 26, 31; 85, 230), auch solchen auf Lohnfortzahlung (BGHZ 62, 380, 383),
– Ersatzansprüchen gegen Dritte bei Amtspflichtverletzungen im Straßenverkehr (BGHZ 68, 217), sofern nicht Sonderrechte (§ 35 StVO) in Anspruch genommen wurden (BGHZ 113, 164, 167),
– Ersatzansprüchen gegen Dritte bei Verletzung öffentlich-rechtlicher Verkehrssicherungspflichten (BGHZ 75, 134),
– Ansprüchen gegen andere Verwaltungsträger (BGHZ 62, 39; BGH DÖV 2003, 253).

9. Fehlen einer Abwendungsmöglichkeit (§ 839 Abs. 3 BGB)

Der Anspruch ist ausgeschlossen, wenn der Betroffene es in vorwerf- 24.26 barer Weise unterlassen hat, sich gegen die Beeinträchtigung mit zumutbaren Mitteln zur Wehr zu setzen, wenn dadurch der Schaden hätte abgewendet werden können (Kausalität erforderlich, vgl. BGH NJW 2003, 1313; 2004, 1242). Vorrangig muss sich der Betroffene gegen rechtswidriges hoheitliches Handeln verteidigen, es gibt also **kein Wahlrecht** zwischen Abwehr und Schadensersatz (BGHZ 98, 85 = NJW 1987, 491). Die Pflicht zur Abwendung umfasst auch den vorläufigen Rechtsschutz (Schlick NJW 2008, 132).

Beachte: Der Kreis der Rechtsbehelfe, die der Betroffene ergreifen muss, wird von der Rspr. sehr weit gezogen. Er umfasst nach hM neben förmlichen Rechtsbehelfen auch formlose Gegenvorstellungen, Erinnerungen, Aufsichtsbeschwerden (s. *Detterbeck/Windthorst/Sproll* § 10 Rnr. 61 ff.). Der anderweitige Rechtsschutz muss aber geeignet sein, also insbesondere Aussicht auf Erfolg haben (BGH NJW 2003, 1313) und zumutbar sein. In BGH NJW 2002, 3172 wird es einem Mobbing-Opfer nicht zugemutet, sich unmittelbar gegen den mobbenden Dienstvorgesetzten zur Wehr zu setzen.

10. Verjährung

Der Anspruch verjährt gem. § 195 BGB grundsätzlich in **drei Jahren,** 24.27 gerechnet vom Ende des Jahres, in welchem der Geschädigte Kenntnis des schadensstiftenden Ereignisses und der Person des Schädigers erlangt hat oder ohne grobe Fahrlässigkeit hätte erhalten können (§ 199 Abs. 1 BGB); ohne Rücksicht auf die Kenntnis nach § 199 Abs. 3 BGB in 10 bzw. 30 Jahren. Beruht der Anspruch auf der Verletzung von Leben, Körper, Gesundheit oder Freiheit, gilt abweichend die **dreißigjährige Verjährungsfrist** des § 199 Abs. 2 BGB.

Beachte: Die Erhebung der Klage (bzw. des Widerspruchs) im Rahmen des Primärrechtsschutzes gegen die amtspflichtwidrige Maßnahme hemmt zugleich die Verjährung des Amtshaftungsanspruchs analog § 204 Abs. 1 Nr. 1 BGB (MüKo/*Papier* § 839 Rnr. 356; zum alten Verjährungsrecht vgl. BGHZ 95, 238). Die Hemmung endet sechs Monate nach rechtskräftiger Entscheidung, sonstiger Verfahrensbeendigung oder Stillstand wegen Nichtbetreibens analog § 204 Abs. 2 BGB. Der Zeitraum, in dem die Verjährung gehemmt ist, wird in die Verjährungsfrist nicht eingerechnet, analog § 209 BGB.

11. Anspruchsumfang

24.28 Es gelten die allgemeinen Regeln des zivilen Schadensersatzrechts (§§ 249 ff. BGB). Der Anspruch kann sich allerdings **nur auf Geldersatz** richten. Eine Naturalrestitution ist ausgeschlossen, weil die öffentliche Hand lediglich die Haftung für den Amtswalter übernimmt, dem Naturalrestitution rechtlich nicht möglich wäre (BGHZ 34, 99). Der Anspruch kann in den Fällen des § 253 Abs. 2 BGB auch **Schmerzensgeld** und nach § 252 BGB den entgangenen Gewinn umfassen. **Mitverschulden** des Geschädigten führt nach § 254 BGB zur Minderung, ggfs sogar zum vollständigen Ausschluss.

Beachte: Anders ist dies beim FBA, der sich auf die Beseitigung der noch andauernden Beeinträchtigung und damit auf die Wiederherstellung des früheren Zustandes richten kann (s. unten Rnr. 25.20).

III. Ansprüche aus vertragsähnlichen Sonderbeziehungen

1. Quasivertragliche Haftung und Amtshaftung

24.29 Grundsätzlich haftet der Staat für die bei hoheitlicher Tätigkeit entstandenen Schäden nach Amtshaftung (Art. 34 GG iVm § 839 BGB). Dies wurde neben der Haftung aus Vertrag und Gesetz lange für ausreichend angesehen. Nur sehr zögerlich wurde daneben eine quasivertragliche Haftung in sog. schuldrechtsähnlichen Sonderbeziehungen anerkannt (erstmalig in RGZ 115, 419, 421 für die öffentlich-rechtliche Verwahrung). Es gelten dann die allgemeinen zivilrechtlichen Regelungen über die Haftung für Pflichtverletzungen im Schuldverhältnis nach den §§ 241, 311 Abs. 2, 3 iVm 280 ff. BGB analog (Unmöglichkeit, Verzug, Schlechtleistung usw.). Für Art und Umfang von Schadensersatzansprüchen gelten die §§ 249 ff. BGB analog mit der Möglichkeit der Naturalrestitution.

Beachte: Vorteile gegenüber der Amtshaftung: Zurechnung pflichtwidrigen Verhaltens Dritter analog § 278 BGB (zB bei Einschaltung privater Unternehmer); keine Subsidiarität gem. § 839 Abs. 1 S. 2 BGB; an die Stelle von § 839 Abs. 3 BGB tritt ggfs. das Mitverschulden nach § 254 BGB; günstigere Beweislastregeln hinsichtlich des Verschuldens (§ 280 Abs. 1 Satz 2 BGB). **Nachteil:** Möglichkeit der Haftungsbeschränkung auf Vorsatz und grobe Fahrlässigkeit durch Satzung (§§ 278 Abs. 3, 309 Nr. 7 BGB analog); allerdings nur soweit angemessen (vgl. BGHZ 61, 7, 12).

2. Die einzelnen schuldrechtsähnlichen Sonderbeziehungen

a) Die öffentlich-rechtliche Verwahrung

Ein öffentlich-rechtliches Verwahrungsverhältnis entsteht dann, wenn die 24.30
Verwaltung Gegenstände des Bürgers aufgrund von (tatsächlichen oder
vermeintlichen) hoheitlichen Befugnissen in Verwahrung nimmt. Typi-
scher Fall sind Sicherstellung und Beschlagnahme von Gegenständen
nach dem allgemeinen Polizei- und Ordnungsrecht (§§ 21 f. MEPolG)
oder nach der StPO (zB § 94 StPO). Unabhängig von der Rechtmäßigkeit entsteht dadurch ein öffentlich-rechtliches Schuldverhältnis, auf das
die §§ 688 ff. BGB (mit Ausnahme des § 690 BGB) sowie die allgemeinen Haftungsregeln des Zivilrechts analog anwendbar sind (BGHZ 34,
349; zur Rückgabe beschlagnahmter Sachen analog § 697 BGB vgl.
BGHZ NJW 2005, 988).

Beispiele: Polizei beschlagnahmt auf einer Demonstration ein verbotenes Transparent
(§ 14 Abs. 1 S. 1 lit. a) HmbSOG oder stellt ein verbotswidrig abgestelltes Fahrzeug
auf einem Verwahrplatz sicher (zB nach § 14 Abs. 1 S. 2 HmbSOG). Dabei werden
die in Verwahrung genommenen Gegenstände beschädigt. Nach BGH idR keine
Haftung für Beschädigung einer zur Vermeidung von Obdachlosigkeit in Anspruch
genommenen Wohnung durch Eingewiesene, weil Schaden nicht Ausdruck des Ver-
wahr-Risikos (BGH NVwZ 2006, 963).

b) Die öffentlich-rechtliche Geschäftsführung ohne Auftrag (GoA)

Auch für die öffentlich-rechtliche GoA wird die entsprechende Anwen- 24.31
dung der Haftungsregeln des BGB überwiegend anerkannt, und zwar
sowohl für den Fall des privaten Handels im Aufgabenbereich einer Behörde (grundsätzlich BVerwGE 80, 170, zB BGH NVwZ 2004, 764)
als auch im umgekehrten Fall hoheitlichen Handelns zugunsten eines
Privaten (zB BGH NJW 2004, 513). Aus der GoA lassen sich aber jedenfalls dann keine Ansprüche (insbesondere auf Aufwendungsersatz
des Staates nach § 683 BGB) herleiten, wenn spezialgesetzlich abschie-
ßende Regelungen vorliegen.

Beispiel: Kein Ersatzanspruch für den beim Niederstrecken eines entlaufenen Rinds
knalltraumatisierten Polizeibeamten, allein schon deshalb, weil für polizeiliches Handeln die Polizei- und Kostengesetze abschließende Regelungen darstellen (BGHZ 156,
394 = NJW 2004, 513); kein Anspruch des Technischen Hilfswerks auf Aufwendungsersatz wegen spezieller Regelungen (BGH NVwZ 2008, 349). Zur Geschäftsführung ohne Auftrag im öffentlichen Recht s auch *Schoch* Die Verwaltung 2005,
91 ff.

Problematisch ist die Frage, wann eine Geschäftsführung ohne Auftrag 24.32
als öffentlich-rechtlich einzustufen ist, weil gerade ein Auftrag fehlt,
dessen Erfüllung den Bezug zum öffentlichen Recht begründen könnte
(vgl. BGHZ 63, 167 = NJW 1975, 207). Hier wird man vor allem auf
den Sachzusammenhang mit einer öffentlich-rechtlichen Pflicht oder
Aufgabenerledigung abzustellen haben.

Beispiele: Bau einer Uferbefestigungsanlage für Deichverband (BVerwGE 80, 170); Feuerwehreinsatz nach Funkenflug einer Lokomotive (BGHZ 40, 30); dass nicht allein in dem Willen gehandelt wird, die öffentlich-rechtliche Aufgabe zu erfüllen, schließt den Anspruch ebenso wenig aus wie ein entgegenstehender Wille der Behörde, wenn die Aufgabenerfüllung geboten war.

c) Beamtenverhältnis

24.33 Im Beamtenverhältnis sieht die Rspr. ein enges schuldrechtsähnliches Verhältnis zwischen Beamten und Dienstherrn, das die Anwendung schuldrechtlicher Haftungsgrundsätze rechtfertige. Bei Verletzung der beamtenrechtlichen Fürsorgepflicht (§ 78 BBG; § 45 BeamtStG) finden die Haftungsregeln des Zivilrechts mit der Verschuldenszurechnung nach § 278 BGB und der Beweislastregel des § 280 Ab. 1 S. 2 BGB entsprechende Anwendung. Der Schadensersatzanspruch wurde unmittelbar aus dem Dienstverhältnis entwickelt (BVerwGE 80, 123; 107, 29).

Beispiele: Schadensersatzanspruch auf Zahlung des Differenzbetrages zu der höheren Besoldung bei rechtswidrig unterbliebener Beförderung (BVerwG NJW 1997, 1312); Beschädigung von Sachen des Beamten, die in Verwahrung genommen wurden (BVerwGE 94, 163). Für den Anspruch gilt die Zuweisung nach § 54 BeamtStG.

d) Öffentlich-rechtliche Anstalts- und Benutzungsverhältnisse

24.34 In der Literatur besteht zu Recht die Tendenz, die Haftungsregeln des Zivilrechts entsprechend auf sämtliche öffentlich-rechtlichen Anstalts- und Benutzungsverhältnisse anzuwenden und damit der Amtshaftung eine weitere Haftungsgrundlage hinzuzufügen (*Ossenbühl* Staatshaftungsrecht, S. 291 f. mwN). Der BGH geht demgegenüber in st. Rspr. davon aus, dass nur **besonderes enge Beziehungen** zwischen Staat und Bürger schuldrechtsähnliche Verhältnisse begründen und die entsprechende Anwendung der zivilrechtlichen Haftungsregeln rechtfertigen können.

Beispiele: Anerkannt hat der BGH eine entsprechende Haftung für die kommunale Abwasserentsorgung (BGHZ 54, 299; BGH NVwZ 2007, 1061), bei Inanspruchnahme einer Wohnung zur Einweisung von Obdachlosen (BGH NVwZ 2006, 963); für ein Wasserlieferungsverhältnis zwischen Gemeinde und Bürger (BGHZ 59, 303), für die Benutzung eines städtischen Schlachthofes (BGHZ 61, 7; NJW 1974, 1816); **abgelehnt** für Strafgefangenenverhältnis (BGHZ 21, 214) und das Schulverhältnis (BGHZ 62, 204). Im Schulverhältnis besteht eine gesetzliche Unfallversicherung nach SGB VII, durch die das Unfallrisiko ausreichend abgedeckt wird.

IV. Die Enteignung

1. Die Institute Enteignung und Aufopferung

a) Der allgemeine Aufopferungsanspruch

24.35 Nach dem aus den §§ 74 f. Einl. ALR hergeleiteten und heute gewohnheitsrechtlich anerkannten Aufopferungsgrundsatz muss derjenige, der seine Rechte dem Allgemeinwohl aufzuopfern genötigt wird, entschädigt werden. Ob es sich um Rechte (Eigentum, Persönlichkeitsrecht) oder Rechtsgüter (Leben, Gesundheit, Freiheit) handelt, war zunächst nicht entscheidend. Ansprüche wegen Enteignung wurden aber schon früh besonders geregelt und damit aus dem allgemeinen Aufopferungsanspruch ausgegrenzt. Nach „Erfindung" der Institute des enteignungsgleichen und enteignenden Eingriffs kommt der allgemeine Aufopferungsanspruch nur noch bei gesetzlich nicht besonders geregelten Eingriffen in immaterielle Rechtsgüter zum Zuge (BGHZ 9, 83 – Impfschäden).

b) Die Enteignung

Die Enteignung ist die vollständige oder teilweise Entziehung einer Ei- **24.36** gentumsposition durch Gesetz oder aufgrund eines Gesetzes mit dem Ziel, das entzogene Eigentum für Zwecke des gemeinen Wohls einzusetzen (BVerfGE 58, 300, 331 = NJW 1982, 745). Sie ist nach heute hM ein **Instrument zur Güterbeschaffung.** Für sie gelten nach Art. 14 Abs. 3 GG besondere Rechtmäßigkeitsvoraussetzungen. Eine Enteignung liegt danach nur vor, wenn

– eine geschützte Eigentumsposition
– durch einen hoheitlichen Rechtsakt
- zur Verwendung im Interesse des Allgemeinwohls
– ganz oder teilweise entzogen wird.

Beispiele: Enteignung eines Grundstücks für Straßenbauzwecke oder zur Umsetzung von Festsetzungen eines Bebauungsplans, zwangsweise Inanspruchnahme eines Grundstücks durch Eintragung einer Dienstbarkeit.

Keine Enteignung liegt dagegen vor, wenn der Gesetzgeber die Eigen- **24.37** tümerbefugnisse in bestimmten sachlichen oder räumlichen Bereichen neu regelt und dadurch Inhalt und Schranken des Eigentums teilweise neu bestimmt, auch wenn dabei einzelne Befugnisse des Eigentümers verloren gehen, sofern diese nicht im Interesse des Gemeinwohls verwendet werden sollen.

Beispiele: Einschränkung der baulichen Nutzbarkeit von Grundstücken durch Bebauungsplan (BVerfGE 79, 174); Neubestimmung bergrechtlicher Positionen (BVerfGE 83, 201 = NJW 1991, 1807); Festsetzung von Natur- oder Landschaftsschutzgebieten mit der Folge, dass die in diesen Gebieten liegenden Grundstücke nur noch eingeschränkt genutzt, insbesondere bebaut werden dürfen (BVerwGF 84, 361, 370 – Fischteiche).

2. Rechtmäßigkeitsvoraussetzungen einer Enteignung

c) Formelle Enteignungsvoraussetzungen
d) Materielle Enteignungsvoraussetzungen
   aa) Vorliegen eines bindenden Vorhabenplans
   bb) Gemeinwohlerfordernis in sonstigen Fällen

a) Gesetzliche Grundlage

24.38 Enteignungen sind nach Art. 14 Abs. 3 GG nur durch Gesetz (Legalenteignung) oder auf der Grundlage eines Gesetzes (Administrativenteignung) zulässig. Als Grundform der **Administrativenteignung** können die Regelungen in §§ 85 ff. **BauGB** über die Enteignung zur Verwirklichung der Ziele der Bauleitplanung gelten. Sie enthalten eine vollständige Kodifikation der materiellen Voraussetzungen sowie des Enteignungsverfahrens. Auf sie wird vor allem in den Enteignungsgesetzen der Länder oft verwiesen. Die **Legislativenteignung** ist wegen der damit verbundenen Verkürzung des Rechtsschutzes (nur VB) nur ausnahmsweise dann zulässig, wenn der Schutz des Allgemeinwohls sich mit einer Administrativenteignung nicht in ausreichender Weise erreichen lässt.

Beispiel: Rasche Landbeschaffung für Hochwasserschutzmaßnahmen nach der Flutkatastrophe 1962 durch das (inzwischen aufgehobene) HmbDOG (BVerfGE 24, 367); ähnlich das Investitionsmaßnahmegesetzes über den Bau der „Südumfahrung Stendal" (BVerfGE 95, 1).

b) Rechtmäßigkeit des Enteignungsgesetzes

24.39 Das Enteignungsgesetz muss mit höherrangigem Recht vereinbar sein. Neben den allgemeinen Voraussetzungen für die Verfassungsmäßigkeit von Gesetzen ist hier die Vereinbarkeit mit Art. 14 Abs. 1 S. 1 und Abs. 3 GG zu prüfen. Aus Art. 14 Abs. 1 S. 1 GG ergibt sich als Maßstab die Institutsgarantie, aus Art. 14 Abs. 3 GG folgen das Gemeinwohlerfordernis und die Junktimklausel.

24.40 **aa) Das Gemeinwohlerfordernis.** Ein Enteignungsgesetz darf nach Art. 14 Abs. 3 S. 1 GG eine Enteignung nur für solche Fälle zulassen bzw. anordnen, in denen das Gewicht der öffentlichen Interessen an einer Enteignung so groß ist, dass ihnen ein Vorrang vor den durch Art. 14 Abs. 1 S. 1 GG geschützten Privatinteressen des Eigentümers eingeräumt werden darf.

Beachte: Problematisch ist das Gemeinwohlerfordernis idR nur für den Fall der Legalenteignung, wenn also Art und Umfang der Enteignung abschließend geregelt werden. In den Fällen der Administrativenteignung wiederholen die Gesetze idR nur die Gemeinwohlklausel gem. Art. 14 Abs. 3 GG, deren Einhaltung dann erst bei der einzelnen Enteignung zu prüfen ist (vgl. zB § 87 Abs. 1 BauGB; siehe unten Rnr. 24.42).

24.41 **bb) Die sog. Junktimklausel** des Art. 14 Abs. 3 S. 2 GG muss beachtet worden sein. Danach muss das Gesetz selbst Regelungen über Art und Ausmaß der Entschädigung enthalten. Der Gesetzgeber muss die Enteignungswirkung erkannt und für Art und Höhe der Entschädigung eine angemessene Regelung getroffen haben (Bsp. §§ 93 ff. BauGB). Sog **sal-**

vatorische **Entschädigungsklauseln,** die nur allgemein eine Entschädigung vorsehen, falls eine Maßnahme sich als entschädigungspflichtig herausstellt, nicht zulässig (*Maurer* § 27 Rnr. 63 mwN, anders bei der entschädigungspflichtigen Inhaltsbestimmung).

c) Formelle Enteignungsvoraussetzungen

Die formellen Anforderungen des Enteignungsgesetzes müssen erfüllt sein (Zuständigkeit, Verfahren, Form). Besondere Bedeutung kommt dem Enteignungsverfahren zu, welches in den Enteignungsgesetzen zT außerordentlich differenziert ausgestaltet ist (vgl. zB §§ 87 ff. BauGB). Teilweise wird für das Verfahren auf §§ 85 ff. BauGB oder auf die allgemeinen Enteignungsgesetze der Länder verwiesen (zB § 30 S. 3 PBefG). Deren Voraussetzungen sind dann im Rahmen des speziellen Enteignungsgesetzes zu prüfen. **24.42**

Beachte: IdR verlangen die Enteignungsgesetze, dass sich die Behörde um den freihändigen Erwerb des Eigentums bemüht und dem Eigentümer ein angemessenes Kaufangebot unterbreitet hat (vgl. § 87 Abs. 2 BauGB). Dies ist auch Ausdruck des Prinzips der Erforderlichkeit.

d) Materielle Enteignungsvoraussetzungen

Die Enteignung ist nach Art. 14 Abs. 3 GG nur zulässig, wenn die Voraussetzungen des Enteignungsgesetzes vorliegen. Die meisten Fachplanungsgesetze enthalten die Regelung, dass die Enteignung zur Ausführung eines Planfeststellungsbeschlusses zulässig sei (vgl. zB § 19 Abs. 1 FStrG) und verweisen im Übrigen auf die Enteignungsgesetze der Länder. Demgegenüber enthalten die §§ 85 BauGB für die Enteignung zur Durchführung eines gültigen Bebauungsplans sämtliche erforderlichen Regelungen. Schließlich kommt auch die bloße Anwendung eines allgemeinen Landesenteignungsgesetzes in Betracht. Stets ist das Gemeinwohlerfordernis die zentrale Voraussetzung. Dabei ist zu differenzieren: **24.43**

aa) Bindender Vorhabenplan. Liegt dem Enteignungsverfahren ein rechtlich bindender Plan zugrunde, wird das Gemeinwohlerfordernis im Enteignungsverfahren nicht mehr geprüft. In diesen Fällen ist bereits bindend festgestellt, dass die Durchführung des Plans eine Enteignung rechtfertigt (sog. enteignungsrechtliche Vorwirkung). Die Frage, ob das planfestgestellte Vorhaben die Enteignung rechtfertigt, ist in diesen Fällen bereits bei der Prüfung des Planfeststellungsbeschlusses zu beantworten. Im Enteignungsverfahren geht es dann nur noch um die Frage, ob das betroffene Eigentumsrecht zur Durchführung des Vorhabens tatsächlich und sofort benötigt wird und in welcher Höhe Entschädigung zu leisten ist. **24.44**

Beispiele: Planfeststellungsbeschlüsse nach §§ 17 ff. FStrG, §§ 28 ff. PBefG, §§ 18 ff. AEG; solche nach den Landeswassergesetzen dagegen nur teilweise (vgl. zB § 48 Abs. 5 HWaG). Keine Bindungswirkung für die Gemeinwohlfrage entfaltet der Bebauungsplan.

24.45   bb) Gemeinwohlerfordernis in sonstigen Fällen. Liegt dem Enteignungsverfahren kein derartiger vorwirkender Plan oder nur ein Bebauungsplan zugrunde, so ist die Frage, ob die Enteignung auch im konkreten Einzelfall dem allgemeinen Wohl dient und insoweit erforderlich ist, im Enteignungsverfahren umfassend zu prüfen. Geprüft wird nicht nur, ob das Objekt für das Vorhaben tatsächlich benötigt wird, sondern auch, ob das Vorhaben tatsächlich im Interesse des Gemeinwohls die Enteignung rechtfertigen kann.

Beachte: Ein rechtswirksamer Bebauungsplan stellt zwar die Zulässigkeit eines Vorhabens bindend fest, enthält jedoch keine Aussage darüber, ob seine Festsetzungen auch mit dem Mittel der Enteignung durchsetzbar sind. Dies ist für jede Festsetzung vielmehr im konkreten Fall gesondert zu prüfen.

e) Art und Umfang der Entschädigung, Verjährung

24.46 Der Anspruch auf Entschädigung ergibt sich unmittelbar aus dem Enteignungsgesetz. Er richtet sich idR auf Geldersatz, dessen Höhe im Gesetz selbst unter gerechter Abwägung der Interessen der Allgemeinheit und der Beteiligten (Art. 14 Abs. 3 GG) festgelegt sein muss. Derzeit wird idR der Substanzwert des Eigentumsrechts unter Einschluss der unmittelbaren Folgeschäden ersetzt (vgl. §§ 93 ff. BauGB). Die Verjährung spielt im Regelfall der vorgängigen Entschädigung (zB nach § 117 Abs. 1 S. 1 BauGB und entspr. Vorschriften der Landesenteignungsgesetze) keine Rolle. Anspruchsgegner ist derjenige Verwaltungsträger oder Private, der durch die Enteignung begünstigt wurde.

V. Der Aufopferungsanspruch

Literatur: *Brüning*, Die Aufopferung im Spannungsfeld von verfassungsrechtlicher Eigentumsgarantie und richterrechtlicher Ausgestaltung, JuS 2003, 2; *Ferschl*, Der öffentlichrechtliche Aufopferungsanspruch, 1995.

Übersicht über die Anspruchsvoraussetzungen

a) Anwendbarkeit, spezialgesetzliche Ausgestaltungen
b) Beeinträchtigung immaterieller Rechte
c) Gemeinwohlmotivierter hoheitlicher Eingriff
d) Sonderopfer
e) Passivlegitimation
f) Anspruchsumfang, Verjährung

1. Anwendbarkeit, spezialgesetzliche Ausgestaltungen

24.47 Der allgemeine Aufopferungsanspruch erfasst heute nur noch die Entschädigung für Eingriffe in immaterielle Rechtsgüter, durch die dem Einzelnen ein Sonderopfer auferlegt wird. Grundlage ist der allgemeine Aufopferungsgedanke, heute iVm den Grundrechten. Er greift nur ein, wenn **keine speziellen gesetzlichen Regelungen** bestehen. Ist der Eingriff in immaterielle Rechtsgüter rechtswidrig, wird teilweise auch von einem aufopferungsgleichen Eignriff gesprochen. Wird die konkrete Aufopferungslage von speziellen gesetzlichen Anspruchsgrundlagen erfasst, ist ein Rückgriff auf den allgemeinen Aufopferungsanspruch auch dann nicht mehr möglich, wenn die Voraussetzungen der speziellen Regelung nicht (mehr) vorliegen.

Beispiel: BGHZ 45, 58, 80: Kein Aufopferungsanspruch wegen rechtswidrig erlittener Strafhaft, weil der Anspruch aus Art. 5 Abs. 5 MRK trotz bereits eingetretener Verjährung vorrangig sei; krit. hierzu *Maurer* § 28 Rnr. 6. Amtshaftungsansprüche schließen dagegen den Aufopferungsanspruch nicht aus.

Als spezialgesetzliche Regelungen der Aufopferung und damit als vorrangig werden angesehen §§ 60 ff. IfSchG für Impfschäden, §§ 1 ff. OEG für Opfer von Gewalttaten, §§ 1 ff. StrEG für Opfer unberechtigter Strafverfolgung, Art. 5 Abs. 5 MRK für Opfer rechtswidriger Festnahme oder Freiheitsentziehung (BGHZ 122, 268). Auch gesetzliche Entschädigungsansprüche von Notstandspflichtigen nach Polizeirecht (vgl. zB § 10 Abs. 3 HmbSOG; § 51 BremPolG; § 55 PolG BW; dazu *Schenke*, Polizeirecht Rnr. 229), sowie die Ansprüche aus der gesetzlichen Unfallversicherung nach SGB VII (BGH MDR 1993, 1063 – Rentenanspruch eines geschädigten Feuerwehrmannes) und § 2 Abs. 1 SGB VII iVm § 5 Abs. 1 SGB I (unechte Unfallversicherung) verdrängen den allgemeinen Aufopferungsanspruch. **24.48**

Beachte: Nach § 2 Abs. 1 SGB VII iVm § 5 Abs. 1 SGB I sind auch Personen, die in besonderen Notsituationen freiwillig Hilfe leisten, sowie Kinder in Kindergärten, Schüler in Schulen und anderen Bildungseinrichtungen unfallversichert.

2. Beeinträchtigung immaterieller Rechte

Es muss eine Beeinträchtigung bestimmter nichtvermögenswerter Rechte oder Rechtsgüter vorliegen. Geschützt sind die Grundrechtspositionen aus des Art. 2 Abs. 2 GG, also **Leben, Gesundheit und persönliche Bewegungs-Freiheit**. Andere immaterielle Rechtsgüter sind bisher nicht einbezogen worden. Beeinträchtigungen des allgemeinen Persönlichkeitsrechts führen deshalb nicht zu einem Aufopferungsanspruch, ebenso wenig Beeinträchtigungen der Berufsfreiheit. **24.49**

Merke: Trotz der systematisch wenig überzeugenden Begrenzung hat die Rspr eine Ausdehnung bisher nicht für geboten erachtet (BGH NJW 1994, 1468; BVerfG NVwZ 1998, 271; krit. *Detterbeck/Windthorst/Sproll* § 16 Rnr. 67).

3. Gemeinwohlmotivierter hoheitlicher Eingriff

In die geschützten Rechte bzw. Rechtsgüter muss hoheitlich eingegriffen worden sein. Dies setzt **öffentlich-rechtliches Handeln** voraus (siehe hierzu Rnr. 32.01 ff.). Nicht notwendig ist hoheitlicher Zwang, ausreichend ist eine entsprechende Veranlassung (vgl. BGHZ 31, 187 – Aufforderung zur Schutzimpfung). Es muss eine **unmittelbare Beeinträchtigung** (vgl. Rnr. 24.62) der geschützten Rechte bzw. Rechtsgüter vorliegen. Hieran fehlt es, wenn sich der Betroffene freiwillig, dh ohne **24.50** behördliche Veranlassung, in eine Gefahrenlage begibt. Ob der Eingriff **rechtmäßig oder rechtswidrig** ist, spielt hier noch keine Rolle (wohl aber beim Sonderopfer, s unten). Der Eingriff muss aber **im Interesse des gemeinen Wohls** erfolgt sein; dies ist nicht der Fall, wenn der Staat ausschließlich im privaten Interesse tätig wird (zB bei Zwangsvollstreckungsmaßnahmen zugunsten Privater).

4. Sonderopfer

24.51 Die Beeinträchtigung muss sich als Sonderopfer darstellen. Das ist dann der Fall, wenn die Maßnahme oder ihre unmittelbaren Folgen den Betroffenen gegenüber der Allgemeinheit in besonderer Weise treffen. Kein Sonderopfer liegt vor, wenn sich lediglich das allgemeine Lebensrisiko verwirklicht. Gleiches gilt, wenn der Schaden durch zumutbare Maßnahmen hätte abgewendet werden können (Rechtsgedanke des § 254 BGB). Grundsätzlich kann aus der **Rechtswidrigkeit des Eingriffs** wie beim enteignungsgleichen Eingriff auf das Sonderopfer geschlossen werden. Auch im Übrigen stellen sich die Fragen ähnlich (vgl. Rnr. 24.63 f.).

Beispiele: Verletzung eines später freigesprochenen Untersuchungsgefangenen durch Mithäftling als Sonderopfer (BGHZ 60, 302); kein Sonderopfer bei Verletzung im Turnunterricht, wenn keine besondere Übung verlangt wurde (BGHZ 46, 327); kein Sonderopfer des rechtswidrig zum Wehrdienst einberufenen Wehruntauglichen (BGHZ 65, 196, 206).

5. Passivlegitimation

24.52 Der Anspruch richtet sich gegen denjenigen Hoheitsträger, dem etwaige Vorteile des schädigenden Ereignisses zugute gekommen sind (**begünstigte Körperschaft**). Da aus der Schädigung idR keine unmittelbaren Vorteile erwachsen, richtet sich der Anspruch meist gegen den Hoheitsträger, bei dessen Aufgabenerfüllung das schädigende Ereignis eingetreten ist. Mehrere Hoheitsträger können als Gesamtschuldner haften.

6. Anspruchsumfang, Verjährung

24.53 Der Anspruch richtet sich auf einen angemessenen Ausgleich des durch die Schädigung eingetretenen Vermögensschadens, ggfs. gemindert durch ein etwaiges Mitverschulden. Als Maßstab werden vom BGH zumeist die Regeln des Bundesversorgungsgesetzes herangezogen. Schmerzensgeld umfasst der Anspruch nicht (BGHZ 20, 61, 68). Für den Anspruch gilt – ebenso wie für den Amtshaftungsanspruch – die regelmäßige Verjährung (§§ 195, 199 Abs. 1 und 2 BGB: grds. 3 Jahre).

VI. Ansprüche aus enteignungsgleichem Eingriff

1. Die Entwicklung des Anspruchs aus enteignungsgleichem Eingriff

a) Die Herleitung aus Art. 14 Abs. 3 GG

Der Anspruch wurde für den Ersatz von Schäden durch rechtswidrige 24.54
hoheitliche Eingriffe in verfassungsrechtlich geschützte Eigentumspositionen entwickelt. In der grundlegenden Entscheidung aus dem Jahre
1954 (BGHZ 6, 270) ging der BGH dabei auf der Basis des inzwischen
überholten weiten Enteignungsbegriffs von der Überlegung aus, dass ein
Eingriff, der für den Fall seiner Rechtmäßigkeit eine Enteignung darstellen würde, nach Art. 14 Abs. 3 GG erst recht entschädigungspflichtig
sein müsse, wenn er rechtswidrig sei.

Im Laufe der Zeit entwickelte der BGH den enteignungsgleichen Eingriff zu einem eigenständigen Haftungsinstitut weiter, das mit der Enteignung praktisch keine Gemeinsamkeiten mehr hat.

Beispiele: Erweiterung auf nichtfinale, aber unmittelbare Eigentumsbeeinträchtigungen (BGHZ 55, 229, 231 = NJW 1971, 607), Erweiterung auf Fälle tatsächlicher Einwirkungen (BGH NJW 1964, 104 – Schäden durch Schützenpanzer), Erweiterung auf
Fälle, in denen das Sonderopfer allein in der Rechtswidrigkeit der Maßnahme liegt
(BGHZ 32, 208, 210 = NJW 1960, 1149), Erweiterung auf Fälle qualifizierten Unterlassens (BGHZ 56, 40, 42 = NJW 1971, 1172).

Nachdem das BVerfG im Jahre 1981 (BVerfGE 58, 300) entschieden 24.55
hatte, dass sich aus Art. 14 GG unmittelbar keine Entschädigungsansprüche herleiten lassen, stellte der BGH den enteignungsgleichen Eingriff auf eine neue dogmatische Grundlage, ohne aber die wesentlichen
Tatbestandsvoraussetzungen zu verändern. Seither wird der Anspruch
(wieder) als Ausprägung des allgemeinen Aufopferungsgedankens angesehen, modifiziert durch § 254 BGB, wenn der Geschädigte es unterlassen hat, gegen die schadensstiftende Maßnahme Rechtsschutz vor den
Verwaltungsgerichten zu suchen (BGHZ 90, 17, 32).

2. Die Anspruchsvoraussetzungen

Übersicht

a) Geschützte Eigentumsposition
b) Eingriff
    aa) Hoheitliche Maßnahme
    bb) Gemeinwohlmotivation des Handelns
    cc) Unmittelbarkeit
c) Sonderopfer
    aa) Sonderopfer wegen Rechtswidrigkeit
    bb) Ausschluss für legislatives Unrecht
d) Mitverschulden
e) Verjährung

a) Geschützte Eigentumsposition

24.56 Es muss eine durch Art. 14 Abs. 1 GG geschützte Eigentumsposition vorliegen. Hierzu gehören zunächst sämtliche **vermögenswerten Rechte des Privatrechts.** Geschützt sind alle vermögenswerten privaten Rechte, nicht nur dingliche, sondern auch schuldrechtliche (*Papier* in Maunz/ Dürig, Art. 14 GG, Rnr. 199), also auch Forderungen. **Nicht geschützt** wird das **Vermögen als solches,** also die Summe der Vermögenspositionen einer Person.

Beachte: Die Auferlegung einer Geldleistungspflicht als solcher beeinträchtigt das Eigentum nur im Falle einer erdrosselnden Wirkung (BVerfGE 75, 108, 154 = NJW 1987, 3115). Knüpft die Pflicht an bestimmte Eigentumspositionen an (zB Grundsteuer), dann sind diese betroffen.

24.57 Die Einbeziehung des **eingerichteten und ausgeübten Gewerbebetriebes** in den Schutz der Eigentumsgarantie ist die Konsequenz der Anerkennung dieses Rechts als sonstiges iSd § 823 Abs. 1 BGB. Allerdings war die Abgrenzung relevanter Beeinträchtigungen von Nachteilen, die ein Gewerbebetrieb ohne weiteres hinzunehmen hat, von Anfang an problematisch (*Nüßgens/Boujong* Rnr. 76 ff.). Trotzdem wird man weiterhin von einem Aufopferungsschutz auszugehen haben (*Papier* in Maunz/ Dürig, GG Art. 14 Rnr. 95; krit. BVerfGE 51, 193, 221; 58, 300, 353). **Öffentlich-rechtliche Rechtspositionen** werden von der Eigentumsgarantie nur erfasst, wenn der Bürger sie durch Opfer oder Leistung erworben hat und sie nicht überwiegend auf staatlicher Gewährung beruhen, der kein Leistungs- oder Opferäquivalent gegenübersteht (BVerfGE 14, 288, 293; 53, 257, 291; grundlegend *Dürig,* Der Staat und die vermögenswerten Berechtigungen seiner Bürger, FS für Apelt, 1958, 24 ff.).

b) Eingriff

24.58 Es muss ein Eingriff in die durch Art. 14 Abs. 1 GG geschützte Eigentumsposition vorliegen. Dies setzt eine unmittelbare Beeinträchtigung durch eine hoheitliche, gemeinwohlmotivierte Maßnahme voraus.

24.59 **aa) Hoheitliche Maßnahme.** Die beeinträchtigende Maßnahme muss öffentlich-rechtlicher Natur sein. Privatrechtliches Handeln genügt auch dann nicht, wenn es im Bereich des Verwaltungsprivatrechts liegt (zB bei Verletzung von Pflichten aus privatrechtlichem Stromlieferungsvertrag mit einer Gemeinde). Handeln in Form eines VA ist nicht erforderlich; es reicht eine Beeinträchtigung durch schlichthoheitlichen Realakt. Auch exekutivische Rechtssetzung (Rechtsverordnung oder Satzung) kann die Voraussetzungen eines Eingriffs erfüllen.

Beispiele: Regelungen über grenzüberschreitende Immissionen in völkerrechtlichem Vertrag (BGHZ 87, 321, 328 = NJW 1984, 560); Ausweisung von Altlastenflächen als Wohngebiet im Bebauungsplan (BGHZ 108, 224 = NJW 1990, 1038); weitere Bsp. bei *Nüßgens/Boujong* Rnr. 417.

Notwendig ist idR positives Handeln; Unterlassen reicht nur dann, **24.60**
wenn eine positive Rechtspflicht zum Handeln bestanden hat, anderenfalls kann es einen Ersatzanspruch nicht begründen (BGHZ 102, 350,
364 = NJW 88, 478 – Waldsterben).

Beispiele: Rechtswidrige Versagung einer Baugenehmigung (BGHZ 118, 253; im Sinn
einer faktischen Bausperre, BGHZ 125, 258) oder Verzögerung der Entscheidung eines Bauantrags (BGHZ 65, 182); abgelehnt für gesetzgeberisches Unterlassen einer
Entschädigungsregelung (BGHZ 125, 27).

bb) Gemeinwohlmotivation des Handelns. Da das hoheitliche Handeln **24.61**
im Falle eines enteignungsgleichen Eingriffs stets rechtswidrig sein muss,
kann es nicht tatsächlich dem Gemeinwohl dienen. Deshalb ist es ausreichend, dass die Maßnahme im öffentlichen Interesse und nicht im
Privatinteresse ergriffen wird, also gemeinwohlmotiviert ist (*Nüßgens/
Boujong* Rnr. 444).

Beispiele: Maßnahmen im Rahmen der Zwangsversteigerung dienen nur der Durchsetzung von Individualansprüchen und sind deshalb nicht gemeinwohlmotiviert (BGH
WM 67, 698); Zwangsvollstreckung wegen Steuerforderung (BGHZ 32, 240, 244 =
NJW 1960, 1461). Beim Fluglotsenstreik hat der BGH dieses Merkmal allerdings
nicht weiter geprüft (BGHZ 76, 387, 393 = NJW 1980, 2457).

cc) Unmittelbarkeit. Bei Prüfung der Unmittelbarkeit nimmt der BGH **24.62**
eine Risikozurechnung vor. Der eingetretene Schaden muss Ausdruck
gerade derjenigen Risiken sein, gegen das Art. 14 Abs. 1 GG Schutz bieten will. Der Schaden muss sich als ein aus der Eigenart der hoheitlichen Maßnahme folgender Nachteil darstellen (BGHZ 92, 34, 41 =
NJW 1984, 2516; BGH NJW 1988, 478).

Beispiele: Beeinträchtigung eines Gaststättenbetriebes durch genehmigte Verkaufs-
baracken (BHGZ 32, 208, 211); Gemeindliche Kanalisationsanlage verursacht
Grundwasserabsenkung und gefährdet dadurch Standsicherheit eines Hauses
(BGHZ 57, 370); Mülldeponie lockt Möwen an, die Saatgut schädigen (BGH NJW
1980, 770). Verneint wurde Unmittelbarkeit bei Verlust einer Forderung nach Einzie-
hung des KPD-Vermögens (BGHZ 31, 1; MDR 63, 917); Schäden bei Fehlschaltung
einer Ampel (BGHZ 54, 332, 338 = NJW 1971, 32); anders nunmehr BGH NJW
1987, 1945; Schaden infolge eines Rohrbruches bei einer gemeindlichen Wasserlei-
tung (BGHZ 55, 229, 231); weitere Bsp. bei *Ramsauer*, Faktische Beeinträchtigungen,
S. 33 ff.

c) Sonderopfer

Die Beeinträchtigung muss sich als Sonderopfer des Eigentümers dar- **24.63**
stellen. Hierunter fallen alle Eigentumsbeeinträchtigungen, die nicht als
zulässige Inhalts- und Schrankenbestimmung des Eigentums (Abs. 14
Abs. 1 S. 2 GG) angesehen werden können und deshalb nicht mehr im
Bereich der Sozialbindung liegen.

aa) Sonderopfer wegen Rechtswidrigkeit. Typischerweise ergibt sich das **24.64**
Sonderopfer bereits aus der Rechtswidrigkeit der Maßnahme. Hier ist
aber die Möglichkeit einer Abwehr zu beachten (Rnr. 24.73). Zu unter-

scheiden sind der rechtswidrige Vollzug eines Enteignungsgesetzes und der rechtswidrige Eingriff, der im Falle seiner Rechtmäßigkeit lediglich eine Inhalts- und Schrankenbestimmung des Eigentums wäre.

24.65 **bb) Ausschluss für legislatives Unrecht.** Nicht ausreichend ist es aber, wenn die Rechtswidrigkeit der Maßnahme allein daraus folgt, dass das ermächtigende Gesetz selbst rechtswidrig ist. Für derartige Fälle legislativen Unrechts ist ein Anspruch aus enteignungsgleichem Eingriff bisher ebenso verneint worden wie für einen durch das Gesetz unmittelbar hervorgerufenen Schaden. Diese Ausschluss gilt jedoch nicht für sonstiges normatives Unrecht, z.b. wenn es um Auswirkungen von VOen oder Satzungen geht (BGHZ 78, 41).

Beispiele: Rechtswidrige Kleingartenpachtordnung führt zu Ertragseinbußen (BGHZ 100, 136); Auswirkungen des verfassungswidrigen Investitionshilfegesetzes (BGH NJW 1989, 101); siehe näher *Schenke*, Entschädigungsansprüche bei legislativem Unrecht unter dem Aspekt des enteignungsgleichen Eingriffs, NJW 1988, 857.

d) Kein Ausschluss durch Mitverschulden

24.66 Seit dem Nassauskiesungsbeschluss ist für den Anspruch aus enteignungsgleichem Eingriff zusätzlich zu verlangen, dass der betroffene Eigentümer den Schaden nicht im Wege des Primärrechtsschutzes, also durch Inanspruchnahme des Rechtsschutzes gegen die Maßnahme selbst hat abwenden können. Diese Voraussetzung folgt aus der entsprechenden Heranziehung des § 254 BGB (BGHZ 90, 17, 31 = NJW 84, 1169).

Problematisch ist, welche Anforderungen im Einzelnen an die Pflicht zur Prüfung der Rechtswidrigkeit der Maßnahme und zu ihrer Abwehr gestellt werden müssen. Hier darf von dem Betroffenen nichts Unzumutbares verlangt werden (siehe näher *Nüß- gens/Boujong* Rnr. 433 ff.).

e) Verjährung

24.67 Für den Anspruch gilt die regelmäßige Verjährung der §§ 195, 199 Abs. 1 und 3 BGB (grds. 3 Jahre). Daneben ist ein Anspruch aus Amtshaftung möglich. Soweit der Anspruch aus enteignungsgleichem Eingriff spezialgesetzlich geregelt ist, kann auch eine kürzere Verjährung bestimmt sein (BGHZ 72, 273, 275; zB im Bereich der neuen Bundesländer durch den als Landesrecht fort geltenden § 1 DDR-StHG idF des Einigungsvertrags, vgl. § 4 DDR-StHG: Jahresfrist; dazu BGH NVwZ-RR 1997, 204).

3. Anspruchsumfang

24.68 Der Anspruch richtet sich (wie die Enteignungsentschädigung nach Art. 14 Abs. 3 GG) nur auf eine angemessene Entschädigung in Geld, nicht auf Naturalrestitution (BGH NJW 1994, 1649: Bodenrente für rechtswidrige Verzögerung einer Bebauung).

VII. Ansprüche aus enteignendem Eingriff

1. Anspruchsbegründung

Mit dem richterrechtlich geschaffenen Institut des enteignenden Ein- 24.69
griffs wird ein Entschädigungsanspruch für atypische und unvorhergesehene Nachteile gewährt, die die Grenze des Zumutbaren überschreiten
(BGHZ 91, 20, 26). Der Anspruch wird vom BGH als gewohnheitsrechtliche Ausprägung des allgemeinen Aufopferungsgedankens (vgl.
§§ 74 f. Einl. ALR) begründet. Diese Rechtfertigung ist jedenfalls für
solche Nebenfolgen staatlichen Handelns zweifelhaft, für die der Gesetzgeber im Rahmen von Art. 14 Abs. 1 Satz 2 GG selbst zur Schaffung
von Entschädigungsregelungen verpflichtet ist (*Maurer* DVBl 1991,
781). Letzteres ist aber nur für typischerweise auftretende besondere
Folgen der Fall. Zumeist handelt es sich um faktische Beeinträchtigungen.

Beispiele. Existenzgefährdende Einbußen bei U-Bahnbau (BGHZ 57, 357 – Frankfurter U-Bahn); Überschwemmungsschäden wegen Deicherhöhung (BGHZ 80, 111) oder
durch Absperrung eines Vorfluters (BGHZ 117, 240), Geruchsimmissionen von kommunaler Kläranlage (BGHZ 91, 20); Fluglärmimmissionen (BGHZ 122, 76); abgelehnt für emittentenferne Waldschäden (BGHZ 102, 350, 361).

2. Anspruchsvoraussetzungen

Übersicht

  a) Subsidiarität
  b) Beeinträchtigung einer Eigentumsposition
  c) Eingriff aufgrund rechtmäßiger hoheitlicher Maßnahme
  d) Sonderopfer
  e) Passivlegitimation, Anspruchsumfang

a) Subsidiarität

Der Anspruch aus enteignendem Eingriff greift nur ein, wenn die Son- 24.70
deropferlage nicht spezialgesetzlich bereits geregelt ist.

Beispiele: § 78 BLG für Manöverschäden (BGHZ 112, 392, 400); § 8 a Abs 4 FStrG
für Beeinträchtigungen von Zufahrten bei Straßenbau.

b) Beeinträchtigung einer Eigentumsposition

Hier bestehen keine Unterschiede zum Eigentumsbegriff des enteig- 24.71
nungsgleichen Eingriffs (Rnr. 24.58). Auch hier geht es nur um den Ersatz von Schäden einzelner rechtlich geschützter Vermögenspositionen.

c) Eingriff aufgrund rechtmäßiger hoheitlicher Maßnahme

Wie beim enteignungsgleichen Eingriff muss die Beeinträchtigung eine 24.72
unmittelbare Folge (Rnr. 24.62) einer hoheitlichen Maßnahme sein. Hier
muss es sich aber um **atypische, unvorhergesehene (Neben-)Folgen** han-

deln, die aber Ausdruck der in der Maßnahme selbst angelegten Gefährdung sein müssen. Seite: 20
Wie beim enteignungsgleichen Eingriff ist die Haftung für legislatives Unrecht ausgeschlossen.

Beispiele: Beschädigung eines Hauses durch Grundwasserabsenkung (BGHZ 57, 370); abgelehnt für Beschädigung von sichergestelltem Kfz durch unbekannte Dritte (BGHZ 100, 335), zweifelhaft.

d) Sonderopfer

24.73 Die Beeinträchtigungen müssen über die Nachteile hinausgehen, die der Allgemeinheit typischerweise bei Maßnahmen der fraglichen Art zugemutet werden (dürfen). Für Immissionen entspricht der Maßstab dem des § 906 BGB (BGHZ 57, 359, 366).

Beispiele: Beeinträchtigung von landwirtschaftlich genutzten Flächen durch geschützte Graugänse (BGH NVwZ 1988, 1066); Einstellung des Sandabbaus wegen archäologischer Funde (BGHZ 105, 15 = NJW 1988, 3201).

e) Passivlegitimation, Anspruchsumfang

24.74 Anspruchsgegner ist der Hoheitsträger, dessen Behörden den Eingriff verursacht haben, bei Verkehrsimmissionen der Träger der Straßenbaulast, bei anderen der Betreiber der Anlage (BGHZ 113, 367). Der Anspruch richtet sich auf angemessenen Ausgleich in Geld, bemessen ggfs. am Aufwand für Schutzvorkehrungen oder am Ertragsverlust (BGHZ 90, 20, 30). Der Anspruch mindert sich bei Mitverschulden; er verjährt innerhalb der Regelfrist idR in 3 Jahren.

VIII. Ansprüche bei entschädigungspflichtiger Inhaltsbestimmung

1. Allgemeines

24.75 Der Gesetzgeber ist bei der Ausgestaltung von Inhalt und Schranken des Eigentums nach Art. 14 Abs. 1 Satz 2 GG verpflichtet, Entschädigungsansprüche für solche Fälle zu schaffen, in denen der rechtmäßige Vollzug dieser Gesetze in atypischen Einzelfällen zu einer unzumutbaren Belastung für Betroffene führt (vgl. nur BVerfGE 58, 137, 150 = NJW 1982, 633 – Pflichtexemplare). Dieser Pflicht ist der Gesetzgeber in vielen Fällen bereits nachgekommen, indem er spezielle Anspruchsgrundlagen geschaffen hat. Die Ansprüche sind bei den Verwaltungsbehörden geltend zu machen; für Klagen ist nach § 40 Abs. 1 und 2 S. 1 HS 2 VwGO der Verwaltungsrechtsweg eröffnet (vgl. Rnr. 13.07).

Beispiele: Entschädigung für nutzungsbeschränkende Maßnahmen im Interesse des Natur- und Denkmalschutzes (BVerfGE 100, 226 – Direktorenvilla; BVerwGE 112, 373 – Naturschutzverordnung); für Schutzmaßnahmen gegen unzumutbare Lärmimmissionen nach § 42 BImSchG; für Auflagen im Planfeststellungsverfahren nach § 74

Abs. 2 Satz 3 VwVfG (BVerwGE 77, 295); für die Inanspruchnahme des Grundstücks durch TK-Einrichtungen (BVerfGE NJW 2003, 196); für die Übernahme des Grundstücks bei Straßenbauvorhaben (BVerwG NVwZ 2003, 209).

2. Anspruchsvoraussetzungen

Die Voraussetzungen eines Entschädigungsanspruchs wegen einer In-   **24.76** haltsbestimmung des Eigentums müssen spezialgesetzlich geregelt sein. Da es sich nicht um eine Entschädigung nach Art. 14 Abs. 3 GG handelt, müssen die Anspruchsnormen die hierfür verlangten Anforderungen nicht erfüllen. Deshalb sind sog. **salvatorische Entschädigungsklauseln** hier grundsätzlich zulässig. Allerdings werden an die Regelung eines angemessenen Ausgleichs verfassungsrechtliche Anforderungen gestellt, durch die eine unverhältnismäßige Belastung des Eigentums sicherzustellen ist (BVerfGE 100, 226; hierzu *Sachs* JuS 2000, 399).

IX. Die gemeinschaftsrechtliche Staatshaftung

Der EuGH hat einen eigenständigen gemeinschaftsrechtlichen Staatshaf-   **24.77** tungsanspruch entwickelt, über den auch nationale Gerichte zu entscheiden haben (EuGH NJW 2003, 3539). Der Anspruch richtet sich auf den Ausgleich von Schäden, die durch Verstöße gegen EU-Recht verursacht werden, und wird aus Art. 288 Abs. 2 EG iVm Art. 10 EG hergeleitet. Danach sind die Mitgliedstaaten zum Ersatz von Schäden verpflichtet, die dem Einzelnen durch diesen zuzurechnende Verstöße gegen das Gemeinschaftsrecht entstehen, wenn:

(1) die verletzte Gemeinschaftsrechtsnorm bezweckt, dem Einzelnen Rechte zu verleihen,

(2) der Verstoß hinreichend qualifiziert ist und

(3) zwischen diesem Verstoß und dem Schaden ein unmittelbarer Kausalzusammenhang besteht.

Beachte: Die Schadensersatzpflicht ist nicht davon abhängig, ob der zur Last gelegte Verstoß dem nationalen Gesetzgeber, seiner Verwaltung oder seinen letztinstanzlich entscheidenden Gerichten zuzurechnen ist (EuGH NJW 2003, 3539; BGH DVBl 2005, 371 (373); *Schöndorf-Haubold* JuS 2006, 112). Insoweit geht der gemeinschaftsrechtliche Staatshaftungsanspruch weiter als die nationalen deutschen Haftungsinstitute. Das gilt auch im Hinblick auf das hier fehlende Verschuldenserfordernis.

1. Anspruchsvoraussetzungen

Voraussetzung ist ein Verstoß gegen eine Rechtsnorm des EU-Rechts,   **24.78** die dem Betroffenen subjektive Rechte verleiht. Dies ist aus Wortlaut und Zweckbestimmung der Norm zu ermitteln, wie sie sich aus den Erwägungsgründen und der bisherigen Rspr. des EuGH zum einschlägigen Gemeinschaftsrecht ergeben. Die Anforderungen sind deutlich geringer als nach der sog. Schutznormtheorie im deutschen Recht. Dass die Gemeinschaftsnorm primär Allgemeininteressen schützt und den Einzelnen nicht unmittelbar und individuell betrifft, schließt nicht aus, dass auch dessen Interessen geschützt sein sollen (EuGH Slg. 1967, 332, 354). Es genügt, wenn ein wesentliches Schutzgut der Gemeinschaftsnorm dem Einzelnen zugute kommen soll (vgl. auch Rnr. 33.05).

Beispiele: Schaden durch Konkursausfall eines Arbeitnehmers, weil EU-RL über Konkursausfallgeld nicht umgesetzt worden war (EuGH NJW 1992, 165 – Franchovic); Schaden eines Bierbrauers wegen fehlender Anpassung des deutschen Rechts an EG (EuGH NJW 1996, 1267 – Brasserie du Pecheur).

24.79 Ein **hinreichend qualifizierter Verstoß** gegen Gemeinschaftsrecht ist gegeben, wenn eine nationale Regelung oder eine staatliche Maßnahme das Gemeinschaftsrecht oder die dazu einschlägige Rspr. des EuGH offenkundig und erheblich verkennt. Dabei hängt die Offenkundigkeit von der Würdigung der jeweiligen Umstände des Einzelfalls ab, insbesondere von der Bestimmtheit der verletzten Vorschrift, dem Umsetzungsspielraum der nationalen Organe und von Erkennbarkeit, Irrtum und etwaigem Verschulden bei den handelnden nationalen Organen (zB EuGH NJW 2003, 3539). Schließlich muss der eingetretene Schaden des Betroffenen auf der dem Mitgliedstaat zuzurechnenden Verletzung des Gemeinschaftsrechts unmittelbar ursächlich beruhen (BGH NJW 2006, 690; vgl. zu den einzelnen Tatbestandsvoraussetzungen auch *Detterbeck/Windthorst/Sproll* § 6 Rnr. 24 ff.).

Beispiele: Schadenersatzanspruch nach Vertragsverletzungsverfahren vor dem EuGH wegen verspäteter Richtlinienumsetzung zur Offenlegung von Kapitalgesellschaftsbilanzen (BGH NJW 2006, 690); Nichtzulassung eines Steuerberaters mit italienischer Zulassung in Deutschland durch letztinstanzliches Gericht (BGH NJW 2005, 747); zur Herleitung von Rechten aus EG-Richtlinien und dem Unterschied zur sog. Schutznormtheorie s. Rnr. 33.05.

2. Haftungsbeschränkungen

24.80 Nationale Haftungsbeschränkungen können den gemeinschaftsrechtlichen Anspruch wegen des Vorrangs des Gemeinschaftsrechts nach dem Grundsatz des **effet utile** grundsätzlich nicht einschränken. So kann etwa für legislatives oder judikatives Handeln eine Haftung anders als im deutschen Recht nicht ausgeschlossen werden (vgl. EuGH NJW 2003, 3539; BGH DVBl 2005, 371, 373; aA noch *Detterbeck/Windthorst/ Sproll* § 6 Rnr. 66 ff.). Gesetzgeberische Wertungen und allgemeine Rechtsgedanken, die im deutschen Recht Haftungsbeschränkungen begründen, können nur bei der Frage, ob ein hinreichend qualifizierter Verstoß gegen Gemeinschaftsrecht vorliegt, oder beim Umfang der Entschädigungspflicht (auf der Rechtsfolgenseite) berücksichtigt werden, jedoch nur, soweit sie **im Europarecht Geltung beanspruchen**.

Beispiele: Ein gesetzgeberischer Ermessensspielraum bei der Umsetzung von Gemeinschaftsrecht oder verschuldensrelevante Umstände (zB Irrtum) können im Einzelfall einen hinreichend qualifizierten Verstoß ausschließen. Ein Mitverschulden des Geschädigten kann im Rahmen der Schadensminderungspflicht zur Reduzierung der Schadensersatzhöhe bis hin zum vollständigen Ausschluss führen (EuGHE 1996, 1029, 1153 und BGH NJW 2004, 1241: keine grundsätzlichen Bedenken, die den §§ 254, 839 Abs. 3 BGB zugrunde liegenden Rechtsgedanken auf den gemeinschaftsrechtlichen Staatshaftungsanspruch anzuwenden).

Nationalrechtlich geregelt bleibt die **Verjährung**, die mangels spezieller Regelungen aus den §§ 194 ff. BGB folgt. Sie beträgt idR 3 Jahre gem. § 195 BGB; den Fristbeginn regelt § 199 Abs. 1 bis 3 BGB. Die Gegenmeinung, wonach die fünfjährige Verjährung gem. Art. 43 EuGH-Satzung gelten soll, ist abzulehnen, denn diese Regelung gilt nur für Ansprüche bei außervertraglicher Haftung der Gemeinschaft und betrifft damit nicht die Haftung der Mitgliedstaaten. 24.81

3. Verfahrensfragen

Es ist es Sache der Mitgliedstaaten, das Verfahren für die Geltendmachung des Anspruchs und die zuständigen Gerichte zu bestimmen. Haftungsansprüche sind in Deutschland gem. § 40 Abs. 2 VwGO („Schadensersatz aus der Verletzung öffentlich-rechtlicher Pflichten") dem Zivilrechtsweg zugewiesen. Erstinstanzlich zuständig ist nach § 71 Abs. 2 GVG das Landgericht. Die innerstaatliche Verteilung der Haftungsverantwortlichkeit richtet sich nach deutschem Recht. Neben der Haftung des verantwortlichen nationalen Organs ist daher kein (zusätzlicher) Staatshaftungsanspruch gegen den Mitgliedstaat selbst gegeben. So richtet sich auch der gemeinschaftsrechtliche Staatshaftungsanspruch nur dann gegen den Bund, wenn er nach Art. 34 S. 1 GG verantwortlich ist (BGH DVBl 2005, 371, 373). 24.82

Beachte: In der Klausur ist der gemeinschaftsrechtliche Anspruch als selbständige Haftungsgrundlage zu prüfen. Obwohl er sich etwa mit dem Amtshaftungsanspruch überschneidet, wäre es falsch, die deutschen Haftungsinstitute einfach europarechtlich modifiziert zu prüfen (etwa im Rahmen der Amtshaftung nach § 839 BGB iVm Art. 34 GG). Beispiel für klausurmäßige Prüfung: BGH NJW 2006, 690.

§ 25. Folgenbeseitigung, Unterlassung und Erstattung

Literatur: *Baldus/Grzeszick/Wienhues*, Staatshaftungsrecht, 2. Aufl. 2007, 5 ff. und 118 ff.; *Detterbeck/Windthorst/Sproll*, Staatshaftungsrecht, 2000, Teile 4 und 7; *Kemmler*, Allgemeiner Aufopferungsanspruch und öffentlich-rechtlicher Erstattungsanspruch, JA 2005, 659; *dies.*, Folgenbeseitigungsanspruch, Herstellungsanspruch und Unterlassungsanspruch, JA 2005, 908.

I. Der allgemeine öffentlich-rechtliche Abwehranspruch

25.01 Die öffentlich-rechtlichen Ansprüche auf Unterlassung und Folgenbeseitigung haben ihre dogmatische Grundlage (ebenso wie der mit der Anfechtungsklage verfolgte Aufhebungsanspruch gegenüber rechtswidrigen
VAen) in einem allgemeinen ungeschriebenen öffentlich-rechtlichen Abwehranspruch (*Schoch* VerwArch 1988, 1 ff.). Inzwischen ist der Abwehranspruch in vielen Bereichen einfachgesetzlich konkretisiert, wie
etwa durch datenschutzrechtliche Ansprüche auf Löschung gespeicher-
ter Daten oder Berichtigungsansprüche gegenüber falschen Berichten
(vgl. VG Weimar ThürVBl 2007, 121 zur Berichtigung eines Verfas-
sungsschutzberichts).

Beachte: Der materielle Abwehranspruch wird in § 113 Abs. 1 VwGO für die Anfechtungsklage und in § 113 Abs. 1 S. 2 VwGO für die Folgenbeseitigung vorausgesetzt.
Gleichwohl ist beim FBA und beim Unterlassungsanspruch ein knapper Hinweis auf
die dogmatischen Grundlagen üblich.

II. Der Folgenbeseitigungsanspruch (FBA)

Literatur: *Bumke*, Der Folgenbeseitigungsanspruch, JuS 2005, 22; *Brugger*, Gestalt
und Begründung des Folgenbeseitigungsanspruchs, JuS 1999, 625.

25.02 Der FBA richtet sich auf die Beseitigung der unmittelbaren beeinträchtigenden Folgen rechtswidrigen hoheitlichen Handelns (grundlegend
BVerwGE 94, 100 = NVwZ 1994, 275 – Bargteheide). Erfasst werden
nicht nur die Folgen eines VA (insoweit wird von Vollzugsfolgenbesei-
tigungsanspruch gesprochen), sondern auch die Folgen sonstigen hoheitlichen Handelns (BVerwG DVBl 1971, 857; st. Rspr.). Der FBA wird
heute meist aus dem Gewährleistungsgehalt der Grundrechte, zT auch
aus dem Rechtsstaatsprinzip oder der actio negatoria des Zivilrechts
(§§ 1004, 823, 862 BGB) hergeleitet (BVerwGE 69, 366, 368; ausführlich *Brugger* JuS 1999, 625 mwN). In Klausuren reicht der Hinweis,
dass der FBA inzwischen gewohnheitsrechtlich anerkannt ist (BVerwGE
90, 100, 103).

Merke: Über den FBA hinaus geht der **sozialrechtliche Herstellungsanspruch**, der bisher allerdings nur von den Sozialgerichten anerkannt worden ist (BSGE 57, 288,
290) und sich im allgemeinen Verwaltungsrecht nicht durchsetzen konnte (*Maurer*
§ 30 Rnr. 20; *Erbguth* NVwZ 1999, 336).

25.03 Für den FBA ist der **Rechtsweg** nach § 40 Abs. 1 VwGO zu den Verwaltungsgerichten eröffnet. Bei der statthaften **Klageart** ist zu differenzieren: Können die Folgen nur durch Erlass eines VA rückgängig gemacht
werden, ist (ggfs. nach erfolglosem Widerspruch) Verpflichtungsklage
zu erheben, insbesondere dann, wenn die Folgenbeseitigung einen Ein-

griff in Rechte Dritter erfordert (*Kopp/Schenke* § 113 Rnr. 83). Im Übrigen ist eine allgemeine Leistungsklage zu erheben. Eine **Sonderregelung trifft § 113 Abs. 1 S. 2, 3 VwGO.** Danach kann der Antrag auf Folgenbeseitigung als **Annexantrag** unmittelbar ohne Vorverfahren mit der Anfechtungsklage verbunden werden, wenn die Beseitigung der Folgen des angefochtenen VA beansprucht wird. Das gilt auch, wenn die Folgenbeseitigung den Erlass eines weiteren VA erfordert (*Ramsauer* JuS 1995, 60, 65).

Merke: Die Regelung in § 113 Abs. 1 S. 2 VwGO setzt den FBA materiell voraus und lässt die Verbindung mit der Anfechtungsklage aus prozessökonomischen Gründen zu, weil sonst die Klage auf Folgenbeseitigung erst zulässig wäre, wenn der VA, der idR den Rechtsgrund für die Folgen darstellt, beseitigt ist (vorher würde das Rechtsschutzbedürfnis fehlen). Dies ist erst mit Rechtskraft des Anfechtungsurteils der Fall. Für die Zulässigkeit des Annexantrags nach § 113 Abs. 1 S. 2 VwGO reicht die Möglichkeit eines FBA aus.

Übersicht

1. Andauernde Beeinträchtigung einer geschützten Rechtsposition
   a) Geschützte Rechtspositionen
   b) Beeinträchtigung
   c) Andauern der Beeinträchtigung
2. Beeinträchtigung unmittelbare Folge hoheitlichen Handelns
   a) Hoheitliches Handeln
   b) Unmittelbare Verursachung
3. Rechtswidrigkeit (Duldungspflicht)
   a) Rechtfertigung durch Handlungsermächtigungen
   b) Rechtfertigung durch Aufgabenzuweisungen
   c) Duldungspflichten
   d) Nachträgliche Legalisierung
4. Möglichkeit und Zumutbarkeit der Beseitigung
   a) Tatsächliche Möglichkeit
   b) Rechtliche Zulässigkeit
   c) Zumutbarkeit und Angemessenheit
   d) Unzulässige Rechtsausübung
5. Umfang der Beseitigungspflicht
   a) Beseitigung der unmittelbaren Folgen
   b) Mitverschulden

1. Andauernde Beeinträchtigung einer geschützten Rechtsposition

a) Geschützte Rechtspositionen

Der FBA dient der Beseitigung von Beeinträchtigungen grundrechtlich geschützter Rechtspositionen. Die praktisch wichtigsten sind die Eigentumsrechte sowie Leben, Gesundheit und das allgemeine Persönlichkeitsrecht. Es werden darüber hinaus aber **alle subjektiven öffentlichen Rechte** erfasst, die auch nach § 42 Abs. 2 VwGO zur Klage berechtigen (BVerwGE 94, 100 = NVwZ 1994, 275 – Bargteheide).

25.04

Beispiele: Beeinträchtigung durch Fehlbelegung einer Grabstätte (OVG Münster NVwZ 2000, 217); durch negative Auswirkungen einer Straßenlaterne (VGH Kassel, NVwZ 1989, 885) durch nachteilige Veränderungen des Straßenzustandes (OVG Hamburg NJW 1978, 658); durch ehrverletzende Äußerungen (BVerwG DVBl 1980, 576); durch Errichtung eines Sielschachts zur Schmutzwassersammlung (OVG Hamburg NordÖR 1998, 407).

b) Beeinträchtigung

25.05 Rechte bzw. Rechtspositionen müssen in rechtlich relevanter Weise beeinträchtigt werden. Es muss ein Eingriff vorliegen (zB Beschlagnahme bzw. Sicherstellung von Gegenständen, Beeinträchtigung des Zugangs zum Grundstück). Bei Grundrechten muss der Schutzbereich tangiert sein (s. näher Rnr. 31.12 ff.). Hier treten Probleme vor allem in den Fällen sog. faktischer Beeinträchtigungen auf.

Beispiele: „Schwarzbauten" der öffentlichen Hand bzw. beeinträchtigende Wirkung öffentlicher Bauten auf Privatgrundstücke (zB BVerwGE 94, 100 – Straßenausbau ohne rechtmäßige Bauleitplanung); hoheitliche Informationstätigkeit (zB BVerwGE 82, 76 – Öffentlichkeitsarbeit der Regierung: Sektenwarnung); ehrverletzende Äußerungen eines Beamten (OVG Koblenz NJW 1991, 2659 – Presseerklärungen der Staatsanwaltschaft); siehe auch Rnr. 31.20.

c) Andauern der Beeinträchtigung

25.06 Die Beeinträchtigung muss noch andauern, darf sich also nicht zwischenzeitlich erledigt haben. Auf den Grund für die Erledigung kommt es nicht an (zB Zeitablauf, Herausgabe, Rückzahlung, Interessewegfall). Das gilt auch, wenn der Betroffene die Beeinträchtigung selbst beseitigt hat (kein Folgenentschädigungsanspruch, vgl. *Kopp/Schenke* § 113 Rnr. 89).

Beispiele: Die befristet in Anspruch genommene Wohnung wird weiterhin von den Eingewiesenen benutzt (VGH Mannheim NVwZ 1987, 1101); das unter Verstoß gegen Nachbarrechte genehmigte Bauvorhaben ist errichtet und beeinträchtigt den Nachbarn wegen Nichteinhaltung der Abstandsflächen (OVG Münster NVwZ-RR 2000, 205); die sichergestellte Sache befindet sich nach Aufhebung des VA noch in der Verwahrung der Behörde; kein Andauern, wenn der rechtswidrige Zustand im Nachhinein legalisiert wird, etwa dadurch, dass ein fehlender Planfeststellungsbeschluss rechtzeitig nachgeholt wird (BVerwG DVBl 1989, 44) Siehe dazu auch Rnr. 25.19.

2. Beeinträchtigung unmittelbare Folge hoheitlichen Handelns

a) Hoheitliches Handeln

25.07 Die Beeinträchtigung muss unmittelbare Folge öffentlich-rechtlichen Handelns sein. Die Rechtsform im Übrigen spielt keine Rolle, insbesondere muss nicht in der Form eines VA gehandelt worden sein; schlichthoheitliches Handeln reicht aus, nicht aber privatrechtliches oder verwaltungsprivatrechtliches Handeln. Insoweit kommen nur privatrechtliche Abwehr- und Beseitigungsansprüche (zB §§ 1004, 906 BGB) in

Betracht. Ein Unterlassen der Verwaltung kann ausreichen, wenn eine konkrete Rechtspflicht zum Tätigwerden bestand (BVerwGE 69, 366, 371; VGH Mannheim NVwZ-RR 1996, 381: Kein FBA, wenn bloßes Wachsenlassen von Bäumen zu Schattenwurf führt). Legislatives Handeln ist dagegen nicht ausreichend, weil sich der FBA nur gegen Handeln der Exekutive richtet.

Beachte: Erfolgt ein Eingriff dadurch, dass die Exekutive auf rechtswidriger Gesetzesgrundlage tätig wird, etwa indem sie eine Vorschrift durch VA vollzieht, kann dieser konkrete Eingriff Gegenstand eines FBAs sein (*Baldus/Grzeszick/Wienhues*, Teil 3 Rnr. 32). Vgl. zum legislativen Unrecht auch Rnr. 24.19 .

b) Unmittelbare Verursachung

Die noch andauernde Beeinträchtigung muss „unmittelbare Folge" öffentlich-rechtlichen Handelns sein. Das setzt zunächst einmal **Kausalität** zwischen dem öffentlich-rechtlichen Handeln der Verwaltung und der Beeinträchtigung voraus. Der Ursachenzusammenhang muss darüber hinaus „unmittelbar" sein. Der Begriff ist missverständlich, weil es nicht um die Zahl der Glieder einer Wirkungskette geht, sondern um eine Art Risikozuordnung. Nur die typischerweise mit dem hoheitlichen Handeln verbundenen Risiken sollen dem Verursacher auch zugerechnet werden können. Dies führt zu wichtigen Einschränkungen der Haftung. **25.08**

Beispiele: Zinsfolgen sollen keine unmittelbaren Folgen einer rechtswidrig eingeführte Bardepotpflicht sein (BVerwGE 69, 366 = NJW 1985, 817, zweifelhaft); Lärm ist unmittelbare Folge des Betriebs eines Kinderspielplatzes (OVG Münster NVwZ 1983, 356), nach VGH München (NVwZ 1989, 269) auch bei missbräuchlicher Benutzung (vgl. auch BVerwG NVwZ 1992, 884 zu Bolzplatz); Belegtsein einer Wohnung als unmittelbare Folge der Einweisung von Obdachlosen (VGH Mannheim NVwZ 1987, 1101), anders nach der Rspr. bei Beschädigungen der Wohnung durch die Eingewiesenen (BGH WuM 2006, 164); Errichtung einer baulichen Anlage ist unmittelbare Folge einer Baugenehmigung, obwohl der Bauherr zunächst von der Genehmigung Gebrauch machen muss.

3. Rechtswidrigkeit, Duldungspflicht

Die hoheitlich verursachte, noch andauernde Beeinträchtigung muss (noch) rechtswidrig sein. Dies ist nicht schon zwingende Folge der Rechtswidrigkeit der verursachenden Maßnahme. Ausgeschlossen ist der FBA, wenn die Beeinträchtigung mit dem geltenden Recht vereinbar ist, zB weil im Zeitpunkt der Geltendmachung des Anspruchs eine Duldungspflicht besteht. Eine Duldungspflicht kann uU auch für die Folgen rechtswidriger Maßnahmen bestehen bzw. umgekehrt für die Folgen zunächst rechtmäßiger Maßnahmen entfallen sein. Die Duldungspflicht kann sich daraus ergeben, dass die Beeinträchtigung von einer Eingriffsnorm „gedeckt" ist, oder daraus, dass die Beeinträchtigung im Bereich des von allen Hinzunehmenden bleibt. **25.09**

Beispiele: Beeinträchtigungen, die trotz rechtmäßiger Verursachung nicht mehr hingenommen werden müssen, sind zB die Belegung einer Wohnung nach Ablauf der befristeten Inanspruchnahme; auch nicht die Beeinträchtigung des Anscheinsstörers nach Wegfall des Verdachts (VGH München NVwZ-RR 96, 645). Umgekehrt müssen Beeinträchtigungen trotz rechtswidriger Verursachung geduldet werden zB bei späterer Legalisierung des beeinträchtigenden Zustandes oder bei Zumutbarkeit des rechtswidrigen Zustands (OVG Münster BauR 1987, 46 (59).

a) Rechtfertigung durch Handlungsermächtigungen

25.10 Soweit sich Handlungsermächtigungen auf Erlass von VAen beziehen, ergibt sich die Rechtfertigung für etwaige Beeinträchtigungen aus der Regelungswirkung des wirksamen VA (vgl. Rnr. 25.16). Dadurch wird die Rechtfertigung zugleich inhaltlich und zeitlich begrenzt (zB bei Befristung einer Wohnungsbeschlagnahme). Der unmittelbare Rückgriff auf die Ermächtigung zum Erlass eines VA ist zur Rechtfertigung einer nicht durch einen VA erfassten tatsächlichen Beeinträchtigung nicht zulässig.

Beispiel: Wenn eine Sache befristet sichergestellt worden ist, entsteht der FBA mit Ablauf der Frist auch dann, wenn die Verlängerung der Sicherstellung zulässig wäre, aber nicht erfolgt.

25.11 **aa) Ermächtigungen zu schlichtem Verwaltungshandeln** sind zwar selten, kommen aber neuerdings häufiger vor. IdR ist der Erlass eines VA vorgesehen, wenn in Rechtspositionen des Bürgers eingegriffen werden soll. Die Ermächtigungsgrundlage kann sich aber auch schlichthoheitliches Verwaltungshandeln beziehen und damit eine VA-unabhängige Duldungspflicht schaffen.

Beispiele: Veröffentlichung von Umwelt- (§ 10 UIG) und Verbraucherinformationen (§ 8 Abs. 4 GPSG) Vgl. dazu auch Rnr. 36.04 .

25.12 **bb) Schlichte Gefahrenabwehrmaßnahmen.** Zulässig dürfte es sein, schlichthoheitliche Maßnahmen wie zB Warnungen, die der Gefahrenabwehr dienen, auf polizeirechtliche Ermächtigungsgrundlagen (zB die Generalklauseln der Länder) auch dann zu stützen. Die polizeilichen Generalklauseln ermächtigen nämlich nicht nur allein zum Erlass von VAen, sondern zu den zur Abwehr einer Gefahr erforderlichen Maßnahmen. Voraussetzung dafür ist aber, dass die formellen (Zuständigkeit) und materiellen Voraussetzungen (konkrete Gefahr für Schutzgut) gegeben sind und keine Ermessensfehler (Verhältnismäßigkeit, Gleichbehandlung) vorliegen.

Beispiele: Veröffentlichung einer Liste glykolhaltiger und damit gesundheitsschädlicher Weine durch das Bundesgesundheitsamt (nach BVerfGE 105, 252 bereits durch verfassungsrechtliche Aufgabe staatlicher Informationstätigkeit gerechtfertigt; aA noch BVerwGE 87, 37); Warnung vor verdorbenen Teigwaren (OLG Stuttgart NJW 1990, 2690).

b) Rechtfertigung durch Aufgabenzuweisungen

Bieten weder spezielle Ermächtigungen noch die polizeilichen General- 25.13
klauseln keine Grundlage, weil sie die handelnde Behörde nicht ermächtigen oder weil es nicht um Gefahrenabwehr geht, so stellt sich die Frage,
ob zur Rechtfertigung für beeinträchtigende Maßnahmen auch einfachge-
setzliche Aufgabenzuweisungen oder verfassungsrechtliche Kompetenzbe-
stimmungen ausreichen können. Zu dieser Frage hat sich bisher eine hM
noch nicht gebildet. Es ist auch zweifelhaft, ob sich hier Regeln aufstellen
lassen, die für sämtliche Formen schlichthoheitlichen Handelns einheitlich gelten können. Vielmehr wird man Fallgruppen unterscheiden müssen.

aa) Warnungen und Empfehlungen werden von der hM für zulässig ge- 25.14
halten, wenn sich die Behörde im Rahmen ihres gesetzlichen Aufgaben-
und Zuständigkeitsbereichs hält, die Informationen inhaltlich zutreffend
sind, sachlich zurückhaltend formuliert werden und nicht gegen den
Grundsatz der Verhältnismäßigkeit verstoßen wird. Die Bundesregierung wird zB unmittelbar aufgrund ihrer **Aufgabe der Staatsleitung** für
berechtigt gehalten, Aufklärungs- und Informationsarbeit zu betreiben,
soweit sie damit eine gesamtstaatliche Verantwortung wahrnimmt, auch
wenn es zu faktischen Grundrechtsbeeinträchtigungen kommt

Beispiele: Warnungen vor den Gefahren von Jugendsekten (BVerfGE 105, 279 =
NJW 2002, 2626 – Osho; BVerfG NVwZ-RR 2002, 801 – Bhagwan). Der früheren
Rspr. des BVerwG zur Unzulässigkeit der Öffentlichkeitsinformation bei Fehlen einer
ausdrücklichen gesetzlichen Grundlage (zB BVerwG NJW 1985, 2774 – Arzneimittel-
Transparenzlisten, BVerwG NJW 1992, 2496 – Förderung eines Vereins gegen Ju-
gendsekten, BVerwG NJW 1996, 3161 – Warentests) kann man im Hinblick auf die
Rspr. des BVerfG nicht mehr ohne weiteres folgen.

bb) Ehrverletzende Äußerungen. Ein Widerruf ehrverletzender Äußerun- 25.15
gen kommt nur insoweit in Betracht, als es sich um Tatsachenbehauptungen handelt. Derartige Äußerungen müssen hingenommen werden,
wenn sie erstens wahr sind (Prinzip der Richtigkeitsgewähr, vgl. BGH
NJW 1980, 2807; NJW 1993, 916), zweitens von der jeweiligen Behörde
im Rahmen ihres Aufgabenbereichs und drittens unter Wahrung des Verhältnismäßigkeitsprinzips abgegeben werden (BVerwGE 75, 354; OVG
Koblenz NJW 1992, 1844).

Beispiele: Begrenzung der Informationsrechte des Bundesbeauftragten für Stasi-Unter-
lagen (VG Berlin NJW 1993, 2548 – Fall Stolpe); Bezeichnung eines Passanten als
„sensationslüsternen Gaffer" ist Werturteil und deshalb vom FBA nicht erfasst (VGH
München BayVBl 1991, 405). Problematisch ist die Abgrenzung von Tatsachenbehauptung und Meinungsäußerung. Bei Gemengelagen überwiegt im Zweifel die Meinungsäußerung (BVerfGE 61,1 = NJW 1983, 1415; BVerfG NJW 1992, 1439).

c) Duldungspflichten

aa) Pflicht zur Duldung durch VA. Grundsätzlich können die von der 25.16
Regelungswirkung eines VA erfassten Folgen nicht abgewehrt werden,

solange der VA wirksam (§ 43 VwVfG) ist. Maßnahmen, die durch VA erlaubt oder angeordnet worden sind, müssen geduldet werden, solange der VA nicht aufgehoben worden ist. Dies gilt nicht nur für die Verwaltungsvollstreckung, die auf einem (vollstreckbaren) Grund-VA aufbaut (siehe Rnr. 40.11), sondern für den Vollzug von VAen allgemein.

Beispiele: Kein Anspruch auf Herausgabe eines rechtswidrig beschlagnahmten Pkw, solange die Beschlagnahme nicht aufgehoben worden ist (BVerwGE 28, 155, 163; siehe auch BVerwG NVwZ 1988, 788). Die Beseitigung genehmigter baulicher Anlagen kann nicht verlangt werden, solange die Baugenehmigung nicht aufgehoben worden ist. Materiell zu Unrecht erbrachte Leistungen können nicht zurückverlangt werden, solange ein entsprechender Leistungsbescheid Bestand hat.

25.17 **bb) Pflicht zur Duldung durch Vertrag.** Eine Duldungspflicht kann sich auch aus einem gültigen öffentlich-rechtlichen Vertrag (vgl. §§ 54 ff. VwVfG) ergeben. Dies gilt sowohl für den Fall, dass die Duldung eines bestimmten Zustandes oder Verhaltens Gegenstand der Vereinbarung ist, als auch für den Fall, dass vertraglich auf die Geltendmachung von Rechtsbehelfen verzichtet worden ist (pactum de non petendo).

d) Nachträgliche Legalisierung

25.18 Der FBA entfällt, wenn der beeinträchtigende Zustand nachträglich legalisiert wird, sei es, dass (nicht notwendigerweise rückwirkend) eine neue Rechtsgrundlage geschaffen worden ist, sei es, dass ein rechtswidriger VA bestandskräftig geworden ist. Die bloße Aussicht auf spätere Legalisierung reicht nicht; sie kann gegenüber dem FBA aber den Einwand der unzulässigen Rechtsausübung auslösen.

Beispiele: VGH Mannheim VBlBW 1982, 293 (Rechtswidrige Vollstreckung bei bestandskräftigem VA); BVerwG NVwZ 1987, 788 für den Fall einer rechtswidrigen Zuweisung von Asylbewerbern nach Eintritt der Bestandskraft; BVerwGE 59, 310 für die Legalisierung eines Verkehrszeichens.

4. Möglichkeit, Zulässigkeit und Zumutbarkeit der Beseitigung

25.19 Der FBA kann nicht auf eine tatsächlich unmögliche, rechtlich unzulässige oder vom Aufwand her unzumutbare Leistung gerichtet werden. Dabei handelt es sich um eine immanente Beschränkung des Anspruchs auf Folgenbeseitigung, die sich nicht ohne weiteres auf den allgemeinen Unterlassungsanspruch ausdehnen lässt (vgl. Rnr. 25.26 ff.).

a) Tatsächliche Möglichkeit der Beseitigung

25.20 Die Beseitigung der rechtswidrigen Folgen des hoheitlichen Handelns muss tatsächlich noch möglich sein. Problematisch ist in diesem Zusammenhang vor allem, ob und unter welchen Umständen auch die Herstellung eines gleichwertigen Zustandes verlangt werden kann (verneinend VGH Mannheim VBlBW 1990, 102).

Beispiel: Wiederherstellung einer rechtswidrig beseitigten Mauer (VG Köln NJW 1980, 799: Neubau einer Mauer ist keine Folgenbeseitigung; zweifelhaft).

b) Rechtliche Zulässigkeit der Beseitigung

Die Beseitigung des rechtswidrigen Zustandes muss rechtlich zulässig   **25.21**
sein. Der FBA kann sich nicht auf Maßnahmen richten, die nach der
Rechtsordnung unzulässig sind. Dabei ist zu beachten, dass der FBA
selbst nur eine Verpflichtung des Staates begründet, aber **keine Eingriffsgrundlage** gegenüber Dritten schafft.

Umstritten ist, ob der Aspekt der Folgenbeseitigungslast zu einer Ermessensreduktion
bei der Anwendung von Eingriffsnormen führen kann (so BGHZ 130, 332; BGH
NVwZ 2006, 693; *Detterbeck/Windthorst/Sproll* § 12 Rnr. 58; hiergegen zu Recht
Gerhardt in Schoch § 113 Rnr. 11; *Roth* DVBl 1996, 1401). Ficht der Kläger die einem
Dritten erteilte Baugenehmigung erfolgreich an, kann er den Erlass einer Abrissverfügung nur verlangen, wenn nach bauordnungsrechtlichen Vorschriften eine Pflicht
zum Erlass einer Abrissverfügung besteht (OVG Münster NJW 1984, 883).

c) Zumutbarkeit und Angemessenheit der Beseitigung

Die Beseitigung darf keinen unzumutbaren Aufwand erfordern. Für die   **25.22**
Frage der Zumutbarkeit ist nicht nur der Aufwand als solcher in Betracht zu ziehen, sondern auch der für den Anspruchsinhaber im Falle
einer Folgenbeseitigung entstehende Vorteil. Wäre der Aufwand danach
unangemessen hoch, ist er unzumutbar.

d) Unzulässige Rechtsausübung

Nach allgemeiner Auffassung können Ansprüche entfallen, wenn ihre   **25.23**
Geltendmachung gegen Treu und Glauben verstoßen würde. Dies gilt
nach hM auch für den öffentlich-rechtlichen FBA (BVerwGE 80, 178;
BVerwG NJW 1986, 1186; *Maurer* § 30 Rnr. 14). So kann die Folgenbeseitigung nicht verlangt werden, wenn auf den Anspruch wirksam
verzichtet wurde, wenn Verwirkung vorliegt (BVerwG NVwZ 1991,
1182; OVG Münster NVwZ 1996, 921) oder bei Erfüllung die Pflicht
zur alsbaldigen Rückgewähr bestünde.

Beispiele: Eine unzulässige Vollstreckungsmaßnahme muss nicht rückabgewickelt werden, wenn der rechtswidrige Zustand bereits legalisiert ist bzw. dies unmittelbar bevorsteht (BVerwG 94, 100); anders bei unzulässiger Inanspruchnahme einer privaten
Grundfläche, wenn nur die Möglichkeit einer späteren rechtmäßigen Planung besteht
(BVerwGE 80, 178).

5. Umfang der Beseitigungspflicht

a) Beseitigung der unmittelbaren Folgen

Der FBA richtet sich – anders als ein Schadensersatzanspruch – nur auf   **25.24**
die Beseitigung der unmittelbaren Folgen des hoheitlichen Handelns.
Wie auch sonst wird mit Hilfe des Begriffs der Unmittelbarkeit eine
Haftungsbegrenzung unter normativen Gesichtspunkten, insbesondere
unter Aspekten der Risikosphären, vorgenommen. Der Anspruch beschränkt sich im Übrigen stets auf die rechtswidrigen Elemente der Be-

einträchtigung (BVerwG DÖV 1990, 108 – nur Anspruch auf Richtigstellung bei rechtswidriger Warnung vor Jugendsekten).

Beispiele: Unmittelbarkeit wurde bejaht bei Kosten eines Gutachtens, zu dessen Einholung der Anscheinsstörer verpflichtet wurde (VGH München NVwZ-RR 1996, 645), verneint bei Taxi- und Porto-Kosten sowie Nutzungsausfall wegen rechtswidrigem Abschleppen eines Pkw (VGH München BayVBl 1990, 435). Nach BGH NVwZ 2006, 963 besteht ein Anspruch auf Herausgabe der zur Abwendung von Obdachlosigkeit in Anspruch genommenen Wohnung.

b) Mitverschulden

25.25 Es kann als allgemein anerkannt gelten, dass der Rechtsgedanke des § 254 BGB auch auf den FBA anzuwenden ist. Während die Rspr. aber früher auf dem Standpunkt stand, dass Mitverschulden den Anspruch insgesamt entfallen lasse, weil es keine teilweise Folgenbeseitigung geben könne (BVerwG DÖV 1971, 857), führt nach der heute vertretenen zutreffenden Auffassung ein Mitverschulden idR nicht zum Wegfall des Anspruches, sondern zur **Umwandlung in einen entsprechend gekürzten Entschädigungsanspruch** (BVerwGE 82, 24 = NJW 1989, 2484).

III. Der öffentlich-rechtliche Unterlassungsanspruch

1. Allgemeines zum öffentlich-rechtlichen Unterlassungsanspruch

25.26 Während der FBA sich auf die Beseitigung bereits eingetretener Beeinträchtigungen bezieht, richtet sich der allgemeine öffentlich-rechtliche Unterlassungsanspruch auf die Abwehr drohender, also noch bevorstehender Beeinträchtigungen. Unabhängig von der Form des drohenden Verwaltungshandelns ist er stets im Wege der **allgemeinen Leistungsklage** geltend zu machen (Rnr. 18.08); einstweiliger Rechtsschutz richtet sich nach § 123 VwGO.

25.27 Richtet sich der Anspruch auf die Unterlassung eines VA, so ist der **Vorrang des repressiven Rechtsschutzes** zu beachten. Danach wird der Betroffene grundsätzlich darauf verwiesen, gegen den später tatsächlich erlassenen VA vorzugehen. Nur wenn es ihm aufgrund besonderer Umstände nicht zumutbar ist, den Erlass eines VA abzuwarten, kann Leistungsklage auf Unterlassung erhoben werden (s. auch Rnr. 18.08).

2. Voraussetzungen des öffentlichen Unterlassungsanspruches

25.28 Die Voraussetzungen entsprechen zu einem wesentlichen Teil denen des FBA (Rnr. 25.02 ff.). Auch hier ist strittig ob sich der Anspruch aus den §§ 1004, 28, 862 BGB analog ergibt, aus den Freiheitsgrundrechten oder ein allgemeiner Rechtsgedanke ist. In der Klausur genügt ebenfalls der Hinweis auf die gewohnheitsrechtliche Anerkennung. Der Unterlassungsanspruch setzt die **drohende Beeinträchtigung** einer **geschützten** subjektiven **Rechtsposition** durch **öffentlich-rechtliches Handeln** voraus, für die **keine Duldungspflicht** besteht. Es müssen entweder Anhaltspunkte dafür vorliegen, dass die Beeinträchtigung unmittelbar bevorsteht (**Erstbegehungsgefahr**), oder dass sich frühere Beeinträchtigungen wiederholen werden (**Wiederholungsgefahr**). Anders als beim FBA wird die Zumutbarkeit der Unterlassung (zB wegen unverhältnismäßigen Vermeidungsaufwands) grundsätzlich nicht geprüft. Muss der Betroffene die drohende Beeinträchtigung nicht dulden, kann er die Unterlassung verlangen (vgl. *Ramsauer* JuS 1995, 299, 301).

Beachte: Die Frage nach Duldungspflichten und nach der Rechtsbeeinträchtigung sind für den Unterlassungsanspruch zentral. Duldungspflichten können sich zB aus dem nachbarlichen Gemeinschaftsverhältnis (VGH München NVwZ 1998, 536: Kein Abwehranspruch des Anliegers gegen Spritzwasser von der Fahrbahn) oder bei wirtschaftlicher Betätigung der Gemeinden aus den Regelungen der GOen ergeben (*Bickenbach* JuS 2006, 1091, 1094, zu deren drittschützender Wirkung OVG Münster NVwZ 2003, 1520; generell zum Rechtsschutz gegen kommunale Konkurrenz *Ennuschat* WRP 2008, 883).

a) Abwehr rufschädigender Äußerungen

Für die Abwehr rufschädigender, insbesondere ehrverletzender Behauptungen ergeben sich Besonderheiten gegenüber dem FBA, mit dem idR nur der Widerruf von Tatsachenbehauptungen erreicht werden kann (Rnr. 25.16). Unterlassungsansprüche erfassen dagegen wegen der Beeinträchtigung der durch Art. 2 Abs. 1 iVm. Art. 1 Abs. 1 GG geschützten seelischen Integrität des Menschen **auch Werturteile**, insbesondere auch Beleidigungen, die zumeist eine Gemengelage von Werturteil und Tatsachenbehauptung aufweisen (Zu amtsärztlichen Diagnosen OVG Münster DÖV 2009, 259).   25.29

Beachte: Zwar kommt es bei Tatsachenbehauptungen maßgeblich auf deren Wahrheitsgehalt an, denn die Verbreitung erwiesen unwahrer Behauptungen muss nicht geduldet werden. Die Richtigkeit einer Tatsachenbehauptung allein rechtfertigt die Annahme einer Duldungspflicht jedoch noch nicht, selbst wenn sie nicht mit einem Werturteil verbunden wird. Aus dem Grundrecht auf informationelle Selbstbestimmung folgt vielmehr, dass bei fehlender Einwilligung auch wahre Tatsachen über eine Person nicht ohne weiteres bekannt gemacht werden dürfen (zur Abwägung der entgegenstehenden Grundrechtspositionen vgl. zB BVerfG NJW 1998, 2889: Namensnennung eines Straftäters; zu Tatsachenbehauptungen, deren Wahrheitsgehalt nicht endgültig festgestellt werden kann, siehe BVerfG NJW 2006, 207; nicht nachweisbare Tatsachen in Verfassungsschutzbericht, BVerwG NVwZ 2008, 1371).

Wertende kritische Äußerungen über Privatpersonen, die von Amtsträgern im Rahmen öffentlicher Verwaltungstätigkeit gemacht werden, kann der Betroffene mit einem öffentlich-rechtlichen Unterlassungsanspruch gegen den Dienstherrn des Amtsträgers abwehren, wenn keine Duldungspflicht besteht (Zur Verwirkung und zum richtigen Passivlegitimierten VG Würzburg Urt. v. 11. 3. 2009 – W 1 K 08.2273 – juris). Staatliche Organe können sich bei ihren Äußerungen zwar nicht auf die   25.30

Meinungsfreiheit berufen (BVerwG NVwZ 2008, 1371, 1375), sind im Prozess der öffentlichen Meinungsbildung jedoch zu (auch kritischen) Meinungsbekundungen und Stellungnahmen berechtigt, die durch eine Befugnisnorm gedeckt sind (siehe zur Rechtfertigung von Öffentlichkeitsinformation bereits durch Aufgabenzuweisung bereits Rnr. 25.14 f.) und den Bürger nicht in seinem sozialen Geltungsanspruch und seinen Grundrechten verletzen (wie etwa durch Diffamierung und Schmähkritik), insbesondere also verhältnismäßig sind.

Merke: Erhöhte Anforderungen gelten dort, wo das Gesetz staatlichen Organen besondere Neutralität oder Mäßigung vorschreibt (zB gegenüber Religions- und Weltanschauungsgemeinschaften, BVerfG NJW 2002, 2626, 2631 f.; im Wahlkampf; gegenüber Kunst und Wissenschaft; zur verfassten Studentenschaft ASTA: VGH Kassel NVwZ-RR 2005, 114); zur verwaltungsinternen Dolmetscherwarnmeldung OVG Magdeburg, Beschl. v. 10. 11. 2008 – 3 M 361/08 – juris.

b) Besonderheiten bei der Abwehr von Immissionen

25.31 Immissionen aus Anlagen der öffentlichen Hand, die als öffentlich-rechtliche zu qualifizieren sind (Rnr. 32.10), können abgewehrt werden, wenn sie nach Art und Umfang über das hinausgehen, was nach den jeweils maßgeblichen Bestimmungen hinzunehmen ist. Der Maßstab dafür wird von der Rspr. aus den §§ 3, 22 BImSchG, teilweise auch aus § 906 BGB hergeleitet (BVerwGE 79, 254 = NJW 1988, 2396).

Beispiele: Lärm von Musikschule und Jugendzentrum (VGH München NVwZ-RR 2004, 735); Kinderspielplatz (VGH Mannheim NVwZ 1990, 988); Gemeindliche Mehrzweckhalle (VGH München NVwZ-RR 2008, 524); Lärm durch Feueralarmsirene (BVerwGE 79, 254); Bolzplätze/Skateanlagen (BVerwG NVwZ 2003, 751); Zeitschlagen der Kirchturmuhr (BVerwG NJW 1992, 2779); Überlassung eines Grundstücks zum Aufstellen von Wertstoffcontainern (OVG Bautzen AbfallR 2008, 206); Osterfeuer (VG Braunschweig NVwZ-RR 2009, 198).

25.32 Die Grenze der Zumutbarkeit ist je nach der bauplanungsrechtlichen Qualifizierung des betroffenen Gebiets (zB als reines oder allgemeines Wohngebiet, Mischgebiet usw.) unterschiedlich zu ziehen. Hierfür wird unter anderem auf die 16. und 18. BImSchV (Verkehrs- und Sportanlagenlärm) und technische Regelwerke wie zB die TA Lärm oder die Freizeitlärmrichtlinie (OVG Schleswig NordÖR 2007, 252) zurückgegriffen, die allerdings nicht schematisch anzuwenden sind. Vielmehr sind die Umstände des Einzelfalls abzuwägen, zu denen etwa der öffentliche oder soziale Zweck der lärmenden Einrichtung zählen kann (vgl. BVerwGE 79, 254; BVerwG NVwZ 2003, 751 auch zur Anwendbarkeit von Lärmschutzverordnungen).

c) Besonderheiten bei der Abwehr von Risiken

25.33 Soweit es um die Unterlassung von Handlungen geht, die den Betroffenen zwar nicht stören, ihn aber einer gewissen Gefährdung aussetzen, ist zu differenzieren: Ist mit hinreichender Wahrscheinlichkeit mit dem

Eintritt eines Schadens an einem geschützten Rechtsgut zu rechnen, so kann grundsätzlich ein Abwehr- bzw. ein Unterlassungsanspruch geltend gemacht werden. Anders, wenn die Wahrscheinlichkeit eines Schadens unter der Gefahrenschwelle liegt. Das dann noch vorhandene Restrisiko muss der Betroffene uU hinnehmen (OVG Lüneburg NVwZ 1998, 537 für das Risiko von Fehlschüssen auf einem Truppenübungsplatz).

Problematisch sind die Fälle der Unerweislichkeit einer Gefahr, für deren Bestehen Anhaltspunkte nicht ausgeräumt werden können (Bsp. BVerwG NVwZ 1996, 1023: Elektromagnetische Felder einer Bahnstromleitung; BVerfG NJW 1997, 2509: Elektromagnetische Felder einer Transformatorstation). Hier handelt es sich um Fragen der Beweislastverteilung (*Ramsauer* UTR Bd 42, S. 71, 88).

3. Inhalt des Unterlassungsanspruchs

Es besteht grundsätzlich nur Anspruch darauf, dass die rechtswidrigen   25.34
Beeinträchtigungen unterlassen werden, nicht auf bestimmte Vorkehrungen. Es muss dem Störer idR überlassen bleiben, auf welche **Art und Weise** er die Beeinträchtigungen vermeiden will. Nur wenn lediglich ganz bestimmte Maßnahmen in Betracht kommen, kann sich der Anspruch hierauf beziehen (BGH NJW 1983, 752 – Lärmabwehr durch Beschränkung des Tennisspiels). Gleiches gilt, wenn andere Maßnahmen als die verlangten erkennbar ausscheiden (BGH NJW 2004, 1035). Die Verjährung richtet sich nach § 195 BGB analog.

IV. Der öffentlich-rechtliche Erstattungsanspruch

Literatur: *Schoch*, Der öffentlich-rechtliche Erstattungsanspruch, Jura 1994, 82; *Stangel*, Der öffentlich-rechtliche Erstattungsanspruch, JA 1998, 48.

1. Allgemeines

Der Erstattungsanspruch ist auf den Ausgleich von Vermögensverschie-   25.35
bungen ohne Rechtsgrund im Bereich des öffentlichen Rechts gerichtet. Er kann sich sowohl gegen den Bürger als auch gegen die öffentliche Hand richten. Nach heutiger Auffassung handelt es sich nicht um einen Unterfall des FBA, sondern um ein eigenständiges Rechtsinstitut, das überwiegend aus dem Grundsatz der Gesetzmäßigkeit der Verwaltung hergeleitet wird. Der Grund für den Anspruch liegt nicht darin, dass Beeinträchtigungen beseitigt, sondern darin, dass rechtsgrundlose Vermögensverschiebungen rückgängig gemacht werden müssen (BVerwGE 71, 85 = NJW 1985, 2436).

Merke: Die hM wendet das zivilrechtliche Bereicherungsrecht (§§ 812 ff. BGB) nicht analog im öffentlichen Recht an, sondern leitet den Erstattungsanspruch als allgemeinen Rechtsgrundsatz aus den Grundrechten und dem Prinzip der Gesetzmäßigkeit der Verwaltung her (BVerwG NVwZ 2008, 212); die Regelungen der §§ 812 ff. BGB werden nur partiell herangezogen.

2. Spezialgesetzliche Erstattungsansprüche

25.36 In vielen Bereichen des öffentlichen Rechts ist der Erstattungsanspruch spezialgesetzlich geregelt, die zT auch analog auf andere Bereiche anwendbar sind. Der Rückgriff auf den allgemeinen (ungeschriebenen) Erstattungsanspruch ist in diesen Fällen ausgeschlossen (VGH Mannheim NJW 2003, 1066), auch wenn die Voraussetzungen der Anspruchsnorm nicht erfüllt sind. Das gilt insbesondere für die Erstattung von Leistungen nach Aufhebung eines VA gem. § 49 a VwVfG (zur analogen Anwendbarkeit *Kopp/Ramsauer* § 49 a Rnr. 4), nicht dagegen für den FBA oder Schadensersatzansprüche.

Beispiele: § 12 BBesG (Erstattung überzahlter Dienstbezüge); § 52 BeamtVG (Erstattung überzahlter Versorgungsbezüge); § 50 SGB X (Erstattung von Sozialleistungen); § 37 Abs. 2 AO (Erstattung überzahlter Steuern); § 68 AufenthG (Erstattung der öffentlichen Mittel für den Unterhalt von Ausländern aufgrund ausländerrechtlicher Verpflichtungserklärung); § 21 AKostG (Erstattung zu Unrecht erhobener Kosten von Auslandsvertretungen).

3. Anspruchsvoraussetzungen

a) Vermögensverschiebung in einem öffentlichen Rechtsverhältnis

25.37 Es muss eine Vermögensverschiebung **durch Leistung** (VGH München NVwZ 1993, 794) **oder in sonstiger Weise** (BVerwGE 71, 85; *Ossenbühl* NVwZ 1991, 518) im Rahmen eines öffentlich-rechtlichen Rechtsverhältnisses vorliegen (OVG Münster NJW 1992, 2245); ob die Verschiebung zugunsten des Bürgers oder der öffentlichen Hand stattgefunden hat, ist unerheblich. **Problematisch** ist, wann das Leistungsverhältnis oder das Eingriffsverhältnis als öffentlich-rechtlich eingestuft werden kann; siehe hierzu *Schoch* Jura 1994, 87.

Merke: Umstritten sind insbesondere die Fälle **irrtümlicher Zahlungen an Dritte**, wenn also eine Bereicherung nicht durch Leistung, sondern „auf sonstige Weise" zu Stande gekommen ist. So hat das BVerwG die Rückforderung einer auf Grund einer öffentlich-rechtlichen Leistungspflicht bewirkten Leistung an einen Dritten teilweise als privatrechtlich eingestuft (BVerwGE 84, 274 = NJW 1990, 2482 für die Erben eines Wohngeldbeziehers; ebenso BSGE 61, 11 (13) zu § 50 SGB X; aA BVerwG NVwZ 1991, 168 für die Erben eines Beihilfeberechtigten sowie die überwiegende Lit. vgl. Sodan/Ziekow § 40 Rnr. 444 mwN). Maßgeblich muss sein, ob der Empfänger die hoheitliche Zweckbestimmung erkennen konnte.

b) Rechtsgrundlosigkeit, Zweckverfehlung

25.38 Für die Vermögensverschiebung darf kein Rechtsgrund (mehr) bestehen. Ein Rechtsgrund für das Behaltendürfen kann nicht nur aus Rechtsnormen, sondern auch aus VA oder öffentlich-rechtlichem Vertrag folgen. Beruht die Leistung auf einem VA, so besteht ein Rechtsgrund allerdings unabhängig von der materiellen Lage so lange, wie der VA wirksam (§ 43 VwVfG) ist. Dies gilt auch, wenn die Leistung nicht für den im VA bestimmten Zweck verwendet wird, wie § 49 Abs. 3 VwVfG zeigt (vgl. BVerwG DVBl 1983, 812).

Beachte: Die Rspr. sieht in der Rückforderung des Erstattungsbetrages idR eine **konkludente Rücknahme** des Leistungsbescheides, auf dem die Zahlung beruhte (BVerwGE 62, 1, 5; BVerwG NVwZ 1984, 518). Voraussetzung ist aber, dass die Rückforderung von ihrem objektiven Erklärungswert her auch so verstehen durfte.

c) Rechtsfolge, Vertrauensschutz, Entreicherung

Rechtsfolge ist die Pflicht zur **Herausgabe des Erlangten,** nicht notwen- 25.39 digerweise auf Geldersatz. Zum FBA und anderen Herausgabeansprüchen kann Anspruchskonkurrenz bestehen. Die zivilrechtlichen Regelungen über **Entreicherung** (§ 818 Abs. 3 BGB) sind nach hM **nicht analog anwendbar,** sofern kein Fall der Rechtsfolgenverweisung (wie zB in § 49a Abs. 2 VwVfG) vorliegt. Setzt die Erstattung die Aufhebung des LeistungsVA voraus, ist Vertrauensschutz bereits bei der Aufhebung des VA zu berücksichtigen. Im Übrigen soll nach der Rspr. das allgemeine **Vertrauensschutzprinzip** unmittelbar eingreifen. Dabei soll es auf eine Abwägung des Vertrauensschutzes auf der einen und des Ausgleichsinteresses auf der anderen Seite ankommen. Umstritten ist die analoge Anwendbarkeit der **Saldotheorie,** wonach gegenseitige Ansprüche verrechnet werden (bejahend VGH Mannheim VBlBW 2004, 52; einschränkend BVerwGE 111, 162, 172).

Merke: Danach ist Vertrauen nicht schutzwürdig, wenn der Bürger die Rechtsgrundlosigkeit kannte oder infolge grober Fahrlässigkeit nicht kannte (BVerwGE 81, 85 89; kritisch *Maurer* § 29 Rnr. 28). Dieser (von § 819 Abs. 1 BGB abweichende) Maßstab ist in der Rspr. allgemein anerkannt. Auch treuwidriges Verhalten (§ 242 BGB analog) kann den Erstattungsanspruch ausschließen (OVG Münster NJW 1992, 2245). Bei der Rückabwicklung nichtiger öffentlich-rechtlicher Verträge genügt die Unmöglichkeit der Rückerstattung der von einem Partner erbrachten Leistung, hierfür aber nicht ohne weiteres; grundsätzlich kommt auch die einseitige Rückabwicklung in Betracht (BVerwG 111, 162, 174; BVerwG NVwZ 2003, 994).

d) Verjährung

Sofern keine spezielleren Regelungen eingreifen, gilt entsprechend den 25.40 §§ 195, 199 BGB die allgemeine Verjährungsfrist von 3 Jahren. Die Rspr. wandte in der Vergangenheit dann, wenn der Erstattungsanspruch sich als Kehrseite eines (vermeintlichen) Leistungsanspruchs darstellte, die für den Leistungsanspruch geltenden Vorschriften entsprechend an (BVerwG NJW 1996, 1073). Der Gedanke dürfte zwar nach wie vor tragfähig sein, allerdings gilt für Leistungsansprüche idR dieselbe Frist.

4. Geltendmachung des Erstattungsanspruches

Die öffentliche Hand kann den Anspruch nur dann durch VA festsetzen, 25.41 wenn dies gesetzlich vorgesehen ist (vgl. zB § 49a VwVfG; § 50 SGB X), darüber hinaus nach der sog. **Kehrseitentheorie,** wenn schon auch über die Leistung selbst durch VA entschieden wurde (BVerwGE 40, 85, 89), ferner im Beamtenverhältnis bzw. in ähnlichen durch Über-,

Unterordnung gekennzeichneten Dienstverhältnissen (BVerwGE 71, 354). Im Übrigen muss der Anspruch durch Leistungsklage vor dem VG geltend gemacht werden. Das gilt auch für den Anspruch des Bürgers.

Beachte: Der Bürger kann den Erstattungsanspruch gem. § 113 Abs. 1 S. 2 VwGO zusammen mit der Anfechtungsklage gegen einen Leistungsbescheid geltend gemacht werden.

Teil 5. Besondere Probleme des Verwaltungsprozesses

§ 26. Die Beiladung

Literatur: *Mußgnug*, Die Beiladung zum Rechtsstreit um janusköpfige und privat-rechtsrelevante VAe, NVwZ 1988, 33; *Nottbusch*, Die Beiladung im Verwaltungs-prozess, 1995; *Guckelberger*, Die Beiladung im Verwaltungsprozess, JuS 2007, 436.

I. Bedeutung der Beiladung

Die Beiladung ist die einzige Möglichkeit zur Beteiligung Dritter im Ver- **26.01** waltungsprozess. Sie bewirkt, dass der Beigeladene eigene Rechte und Interessen im Prozess zur Geltung bringen kann. Er hat Anspruch auf **rechtliches Gehör** und kann im Rahmen des § 66 VwGO auf das Verfahren Einfluss nehmen (s. Rnr. 26.09). Dafür wird er von der Bindungswirkung einer gerichtlichen Entscheidung erfasst, deren **Rechtskraft** (§ 121 VwGO) sich auf ihn erstreckt. Er muss diese in späteren Verfahren gegen sich gelten lassen (*Kopp/Schenke* § 66 Rnr. 12).

II. Die Voraussetzungen der Beiladung

1. Allgemeine Voraussetzungen

Eine Beiladung ist in allen Verfahrensarten, auch in Eilverfahren nach **26.02** §§ 80, 123 VwGO möglich, nach § 47 Abs. 2 S. 4 VwGO nunmehr auch im Normenkontrollverfahren, nach hM aber nicht im Zulassungsverfahren für Berufung und Revision (VGH Mannheim NVwZ-RR 2000, 814). Sie kann in jedem Stadium des Verfahrens, auch in der Berufungs- oder Beschwerdeinstanz erfolgen, im Revisionsverfahren jedoch nur in Fällen notwendiger Beiladung (§ 142 Abs. 1 VwGO). Allerdings muss eine Beiladung so rechtzeitig erfolgen, dass der Beizuladende genügend Zeit hat, von seinen Rechten nach § 66 VwGO Gebrauch zu machen.

Beachte: Umstritten ist, ob und unter welchen Voraussetzungen auch Personen beigeladen werden können, die gegen denselben VA selbst klagen könnten, von dieser Möglichkeit aber keinen Gebrauch gemacht haben (ablehnend *Roth* NVwZ 2003, 691; bejahend dagegen zu Recht *Guckelberger* JuS 2007, 436, 437).

Beiladungsfähig ist nur, wer auch beteiligungsfähig (§ 61 VwGO) ist. **26.03** Nur derjenige kann beigeladen werden, dem klagefähige Rechte zustehen können, weil anderenfalls keine rechtlichen Interessen berührt sein können (BVerwGE 118, 328, 330). **Umstritten** ist die Frage, ob **Umweltverbände** beigeladen werden können: Das ist jedenfalls dann zu bejahen, wenn sie nach den Vorschriften des Naturschutzrechts oder nach dem UmwRG auch Kläger sein könnten (OVG Hamburg NordÖR 2009, 210). Für Handwerkskammern enthält § 8 Abs. 4 HwO eine Spezialregelung. **Behörden** können nur beigeladen werden, wenn Landesrecht ihre Beteiligungsfähigkeit vorsieht; zu beachten ist außerdem, dass für einen beteiligten Verwaltungsträger nur eine einzige Behörde auftreten kann (BVerwGE 72, 165).

Beispiele: Unzulässig ist die Beiladung einer Landesbehörde im Verfahren gegen das Land, selbst dann, wenn die Behörde nach Landesrecht (§ 61 Nr. 3 VwGO) an sich beteiligungsfähig ist (BVerwGE 80, 127). **Etwas anderes** gilt für die Beiladung von rechtlich selbständigen Verwaltungseinheiten (zB Anstalt, GmbH), sofern diese über eine unabhängige Entscheidungsstruktur verfügen und eigenständige Interessen verfolgen, sowie für Organstreitigkeiten (s Rnr. 22.01).

1. Die einfache Beiladung

26.04   Die einfache Beiladung setzt nach § 65 Abs. 1 VwGO voraus, dass „rechtliche Interessen" eines Dritten durch eine Entscheidung über die Klage oder den Antrag berührt werden. Sie steht dann im Ermessen des Gerichts. Ausreichend ist, dass die Entscheidung in der Hauptsache eine **rechtliche Position** des Beizuladenden verbessern oder verschlechtern könnte (BVerwG NVwZ-RR 1999, 276). Ideelle, soziale oder wirtschaftliche Interessen des Beizuladenden reichen nicht (*Kopp/Schenke* § 65 Rnr. 9 ff.). Nicht erforderlich ist, dass der Beizuladende in der Sache klagebefugt wäre.

Beispiele: Beiladung des Gesamtschuldners im Hinblick auf eine mögliche Ausgleichspflicht (BVerwGE 77, 102, 106), des Rechtsvorgängers bei Anfechtung eines Beitragsbescheides durch Käufer wegen Regressmöglichkeit (BVerwGE 65, 67), des Nachbarn (BVerwG NVwZ-RR 1993, 18) oder der Gemeinde (BVerwGE 92, 66) bei Klage auf Erteilung einer Baugenehmigung, **nicht dagegen** des Architekten oder Bauunternehmers, der das streitige Vorhaben durchführen soll (str., aA OVG Münster DÖV 1981, 385).

2. Die notwendige Beiladung

26.05   Eine Beiladung ist notwendig iSd § 65 Abs. 2 VwGO, wenn eine im Rechtsstreit mögliche gerichtliche Entscheidung nicht getroffen werden kann, ohne dass damit zwangsläufig in Rechte des Beigeladenen eingegriffen wird (BVerwGE 55, 11 = NJW 1978, 1762). Dies setzt eine **unmittelbare Gestaltungswirkung** jedenfalls einer in Betracht kommenden Entscheidung gegenüber den Rechten des Beizuladenden voraus. Anerkannt ist dies zB in folgenden Fällen (weitere Bsp. bei *Hufen* Verwaltungsprozessrecht § 12 Rnr. 8):

– Beiladung des Genehmigungsinhabers bei Nachbarklagen gegen Bau- und Anlagengenehmigung (BVerwG DVBl 1974, 768), nicht im umgekehrten Fall bei Klage des
Bauherrn auf Genehmigung;
– Beiladung des Genehmigungsinhabers bei Klage eines Konkurrenten gegen eine Ge-
nehmigung, Erlaubnis, Konzession (BVerwG NVwZ 1984, 507) oder Subvention
(*Kopp/Schenke* § 65 Rnr. 17);
– Beiladung der Gemeinde bei Klage auf Erteilung einer Baugenehmigung in den Fäl-
len des § 36 BauGB (BVerwGE 42, 8, 11) oder des Bundes bei Klage auf Einbürge-
rung, soweit Zustimmung zwingend ist (BVerwGE 67,174),
– Beiladung des Betroffenen bei der Klage eines Dritten auf ordnungsbehördliches
Einschreiten gegen diesen (BVerwG NJW 1993, 79),
– Beiladung des Vorhabenträgers bei Klagen von Nachbarn auf Anordnung von Auflagen zu einer Vorhabengenehmigung bzw. einem Planfeststellungsbeschluss ihm gegenüber (BVerwGE 51, 6 = NJW 1976, 1775);
– Beiladung der Gewählten bei Wahlanfechtung oder Klage auf Feststellung der Ungültigkeit der Wahl (BVerwGE 80, 228), sofern Mandat damit automatisch entfällt

Keine notwendige Beiladung der Eltern im Streit um den Aufenthalt   26.06
ihres minderjährigen Kindes (*Eyermann* § 65 Rnr. 22); des Eigentümers
im Streit des Mieters gegen eine gegen ihn gerichtete Nutzungsuntersagung (BVerwG BauR 1988, 335), von Miteigentümern bei Klage eines
anderen Miteigentümers gegen eine Beseitigungsverfügung (BVerwGE
40, 104). **Problematisch** ist, ob die Beiladung von Mitbewerbern bei
Verpflichtungsklagen auf Erteilung von Genehmigungen, Erlaubnissen
usw. notwendig ist, wenn die Erteilung dazu führen würde, dass diesen
eine entsprechende Genehmigung nicht mehr erteilt werden könnte,
weil das Kontingent erschöpft würde.

Beispiele: Angenommen wurde notwendige Beiladung bei Klage auf Konzession,
wenn Erteilung weiterer Erlaubnisse schlechthin ausgeschlossen erscheint und Mitbewerber im Falle des Obsiegens des Klägers zwingend ausgeschlossen würden
(BVerwG DVBl 1988, 738); dagegen sind Mitbewerber eines Antragstellers, der die
Zulassung zum Studium erstrebt, nach der Rspr. nicht notwendig beizuladen, weil sie
nur aus tatsächlichen (Kapazitäts-)Gründen und nicht aus Rechtsgründen miteinander
in Verbindung stehen (BVerwGE 60, 25, 30).

III. Die Entscheidung über die Beiladung

1. Der Beiladungsbeschluss

Die Beiladung erfolgt durch Beschluss (§ 65 Abs. 4 VwGO), der **von**   26.07
Amts wegen oder auf Antrag eines bereits Beteiligten oder eines Dritten,
der seine Beiladung erreichen möchte, ergehen kann (§ 65 Abs. 1
VwGO). Sie soll, muss aber nicht begründet werden, und sie ist **grundsätzlich unanfechtbar** (§ 65 Abs. 4 S. 3 VwGO). Teilweise werden Ausnahmen angenommen (vgl. VGH Mannheim NVwZ 1984, 146; *Kopp/
Schenke,* § 65 Rnr. 37). Eine Beiladung kann jederzeit wieder aufgehoben werden (BVerwGE 72, 165). Kommt eine notwendige Beiladung

von mehr als 50 Personen in Betracht, kann das Gericht für Anträge auf Beiladung eine Frist setzen (§ 65 Abs. 3 VwGO) und später eingehende Anträge ablehnen.

Beispiel: „Herr Peter Beier, wohnhaft ..., wird zu dem Verfahren beigeladen, weil seine rechtlichen Interessen berührt werden." **Beachte:** Der Beiladungsbeschluss lässt idR nicht erkennen, ob es sich um eine notwendige oder eine einfache Beiladung handelt. Im Tatbestand einer späteren Entscheidung wird er nicht erwähnt. Der Beschluss wird im vorbereitenden Verfahren nach § 87a Abs. 1 Nr. 6 VwGO durch den **Vorsitzenden** bzw. den Berichterstatter (§ 87a Abs. 3 VwGO), sonst durch den Spruchkörper bzw. in den Fällen des § 6 VwGO durch den Einzelrichter getroffen. Er enthält keine Kostenentscheidung.

2. Die Ablehnung einer Beiladung

26.08   Der Beschluss, mit dem das VG einen Antrag auf Beiladung ablehnt, kann idR mit der Beschwerde angefochten werden (*Kopp/Schenke* § 65 Rnr. 38) und ist deshalb zu begründen (§ 122 Abs. 2 VwGO). Er hindert das Gericht nicht, nach Unanfechtbarkeit doch noch beizuladen. Nur der notwendig Beizuladende hat einen Rechtsanspruch auf Beiladung; im Übrigen steht die Beiladung im Ermessen des Gerichts.

Merke: Unterbleibt eine notwendige Beiladung, so liegt ein absoluter Revisionsgrund vor, das Urteil bindet also den notwendig Beizuladenden nicht, bleibt den Hauptbeteiligten gegenüber aber wirksam (BVerwGE 104, 182). Handelt es sich um ein Gestaltungsurteil (zB Aufhebung eines VA), so ist es unwirksam (*Bier* in Schoch § 65 Rnr. 39 f.). Das Unterbleiben einer einfachen Beiladung führt dagegen nicht zur Anfechtbarkeit der Entscheidungen, sondern entfaltet lediglich dem nicht Beigeladenen gegenüber keine Wirkung.

IV. Die Wirkungen der Beiladung

1. Stellung des Beigeladenen im Prozess

26.09   Der Beigeladene wird Beteiligter des Rechtsstreits (§ 63 Nr. 3 VwGO). Er hat zunächst einmal **Anspruch auf rechtliches Gehör,** kann sich durch Prozessbevollmächtigte vertreten lassen, muss zu allen **mündlichen Verhandlungen** und Erörterungsterminen wie die Hauptbeteiligten geladen werden. Der notwendig Beigeladene kann zudem verlangen, dass eine noch vor der Beiladung durchgeführte **Beweiserhebung** wiederholt wird. Bei der Berechtigung der Antragstellung ist zu differenzieren: Während sich bei der einfachen Beiladung eigene Anträge des Beigeladenen inhaltlich im Rahmen der Anträge der Hauptbeteiligten halten müssen, kann der notwendig Beigeladene auch abweichende Sachanträge stellen, soweit ihm eine eigene Klagebefugnis (§ 42 Abs. 2 VwGO) hierfür zusteht (BVerwGE 64, 67 = NJW 1982, 952).

Beachte: Stellt der Beigeladene Anträge, trägt er ein eigenes Kostenrisiko gem. § 154 Abs. 3 VwGO; im Falle des Obsiegens gem. § 162 Abs. 3 VwGO hat er andererseits auch Anspruch auf Kostenerstattung (Rnr. 6.29).

2. Dispositionsbefugnisse der Hauptbeteiligten

Die Beiladung berührt die Dispositionsbefugnis der Hauptbeteiligten 26.10
grundsätzlich nicht. Der Kläger kann die Klage ohne Zustimmung des
Beigeladenen jederzeit zurücknehmen (§ 92 VwGO) oder für erledigt erklären (*Eyermann* § 66 Rnr. 4). Eine Klageänderung (§ 91 VwGO) bedarf dagegen der Einwilligung aller Beteiligter, also auch der Beigeladenen, sofern sie nicht ohnehin als sachdienlich angesehen wird. Verglei-
che wiederum bedürfen der Zustimmung des Beigeladenen zu ihrer prozessualen Wirksamkeit grundsätzlich nicht. Allerdings kann ein ohne
Zustimmung des Beigeladenen geschlossener Vergleich nach § 58 Abs. 1
VwVfG unwirksam sein, wenn mit dem Vertrag in seine Rechte eingegriffen wird (vgl. OVG Münster NVwZ 1988, 370).

§ 27. Entscheidungen zur Sachverhaltsermittlung

Literatur: *Kaufmann*, Untersuchungsgrundsatz und Verwaltungsgerichtsbarkeit, 2002;
Böhm, Die Verwertung mittelbarer Beweismittel im Verwaltungsgerichtsprozess,
NVwZ 1996, 417; *Raabe*, „Informatorische Anhörung" und förmliche Vernehmung
von Zeugen und Beteiligten im Verwaltungsprozess, NVwZ 2003, 1193; *Arntz*, Untersuchungsgrundsatz und anwaltliche Mitwirkung im Verwaltungsprozess, DVBl
2008, 78; *Vierhaus*, Beweisantragsrecht im Verwaltungsprozess, DVBl 2009, 629.

I. Der Untersuchungsgrundsatz

Der im Verwaltungsprozess geltende Untersuchungsgrundsatz (vgl. § 86 27.01
VwGO, teilweise auch als Inquisitionsmaxime bezeichnet) verpflichtet
das Gericht, den für die Entscheidung maßgeblichen Sachverhalt von
Amts wegen aufzuklären, erforderlichenfalls Beweis zu erheben und die
Sache soweit rechtlich möglich spruchreif zu machen (Rnr. 15.19 ff.).

Merke: Das bedeutet, dass das Gericht „alle vernünftigerweise zu Gebote stehenden
Möglichkeiten einer Aufklärung des für seine Entscheidung maßgeblichen Sachverhalts ausschöpft, die geeignet sein können, die für die Entscheidung erforderliche
Überzeugung des Gerichts zu begründen" (BVerwG ZLA 1963, 161). Die Aufklärungspflicht des Gerichts bezieht sich also

– auf sämtliche entscheidungsrelevanten Tatsachen, die
– sich mit auf zumutbare Weise erreichbaren Beweismitteln feststellen lassen und
– zur Überzeugungsbildung des Gerichts erforderlich sind.

Anders als im Zivilprozess kommt es für den Umfang der Aufklärungs- 27.02
pflicht nicht darauf an, ob eine Tatsache von einem Beteiligten bestritten
wird oder ob für eine bestrittene Behauptung Beweis angeboten wird. Es
gibt im Verwaltungsprozess **keine formelle Beweislast** (BVerwGE 104,
55, 58). Maßgebend für den Umfang der Sachaufklärung ist allein die
Überzeugungsbildung des Gerichts, die allerdings durch den Sachvortrag
der Beteiligten beeinflusst werden kann (hierzu Arntz DVBl 2008, 78).

Merke: Tatsächlich ist der Unterschied zum Beibringungsgrundsatz (auch Verhandlungsmaxime genannt) nicht so groß, wie es aufgrund der unterschiedlichen Regelungen in § 138 ZPO einerseits und § 86 VwGO andererseits den Anschein hat. Das Gericht muss nämlich nicht von sich aus allen denkbaren Möglichkeiten nachgehen, sondern nur solchen, die sich nach Lage der Dinge aufdrängen (BVerwG NVwZ 1988, 119). Das gilt auch, wenn ein Beteiligter allgemeine Zweifel an der Rechtmäßigkeit (BVerwG NVwZ-RR 1997, 82) oder an der Richtigkeit des Vorbringens von Beteiligten äußert (vgl. VGH Mannheim NVwZ 1994, 700).

II. Die Prozessförderungspflicht der Beteiligten

27.03 Die Beteiligten haben das Recht und die Obliegenheit, bei der Ermittlung des Sachverhalts mitzuwirken (Prozessförderungspflicht). Es obliegt ihnen den Prozessstoff umfassend vorzutragen und erforderliche Unterlagen vorzulegen. Dies gilt naturgemäß besonders für die in ihre Sphäre fallenden Sachfragen (BVerwG DÖV 1987, 744). Wirken die Beteiligten nicht im gebotenen Umfang mit, obwohl ihnen das möglich und zumutbar wäre, so vermindert dies die Aufklärungspflicht des Gerichts (*Kopp/Schenke* § 86 Rnr. 12 mwN).

Beispiele: Ein Wehrpflichtiger behauptet seine mangelnde körperliche Eignung, ohne sich untersuchen zu lassen (*Eyermann* § 86 Rnr. 20 mit weiteren Bsp.); Beamter weigert sich, Zweifel an seiner Dienstfähigkeit auszuräumen (BVerwG DVBl 2001, 125); Asylbewerber vernichtet alle Unterlagen, die seine behauptete Einreise auf dem Luftweg belegen könnten (BVerwG DÖV 1999, 957).

27.04 In bestimmten Rechtsbereichen sind aufgrund von speziellen Vorschriften (zB § 82 AufenthG für das Verwaltungsverfahren) gesteigerte Mitwirkungsobliegenheiten der Beteiligten vorgesehen. Wird gegen sie verstoßen, so führt das idR zu einer Verringerung der Anforderungen an die Aufklärungspflicht des Gerichts (*Eyermann* § 86 Rnr. 20) bzw. zu einer Verschiebung der materiellen Beweislast im Falle der Unaufklärbarkeit.

Beispiele: Bei Weigerung eines Beteiligten, sich bei Fahreignungszweifeln (§§ 11 ff. FeV) einem angeordneten Test zu unterziehen, geht die Unaufklärbarkeit der Eignung zu seinen Lasten (§ 11 Abs. 8 FeV). Zur mangelnden Mitwirkung von Ausländern bei der Aufklärung des Sachverhalts BVerwG NVwZ 1994, 1123.

III. Möglichkeiten der Fristsetzung für die Mitwirkung

27.05 Unabhängig von § 82 Abs. 2 VwGO können Vorsitzende oder Berichterstatter gem. § 87 b Abs. 1, 2 VwGO den Beteiligten Fristen setzen, nach deren Ablauf Erklärungen und Beweismittel zurückgewiesen werden dürfen und ohne weitere Ermittlungen entschieden werden kann. Hierin liegt eine Einschränkung der Aufklärungspflicht des Gerichts. Die Frist ist **keine Ausschlussfrist;** das Gericht ist nicht gehindert, später abgegebene Erklärungen oder vorgelegte Beweismittel doch noch zu berücksichtigen.

Merke: Dies gilt nach § 87 b Abs. 1 VwGO **für den Kläger,** dem eine Frist zur Angabe der Tatsachen gesetzt werden kann, durch deren Berücksichtigung oder Nichtberücksichtigung er sich beschwert fühlt, nach § 87 b Abs. 2 VwGO **auch für alle übrigen Beteiligten,** denen eine Frist gesetzt werden kann zur Angabe von Tatsachen, Bezeichnung von Beweismitteln und zur Vorlage von Urkunden oder anderen beweglichen Sachen, soweit eine Vorlagepflicht besteht.

Die Folgen der Versäumung der Fristen sind in § 87 b Abs. 3 VwGO geregelt. Die dort genannten Voraussetzungen sind in der Praxis nur selten erfüllt, weshalb die Bedeutung der Regelung eher gering ist. Danach kann das Gericht Erklärungen und Beweismittel nämlich nur dann zurückweisen und ohne eigene Ermittlungen entscheiden, wenn folgende Voraussetzungen kumulativ vorliegen: **27.06**

- Es ist nicht mit geringem Aufwand möglich, den Sachverhalt ohne Mitwirkung der Beteiligten zu ermitteln (§ 87 b Abs. 3 S. 3 VwGO);
- die Zulassung würde die Erledigung verzögern (§ 87 b Abs. 3 S. 1 Nr. 1 VwGO: maßgebend ist die freie Überzeugung des Gerichts);
- der Beteiligte entschuldigt die Verspätung nicht genügend oder macht den Entschuldigungsgrund auf Verlangen nicht glaubhaft (§ 87 b Abs. 3 S. 1 Nr. 2, S. 2 VwGO; das objektive Vorliegen von Entschuldigungsgründen reicht nicht);
- der Beteiligte ist über die Folgen der Fristversäumung ordnungsgemäß belehrt worden (§ 87 b Abs. 3 S. 1 Nr. 3 VwGO).

Merke: Hat das VG im ersten Rechtszug von der Möglichkeit einer Zurückweisung zu Recht Gebrauch gemacht, gilt der Ausschluss auch für die folgenden Instanzen (§ 128 a Abs. 2 VwGO, ggfs. iVm § 141 VwGO). Diese Regelung entspricht § 528 Abs. 3 ZPO.

IV. Die Regelungen der Beweiserhebung (§§ 96–98 VwGO)

1. Begriff der Beweiserhebung

Beweiserhebung ist die Aufklärung eines streitigen oder zweifelhaften Sachverhalts durch das Gericht mittels Beweisaufnahme. Als Beweismittel kommen grundsätzlich **alle Erkenntnismöglichkeiten** in Betracht, die geeignet sind, die Überzeugung des Gerichts vom Vorliegen entscheidungserheblicher Tatsachen zu beeinflussen. Die einzelnen Beweismittel unterliegen unterschiedlichen Regelungen. § 96 Abs. 1 S. 2 VwGO unterscheidet ohne Anspruch auf Vollständigkeit (zur Zulässigkeit zB einer amtlichen Auskunft als selbständiges Beweismittel BVerwGE 31, 212, 216): **27.07**

- Zeugenvernehmung,
- Sachverständigengutachten,
- Augenschein,
- Urkunden sowie
- Vernehmung von Beteiligten.

Beachte: Die Aufklärung des Sachverhalts von Amts wegen stellt als solche noch keine Beweisaufnahme dar. Deshalb ist die routinemäßige **Anforderung der Sachakten** bei beteiligten oder anderen Behörden ebenso wenig eine Beweisaufnahme wie die Aufforderung gegenüber Beteiligten, bestimmte sachdienliche Angaben zu machen und/oder bestimmte Schriftstücke oder Dokumente vorzulegen. Gleiches gilt für die übliche **informatorische Befragung** der Beteiligten in der mündlichen Verhandlung. Zu der vor allem gebührenrechtlich wichtigen Abgrenzung siehe *Clemens,* Beweisgebühr des Rechtsanwalts, VBlBW 1991, 164.

2. Durchführung

27.08 Die Beweisaufnahme erfolgt idR vor dem erkennenden Gericht innerhalb der mündlichen Verhandlung im Hauptsacheverfahren (§ 96 Abs. 1 VwGO) aufgrund einer **Beweisanordnung.** Im Eilverfahren ist eine Beweiserhebung nur zulässig, wenn sich dadurch die Entscheidung nicht verzögert (s. Rnr. 19.41). Zulässig ist auch im Verwaltungsprozess ein selbständiges Beweissicherungsverfahren gem. §§ 485 ff. ZPO (*Eyermann* § 98 Rnr. 37 ff.).

a) Notwendigkeit und Inhalt eines Beweisbeschlusses

27.09 Ein **Beweisbeschluss** ist nur erforderlich, wenn die Beweisaufnahme ein besonderes Verfahren (zB gem. § 96 Abs. 2 VwGO) oder die Vertagung der mündlichen Verhandlung erfordert, sowie für die Parteivernehmung (*Kopp/Schenke* § 98 Rnr. 5 f. mwN). Das Gericht muss aber deutlich machen, ob eine Sachverhaltsaufklärung nur informatorisch oder als Beweisaufnahme erfolgen soll (BVerwG NJW 1981, 1748). Wird ein Beweisbeschluss erlassen, so muss er Beweisthema und Beweismittel bezeichnen. Soll die Beweisaufnahme nicht vor dem erkennenden Gericht, sondern durch den Vorsitzenden oder Berichterstatter (§ 87 Abs. 3 VwGO) erfolgen oder soll eines seiner Mitglieder beauftragt oder ein anderes Gericht ersucht werden (96 Abs. 2 VwGO), ist dies in den Beweisbeschluss aufzunehmen.

Beispiele: „Es soll Beweis erhoben werden über die Frage, ob der Kläger über ein zum Führen eines Kraftfahrzeuges erforderliches Sehvermögen verfügt, durch die Einholung eines Sachverständigengutachtens. Mit der Erstattung des Gutachtens wird Prof. Dr. X, Universität Hamburg, betraut"; und weiter: „es soll Beweis erhoben werden über die Frage, ... , durch Vernehmung des Herrn ... als Zeugen. Mit der Durchführung der Zeugenvernehmung wird RiVG ... beauftragt".

b) Unmittelbarkeit der Beweisaufnahme

27.10 Die Beweisaufnahme ist **grundsätzlich vom gesamten Spruchkörper** durchzuführen. Sie darf nur in den gesetzlich vorgesehenen Ausnahmefällen dem Vorsitzenden, dem Berichterstatter, dem beauftragten oder dem ersuchten Richter überlassen werden. Nach § 96 VwGO kann „in geeigneten Fällen" angeordnet werden, dass die Beweisaufnahme nur durch ein Mitglied des Spruchkörpers (**beauftragter Richter**) oder durch ein anderes Gericht (§ 96 Abs. 2 VwGO – **ersuchter Richter**) durchgeführt wird. Der Beschluss ist nicht selbständig anfechtbar. Im vorbereitenden Verfahren können nach § 87 Abs. 3 VwGO außerdem **Vorsitzende und Berichterstatter** allein bei Sachdienlichkeit Beweise erheben, sofern nicht die Beweiserhebung durch den gesamten Spruchkörper geboten ist.

Beispiel: Ein Zeugenbeweis wird idR durch den vollständigen Spruchkörper erhoben werden müssen, weil sich vor allem die Glaubwürdigkeit des Zeugen idR nur beurteilen lässt, wenn ein persönlicher Eindruck gewonnen werden kann und die Möglichkeit zu eigenen Fragen besteht.

Der Grundsatz der (materiellen) Unmittelbarkeit der Beweisaufnahme **27.11** erfordert weiter, dass dasjenige Beweismittel eingesetzt wird, das dem Beweisthema der Sache nach am nächsten kommt. Hiernach ist der Augenschein grundsätzlich günstiger als die bloße Orientierung an Bildern und Zeichnungen, die Vernehmung eines Zeugen hat Vorrang vor der Vernehmung eines Polizeibeamten, der den Zeugen vernommen hat. Hier bestehen aber erhebliche Spielräume (vgl. *Böhm*, Die Verwertung mittelbarer Beweismittel im Verwaltungsgerichtsprozess, NVwZ 1996, 427).

Merke: Schriftliche Zeugenaussagen sind zwar nach § 377 Abs. 3 ZPO iVm § 98 VwGO im Einverständnis mit den Beteiligten zulässig, führen aber nur zur Verwertung der Aussagen im Wege des Urkundsbeweises, was nur dann mit dem Grundsatz der Unmittelbarkeit der Beweisaufnahme vereinbar ist, wenn die Glaubwürdigkeit außer Zweifel steht und die Beweisfrage schriftlich erschöpfend beantwortet werden kann (vgl. OLG Düsseldorf NJW 1991, 2781).

3. Grundsatz freier Beweiswürdigung

Das Gericht entscheidet gem. § 108 Abs. 1 VwGO nach freier, aus dem **27.12** Gesamtergebnis des Verfahrens gewonnener Überzeugung. Soweit nicht andere Maßstäbe vorgesehen sind (zB Glaubhaftmachung im Eilverfahren), erfordert Überzeugung einen so hohen Grad an Wahrscheinlichkeit, dass vernünftige Zweifel ausscheiden (vgl. *Kopp/Schenke* § 108 Rnr. 5 mwN). Die Würdigung von Zeugenaussagen, bei der zwischen der **Glaubwürdigkeit der Person** und der **Glaubhaftigkeit der Aussage** in der Sache zu unterscheiden ist, spielt im Examen nur selten eine besondere Rolle (zu parteiischen Zeugen *Foerste* NJW 2001, 321). Im Verwaltungsprozess bereitet vor allem die Würdigung von Sachverständigengutachten und Auskünften Probleme, weil sie zumeist ohne entsprechendes Fachwissen nicht kritisch gewürdigt werden können.

Beispiele: Sachverständigengutachten über die Erheblichkeit von Lärmimmissionen, die Schädlichkeit von Geruchsimmissionen, die Gefährlichkeit elektromagnetischer Felder, die Bedeutung gesundheitlicher Einschränkungen für die Dienstfähigkeit eines Beamten, die Angemessenheit eines naturschutzrechtlichen Ausgleichs.

Problematisch ist der Umgang mit den **Ergebnissen unzulässiger Beweis-** **27.13** **erhebung** bzw. Sachverhaltserforschung. Aus der Unzulässigkeit einer

Sachverhaltsermittlung folgt idR ein Beweisverwertungsverbot (Kopp/ Schenke § 98 Rnr. 4). Das gilt aber nicht ausnahmslos. Vielmehr kommt unter bestimmten engen Voraussetzungen die Verwertung „der Früchte des verbotenen Baumes" doch in Betracht.

Beispiele: Zum Schutz höherwertiger Rechtsgüter, insbesondere einer wirksamen Rechtspflege und einer materiell richtigen Entscheidung, kommen die Verwertung tagebuchähnlicher Aufzeichnungen (BVerfG NJW 1990, 563), die Verwendung eines rechtswidrig mitgehörten Telefongespräches (BVerfG NJW 2002, 3619) oder die Verwendung durch heimliches Belauschen erlangten Wissens (BGH NJW 1991, 1180) in Betracht. Zum Beweiserhebungs- und verwertungsverbot siehe Beulke, Jura 2008, 653.

4. Die materielle Beweislast

27.14 Die VwGO kennt im Gegensatz zur ZPO **keine formelle Beweislast** (Beweisführungslast), weil Beweise von Amts wegen erhoben werden und es insoweit auf Beweisangebote und Beweisanträge der Beteiligten nicht ankommt. Bedeutsam ist die materielle Beweislast, die allein die Frage betrifft, zu wessen Lasten die **Unerweislichkeit von Tatsachen** (non liquet) gehen soll. Dies ist eine Frage des materiellen Rechts, nicht der Stellung der Beteiligten im Prozess. Im Grundsatz geht die Unerweislichkeit einer Tatsache zu Lasten desjenigen Beteiligten, der aus ihr eine ihm günstige Rechtsfolge herleiten könnte (BVerwG NJW 1994, 468; 1994, 2633, 2635). Dieser Grundsatz erfährt aber eine Vielzahl von Durchbrechungen (Beweiserleichterungen, Vermutungsregeln, Beweislastumkehr), die hier nicht näher dargestellt werden können (vgl. *Kopp/ Schenke* § 108 Rnr. 13 a).

Beispiele: Macht der Kläger einen Anspruch auf eine Erlaubnis nach § 2 GastG geltend, so trifft ihn die Beweislast für die anspruchsbegründenden Umstände, die Behörde aber hinsichtlich des Vorliegens von Versagungsgründen nach § 4 GastG (anders idR bei repressiven Verboten mit Erlaubnisvorbehalt). Der Kläger hat die Beweislast für das Vorliegen der erforderlichen fachlichtechnischen Qualifikation des Betriebsleiters gem. § 7 Abs. 4 HwO (BVerwG DVBl 1991, 946).

V. Ablehnung von Beweisanträgen

27.15 Ein in der mündlichen Verhandlung gestellter **förmlicher Beweisantrag** kann nur durch einen Beschluss abgelehnt werden, der vor dem Schluss der mündlichen Verhandlung erlassen und begründet werden muss (§ 86 Abs. 2 VwGO), aber gem. § 146 Abs. 2 VwGO unanfechtbar ist. Die Regelung gilt nur für mündlich ordnungsgemäß gestellte, unbedingte, hinreichend substantiierte Beweisanträge (siehe näher *Vierhaus*, Beweisantragsrecht im Verwaltungsprozess, DVBl. 2009, 629), nicht für lediglich schriftlich angekündigte Beweisanträge und auch nicht für Beweisanregungen. Ein Beweisantrag darf nur abgelehnt werden, wenn das Gericht trotz seiner Aufklärungspflicht von einer (weiteren) Beweisaufnahme absehen darf. Dies ist nach dem aus § 244 Abs. 3 StPO folgenden allgemeinen Rechtsgedanken (vgl. *Kopp/Schenke* § 86 Rnr. 6 mwN) nur in folgenden Fällen anzunehmen:

– Die Erhebung des Beweises ist unzulässig, zB wegen Verstoßes gegen das Beratungsgeheimnis nach §§ 43, 45 DRiG oder wegen des Bestehens eines Verwertungsverbotes (*Hüsch,* Verwertungsverbote im Verwaltungsverfahren, 1991).
– Die Tatsache, die bewiesen werden soll, ist für die Entscheidung rechtlich ohne Bedeutung, kann als wahr unterstellt werden oder ist bereits erwiesen. Dabei ist aber das Verbot der Vorwegnahme der Beweiswürdigung zu beachten (BVerwG NVwZ 1987, 405; 1993, 377).
– Das Beweismittel ist ungeeignet, unerreichbar oder die Beweiserhebung wäre nach Art und Umfang für das Gericht völlig unzumutbar. Dabei muss ein strenger Maßstab angelegt werden (BVerfG NJW 1993, 254).
– Die Tatsache, die bewiesen werden soll, ist offenkundig, dh allgemeinkundig oder gerichtskundig. Allgemeinkundig ist eine Tatsache, über die man sich aus allgemein zugänglichen zuverlässigen Quellen ohne weiteres unterrichten kann (BVerwG NVwZ 1983, 99), gerichtskundig eine, die die Mitglieder des Gerichts im Zusammenhang mit ihrer amtlichen Tätigkeit zuverlässig in Erfahrung gebracht haben (BVerwG NVwZ 1990, 571).

Ein Beweis durch Einholung eines **Sachverständigengutachtens** kann 27.16 entspr. § 244 Abs. 4 StPO darüber hinaus unterbleiben, wenn

– das Gericht selbst die erforderliche Sachkunde besitzt,
– über die Frage bereits ein Sachverständigengutachten eingeholt worden ist, und keine Gründe vorliegen, die zu Zweifeln an der Richtigkeit des vom Erstgutachter gefundenen Ergebnisses Anlass geben.

Ein Beweis durch Vernehmung eines **Zeugen im Ausland** kann nach der Neuregelung in § 244 Abs. 5 S. 2 StPO unterbleiben, wenn das Gericht bei Würdigung aller Umstände zu dem Ergebnis gelangt, dass die Vernehmung keinen Einfluss auf die Überzeugungsbildung haben würde (vgl. BGH JZ 1995, 209).

VI. Aktenvorlagepflicht und Einsichtsrecht der Beteiligten

Grundsätzlich sind alle Behörden (nicht nur diejenigen der am Verfahren 27.17 beteiligten Rechtsträger) verpflichtet, auf Verlangen des Gerichts hin Urkunden und Akten vorzulegen sowie Auskünfte zu erteilen (§ 99 Abs. 1 VwGO). Die Beteiligten des Rechtsstreits sind berechtigt, diese Unterlagen einzusehen und sich ggfs. Kopien anzufertigen (§ 100 VwGO).

Hinweis: Unter den in § 99 Abs. 1 S. 2 VwGO genannten Voraussetzungen sollte die zuständige oberste Aufsichtsbehörde die Vorlage der Akten verweigern dürfen. Das Gericht hatte dann auf Antrag eines Beteiligten zu entscheiden, ob hinreichend glaubhaft gemacht sei, dass die Voraussetzungen für die Weigerung vorliegen (§ 99 Abs. 2 S. 1). Diese Regelung ist vom BVerfG für unvereinbar mit der Rechtsschutzgarantie des Art. 19 Abs. 4 GG befunden worden (BVerfGE 101, 106). Auch Geheimhaltungsinteressen dürfen danach nicht die Gewährung effektiven Rechtsschutzes ausschließen. Eine Novellierung des § 99 VwGO ist in Vorbereitung. Der Entwurf des Rechtsmittelbereinigungsgesetzes sieht für diese Fälle eine Einsichtnahme allein durch das

Gericht vor. Die Beteiligten sollen die Verweigerung von Akteneinsicht und Auskunft durch Klage vor dem OVG bzw. VGH oder dem BVerwG einer gerichtlichen Kontrolle unterziehen können.

VII. Verweigerung der Aussagegenehmigung für Beamte

27.18 Der Vernehmung von Beamten als Zeugen kommt im Verwaltungsprozess eine wesentliche Bedeutung zu. Voraussetzung ist gem. § 376 ZPO iVm § 98 VwGO stets die vorherige Erteilung einer Aussagegenehmigung durch seinen Dienstvorgesetzten, durch die er von seiner Schweigepflicht entbunden wird (§ 67 BBG; § 37 BeamtStG). Das Gericht kann die Erteilung einer Aussagegenehmigung nicht erzwingen; wird sie verweigert, steht der Beamte nicht als Zeuge zur Verfügung. Das Gericht ist allerdings verpflichtet, bei nicht plausibler Verweigerung der Aussagegenehmigung von sich aus Einwendungen zu erheben (BGH NJW 1996, 2738). Außerdem können die von der Verweigerung betroffenen Verfahrensbeteiligten die Erteilung der Aussagegenehmigung durch eine Klage vor dem VG (vgl. § 54 BeamtStG) erzwingen, wenn die Voraussetzungen für eine Verweigerung nicht vorliegen (BVerwG NJW 1983, 638; *Hantel* JuS 1984, 516).

Hinweis: Ob die Voraussetzungen einer Verweigerung der Aussagegenehmigung vorliegen, ist gerichtlich voll überprüfbar (siehe auch *Kopp/Schenke* § 98 Rnr. 9). Die Erteilung der Aussagegenehmigung kann uU auch im Wege einer einstweiligen Anordnung durchgesetzt werden, wenn andernfalls unzumutbare Nachteile drohen würden (zB im Hauptsacheprozess ist keine Vertagung möglich).

§ 28. Entscheidungen über Prozesskostenhilfe (PKH)

Literatur: *Fischer*, Prozesskostenhilfe: Grundlagen für Referendare, JuS 2004, 1068; *Stmischa*, Die Verbindung von fristgebundener Klageerhebung und Prozesskostenhilfeantrag im verwaltungsgerichtlichen Verfahren, NVwZ 2005, 267; *Linke*, Überholte Erfolgsaussichten im Verwaltungsprozess? NVwZ 2003, 421.

28.01 Das PKH-Verfahren (§ 166 VwGO iVm §§ 114 ff. ZPO) ist ein eigenständiges Beschlussverfahren; es ersetzt also nicht die Klageerhebung. Zur Wiedereinsetzung in die Klagefrist nach Durchführung eines PKH-Verfahrens siehe Rnr. 14.17. Die Möglichkeit der Gewährung von PKH ist Ausfluss der Garantie effektiven Rechtsschutzes (AK-GG-*Ramsauer* Art. 19 Abs. 4 Rnr. 94). Dies ist bei der Anwendung der PKH-Regelungen stets zu berücksichtigen.

Beachte: Eine Klageerhebung unter der Bedingung, dass PKH gewährt wird, ist unzulässig, die beigefügte Klage ist in einem derartigen Fall nur als Entwurf anzusehen. Der Kläger muss also entweder die Klage ohne Rücksicht auf die Bewilligung erheben oder mit der Klageerhebung bis zur Bewilligung warten.

I. Formelle Voraussetzungen
(§ 117 Abs. 1 ZPO iVm § 166 VwGO)

Die Bewilligung setzt einen entsprechenden Antrag voraus, der sich 28.02
regelmäßig auch auf Beiordnung eines (üblicherweise, aber nicht notwendig benannten) Prozessbevollmächtigten richtet. Der **PKH-Antrag**
ist an das Prozessgericht zu richten und muss eine Darstellung des
Streitverhältnisses umfassen, ggfs. unter Angabe von Beweismitteln. Bei
vorheriger oder gleichzeitiger Klagerhebung kann auf die Klageschrift
verwiesen werden. Zulässig ist auch die Beifügung eines Klageentwurfs.
Dem Antrag muss eine Erklärung über die persönlichen und wirtschaftlichen Verhältnisse auf dem bundeseinheitlich dafür **vorgesehenen Vor-
druck** (§ 117 Abs. 2 ZPO) beigefügt werden. Die Benutzung des Vor-
drucks ist zwingend, soweit die dort verlangten Angaben nicht bereits
anderweitig vollständig und vergleichbar übersichtlich vorliegen (BGH
NJW 1983, 2146).

Merke: Den Antrag auf die Bewilligung von PKH kann stets die Naturalpartei stellen,
auch wenn für das Hauptsacheverfahren eine Vertretung durch einen Bevollmächtigten (§ 67 VwGO) zwingend vorgeschrieben ist. Gleiches gilt auch für die Beschwerde
gegen die Ablehnung des Antrags.

II. Materielle Voraussetzungen
(§ 114 ZPO iVm § 166 VwGO)

Der Antragsteller muss erstens im Zeitpunkt der Antragstellung nach 28.03
seinen **persönlichen und wirtschaftlichen** Verhältnissen tatsächlich außer-
stande sein, den Rechtsstreit ohne Gefährdung des Unterhalts für sich
selbst und diejenigen Personen, denen gegenüber er unterhaltsverpflichtet
ist, zu führen. Hierfür sowie ggfs. für die Festsetzung von Raten ist
§ 115 ZPO iVm der Tabelle in Anlage 1 maßgebend. Die Berechnung ist
nicht einfach. Im Internet sind Rechenhilfen verfügbar.

Beachte. Wird der Antrag von einer juristischen Person gestellt, sind auch die wirtschaftlichen Verhältnisse der an ihr beteiligten Personen zu berücksichtigen. Bei exis-
tentiell wichtigen Prozessen unterhaltsberechtigter Personen kann die Kostenübernah-
me zum Unterhaltsanspruch zählen.

Der Rechtsstreit muss zweitens **hinreichende Aussicht auf Erfolg** bieten. 28.04
Hier ist eine Erfolgsprognose in der Hauptsache erforderlich, wobei
allerdings die Hauptsache nicht vorweggenommen werden darf. Müsste
etwa voraussichtlich Beweis erhoben werden, so bietet die Rechtsverfolgung idR hinreichend Aussicht auf Erfolg. Die Führung des Rechtsstreits darf drittens **nicht mutwillig** (dh unsinnig, unvernünftig) erscheinen. Dies ist idR der Fall, wenn das Rechtsschutzziel auf einfachere,
insbesondere günstigere Weise erreicht werden könnte.

III. Entscheidung

28.05 Die Entscheidung über einen Antrag auf PKH erfolgt durch Beschluss. Sie gilt stets nur für eine Instanz. IdR wird PKH mit Rückwirkung auf den Zeitpunkt der (vollständigen) Antragstellung bewilligt (*Eyermann* § 166 Rnr. 45), uU auch noch nach Sachentscheidung in der Instanz. Ist der PKH-Antrag erst nach Rücknahme der Klage oder Erledigung in der Hauptsache entscheidungsreif, kann PKH nicht mehr bewilligt werden (OVG Schleswig NVwZ 2004, 460; OVG Hamburg NordÖR 2000, 191). Bei Ablehnung des Antrags ist der Beschluss mit einer Rechtsmittelbelehrung zu versehen. Da Gerichtskosten nicht anfallen und außergerichtliche Kosten der Beteiligten nicht erstattet werden (§ 127 Abs. 4 ZPO), ist eine Kostenentscheidung entbehrlich (anders im Beschwerdeverfahren).

Beispiele: „Dem Antragsteller wird für die Durchführung des Klageverfahrens ... Prozesskostenhilfe für die erste Instanz bewilligt." Falls das Einkommen des Antragstellers die Höhe der in der ersten Spalte der Tabelle nicht übersteigt: „Raten werden nicht festgesetzt." Sonst: „Die monatlichen Raten werden auf Euro ... festgesetzt." Falls die Beiordnung eines Rechtsanwalts beantragt worden ist und notwendig erscheint: „Dem Antragsteller wird Rechtsanwalt ... zur vorläufig unentgeltlichen Wahrnehmung seiner Rechte beigeordnet."

IV. Wirkung, Anfechtbarkeit, Abänderbarkeit

28.06 Die Bewilligung von PKH wirkt im Zweifel nur für die Zukunft, kann aber rückwirkend auf den Zeitpunkt der Antragstellung erfolgen (*Kopp/Schenke* § 166 Rnr. 14). Einen Beschluss über die Bewilligung von PKH kann nur die Staatskasse unter den Voraussetzungen des § 127 Abs. 3 ZPO anfechten. Beschlüsse über die Ablehnung von PKH-Anträgen sind dagegen mit der Beschwerde anfechtbar. Das Gericht kann die Bewilligung unter den Voraussetzungen des § 124 ZPO aufheben oder einschränken, anders aber bei Änderung der wirtschaftlichen oder persönlichen Verhältnisse (*Grunsky* NJW 1980, 2045).

§ 29. Klagerücknahme, Vergleich, Erledigungserklärung

Literatur: *Schäfer,* Die nichtstreitige Erledigung des Verwaltungsprozesses (Rücknahme, Hauptsacheerledigung und Vergleich), JA 2001, 330; *Budach/Johlen,* Der Prozessvergleich im verwaltungsgerichtlichen Verfahren, JuS 2002, 371; *Schenke,* Der Erledigungsrechtsstreit im Verwaltungsprozess, 1994; *Kintz,* Anfechtungsklage und teilweise übereinstimmende Erledigungserklärung im Verwaltungsprozess, JuS 2003, 1017; *Deckenbrock/Dötsch,* Erledigung in der Hauptsache im Verwaltungsprozess, JuS 2004, 489 und 589 und *Messmer* , Die Beendigung des Verwaltungsprozesses durch Parteierklärung, JA 2005, 300.

I. Die Klage- oder Antragsrücknahme

1. Die Rechtswirkungen

Die Rücknahme der Klage (eines Antrags) beendet insoweit den Rechts- 29.01
streit. Die Klage gilt als nicht anhängig geworden (§ 269 Abs. 3 ZPO
iVm § 173 VwGO). Sämtliche Wirkungen der Klageerhebung entfallen
rückwirkend; bereits ergangene Entscheidungen (einschließlich der bereits erlassenen, aber noch nicht rechtskräftigen Urteile) werden wirkungslos (VGH München NJW 1984, 681). Ein trotz wirksamer Klagerücknahme erlassenes Urteil ist nichtig (OVG Weimar NVwZ-RR 1991,
443).

Beachte: Die Rücknahme eines Rechtsmittels führt idR zur Unanfechtbarkeit und damit zur Rechtskraft der angefochtenen Entscheidung, ist also scharf von der Rücknahme der Klage selbst zu trennen, durch die eine rechtskräftige Entscheidung gerade
verhindert wird.

2. Die Rücknahmeerklärung

Die Erklärung der Rücknahme ist bis zum Eintritt der Rechtskraft der 29.02
Entscheidung zulässig, auch in den Rechtsmittelinstanzen (§ 92 Abs. 1
S. 1 VwGO). Sie ist dem Gericht der Hauptsache gegenüber (BGH
NJW 1995, 1095) schriftlich oder zu Protokoll des Urkundsbeamten
des VG bzw. in der mündlichen Verhandlung oder in einem Termin zur
Erörterung der Sach- und Rechtslage zu Protokoll zu erklären. Der Er-
klärung muss eindeutig zu entnehmen sein, dass der Kläger sein Be-
gehren nicht mehr weiterverfolgen will (BFH NVwZ-RR 2000, 334).
Sie ist als Prozesshandlung grundsätzlich **bedingungsfeindlich, unwider-
ruflich und unanfechtbar**, auch wenn sie auf einem Irrtum beruht. Ausnahmen werden gemacht, wenn die Erklärung der Rücknahme durch
Täuschung, Drohung oder unzutreffende Belehrung durch das Gericht
bewirkt worden ist oder wenn ein Wiederaufnahmegrund vorliegt
(BVerwG NJW 1997, 2897; NVwZ-RR 1999, 407; *Kopp/Schenke* § 92
Rnr. 11).

Nach der (erstmaligen) Stellung der Anträge in der mündlichen Verhandlung ist die
Wirksamkeit der Rücknahme von der Einwilligung des Beklagten und ggfs. des VÖI
(nicht des Beigeladenen) abhängig. Nach § 92 Abs. 1 Satz 3 VwGO gilt jedoch eine
Einwilligungsfiktion, wenn der Klagerücknahme nicht innerhalb von 2 Wochen seit
Zustellung des Rücknahmeschriftsatzes widersprochen wird. Wird ohne mV entschieden (zB durch Gerichtsbescheid gem. § 84 VwGO), im Eilverfahren (§§ 80, 123
VwGO) oder im schriftlichen Verfahren (§ 101 Abs. 2 VwGO), so kann die Rücknahme bis zum Erlass der Entscheidung ohne Einwilligung erklärt werden (*Kopp/Schenke*
§ 92 Rnr. 14); in der Rechtsmittelinstanz ist eine Einwilligung stets erforderlich.

3. Die Entscheidungen nach Rücknahme

29.03 Im Falle einer Klage- bzw. Antrags- oder Rechtsmittelrücknahme ist das Verfahren durch Beschluss einzustellen; in diesem Beschluss sind die Rechtsfolgen der Rücknahme auszusprechen (§ 92 Abs. 3 VwGO). Das Gericht hat idR nur noch über die Kosten zu entscheiden; ist bereits ein Urteil erlassen worden, so ist dieses für wirkungslos zu erklären.

> **Beispiel:** „Das Verfahren wird eingestellt. Das Urteil des VG vom … ist wirkungslos. Der Kläger trägt die Kosten des Verfahrens."

29.04 Einstellungsbeschlüsse nach einer Klagerücknahme (§ 92 Abs. 3 VwGO) haben nur **deklaratorischen Charakter** und führen nicht konstitutiv zur Beendigung des Verfahrens. Sie sind unanfechtbar (§ 92 Abs. 3 Satz 2 VwGO). Bestreitet der Kläger die Wirksamkeit der Klagerücknahme, muss er die Fortsetzung des Verfahrens mit seinem ursprünglichen Klageantrag beantragen; in diesem Fall ist durch Urteil zu entscheiden: Ist die Klagerücknahme unwirksam, wird in der Hauptsache entschieden, anderenfalls wird der gleichwohl aufrechterhaltene Klageantrag abgewiesen.

> **Beachte:** Während des vorbereitenden Verfahrens, also insbesondere vor einer mündlichen Verhandlung, entscheidet gem. § 87 a VwGO auch im Falle der Rücknahme der Vorsitzende, oder ggfs. der Berichterstatter allein über Einstellung und Kosten.

4. Die Rücknahmefiktion nach § 92 Abs. 2 VwGO

29.05 Nach § 92 Abs. 2 VwGO gilt die Klage als zurückgenommen, wenn der Kläger das Verfahren trotz Aufforderung des Gerichts länger als zwei Monate (keine Wiedereinsetzung vgl. *Eyermann* § 92 Rnr. 18) nicht betreibt. Wegen der weit reichenden Konsequenzen darf die Betreibensaufforderung der Gerichts jedoch nicht ohne Vorliegen sachlich begründeter Anhaltspunkte für den Wegfall des Rechtsschutzinteresses des Klägers erlassen werden (zB durch Verletzung prozessualer Mitwirkungspflichten; BVerwG NVwZ 2001, 918: erfolglose Aufforderung zur Klagebegründung genügt allein nicht). Zudem muss die Aufforderung des Gerichts den Hinweis auf die Wirkung des Nichtbetreibens und die Kostenfolge der Rücknahme (§ 155 Abs. 2 VwGO) enthalten. Sie ist zuzustellen (§ 56 Abs. 1 VwGO). Eine entsprechende Regelung enthält § 126 Abs. 2 VwGO für das Berufungsverfahren.

II. Der Vergleich

1. Der gerichtliche Vergleich (§ 106 VwGO)

29.06 Der gerichtliche Vergleich beendet das Verfahren unmittelbar, ohne dass es weiterer verfahrensbeendigender Erklärungen bedürfte. Er hat eine **Doppelnatur:** Einerseits ist er Prozesshandlung, andererseits ist er öffentlich-rechtlicher Vertrag (*Kopp/Ramsauer* § 55 Rnr. 7 mwN). Deshalb müssen nicht nur die prozessualen Wirksamkeitsvoraussetzungen (Beteiligungs- und Prozessfähigkeit usw.), sondern auch die Rechtmäßigkeitsvoraussetzungen der §§ 54 ff. VwVfG erfüllt sein.

Merke: Als Prozesshandlung ist der Vergleich von der Zustimmung der Beigeladenen und des VöI unabhängig (*Kopp/Schenke* § 106 Rnr. 10 mwN), nach materiellem Recht (§ 58 VwVfG) ist die Zustimmung des notwendig Beigeladenen dagegen idR erforderlich (vgl. *Kopp/Schenke* § 66 Rnr. 10). Ein unwirksamer gerichtlicher Vergleich kann als außergerichtlicher Vergleichsvertrag wirksam sein, wenn die materiellen Wirksamkeitsvoraussetzungen vorliegen; er kann dann uU die Beteiligten zur Beendigung des Prozesses zwingen (BVerwG NJW 1994, 2306).

IdR treffen die Beteiligten in einem gerichtlichen Vergleich auch Bestim- **29.07** mungen über die **Kosten des Verfahrens.** Ist eine derartige Bestimmung weder ausdrücklich noch konkludent erfolgt, ohne dass die Beteiligten den Kostenpunkt bewusst offen gelassen haben, so wird der Vergleich gem. § 160 VwGO ergänzt, ohne dass es eines entsprechenden hierauf gerichteten Beschlusses bedarf.

Beachte: Haben die Beteiligten dagegen bewusst auf eine Regelung des Kostenpunktes verzichtet, so liegt in Wahrheit nur ein Teilvergleich vor. Die Beteiligten haben die Entscheidung über die Kosten dem Gericht überlassen, welches dann durch Beschluss nach § 161 VwGO über die Kosten entscheidet. Der Maßstab hierfür wird § 161 Abs. 2 VwGO entnommen (vgl. *Kopp/Schenke* § 160 Rnr. 1 mwN).

Besteht **Streit über die Wirksamkeit** des Vergleichs, so ist das Verfahren **29.08** in der Hauptsache fortzusetzen. Derjenige Beteiligte, der die Wirksamkeit des Vergleichs behauptet, muss als Hauptantrag die Feststellung, dass das Verfahren durch Vergleich beendet wurde, beantragen, der andere Beteiligte seinen Antrag zur Hauptsache weiterverfolgen. Kommt das Gericht zu dem Ergebnis, dass der Vergleich wirksam ist, so stellt es im Urteil antragsgemäß fest, dass das Verfahren durch Vergleich beendet wurde, anderenfalls entscheidet es in der Sache. Wird geltend gemacht, die **Geschäftsgrundlage** für den Vergleich sei nachträglich entfallen, so ist ein solcher Streit in einem neuen Prozess auszutragen (BVerwG NJW 1994, 2306).

Beachte: Das Recht, die Fortführung des Verfahrens wegen Unwirksamkeit des Vergleichs zu verlangen, kann verwirkt werden, wenn die Gegenseite darauf vertrauen konnte, dass die Unwirksamkeit nicht mehr geltend gemacht werden würde und ein erheblicher Zeitraum verstrichen ist (BVerwG NJW 1993, 1940).

2. Der **außergerichtliche Vergleich**

Der außergerichtliche Vergleich stellt der Sache nach nur einen öffent- **29.09** lich-rechtlichen Vertrag dar (§ 55 VwVfG). Er führt nicht unmittelbar zur Beendigung des Verfahrens; vielmehr muss das Verfahren entweder durch Klagerücknahme oder übereinstimmende Erledigungserklärungen der Beteiligten beendet werden. Haben sich die Beteiligten über die Kostentragung geeinigt, so kann dies bei der Entscheidung nach § 161 Abs. 2 Satz 1 VwGO ohne weiteres berücksichtigt werden; im Falle einer Klagerücknahme ist es umstritten, ob sich die Kostenfolge zwingend aus § 155 Abs. 2 VwGO oder aus der im Vergleich getroffenen Regelung ergibt (so wohl die hM, vgl. *Eyermann* § 160 Rnr. 10).

Merke: Hat sich ein Beteiligter in einem außergerichtlichen Vergleich verpflichtet, keine Klage zu erheben (**pactum de non petendo**) oder eine bereits erhobene Klage zurückzunehmen, so ist die gleichwohl erhobene bzw. aufrechterhaltene Klage nach hM unzulässig (*Kopp/Schenke* § 106 Rnr. 21 mwN).

III. Erledigung durch übereinstimmende Erledigungserklärungen

29.10 Die (Haupt-) Beteiligten können einen Rechtsstreit dadurch beenden, dass sie ihn übereinstimmend für erledigt erklären. Die Beendigung tritt dann unabhängig davon ein, ob tatsächlich Erledigung eingetreten ist. Erforderlich sind nur die entsprechenden Erklärungen der Hauptbeteiligten, auf Beigeladene und VöI kommt es nicht an.

Beachte: Die Erklärungen sind als Prozesshandlung grundsätzlich unanfechtbar und unwiderruflich; sie können jedoch bis zum Eingang der Zustimmung der übrigen Beteiligten noch widerrufen werden, da erst in diesem Zeitpunkt die gestaltende Wirkung eintritt (BVerwG NVwZ-RR 1992, 276). Nach der Erklärungsfiktion des § 161 Abs. 2 Satz 2 VwGO ist der Rechtsstreit in der Hauptsache auch erledigt, wenn der Beklagte der Erledigungserklärung des Klägers nicht innerhalb von zwei Wochen seit Zustellung des Erledigungsschriftsatzes widerspricht und das Gericht auf diese Rechtsfolge hingewiesen hat.

29.11 Haben die Beteiligten eines Rechtsstreits (einerlei, ob Klage- oder Beschlussverfahren) die Hauptsache übereinstimmend für erledigt erklärt, so stellt das Gericht entsprechend § 92 Abs. 3 VwGO das Verfahren ein und entscheidet gem. § 161 Abs. 2 Satz 1 VwGO durch unanfechtbaren (§ 158 Abs. 2 VwGO) Beschluss nur noch über die Kosten des Verfahrens. Die Entscheidung ist – außer in den Fällen des § 161 Abs. 3 VwGO – nach billigem Ermessen unter Berücksichtigung der bisherigen (dh im Zeitpunkt der beiderseitigen Erledigungserklärung bestehenden) Sach- und Rechtslage zu treffen und setzt damit in den Gründen meist eine rechtliche Würdigung des Streitstoffes voraus. Die Entscheidung treffen die Berufsrichter der Kammer bzw. in den Fällen des § 6 VwGO der Einzelrichter; im vorbereitenden Verfahren entscheidet der Vorsitzende oder – wenn ein Berichterstatter bestellt ist – der Berichterstatter allein (§ 87 a VwGO).

Beispiel für einen Beschluss nach § 161 VwGO: „Das Verfahren wird eingestellt. Der Beklagte trägt die Kosten des in der Hauptsache erledigten Verfahrens." Rechtsmittelbelehrung: Der Beschluss ist unanfechtbar. **Gründe:** Nachdem die Beteiligten den Rechtsstreit in der Hauptsache übereinstimmend für erledigt erklärt haben, ist das Verfahren in entsprechender Anwendung des § 92 Abs. 2 S. 1 VwGO einzustellen und gem. § 161 Abs. 2 Satz 1 VwGO nur noch über die Kosten des Verfahrens zu entscheiden. Es entspricht billigem Ermessen, dass diese Kosten der Beklagte trägt. Er wäre in der Hauptsache nämlich vermutlich unterlegen. Eine Beurteilung der Hauptsache nach der bisherigen Sach- und Rechtslage führt zu dem Ergebnis, dass die Klage mit hoher Wahrscheinlichkeit Erfolg gehabt hätte. Sie hätte sich als zulässig und begründet erwiesen ...".

IV. Die einseitige Erledigungserklärung *des Klägers*

Literatur: *Kremer*, Die streitige Erledigung der Hauptsache im Verwaltungsprozess, NVwZ 2003, 797; *Manssen*, Die einseitige Erledigungserklärung im Verwaltungsprozeß, NVwZ 1990, 1018.

1. Einseitige Erledigungserklärung als Feststellungsantrag

Bleibt die Erledigungserklärung einseitig, kann der Kläger damit das Verfahren nicht auf unstreitige Weise beenden. Es muss dann über die Frage entschieden werden, ob sich das Verfahren tatsächlich erledigt hat. Mit der einseitigen Erledigungserklärung ändert der Kläger seinen ursprünglichen Antrag in einen Feststellungsantrag; es liegt eine Klageänderung vor, die aber nicht den Voraussetzungen der §§ 91, 142 VwGO unterliegt (BVerwGE 34, 159 = NJW 1970, 722). Da der Beklagte an seinem Klageabweisungsantrag festhält, muss über den Feststellungsantrag des Klägers streitig entschieden werden, und zwar in der Form, in der auch über den ursprünglichen Antrag hätte entschieden werden müssen. **29.12**

Beachte: Die Kostenentscheidung hat sich in diesem Fall nach § 154 VwGO zu richten, nicht nach § 161 Abs. 2 Satz 1 VwGO (hM, vgl. BVerwGE 82, 41, 45; aA zB *Kopp/Schenke* § 161 Rnr. 31 mwN). Eine einseitige Erledigungserklärung eines Beklagten hat keine selbständige prozessuale Wirkung und ist lediglich als Hinweis auf ein erledigendes Ereignis zu werten (*Kopp/Schenke* § 161 Rnr. 32).

2. Voraussetzungen für die Feststellung der Erledigung

Das Gericht prüft zunächst das Vorliegen der objektiven Erledigung. Das Klagebegehren muss gegenstandslos geworden sein, weil es entweder aufgrund nachträglich eingetretener Umstände bereits außerprozessual erreicht wurde oder weil es mit einer Entscheidung in der Sache nicht mehr oder nicht mehr sinnvoll erreichen lässt. Ein besonderes Feststellungsinteresse muss der Kläger nicht darlegen. **29.13**

Beispiele für erledigte Klagebegehren: Verlust der Rechts- oder Beteiligtenfähigkeit (BGH NJW 1982, 238); Erledigung des angefochtenen VA (BVerwG NVwZ 1991, 571); Klaglosstellung (BVerwG NVwZ 1989, 48), nicht dagegen Wegfall des Interesses (BVerwGE 46, 81, 83; höchstrichterliche Entscheidung in Parallelsache (BVerwG NJW 1998, 1064).

3. Zulässigkeit und Begründetheit des erledigten Rechtsschutzbegehrens?

29.14 Umstritten ist, ob der Kläger im Erledigungsstreit nur obsiegen kann, wenn die von ihm erhobene Klage (oder der gestellte Antrag) bis zum Eintritt der Erledigung zulässig und begründet gewesen ist. Weitgehende Einigkeit besteht darüber, dass es jedenfalls auf die Begründetheit des ursprünglichen Klagebegehrens nicht mehr ankommt und diese nicht zu prüfen ist (so zutreffend BVerwG NVwZ 1989, 862; aA *Manssen* NVwZ 1990, 1019 und die hM für den Zivilprozess, die Zulässigkeit und Begründetheit des ursprünglichen Klageantrages verlangt, vgl. *Thomas/Putzo* § 91 a Anm. 7). Teilweise wird in der Rspr. noch vertreten, dass die Begründetheit jedenfalls dann noch zu prüfen ist, wenn die Beklagte ein berechtigtes Interesse an der Klagabweisung geltend machen kann (hiergegen zutreffend *Sodan/Ziekow* § 161 Rnr. 172 ff.).

Umstritten ist die Frage, ob es zumindest auf die **Zulässigkeit** des ursprünglichen Klageantrages ankommt und diese zu prüfen ist (bejahend BVerwGE 34, 159; 82, 41; verneinend BVerwGE 73, 312; 87, 63 = NVwZ 1991, 162). Die Frage ist richtigerweise zu verneinen. Unabhängig von Zulässigkeit und Begründetheit der ursprünglichen Klage kommt es für den Erfolg des Feststellungsantrags allein auf die Frage an, ob tatsächlich ein erledigendes Ereignis eingetreten ist. Ist die Erledigung zweifelhaft, so kann sich die hilfsweise Aufrechterhaltung des ursprünglichen Klagebegehrens empfehlen.

4. Entscheidung im Erledigungsrechtsstreit

29.15 Hat sich die Klage tatsächlich nicht erledigt, ist der Feststellungsantrag durch Urteil abzuweisen. Hat der Kläger seinen ursprünglichen Antrag hilfsweise aufrechterhalten, ist über diesen zu entscheiden. Hat sich die Klage erledigt, so ist – nach umstrittener, aber zutreffender Auffassung – im Urteil festzustellen, dass Erledigung eingetreten ist, ohne dass es auf die Frage der ursprünglichen Zulässigkeit und Begründetheit ankommt. Die Kosten des Verfahrens trägt dann der Beklagte nach § 154 Abs. 1 VwGO; der Streitwert ist dann allerdings nur noch in Höhe der Verfahrenskosten anzunehmen.

Teil 6. Besondere Probleme der Fallbearbeitung

§ 30. Normanwendung und Normprüfung

Literatur: *Voßkuhle*, Der Grundsatz des Vorbehalts des Gesetzes, JuS 2007, 118; *Detterbeck*, Vorrang und Vorbehalt des Gesetzes, Jura 2002, 235; *Tegethoff*, Verwaltungsvorschriften und Gesetzesvorbehalt, DÖV 2005, 587; *Jarass/Beljing*, Die Bedeutung von Vorrang und Durchführung des EG-Rechts für die nationale Rechtsetzung und Rechtsanwendung, NVwZ 2004, 1.

I. Die Rechtsnorm als Ausgangspunkt der Rechtsprüfung

Juristische Aufgaben haben in aller Regel eine Rechtsprüfung zum Inhalt. Alles Handeln der Verwaltung ist an Recht und Gesetz gebunden. Dies folgt aus dem **Prinzip der Gesetzmäßigkeit** der Verwaltung, das seinerseits Teil des Rechtsstaatsprinzips (Art. 20 Abs. 3 GG) ist. Es geht deshalb im Rahmen des materiellen Rechts darum, entweder eine bereits getroffene Maßnahme der Verwaltung am Maßstab von Recht und Gesetz zu prüfen (Abwehr) oder zu untersuchen, ob sich aus Recht und Gesetz ein Anspruch auf eine Verwaltungsmaßnahme ergibt (Vornahme). In beiden Fällen geht die Prüfung von einzelnen Rechtsnormen aus, die das Verhalten der Verwaltung steuern und eine rechtliche Bewertung der abzuwehrenden Maßnahme oder des geltend gemachten Rechts erlauben. **30.01**

Beispiele: Eine den Kläger belastende Maßnahme (zB eine Abrissverfügung oder ein Abgabenbescheid) ist rechtswidrig, wenn sie sich nicht auf eine gültige Ermächtigungsgrundlage stützen kann. Als solche kommt § ... in Betracht. Die Verpflichtungsklage hat Erfolg, wenn der Kläger einen Anspruch auf den beantragten VA hat. Dieser Anspruch kann sich aus § ... ergeben.

Von Bedeutung für die praktische Prüfung ist die Unterscheidung der Gesetzmäßigkeit der Verwaltung im positiven Sinne, wonach alle belastenden Maßnahmen einer gesetzlichen Grundlage bedürfen (**Vorbehalt des Gesetzes**), und der Gesetzmäßigkeit im negativen Sinn (**Vorrang des Gesetzes**), wonach keine Maßnahme der Verwaltung gegen Gesetz und Recht verstoßen darf. Aus dem Gesetzesvorrang folgt außerdem sich für die Exekutive eine allgemeine **Pflicht zum Gesetzesvollzug**. Sofern die Verfassung nicht zwingend ein Parlamentsgesetz verlangt, reichen als Ermächtigung auch eine Rechtsverordnung oder eine Satzung auf gesetzlicher Grundlage aus. **30.02**

Merke: Die Reichweite des Gesetzesvorbehalts ist nach wie vor unklar. Er gilt jedenfalls für alle Eingriffe in grundrechtlich geschützte Bereiche, darüber hinaus aber nach der **Wesentlichkeitslehre** des BVerfG auch für sonstige Maßnahmen der Verwaltung, die für die Verwirklichung der Verfassung von besonderer Bedeutung sind BVerfGE 33, 1 (Strafvollzug); BVerfGE 34, 165 (obligatorische Förderstufe); BVerfGE 98, 218 (Kopftuchverbot), anders BVerfGE 108, 282 (Rechtsschreibreform). Für die Regelungen über Zuständigkeit und Verfahren gilt der Gesetzesvorbehalt grundsätzlich nicht (BVerwGE 120, 87, 96); anders nach dem sog. **institutionellen Gesetzesvorbehalt** für die Übertragung von Hoheitsmacht auf andere Personen (zu diesem näher *Ohler* AöR 2006, 336).

30.03 Typischerweise werden sich die Klausuren im Examen im Bereich des Gesetzesvorbehalts abspielen. In diesen Fällen wird eine Ermächtigungsnorm oder eine Anspruchsnorm zum Ausgangspunkt genommen. Außerhalb des Vorbehaltsbereichs spielen sich zumeist die Subventionsfälle ab, in denen ein Haushaltstitel (idR mit Verwaltungsvorschriften) die Grundlage für die Vergabe von Subventionen (Beihilfen) bildet (s. Rnr. 32,37). Dies ist ausreichend, wenn nicht Dritte mittelbar in Rechtspositionen beeinträchtigt werden, was etwa bei Konkurrenten der Fall sein kann.

1. Die Normenhierarchie und der Anwendungsvorrang der rangniederen Norm

30.04 Ein wichtiger Grund für die gegenüber anderen Rechtsgebieten höhere Komplexität des öffentlichen Rechts und die damit verbundenen Verständnisschwierigkeiten liegt in der Vielzahl der Normebenen, auf denen sich jeweils die für die Lösung des Falles unmittelbar und mittelbar maßgebenden Rechtsnormen befinden. Die Normen sind je nach ihrem Rang einer Ebene zuzuordnen; jede hat in dieser Rangordnung einen festen Platz und damit eine ganz bestimmte Funktion bzw. Relevanz.

Beispiele: Eine Gewerbeuntersagung ist am Maßstab des § 35 GewO zu prüfen, aber auch das VwVfG des jeweiligen Landes und der Maßstab des Art. 12 Abs. 1 GG spielen eine Rolle, das VwVfG, weil damit in die Berufsfreiheit eingegriffen wird. Der Anspruch auf Erteilung einer Anlagengenehmigung folgt aus § 4 BImSchG, aber auch Art. 2 Abs. 1 und 14 Abs. 1 GG spielen wegen der darin garantierten Baufreiheit eine Rolle.

30.05 In der Normenhierarchie des öffentlichen Rechts erfolgt die Orientierung an zwei klaren Vorgaben, dem **Anwendungsvorrang** der rangniedrigeren Norm und dem Gebot der Vereinbarkeit des rangniederen Rechts mit höherrangigem Recht. Grundsätzlich darf die Rechtsanwendung nicht auf der Ebene des ranghöheren Rechts ansetzen, wenn für den konkreten Fall eine Regelung durch eine Rechtsnorm auf der rangniedrigeren Ebene besteht (*Wahl* NVwZ 1984, 401). Die rangniedrigere Norm übt also gewissermaßen eine **Sperrwirkung** aus und bewirkt, dass ranghöhere Normen nicht mehr unmittelbar auf den Fall Anwendung finden, sondern nur noch als **Prüfungsmaßstab für die rangniedere**

Norm und ihre Anwendung im Einzelfall fungieren. Der Grund hierfür liegt darin, dass die rangniedere Norm der Konkretisierung von Rechtsnormen auf den höheren Ebenen dient und dass der normative Gehalt dieser Konkretisierung bei der Rechtsanwendung nicht übergangen werden darf.

Beispiele: Die Rechtmäßigkeit eines Demonstrationsverbots beurteilt sich zunächst unmittelbar nach § 15 VersG, dessen Regelungen ihrerseits am Maßstab des Art. 8 GG auszulegen und zu messen sind. Die Voraussetzungen für die Erteilung einer Fahrerlaubnis ergeben sich unmittelbar aus den §§ 7 ff. FeV, nicht aus § 2 Abs. 2 StVG. Die Rechtmäßigkeit der Entziehung der Fahrerlaubnis richtet sich unmittelbar nach §§ 46 ff. FeV, obwohl § 3 Abs. 1 StVG eine inhaltsgleiche Regelung enthält.

2. Prüfung von Normgeltung und Normanwendung

Das höherrangige Recht ist Maßstab für die Rechtsgeltung der rangnie-   30.06
deren Normen und kann auch die Anwendung der rangniederen Norm im Einzelfall beeinflussen, weil es bei der Auslegung der Tatbestandsvoraussetzungen und bei der Ermessensbetätigung (bzw. bei der Betätigung von Beurteilungs- und Planungsermessen) zu berücksichtigen ist. Es entspricht deutscher Verfassungstradition, dass Rechtsnormen, die mit höherrangigem Recht nicht vereinbar sind, nichtig, dh ungültig sind (sog. **Nichtigkeitsdogma**). Auch wenn heute nicht mehr jeder Verstoß einer Norm gegen höherrangiges Recht zwingend zur Nichtigkeit führen muss (vgl. zB §§ 214 ff. BauGB für Bauleitpläne), ist die Vereinbarkeit der anzuwendenden Norm mit dem gesamten höherrangigem Recht, nicht nur mit Verfassungsrecht, bei jeder Falllösung zu prüfen.

Beachte: Meist wird es sich nur um eine schlichte Kontrollüberlegung handeln, die sich weder in einem Schriftsatz noch im Urteil niederschlägt, weil Zweifel an der Gültigkeit vieler Rechtsnormen nicht bestehen bzw. ausgeräumt sind. Ausführungen zur hinreichenden Bestimmtheit der polizeilichen Generalklausel sind ebenso entbehrlich wie die Prüfung des § 35 GewO im Hinblick auf die Einschränkung von Art. 12 GG.

3. Die Normhierarchie

An erster Stelle in der Normhierarchie ist aus praktischen Gründen das   30.07
EU-Recht zu nennen, obwohl ihm gegenüber dem nationalen Recht kein Geltungsvorrang, sondern nur ein **Anwendungsvorrang** zukommt. Diesen Anwendungsvorrang leitet der EuGH aus dem Gedanken der Eigenständigkeit des EU-Rechts her und sieht dies durch Art. 10 und 249 EG bestätigt (EuGH 64, 1251, 1269 – Costa/ENEL; 78, 629 – IN.CO.GE). Das BVerfG begründet den Vorrang dagegen mit einer verfassungsrechtlichen Ermächtigung durch Art. 23 GG und entwickelt daraus seinen Prüfvorbehalt (BVerfGE 73, 339, 383 – Solange II).

Beachte: Anders als der Geltungsvorrang lässt der Anwendungsvorrang den Bestand der nachrangigen Norm unberührt. Das ist deshalb von großer Bedeutung, weil die nachrangige Norm gültig bleibt, soweit es nicht um den Vollzug von EU-Recht, sondern nur um nationale Rechtsanwendung geht (zB § 48 Abs. 4 VwVfG, s hierzu Rnr. 34.52).

30.08 Sodann ist der **Vorrang des Bundesrechts** vor dem Landesrecht zu nennen. Nach Art. 31 GG (Bundesrecht bricht Landesrecht) haben alle gültigen und unmittelbar anwendbaren Rechtsnormen des Bundesrechts (auch Rechtsverordnungen und Satzungen) Vorrang vor den Normen des Landesrechts, sogar des Landesverfassungsrechts. Seit der Föderalismus-Reform gibt es Ausnahmen von diesem Grundsatz durch die **Abweichungsgesetzgebung** nach Art. 72 Abs. 3 GG.

Beispiele: Erlässt der Bund auf den Gebieten des Naturschutzes, des Wasserhaushalts oder der Raumordnung unmittelbar geltendes Recht, so können die Länder hiervon abweichende gesetzliche Regelungen treffen. Es geht im Verhältnis von Bundes- und Landesrecht das jeweils jüngere Recht dem älteren vor (Art. 72 Abs. 3 S. 3 GG).

30.09 Innerhalb des Bundes- bzw. Landesrechts stehen die Normen des **Verfassungsrechts** an erster Stelle der Hierarchie; ihr Vorrang vor dem Gesetzesrecht folgt für das Bundesrecht aus Art. 1 Abs. 3, Art. 20 Abs. 3, Art. 93 Abs. 1 Nr. 2, Art. 100 GG. Förmliche Gesetze gehen wiederum den Rechtsverordnungen (s hierzu Rnr. 30.30 ff.) vor. Das Satzungsrecht der unterstaatlichen Körperschaften des öffentlichen Rechts (Rnr. 30.42 ff.) nimmt den letzten Platz in der Normhierarchie ein; Satzungen müssen das gesamte staatliche Recht, also sowohl Gesetze als auch Rechtsverordnungen beachten. Nicht zu den Rechtsnormen in diesem Sinn gehören die Verwaltungsvorschriften, die für den Bürger idR keine Bindungswirkung entfalten (s. Rnr. 30.60 ff.).

Beachte: Da Rechtsverordnungen und Satzungen nur auf gesetzlicher Grundlage erlassen werden dürfen, wird es idR nicht zu einem Widerspruch zu höherrangigem Recht kommen. Denkbar ist aber, das spätere Gesetzesrecht den Vorrang beansprucht (*Dreier*, GG; Art. 80 Rnr. 39 ff.)

II. Recht der Europäischen Union (EU-Recht)

Literatur: *Streintz*, Europarecht, 8. Aufl. 2008, §§ 5–7; *Herrmann*, Richtlinienumsetzung durch die Rechtsprechung, 2003; *Gärchitz*, Europäisches Verwaltungsprozessrecht, JuS 2009, 385.

1. Die Rechtsnormen des EU-Rechts

30.10 Als **primäres EU-Recht** bezeichnet man die **Rechtsnormen der Verträge** zwischen den Mitgliedstaaten der EU; sie stellen unmittelbar anwendbares Recht dar, soweit sie ohne weitere Konkretisierung anwendbar (also self-executing) sind. Zum Primärrecht zählen auch die vom EuGH entwickelten **allgemeinen Rechtsgrundsätze**, einschließlich des Grundrechtskatalogs. Primärrecht spielt als Maßstab für das nationale Recht eine wichtige Rolle, weil es nicht nur im Bereich des nationalen Umsetzungsrechts gilt, sondern auch im übrigen Anwendungsbereich der Verträge. Am Maßstab des Primärrechts ist also zum einen das nationale zur Umsetzung von EU-Richtlinien geschaffene Recht zu messen, darüber hinaus aber das gesamte sonstige nationale Recht, soweit das Primärrecht gilt, zB im Bereich der Grundfreiheiten nach Art. 23 ff. EG (*Ruffert* JuS 2009, 97).

Beispiele: Vereinbarkeit wirtschaftsverwaltungsrechtlicher Regelungen mit der Dienstleistungsfreiheit aus Art. 49 EG: Modifizierungen der §§ 48 f. VwVfG bei der Rückforderung von Subventionen (ALCAN BVerwGE 106, 328) oder des § 46 VwVfG bei unterbliebener UVP (Zur ausdrücklichen Modifizierung des § 46 VwVfG durch § 4 I URG: *Ziekow* NVwZ 2005, 263, 266). Im Bereich des indirekten Vollzugs (s unten Rnr. 30.18) ist deshalb stets zu prüfen, ob EU-Normen zu einer Modifizierung des nationalen Rechts zwingen (s. näher *Kopp/Ramsauer*, Einf. Rnr. 56b ff.).

Als **sekundäres EU-Recht** werden die von den Organen der EU erlassenen Rechtsnormen bezeichnet, wobei in Art. 249 EG drei Formen verbindlicher Rechtsakte unterschieden werden: Die **Verordnung**, die unmittelbare Geltung hat, die **Richtlinie**, die der Umsetzung in den Mitgliedstaaten bedarf, und die **Entscheidung**, die allerdings nur für die Adressaten verbindlich ist, die in ihr bezeichnet sind. Im **Vertrag von Lissabon** werden für alle drei Handlungsformen je nach dem Verfahren Gesetzgebungsakte und delegierte Rechtsakte unterschieden (Art. 288 ff. AEUV). Es besteht die Möglichkeit, dass sich die Kommission bei der Rechtssetzung und bei der Umsetzung von Rechtsvorschriften von Ausschüssen unterstützen lässt (sog. **Komitologieverfahren**, dazu Petersen/Heß ZUR 2007, 567). **30.11**

Merke: Über die Gültigkeit von EG-Recht können die nationalen Gerichte nicht entscheiden. Vielmehr entscheidet hierüber allein der EuGH (bzw. das EuG) auf der Grundlage der Art. 220 ff. EG zB im Vorabentscheidungsverfahren gem. Art. 234 EG, nach Vorlage durch ein nationales Gericht oder aufgrund von Nichtigkeitsklagen oder Vertragsverletzungsverfahren (dazu näher *Jarass/Beljin* NVwZ 2004, 1).

Gelangt ein Gericht zu der Überzeugung, dass das einschlägige nationale Recht mit dem EU-Recht nicht vereinbar ist und sich der Widerspruch nicht durch europarechtskonforme Auslegung beseitigen lässt, so kann es die nationale Rechtsnorm außer Anwendung lassen. Eine **Vorlagepflicht zum EuGH** besteht in diesem Fall nicht. Hat das nationale Gericht dagegen nur Zweifel an der Vereinbarkeit, kann es die Sache im Hinblick auf einzelne Fragen nach Art. 234 EG dem EuGH vorlegen. **30.12**

Beispiele: Das OVG Schleswig hatte keine Zweifel daran, dass die einschränkenden Voraussetzungen der Klagebefugnis für Umweltverbände in § 2 Abs. 1 Nr. 1 UmwRG nicht mit der RL 2003/35/EG vom 26. Mai 2003 vereinbar ist und hat deshalb ohne Anwendung dieser Norm entschieden (NordÖR 2009, 347). Das OVG Münster hatte hingegen (nur) Zweifel und deshalb dem EuGH vorgelegt (NordÖR 2009, 345, s hierzu auch *Berkemann* NordÖR 2009, 336).

a) Verordnungen der EU

30.13 Verordnungen (Art. 249 Abs. 2 EG) enthalten unmittelbar geltendes Recht. Sie sind streng von innerstaatlichen Rechtsverordnungen zu unterscheiden. Die EU-Verordnung ist nicht an innerstaatlichem Verfassungsrecht zu messen (BVerfGE 89, 155, 188). Hält ein Gericht eine EU-Verordnung für unvereinbar mit höherrangigem EG-Recht oder grundrechtlichen Gewährleistungen, so muss es die Sache dem EuGH (nicht dem BVerfG) gem. Art. 234 EG im Vorabentscheidungsverfahren vorlegen (Rnr. 30.11). Die Nichtvorlage kann einen Verstoß gegen Art. 101 Abs. 1 S. 2 GG darstellen und als Grundrechtsverletzung mit der Verfassungsbeschwerde gerügt werden (BVerfGE 82, 159, 195).

Beispiele: EU-ArtenschutzVO; Bananenmarktordnung (Festsetzung von Qualitätsnormen für Bananen; vgl. auch BVerfG NJW 2000, 3124); De-Minimis-Beihilfen-VO (wegen Geringfügigkeit nicht genehmigungsbedürftige Beihilfen). EU-VerpackungsVO (Harmonisierung der Abfallbewirtschaftung und Reduktion von Verpackungsabfällen); VO über die Zulassung genetisch veränderte Lebensmittel und Futtermittel. EU-LuftverkehrsVO (Verbraucherschutz im Luftverkehr).

b) Richtlinien

30.14 Richtlinien (Art, 249 Abs. 3 EG) richten sich an die staatlichen Organe der Mitgliedstaaten und sind darauf angelegt, in innerstaatliches Recht umgesetzt zu werden. Deshalb entfalten sie im Regelfall dem einzelnen Bürger gegenüber keine unmittelbaren Rechtswirkungen. Bei der **Umsetzung** haben die Mitgliedstaaten idR einen **Spielraum der Ausgestaltung** im einzelnen. Die Ziele der Richtlinie sind verbindlich; die Mitgliedstaaten müssen außerdem die Richtlinien in einer effektiven und diskriminierungsfreien Weise umsetzen (Art. 10 EG). Die Umsetzung muss idR durch Rechtsnormen erfolgen; eine Verwaltungspraxis oder Verwaltungsvorschriften reichen idR nicht aus (EuGHE 1994, I- 3717 – UVP-RL; 1991, I-2567 – TA Luft).

Beispiele: Umweltinformationsrichtlinie (2003/4/EG), EG-Pauschalreise-Richtlinie (90/314EWG), Öffentlichkeitsbeteiligungs-Richtlinie (2003/35/EG).

Beachte: In Deutschland trifft die Umsetzungspflicht grundsätzlich den Bund, der allerdings nur insoweit die Kompetenz dazu hat, als ihm die Art. 70 ff. GG Kompetenzen einräumen. Im Übrigen sind die Länder verpflichtet, für die ordnungsgemäße Umsetzung zu sorgen. Das zur Umsetzung von Richtlinien geschaffene innerstaatliche Recht kann jedenfalls insoweit noch an innerstaatlichem Verfassungsrecht gemessen werden, als es um die Ausfüllung der von der Richtlinie gelassenen Spielräume geht (BVerfGE 80, 74 = NJW 1990, 974; hierzu *Di Fabio* NJW 1990, 947).

30.15 Richtlinien entfalten unter bestimmten Voraussetzungen **Direktwirkung (unmittelbare Wirkung)**; sie können dann Geltungsvorrang vor dem nationalen Recht beanspruchen. Die Voraussetzungen hat der EuGH im Wege richterlicher Rechtsfortbildung entwickelt, um damit vor allem die praktische Wirksamkeit der Richtlinien zu sichern. **Erstens** muss die Richtlinie danach so genau formuliert sein, dass sie ohne weitere Konkretisierung durch den nationalen Gesetzgeber **vollzugsfähig** ist (self-executing character); **zweitens** muss festzustellen sein, dass der Mitgliedstaat die Richtlinie innerhalb der Frist **nicht oder nicht hinreichend umgesetzt** hat. **Drittens** kommt eine Direktwirkung nur in Betracht, soweit dem einzelnen Bürger damit **keine zusätzlichen Pflichten** auferlegt werden.

Beachte: Die Reichweite des dritten Kriteriums ist str. Die unmittelbare Wirkung darf keine unmittelbaren Pflichten für den Bürger begründen (EuGHE 2005, I-3565 – Berlusconi); dass sie mittelbar Pflichten verursacht oder Rechte einschränkt, ist dagegen unschädlich (EuGHE 1995, I-2189 – Großkrotzenburg). Im Übrigen kommt die Direktwirkung vor allem in Betracht, wenn es um die Begründung von Pflichten des Mitgliedstaates selbst geht (EuGHE 1986, 723 – Marshall; 1990, I-3313 Rnr. 20 – Foster).

Wichtig ist darüber hinaus die **Pflicht zur richtlinienkonformen Ausle-** **30.16** **gung** nationalen Umsetzungsrechts. Gerichte und Behörden haben danach das Recht so auszulegen, dass die Ziele der Richtlinie vollen Umfangs erreicht werden können. Voraussetzung ist dafür, dass das nationale Recht einen entsprechenden Auslegungsspielraum eröffnet (EuGHE 2004, I-8835 – Pfeiffer). Eine richtlinienkonforme Auslegung kommt auch schon vor Ablauf der Umsetzungsfrist in Betracht, soweit dem Mitgliedstaat bei der Umsetzung nicht ein Spielraum verbleibt. Schließlich ist noch die Vorwirkung von Richtlinien zu beachten, wonach die Mitgliedstaaten die spätere Umsetzungsfähigkeit nicht behindern dürfen (sog. **Frustrationsverbot**).

Beispiele für richtlinienkonforme Auslegung: Wertersatz für die Nutzung einer mangelhaften Sache (NJW 2009, 427); Waffendienst von Frauen in der Bundeswehr (EuGH NJW 2000, 497); Auslegung des Begriffs „Umweltinformationen" (BVerwG NVwZ 2008, 791).

c) Entscheidungen (Art. 249 Abs. 4 EG)

Entscheidungen (nach dem Vertrag von Lissabon als Beschlüsse bezeich- **30.17** net) haben nur den darin genannten Personen gegenüber bindende Wirkung. Sie sind also keine Rechtsnormen wie Verordnungen oder Richtlinien, sondern dem VA vergleichbar. Sie können sich an die Mitgliedstaaten, aber auch unmittelbar an Bürger richten.

Beispiele: Kartellrechtliche Entscheidungen nach Art. 7 Abs. 1 KartellVerfO; Entscheidungen nach Art. 88 Abs. 2 EG im Rahmen der Beihilfenaufsicht; Entscheidung über die Zulassung gentechnisch veränderter Produkte nach Art. 7 EG-Gen-NahrungsmittelVO.

2. Direkter und indirekter Vollzug des EU-Rechts

Normen des EU-Rechts werden entweder im **direkten Vollzug** durch Or- **30.18** gane der Union angewandt (was relativ selten ist) oder – im Regelfall – im **indirekten Vollzug** durch die Organe der Mitgliedstaaten. Diese müssen ihr Verfahrensrecht nach Art. 10 EG so gestalten und anwenden, dass ein **effektiver Vollzug** möglich ist (effet utile) und keine Diskriminierung von Personen anderer EU-Staaten möglich ist. Nach dem Grundsatz der **verfahrensrechtlichen Autonomie** der Mitgliedstaaten dürfen sie im Bereich des indirekten Vollzugs das Verwaltungsverfahren selbst regeln, soweit die EU nicht spezielle Verfahrensnormen geschaffen hat (*Kopp/Ramsauer* Einf. Rnr. 58 ff.).

Beispiele: Das EU-Recht enthält etwa mit dem Zollkodex Regelungen für das Verwaltungsverfahren der mitgliedstaatlichen Zollbehörden, sonst aber nur einzelne Verfahrensgrundsätze, die in der Rspr. des EuGH entwickelt worden sind und beim indirekten Vollzug durch die Mitgliedstaaten beachtet werden müssen (s. näher *Jarass/Beljin* NVwZ 2004, 6 ff.).

III. Die Geltungskontrolle bei Bundes- und Landesgesetzen

1. Allgemeines zur Geltungskontrolle von förmlichen Gesetzen

30.19 Auch förmliche Bundes- und Landesgesetze dürfen von den Gerichten nur dann auf den Einzelfall angewendet werden, wenn sie gültig sind, also nicht gegen höherrangiges Recht verstoßen und kein Anwendungsvorrang zB von Regelungen der EU besteht. Die Gerichte sind nicht nur berechtigt, sondern auch verpflichtet, das auf den Einzelfall anzuwendende Gesetz auf seine Gültigkeit hin zu überprüfen (sog. Inzidentkontrolle).

Beachte: Das Verwerfungsmonopol des BVerfG nach Art. 100 GG bedeutet nicht, dass die Fachgerichte förmliche Gesetze nicht zu überprüfen hätten, sondern lediglich, dass das für den Einzelfall maßgebliche Gesetz dem BVerfG vorgelegt werden muss, wenn sich beim Fachgericht die Überzeugung gebildet hat, dass das Gesetz mit höherrangigem Recht unvereinbar ist und eine verfassungskonforme Auslegung nicht möglich erscheint.

30.20 Aufbaufragen: Der richtige Standort für die Gültigkeitsprüfung von Rechtsnormen lässt sich nicht allgemein bestimmen. Kann die Prüfung weitgehend unabhängig von den Auswirkungen im konkreten Fall erfolgen, empfiehlt es sich, sie vor der Anwendung der Norm auf den Einzelfall durchzuführen. Ergeben sich die Bedenken dagegen erst im Hinblick auf die konkreten Auswirkungen im zur Entscheidung stehenden Fall, wird auch eine verfassungskonforme Auslegung zu prüfen sein, die aber nicht vorweg erfolgen kann. Dann ist auch eine Prüfung im Nachhinein zulässig.

Beispiele: „Der angegriffene Bescheid findet seine Rechtsgrundlage in § ... Die vom Kläger gegen die Gültigkeit dieser Norm erhobenen Einwendungen greifen nicht durch. Die Vorschrift ist weder formell noch materiell zu beanstanden. ..." Oder: „Die Voraussetzungen der Ermächtigungsnorm des § ... liegen vor. ... Dies Ergebnis ist mit höherrangigem Recht vereinbar. Insbesondere liegt kein Verstoß gegen Art. 12 GG vor. Zwar ist der Schutzbereich des Grundrechts durch die Maßnahme betroffen, die Ermächtigung in § ... stellt aber eine wirksame Einschränkung des Grundrechts dar. ..."

2. Die Fehlerprüfung bei Gesetzen

Übersicht

a) Formelle Fehler
   aa) Gesetzgebungskompetenz
   bb) Gesetzgebungsverfahren
b) Materielle Fehler
   aa) Vereinbarkeit mit EU-Recht
   bb) Vereinbarkeit mit Grundrechten
   cc) Vereinbarkeit mit sonstigem höherrangigen Recht
   dd) Bundesrecht (nur bei Landesgesetzen)

a) Formelle Fehler

aa) Gesetzgebungskompetenz. Der Kompetenzverteilung des GG liegt **30.21** ein Regel-Ausnahme-Prinzip zugrunde: Soweit dem Bund eine Kompetenz nicht besonders zugewiesen ist, liegt die Gesetzgebung bei den Ländern (Art. 70 Abs. 1 GG). Nach der Föderalismusreform 2006 werden nur noch die ausschließliche (Art. 71 GG) und die konkurrierende (Art. 72 GG) Gesetzgebung des Bundes unterschieden. Gegenstände der ausschließlichen Gesetzgebung (Art. 73, 105 Abs. 1 GG) können von den Ländern nur geregelt werden, wenn sie in einem Bundesgesetz hierzu ermächtigt worden sind. Dagegen stehen die Gegenstände der konkurrierenden Gesetzgebung (Art. 74, 105 Abs. 2 GG) auch den Ländern offen, solange und soweit der Bund von seiner Zuständigkeit noch nicht (uU abschließend) Gebrauch gemacht hat oder nach Art. 72 Abs. 3 GG von Bundesrecht abweichende Landesregelungen zulässig sind.

Beispiele: Nach hM hat der Bund auf den Gebieten des Abfallrechts durch das KrW/AbfG (BVerfGE 98, 106), der Bauleitplanung durch das BauGB (BVerfGE 77, 288, 301) und des Straßenverkehrsrechts durch das StVG von seiner Kompetenz abschließend Gebrauch gemacht. Da in diesen Rechtsgebieten auch keine vom Bundesrecht abweichenden Landesregelungen nach Art. 72 Abs. 3 GG zulässig sind, bleibt den Ländern insoweit nur noch die Ausfüllung zugewiesener Spielräume.

Die Kompetenztitel der Art. 73, 74 GG lassen idR Raum für sog. **An-** **30.22** **nexkompetenzen.** Auf dieser Grundlage kann der Bund gesetzliche Regelungen auch auf solchen Gebieten treffen, die zwar nicht unmittelbar unter einen der geschriebenen Kompetenztitel fallen, aber aus Gründen des Sachzusammenhangs notwendiger- oder sinnvollerweise im Rahmen eines Gegenstandsbereichs mitgeregelt werden.

Beispiele: Regelung verfahrensrechtlicher, polizei- und ordnungsrechtlicher Fragen durch den Bund im Gewerberecht und im Immissionsschutzrecht (vgl. BVerfGE 3, 407; 8, 143; BVerwGE 84, 147).

bb) Gesetzgebungsverfahren. Für Bundesgesetze ist das Gesetzgebungs- **30.23** verfahren in den Art. 76ff. GG geregelt; für Landesgesetze ergeben sich die entsprechenden Regelungen aus der jeweiligen Landesverfassung. Bei Bundesgesetzen sind folgende Verfahrensschritte zu prüfen: Gesetzesinitiative (Art. 76 GG), **Gesetzesbeschluss** des Bundestages (Art. 77

Abs. 1), **Mitwirkung des Bundesrates** (Art. 77 Abs. 2 bis 4 GG), **Gegenzeichnung, Ausfertigung und Verkündung** (Art. 82 Abs. 1 GG). Verstöße gegen die zwingenden Vorschriften des Gesetzgebungsverfahrens führen idR zur Nichtigkeit.

30.24 **Einspruchs- oder Zustimmungsgesetze.** Die Form der Mitwirkung des Bundesrates hängt von der Frage ab, ob er einem vom Bundestag beschlossenen Gesetz zustimmen muss (Art. 77 Abs. 2 a GG) oder ob er nur Einspruch einlegen kann (Art. 77 Abs. 3 GG). Zustimmungspflichtig sind Gesetzesbeschlüsse nur dann, wenn dies im GG besonders angeordnet ist. Die Regelungen über Zustimmungserfordernisse sind im GG allerdings sehr verstreut und deshalb nicht ohne weiteres zu finden. Nach hM löst schon eine einzige Bestimmung die Zustimmungsbedürftigkeit des gesamten Gesetzes aus (BVerfGE 24, 187, 194; str. aA zB *Maurer* Staatsrecht § 17 Rnr. 73).

Beachte: Das früher wichtigste Zustimmungserfordernis aus Art. 84 Abs. 1 GG aF, nach dem ein Gesetz zustimmungsbedürftig war, wenn es Auswirkungen auf das Verwaltungsverfahren in den Ländern hat, ist im Zuge der Föderalismusreform entfallen. Nunmehr können die Länder gem. Art. 84 Abs. 1 GG vom Bundesrecht abweichende Regelungen zum Verwaltungsverfahren treffen, wenn nicht ausnahmsweise das Bundesgesetz die Abweichungsmöglichkeit mit Zustimmung des Bundesrates ausschließt. Nur insoweit besteht also das Zustimmungserfordernis fort. Weitere Zustimmungserfordernisse finden sich zB in Art. 16a Abs. 2, Art. 23 Abs. 1, Art. 74 Abs. 2, Art. 91a Abs. 2 GG.

b) Materielle Fehler

30.25 Im Zentrum der Prüfung der materiellrechtlichen Verfassungsmäßigkeit steht die Frage der Vereinbarkeit mit grundrechtlichen Gewährleistungen. Eher selten kommt daneben bzw. allein eine Prüfung der Vereinbarkeit mit objektivem Verfassungsrecht oder sonstigem höherrangigen Recht (zB Bundesrecht in den Fällen des Art. 31 GG) in Betracht. Eine Sonderrolle spielt die Prüfung des Gesetzes am Maßstab des EU-Rechts.

30.26 **aa) EU-Recht als Maßstab.** Steht ein Gesetz im Widerspruch zu unmittelbar geltendem EU-Recht (s oben Rnr. 30.13, 30.15), so führt dies nach der Lehre vom Anwendungsvorrang des EU-Rechts zwar nicht zur Nichtigkeit, wohl aber zur Unanwendbarkeit der nationalen Norm im konkreten Streitfall. Das bedeutet, dass unmittelbar geltendes EU-Recht stets nur die Anwendbarkeit eines nationalen Gesetzes im Geltungsbereich des EU-Rechts, nicht aber die Gültigkeit der Norm beeinflusst. Zu beachten ist, dass eine EU-Richtlinie anders als eine EU-Verordnung nur dann entgegenstehenden nationalen Regelungen vorgeht, wenn die Richtlinie wegen verspäteter oder unzureichender Umsetzung in nationales Recht unmittelbar anzuwenden ist. Vor Ablauf der Umsetzungsfrist kommt eine Richtlinie als Maßstab nur in Betracht, wenn sie dem nationalen Gesetzgeber keinen Spielraum lässt.

Beachte: Bevor eine nationale Rechtsnorm als unanwendbar angesehen wird, muss stets zunächst ihre europarechtskonforme Auslegung in Betracht gezogen werden (vgl. hierzu *Kopp/Ramsauer* Einf. Rnr. 66 ff.). Dies setzt allerdings voraus, dass das nationale Recht nach Wortlaut und Zielsetzung eine Auslegung zulässt, die mit dem Gemeinschaftsrecht vereinbar ist (Vgl. *Schoch* NVwZ 1999, 457).

bb) Grundrechtsprüfung. Für den Aufbau einer Grundrechtsprüfung 30.27
wird auf die Darstellung in Rnr. 31.12 verwiesen. Insoweit kommt es zunächst auf die Feststellung der maßgeblichen Gewährleistungsfunktion an (Abwehrfunktion, Teilhabefunktion, Leistungsfunktion). Soweit der Kläger sich auf einzelne Grundrechtsgewährleistungen selbst berufen kann, sind diese ohne Einschränkung als Prüfungsmaßstab für die Inzidentkontrolle heranzuziehen. Problematisch ist dagegen die Frage, ob dann, wenn der Schutzbereich eines Grundrechts berührt ist, auch die Vereinbarkeit der Norm mit anderen Grundrechten und dem sonstigen materiellen Verfassungsrecht zu prüfen ist.

Grundsätzlich gilt: Da die Grundrechte des Klägers nur durch gültige Gesetze eingeschränkt werden können, ist im Rahmen der Schrankenprüfung auch jede andere höherrangige Rechtsnorm als Maßstab heranzuziehen, soweit ein Verstoß gegen sie zur Nichtigkeit der Norm in einem für den Kläger relevanten Anwendungsbereich führt. Der Kläger hat also einen Anspruch darauf, dass in seine Grundrechte nur aufgrund einer Rechtsnorm eingegriffen wird, die auch objektivrechtlich mit höherrangigem Recht vereinbar ist.

cc) Objektives Verfassungsrecht. Als objektives Verfassungsrecht, wel- 30.28
ches außerhalb grundrechtlicher Gewährleistungen zu berücksichtigen ist, kommen zB institutionelle Garantien, objektive Verfassungsprinzipien und sonstige Verfassungsbestimmungen, wie zB Art. 21, 46, 80 GG in Betracht. Soweit der Kläger des Ausgangsverfahrens sich nicht auf Grundrechte berufen kann, etwa weil nicht in seine Grundrechte eingegriffen worden ist oder weil er sich aus anderen Gründen nicht auf Grundrechte berufen kann (zB bei Verbandsklagen oder Klagen von Rechtssubjekten des öffentlichen Rechts), ist der Umfang der Prüfung des materiellen Verfassungsrechts zweifelhaft.

Grundsätzlich kommt das gesamte höherrangige Recht, welches im Falle eines Verstoßes zur Ungültigkeit der Rechtsnorm in ihrem im Einzelfall maßgeblichen Anwendungsbereich führen kann, als Prüfungsmaßstab in Betracht. Es scheiden aber sämtliche Rechtsnormen als Prüfungsmaßstab aus, die zur Unanwendbarkeit der Norm nur in anderen Fallkonstellationen als dem konkreten Streitfall führen (zB weil der Verstoß nur zur Teilnichtigkeit führt oder durch eine verfassungskonforme Auslegung ausgeräumt werden kann).

dd) Bundesrecht (nur bei Landesgesetzen). Geht es um die Kontrolle 30.29
von Landesgesetzen, so sind diese auch am gesamten auf den Einzelfall anwendbaren Bundesrecht zu messen (Art. 31 GG). Wegen der grundsätzlichen Überordnung des Bundesrechts über das Landesrecht im Rahmen der Normenhierarchie kommt es insoweit auch nicht auf die Rechtsnatur der bundesrechtlichen Normen an.

Beachte: Ausnahmsweise beansprucht Landesrecht trotz entgegenstehendem Bundesrecht Geltung. Dies betrifft namentlich Art. 72 Abs. 3 GG und Art. 84 Abs. 1 GG, die den Art. 31 GG in den Fällen verdrängen, in denen Landesgesetze zulässigerweise von Bundesgesetzen abweichen. Hier gilt entgegen der Normhierarchie: lex posterior derogat legi priori.

IV. Geltungskontrolle bei Rechtsverordnungen

Literatur: *v. Danwitz*, Rechtsverordnungen, Jura 2002, 93; ders, Die Gestaltungsfreiheit des VO-Gebers, 1989; *Rütz*, Unwirksamkeit von Rechtsverordnungen nach Wegfall ihrer Ermächtigungsgrundlage, Jura 2005, 821.

1. Allgemeines

30.30 Rechtsverordnungen (VOen) sind Gesetze im materiellen Sinne, die von bestimmten Organen der Exekutive (zB Regierungen, Minister) auf der Grundlage und im Rahmen einer besonderen gesetzlichen Ermächtigung erlassen werden. Zum Wesensmerkmal der Verordnung gehört, dass der Verordnungsgeber von einer ihm durch ein formelles Gesetz des Bundes oder eines Landes übertragenen Ermächtigung Gebrauch gemacht hat. Das ermächtigende Gesetz muss Inhalt, Zweck und Ausmaß der Ermächtigung hinreichend genau bezeichnen (Art. 80 Abs. 1 S. 2 GG).

Merke: Art. 80 GG gilt zwar unmittelbar nur für die Ermächtigungen in Bundesgesetzen, seine Grundsätze sind aber nach Art. 28 Abs. 1 GG (Homogenitätsklausel) auf landesgesetzliche Verordnungsermächtigungen anwendbar, soweit nicht ohnehin entsprechende landesverfassungsrechtliche Bestimmungen existieren. Für die Einordnung einer VO als Bundes- oder Landesrecht kommt es auf das erlassende Organ, nicht auf die Ermächtigung an.

2. Abgrenzungsfragen

a) Abgrenzung zur Satzung

30.31 Entscheidend kommt es darauf an, ob sich das Exekutivorgan, welches die VO erlassen hat, erkennbar auf eine besondere gesetzliche Ermächtigungsgrundlage stützt (dann VO) oder von seiner Autonomie Gebrauch machen wollte (dann Satzung).

Merke: Wichtigstes Indiz hierfür ist die Beachtung des Zitiergebots, wonach die Ermächtigungsnorm in der VO anzugeben ist (Art. 80 Abs. 1 S. 3 GG). Zu den Einzelheiten s. AK-GG-*Ramsauer* Art. 80 Rnr. 23 ff.

b) Abgrenzung gegenüber Verwaltungsvorschriften

30.32 Verwaltungsvorschriften benötigen (anders als die VO) keine besondere Ermächtigung, jedenfalls soweit sie kein außenwirksames Recht setzen. Stützen sie sich aber auf eine Ermächtigung, so liegt hier das entscheidende Abgrenzungskriterium. Wird in der Norm eine Verordnungsermächtigung angegeben, so ist davon auszugehen, dass auch eine VO erlassen werden sollte; wird dagegen kein Gesetz genannt oder wird auf eine gesetzliche Bestimmung über Verwaltungsvorschriften (zB § 48 BImSchG) Bezug genommen, so liegt idR keine VO vor.

Beachte: Liegen die Rechtmäßigkeitsvoraussetzungen für den Erlass einer Rechtsverordnung nicht vor, so kann die gleichwohl formell erlassene Verordnung als Verwaltungsvorschrift interne Bindungen erzeugen und etwa für die Ermessenskontrolle beachtlich werden.

3. Die Rechtmäßigkeitsprüfung bei der VO

Die Rechtmäßigkeit einer VO ist in jedem Klage- und Antragsverfahren **30.33** zu prüfen, bevor ihre Regelungen auf den Einzelfall angewendet werden dürfen (Inzidentprüfung). Darüber hinaus kommt eine Prüfung landesrechtlicher VOen auch im Normenkontrollverfahren nach § 47 VwGO in Betracht (Rnr. 21.11). Eine fehlerhafte VO ist grundsätzlich nichtig.

Beachte: Kommt ein Gericht bei der Inzidentkontrolle zur Überzeugung, dass die für den Fall maßgebliche VO nichtig ist, so hat es den Fall ohne Berücksichtigung der Bestimmungen der VO zu entscheiden; eine Vorlage an ein Verfassungsgericht findet nicht statt, soweit nicht eine Landesverfassung etwas anderes gebietet. Allgemeinverbindlichkeit entfaltet eine solche Entscheidung nicht, dh Behörden und Gerichte sind in anderen Fällen nicht gehindert, von der Gültigkeit der VO auszugehen. Anders ist dies bei einer Aufhebung im Normenkontrollverfahren (vgl. Rnr. 21.02).

Übersicht

a) Normsetzungsbefugnis des Verordnungsgebers
  aa) Bestehen einer gesetzlichen Ermächtigung
  bb) Gültigkeit der Ermächtigung
b) Beachtung der Vorschriften über das Normsetzungsverfahren
  aa) Beachtung des Zitiergebots
  bb) Beachtung von Verfahrensvorschriften
  cc) Ordnungsmäßige Ausfertigung und Verkündung
c) Rechtmäßigkeit des Norminhalts bei Normerlass
  aa) Einhaltung des Ermächtigungsrahmens
  bb) Kein Verstoß gegen höherrangiges Recht
d) Rechtswidrigkeit auf Grund späterer Entwicklung
  aa) Spätere tatsächliche Entwicklung
  bb) Spätere rechtliche Entwicklung

a) Normsetzungsbefugnis des Verordnungsgebers

Die VO muss von demjenigen Exekutivorgan erlassen worden sein, dem **30.34** das Gesetz die Ermächtigung übertragen hat. Grundsätzlich können nach Art. 80 Abs. 1 GG zum Erlass einer VO durch Bundesgesetz nur die Bundesregierung, einzelne Bundesminister oder die Landesregierungen ermächtigt werden. Eine Weiterübertragung der Ermächtigung ist gem. Art. 80 Abs. 1 Satz 4 GG nur im Wege einer Subdelegations-VO möglich und nur dann, wenn sie im Gesetz zugelassen ist.

Beispiel: Gesetz über Ermächtigungen zum Erlass von Rechtsverordnungen vom 3. 7. 1961 (BGBl I S. 856 – Sartorius Nr. 8).

30.35 **aa) Bestehen einer gesetzlichen Ermächtigung.** Die Ermächtigung muss im Zeitpunkt des Erlasses der VO bereits in Kraft sein. Eine später erlassene oder in Kraft getretene gesetzliche Ermächtigung heilt den Mangel nicht. Ein späterer Wegfall der Ermächtigung wird demgegenüber von der hM als unschädlich angesehen; die VO kann danach trotz des Außerkrafttretens ihrer Ermächtigung wirksam bleiben. Diese Auffassung wird indessen der unselbständigen Rolle, die der nachkonstitutionellen VO durch Art. 80 zugewiesen ist, nicht mehr gerecht (AK-GG-Ramsauer Art. 80 Rnr. 77 mwN).

> **Merke:** Auch die hM nimmt an, dass die VO mit dem Gesetz zusammen außer Kraft tritt, wenn beide in besonderer Weise aufeinander bezogen seien. Dies ist etwa dann der Fall, wenn die VO die Regelungen in der Ermächtigungsnorm lediglich ergänzt oder ausfüllt, so dass sie allein kein sinnvolles, in sich selbständiges Regelwerk mehr darstellt.

30.36 **bb) Gültigkeit der Ermächtigung.** Die gesetzliche Verordnungsermächtigung muss ihrerseits gültig sein. Abgesehen von den allgemeinen Gültigkeitsvoraussetzungen für Gesetze muss sie insbesondere die Bestimmtheitsanforderungen des Art. 80 Abs. 1 Satz 2 GG erfüllen. Danach müssen Inhalt, Zweck und Ausmaß der Ermächtigung im Gesetz selbst hinreichend genau bestimmt sein.

> **Beachte:** Nach der Rspr. des BVerfG muss ein Gesetz Inhalt, Zweck und Ausmaß der Ermächtigung umso genauer festlegen, je wichtiger die Regelung für die Einschränkung oder Entfaltung grundrechtlicher Gewährleistungen ist. Umgekehrt darf der Spielraum des Verordnungsgebers umso größer sein, je schwieriger in dem jeweiligen Sachgebiet eine sinnvolle gesetzliche Vorentscheidung des Regelungsinhalts ist (AK-GG-*Ramsauer* Art. 80 Rnr. 55 ff.).

b) Beachtung der Vorschriften über das Normsetzungsverfahren

30.37 **aa) Beachtung des Zitiergebots (Art. 80 Abs. 1 S. 3 GG).** Für VOen der Länder gilt das Zitiergebot nur, soweit die Landesverfassungen entsprechende Regelungen enthalten. Ein Verstoß gegen das Zitiergebot führt grundsätzlich zur Unwirksamkeit der gesamten VO und ist nur durch Neuerlass der VO heilbar. Ausnahmen sind nur möglich bei geringfügigen Verstößen, zB leicht aufklärbaren Fehlzitaten.

> **Präambel:** Meist erfolgt die Angabe der Rechtsgrundlage in dem (in den Gesetzessammlungen häufig nicht mit abgedruckten) Einleitungssatz: „Aufgrund von §§ … wird verordnet:"

30.38 **bb) Beachtung von Verfahrensvorschriften.** Die Verfassungen selbst (vgl. zB Art. 80 Abs. 2 GG für die Zustimmung des Bundesrates in bestimmten Fällen), die gesetzlichen Verordnungsermächtigungen und das sonstige einfache Recht können ein bestimmtes Verfahren für den Erlass von VOen vorsehen, dessen Einhaltung im Rahmen der Prüfung zu kontrollieren ist. Derartige Verfahrensvorschriften finden sich vor allem bei VOen mit planerischem Einschlag, wie etwa VOen über Natur- und Landschaftsschutzgebiete, Regionalpläne usw. Zwingende

Wirksamkeitsvoraussetzungen sind stets **Ausfertigung** (dh Beurkundung der Übereinstimmung von beschlossener und bekannt zu machender Fassung durch Unterschrift) und **Verkündung** in der vorgeschriebenen Weise (näher *Ziegler*, Die Ausfertigung von Rechtsvorschriften, DVBl. 1987, 280).

Beispiele für Verfahrensbestimmungen: § 43 BImSchG (Anhörung der beteiligten Kreise); § 2 Abs. 3 BAföG (Zustimmung des Bundesrates); zur Zulässigkeit der Beschlussfassung der Bundesregierung im Umlaufverfahren BVerfGE 91, 148. Str., mit der hM aber zu bejahen ist die Möglichkeit des Gesetzgebers, den Erlass der VO von der eigenen Zustimmung abhängig zu machen (AK-GG-Ramsauer Art. 80 Rnr. 50). Zur Verkündung von VOen des Bundes s Gesetz über die Verkündung von VOen v. 30. 1. 1950, Sartorius Nr. 70 f

c) Rechtmäßigkeit des Norminhalts bei Normerlass

aa) Einhaltung des Ermächtigungsrahmens. Die VO muss sich inhaltlich 30.39 im Rahmen der Ermächtigung halten. Sie darf über den Rahmen der Ermächtigung nicht hinausgehen und nur unter den in der Ermächtigung genannten Voraussetzungen erlassen werden. Dem Verordnungsgeber steht bei der Konkretisierung des Ermächtigungsrahmens und der Voraussetzungen, unter denen von der Ermächtigung Gebrauch gemacht werden darf, meist ein gewisser gesetzgeberischer Spielraum zu, der nur auf Fehler hin überprüft werden kann. Eine Prüfung anhand des **Abwägungsgebots** erfolgt bei VOen nur bei gesetzlich besonders vorgesehener Bindung an Abwägungsdirektiven (BVerwG NVwZ 2006, 1068)

Beispiele: Spielraum bei der Frage, ob ein Naturschutzgebiet ausgewiesen werden soll (BVerwG UPR 1998, 65); kein Spielraum dagegen bei der Frage, ob eine Fläche schutzwürdig und schutzbedürftig ist, bei der Entscheidung über die Einbeziehung in ein Naturschutzgebiet (VGH Mannheim NuR 1984, 274).

bb) Kein Verstoß gegen höherrangiges Recht. Die inhaltliche Ausgestal- 30.40 tung der Bestimmungen der VO darf nicht gegen höherrangiges Recht verstoßen, insbesondere nicht gegen EU-Recht, Grundrechte, das Verhältnismäßigkeitsprinzip, den Bestimmtheitsgrundsatz oder den Gleichheitssatz.

d) Rechtswidrigkeit aufgrund späterer Entwicklung

Später erlassene Bundesgesetze gehen nach dem Grundsatz vom Vor- 30.41 rang des Gesetzes vor und führen damit im Konfliktfalle zur Unwirksamkeit der VO (BVerwG NJW 1990, 849). Wenn die **tatsächlichen Voraussetzungen** für den Erlass der VO später weggefallen sind, also im Zeitpunkt der Entscheidung über die Rechtmäßigkeit nicht mehr vorliegen, führt das allein nicht ohne weiteres zur Ungültigkeit der VO (AK-GG-Ramsauer Art. 80 Rnr. 77).

Beispiel: Der Erlass einer VO zur Bekämpfung der Wohnraumzweckentfremdung setzt nach Art 6 § 1 des Mietrechtsverbesserungsgesetzes (vom 4. 11. 1971, BGBl I

S. 1745) voraus, dass die Versorgung der Bevölkerung mit ausreichendem Wohnraum zu angemessenen Preisen besonders gefährdet ist. Fallen diese Voraussetzungen später weg, so lässt das die Gültigkeit der VO grundsätzlich unberührt (VGH Kassel ESVGH 37, 57). Allerdings kann eine Pflicht zur Aufhebung oder Anpassung der VO entstehen (BayVerfGHE 41, 69). Bei **Plänen** kann die tatsächliche spätere Entwicklung zur **Funktionslosigkeit** führen, wenn die tatsächliche Entwicklung derart vom Plan abweicht, dass die Verwirklichung des Plans auf Dauer ausgeschlossen erscheint und einem Vertrauen in den Fortbestand des Plans jede Schutzwürdigkeit genommen ist (siehe Rnr. 30.58).

V. Geltungskontrolle bei Satzungen

Literatur: *Ossenbühl,* Kontrolldichte bei der verwaltungsgerichtlichen Normenkontrolle von kommunalen Satzungen, JZ 2003, 96; *Becker/Siechert,* Einführung in die kommunale Rechtssetzung am Beispiel gemeindlicher Benutzungssatzungen, JuS 2000, 144, 348, 552; *Oebbecke,* Kommunale Satzungsgebung und verwaltungsgerichtliche Kontrolle, NVwZ 2003, 1313

1. Allgemeines zum Begriff der Satzung

30.42 Satzungen sind ebenso wie VOen abgeleitete Rechtsquellen, die allerdings im Unterschied zu diesen ausschließlich von unterstaatlichen Körperschaften (ggfs. auch Anstalten) des öffentlichen Rechts im Rahmen der ihnen durch ein Gesetz verliehenen Autonomie erlassen werden, und zwar zur Regelung von Angelegenheiten im Rahmen ihrer Selbstverwaltung und mit Wirkung für die ihnen angehörenden oder unterworfenen Personen. Es muss also gegeben sein

(1) eine rechtssatzmäßige Regelung von Angelegenheiten der Selbstverwaltung

(2) durch eine unterstaatliche Körperschaft, Anstalt oder Stiftung des öffentlichen Rechts

(3) im Rahmen einer dieser verliehenen Autonomie.

Beispiel: Als Selbstverwaltungsträger kommen zB Kommunen (Gemeinden, Kreise, Kreisverbände), die Sozialversicherungsträger, die Kammern der berufständischen Selbstverwaltung, Universitäten, verfasste Studentenschaften usw. in Betracht.

2. Abgrenzungsfragen

a) Abgrenzung zur Rechtsverordnung

30.43 Die Abgrenzung zur VO kann problematisch werden, weil die unterstaatlichen Körperschaften des öffentlichen Rechts auch Adressaten gesetzlicher Verordnungsermächtigungen sein können, allerdings nur im übertragenen Wirkungskreis. Ermächtigungen zum Erlass von Regelungen im eigenen Wirkungskreis sind stets Satzungsermächtigungen.

Beispiel: Ermächtigung der Gemeinden auf dem Gebiet der öffentlichen Sicherheit in den Polizeigesetzen der Länder (zB über Sperrbezirke) sind VO-Ermächtigungen, solche über die Erhebung von Abgaben (zB in KAGen) sind Satzungsermächtigungen.

b) Abgrenzung zu den Verwaltungsvorschriften

Probleme treten in der Praxis bei der Qualifizierung von Benutzungs- **30.44**
ordnungen für öffentliche Einrichtungen auf. Diese können als Satzungen oder Verwaltungsvorschriften erlassen werden; ist Letzteres der Fall, so hat die Benutzungsordnung nur ermessenslenkende Wirkung für die im Einzelfall zu treffenden Ermessensentscheidungen (Rnr. 37.11). Maßgeblich dürfte vor allem sein, ob das satzunggebende Organ eine Satzung mit Außenverbindlichkeit schaffen wollte, wofür die Einhaltung der formellen Bestimmungen für den Erlass von Satzungen das entscheidende Indiz sein dürfte.

3. Rechtmäßigkeitsprüfung

Übersicht

a) Satzungsautonomie eines Selbstverwaltungsträgers
    aa) Zuständigkeit des satzunggebenden Organs
    bb) Wirksamkeit der Autonomieübertragung
b) Beachtung der Vorschriften über das Normsetzungsverfahren
    aa) Beachtung von Vorschriften über die Beschlussfassung
    bb) Beachtung von sonstigen Verfahrensvorschriften
    cc) Ordnungsmäßige Ausfertigung und Verkündung
    dd) Beachtlichkeit von Verfahrensfehlern
    ee) Heilung von Verfahrensfehlern
c) Rechtmäßigkeit des Norminhalts bei Normerlass
    aa) Einhaltung des Ermächtigungsrahmens
    bb) Verstoß gegen höherrangiges Recht
d) Rechtswidrigkeit aufgrund späterer Entwicklung
    aa) Spätere tatsächliche Entwicklung
    bb) Spätere rechtliche Entwicklung

a) Satzungsautonomie eines Selbstverwaltungsträgers

Dem Selbstverwaltungsträger, der die Satzung erlassen hat, muss Sat- **30.45**
zungsautonomie übertragen worden sein. Diese Übertragung erfolgt idR durch Gesetz (zB im Falle der Kommunen durch die Gemeindeordnungen und Kreisordnungen der Länder). Für die Gemeinden folgt die Satzungsautonomie außerdem bereits unmittelbar aus der Selbstverwaltungsgarantie des Art. 28 Abs. 2 GG (AK-GG-*Faber* Art. 28 Rnr. 41), für die Religionsgesellschaften aus Art. 140 GG iVm Art. 137 ff. WRV (*Jarass/Pieroth* Art. 140 Rnr. 17).

aa) Zuständigkeit des satzunggebenden Organs. Innerhalb des Selbstver- **30.46**
waltungsträgers muss das nach dem einschlägigen Organisationsrecht zuständige Organ die Satzung beschlossen haben. IdR wird das Gesetz, durch das die Autonomie übertragen wird, auch Regelungen über die Binnenstruktur der Verwaltungsträger enthalten (so zB die GemOen der Länder für die Kommunen, § 34 SGB IV für die Sozialversicherungsträ-

ger). Meist handelt es sich um die auch sonst für die Willensbildung maßgeblichen Selbstverwaltungsgremien.

Beispiele: Gemeinderat, Vertreterversammlung, Mitgliederversammlung.

30.47 **bb) Wirksamkeit der Autonomieübertragung.** Die Übertragung von Satzungsautonomie muss wirksam erfolgt sein. Zwar ist die Bestimmtheitsvorschrift des Art. 80 Abs. 1 S. 2 GG auf Satzungen nicht entsprechend anwendbar (AK-GG-Ramsauer Art. 80 Rnr. 37); auch die Übertragung von Satzungsautonomie kann aber an mangelnder Bestimmtheit der Ermächtigung scheitern. Die generelle Übertragung von Satzungsautonomie „zur Regelung von Angelegenheiten der Selbstverwaltung" ist zwar hinreichend bestimmt, erlaubt aber grundsätzlich keine Satzungsbestimmungen im grundrechtsrelevanten Bereich. Soll der Selbstverwaltungsträger zB zum Erlass von Abgabensatzungen oder berufsregelnden Bestimmungen ermächtigt werden, müssen wie bei Verordnungsermächtigungen die **wesentlichen Fragen gesetzlich geregelt** werden.

Beispiele: Regelung der Facharztausbildung (BVerfGE 33, 125); Heranziehung von Steuerberatern zu Pflichtbeiträgen in Rechtsanwaltskammer (VGH München NJW 1992, 1524); Strafbeschluss der Lotsenbrüderschaft (BVerwGE 96, 189).

b) Beachtung der Vorschriften über das Normsetzungsverfahren

30.48 Die Satzung muss in dem für Satzungsbeschlüsse vorgesehenen Verfahren erlassen worden sein. Es gibt kein einheitliches Satzungsverfahrensrecht; vielmehr sind die Vorschriften für die einzelnen Selbstverwaltungsträger sehr unterschiedlich. Auch differenzieren die maßgebenden Vorschriften teilweise nach dem Regelungsgegenstand der Satzung. Zu beachten ist auch, dass nicht alle Verfahrensfehler zur Nichtigkeit der Satzung führen und manche nachträglich geheilt werden können.

30.49 **aa) Beachtung der Vorschriften über die Beschlussfassung.** Zu prüfen ist zunächst, ob das zuständige Beschlussorgan die für die ordnungsgemäße Beschlussfassung geltenden Vorschriften beachtet hat. Hierzu zählen

(1) die Bestimmungen über die Einberufung des Gremiums, über die ordnungsgemäße Ladung der Mitglieder, die Einhaltung von Ladungsfristen, die Bekanntmachung der Tagesordnung usw.,

(2) die Bestimmungen über die ordnungsgemäße Beschlussfassung, insbesondere über die Öffentlichkeit der Sitzungen, die Einhaltung der Vorschriften über Art und Weise der Abstimmung, die Stimmenauszählung usw.,

(3) die Bestimmungen über Mitwirkungsverbote für Mitglieder des Beschlussgremiums, die Eigeninteressen an dem Gegenstand der Beschlussfassung haben (zum kommunalen Mitwirkungsverbot *Schwerdtner,* Das Mitwirkungsverbot wegen Befangenheit als Rechtsproblem, VBlBW 1999, 81).

30.50 **bb) Beachtung von sonstigen Verfahrensvorschriften.** Grundsätzlich müssen nur die Anforderungen berücksichtigt werden, die fachrechtlich vorgegeben sind. Zu den sehr unterschiedlichen Anforderungen an das Verfahren bei der Aufstellung von Satzungen zählen insbesondere folgende Kategorien:

(1) Bürgerbeteiligung wie zB im Bebauungsplanverfahren gem. § 3 BauGB,
(2) Beteiligung anderer Behörden oder Gremien vor und nach der Beschlussfassung (zB § 4 BauGB),
(3) Verfahrensrechtliche Ermittlungspflichten wie zB nach § 2 Abs. 3 BauGB
(4) Genehmigungs- oder Anzeigeerfordernisse, zB nach dem Gemeinderecht im Rahmen der Kommunalaufsicht.

cc) Ordnungsmäßige Ausfertigung und Verkündung. Für Ausfertigung 30.51
und Bekanntmachung von Satzungen gibt es rechtsstaatliche Mindesterfordernisse, die auch dann zu beachten sind, wenn keine speziellen Regelungen eingreifen. Hierzu zählen das Verkündungs- (bzw. Bekanntgabe-) und das Ausfertigungserfordernis (zu letzterem als rechtsstaatlichem Erfordernis jeder Normsetzung BVerwG NVwZ 1988, 916). Die Bekanntmachung von kommunalen Satzungen richtet sich zumeist nach gemeindlichen Bekanntmachungs- oder nach den Hauptsatzungen.

Merke: In der Regel ist eine Bekanntmachung in einer oder mehreren örtlichen Tageszeitungen vorgesehen; bei Satzungen der berufsständischen Kammern und anderen Selbstverwaltungsträgern erfolgt die Bekanntgabe aber auch nicht selten durch bloße Mitgliederrundschreiben (siehe *Ziegler,* Die Ausfertigung von Rechtsvorschriften, DVBl 1987, 280).

dd) Beachtlichkeit des Verfahrensfehlers. Grundsätzlich führen sämt- 30.52
liche Fehler im Normsetzungsverfahren zur Nichtigkeit oder zur Anfechtbarkeit einer Satzung (sog. Nichtigkeitsdogma). Allerdings gibt es eine Vielzahl spezialgesetzlicher Regelungen, die im Interesse der Normerhaltung die Nichtigkeitsfolge zulässigerweise ausschließen (zB § 214 Abs. 1 BauGB für die Bauleitplanung). Ob und unter welchen Voraussetzungen bei einem Fehlen von Regelungen die Unbeachtlichkeit von Fehlern auch aus allgemeinen Rechtsgrundsätzen gefolgert werden darf, ist umstritten. Vielmehr gibt es allgemeine und besondere Einschränkungen der Beachtlichkeit derartiger Fehler (Ossenbühl NJW 1986, 2810).

Beispiele: So hat OVG Hamburg einen Verstoß gegen Verfahrensbestimmungen des hamburgischen BezVG in Analogie zu § 44 VwVfG für unbeachtlich gehalten (Nord-ÖR 2009, 262; krit. zu Recht *Möller* NordÖR 2009, 242). Teilweise wird auch § 46 VwVfG analog herangezogen (*Schmaltz,* Rechtsfolgen der Verletzung von Verfahrens- und Formvorschriften, DVBl 1990, 77).

ee) Heilung von Verfahrensfehlern. Ist ein Fehler nicht unbeachtlich, so 30.53
ist weiter zu prüfen, ob er geheilt worden ist. Eine Heilung kann eintreten, wenn die fehlerbehaftete Handlung in fehlerfreier Form nachgeholt worden ist. Zu beachten ist aber, dass eine Heilung gesetzlich vorgesehen sein muss, anderenfalls muss der gesamte Vorgang des Satzungserlasses wiederholt werden.

Beispiel: § 214 Abs. 4 BauGB für fehlerhafte Bebauungspläne (vgl. BVerwGE 92, 266 zu § 215a BauGB aF; zur rückwirkenden Heilung: BVerwG NVwZ 2006, 329).

c) Rechtmäßigkeit des Norminhalts bei Normerlass

30.54 Ebenso unterschiedlich wie die Vorschriften über das Satzungsverfahren sind auch die Vorschriften über die materiellen Anforderungen an den Inhalt der Satzungen. Hier ist zu unterscheiden zwischen den inhaltlichen Anforderungen der Ermächtigung, in deren Rahmen sich der Satzungsinhalt halten muss, und der Frage nach der Vereinbarkeit mit höherrangigem Recht.

30.55 **aa) Einhaltung des Ermächtigungsrahmens.** Wie VOen müssen auch Satzungen Rahmen und inhaltliche Vorgaben der Satzungsermächtigung einhalten. Besteht die Satzungsermächtigung in der Einräumung einer allgemeinen Autonomie zur Erfüllung von Selbstverwaltungsaufgaben, wie dies idR der Fall ist, müssen sich die Bestimmungen im Rahmen der Selbstverwaltungsaufgaben des Autonomieträgers halten, andernfalls sind sie mangels Ermächtigung nichtig. Eine derartige Prüfung erfordert eine genaue Abgrenzung der Selbstverwaltungsaufgaben, zu deren Erledigung die Autonomie übertragen worden ist.

> **Beispiel:** Erklärung der Gemeinden zur Stationierung von Atomwaffen auf ihrem Gebiet Angelegenheit des örtlichen Wirkungskreises (BVerwG NVwZ 1991, 684), anders die Erklärung zur atomwaffenfreien Zone (BVerwGE 87, 228); Einführung des Semestertickets durch Studentenschaft (OVG Münster ZUR 1993, 33); Unzulässigkeit einer Modifizierung prozessualer Rechte durch eine anwaltliche Berufsordnung (BVerfGE 101, 312); Unzulässigkeit eines kommunalen Verbots von Einwegverpackungen (BVerfGE 96, 185, 195).

30.56 In vielen Fällen betrifft die Satzungsermächtigung einen sachlich sehr eng umgrenzten Bereich (zB Gebühren- und Beitragssatzungen nach dem KAG des jeweiligen Landes). In diesen Fällen werden regelmäßig auch inhaltliche Maßstäbe für die Satzungsregelungen festgelegt. Dann ist zu prüfen, ob die Satzungsbestimmungen der Ermächtigung inhaltlich entsprechen.

> **Beispiele:** Abwägungsgebot in der Bauleitplanung (§ 1 Abs. 7 BauGB); Kostendeckungsprinzip bei Gebührensatzungen; Vorschriften des BauGB für Erschließungs- bzw. Ausbaubeitragssatzungen.

30.57 **bb) Verstoß gegen höherrangiges Recht.** Dieser Prüfungspunkt überschneidet sich mit dem vorangehenden, wenn die Ermächtigungsnorm inhaltliche Vorgaben enthält. Im Übrigen ist hier vor allem die Vereinbarkeit mit grundrechtlichen Gewährleistungen und verfassungsrechtlichen Grundsätzen zu prüfen. IdR geht es um folgende Punkte:

– Einhaltung des **Verhältnismäßigkeitsprinzips** mit seinen Ausprägungen (zB das Äquivalenzprinzip im Abgabenrecht, das Abwägungsgebot im Planungsrecht).

– Beachtung des **Gleichheitssatzes.** Hier ist vor allem zu prüfen, ob zulässige Differenzierungskriterien verwendet werden.

– Beachtung des Gebots hinreichender **Bestimmtheit.** Der Anwendungsbereich muss sachgerecht, praktikabel und objektiv eingegrenzt werden (BVerwGE 96, 110 für Baumschutzsatzung).

d) Rechtswidrigkeit aufgrund späterer Entwicklung

aa) Spätere tatsächliche Entwicklung. Fallen die tatsächlichen Voraus-   30.58
setzungen für den Erlass der Satzung später weg, so tritt die Satzung
ebenso wie die VO nicht automatisch außer Kraft. Vielmehr bedarf es
idR einer Aufhebung oder Anpassung der Satzung an die neue Sachlage.
Hierzu kann der Satzungsgeber unter bestimmten Umständen auch verpflichtet sein (Rnr. 30.41).

Merke: Bei Plänen kommt ein Außerkrafttreten infolge **Funktionslosigkeit** in Betracht, wenn die tatsächliche Entwicklung derart vom Plan abweicht, dass die Verwirklichung des Plans auf Dauer ausgeschlossen erscheint und einem Vertrauen in
den Fortbestand des Plans jede Schutzwürdigkeit genommen ist (BVerwGE 54, 5 =
NJW 1977, 2325; BVerwGE 67, 334 = NJW 1984, 138).

bb) Spätere rechtliche Entwicklung. Ebenso wie bei VOen lässt der   30.59
Wegfall der Satzungsermächtigung die Gültigkeit der Satzung im
Grundsatz unberührt. Widerspricht die Satzung insgesamt oder in einzelnen Bestimmungen später erlassenem höherrangigem Recht, so wird
sie allerdings insoweit automatisch unwirksam.

VI. Verwaltungsvorschriften

Literatur: *Bull/Mehde,* § 6 Rnr. 226 ff.; *Jarass,* Bindungswirkung von Verwaltungsvorschriften JuS 1999, 105; *Erichsen/Klüsche,* Verwaltungsvorschriften, Jura 2000,
540; *Remmert,* Rechtsprobleme von Verwaltungsvorschriften, Jura 2004, 728;

1. Allgemeines

a) Begriff der Verwaltungsvorschrift

Unter dem Begriff Verwaltungsvorschriften (VwV) werden sämtliche   30.60
Regelungen zusammengefasst, die innerhalb der Verwaltung von übergeordneten Behörden gegenüber nachgeordneten Behörden oder von
Vorgesetzten gegenüber nachgeordneten Dienststellen oder Bediensteten
erlassen werden und Organisation und Handeln der Verwaltung näher
bestimmen.

Die **Bezeichnungen** für VwV sind vielfältig: Erlasse, Richtlinien, Fachliche Weisungen,
Weisungen, Verwaltungsverordnungen, Dienstanweisungen, Technische Anweisungen
(TA).

b) Das Problem der Außenwirkung

Nach heute hM sind Verwaltungsvorschriften zwar Rechtssätze, weil sie   30.61
innerhalb der Verwaltung eine unmittelbare rechtliche Bindungswirkung
entfalten, aber keine Gesetze im materiellen Sinne, weil sie dem Bürger

gegenüber keine unmittelbare Bindungswirkung entfalten könnten (BVerfGE 78, 214; siehe auch *Ossenbühl* § 6 V 4 mwN).

Beachte: Die Auffassung von der fehlenden Außenwirkung wird vor allem deshalb vertreten, weil VwV nicht über eine gesetzliche Ermächtigungsgrundlage verfügen müssen und eine den Bürger belastende Außenwirkung deshalb gegen den Vorbehalt des Gesetzes verstoßen würde. Dies gilt auch für die Fälle, in denen VwV im Gesetz ausdrücklich vorgesehen sind (zB § 48 BImSchG), weil damit eben gerade nicht zu einer (außenwirksamen) VO, sondern nur zu einer VwV ermächtigt wird. In den Fällen aber, in denen eine gesetzliche Grundlage für die VwV verfassungsrechtlich gar nicht erforderlich ist, entfällt das entscheidende Argument gegen die Außenwirkung von VwV; in diesen Bereichen würde es auch den Rechtsschutz des Bürgers eher verbessern, wenn eine Außenverbindlichkeit von VwV anerkannt würde, weil dann die Gerichte die Kompetenz zur eigenverantwortlichen Auslegung dieser VwV für sich in Anspruch nehmen könnten.

c) Die Selbstbindung der Verwaltung

30.62 Die in Art. 3 Abs. 1 GG wurzelnde Selbstbindung der Verwaltung kann zu einer mittelbaren Außenwirkung nur führen, wenn und soweit der Verwaltung ein Handlungsspielraum zusteht und die Verwaltung in der Praxis von diesem Spielraum in bestimmter Weise Gebrauch macht (*Maurer* § 24 Rnr. 21 f.).

Auch Ermessensrichtlinien entfalten eine Wirkung nach außen nur insoweit, als sie die Verwaltungspraxis tatsächlich steuern und der Einzelne einen aus dem Gleichheitssatz folgenden Anspruch darauf hat, dass in seinem Fall nicht zu seinen Ungunsten von einer bestimmten Verwaltungspraxis abgewichen wird (siehe im Einzelnen Rnr. 30.66; 37.11).

d) Das Problem der Gleichbehandlung im Unrecht

30.63 Probleme ergeben sich, wenn die Verwaltung im Einklang mit dem Gesetz einem Bürger im Einzelfall eine Leistung verweigert, die sie aufgrund ihrer VwV unter Verstoß gegen gesetzliche Vorschriften anderen Bürgern tatsächlich ständig gewährt. Die rechtswidrige Weitergewährung von Leistungen an andere kann der Betroffene idR nicht verhindern. Die hM erkennt grundsätzlich **keinen Anspruch auf eine Gleichbehandlung im Unrecht** und damit keine Bindung an rechtswidrige norminterpretierende Verwaltungsvorschriften an (BVerwGE 34, 278 = NJW 1970, 675; BVerwGE 36, 313). Dies erscheint jedenfalls dann zweifelhaft, wenn die Verwaltung erklärtermaßen an ihrer rechtswidrigen Praxis festhalten will.

2. Arten der Verwaltungsvorschriften

a) Organisationsrechtliche VwV

30.64 Soweit VwV lediglich verwaltungsinterne Verfahrensabläufe regeln, werfen sie rechtlich keine wesentlichen Probleme auf. Fraglich ist allerdings, ob mit VwV auch Zuständigkeits- und Verfahrensbestimmungen mit Außenwirkung getroffen werden können. Dies dürfte nur insoweit der Fall sein, als für Regelungen dieser Art der Gesetzesvorbehalt nicht eingreift.

Beispiele: Bestimmung der Zuständigkeit von Behörden eines Verwaltungsträgers durch VwV (BVerwGE 36, 327; BVerwG DÖV 1972, 129), nicht aber von Behörden eines anderen Verwaltungsträgers; Verfahrensregelungen (BVerwGE 78, 214, 227; VGH Kassel DÖV 1986, 661).

b) Ermessens- und Beurteilungsrichtlinien

Ermessens- bzw. Beurteilungsrichtlinien sind VwV, die eine einheitliche 30.65 Ausübung gesetzlich eingeräumten Ermessens bzw. eine einheitliche Ausfüllung von Beurteilungsspielräumen steuern sollen. Sie spielen in der Praxis eine große Rolle und haben auch für den Bürger erhebliche Bedeutung. Nach hM entfalten sie keine unmittelbare rechtliche Wirkung gegenüber dem Bürger; dieser soll sich zwar auf eine bestimmte Verwaltungspraxis, nicht aber auf die dieser Praxis zugrunde liegende VwV selbst berufen können.

aa) Maßgeblichkeit der Verwaltungspraxis. Nicht die VwV selbst führen 30.66 zu einer Selbstbindung der Verwaltung gem. Art. 3 Abs. 1 GG, sondern die sich ggfs. auf ihrer Grundlage bildende Verwaltungspraxis, die sich zwar meistens, aber keineswegs immer exakt an die VwV orientiert. Dies hat zur Folge, dass die Gerichte die VwV nicht einfach wie Gesetze im materiellen Sinne auslegen und anwenden, sondern sie nur als Indizien für eine bestehende Verwaltungspraxis ansehen dürfen (BVerwGE 86, 55; BVerwG DVBl 1981, 1149).

Legt die Verwaltungsbehörde dar, dass die VwV gar nicht oder nur in einer ganz bestimmten Weise in der Praxis zur Anwendung gelangen, so müssen die Gerichte das berücksichtigen. Allerdings werden Ausnahmen gemacht in den Fällen der sog. **antizipierten Verwaltungspraxis:** Wenn sich aufgrund einer neu erlassenen VwV eine Verwaltungspraxis noch nicht bilden konnte, geht die Rspr. davon aus, dass sie der Regelung in der VwV entsprechen wird, und zwar in der vom Gericht gefundenen Auslegung (BVerwGE 52, 193, 199; 35, 159, 162 = NJW 1970, 1563).

bb) Abweichungsmöglichkeit in atypischen Fällen. VwV erlauben Abwei- 30.67 chungen von den in ihnen aufgestellten Regelungen in atypischen Fällen idR ausdrücklich. Aber auch wenn dies nicht der Fall ist, kann (und muss) die Verwaltung in atypischen Fällen von den VwV abweichen. Anderenfalls würden die VwV eine auf den Einzelfall bezogene fehlerfreie Ermessensentscheidung möglicherweise ausschließen (Rnr. 37.13).

c) Gesetzesvertretende Verwaltungsvorschriften

Wenn es überhaupt an einer erforderlichen gesetzlichen Regelung fehlt 30.68 und die VwV faktisch an die Stelle einer materiellgesetzlichen Regelung treten, werden die VwV in Einzelfällen wie Gesetze ausgelegt und angewendet. Dies gilt teilweise nur für die Übergangszeit bis zur Schaffung der an sich erforderlichen gesetzlichen Grundlagen, vor allem in Sonderstatusverhältnissen.

Beispiele: BVerwGE 41, 261, 266 = NJW 1973, 576 für ärztliche Notfalldienstregelungen; BVerwGE 42, 296 für Zulassungsrichtlinien; BVerwGE 48, 305, 311 = NJW 1975, 1898 für Bestimmungen über die Graduierung von Ingenieuren; BVerwGE 71, 342 für die Beihilferichtlinien des Bundes; BVerwGE 94, 326, 335 für die Festsetzung der Regelsätze nach § 22 BSHG; unzulässig waren dagegen Vergaberichtlinien nach GüKG (BVerwGE 51, 235).

d) Norminterpretierende Verwaltungsvorschriften

30.69 Norminterpretierende VwV sollen eine einheitliche Anwendung des Gesetzes sicherstellen und innerhalb einzelner Behörden und/oder in den nachgeordneten Behörden die Gesetzesanwendung erleichtern. Sie geben eine bestimmte Auslegung der anzuwendenden Rechtsnormen bindend vor; der einzelne Sachbearbeiter ist selbst dann gebunden, wenn er die vorgegebene Interpretation für unzutreffend hält. Im **Außenverhältnis** zum Bürger entfalten die norminterpretierenden VwV keine rechtliche Bindungswirkung, weshalb auch die Gerichte nicht an sie gebunden sind. Norminterpretation ist die Aufgabe des Gerichts; Verwaltungsvorschriften können hierzu lediglich die Meinung der Exekutive wieder geben, die ähnlich wie wissenschaftliche Stellungnahmen im Schrifttum, Einfluss auf die Überzeugungsbildung des Richters haben können, ihn aber nicht binden (BVerfG DVBl 1989, 94). Sie sind Gegenstand, aber nicht Maßstab richterlicher Kontrolle (BVerfGE 78, 214, 227).

Beispiel: Mehrfachtäter-Punktsystem im Straßenverkehrsrecht (hierzu *Paetow*, Das Mehrfachtäter-Punktsystem als Rechtsnorm? NJW 1990, 1441). Im Steuerrecht erkennt die Rspr. eine Außenwirkung von VwV zur Vereinfachung der Sachverhaltsermittlung (zB durch AfA-Tabellen, Richt- und Pauschbeträge für Schätzungen oder Bewertungsrichtlinien) an (BFH NJW 1979, 392).

e) Normkonkretisierende Verwaltungsvorschriften

30.70 Für bestimmte Fälle technischer Standards ist das BVerwG von dem Grundsatz der fehlenden rechtlichen Bindungswirkung der VwV abgerückt. Zunächst entwickelte es in der Voerde-Entscheidung im Anschluss an *Breuer* AöR 1976, 76, 82 die These, bei den aufgrund des § 48 BImSchG erlassenen Verwaltungsvorschriften handele es sich um sog. **antizipierte Sachverständigengutachten,** an die sich die Gerichte wegen des darin zum Ausdruck kommenden wissenschaftlichen Sachverstandes in gewissem Umfang gebunden halten müssten (BVerwGE 55, 250, 258 = NJW 1978, 1490). Nachdem sich dieser Ansatz wegen des unbestreitbaren normativen Gehalts der Grenzwerte nicht hatte halten lassen, entwickelte das BVerwG in der Wyhl-Entscheidung für die Richtlinie zu § 45 StrSchVO die These von der **normkonkretisierenden Funktion** dieser VwV (BVerwGE 72, 300, 320 = NVwZ 1986, 208) und einer nur eingeschränkten Überprüfbarkeit.

Merke: Trotz fehlender dogmatisch befriedigender Absicherung hat sich die Rspr. weitgehend durchgesetzt (*Gusy* NVwZ 1995, 105). Der Begründungsversuch des OVG Lüneburg in seiner Buschhaus-Entscheidung (NVwZ 1985, 357), den auf der

Grundlage des § 48 BImSchG erlassenen Verwaltungsvorschriften komme wegen dieser gesetzlichen Grundlage eine besondere Außenwirkung zu (so auch *Breuer* NVwZ 1988, 104; *Erbguth* DVBl 1989, 473, 477), überzeugt nicht. Zum Erlass von Rechtsvorschriften mit Bindungswirkung nach außen hat der Gesetzgeber in § 7 BImSchG nämlich spezielle Ermächtigungsgrundlagen geschaffen. Nach Auffassung des EuGH lassen sich Richtlinien der EU durch normkonkretisierende VwV nicht angemessen umsetzen (EuGH NVwZ 1991, 866); *Guttenberg* JuS 1993, 1006)

f) Sonderverordnungen

Als Sonderverordnungen werden von einem Teil der Literatur (*Wolff/* 30.71
Bachof/Stober/Kluth VwR I § 25 Rnr. 55 ff.; *Böckenförde/Grawert*, Sonderverordnungen, AöR 1970, 1) diejenigen Bestimmungen der Verwaltung bezeichnet, die innerhalb von Sonderstatusverhältnissen (zB Beamten-, Strafgefangenen-, Schul- und Wehrdienstverhältnis, Anstaltsbenutzungsverhältnisse) zur Regelung der inneren Ordnung dieser Rechtsverhältnisse erlassen werden (zB Prüfungsordnungen, Versetzungsrichtlinien, Hausordnungen usw.). Die Auffassung von der Sonderverordnung als einer selbständigen Handlungsform der Exekutive mit eigenen Rechtmäßigkeitsvoraussetzungen hat sich zu Recht nicht durchsetzen können.

Beachte: In Sonderstatusverhältnissen können Rechtsnormen nur als RVOen oder als Satzungen auf gesetzlicher Grundlage erlassen werden; Bestimmungen, die nicht unter diese Kategorien fallen, sind VwV und entwickeln deshalb keine weiter gehenden Bindungswirkungen (so zu Recht *Maurer* § 8 Rnr. 31).

§ 31. Die Grundrechtsprüfung

Literatur: *Pieroth/Schlink*, Grundrechte, Staatsrecht II, 21. Aufl. 2005; *Dreier*, Subjektiv- und objektivrechtliche Grundrechtsgehalte, Jura 1994, 505; *Kube*, Einzelfragen zur Rechtmäßigkeitsprüfung von Grundrechtsschranken, JuS 2003, 461; *Möllers*, Wandel der Grundrechtsjudikatur, NJW 2005, 1973.

I. Allgemeines zur Grundrechtsprüfung

Grundrechtsprüfungen gehören regelmäßig zu den schwächsten Teilen 31.01
von Examensarbeiten. Sie enthalten häufig allgemeine, juristisch kaum strukturierte Ausführungen voller inhaltlicher Beliebigkeit. Neben Grundkenntnissen der Grundrechtsdogmatik, die hier nicht vermittelt werden können (hierzu *Pieroth/Schlink* § 2 bis § 6), fehlt es vor allem an einer sauberen Prüfungsstruktur, weil Unsicherheit darüber herrscht, an welcher Stelle grundrechtliche Untersuchungen angebracht sind.

1. Die Rolle der Grundrechte in der Falllösung

Im Öffentlichen Recht gibt es kaum Streitfälle, die ganz ohne Rückgriff 31.02
auf Grundrechte gelöst werden könnten. Stets ist es erforderlich, zumin-

dest Kontrollüberlegungen zur Vereinbarkeit des im Einzelfall einschlägigen einfachen Rechts und seiner konkreten Anwendung mit grundrechtlichen Gewährleistungen anzustellen.

Beachte: Die dabei angestellten Überlegungen finden nur dann Eingang in Schriftsätze oder gerichtliche Entscheidungen wenn entweder die Beteiligten im Prozess Bedenken angemeldet haben oder der Bearbeiter selbst Bedenken hat, ist es erforderlich, auf diese Fragen näher einzugehen.

2. Der richtige Standort der Grundrechtsprüfung

31.03 Für eine Grundrechtsprüfung gibt es vier mögliche Ansatzpunkte, die ggfs. auch nebeneinander in Betracht kommen. Am Maßstab der Grundrechte gemessen werden kann

a) die Rechtsnorm, die einer Maßnahme als Ermächtigungsgrundlage zugrunde liegt oder als Anspruchsgrundlage in Betracht kommt (**Normprüfung**),

b) die Auslegung der Rechtsnorm aus Anlass ihrer Anwendung auf den konkreten Streitfall (**grundrechtskonforme Auslegung**),

c) die Ausübung von Ermessen, Beurteilungsspielraum oder Planungsermessen durch die Verwaltung im Einzelfall (**grundrechtskonforme Ermessensausübung**),

d) das streitige Begehren selbst, wenn eine unmittelbare Anwendung von Grundrechten auf den Einzelfall in Betracht kommt (**grundrechtsunmittelbare Ansprüche**).

a) Die Kontrolle der Verfassungsmäßigkeit der Ermächtigungsnorm

31.04 Geht es um die Prüfung der Gültigkeit der Ermächtigungsnorm, so ist die Grundrechtsprüfung nur Teil einer umfassenden Kontrolle der Verfassungsmäßigkeit. Ob diese Kontrolle vor der Prüfung der Anwendbarkeit auf den Streitfall erfolgen soll oder nachher, ist eine in erster Linie darstellungstechnische Frage, die nicht nur vom (voraussichtlichen) Ergebnis der Prüfung, sondern auch davon abhängt, woraus sich die Zweifel an der Verfassungsmäßigkeit ergeben.

31.05 **aa) Vorangehende Verfassungsmäßigkeitsprüfung.** Eine Prüfung der Verfassungsmäßigkeit der Norm vor ihrer eigentlichen Anwendung auf den konkreten Streitfall kann sich empfehlen, wenn sich die Zweifel an der Gültigkeit unabhängig von den Auswirkungen im vorliegenden Fall ergeben oder wenn die Anwendbarkeit selbst kaum Zweifel aufwirft.

Beispiel: Der Kläger wendet sich mit der Anfechtungsklage gegen einen Steuerbescheid, der auf eine kommunale Satzung zur Besteuerung von Einwegverpackungen gestützt wird, gegen deren Gültigkeit Einwendungen vor allem wegen fehlender Kompetenz erhoben werden (vgl. BVerwG NVwZ 1995, 59).

31.06 **bb) Nachfolgende Verfassungsmäßigkeitsprüfung.** In anderen Fällen empfiehlt es sich demgegenüber, die Rechtsnorm zunächst einmal auf den Fall anzuwenden und das Ergebnis anschließend am Maßstab höherrangigen Rechts zu messen.

Beispiel für Urteilsaufbau: „Die Gewerbeuntersagung durch Bescheid vom … ist rechtmäßig. Sie findet ihre rechtliche Grundlage in § 35 Abs. 1 GewO. Die Voraussetzungen dieser Vorschrift liegen vor (…). Das Ergebnis ist auch mit Art. 12 Abs. 1 GG vereinbar. Der Kläger wird durch die Verfügung zwar in seinem Grundrecht auf freie Berufsausübung berührt; dieses Grundrecht wird aber durch § 35 GewO in zulässiger Weise eingeschränkt (…). Die Untersagung trifft den Kläger auch nicht unverhältnismäßig. …".

b) Die verfassungskonforme Auslegung der Rechtsnormen

Die Anwendung einer Rechtsnorm auf einen Einzelfall setzt einen Aus- **31.07** legungsvorgang voraus. Jede Auslegung von Rechtsnormen durch Verwaltungsbehörden und Gerichte muss zu einem Ergebnis führen, das nicht gegen höherrangiges Recht verstößt. Deshalb ist von mehreren Auslegungsmöglichkeiten, die nach herkömmlichen Auslegungsmethoden in Betracht kommen, diejenige vorzuziehen, die mit der Verfassung am besten in Einklang steht (*Pieroth/Schlink* Rnr. 84). Die verfassungskonforme Auslegung muss sich innerhalb des Rahmens halten, der durch Wortlaut und Ziele der Norm gezogen wird, anderenfalls liegt eine verdeckte Verwerfung der Norm vor, die Fachgerichten idR nicht zusteht.

Beispiele: Verfassungskonforme Auslegung des § 214 Abs. 3 S. 2 BauGB (BVerwGE 64, 33, 40 = NJW 1982, 591 zu § 155b BBauG), der wegerechtlichen Gemeingebrauchsbestimmungen im Hinblick auf den kommunikativen Gemeingebrauch (BVerfG NVwZ 1992, 53).

Grundsätzlich kommt es nicht darauf an, ob die Rechtsfolgeanordnung **31.08** gerade im Streitfall zu verfassungswidrigen Ergebnissen führt; es reicht aus, dass dies bei anderen Fällen sicher zu erwarten ist. Allerdings besteht in einer praktischen Arbeit kein Anlass, sämtliche denkbare Fallgestaltungen daraufhin durchzumustern, ob eine bestimmte Auslegung zu einem verfassungswidrigen Ergebnis führen könnte. Andere Fallgestaltungen sind nur dann in Betracht zu ziehen, wenn sich dies aufdrängt oder die Beteiligten entsprechend vorgetragen haben. Die verfassungskonforme Auslegung kann **darstellungstechnische Probleme** aufwerfen, weil sie im Zuge der Auslegung und Anwendung der Norm stattzufinden hat und idR an einzelnen Tatbestandsmerkmalen ansetzen muss. Da aber nicht einzelne Tatbestandmerkmale verfassungswidrig sein können, sondern nur die Regelung als solche, muss die an einem einzelnen Tatbestandsmerkmal anknüpfende Prüfung das Gesamtergebnis einer Anwendung der Norm einbeziehen.

Beispiel für Urteilsformulierung: „Bei der Benutzung öffentlicher Straßen und Wege im Rahmen einer nicht verbotenen Versammlung iSd VersG handelt es sich um Gemeingebrauch iSd § 16 Abs. 1 HmbWegeG. Danach kann jedermann die öffentlichen Wege ohne besondere Erlaubnis … zum Verkehr benutzen. Der Begriff des Verkehrs umfasst auch die Benutzung durch öffentliche Aufzüge. Zwar erlaubt der allgemeine Sprachgebrauch auch eine Beschränkung des Begriffs im Sinne des reinen Fortbewegungsverkehrs ... Bei dieser Auslegung wäre die Vorschrift aber mit Art. 5 und 8 GG nicht vereinbar. ... "

c) Die Kontrolle der Verfassungsmäßigkeit einer Ermessensbetätigung

31.09 Eröffnet eine Rechtsnorm der Verwaltung einen Entscheidungsspielraum, so muss die zuständige Behörde von diesem Spielraum einen dem Zweck der Ermächtigung entsprechenden Gebrauch machen (§ 114 VwGO). Außerdem müssen die Grenzen des Spielraums beachtet werden, die sich insbesondere aus den Grundrechten im Einzelfall ergeben (siehe hierzu Rnr. 37.27; 38.28).

d) Grundrechte als Anspruchsnormen

31.10 Grundrechte können in Ausnahmefällen auch unmittelbar subjektive öffentliche Rechte vermitteln. IdR ist ein derartiger Rückgriff allerdings entbehrlich und dann auch verfehlt, weil wegen des Vorrangsprinzips die erforderlichen subjektiven Rechte im einfachen Recht gesucht werden müssen (*Wahl* NVwZ 1984, 401).

Beispiele: Anspruch auf Existenzminimum unmittelbar aus Art. 1 Abs. 1 GG (BSG NJW 1987, 463; *Jarass/Pieroth* Vorb. vor Art. 1 Rnr. 6); Anspruch auf Privatschulsubventionierung unmittelbar aus Art. 7 Abs. 4 S. 1 GG (BVerfGE 75, 40, 62; BVerfG DVBl 1994, 746). Zur unmittelbaren Eingriffsabwehr aus Grundrechten krit. *Ramsauer* AöR 1986, 502.

3. Prüfungsaufbau und Gewährleistungsfunktionen

31.11 Einen allgemein verwendbaren Prüfungsaufbau gibt es nur für die Abwehrfunktion der Grundrechte. Für die übrigen Gewährleistungsfunktionen von Grundrechten (zB Schutz, Teilhabe, Leistung) lassen sich allgemeine Ratschläge nur sehr begrenzt geben.

Versuche, für andere Funktionen eine der Abwehrfunktion ähnliche Prüfungsstruktur zu entwickeln (zB *Lübbe-Wolff*, Die Grundrechte als Eingriffsabwehrrechte. Struktur und Reichweite des Eingriffsdogmas im Bereich staatlicher Leistungen, 1988), haben sich bisher nicht durchsetzen können.

II. Aufbau einer Grundrechtsprüfung in der Abwehrfunktion

Übersicht

1. Beeinträchtigung des Schutzbereichs eines Grundrechts
   a) Personeller Schutzbereich (Wer ist geschützt?)
   b) Sachlicher Schutzbereich (Was ist geschützt?)
   c) Eingriff (Wogegen wird geschützt?)
2. Die Rechtfertigung der Beeinträchtigung (Schrankenprüfung)
   a) Maßnahme auf gesetzlicher Grundlage
   b) Bestehen einer Grundrechtsschranke
      aa) Geschriebene Grundrechtsschranken

bb) Immanente Grundrechtsschranken
c) Gesetz als Ausdruck der Grundrechtsschranke
aa) Erfüllung der besonderen Schrankenvoraussetzungen
bb) Erfüllung der Voraussetzungen des Art. 19 Abs. 1 S. 1
GG
cc) Verfassungsmäßigkeit der Regelung im Übrigen
dd) Verhältnismäßigkeit der Grundrechtsbeeinträchtigung
(1) Zulässiges Regelungsmittel
(2) Geeignetes Regelungsmittel
(3) Erforderliches Regelungsmittel
(4) Proportionalität der Regelung
(5) Rückwirkungsproblematik

1. Beeinträchtigung des Schutzbereichs eines Grundrechts

Zunächst ist zu prüfen, ob der Schutzbereich des untersuchten Grund- 31.12
rechts durch die Maßnahme der öffentlichen Gewalt berührt wird
(Grundrechtsbeeinträchtigung). Der Schutzbereich hat idR eine perso-
nelle, eine sachliche und eine funktionale Komponente; Letztere wird
allgemein unter dem Aspekt der Eingriffsqualität der Maßnahme geprüft. Insgesamt sind die hier maßgeblichen Fragen in den Grundrechts-
normen nur unvollkommen geregelt, die nicht selten nur Angaben über
den Schutzgegenstand machen.

Beispiele: Wohnung in Art. 13 Abs. 1 GG; Gesundheit in Art. 2 Abs. 2 GG; Eigentum
in Art. 14 Abs. 1 GG; Freizügigkeit in Art. 11 Abs. 1 GG; Kunst, Wissenschaft, For-
schung und Lehre in Art. 5 Abs. 3 GG.

a) Personeller Schutzbereich (Wer ist geschützt?)

Zu prüfen ist, von den seltenen Fällen des Grundrechtsverzichts (hierzu 31.13
Robbers JuS 1985, 925; *Pieroth/Schlink* Rnr. 131 ff.) und der Grund-
rechtsverwirkung (Art. 18 GG) einmal abgesehen, ob Träger des Grundrechts sein können

– Jedermann oder nur Deutsche iSd Art. 116 GG (unterschieden werden Menschenrechte und Deutschenrechte; Ausländer werden im Bereich der Deutschengrundrechte nur über Art. 2 Abs. 1 GG geschützt),
– Juristische Personen des Privatrechts (nach Art. 19 Abs. 3 GG kommt
es darauf an, ob die einzelnen Grundrechte ihrem Wesen nach auf
juristische Personen anwendbar sind),
– Juristische Personen des öffentlichen Rechts können sich auf Grundrechte, von einigen Ausnahmen (Kirchen, Rundfunkanstalten, Universitäten) abgesehen, nicht berufen (ausführlich *Ramsauer* NZS 2006,
505),
– Privatrechtliche Gesellschaften mit maßgeblicher staatlicher Beteiligung werden von der hM ebenfalls nicht als grundrechtsfähig angesehen (BVerfG NJW 1990, 1783; *Koppensteiner* NJW 90, 3105; aA
AK-GG-*Ladeur* Art. 19 Abs. 3 Rnr. 26),

- Ausländische Juristische Personen können sich wie diejenigen des öf-
fentlichen Rechts nur auf die Prozessgrundrechte berufen,
- Verstorbene oder noch nicht Geborene, denen in gewissem Umfang
Grundrechtsschutz zugebilligt wird (*Jarass/Pieroth* Art. 19 Rnr. 10).

31.14 Besonderheiten gelten im **EU-Bereich.** Unionsbürger und juristische Personen mit Sitz in anderen Mitgliedstaaten sind in den Fällen, in denen
das gemeinschaftsrechtliche Diskriminierungsverbot greift, wie Deutsche
bzw. inländische juristische Personen zu behandeln (*Jarass/Pieroth*
Art. 19 Rnr. 12 und 21). Umstritten ist, ob dies über Art. 2 Abs. 1 GG,
das gemeinschaftsrechtskonform wie das entsprechende Deutschen-
grundrecht anzuwenden wäre, oder über die direkte Anwendung der
Deutschengrundrechte auf EG-Ausländer zu gewährleisten ist.

b) Sachlicher Schutzbereich (Was ist geschützt?)

31.15 Der durch das Grundrecht geschützte sachliche Gegenstandsbereich ist
durch Auslegung zu ermitteln. Dabei muss vor allem die Rspr. des
BVerfG berücksichtigt werden, durch die die meisten der in den Grundrechten verwendeten Begriffe zu geschützten Rechtsgütern und grundrechtlichen Verhaltensweisen näher präzisiert worden sind.

Beispiele: Begriffe wie „Menschenwürde" iSd Art. 1 GG; „Beruf" iSd Art. 12 GG;
„Versammlung" iSd Art. 8 GG; „Wohnung" iSd Art. 13 GG; „Gewissen" iSd Art. 4
Abs. 3 GG; „Freizügigkeit" in Art. 11 GG usw.

c) Eingriff (Wogegen wird geschützt?)

31.16 Die Grundrechte schützen den jeweils von ihnen erfassten sachlichen
Gegenstandbereich nicht absolut gegen jedwede Form der Beeinträchtigung, sondern nur gegen „Eingriffe" bzw. rechtlich relevante Beeinträchtigungen (Beachte: Verletzung ist nur der rechtswidrige Eingriff).
Folgende Voraussetzungen sind zur Feststellung eines Eingriffs zu prüfen:

31.17 **aa) Handeln eines Hoheitsträgers.** Die Beeinträchtigung muss einer Körperschaft, Anstalt, Stiftung des öffentlichen Rechts oder einem Beliehenen zugerechnet werden können. Es muss vom Handelnden gewissermaßen in Ausübung eines ihm übertragenen Amtes verursacht worden
sein, nicht nur bei Gelegenheit.

31.18 **bb) Hoheitliches Handeln.** Der Hoheitsträger muss auf dem Gebiet des
öffentlichen Rechts oder des Verwaltungsprivatrechts (siehe Rnr. 32.39)
handeln; bei einem Unterlassen muss die Rechtspflicht zum Handeln
öffentlich-rechtlich sein. Bloß fiskalisches Handeln (fiskalische Hilfsgeschäfte, Teilnahme am Wirtschaftleben, Vermögensverwaltung) reicht
nach der hM für die Abwehrfunktion nicht aus.

31.19 **cc) Unmittelbarkeit der Verursachung der Beeinträchtigung.** Mit dem
Begriff der Unmittelbarkeit werden die grundrechtlich relevanten Beein-

trächtigungen von den bloßen Nachteilen abgegrenzt, gegen die ein Grundrecht keinen Schutz bietet, auch wenn sie durch hoheitliches Handeln ausgelöst worden sind. Problematisch sind hier vor allem die Fälle faktischer Grundrechtsbeeinträchtigungen.

Beispiele: Marktzulassung von Konkurrenten (BVerwGE 17, 306); Subventionierung von Konkurrenten (BVerfGE 46, 120, 137; BVerwGE 71, 183, 191); Förderung eines Vereins zur Bekämpfung von Jugendsekten (BVerwG NJW 1992, 2496); Baugenehmigung für Nachbarn (BVerwGE 32, 173); Warnung vor glykolhaltigem Wein (BVerwG NJW 1991, 1766); Veröffentlichung von Transparenzlisten (BVerwGE 71, 183 = NJW 1985, 2774); weitere Bsp. bei *Di Fabio*, JZ 1993, 689 sowie bei *Ramsauer*, Die faktischen Beeinträchtigungen des Eigentums, S. 33 ff.; *Roth*, Faktische Fingriffe in Freiheit und Eigentum, 1994.

Ob faktische Beeinträchtigungen den Schutzbereich des Grundrechts **31.20** tangieren, hängt ab
– von der Intensität der Beeinträchtigung,
– von ihrer Zielgerichtetheit (vgl. BVerwGE 90, 112, 120),
– von ihrer spezifischen Grundrechtsbezogenheit.

Merke: Die Rspr. spricht zumeist von grundrechts-(zB meinungs-, berufs-)regelnder Tendenz oder der Anknüpfung an grundrechts-(zB presse-, versammlungs-)typisches Verhalten, um den spezifischen Grundrechtsbezug des staatlichen Handelns deutlich zu machen. Grundrechtsbezogen in diesem Sinne ist eine Beeinträchtigung dann, wenn sie Ausdruck gerade solcher Risiken ist, gegen die das Grundrecht seinem Schutzzweck nach Schutz bieten soll (Einzelheiten bei *Ramsauer*, Die Bestimmung des Schutzbereichs von Grundrechten nach dem Normzweck, VerwArch 72 (1981), 89). Dass es gelegentlich schwer ist, normative Anhaltspunkte für die Zuweisung von Risiken zu finden, widerlegt nicht die Eignung dieses Kriteriums (so aber *Leidinger* DÖV 1993, 925).

2. Die Rechtfertigung der Beeinträchtigung (Schrankenprüfung)

Ist ein Grundrecht beeinträchtigt, so stellt sich die Frage, ob die Beein- **31.21** trächtigung als Ausdruck einer zulässigen Grundrechtsschranke gerechtfertigt ist. Hier sind nicht nur die spezifischen Voraussetzungen für die Beschränkung des jeweiligen Grundrechts zu prüfen, sondern auch andere objektivrechtliche Eingriffsvoraussetzungen.

a) Maßnahme auf gesetzlicher Grundlage

Grundrechtsbeeinträchtigungen bzw. -einschränkungen können grund- **31.22** sätzlich (Ausnahme zB Art. 13 Abs. 3 GG) nur gerechtfertigt sein, wenn sie sich auf eine gesetzliche Grundlage stützen können. Dies gilt auch insoweit, als immanente Grundrechtsschranken einen Eingriff rechtfertigen können; auch hier bedarf es stets der Konkretisierung durch ein Gesetz (*Pieroth/Schlink* Rnr. 252 ff.).

b) Bestehen einer Grundrechtsschranke

aa) Geschriebene Grundrechtsschranken. Die meisten Grundrechte ste- **31.23** hen unter einem geschriebenen Schrankenvorbehalt; dh die Grundrechtsnorm regelt selbst ausdrücklich, dass und unter welchen Voraussetzungen eine Einschränkung des grundrechtlichen Gewährleistungsbereichs erfolgen darf. Ist dies der Fall, so ist unter c) weiter zu prüfen, ob die besonderen Voraussetzungen für die vorgesehene Grundrechtseinschränkung vorliegen.

31.24 bb) Immanente Grundrechtsschranken. Lässt sich ein geschriebener Gesetzesvorbehalt nicht finden oder ist er nicht einschlägig, so kann die beeinträchtigende Maßnahme Ausdruck einer ungeschriebenen, immanenten Grundrechtsschranke sein. Dies ist möglich, wenn die Gewährleistung mit anderen Prinzipien der Verfassung, insbesondere mit anderen grundrechtlichen Gewährleistungen kollidiert (Sachs, JuS 1995, 984). Gerechtfertigt ist die Grundrechtsbeeinträchtigung in diesem Fall nur dann, wenn eine Abwägung ergibt, dass das Gesetz den kollidierenden Verfassungsprinzipien im konkreten Einzelfall zu Recht den Vorrang eingeräumt hat.

Beispiel: Einschränkung der Forschungsfreiheit (Art. 5 Abs. 3 GG) zugunsten des Datenschutzes. Es ist problematisch, ob außer kollidierenden Grundrechten Dritter und Art. 33 GG noch andere Verfassungsbestimmungen Prinzipien enthalten können, aus denen sich immanente Grundrechtsschranken herleiten lassen (*Jarass/Pieroth,* Vorb. vor Art. 1, Rnr. 45 ff.). Soll eine kollidierende Grundrechtsnorm die Einschränkung rechtfertigen, so ist sorgfältig zu prüfen, ob insoweit auch eine gesetzliche Schutzpflicht des Staates besteht. Anderenfalls würde die immanente Schranke jede Grenze verlieren.

c) Gesetz als Ausdruck der Grundrechtsschranke

31.25 Das Gesetz muss sämtliche Voraussetzungen des einschlägigen Schrankenvorbehalts erfüllen. Dabei handelt es sich um

aa) die besonderen Voraussetzungen der Schrankennorm selbst,
bb) die formellen Voraussetzungen des Art. 19 Abs. 1 GG,
cc) die Verfassungsmäßigkeit der Norm im Übrigen,
dd) die Anforderungen des Verhältnismäßigkeitsprinzips.

31.26 aa) Erfüllung der besonderen Schrankenvoraussetzungen. Das Gesetz muss zunächst die besonderen Voraussetzungen erfüllen, die die Grundrechtsnorm für eine Grundrechtsbeschränkung aufstellt.

Beispiele für qualifizierte Grundrechtsschranken: Art. 5 Abs. 2 GG, Art. 8 Abs. 2, Art. 10 Abs. 2 GG, Art. 11 Abs. 2 GG; Art. 14 Abs. 3 GG. **Beachte:** Ausgestaltungsvorbehalte wie zB in Art. 12 Abs. 1 S. 2, 14 Abs. 1 S. 2 GG sind keine Eingriffsvorbehalte.

31.27 bb) Erfüllung der Voraussetzungen des Art. 19 Abs. 1 GG. Art. 19 Abs. 1 GG stellt für Grundrechtseinschränkungen einige allgemeine Voraussetzungen auf, deren praktische Bedeutung allerdings gering ist. Es handelt sich um das Verbot von Einzelfallgesetzen (Art. 19 Abs. 1 S. 1 GG) und das Zitiergebot (Art. 19 Abs. 1 S. 2 GG).

Der Anwendungsbereich beider Voraussetzungen wird von der hM sehr eingeschränkt: Das Verbot von Einzelfallgesetzen wird praktisch auf die Anforderungen

des Art. 3 Abs. 1 GG reduziert (*Pieroth/Schlink* Rnr. 307 f.). Ein Verstoß soll vorliegen, wenn es für die Einzelfallregelung sachliche Gründe nicht gibt (BVerfGE 85,
360, 374). Danach können auch sog. Maßnahmegesetze zulässig sein (*Jarass/Pieroth*
Art. 19 Rnr. 2). Das Zitiergebot gilt nach hM weder für Regelungs- und Ausgestal-
tungsaufträge noch für allgemeine Schranken (*Jarass/Pieroth* Art. 19 Rnr. 5).

cc) Verfassungsmäßigkeit der Regelung im Übrigen. Grundrechtsein- **31.28**
schränkungen setzen stets ein verfassungsgemäßes Gesetz voraus. Es
muss also an sich eine umfassende Prüfung der Verfassungsmäßigkeit
des schrankenziehenden Gesetzes stattfinden. Diese bezieht sich sowohl
auf die formelle Verfassungsmäßigkeit des Gesetzes (Zuständigkeit, ord-
nungsgemäßes Zustandekommen), als auch auf die materielle Verfassungsmäßigkeit (Vereinbarkeit mit anderen Grundrechten, auch mit solchen, die für den Streitfall sonst keine Rolle spielen würden).

Das bedeutet aber nicht, dass in einem Gutachten auch sämtliche sonst in Betracht
kommenden Grundrechte bei der Prüfung eines Grundrechts inzident untersucht werden müssten. Vielmehr ist es zulässig und im Interesse der Übersichtlichkeit uU sogar
geboten, andere Grundrechte selbständig zu prüfen und die Frage der Verfassungsmäßigkeit des Gesetzes im Übrigen auf sonstige Verfassungsverstöße zu beschränken.

dd) Verhältnismäßigkeit der Grundrechtsbeeinträchtigung. Hier liegt **31.29**
idR der Schwerpunkt der Prüfung. Sie fällt inhaltlich zusammen mit der
Prüfung der Wesensgehaltsgarantie des Art. 19 Abs. 2 GG, und zwar unabhängig davon, ob man davon ausgeht, dass Art. 19 Abs. 2 GG einen
festen Kern des jeweiligen Grundrechts schützt oder nur einen relativen
Schutz bietet (Pieroth/Schlink Rnr. 299). Die Prüfung der Verhältnismäßigkeit hat sich auf folgende Punkte zu erstrecken:

(1) **Zulässiges Regelungsziel.** Das gesetzgeberische Regelungsziel muss **31.30**
auf das Wohl der Allgemeinheit gerichtet sein; seine Verfolgung muss
mit der Verfassung und ihren Grundentscheidungen vereinbar sein (isolierte Zielbetrachtung).

(2) **Geeignetes Regelungsmittel.** Die beeinträchtigende Maßnahme muss **31.31**
ein geeignetes Mittel zur Erreichung des gesetzgeberischen Zieles sein.
Ausreichend ist Förderlichkeit („Schritt in die richtige Richtung", vgl.
BVerfGE 65, 1, 54). Dem Gesetzgeber steht dabei ein gewisser Progno-
sespielraum zu; ungeeignet ist eine vorgesehene Maßnahme deshalb nur
dann, wenn diese Prognose eindeutig fehlerhaft war.

(3) **Erforderliches Regelungsmittel.** Die beeinträchtigende Maßnahme **31.32**
muss weiter das zum Erreichen des gesetzgeberischen Ziels mildeste
Mittel darstellen. An der mangelnden Erforderlichkeit scheitert eine gesetzliche Regelung dann, wenn eine andere Maßnahme
– das Regelungsziel in demselben Umfang erreichen kann wie die ergriffene Maßnahme,
– den Betroffenen aber in geringerem Umfang beeinträchtigt und
– andere öffentliche oder private Interessen nicht oder jedenfalls nicht
  stärker beeinträchtigt als die ergriffene Maßnahme.

31.33 (4) **Proportionalität der Regelung.** Hier muss eine Abwägung zwischen dem eingeschränkten Grundrecht und demjenigen Rechtsgut stattfinden, um dessen Willen das Grundrecht eingeschränkt wird. Zu berücksichtigen ist dabei einmal das Gewicht der beiden miteinander in Widerstreit stehenden Werte, zum anderen das Maß, in dem der eine Wert beeinträchtigt und der andere verwirklicht wird.

> **Merke:** Je intensiver die Beeinträchtigung des Grundrechts ist, desto gewichtiger muss das mit der Beeinträchtigung verfolgte öffentliche Interesse sein. Grenze für die Einschränkung ist außerdem die Zumutbarkeit der Maßnahme (*Schnapp,* Die Verhältnismäßigkeit des Grundrechtseingriffs, JuS 1983, 850).

31.34 (5) **Rückwirkungsproblematik.** Ein zusätzliches Problem kann sich stellen, wenn das beeinträchtigende Gesetz Rückwirkungsprobleme aufwirft. Herkömmlich wird zwischen echter und unechter Rückwirkung unterschieden (*Jarass/Pieroth* Art. 20 Rnr. 67 ff.). Die echte Rückwirkung ist nur ausnahmsweise zulässig, wenn zwingende Gründe des gemeinen Wohls zu besorgen sind (BVerfGE 72, 200, 258), die unechte ist zulässig, sofern nicht schutzwürdiges Vertrauen gewichtiger ist (BVerfGE 68, 287, 307).

> **Merke:** Als echte Rückwirkung wird die Einwirkung auf einen in der Vergangenheit bereits abgeschlossenen Vorgang bezeichnet (BVerfGE 89, 48, 66; vgl. auch BVerfGE 97, 67, 78: Rückbewirkung von Rechtsfolgen), während die unechte Rückwirkung lediglich tatbestandlich an Vorgänge anknüpft, die in der Vergangenheit liegen bzw. dort ihren Ursprung haben, und eine Rechtsposition nachträglich entwerten (BVerfGE 72, 141, 154).

III. Die Prüfung anderer Gewährleistungsfunktionen

Literatur: Augsberg/Viellechner, Die Drittwirkung der Grundrechte als Aufbauproblem, JuS 2008, 407; *Calliess,* Die grundrechtliche Schutzpflicht im mehrpoligen Verfassungsrechtsverhältnis, JZ 2006, 321.

31.35 Weil die Grundrechte nicht nur subjektive Abwehrrechte gegen den Staat enthalten, sondern auch Elemente einer objektiven Wertordnung, können sich aus ihnen auch andere (objektive) Gewährleistungsfunktionen ergeben. Zu ihnen zählen Verfahrensgarantien, Institutsgarantien, institutionelle Garantien sowie die Gewährleistung von Schutz, Teilhabe und Leistung.

1. Herleitung anderer Gewährleistungsfunktionen

31.36 Welche dieser Gewährleistungsfunktionen sich konkret aus einem Grundrecht herleiten lassen, kann nur im Einzelfall festgestellt werden. Das BVerfG entwickelt zunächst das in der Grundrechtsnorm enthaltene Verfassungsprinzip, indem von denjenigen Regelungselementen abstrahiert wird, die sich ausschließlich auf bestimmte Gewährleistungsfunktionen beziehen. Dann werden aus diesem Prinzip diejenigen allgemeinen Anforderungen an staatliches Handeln, insbesondere an die Gesetzgebung, entwickelt, die zur Sicherung und Verwirklichung des Prinzips für erforderlich gehalten werden.

Beispiel: Aus dem in Art. 12 Abs. 1 S. 1 GG enthaltenen Satz: „Alle Deutschen haben das Recht, Beruf, ... frei zu wählen" kann durch Abstraktion das Prinzip möglichst weitgehender allgemeiner Berufsfreiheit gewonnen werden. Daraus folgt dann für den Gesetzgeber das objektive Gebot, im Rahmen seines allgemeinen Auftrags zur verantwortlichen Gestaltung und Weiterentwicklung des Sozialwesens (auch) das Prinzip möglichster Berufsfreiheit mit geeigneten Mitteln zu verwirklichen, dh sowohl Maßnahmen zur Förderung der Berufsfreiheit als auch Maßnahmen gegen Gefährdungen der Berufsfreiheit durch Dritte zu ergreifen.

2. Umsetzung der Gewährleistungsfunktionen

Grundsätzlich ist es Sache des parlamentarischen Gesetzgebers, im Rahmen seiner politischen Leitentscheidungen Prioritäten für die Verwirklichung der einzelnen Verfassungsprinzipien zu setzen. Für die Beurteilung der Frage, ob die zur Sicherung und Verwirklichung eines Prinzips ergriffenen Maßnahmen einstweilen ausreichen oder ob und ggfs. welche weiteren Maßnahmen ergriffen werden sollen, steht ihm ein breiter Spielraum zu (BVerfG NJW 1990, 2053). Es findet insoweit nur eine Art **Evidenzkontrolle** statt (BVerfG NJW 1998, 3264). Deshalb kommt eine objektivrechtliche Verpflichtung etwa des Gesetzgebers zum Erlass weiterer gesetzgeberischer Maßnahmen nur in Betracht, wenn diese zur Sicherung der grundrechtlichen Gewährleistungsfunktion unabweisbar erscheinen. **31.37**

Beispiele: BVerwG BayVBl 1980, 56: kein Anspruch auf Theatersubventionen aus Art. 5 Abs. 3 GG; BVerfG NVwZ 2001, 908: kein Anspruch auf gesetzliche Einschränkung/Aberkennung der Rechte öffentlich-rechtlicher Körperschaften aus Art. 4 Abs. 1 und 2 GG; BVerfG NJW 1998, 2961: kein Anspruch auf weitergehenden Schutz vor Passivrauchen aus Art. 2 Abs. 2 Satz 1 und Art. 2 Abs. 1 GG; BVerfG NJW 2006, 891: aus Art. 2 Abs. 2 Satz 1 GG folgt regelmäßig kein verfassungsrechtlicher Anspruch auf Bereitstellung bestimmter Gesundheitsleistungen; zum Anspruch auf Schutz der Gesundheit auch *Callies/Kallmayer* JuS 1999, 785, 789; weitere Bsp. bei *Klein*, Die grundrechtliche Schutzpflicht, DVBl 1994, 489.

Subjektive Rechte können aus objektiven Gewährleistungen unmittelbar nur ausnahmsweise hergeleitet werden, etwa dann, wenn sich die objektive Gewährleistung **31.38**

– auf Schutz, Teilhabe oder Leistung zugunsten bestimmter einzelner Grundrechtsträger richtet und
– inhaltlich soweit konkretisieren lässt, dass ohne eine gesetzliche Regelung der Umfang des Rechts konkret feststellbar ist.

§ 32. Die Abgrenzung von öffentlichem und privatem Recht

Literatur: *Althammer/Zieglmeier,* Der Rechtsweg bei Beeinträchtigungen Privater durch die kommunale Daseinsvorsorge bzw. erwerbswirtschaftliches Handeln der Kommunen, DVBl 2006, 810; *Seidel,* Öffentlich-rechtlicher und orivatrechtlicher Nachbarschutz, 2000; *Peine,* Das Recht der öffentlichen Sachen – neue Gesetze und Rechtsprechung im Überblick, JZ 2006, 593.

I. Grundsätzliches zur Unterscheidung

32.01 Staatliches Handeln ist öffentlich-rechtlich, wenn es sich nach den Vorschriften des öffentlichen Rechts zu richten hat. Privatrechtliches Handeln der öffentlichen Hand unterliegt dagegen wie das Handeln der Bürger grundsätzlich (Ausnahmen siehe Rnr. 32.38) dem Privatrecht. Bei der Zuordnung staatlichen Handelns sind zwei Fragen streng zu unterscheiden. Erstens: Wann ist eine Rechtsnorm öffentlich-rechtlich? (Rnr. 32.02 ff.) Zweitens: Wann richtet sich das Handeln nach Vorschriften des öffentlichen Rechts? (Rnr. 32.06 ff.).

Beachte: Ob eine Rechtsnorm öffentlich-rechtlichen oder privatrechtlichen Charakter hat, ist nur in den seltensten Fällen problematisch. Es ist daher unangebracht, im Examen etwa die Frage zu prüfen, ob etwa das AufenthG, das GastG, das BImSchG, das BauGB oder die Polizeigesetze der Länder dem öffentlichen Recht angehören. Probleme bereiten nur wenige Bestimmungen (zB einige Regelungen der §§ 70 ff. GewO). Die Schwierigkeit liegt nicht in der Zuordnung der Rechtsnormen, sondern in der Zuordnung einzelner Streitfälle zu den Rechtsnormen.

II. Unterscheidung von öffentlichen und privaten Rechtsnormen

32.02 Es gibt Kriterien, nach denen die Normen des öffentlichen Rechts von denen des Privatrechts typischerweise unterschieden werden. Die wichtigsten wurden zu Anknüpfungspunkten von Abgrenzungstheorien. Diese sind aber sämtlich unbefriedigend, weil es für ihre Kriterien stets Gegenbeispiele gibt, in denen sie nicht gelten sollen (*Maurer* § 3 Rnr. 19).

Beachte: Derzeit sind Konvergenzbewegungen zu beobachten, dh die öffentliche und die private Teilrechtsordnung bewegen sich aufeinander zu (vgl. zB *Gündling,* Modernisiertes Privatrecht und öffentliches Recht, 2006). Die Unterschiede werden vor allem im Zuge der Privatisierung von Verwaltungsaufgaben tendenziell abgebaut.

1. Die Interessentheorie

32.03 Nach der aus dem römischen Recht (*Ulpian*) stammenden Interessentheorie sollen Rechtsnormen dem öffentlichen Recht angehören, wenn sie der Wahrung öffentlicher Interessen dienen. Da auch Normen des Privatrechts nicht im reinen Partikularinteresse erlassen werden dürfen, erlaubt die Interessentheorie verwertbare Aussagen nur dann, wenn man auf die für öffentlich-rechtliche Normen typische Abgrenzung von öffentlichen und privaten Interessen abstellt.

Beispiel: Das Polizeirecht grenzt das öffentliche Interesse an der öffentlichen Sicherheit und Ordnung gegen das private Interesse potentiell Eingriffsbetroffener ab. Demgegenüber betrifft das Mietrecht nur die Interessen von Mieter und Vermieter.

2. Die Subjektionstheorie

Nach der Subjektions- (Subordinations-)theorie ist eine Rechtsnorm 32.04 dann öffentlich-rechtlich, wenn das von ihr geregelte Rechtsverhältnis durch eine rechtliche Überordnung des Hoheitsträgers über den Bürger gekennzeichnet ist, wie sie beim Erlass eines VA typisch ist. Sehen die Rechtsnormen andere Handlungsformen vor, erlaubt die Theorie keine Aussage.

Beispiele: Eine Norm wie § 11 BauGB, die Verträge zulässt, lässt sich damit nicht einordnen. Außerdem regelt auch das Zivilrecht teilweise Über-Unterordnungsverhältnisse, zB die elterliche Gewalt und das Direktionsrecht des Arbeitgebers.

3. Die modifizierte Subjektstheorie (Sonderrechtstheorie)

Nach der heute herrschenden Sonderrechtstheorie (*Wolff/Bachof/Stober/* 32.05 *Kluth* VwR I § 22 Rnr. 28 ff.) ist das öffentliche Recht der Inbegriff derjenigen Rechtssätze, durch die Rechtsverhältnisse gestaltet werden, an denen notwendig ein Träger hoheitlicher Gewalt beteiligt ist. Wenn die Norm zwingend die Beteiligung gerade eines Trägers hoheitlicher Gewalt als Hoheitsträgers vorsieht, gehört sie zum Sonderrecht des Staates und ist damit öffentlich-rechtlich. Kritisch wegen teilweiser Zirkelschlüssigkeit *Leisner* JZ 2006, 869.

Beispiele: § 70 Abs. 3 GewO ist eine privatrechtliche Norm, weil die Befugnis zum Ausschluss eines Bewerbers für jeden Veranstalter gilt (OVG Hamburg GewArch 87, 303); anders § 70a GewO, wonach lediglich die zuständige Behörde (aufgrund ihrer Hoheitsmacht) die Untersagung aussprechen kann. Bei § 1936 BGB (Fiskus als letzter Erbe) soll der Staat dagegen nicht als Hoheitsträger berechtigt werden.

III. Zuordnung der Streitfälle zum öffentlichen Recht

Übersicht

1. Maßnahmen im Gesetzesvollzug
2. Vertragsverhältnisse
3. Öffentliche Einrichtungen und Veranstaltungen
4. Die Benutzung öffentlicher Sachen
5. Rechtsverhältnisse bei Einschaltung Privater
6. Zuordnung schlichten Verwaltungshandelns

7. Verkehrssicherungspflichten und Verkehrsregelungspflichten
8. Die Zuordnung von Hausverbot und Hausverweis
9. Zwei-Stufen-Verhältnisse
10. Teilnahme am Wirtschaftsleben, fiskalische Hilfsgeschäfte

1. Maßnahmen im Gesetzesvollzug

32.06 Maßnahmen zum Gesetzesvollzug teilen die Rechtsnatur der Norm, die sie vollziehen sollen. Deshalb ist das Handeln öffentlich-rechtlich, wenn es dem Vollzug einer Norm öffentlichen Rechts dient. Dementsprechend sind Streitigkeiten dem öffentlichen Recht zuzurechnen, die sich auf dieses Handeln beziehen. Begehrt der Kläger mit der Klage umgekehrt die Anwendung ihm günstiger öffentlich-rechtlicher Normen, so ist sein Begehren als öffentlich-rechtlich zu qualifizieren, weil er den Vollzug von Normen des öffentlichen Rechts erstrebt. Ob die Tatbestandsvoraussetzungen der Norm tatsächlich vorliegen, ist für die Qualifizierung der Maßnahme in beiden Fällen unerheblich

Beispiele: „Für die Klage ist der Verwaltungsrechtsweg ist gem. § 40 Abs. 1 VwGO eröffnet. Es handelt sich um eine öffentlich-rechtliche Streitigkeit. Der Kläger wendet sich gegen die Sicherstellung von … (gegen eine Abrissverfügung, einen Abgabenbescheid) und damit gegen eine Maßnahme, die dem Vollzug einer Norm des öffentlichen Rechts dient. Die Beklagte stützt die Maßnahme auf § 14 Abs. 1 SOG (bzw. § 76 HBauO usw.) und damit eine Norm, die dem öffentlichen Recht zuzurechnen ist." Oder in Vornahmefällen: „Der Kläger erstrebt eine Baugenehmigung (oder eine die Leistung von …). Er leitet seinen Anspruch aus § 72 Abs. 1 HBauO und damit aus einer Norm des öffentlichen Rechts her. …

32.07 Für Klagen gegen Maßnahmen, die in der **äußeren Form eines VA** ergehen, ist der Verwaltungsrechtsweg bereits unabhängig davon eröffnet, ob sie tatsächlich dem Vollzug öffentlich-rechtlicher Normen dienen. **Der Abwehranspruch gegen einen VA ist stets öffentlich-rechtlich**, also auch dann, wenn eigentlich gar kein VA hätte ergehen dürfen, weil das zwischen den Beteiligten bestehende materielle Rechtsverhältnis privatrechtlicher Natur ist.

Beispiel: Die Behörde erlässt eine Räumungsverfügung durch VA gegenüber dem Pächter einer Kantine. Obwohl sich die Frage, ob der Pächter räumen muss, allein nach dem privatrechtlichen Pachtverhältnis richtet, ist der Rechtsstreit um die Aufhebung des VA öffentlich-rechtlich (OVG Lüneburg DVBl. 1954, 297). Gleiches gilt, wenn sich die Klage gegen einen VA richtet, mit dem die Behörde einen Anspruch geltend macht, der privatrechtlicher Natur ist.

32.08 Eine Modifizierung des Vollzugs öffentlich-rechtlicher Normen liegt in sog. **Zwei-Stufen-Verhältnissen** vor. Die Erledigung von Verwaltungsaufgaben kann nämlich auch in der Weise erfolgen, dass zunächst in Vollzug öffentlichen Rechts Grund-Entscheidungen getroffen werden, die dann in Formen des Privatrechts umgesetzt werden. Für die Qualifizierung des Handelns und der Streitigkeiten muss dann zwischen der öffentlich-rechtlichen und der privatrechtlichen Stufe unterschieden werden.

Beispiele: Zwei-Stufenverhältnisse finden sich im Subventionsrecht, wo nach einer öffentlich-rechtlichen Bewilligungsentscheidung eine privatrechtliche Abwicklung durch Banken erfolgt, ferner im Recht der öffentlichen Einrichtungen, wo nach einer öffentlich-rechtlichen Zulassungsentscheidung gelegentlich ein privatrechtliches Nutzungsverhältnis zustande kommt, und im Beschaffungswesen (s unten Rnr. 32.42).

2. Vertragsverhältnisse

Von Verträgen des Zivilrechts unterscheiden sich die in den §§ 54 ff. VwVfG (bzw. §§ 53 ff. SGB X) geregelten öffentlich-rechtlichen Verträge durch ihren **Gegenstand.** Öffentlich-rechtlich sind Verträge, die auf Begründung, Ausgestaltung oder Abänderung sonst öffentlich-rechtlich geregelter Verpflichtungen oder Berechtigungen gerichtet sind oder so eng mit der Erfüllung öffentlich-rechtlicher Aufgaben zusammenhängen, dass sie wegen **Sachzusammenhangs** dem öffentlichen Recht zuzurechnen sind (näher Rnr. 35.10 ff.). Verträge sind idR bereits dann insgesamt nach öffentlichem Recht zu beurteilen, wenn eine wesentliche Regelung des Vertrages das öffentliche Recht betrifft unabhängig davon, ob insoweit eine rechtliche Leistungsverpflichtung begründet worden ist.

32.09

Beispiel: Öffentlich-rechtlich ist ein Vertrag auch dann, wenn ein Investor bestimmte private Leistungen (zB Zahlungen, Baumaßnahmen usw.) für den Fall verspricht, dass die Gemeinde einen Bebauungsplan mit einem bestimmten Inhalt erlässt oder für den Fall, dass andere öffentlich-rechtliche Regelungen getroffen werden (sog. hinkender Austauschvertrag, s Rnr. 35.07).

3. Streitigkeiten im Zusammenhang mit öffentlichen Einrichtungen

Es gibt eine Vielzahl von Einrichtungen, die von Gemeinden, aber auch von Bund und Ländern betrieben werden und dem öffentlichen Interesse dienen. Dabei geht es vor allem um Einrichtungen der Daseinsvorsorge im weiteren Sinn (zB Badeanstalten, Bücherhallen, Messehallen, Theater, aber auch Kläranlagen, Abfallentsorgungsanlagen, Verkehrsbetriebe usw.). Im Zusammenhang mit diesen Einrichtungen ergeben sich Streitigkeiten, bei denen es um die Zulassung und die Benutzung der Einrichtungen sowie um Beeinträchtigungen durch den Betrieb (Lärm, Geruchsimmissionen usw.) geht, deren rechtliche Einordnung Probleme bereiten kann.

32.10

a) Anspruch auf Zulassung

Der Streit um Zulassung zu Einrichtungen der öffentlichen Hand ist dem öffentlichen Recht zuzuordnen, wenn sich der Zulassungsanspruch aus dem öffentlichen Recht ergibt. Dies ist zunächst einmal dann der Fall, wenn sich hierfür eine Grundlage in der jeweils einschlägigen GemO findet. Dies ist zB bei gemeindlichen Einrichtungen idR der Fall. Darüber hinaus ergibt sich ein allgemeiner öffentlich-rechtlicher Anspruch aus Art. 3 Abs. 1 GG auf Zulassung zu öffentlichen Einrichtungen im Rahmen des Widmungszwecks (BVerwG NJW 1990, 134; OVG Bremen

32.11

NJW 1990, 931). Dieser setzt aber voraus, dass es sich erstens um die Einrichtung eines Trägers öffentlicher Verwaltung handelt, die dieser zweitens zu bestimmten Zwecken im öffentlichen Interesse gewidmet hat, und dass drittens die Zulassung begehrt wird, um sie im Rahmen des Widmungszwecks zu nutzen.

Beispiele: Öffentlich-rechtlich ist der Anspruch auf Benutzung einer Stadthalle für eine Wahlveranstaltung (BVerwGE 32, 333); der Anspruch auf Benutzung einer Badeanstalt (VGH Mannheim NJW 1979 1900); der Anspruch eines Schaustellers auf Zulassung zum Volksfest (VGH München NVwZ 1999, 1122).

32.12 Problematisch ist, ob dies auch dann gilt, wenn die Einrichtung von der öffentlichen Hand privatrechtlich verselbständigt ist, also in der Form einer GmbH oder AG betrieben wird, an der uU auch noch private Investoren beteiligt sind. In diesen Fällen geht die hM davon aus, dass ein Anspruch auf Zulassung gegen die privatrechtlichen Träger der Einrichtung nur nach privatem Recht richten kann. Ein öffentlich-rechtlicher Anspruch kann sich dann nur darauf richten, dass die öffentliche Hand ihren Einfluss auf den verselbständigten Träger der Einrichtung geltend macht (Einwirkungsanspruch – s. näher Rnr. 33.19).

Beispiele: Betrieb der Stadtwerke als GmbH oder eines gemeindeeigenen Energieversorgungsunternehmens als AG. In einem derartigen Fall ist das Rechtsverhältnis zum Bürger privatrechtlich. Der Einzelne hat gegen den öffentlich-rechtlichen Träger der Gesellschaft einen Anspruch auf Einwirkung (BVerwG NVwZ 1991, 59). Zum inzwischen privatrechtlichen Zulassungsanspruch beim Postdienst *Gramlich* NJW 1994, 985.

32.13 Zweifelhaft ist, ob ein öffentlich-rechtlicher Zulassungsanspruch auch dann anzunehmen ist, wenn es um die **Benutzung der Einrichtung außerhalb des Widmungszwecks** geht. Die konsequente systematische Antwort müsste lauten, dass der Streit um die Benutzung einer Einrichtung zu nutzungsfremden Zwecken nur dann öffentlich-rechtlich sein kann, wenn der Träger der Einrichtung auch insoweit öffentlich-rechtliche Zulassungsbestimmungen geschaffen hat, im übrigen aber privatrechtlich, weil es an sich nur um die Nutzung von im privaten Eigentum stehenden Einrichtungen geht (so auch *Althammer/Zieglmeier* DVBl 2006, 810, 812).

32.14 Zutreffend dürfte es sein, den Streit um die Nutzung öffentlicher Einrichtungen außerhalb des Widmungszwecks nur dann dem öffentlichen Recht zuzuordnen, wenn hierüber in der Praxis durch den Träger der Einrichtung **in Formen des öffentlichen Rechts entschieden** wird oder aus anderen Gründen **öffentlich-rechtliche Zulassungsansprüche** vorhanden sind, die sich allerdings auch aus den Grundrechten herleiten lassen. Der festgelegte Umfang der Widmung kann durch Verwaltungspraxis erweitert werden mit der Folge, dass sich der Zulassungsanspruch entsprechend verändert (VGH Mannheim NVwZ 1998, 540).Im übrigen werden Konflikte um den Abschluss eines Miet- oder Pachtvertrags vorliegen.

Beispiele: Studentische Veranstaltungen in Räumen der Universität öffentlich-rechtlich (VGH Mannheim NVwZ 1986, 396); Nutzung der Räume einer Schule für Übernachtungszwecke (VGH Mannheim DÖV 1989, 30). Die Vermietung von Räumen der Universität für Veranstaltungen wird privatrechtlich zu beurteilen sein, sofern keine öffentlich-rechtliche Ausgestaltung des Nutzungsverhältnisses vorliegt. Privatrechtlich ist die Vermietung von Werbeflächen auf Fahrzeugen der Verkehrsbetriebe (BGHZ 119, 238); die Vermietung von Schulparkplätzen an Lehrer (OVG Koblenz NVwZ-RR 1999, 582).

b) Maßnahmen im Benutzungsverhältnis

Für die Qualifizierung von Maßnahmen im Benutzungsverhältnis einer öffentlichen Einrichtung kommt es auf dessen rechtliche Ausgestaltung an. Einzelmaßnahmen teilen idR die Rechtsnatur des Benutzungsverhältnisses. Sofern das Gesetz nichts anderes vorsieht, hat der Träger der Einrichtung kraft seiner Organisationshoheit ein Wahlrecht, ob das Benutzungsverhältnis öffentlich-rechtlich oder privatrechtlich ausgestaltet wird (BayVerfGH NVwZ 1998, 727). Anders ist dies in den Fällen der privatrechtlichen Verselbständigung, weil eine AG oder GmbH nicht öffentlich-rechtlich handeln kann, sofern keine Beleihung vorliegt. **32.15**

Beachte: Anordnung eines Bademeisters im städtischen Freibad VA, wenn Benutzungsverhältnis öffentlich-rechtlich (VGH Mannheim NJW 1979, 1900); Anordnung des Busfahrers im städtischen Verkehrsbetrieben privatrechtlich, wenn Beförderungsverträge abgeschlossen werden.

Benutzungsordnungen können als privatrechtliche allgemeine Geschäftsbedingungen zu qualifizieren sein oder als öffentlich-rechtliche Benutzungsbedingungen in Form einer Verwaltungsvorschrift (so wohl die hM, aA *Wolff/Bachof/Stober/Kluth* VwR I § 25 Rnr. 55: Sonderverordnung) oder einer Allgemeinverfügung (*Maurer* § 9 Rnr. 32). Der Erlass einer (förmlichen) Benutzungssatzung ist nicht zwingend erforderlich. Anhaltspunkte für die Art der Ausgestaltung ergeben sich aus den Formulierungen (Gebühr oder Entgelt? Vertrag oder Zulassung? Rechtsbehelfe? Zwangsgeld?). Fehlen Anhaltspunkte, ist nach hM **im Zweifel von einer öffentlich-rechtlichen Ausgestaltung** auszugehen (vgl. *Maurer* § 3 Rnr. 38). **32.16**

Beispiele: Einrichtungen der Energie-, Wasser- und Gesundheitsversorgung (Krankenhäuser) werden regelmäßig privatrechtlich betrieben (BGHZ 52, 325, 55, 229); öffentlich-rechtlich dagegen idR Müllabfuhr (BGHZ 40, 355), die Abwasserbeseitigung (BGH NJW 1972, 101) sowie Schlachthöfe und Friedhöfe (VGH München BayVBl 1991, 205).

c) Beeinträchtigungen Dritter

Wenden sich Dritte gegen Beeinträchtigungen (Lärm und sonstige Immissionen) durch den Betrieb der öffentlichen Einrichtung, so ist der Streit jedenfalls dann öffentlich-rechtlich, wenn auch die Benutzung öffentlich-rechtlich geregelt ist. Im Übrigen ist die Rechtslage streitig (*Ramsauer* JuS 1995, 299, 301 mwN). Die hM geht zu Recht von einer **32.17**

einheitlich öffentlich-rechtlichen Qualifizierung aus. Maßgeblich ist, ob die Beeinträchtigungen Folge der Zweckbestimmung der Einrichtung sind, nicht dagegen, welches Verhältnis zu den Benutzern besteht (*Alt-hammer/Ziegler* DVBl 2006, 810, 813).

Beispiele: Lärm von Sport- und Spielplätzen (BVerwGE 81, 197; 88, 143); Lärm aus privatrechtlich betriebenem Omnibusunternehmen (BGH NJW 1984, 476); Lärm von gemeindlichem Zeltplatz (BGHZ 121, 248); bei Störungen durch den Bau öffentlicher Einrichtung, liegen Störungen vor Inbetriebnahme außerhalb der Zweckbestimmung, dann entscheidend, ob privates Bauunternehmen selbständig oder unselbstänig als Erfüllungsgehilfe der Behörde tätig (BGHZ 48, 98 – Staubimmissionen bei Autobahnbau).

4. Die Benutzung öffentlicher Sachen

32.18 Öffentliche Sachen sind Gegenstände, die durch den Hoheitsakt der Widmung für einen öffentlichen Zweck bestimmt sind, der regelmäßig darin besteht, dass diese Gegenstände der Benutzung durch die Allgemeinheit offen stehen oder der Verwaltung zu ihrer Aufgabenerfüllung dienen. Nach der Zweckbestimmung lassen sich öffentliche Sachen im Gemeingebrauch, Sondergebrauch, Anstaltsgebrauch oder Verwaltungsgebrauch unterscheiden.

a) Theorie vom modifizierten Privateigentum

32.19 Grundsätzlich wird angenommen, dass an öffentlichen Sachen **privatrechtliches Eigentum** besteht, welches aber von der öffentlichen Zweckbestimmung der Sache, die sich aus ihrer **Widmung** ergibt, überlagert wird. Streitigkeiten, die die öffentliche Zweckbestimmung der Sache berühren, sind öffentlich-rechtlich, solche, die sich auf die (restlichen) aus dem Eigentum folgenden Befugnisse beziehen und die öffentliche Zweckbestimmung der Sache im Übrigen nicht berühren, sind privatrechtlich (*Peine*, Recht der öffentlichen Sachen, JZ 1996, 350, 398).

Beachte: Voraussetzungen und Wirkungen der Widmung sind seit dem Hamburger Stadtsiegelfall (OVG Münster NJW 1993, 2635) umstritten. Streitig ist, ob es für die Widmung stets einer gesetzlichen Grundlage bedarf und ob die Widmung im Falle eines gutgläubigen Erwerbs gem. § 936 BGB untergeht (so die hM, vgl. OVG Münster NJW 1993, 2635; *Papier* in: Erichsen § 37 Rnr. 30). Für öffentliche Straßen und Wege sowie Gewässer sind ausreichende gesetzliche Grundlagen vorhanden. Zur Widmung von Eisenbahnanlagen *Durner* UPR 2000, 255.

b) Anderweitige spezialgesetzliche Regelungen

32.20 Bestehen spezialgesetzliche Regelungen für die Rechtsverhältnisse an öffentlichen Sachen insgesamt, so sind diese für die Zuordnung allein maßgebend. Danach sind in einzelnen Bundesländern Streitigkeiten über die öffentlichen Sachen ohne Einschränkung dem öffentlichen Recht zuzuordnen, also auch dann, wenn die öffentliche Zweckbestimmung nicht berührt wird (sog. **öffentliches Eigentum**).

Beispiel: Streitigkeiten über die Benutzung oder Beschädigung öffentlicher Deiche und Wege nach dem HmbWegeG (hierzu *Strenge*, Wegerecht, in: *Hoffmann-Riem/Koch* (Hrsg.), Hamburgisches Staats- und Verwaltungsrecht, 3. Aufl. 2006, 338 ff.).

5. Rechtsverhältnisse bei der Einschaltung Privater

Erledigt die Verwaltung öffentlich-rechtliche Aufgaben mit Hilfe von Pri- **32.21** vatpersonen, stellt sich die Frage, ob deren Handeln als öffentlich-rechtlich zu qualifizieren ist. Wegen der Zunahme der Kooperationsverhältnisse zwischen Privaten und öffentlicher Hand wird diese Frage immer wichtiger. Insgesamt sind drei Formen zu differenzieren (vgl. *Maurer* § 23 Rnr. 56 ff.), in die auch die Fälle der sog. **Public Private Partnership** (PPP) eingeordnet werden können (s. hierzu näher *Wolff/Bachof/Stober* § 92).

a) Der Private als Beliehener

Durch Beleihung kann der Privatperson eine besondere öffentlich-recht- **32.22** liche Rechts- und Pflichtenstellung übertragen werden (*Kopp/Ramsauer* § 1 Rnr. 58). Der Beliehene tritt dann nach außen als selbständiger Träger öffentlich-rechtlicher Verwaltung auf; sein Handeln ist öffentlich-rechtlich zu qualifizieren, soweit er im Rahmen seines übertragenen Aufgabenkreises agiert. Die Beleihung setzt zwingend einen **Beleihungsakt** (VA, VO oder Vertrag) voraus, der wegen des institutionellen Gesetzesvorbehalts einer gesetzlichen Grundlage bedarf.

Beispiele: TÜV (BGHZ 49, 108), staatlich anerkannte Privatschulen (BVerwGE 45, 177), Schiffskapitäne (§ 75 SeemansG), Luftfahrzeugführer (§ 29 Abs. 3 LuftVG), Jagdaufseher (§ 25 Abs. 2 BJagdG), Bezirksschornsteinfeger (BGHZ 62, 372), Prüfingenieure für Baustatik (BVerwGE 57, 55, 58), Notare, amtlich bestellte Sachverständige bei der Abnahme der Führerscheinprüfung (*Kopp/Schenke* § 40 Rnr. 14; aA noch OVG Lüneburg DÖV 1968, 135: Verwaltungsmittler).

b) Private als Verwaltungshelfer

Verwaltungshelfer sind Privatpersonen, die ohne Vorliegen eines Anstel- **32.23** lungsverhältnisses, also nicht in einem Beamten- oder Angestelltenverhältnis, nach Anweisung durch die Verwaltung bestimmte öffentlich-rechtliche Aufgaben für diese wahrnehmen und damit gleichsam als **verlängerter Arm der Verwaltung** nach außen in Erscheinung treten (*Kopp/Ramsauer* § 1 Rnr. 59). Anders als Beliehene werden sie nicht unter eigenem Namen selbständig nach außen tätig. Ihr Handeln wird vielmehr der Verwaltung wie eigenes zugerechnet und teilt deshalb auch dessen Rechtsnatur. Dem Verwaltungshelfer wird keine Entscheidungsgewalt übertragen. Deshalb bedarf seine Einschaltung auch keiner gesetzlichen Grundlage. Weil er nur nach Anweisung tätig wird, spricht man auch vom Werkzeug der Verwaltung (**Werkzeugtheorie**, vgl. *Meysen* JuS 1998, 405).

Beispiele: Früher wurden Schülerlotsen (OLG Köln NJW 1968, 655) und in der Pause eingesetzte Ordnungsschüler (LG Rottweil NJW 1970, 474) als Referenzfälle genannt.

Heute werden vielfach auch private Unternehmer als Verwaltungshelfer bei Erledigung öffentlicher Aufgaben angesehen (BVerwGE 35, 335: Aufstellung von Verkehrsschildern durch Bauunternehmen nach Anweisung (BVerwGE 35, 335); Abschleppunternehmer (BGHZ 121, 164; BGH NVwZ 2006, 964).

c) Vertragliche Einschaltung privater Unternehmer

32.24 Die Erteilung von Aufträgen an private Unternehmer ist keine Beleihung, solange der Auftragnehmer nicht zugleich mit entsprechender Hoheitsmacht ausgestattet wird, sondern nur im Rahmen eines privatrechtlichen Vertragsverhältnisses (zB Werkvertrag) tätig wird. Vom Verwaltungshelfer unterscheidet sich der private Auftragnehmer dadurch, dass er nach außen als selbständig handelnder Unternehmer in Erscheinung tritt, der einen privaten Vertrag erfüllt, auch wenn der Auftraggeber damit öffentlich-rechtliche Aufgaben erledigen will.

Beispiele: Bau einer Autobahn durch privates Bauunternehmen (BGHZ 48, 103); Installation einer Ampelanlage durch private Firma (BGH NJW 1971, 2220).

32.25 Die Abgrenzung zwischen Verwaltungshelfern und privatrechtlich handelnden Personen oder Unternehmern ist nicht einfach. Der Verwaltungshelfer wird als verlängerter Arm, als Werkzeug der Verwaltung in öffentlich-rechtlichen Rechtsverhältnissen tätig, das Handeln privater Unternehmer ist privatrechtlich, auch wenn es um die Schaffung der Voraussetzungen für die Erfüllung öffentlicher Aufgaben geht. Entscheidend ist, wie stark der hoheitliche Charakter der Aufgabe in Erscheinung tritt, wie eng die Verbindung zwischen der Tätigkeit des Unternehmers und der öffentlichen Aufgabe ist und wie begrenzt der Entscheidungsspielraum des Unternehmers ist. Danach richtet sich auch die Einordnung von Maßnahmen im Rahmen der PPP (vgl. auch *Stober* § 40 II 1).

Beispiele: Verwaltungshelfer ist das private **Abschleppunternehmen**, das im Auftrag der Polizei störende Pkw abschleppt (BGH NJW 1993, 1259) und dafür die Abschleppkosten einzieht (BGH NJW 2006, 1804); das private Testlabor, das für das zuständige Landratsamt „BSE-Schnelltests" durchführt (BGH NJW 2005, 286); nicht dagegen die Pflegeeltern, denen das Jugendamt die Sorge um das Kindeswohl überträgt (BGH NJW 2006, 1121).

6. Zuordnung schlichten Verwaltungshandelns

32.26 Sofern mit schlichtem Verwaltungshandeln nicht explizit Normen des öffentlichen Rechts vollzogen werden, muss die Rechtsnatur auf andere Weise geklärt werden. Dass es einer öffentlichen Aufgabe dient, erlaubt noch keine Zuordnung, weil die Erfüllung derartiger Aufgaben teilweise auch in den Formen des Privatrechts erfolgen kann. Nach hM ist der **sachliche Zusammenhang** des schlichten Verwaltungshandelns mit öffentlich-rechtlicher Aufgabenerfüllung entscheidend (*Maurer* § 3 Rnr. 30 ff.). Es muss bereichsspezifisch differenziert werden.

Gelegentlich wird auch eine **Doppelnatur** angenommen (sog. hybrides Verwaltungshandeln), wenn sich öffentlich-rechtliche Verhaltensweisen Dritten gegenüber als privatrechtliche Wettbewerbshandlung darstellen (BGHZ 36, 91 – Gummistrümpfe; BGH NJW 2007, 1819; dagegen zu Recht BSGE 89, 24). Auch wenn dies konstruktiv denkbar sein mag, sollte an einer einheitlichen Beurteilung festgehalten werden (Ehlers in Schoch § 40 Rnr. 286 mwN).

a) Schlichtes Vollzugshandeln

Schlichtes Handeln der Verwaltung ist stets als öffentlich-rechtlich zu qualifizieren, wenn es im Rahmen der Vollziehung öffentlich-rechtlicher Normen erfolgt. Hierher gehören zB Maßnahmen im Zuge von Verwaltungsverfahren und der Verwaltungsvollstreckung sowie der unmittelbaren Ausführung im Polizei- und Ordnungsrecht, sofern sie nicht selbst als VAe einzustufen sind (Rnr. 40.40).   **32.27**

Beispiele: Betreten von Räumen zur Durchführung ordnungsbehördlicher Maßnahmen, Datenerhebung aufgrund öffentlich-rechtlicher Bestimmungen, Sicherstellung von Sachen (sofern nicht VA), Durchsuchung von Wohnungen im Rahmen der Verwaltungsvollstreckung, Befragung von Personen im Rahmen der Amtsermittlung (siehe auch Rnr. 40.38 ff.).

b) Empfehlungen, Warnungen, ehrverletzende Äußerungen

Streitigkeiten über Empfehlungen, Bekanntmachungen, Warnungen, Mitteilungen und sonstige Äußerungen sind öffentlich-rechtlich, wenn sie im Rahmen einer im Übrigen öffentlich-rechtlichen Verwaltungstätigkeit an die Öffentlichkeit gegeben werden (BVerwGE 58, 169). Zum Widerrufs- bzw. Unterlassungsanspruch in diesen Fällen Rnr. 25.01 ff.   **32.28**

Beispiele: Öffentlich-rechtlich zu beurteilen sind Warnungen von Regierung oder Behörden vor verunreinigten Lebensmitteln (BVerwGE 87, 37 – glykolhaltiger Wein; einschränkend OLG Stuttgart NJW 1990, 2690 – Birkel-Nudeln) oder Jugendsekten (BVerwGE 90, 112 – Osho-Bewegung); Meinungsäußerungen von Amtsträgern, die sich in amtlicher Eigenschaft äußern (VGH Kassel NJW 1990, 1005); privatrechtlich dagegen Ehrverletzungen durch Journalisten auch im öffentlich-rechtlichen Rundfunk (BGHZ 66, 182; BVerwG NJW 1994, 2500; aA *Kopp/Schenke* § 40 Rnr. 28 b), ebenso Äußerungen einer Landtags- oder Gemeinderatsfraktion in Presse oder nichtamtlichem Teil eines Amtsblatts (VGH Mannheim DÖV 2002, 348); weitere Beispiele *Kopp/Schenke* § 40 Rnr. 28.

c) Immissionen aus Anlagen der öffentlichen Hand

Immissionen aus Anlagen, die von der öffentlichen Hand betrieben werden, stuft die hM schon dann als öffentlich-rechtlich ein, wenn die Anlage selbst einen öffentlichen Zweck zB der Daseinsvorsorge erfüllt (BVerwGE 68, 62; Althammer/Zieglmeier DVBl 2006, 810, 813). Richtigerweise muss es darauf ankommen, ob ein unmittelbarer Zusammenhang mit der Widmung besteht und ob für die in Frage stehende Handlung ausdrücklich oder stillschweigend öffentlich-rechtliche Befugnisse in Anspruch genommen werden (*Kopp/Schenke* § 40 Rnr. 29).   **32.29**

Beispiele: Öffentlich-rechtlich sind Lärm von gemeindlichen Musikschulen und Jugendzentren (VGH München NVwZ-RR 2004, 735); Feuerwehrsirenen (BVerwGE 79, 254); Bolzplätze/Skateanlagen (BVerwG NVwZ 2003, 751); Lärm und Erschütterungen durch öffentliche Schienenwege (OVG Bremen DÖV 1993, 833); Lichtimmissionen durch Straßenlaterne (OVG Lüneburg NVwZ 1994, 713); Gerüche einer gemeindlichen Kläranlage (BVerwG DVBl 1974, 239); nicht dagegen Lärm von privatrechtlich betriebener Jugendzeltplatz (BGH NJW 1993, 1656); auch nicht das Zeitschlagen der Kirchturmuhr, wohl aber das liturgisches Glockengeläut (BVerwG DVBl 1994, 762); weitere Beispiele *Kopp/Schenke* § 40 Rnr. 29.

d) Teilnahme Bediensteter am Straßenverkehr

32.30 Werden **Sonderrechte nach § 35 StVO** in Anspruch genommen (Polizei, Feuerwehr mit Blaulicht), ist die Teilnahme am Straßenverkehr öffentlich-rechtlich. Bei schlichten Dienstfahrten ohne Inanspruchnahme von Sonderrechten ist die Rechtslage streitig. Der BGH stellt darauf ab, ob die Fahrt in Zusammenhang mit der Wahrnehmung hoheitlicher Aufgaben erfolgt (ähnlich auch VGH Mannheim NJW 1989, 997).

Beispiele: Öffentlich-rechtlich sind danach die Fahrt einer Lehrerin zum Treffpunkt für eine Schulwanderung (BGH NJW 1992, 1226), die Fahrt eines Richters zum Ortstermin, die Kontrollfahrten von Polizei- und Außendienstbeamten (BGHZ 42, 176, 180; BGH DÖV 1971, 787). Überzeugender wäre es, privatrechtliches Handeln jedenfalls dann anzunehmen, wenn die öffentlich-rechtliche Zweckbestimmung der Fahrt nicht für die übrigen Verkehrsteilnehmer erkennbar ist (wie zB bei Fahrten in nicht gekennzeichneten Pkw, anders bei Fahrten in Polizeiwagen; ähnlich *Maurer* § 3 Rnr. 22).

7. Verkehrssicherungs- und Verkehrsregelungspflichten

32.31 Als Verkehrssicherungspflicht bezeichnet man die Pflicht eines Eigentümers oder Sachwalters, der eine Sache dem allgemeinen Verkehr ganz oder teilweise öffnet und auf diese Weise für den Verkehr eine Gefahrenquelle schafft, im Rahmen des Zumutbaren die notwendigen Sicherungsmaßnahmen zu treffen. Praktische Bedeutung erlangen Verkehrssicherungspflichten dadurch, dass sie eine Pflicht zum Handeln begründen und damit die rechtliche Relevanz eines Unterlassens. Die Zuordnung zum öffentlichen oder privaten Recht ist für die Auswahl der Haftungstatbestände (Amtshaftung oder Haftung nach Privatrecht) wesentlich. Zu unterscheiden sind die folgenden Fallgruppen:

a) Allgemeine Verkehrssicherungspflicht

32.32 Soweit es um die nicht speziell geregelte allgemeine Pflicht zur Sicherung öffentlicher Sachen im Gemeingebrauch geht, wird grundsätzlich Privatrechtlichkeit angenommen (BGHZ 9, 373, 387 – instruktiv; BGH NJW 2004, 603 für Schäden durch Baumwurzeln). Grundgedanke ist, dass auch der Inhaber der öffentlichen Sachherrschaft für die Sicherung des Verkehrs in gleicher Weise verantwortlich sein soll wie ein Privatmann. Abweichend davon können die Verkehrssicherungspflichten in Rechtsvorschriften jedoch auch öffentlich-rechtlich ausgestaltet sein

(BGHZ 75, 134, 138). Dies ist insbesondere für die Verkehrssicherungspflicht über öffentliche Straßen in fast allen Bundesländern in den Landesstraßengesetzen geschehen. Insofern sind Streitigkeiten hier öffentlich-rechtlich zu beurteilen (Näheres zur Verkehrssicherungspflicht s. *Rinne* NVwZ 2003, 9).

Beispiele: Amtshaftung bei Verletzung der Straßenverkehrssicherungspflicht (zB zum StrG Niedersachsen BGH NJW 2004, 1381: Straßenbäume; BGH NJW 2003, 3622: Glatteis); dagegen Delikthaftung bei Verletzung einer nicht öffentlich-rechtlich geregelten Verkehrssicherungspflicht (BGH NJW 2000, 1946: Badeunfall in gemeindlichem Freibad)

b) Verkehrsregelungspflicht

Die Verkehrsregelungspflicht ist nach der Rspr. grundsätzlich anders als **32.33** die Verkehrssicherungspflicht zu beurteilen: Die Pflicht, für den reibungslosen und sicheren Ablauf des Verkehrs durch verkehrsrechtliche Maßnahmen zu sorgen (Verkehrsschilder, Ampeln, Hinweisschilder) ist nach hM stets öffentlich-rechtlich (OLG Karlsruhe NVwZ 1989, 399).

Beispiele: Verpflichtung einer Gemeinde zur Aufstellung amtlicher Verkehrszeichen auf einem Klinikgelände (VGH Kassel NZV 1989, 406); Amtshaftung bei Verletzung der Verkehrsregelungspflicht (zB BGH NVwZ 1990, 898: falsche Ampelschaltung); näher zur Verkehrsregelungspflicht *Rinne* NVwZ 2003, 9.

8. Die Zuordnung von Hausverbot und Hausverweis

a) Begriff des Hausrechts

Als Hausrecht bezeichnet man das Recht des Behördenleiters, in den **32.34** Räumlichkeiten seiner Behörde Anordnungen hinsichtlich des Aufenthalts von Besuchern insbesondere zur Sicherung des reibungslosen Ablaufs der Behördentätigkeiten zu treffen (*Maurer* § 3 Rnr. 24). Bei den auf das Hausrecht gestützten Maßnahmen werden der einmalige Hausverweis und das dauerhafte Hausverbot unterschieden.

Das Hausrecht ist von der Ordnungsgewalt in Sitzungen (**Sitzungspolizei**, vgl. § 176 GVG, §§ 68 Abs. 3, 89 VwVfG; §§ 38, 41 GOBT) und von der **Anstaltsgewalt** zu unterscheiden, die den durch besonderen Zulassungsakt in die Anstalt eingegliederten Benutzern gegenüber gilt, nicht auch gegenüber sonstigen Besuchern (zB Obdachlosen, Hausierern usw.).

b) Gesetzliche Grundlagen

Spezielle Ermächtigungsgrundlagen enthalten zB Art. 40 Abs. 2 GG für **32.35** den Bundestagspräsidenten (vergleichbare Regelungen in den Landesverfassungen) oder die GemOen für kommunale Einrichtungen. Auf Polizeirecht lässt sich das Hausrecht nur stützen, wenn der jeweilige Behördenleiter über entsprechende Kompetenzen verfügt (zB in Hamburg nach § 3 Abs. 1 SOG). **Umstritten** ist, ob eine **gewohnheitsrechtliche Ermächtigung** ausreichend ist (verneinend BayVGH BayVBl 1980, 723). Die hM leitet die Ermächtigung heute als **Annexkompetenz** aus der öffentlich-rechtlichen Fachkompetenz der Behörden her (*Kopp/Ramsauer* § 35 Rnr. 11 mwN).

c) Rechtsnatur von Hausverweis und Hausverbot

32.36 Früher wurde Ausübung des Hausrechts bei Fehlen einer besonderen Ermächtigung privatrechtlich (§§ 862, 1004 BGB) eingestuft (*Stürner* JZ 1977, 312). Heute geht die wohl hM davon aus, dass der Leiter einer Verwaltungsbehörde iSd § 1 VwVfG bei (einmaligem) Hausverweis oder (dauerhaftem) Hausverbot öffentlich-rechtlich handelt (*Kopp/ Schenke* § 40 Rnr. 22 mwN). In der älteren Rspr. wurde danach differenziert, zu welchem Zweck sich der Betroffene in der Behörde aufhielt, ob der Aufenthalt im Zusammenhang mit der öffentlich-rechtlichen Verwaltungstätigkeit der Behörde stand oder ob andere, privatrechtliche Ziele verfolgt wurden (vgl. BVerwGE 35, 103; hierzu *Ipsen/Koch* JuS 1992, 809).

Merke: Richtigerweise kommt es darauf an, ob die Maßnahme dem Schutz der öffentlich-rechtlichen Verwaltungstätigkeit einer Behörde dient oder nur dem Schutz des Gebäudes bzw. der Räumlichkeiten ohne Rücksicht auf die Zweckbestimmung. Im Regelfall wird man deshalb von öffentlich-rechtlichem Hausverbot bzw. Hausverweis ausgehen.

9. Streitigkeiten bei Vergabe und Abwicklung von Subventionen

32.37 Subventionen (Beihilfen) werden in der Praxis **üblicherweise zweistufig** abgewickelt: Die Bewilligung erfolgt öffentlich-rechtlich durch VA oder Vertrag, die Auszahlung auf der zweiten Stufe privatrechtlich durch ein Kreditinstitut (Bank, Sparkasse, KfW). Deshalb ist der Streit um die Bewilligung öffentlich-rechtlich, während Abwicklungsprobleme mit der eingeschalteten Bank privatrechtlich sind (Abschluss eines Kreditvertrags, Stellung von Sicherheiten usw.). Allerdings kann die Zweistufigkeit bei der Rückforderung der Beihilfe zB wegen Zweckverfehlung oder wegen Verstoßes gegen Auflagen nicht maßgeblich sein. Denn der Streit um Rücknahme (§ 48 VwVfG) oder Widerruf (§ 49 Abs. 3 VwVfG der Bewilligung ist ebenso öffentlich-rechtlich wie die anschließende Rückforderung auf der Grundlage des § 49a VwVfG, weil es insoweit um den Vollzug öffentlich-rechtlicher Nomen geht.

Beachte: Die hM sieht in der Rückforderung der Subventionsleistungen zugleich die (stillschweigende) Aufhebung des Bewilligungsbescheides (zB wegen Verstoßes gegen Auflagen oder Zweckbestimmung), weshalb sich der Kläger in diesen Fällen gegen die Aufhebung des VA und die Rückforderung wehren muss.

IV. Privatrechtliches Handeln der Verwaltung, Verwaltungsprivatrecht

1. Fiskalisches Handeln der öffentlichen Verwaltung

Streitigkeiten im Bereich des fiskalischen Handelns der Verwaltung wer- **32.38** den traditionell als privatrechtlich angesehen, weil die öffentliche Hand als Fiskus auftritt und nicht von ihrem öffentlichen Sonderrecht Gebrauch macht. Das galt nach überkommener Lehre erstens für die **Teilnahme am Wirtschaftsleben**, zweitens für die **fiskalischen Hilfsgeschäfte** und drittens für die **eigene Vermögensverwaltung.**

Beispiele: Zu den fiskalische Hilfsgeschäften gehören die Einstellung von Arbeitern und Angestellten (nicht von Beamten), die Beschaffung von Gebäuden, Arbeitsmitteln, die Durchführung von Baumaßnahmen usw. Zur Teilnahme am Wirtschaftleben gehören Beteiligungen sowie Betrieb, Gründung, oder Übernahme von Unternehmen usw. Privatrechtlich ist auch die Vermietung von Werbeflächen auf Fahrzeugen der Verkehrsbetriebe (BGHZ 119, 238); die Vermietung von Schulparkplätzen an Lehrer (OVG Koblenz NVwZ-RR 1999, 582).

Die Bereiche des fiskalischen Handelns unterliegen aber vermehrt öf- **32.39** fentlich-rechtlichen Bindungen, die das freie privatrechtliche Belieben einschränken, ohne dass deshalb aber der privatrechtliche Charakter des Handelns verloren geht (**Verwaltungsprivatrecht**). Das gilt insbesondere für die Erledigung öffentlicher Aufgaben in privatrechtlicher Form, weil die Verwaltung sich der mit der Aufgabe verbundenen öffentlich-rechtlichen Bindungen nicht durch die Formenwahl entziehen kann. In anderen Bereichen sind dem Abschluss privatrechtlicher Verträge öffentlich-rechtliche Auswahlentscheidungen im Sinn der Zweistufenlehre vorgeschaltet mit der Folge, dass Streitigkeiten auf der ersten Stufe öffentlich-rechtlichen Charakter haben. Dies ist insbesondere bei der Vergabe öffentlicher Aufträge ein Problem (s unten Rnr. 32.44 f.).

2. Daseinsvorsorge durch privatrechtliche Verwaltungsträger

Zweifelhaft ist, ob öffentlich-rechtliche, insbesondere grundrechtliche **32.40** Bindungen auch dann das Privatrecht überlagern, wenn die Daseinsvorsorge von privatrechtlich verselbständigten Rechtssubjekten (AG, GmbH) durchgeführt wird. Problematisch ist die Annahme derartiger Bindungen insbesondere deshalb, weil an diesen Gesellschaften des Privatrechts häufig private Grundrechtsträger mit eigenem Kapital beteiligt sind.

Beispiele: Strom-, Wasser-, Gasversorgungsunternehmen oder Verkehrsbetrieben in der Form einer GmbH oder AG; hierzu Koppensteiner NJW 1990, 3105.

Der Umgehungsgedanke muss auch hier zu öffentlich-rechtlichen Bin- **32.41** dungen führen, sofern es sich bei der Tätigkeit dieser Gesellschaften um

Daseinsvorsorge handelt und nicht um eine freie Teilnahme am Wirtschaftsleben. Öffentlich-rechtliche Bindungen bestehen danach nicht nur, wenn die Verwaltung selbst oder durch einen Eigenbetrieb in privatrechtlicher Form handelt, sondern auch, wenn sie dies in Gestalt eines **von der Verwaltung beherrschten,** privatrechtlichen Rechtssubjekts tut, etwa einer Gesellschaft des Handelsrechts. Ein Betrieb, der auf diese Weise eine öffentliche Aufgabe erfüllt, übt **Verwaltung im funktionalen Sinne** aus und unterliegt, auch wenn er nicht mit hoheitlichen Befugnissen beliehen ist, bei der Gestaltung der Rechtsbeziehungen zu anderen Privaten den öffentlich-rechtlichen Bindungen (instruktiv BGH NJW 2003, 2451 zu einer von der öffentlichen Hand beherrschten Bank).

Beachte: Ob das nur für Privatrechtssubjekte gilt, die zur Erfüllung öffentlicher Aufgaben gegründet worden sind oder deren Kapital mehrheitlich von der öffentlichen Hand gehalten wird, oder auch für Privatrechtssubjekte, die nur aufgrund von Verträgen mit einem Verwaltungsträger in die Erfüllung öffentlicher Aufgaben eingebunden sind und vertraglich dessen Weisungen unterliegen, ist bisher nicht geklärt (ausdrücklich offen gelassen BGH NJW 2003, 2451).

3. Beschaffungswesen, fiskalische Hilfsgeschäfte, Vergaberecht

32.42 Zur Erfüllung ihrer Aufgaben benötigt die Verwaltung Personal und Sachmittel. Soweit Personal benötigt wird, werden Personen entweder als Beamte öffentlich-rechtlich oder als Angestellte im öffentlichen Dienst privatrechtlich eingestellt. Die benötigten Waren, Sach- und Dienstleistungen der verschiedensten Art (Büromaterial, technische Ausstattung, Grundstücke für Verwaltungsgebäude usw.) werden idR auf dem freien Markt beschafft. Insoweit handelt die Verwaltung nicht hoheitlich, sondern schließt privatrechtliche Kauf-, Werk- und Dienstverträge ab als sog. fiskalische Hilfsgeschäfte, die dem Privatrecht zuzuordnen sind (s. oben Rnr. 32.38).

Merke: Die Beschaffung erfolgt idR nicht freihändig, sondern nach § 55 BHO (bzw. entsprechende Vorschriften der LHOen) auf der Grundlage der sog. Verdingungsordnungen (VOB, VOL, VOF) durch Vergabe öffentlicher Aufträge in einem formalisierten Verfahren, in dem derjenige Bieter den Zuschlag erhält, der das wirtschaftlichste Angebot abgegeben hat. Etwas anderes gilt nur im Bagatellbereich (vgl. die Wertgrenzen in den Vergabehandbüchern der jeweiligen öffentlichen Auftraggeber).

a) Vorgeschaltetes Vergabeverfahren nach dem GWB

32.43 Für größere Aufträge mit einem Auftragsvolumen **oberhalb der sog. Schwellenwerte** gelten die Bestimmungen des Wettbewerbsrechts (§§ 97 ff. GWB und der dazu erlassenen VergabeVO), mit denen in Deutschland die Bestimmungen der Vergabe-RL umgesetzt worden sind. Diese Regeln bezwecken neben dem sparsamen Umgang mit öffentlichen (Steuer-)Geldern durch einen effektiven Auftragswettbewerb auch den Schutz der Unternehmen in ihrem Recht auf ein nicht diskriminirendes und transparentes Vergabeverfahren. Für die vom GWB erfassten Vergabeentscheidungen besteht ein spezielles Rechtsschutzverfahren. Unternehmen, die sich benachteiligt fühlen, können wegen Verstößen gegen Vergabebestimmungen nach § 107 GWB die Vergabekammer anrufen, eine unabhängige Behörde, die aufgrund eines gerichtsförmigen Verfahrens entscheidet. Hiergegen ist nach § 116 GWB sofortige Beschwerde zum OLG möglich (vgl. dazu und zum vorläufigen Rechtsschutz *König/Haratsch* NJW 2003, 2641 ff.).

Beispiele: Die Schwellenwerte liegen für Liefer- und Dienstleistungsaufträge liegen derzeit bei 211.000 Euro und für Bauaufträge bei 5.278.000 Euro (vgl. § 2 VergabeVO).

b) Vergabe unterhalb der Schwellenwerte

Werden bei der Beschaffung die Schwellenwerte nach der VergabeVO   **32.44** nicht überschritten, richtet sich die Auftragsvergabe nach dem Haushaltsrecht, zB nach § 55 BHO bzw. den entsprechenden landesrechtlichen Vorschriften sowie nach den jeweils einschlägigen Verdingungsordnungen (s oben Rnr. 32.42). Wird danach ein zivilrechtlicher Auftrag vergeben, stellt sich die Frage, ob und ggfs. auf welche Weise Bewerber, die nicht zum Zuge gekommen sind, wegen einer uU rechtswidrigen Nichtberücksichtigung Rechtsschutz erhalten können.

Merke: Die Frage ist umstritten. Nach hM handelt es sich um eine rein zivilrechtliche Frage, für die der Verwaltungsrechtsweg nicht eröffnet ist. Einen Anspruch auf Einhaltung haushaltrechtlicher Bestimmungen gebe es nicht (BGHZ 116, 149; BVerwGE 129, 9). Ein Verstoß gegen den Justizgewährleistungsanspruch liege hierin nicht (BVerfGE 116, 135). Bei rechtswidriger Vergabe kommen Schadensersatzansprüche in Betracht (BGH NJW 1998, 3636). Zur Vereinbarkeit dieser Rspr. mit EU-Recht EuGH NVwZ 2008, 397.

Nach einer neueren Gegenauffassung sind das Vergabeverfahren und   **32.45** die Entscheidung über die Auftragsvergabe (im Gegensatz zum anschließenden zivilrechtlichen Vertrag) dagegen öffentlich-rechtlich zu beurteilen (OVG Koblenz DVBl 2005, 988, OVG Münster NVwZ-RR 2006, 223). Danach wird die Vergabe unterhalb der Schwellenwerte ebenfalls als zweistufiges Rechtsverhältnis angesehen mit der Folge, dass die Entscheidung auf der ersten Stufe öffentlich-rechtlich zu beurteilen ist und der Verwaltungsrechtsweg insoweit eröffnet ist.

Beachte: Die Frage nach der Drittwirkung der Grundrechte in Bereich der Fiskalverwaltung bleibt damit auch hier zweifelhaft. Zudem werden die typischerweise im Privatrecht bestehenden Freiheiten der Entscheidung durch die moderneren Regelungen des Wirtschafts- und Zivilrechts immer stärker eingeschränkt (zB Allgemeines Gleichbehandlungsgesetz), die ebenfalls auf ein Verbot von Diskriminierungen und damit auf die Gleichbehandlung konkurrierender Privatrechtssubjekte zielen.

4. Wettbewerb durch kommunale Betriebe

Grundsätzlich privatrechtlich zu beurteilen ist alles Handeln der öffent-   **32.46** lichen Hand auch dann, wenn sie mit eigenen Betrieben am Wirtschaftleben teilnimmt. Sie tritt dann wie ein privater Marktteilnehmer auf und beruft sich nicht auf ein öffentliches Sonderrecht. Wenn ein kommunales Unternehmen gleich welcher Rechtsform Waren und Dienstleistungen am Markt anbietet, kommen privatrechtliche Geschäfte zustande.

Beispiele: Staatliche Brauerei, städtische Sparkasse (BVerwG NJW 2006, 2568); kommunale Bestattungsunternehmen (BVerwGE 39, 329), Wohnungsvermittlung (BVerwG DÖV 1978, 851), Saunaanlage (OVG Münster NVwZ 1986, 1045), Schilderprägebetrieb (BGH DÖV 2003, 249).

32.47 Umstritten ist, ob und auf welchem Weg private Konkurrenten sich gegen die Konkurrenz kommunaler Anbieter zur Wehr setzen können, wenn die Marktteilnahme gegen kommunalrechtliche Bestimmungen (z.B. § 107 GemO NW) verstößt. Während bisher nur der **Weg zu den Zivilgerichten** erfolgreich war, die das Marktverhalten der kommunalen Anbieter auf Verstöße gegen das UWG oder GWB prüfen (also das „Wie"; z.b. den Missbrauch einer amtlichen oder marktbeherrschenden Stellung oder unlautere Wettbewerbsmethoden, BGH DÖV 2003, 249), jedoch in einem Verstoß gegen kommunalrechtliche Vorschriften über das „Ob" der wirtschaftlichen Betätigung für sich allein noch keinen unlauteren Wettbewerb sehen (BGHZ 150, 343), ist neuerdings die Frage, ob die Konkurrenten in diesen Fällen auch öffentlich-rechtliche Abwehrmöglichkeiten haben, in die Diskussion geraten.

Beachte: ob Bestimmungen der GemO drittschützend sind und sich Konkurrenten auf deren Einhaltung berufen können, ist str.; für einen öffentlich-rechtlichen Unterlassungsanspruch (gegen den Rechtsträger des kommunalen Betriebs), z.B. OVG Münster DVBl 2004, 133; dagegen OVG Magdeburg NVwZ-RR 2009, 347; vgl. *Althammer/Zieglmeier* DVBl 2006, 817.

§ 33. Die subjektiven öffentlichen Rechte

Literatur: *Ramsauer,* Die Grundrechte im System der subjektiven öffentlichen Rechte, AöR 1986, 502; *Schlette,* Die Klagebefugnis – § 42 Abs. 2 VwGO, Jura 2004, 90; *Schoch,* Nachbarschutz im öffentlichen Baurecht, Jura 2004, 317; *Appel/Singer,* Verfahrensvorschriften als subjektive Rechte, JuS 2007, 913; *Couzinet,* Die Schutznormtheorie in Zeiten des Feinstaubs, DVBl 2009, 754; *Decker,* Der spezielle Gebietserhaltungsanspruch, JA 2007, 55.

Überblick

I. Begriff und Bedeutung subjektiver öffentlicher Rechte

1. Die Rechtsschutzkonzeption der VwGO

Nach der Rechtsschutzkonzeption der VwGO, wie sie insbesondere in 33.01
§§ 42 Abs. 2, 113 VwGO ihren Ausdruck findet, geht es in verwaltungsgerichtlichen Verfahren idR um den Schutz subjektiver öffentlicher Rechte des Bürgers gegenüber der Hoheitsmacht des Staates, nicht dagegen um eine objektive Rechtmäßigkeitskontrolle staatlichen Handelns. Letztere findet im Verwaltungsprozess nur insoweit statt, als dies zur Klärung der Frage erforderlich ist, ob der Kläger durch die angefochtene Maßnahme oder die Ablehnung cines Antrags in subjektiven öffentlichen Rechten verletzt wird. **Ausnahmen** hiervon sind das **Normenkontrollverfahren** nach § 47 VwGO (s Rnr. 21.22) und die **Verbandsklagen** nach § 61 BNatSchG (bzw. entsprechenden landesrechtlichen Bestimmungen), nach § 2 ff. UmwRG (Rnr. 14.24) und nach anderen Spezialgesetzen.

Merke: Rechtshistorisch hat sich insoweit das System der süddeutschen Länder aus der zweiten Hälfte des 19. Jahrhunderts (*Robert. v. Mohl*) gegen die preußische Konzeption (*Rudolf v. Gneist*) einer vom Kläger nur angestoßenen objektiven Rechtskontrolle durchgesetzt. Dabei geht es nicht allein um den Ausschluss der Popularklage, sondern um das Erfordernis der Einräumung einer klagefähigen Rechtsposition.

2. Die Lehre von den subjektiven öffentlichen Rechten

a) Der allgemeine öffentlich-rechtliche Abwehranspruch

Eine rechtswidrige Beeinträchtigung rechtlich geschützter Positionen 33.02
durch die öffentliche Hand muss grundsätzlich nicht hingenommen werden. Auf die Handlungsform, in der die Beeinträchtigung verursacht wird, kommt es nicht an, es muss aber öffentlich-rechtliches Handeln vorliegen, anderenfalls kommen nur Ansprüche des Privatrechts in Betracht. Der gebotene Schutz wird durch einen allgemeinen ungeschriebenen öffentlich-rechtlichen Abwehranspruch gewährleistet, dessen Existenz von den Grundrechten vorausgesetzt wird. Er liegt auch der Klagemöglichkeit gegen belastende VAe nach § 113 Abs. 1 S. 1 VwGO, dem allgemeinen Unterlassungsanspruch und dem Folgenbeseitigungsanspruch zugrunde. Über seine dogmatische Herleitung besteht keine Einigkeit (vgl. Rnr. 25.02).

b) Einfachgesetzliche Vornahmeansprüche

Anders als für die Abwehr rechtswidrigen staatlichen Handelns (status 33.03
negativus) bedarf es für Vornahmeansprüche (status positivus) der Konstruktion eines ungeschriebenen allgemeinen Leistungsanspruches nicht, weil insoweit Ansprüche unmittelbar aus dem Gesetz folgen, wenn auch

die Rechtsnormen subjektive Rechte nicht immer ausdrücklich einräumen. Das gilt sowohl für Ansprüche auf Erlass von VAen als auch für Ansprüche auf zB schlichthoheitliches Handeln oder auf ein Unterlassen.

Beispiele: Der Anspruch auf eine Anlagengenehmigung folgt unmittelbar aus § 4 BImSchG, der Anspruch auf eine Gaststättengenehmigung aus § 2 GastG, usw.

c) Die Schutznormtheorie

33.04 aa) Maßgeblichkeit des Gesetzes. Es entspricht heute allgemeiner Auffassung, dass subjektive öffentliche Rechte und Rechtspositionen vorrangig durch Normen des einfachen Rechts begründet werden. Ob eine Rechtsnorm subjektive Rechte vermittelt oder nur objektivrechtliche Funktionen hat, hängt nach der vor allem durch O. Bachof weiter entwickelten sog. Schutznormlehre heute vor allem von ihrer Zielrichtung, also ihrem Schutzzweck ab. Hiernach vermittelt eine Norm des öffentlichen Rechts einem Kläger dann ein subjektives öffentliches Recht, wenn sie

– die Verwaltung objektiv zu einem bestimmten Verhalten verpflichtet,
– diese Verpflichtung auch dem Individualschutz dient und
– der Kläger zum geschützten Personenkreis gehört.

Merke: Diese von *Otmar Bühler* (Die subjektiven öffentlichen Rechte und ihr Schutz in der deutschen Verwaltungsrechtsprechung, 1914) begründete Lehre löste die sog. Statuslehre *Georg Jellineks* (System der subjektiven öffentlichen Rechte, 2. Aufl. 1905) ab, die keine einzelnen subjektiven Rechte auf Einhaltung einzelner Rechtsnormen vorsah, sondern zB im status negativus eine allgemeine Freiheit von ungesetzlichem Zwang.

33.05 bb) Europarechtliche Neuorientierung. Im Unterschied zur deutschen Schutznormlehre stellt der EuGH stärker auf tatsächliche Auswirkungen der Normen auf den Einzelnen ab (Überblick bei v. Danwitz DÖV 1996, 481). Dies betrifft nicht nur das unmittelbar geltende EU-Recht selbst, sondern auch das nationale Recht, das im Zuge der Umsetzung von EG-Richtlinien erlassen wird. Die Umsetzung darf sich nämlich nicht auf die objektiv-rechtliche Seite beschränken, sondern muss auch richtlinienkonforme Klagerechte umfassen (hierzu *Kopp/Schenke* § 42 Rnr. 152 ff.).

Beachte: Die Auslegung der Gemeinschaftsnorm (und mit ihr europarechtskonform auch der nationalen Vorschrift) beurteilt sich **ausschließlich nach Gemeinschaftsrecht**, insbesondere nach den Erwägungen der umzusetzenden Richtlinie. Nach der Rspr. des EuGH muss sich der Einzelne auf zwingende Vorschriften schon dann berufen können, wenn er von deren Nichtbeachtung nachteilig betroffen werden kann (vgl. EuGHE 1991, I-2567). Ergibt die Auslegung, dass ein wesentliches Schutzgut der RL (zB die Gesundheit) dem Schutz des Einzelnen dient, folgt daraus bei nicht nur unerheblicher Betroffenheit idR eine subjektive Rechtsposition (*Kopp/Schenke* § 42 Rnr. 154).

d) Die Herleitung subjektiver Rechte aus Grundrechten

Subjektive öffentliche Rechte lassen sich auch unmittelbar aus den 33.06
Grundrechten herleiten, wenn die Normen des einfachen Rechts die
aufgrund grundrechtlicher Gewährleistungen erforderlichen subjektiven
Rechte nicht vermitteln. Allerdings muss der grundrechtlich gebotene
Schutz wegen des grundsätzlichen **Anwendungsvorrangs des einfachen
Rechts** vorrangig der maßgeblichen einfachgesetzlichen Rechtsnorm
durch verfassungskonforme Auslegung entnommen werden, soweit dies
möglich ist (BVerwGE 81, 329, 339; hierzu *Ramsauer* AöR 111 (1986),
502; *Maurer* § 8 Rnr. 11). Der unmittelbare Rückgriff auf die Grundrechte setzt außerdem voraus, dass eine rechtlich relevante Beeinträchtigung des Gewährleistungsbereichs eines Grundrechts vorliegt (s. hierzu
näher Rnr. 31.12 ff.). Dies ist bei mittelbaren und faktischen Beeinträchtigungen nicht ohne weiteres anzunehmen.

Beispiele: Angenommen wird ein unmittelbarer Schutz aus Art 14 GG bei schwerer
und unerträglicher Beeinträchtigung des Eigentums (s. Rnr. 33.24), aus Art. 2 Abs. 2
GG für den Fall einer Gefahr für die Gesundheit, Leib und Leben (s. Rnr. 33.24), aus
Art. 2 Abs. 1 GG und Art. 3 Abs. 1 GG in Konkurrentenklagen (s. Rnr. 33.35) sowie
bei Beeinträchtigung der Selbstverwaltungsgarantie in Art. 28 Abs. 2 GG.

II. Die Prüfung der Schutzfunktion von Rechtsnormen

1. Abwehrrechte des Adressaten eines belastenden VA

Eingriffsnormen vermitteln dem Betroffenen idR subjektive öffentliche 33.07
Rechte. Rechtsnormen, die die Exekutive zu Eingriffen ermächtigen, haben eine **Doppelfunktion:** Sie ermächtigen einerseits zu Eingriffen in die
Rechte des Bürgers, kennzeichnen aber andererseits auch die Grenze,
bis zu der die Verwaltung in die Rechte des Bürgers eingreifen darf. Die
Markierung dieser Grenze dient dem Schutz des Eingriffsbetroffenen.
Rechtsnormen im Bereich des klassischen Gesetzesvorbehalts vermitteln
dem Betroffenen daher stets subjektive öffentliche Rechte. Deshalb
braucht bei Adressaten belastender VAe die Klagebefugnis nicht besonders geprüft zu werden braucht.

Beispiele: Klagebefugnis von Verkehrsteilnehmern unabhängig vom Wohnort gegen
Verkehrszeichen (BVerwG NJW 2004, 698), nicht dagegen gegenüber wegerechtlichen Einschränkungen (*Schmidt-Aßmann/Schoch* 7. Kap. Rnr. 47; vgl. auch BVerwG
DVBl 1995, 1250 (kein Abwehrrecht des Beamten gegen rechtswidrige Nebentätig-
keitsgenehmigung). Die angefochtene Verfügung muss eine Rechtsposition des Adressaten auch wirklich beeinträchtigen, was aus der Adressatenstellung allein nicht zwingend folgt (*Eyermann* § 42 Rnr. 88). Die sog. Adressatentheorie enthält deshalb an
sich einen Zirkelschluss.

2. Subjektive Rechte auf begünstigendes Verwaltungshandeln

a) Allgemeines

33.08 Subjektive Rechte auf begünstigendes Verwaltungshandeln sind in den Anspruchsnormen nicht immer wie etwa bei Sozialleistungen (vgl. zB § 38 SGB I; § 1 BAföG) ausdrücklich als Ansprüche formuliert. Auch hier ist auf die Schutzfunktion abzustellen, die im Wege der Auslegung zu ermitteln ist. Rechtsnormen, die der Verwaltung Handlungspflichten allein im öffentlichen Interesse auferlegen, enthalten für den Einzelnen nur einen günstigen Rechtsreflex, aber kein subjektives öffentliches Recht.

Beispiele: Sicherung einer ordnungsgemäßen Abfallentsorgung gem. § 2 KrW/AbfG; Unabkömmlichstellung nach § 13 WPflG (BVerwGE 58, 244); Dienstpostenbewertung (BVerwG NVwZ 1991, 375).

b) Präventive Verbote mit Erlaubnisvorbehalt

33.09 Wenn bestimmte Formen grundrechtlich geschützter Betätigungen von der vorherigen Erteilung einer Erlaubnis, Bewilligung oder Zulassung abhängig gemacht werden, spricht man von Kontrollerlaubnis oder auch von einem präventiven Erlaubnisvorbehalt. In den maßgeblichen Normen ist von Ansprüchen auf die Erlaubnis meist nicht die Rede; sie werden als Ausfluss grundrechtlicher Gewährleistungen stillschweigend vorausgesetzt. Insoweit enthalten sie idR subjektive öffentliche Rechte (Ansprüche) auf die erforderlichen Erlaubnisse, wenn die Genehmigungsvoraussetzungen gegeben sind.

Beispiele: Anspruch auf Baugenehmigung nach der jeweiligen BauO, wenn das Vorhaben allen öffentlich-rechtlichen Vorschriften entspricht; Anspruch auf Genehmigung nach § 2 GastG, wenn keine Versagungsgründe nach § 4 GastG vorliegen; Anspruch auf Genehmigung nach § 4 BImSchG bei Vorliegen der Voraussetzungen.

3. Das Problem des Schutzes Dritter

33.10 Probleme bereiten die Fälle, in denen der Kläger gegen einen VA klagt, der den Adressaten begünstigt, ihn selbst aber belastet, oder in denen der Kläger eine gegen einen Dritten gerichtete Maßnahme erstrebt. Hier kommt es darauf an, ob die Rechtsnormen, nach denen der VA erlassen worden ist bzw. erlassen werden könnte, auch gerade dem Kläger eine Schutzposition einräumt. Die (in diesen Fällen regelmäßig vorliegende) faktische Betroffenheit des Klägers reicht zur Annahme subjektiver öffentlicher Rechte nicht aus. Gleiches gilt, wenn der Kläger von einer Rechtsnorm nur faktisch begünstigt wird (sog. Rechtsreflex). Folgende Gesichtspunkte lassen sich heranziehen:

(1) Sind Individualinteressen in der Norm genannt oder nur das Allgemeinwohl?
(2) Wird ein Interessenkonflikt zB zwischen Nachbarn, Konkurrenten geregelt?
(3) Wird einem bestimmten Personenkreis eine besondere Belastung zugemutet?
(4) Verlangt Verfassungsrecht oder EU-Recht einen subjektiven Rechtsschutz?

4. Subjektive Rechte auf Einhaltung von Verfahrensvorschriften

a) Unselbständige Verfahrensrechte des Eingriffsbetroffenen

Den Verstoß gegen Verfahrensvorschriften kann grundsätzlich (Ausnahmen Rnr. 33.12) nur derjenige rügen, der von der verfahrensrechtswidrig erlassenen Maßnahme materiell unmittelbar betroffen wird. Verfahrensrecht hat nach derzeit noch hM nur eine **dienende Funktion**, es dient nur dem Schutz materieller Rechtspositionen (BVerwGE 61, 275 = NJW 1981, 1393). Allerdings gilt für den unmittelbar von einem Eingriff Betroffenen, dass er eine Beeinträchtigung seiner Rechtsposition nur hinnehmen muss, wenn der Eingriff in formeller und materieller Hinsicht mit dem geltenden Recht vereinbar ist (BVerfGE 6, 32 – Elfes).   **33.11**

Beispiele: Der Adressat einer Ausweisungs- oder einer Abrissverfügung, eines Abgabenbescheides, einer Gewerbeuntersagung wird durch einen Verstoß gegen Bestimmungen über Zuständigkeit, Verfahren und Form in seinen Rechten verletzt. Gleiches gilt etwa bei verfahrensfehlerhafter Ablehnung einer beantragten Sondernutzung. Eine wesentliche Einschränkung ergibt sich allerdings aus § 46 VwVfG, wonach die Aufhebung eines VA wegen eines Verfahrensfehlers nicht verlangt werden kann, wenn ausgeschlossen werden kann, dass sich der Fehler auf das Ergebnis ausgewirkt hat.

b) Drittschutz durch Verfahrensvorschriften

Während die von einem Eingriff unmittelbar Betroffenen, insbesondere die Adressaten Verstöße gegen Verfahrensvorschriften rügen können (vorbehaltlich der Einschränkungen durch § 46 VwVfG), gilt dass nach hM für die unselbständigen Verfahrensvorschriften bei Klagen beeinträchtigter **Dritter (Nachbarn, Konkurrenten)** nur, wenn sie dem **Schutz betroffener materieller Rechtspositionen** des Dritten dienen. Der Dritte kann also den Verfahrensfehler nicht rügen, wenn er gar keine geschützte materielle Rechtsposition innehat oder wenn die Norm die materielle Position des Dritten nicht zu schützen bestimmt ist.   **33.12**

Beispiele: Unbeachtlichkeit der Versagung rechtlichen Gehörs im Planfeststellungsverfahren gegenüber materiell nicht betroffener Gemeinde (BVerwG NJW 1992, 256); nach BVerwG 62, 297 werden Drittbetroffene bei rechtswidriger Nichtdurchführung eines Planfeststellungsverfahrens nicht in ihren Rechten verletzt, wenn die zum Schutz ihrer Rechtspositionen erforderlichen Auflagen gemacht worden sind (vgl. auch OVG Münster NVwZ 1988, 179). Wer indessen von einer **enteignungsrechtlichen Vorwirkung** (Rnr. 24.44) betroffen ist, kann sämtliche Verfahrensverstöße rügen, die sich auf den Plan ausgewirkt haben können (BVerwGE 67, 74 = NJW 1983, 2479; BVerwG NuR 1996, 517).

b) Selbständige Verfahrensrechte

Ohne Rücksicht auf materiellrechtliche Positionen kann die Verletzung sog. absoluter oder selbständiger Verfahrensrechte gerügt werden, die das Gesetz in bestimmten Fällen zum Schutz bestimmter Beteiligungsansprüche vorsieht (*Kopp/Ramsauer* Einf. Rnr. 81). Wird ein derartiges Verfahrensrecht verletzt, so kann der Berechtigte ohne Rücksicht auf seine materielle Betroffenheit Rechtsschutz in Anspruch nehmen. Abso-   **33.13** lute Verfahrensrechte sind in der deutschen Rechtsordnung selten. Neuerdings werden einige Verfahrensfehler im Hinblick auf das EU-Recht als absolute Verfahrensrechte behandelt (Bsp. Verstöße gegen die **UVP-Pflicht** (EuGH NVwZ 2004, 593 – Wells).

Beispiele für absolute Verfahrensrechte: Recht der Gemeinde auf Beteiligung an Baugenehmigungsverfahren nach § 36 BauGB (BVerwGE 92, 66 (68) = NVwZ 1994, 265) an Verfahren nach § 6 LuftVG (BVerwGE 81, 95, 106 = NVwZ 1989, 750), Anspruch anerkannter Naturschutzverbände auf Beteiligung nach § 60 BNatSchG (BVerwGE 121, 72 = NVwZ 2004, 1486). Auch die Vorschriften zur Durchführung der UVP dürften im Hinblick auf das UmwRG inzwischen dazu gehören (OVG Magdeburg ZUR 2009, 36).

III. Der Anspruch auf Zulassung und Benutzung öffentlicher Einrichtungen

1. Der Begriff der öffentlichen Einrichtung

33.14 Als öffentliche Einrichtungen werden solche räumlich-personellen Bestände bezeichnet, die dazu bestimmt sind, der Allgemeinheit im Rahmen ihres Widmungszwecks zur Verfügung zu stehen (s oben Rnr. 32.10). Sie können als selbständige oder unselbständige Einrichtungen sowie in den Formen des öffentlichen oder privaten Rechts betrieben werden und den unterschiedlichsten öffentlichen Zwecken dienen. Voraussetzung ist, dass ein **öffentlicher Rechtsträger** die Einrichtung zur **Erledigung öffentlicher Aufgaben** errichtet und einem **bestimmten öffentlichen Zweck gewidmet** hat, wobei die Widmung auch aus der bisherigen Nutzungs- und Überlassungspraxis gefolgert werden kann (*Erichsen* § 39 Rnr. 14; Hierzu wohl neu BVerwG 27. 5. 2009 – 8 C 10.08)

Beispiele: Widmungsgemäße Nutzung eines Pfarrgrundstücks durch Pfarrjugendgruppen (VGH München DVBl 2004, 839); Räumlichkeiten im Rathaus als öffentliche Einrichtung, die der Landespressekonferenz zur regelmäßigen Benutzung überlassen sind (OVG Bremen NJW 1990, 931). Zur Bedeutung der tatsächlich eröffneten Nutzungsmöglichkeiten für den öffentlich-rechtlichen Zulassungsanspruch auch OVG Mannheim NVwZ 1998, 540.

33.15 Wenn öffentliche Einrichtungen in Organisationsformen des öffentlichen Rechts betrieben werden, haben sie regelmäßig den Charakter einer unselbständigen Anstalt (zB Schulen, Theater, Museen, Bücherhallen, Schlachthöfe, Badeanstalten, Krankenhäuser, Stadtwerke zur Wasser- und Energieversorgung). Die **Unterscheidung von Eigen- und Regiebetrieben** ist in erster Linie haushaltsrechtlicher Natur: Anders als Eigenbetriebe nach den Eigenbetriebsverordnungen der Länder haben Regiebetriebe (auch Bruttobetriebe genannt) keinen eigenen Wirtschafts- und Stellenplan, sie gehen vielmehr vollständig in der Haushaltsführung des Anstaltsträgers auf (siehe näher *Gern*, Kommunalrecht, Rnr. 747).

Beachte: Öffentliche Einrichtungen können auch in privatrechtlichen Organisations-formen betrieben werden. Beispiele für Hamburg: Hamburgische Hafen- und Lager-hausAG (HHLA), Hamburger Hochbahn AG, Hamburg Airport GmbH. Sie unterlie-gen dann dem Verwaltungsprivatrecht (vgl. Rnr. 33.19, 32.28 ff.).

Ein Anspruch auf Zulassung kann sich nicht nur auf öffentliche Ein-   33.16
richtungen, sondern auch auf **sonstige Veranstaltungen oder Aktivitäten**
beziehen, die von Hoheitsträgern ohne einen besonderen räumlich-
gegenständlichen Bestand zu bestimmten öffentlichen Zwecken durchgeführt werden. Für sie gelten dann dieselben Regeln wie für öffentliche
Einrichtungen.

Beispiele: Durchführung von Werbefahrten (BVerwGE 47, 247 = NJW 1975, 891);
Führung von Baueignungslisten (OVG Lüneburg DVBl 1981, 615, hinsichtlich der
Behandlung von Art. 12 GG aber überholt); Veröffentlichung von Gerichtsurteilen
(BVerwGE 104, 105); Werbeanzeigen in städt. Informationsbroschüre (VG München
NJW 1992, 523); Nachweis von Unternehmensberatern durch Handelskammer
(BVerwG NJW 1992, 1641).

2. Der Anspruch auf Zulassung

a) Zulassungsanspruch bei öffentlich-rechtlicher Organisationsform

Grundsätzlich besteht ein Anspruch des Bürgers auf Zulassung zu öf-   33.17
fentlichen Einrichtungen und Veranstaltungen im Rahmen ihres Widmungszwecks. Dieser Anspruch ist öffentlich-rechtlich unabhängig davon, ob er in einer öffentlich-rechtlichen Norm speziell geregelt ist (zB
für Messen und Märkte in § 70 GewO sowie für kommunale Einrichtungen in den Gemeindeordnungen) oder nicht (*Schmidt* DÖV 2002,
696). Ein ungeschriebener Anspruch ist jedenfalls insoweit anerkannt,
als die Zulassung zu der Einrichtung im Rahmen des Widmungszwecks
begehrt wird (hierzu näher *Hilderscheid* GewArch 2008, 54).

Beispiele: OVG Bremen NJW 1990, 931 (Zulassung zur Landespressekonferenz im
Bremer Rathaus); BVerwG NJW 1990, 134 (Vergabe von Saal im Hamburger Con-
gress Centrum); weitere Nachweise bei *Kopp/Schenke* § 40 Rnr. 16.

Ein öffentlich-rechtlicher Anspruch auf Zulassung zur Benutzung der   33.18
öffentlichen Einrichtung **außerhalb des Widmungszwecks** besteht demgegenüber nur in dem Umfang, in dem er gesetzlich vorgesehen ist, ferner im Rahmen eines Anspruchs auf Gleichbehandlung entsprechend
der Verwaltungspraxis. Dadurch kann auch eine stillschweigende Erweiterung des Widmungszweckes stattgefunden haben (VGH Mannheim
NVwZ 1998, 540). Häufig wird man einen öffentlich-rechtlichen Anspruch auf ermessensfehlerfreie Entscheidung aus Grundrechten herleiten können (s. auch Rnr. 32.14).

Beispiele: Kein Anspruch auf Überlassung von Schulhallen zu Übernachtungszwecken
an politische Parteien (VGH Mannheim DÖV 1989, 30). In BVerwGE 91, 135 =
NJW 1993, 609 (Bonner Hofgartenwiese) wird aus Art. 8 GG ein öffentlich-rechtlicher Anspruch auf ermessensfehlerfreie Entscheidung auch für eine Benutzung

außerhalb des Widmungszwecks angenommen. Der bisherigen Dogmatik hätte es entsprochen, hier eine privatrechtliche Entscheidung anzunehmen.

b) Zulassung bei privatrechtlicher Organisationsform

33.19   Wird die öffentliche Einrichtung nicht vom Hoheitsträger selbst, sondern von einer von ihm gegründeten und kontrollierten privatrechtlich organisierten Gesellschaft (GmbH oder AG) betrieben, so richtet sich der Anspruch nach hM nicht gegen diese Gesellschaft, sondern gegen den Hoheitsträger darauf, die Gesellschaft zur Zulassung zu veranlassen (**Anspruch auf Einwirkung**). Auch dieser Anspruch ist öffentlich-rechtlich. Für eine Klage gegen die privatrechtlich organisierte Gesellschaft selbst ist nach der Rspr. der Verwaltungsrechtsweg nicht eröffnet (BVerwG NVwZ 1991, 59; VGH München BayVBl 1999, 135; str).

IV. Drittschutz im Bau-, Planungs- und Umweltrecht

1. Drittschutz im Baurecht

a) Nachbarschutz aus Festsetzungen in Bebauungsplänen

33.20   Die Gemeinden können die Festsetzungen in Bebauungsplänen mit nachbarschützender Wirkung ausstatten. Diese Möglichkeit steht grundsätzlich in ihrem Planungsermessen. Dabei sind die Gemeinden aber nicht ganz frei. So wird etwa ein Nachbarschutz aufgrund des Typenzwangs der BauNVO zwingend für alle Festsetzungen über die **Art der baulichen Nutzung** angenommen, weil die Eigentümer der im selben Festsetzungsgebiet liegenden Grundstücke eine bodenrechtliche Schicksalsgemeinschaft bilden (BVerwGE 94, 151; VGH Mannheim NVwZ 1999, 439). Auf eine tatsächliche Betroffenheit oder eine unmittelbare Nachbarschaft kommt es hierfür nicht an (**Gebietserhaltungsanspruch**). Das Gleiche gilt in Gebieten ohne Bebauungsplan in im Zusammenhang bebauten Ortsteilen, wenn die BauNVO nach § 34 Abs. 2 BauGB anwendbar ist (BVerwGE 94, 151). Dieses subjektive öffentliche Recht wird neuerdings auf die Erhaltung gebietsprägender Eigenschaften ausgedehnt (BVerwG NVwZ 2002, 1384).

Beispiele: Eigentümer eines Gewerbegrundstücks und andere dinglich Berechtigte können sich gegen die Genehmigung eines großflächigen Einzelhandelsbetriebs im GE-Gebiet zur Wehr setzen, wenn dieser nach § 11 Abs. 3 BauNVO nur im Kern- oder Sondergebiet errichtet werden darf; ebenso der Eigentümer eines Wohngrundstücks im WR-Gebiet gegen die Genehmigung eines nach § 3 BauNVO unzulässigen Gewerbebetriebes. Dies gilt auch für den Fall einer rechtswidrig erteilten Ausnahme oder Befreiung nach § 31 BauGB.

33.21   Aus anderen Festsetzungen kann sich Nachbarschutz ergeben, wenn die Auslegung ergibt, dass sie jedenfalls auch den Schutz der Nachbargrundstücke zum Ziel haben (BVerwG NVwZ 1985, 748). Da in Klausuren die Planbegründung idR nicht vorliegt, kann dies nur bei Vorliegen hinreichend konkreter Anhaltspunkte angenommen werden. Ist dies der Fall, kommt es auf eine besondere tatsächliche Betroffenheit nicht an.

Beispiel: Die Festsetzung der Geschosszahl kann nachbarschützend sein, wenn sie auch dazu dienen soll, bei einer Hangbebauung eine reizvolle Aussicht der Unterlieger zu sichern. Eine seitliche Baugrenze kann nachbarschützend sein, wenn sie einen hinreichenden Abstand zu Anlagen auf dem Nachbargrundstück sichern soll. Die Rspr. in den Ländern ist uneinheitlich.

b) Nachbarschutz aus dem Gebot der Rücksichtnahme

Im Übrigen kommt Nachbarschutz nur nach Maßgabe des Rücksicht- **33.22** nahmegebots in Betracht. Es wird im Planbereich aus § 15 BauNVO hergeleitet, im Innenbereich aus § 34 Abs. 1 BauGB („einfügen"), im Außenbereich aus § 35 Abs. 3 S. 1 Nr. 3 BauGB („schädliche Umwelteinwirkungen", grundlegend BVerwGE 52, 122 = NJW 1978, 62). Nachbarschutz aus dem Rücksichtnahmegebot setzt eine **besondere tatsächliche Betroffenheit** voraus (BVerwGE 82, 343; vgl. auch *Jäde* JuS 1999, 961). Sie muss das Maß übersteigen, das nach Schutzwürdigkeit des Baugebiets und der konkreten Rechtsposition dem Nachbarn zuzumuten ist (Bsp. bei *Troidl*, BauR 2008, 1829).

Beachte: Es handelt sich um eine baugebietsspezifische und nicht um eine enteignungsrechtliche Zumutbarkeitsschwelle. Gleichwohl muss die tatsächliche Beeinträchtigung (zB durch Verschattung, Immissionen usw.) erhebliches Gewicht haben (BVerwG NVwZ 1996, 1001: kein Anspruch auf Abwehr unerheblicher Beeinträchtigungen, auch wenn diese vermeidbar; BVerwGE 89, 69: erhebliche Überschreitung der festgesetzten Wohnungszahl).

c) Nachbarschutz im Bauordnungsrecht

Im Bauordnungsrecht muss die Schutzrichtung der verletzten Norm **33.23** durch Auslegung ermittelt werden, sofern das Gesetz keine eindeutige Regelung enthält (wie zB § 71 Abs. 2 HBauO). Dies ist nach den meisten LBauOen hinsichtlich der Abstandsflächenvorschriften der Fall (OVG Lüneburg NVwZ-RR 1996, 278). Der Nachbar kann eine Baugenehmigung darüber hinaus auch anfechten, wenn von der baulichen Anlage eine konkrete Gefahr ausgehen würde (*Eyermann* § 42 Rnr. 120). Baugestaltungsvorschriften sind idR nicht nachbarschützend (OVG Münster BauR 2007, 1560).

d) Unmittelbarer Grundrechtsschutz im Baurecht

Nach dem Grundsatz des Vorrangs des einfachen Gesetzesrechts kommt **33.24** die Herleitung subjektiver öffentlicher Rechte unmittelbar aus Grundrechten nur als letzte Möglichkeit in Betracht (sog. **normexterne Wirkung**, vgl. BVerwGE 101, 364, 373; BVerwG NJW 1996, 1297). Zur Klagebefugnis von Gemeinden ausführlich BVerwG NuR 1999, 631. Nach der auf BVerwGE 32, 173 = NJW 1969, 1787 zurückgehenden Rspr. kann sich ein Grundstückseigentümer gegenüber einer dem Nachbarn erteilten Baugenehmigung dann auf Art. 14 GG berufen, wenn durch die genehmigte bauliche Anlage die Grundstückssituation nachhaltig verändert und der Nachbar in seinem Eigentum dadurch **schwer und unerträglich beeinträchtigt** wird.

Beachte: Mieter und Pächter können eine Baugenehmigung nicht deshalb anfechten, weil ihre Wohnsituation sich verschlechtert (BVerwG DVBl 1998, 899). Auf Art. 2 Abs. 2 GG lässt sich eine Nachbarklage dagegen prinzipiell stützen; der Kläger muss dann aber substantiiert eine Gefahr für die Gesundheit geltend machen (OVG Hamburg NVwZ 1984, 48; siehe hierzu *Ramsauer* NuR 1990, 349, 353).

2. Drittschutz im Umweltrecht

33.25 Im medialen Umweltrecht (Boden-, Wasser- und Immissionsschutzrecht) wird traditionell zwischen Schutz- und Vorsorgepflichten unterschieden. Während die **Schutzpflichten** sich darauf richten, dass die Immissionen bestimmte Schwellenwerte nicht überschreiten, die im Interesse des Schutzes von Leben, Gesundheit und anderen Rechtsgütern festgesetzt worden oder anzunehmen sind, bezieht sich die gefahrenunabhängigen **Vorsorgepflichten** darauf, ein möglichst niedriges Emissionsniveau zu erreichen, unabhängig davon, ob eine Gefahr bereits droht oder nicht. Anderes kann gelten, wenn sich Immissionsgrenzwerte zur Bestimmung von Gesundheitsgefahren nicht ermitteln lassen. Dann kommt ein Rückgriff auf die im Rahmen des Vorsorgegebots erlassenen Emissionsgrenzwerte für Anlagen als drittschützend in Betracht (BVerwG NVwZ 2004, 611).

Beispiele: Von den Pflichten der Betreiber genehmigungsbedürftiger Anlagen nach § 5 BImSchG haben die **Schutz- und Gefahrenabwehrpflichten** gem. Abs. 1 Nr. 1 nachbarschützenden Charakter (BVerwG NVwZ 2004, 611) Zu den Nachbarn zählen alle Personen, die den Auswirkungen der betreffenden Anlage wegen ihres Wohnorts, Arbeitsplatzes oder Ausbildungsstätte dauerhaft ausgesetzt sind (BVerwG NVwZ 2004, 1237: Studenten). Dasselbe gilt bei nicht genehmigungsbedürftigen Anlagen für die Schutzpflichten nach § 22 Abs. 1 Nr. 1 und 2 BImSchG (*Jarass* § 22 Rnr. 69).

33.26 Wenn Vorgaben und Grenzwerte nach **europäischen Umweltrichtlinien** zu beachten sind, kommt es für den Drittschutz nicht auf die Unterscheidung von Gefahrenabwehr und Risikovorsorge an, sondern auf eine eigenständige europarechtskonforme Auslegung des Gemeinschaftsrechts (vgl. Rnr. 33.05). Dies führt regelmäßig zu einem weiteren Drittschutz bzgl. der Einhaltung von Schadstoffgrenzwerten, auch wenn sie nur der Vorsorge vor möglichen Gesundheitsrisiken dienen. Der drittschützende Charakter der Immissionsgrenzwerte der europäischen Luftqualitätsrichtlinien (umgesetzt in der 22. BImSchV) ist anerkannt (dazu *Calliess* NVwZ 2006, 1).

Beachte: Str. ist, ob und inwieweit aus dem Anspruch auf Einhaltung der EU-Grenzwerte auch konkrete Abwehransprüche folgen. Die Rspr. ist im Fluss (Anspruch von Anwohnern auf Aufstellung eines Aktionsplans nach §§ 45, 47 BImSchG: angenommen von BVerwG NVwZ 2007, 695, verneint noch von VGH München NVwZ 2005, 1094). Jedenfalls ein subjektiver Anspruch auf behördliches Einschreiten und ermessensfehlerfreie Mittelwahl dürfte in diesem Fall gegeben sein.

Gegen hoheitliche Anlagenbetreiber können Nachbarn Schutzansprüche **33.27** mit Hilfe des öffentlich-rechtlichen Unterlassungsanspruches geltend machen (Rnr. 25.26 ff.). Gegen private Anlagenbetreiber kann ein Anspruch auf Einschreiten bestehen, ausnahmsweise auch gegenüber hoheitlichen Anlagenbetreibern (BVerwG NVwZ 2003, 346: Anordnung gegenüber Gemeinde). Inhalt der Ansprüche ist regelmäßig der ermessensfehlerfreie Erlass geeigneter Schutzauflagen (§§ 17 ff. bzw. § 24 f. BImSchG) oder sonstiger behördlicher Maßnahmen (zB §§ 45 ff. BImSchG) zur Vermeidung unzumutbarer Immissionen, wobei sich die Unzumutbarkeit situationsbedingt nach den einschlägigen Immissionsgrenzwerten (BImSch Ven, TA Luft, TA Lärm usw.) richtet.

3. Drittschutz im Planungsrecht

a) Allgemeines

Bei Anfechtung von Planfeststellungsbeschlüssen und Plangenehmigun- **33.28** gen (zB nach § 17 FStrG, § 18 AEG, § 28 PBefG) kommt es darauf an, ob die für die Entscheidung maßgeblichen Vorschriften auch dem Schutz der von der Planung Betroffenen dienen. Grundsätzlich (Ausnahme zB § 38 BauGB) sind trotz der Konzentrationswirkung (§ 75 Abs. 1 VwVfG) sämtliche Vorschriften zu beachten, die für ein Vorhaben dieser Art auch sonst gelten würden. Deshalb sind dieselben Grundsätze für den Drittschutz maßgeblich. Allerdings können die subjektiven Rechte auf Grund von Präklusionsvorschriften entfallen (vgl. zB § 73 Abs. 4 S. 3 VwVfG).

Beachte: Meist kann dem Interesse des Betroffenen mit einer **Planergänzung** durch Schutzauflagen Rechnung getragen werden, ohne dass die Grundzüge der Planung berührt würden. Dann richtet sich das subjektive Recht nur auf diese Ergänzung (BVerwGE 71, 150, 161 = NJW 1985, 3034, st. Rspr.). Zulässig ist dann nach heute hM nur eine hierauf gerichtete Verpflichtungsklage.

b) Drittschutz aus dem Abwägungsgebot

Das im Planungsrecht geltende Abwägungsgebot entfaltet grundsätzlich **33.29** drittschützende Wirkung zugunsten der Planbetroffenen, nach der Rspr. allerdings nur insoweit, als es gerade um Rechte und Interessen des jeweiligen Klägers geht (BVerwGE 48, 56, 66 – B-42-Urteil; krit. *Ramsauer* DÖV 1981, 37). Danach beschränkt sich das subjektive Recht also auf die Feststellung und Gewichtung der eigenen Belange sowie auf eine angemessene Berücksichtigung in der Abwägung.

Beispiel: Der Planbetroffene kann geltend machen, dass er durch die geplante Straße oder Eisenbahnlinie stärkeren Immissionen ausgesetzt wird, nicht aber, dass Auswirkungen auf ein Naturschutzgebiet in der Abwägung nicht berücksichtigt wurden.

33.30 Auf eine nach § 75 Abs. 1 a VwVfG relevante Fehlgewichtung anderer, insbesondere öffentlicher Belange soll sich nur der durch die **enteignungsrechtliche Vorwirkung** (vgl. Rnr. 24.44) betroffene Grundeigentümer berufen können (BVerwGE 59, 87 = NJW 1980, 1061), sofern sich der Abwägungsfehler auf seine Position ausgewirkt haben kann (BVerwG NuR 1996, 517). Eine solche setzt voraus, dass das betroffene Grundstück für das Vorhaben in Anspruch genommen werden muss.

Beachte: Eigentümer sog. **Sperrgrundstücke,** die vor allem erworben worden sind, um eine klagefähige Rechtsposition zu erlangen, können sich nicht auf eine Eigentumsverletzung berufen, wenn ihnen insoweit Rechtsmissbrauch vorzuwerfen ist (BVerwGE 112, 135; anders noch BVerwGE 72, 15).

V. Drittschutz in Konkurrenzsituationen (Konkurrentenklagen)

Literatur: *Hilderscheid*, Erzwungene Doppelvergabe von Standflächen auf festgesetzten Veranstaltungen, GewArch 2007, 129; *Braun*, Zulassung auf Märkten und Veranstaltungen, NVwZ 2009, 747.

1. Konkurrentenklagen im Wirtschaftsverwaltungsrecht

33.31 Zu unterscheiden sind die Konkurrentenabwehrklage, die sich gegen die Zulassung neuer Konkurrenten richtet, die Klage auf Gleichstellung mit anderen begünstigten Konkurrenten (kein Drittschutzproblem), die Klage gegen die Begünstigung eines Konkurrenten und die Klage auf Verdrängung (Prätendentenklage). Zu den Problemen der Konkurrenz von Unternehmen der öffentlichen Hand mit privaten Wirtschaftsunternehmen s. *Schink* NVwZ 2002, 129.

Merke: Die Rechtsordnung schützt zwar die gewerbliche Tätigkeit der Marktteilnehmer (vgl. Art. 12 GG), grundsätzlich aber nicht gegen Konkurrenz; das Wirtschaftsverwaltungsrecht dient als Ordnungsrahmen für den Wettbewerb und damit nicht den privaten Interessen der Konkurrenten. Der Staat darf den Wettbewerb aber nicht verzerren.

a) Konkurrentenabwehrklage

33.32 Das Wirtschaftsverwaltungsrecht dient nicht dem Schutz der bereits tätigen Mitbewerber gegen neue Konkurrenz. Ein Altunternehmer hat deshalb idR keine Möglichkeit, die rechtswidrige Zulassung neuer Konkurrenten anzufechten. Auch aus den Grundrechten (Art. 12 GG) kann der Unternehmer ein Anfechtungsrecht nur ausnahmsweise herleiten.

Beispiele: Zulassung weiterer Taxiunternehmer unter Verstoß gegen iSd § 13 Abs. 4 PBefG verletzt nicht die Rechte der Altunternehmer (BVerwGE 82, 260; OVG Münster NJW 1980, 2323); anders BVerwGE 30, 347, VGH Mannheim NVwZ-RR 1993, 291 bei Verletzung von § 13 Abs. 2 PBefG für die Busunternehmer im Linienverkehr unter dem Aspekt des Investitionsschutzes (weitere Bsp. bei *Hipp/Hufeld* JuS 1998, 802, 898).

Umstritten ist nach wie vor die Frage, ob sich Konkurrenten gegen die **33.33** (wegen Verstoßes gegen GemOen) rechtswidrige **wirtschaftliche Betätigung von Gemeinden** zur Wehr setzen können. Hier wurde früher eine Rechtsverletzung stets verneint, weil die GemOen nicht die Interessen von konkurrierenden Unternehmern schützen sollen (BVerwG NJW 1995, 2938). In Ländern (zB Baden-Württemberg, Rheinland-Pfalz, Hessen, Sachsen), in denen Subsidiaritätsklauseln zugunsten der Privatwirtschaft geschaffen und diese dadurch zu Schutznormen für Konkurrenten gemacht wurden, wird Drittschutz bejaht. Insoweit können Unternehmen ggfs. Unterlassungsansprüche (Rnr. 25.26 ff.) gegen die Gemeinde geltend machen (VGH Mannheim GewArch 2006, 211; OVG Münster NVwZ 2003, 1520). Zur neuesten Entwicklung *Bickenbach* JuS 2006, 1091; *Suerbaum* Vw 2007, 29.

Beachte: Die Zivilgerichte nahmen schon früher einen Verstoß gegen das UWG an, wenn die wirtschaftliche Betätigung durch das Gemeindeunternehmen gegen kommunalrechtliche Vorschriften verstößt. Sie billigen dem Konkurrenzunternehmer einen wettbewerbsrechtlichen Unterlassungsanspruch zu (vgl. OLG Hamm JZ 1998, 576 – Gelsengrün; OLG München NVwZ 2000, 835). In den Ländern, in denen die GemO drittschützend ist, prüfen die Verwaltungsgerichte wegen § 17 Abs. 2 GVG auch Wettbewerbsverstöße nach UWG (vgl. VGH Mannheim GewArch 2006, 211).

b) Klage gegen Begünstigung des Konkurrenten

Die Subventionierung oder die Erteilung einer Ausnahmegenehmigung **33.34** zugunsten eines Unternehmers (zB nach LSchlG) kann zu Wettbewerbsverzerrungen und dadurch zu einer Beeinträchtigung von Konkurrenten führen, deren Marktposition sich entsprechend verschlechtert. Die Rspr. nimmt eine rechtlich relevante Beeinträchtigung nur bei Vorliegen einer konkreten Konkurrenzsituation und bei erheblicher, qualifizierter Betroffenheit an, also massiver Wettbewerbsverzerrung.

Beispiele: Klage wegen rechtswidriger Ausnahmegenehmigung nach LSchlG an Wettbewerber (BVerwGE 65, 167); Klage wegen Erteilung einer Baugenehmigung an Konkurrenten (VGH Mannheim NVwZ 1990, 575); Klage wegen rechtswidriger Nichtbesteuerung eines Wettbewerbers (BFHE 184, 212); Auch bei Subventionen wird eine Beeinträchtigung der Rechte von Konkurrenten erst bei einer massiven Wettbewerbsverzerrung anzunehmen sein (*Wahl/Schütz* in Schoch § 42 Abs. 2 Rnr. 300).

Zu prüfen ist hier, ob das maßgebliche Recht auch dem Schutz der **33.35** Konkurrenten dient; von den Grundrechten ist Art. 12 Abs. 1 GG einschlägig (BVerwGE 71, 183 – Arzneimittel-Transparenzliste). Das BVerwG hatte früher auch Art. 2 Abs. 1 GG, teilweise auch den allgemeinen Gleichheitssatz (Art. 3 Abs. 1 GG) herangezogen (BVerwGE 30, 191). Subjektive Rechte können auch aus Art. 87 ff. EGV folgen.

2. Mitbewerberklagen in zulassungsbeschränkten Bereichen

a) Anspruch auf sachgerechte Auswahl

33.36 Sind die Zulassungsmöglichkeiten begrenzt, muss eine Auswahl unter den Bewerbern getroffen werden (vgl. zB § 70 Abs. 3 GewO). Grundsätzlich haben Mitbewerber einen Anspruch auf fehlerfreie Auswahl nach den gesetzlich (zB § 13 Abs. 5 PBefG) geregelten Kriterien (BVerwG NVwZ 1984, 507). Sind keine Kriterien geregelt, besteht pflichtgemäßes Auswahlermessen nach sachlichen Kriterien.

Beispiele: Bei Zuteilung von Marktplätzen hat die Auswahl nach sachlichen Kriterien (Attraktivität, Neuartigkeit, Vielseitigkeit usw.) oder durch Losverfahren zu erfolgen (BVerwG GewArch 2006, 81: keines von beiden vorrangig). Bei Auswahl nach „bekannt und bewährt" müssen neue Teilnehmer eine angemessene Zuteilungschance haben (BVerwG NVwZ 1984, 585). Der Veranstalter kann Teilnehmer ausschließen, die nicht in sein Veranstaltungskonzept passen.

b) Konkurrentenverdrängung

33.37 Problematisch ist, ob der nicht berücksichtigte Konkurrent die Zulassung eines anderen Unternehmers mit der Begründung anfechten kann, dieser sei sachwidrig vorgezogen worden, wenn das zur Verfügung stehende Kontingent (zB Marktplätze, Konzessionen, Frequenzen) erschöpft ist. Dies wird jedenfalls dann angenommen, wenn eine individualisierbare Konkurrenzsituation zwischen dem Begünstigten und dem Kläger besteht (Bsp. bei *Kopp/Schenke* § 42 Rnr. 147).

Beispiele: Anfechtung der Spielbankerlaubnis durch nicht berücksichtigten Mitbewerber (BVerwG NVwZ 1995, 478), der Zuteilung eines Marktstandplatzes (VG Schleswig NVwZ-RR 1999, 308; aA OVG Bautzen NVwZ-RR 1999, 500); der Zulassung eines Schaustellers auf Jahrmarkt (VGH München NVwZ 1999, 1122; **aA** BVerwG DÖV 1980, 923; DVBl. 1984, 1071; VGH Mannheim NVwZ 1984, 254), der Aufnahme eines Konkurrenzkrankenhauses in einen Krankenhausbedarfsplan (BVerwG DVBl 2009, 44). **Abgelehnt** hat das BVerwG Anfechtungsrechte des abgelehnten Studienbewerbers für ein Numerus-clausus-Fach bei Zulassung eines anderen Bewerbers (BVerwGE 60, 29 – zweifelhaft).

3. Konkurrentenklagen im Beamtenrecht

33.38 Aus Art. 33 Abs. 2 GG und den entspr. Vorschriften des Beamtenrechts besteht grundsätzlich ein Anspruch des Bewerbers um eine beamtenrechtliche Eingangs- oder Beförderungsstelle, dass über die Einstellung bzw. die Beförderung in einer ermessens- und beurteilungsfehlerfreien Weise entschieden wird (zB BVerwGE 115, 58; *Peter* JuS 1992, 1042). Dieser Anspruch entfällt nach hM, wenn die Stelle tatsächlich besetzt wird. Die Anfechtung der erfolgten Einstellung bzw. Beförderung eines Konkurrenten ist nach wohl noch hM aus Gründen des Vertrauensschutzes und der Ämterstabilität nicht zulässig (BVerwGE 80, 127; OVG Münster DVBl 2003, 1558; krit *Kopp/Schenke* § 42 Rnr. 148); ein anhängiger Streit erledigt sich durch Beförderung oder Einstellung.

Übergangene Bewerber können allenfalls Schadensersatz verlangen (BVerwGE 107, 29; 80, 123).

Beachte: Der Dienstherr ist grundsätzlich verpflichtet, die Mitbewerber durch anfechtbaren VA (BVerwG NVwZ 1989, 158) von seiner Auswahlentscheidung zu unterrichten (BVerfG NJW 1990, 501). Da die Ernennung aber nicht als Vollzug der Auswahlentscheidung angesehen wird, richtet sich der Rechtsschutz nach § 123 VwGO mit dem Ziel, dem Dienstherrn die Ernennung, richtigerweise auch bereits die vorläufige Übertragung des neuen Dienstpostens auf den Mitbewerber, bis zur Korrektur der Auswahlentscheidung zu untersagen (OVG Münster NJW 1989, 2560; *Günther* NVwZ 1986, 697, 700; aA OVG Saarlouis NVwZ 1990, 687). Wird entgegen einer einstweiligen Anordnung der Mitbewerber befördert, kann der Übergangene im Hauptsacheverfahren begehren, verfahrensrechtlich und materiellrechtlich so gestellt zu werden, als sei die einstweilige Anordnung beachtet worden (zB Besoldung zahlen, Planstelle schaffen usw.; vgl. BVerwG NJW 2004, 870).

VI. Der Anspruch auf fehlerfreie Ermessensentscheidung

1. Kein allgemeiner Anspruch

Einen allgemeinen Anspruch des Bürgers auf ermessensfehlerfreie Entscheidung über bei der Verwaltung gestellte Anträge gibt es nicht. Einen solchen Anspruch hat nur derjenige, dem die Rechtsordnung ein entsprechendes subjektives öffentliches Recht einräumt.   33.39

Beispiel: Anspruch des Straßenanliegers und des Verkehrsteilnehmers auf ermessensfehlerfreie Entscheidung über Verkehrsregelungen nach der StVO (BVerwGE 92, 32; OVG Bremen NVwZ 1991, 1194); Anspruch des Waldeigentümers auf Berücksichtigung seiner Belange bei Aufstellung des Abschussplans gem. § 21 BJagdG (BVerwG NuR 1996, 32); kein Anspruch eines vorzeitig in den Ruhestand versetzten Beamten auf ermessensfehlerfreie Entscheidung über erneute Berufung (BVerwG NVwZ 2000, 328, zweifelhaft).

2. Anspruch auf polizeiliches Einschreiten

Anerkannt ist ein Anspruch auf behördliches Einschreiten gegenüber Dritten (bzw. auf ermessensfehlerfreie Entscheidung darüber), soweit die maßgebliche Eingriffsnorm, von der im Falle eines Einschreitens ggfs. Gebrauch gemacht werden müsste, auch dem Schutz privater Rechtspositionen dient. Dies gilt etwa für die polizeilichen Generalklauseln, soweit sie im Rahmen des Schutzgutes der öffentlichen Sicherheit auch Rechte und Rechtsgüter des Einzelnen schützen, ebenso für die spezielleren Eingriffsnormen des Bauordnungsrechts oder des Wasser- und Wegerechts.   33.40

Beispiele: Anspruch auf ermessensfehlerfreie Entscheidung über Wohnungseinweisung zur Abwendung von Obdachlosigkeit (OVG Berlin NJW 1980, 2484), über Abrissverfügungen bei unter Verletzung von Nachbarrechten errichteten Vorhaben (BVerwGE 11, 95 ff.).

Teil 7. Entscheidungsformen der Verwaltung

§ 34. Der Verwaltungsakt

Literatur: *Kahl*, Der Verwaltungsakt – Bedeutung und Begriff, Jura 2001, 505; *Peine*, Sonderformen des Verwaltungsakts, JA 2004, 417; *Emmerich-Fritsche*, Kritische Thesen zur Legaldefinition des Verwaltungsakts, NVwZ 2006, 762.

Überblick

I. Begriff und Bedeutung

1. Der VA als Zentralbegriff des Verwaltungsrechts

34.01 Bis in die Weimarer Zeit galt der VA als einzige öffentlich-rechtliche Handlungsform der Verwaltung; alles andere Handeln der Verwaltung galt als privatrechtlich. Daher rührt auch seine Bezeichnung als „Akt" der Verwaltung. Auch wenn sich inzwischen eine Handlungsformenlehre (s. die Übersicht bei *Maurer*, S. 188) herausgebildet hat, bleibt der VA das wichtigste Instrument der öffentlichen Verwaltung. Das gilt auch für den Vollzug von EU-Recht, wobei allerdings einige wichtige gemeinschaftsrechtliche Modifizierungen zu beachten sind.

Beispiele: Das EU-Recht erfordert einerseits Einschränkungen des Instituts der Bestandskraft, andererseits weitergehende Möglichkeiten von Widerruf und Rücknahme von VAen etwa im Bereich der Beihilfen. (vgl. hierzu *Kopp/Ramsauer* Einf. Rnr. 56 ff.).

2. Begriff und Arten

34.02 Die VwGO verzichtet auf eine eigenständige Definition des VA; es ist heute allgemein anerkannt, dass der Begriff des VA in der VwGO mit dem in § 35 VwVfG bzw. § 31 SGB X übereinstimmt (s. Rnr. 34.09 ff.). Unterschieden werden je nach Art der Regelung der **befehlende VA**, der dem Adressaten gegenüber ein Tun, Dulden oder Unterlassen anordnet, der **gestaltende VA**, der ein Rechtsverhältnis begründet, verändert oder aufhebt, und der **feststellende VA**, der Rechte oder rechtserhebliche Eigenschaften verbindlich feststellt.

Merke: Nach der klassischen Definition *Otto Mayers* (Deutsches Verwaltungsrecht, Bd. I 1. Aufl. 1895, 95) ist der VA ein „der Verwaltung zugehöriger obrigkeitlicher Ausspruch, der dem Unterthanen gegenüber im Einzelfall bestimmt, was für ihn rechtens sein soll" (ähnlich auch § 25 Abs. 1 MRVO 165). Diese prägnante Beschreibung gilt im Grundsatz heute noch.

Es gibt eine ganze Reihe von **Sonderformen** des VA. Zunächst die **Allge-**   **34.03**
meinverfügung, für deren Bekanntgabe (§ 41 Abs. Abs. 3 S. 2 VwVfG)
und Begründung (§ 39 Abs. 2 Nr. 5 VwVfG) spezielle Regelungen gelten
(Einzelheiten s unten Rnr. 34.27 ff.). Wenn von **dinglichen VA**en die
Rede ist, geht es idR um sachbezogene Allgemeinverfügungen oder um
VAe mit Geltung für Rechtsnachfolger (krit zu Recht *Maurer* § 9
Rnr. 56). Eine echte Sonderform ist der **fiktive VA**, der als erlassen gilt,
wenn über einen Antrag nicht innerhalb einer Frist entschieden wird
(s. hierzu näher *Caspar* AöR 125, 131). Der **vorläufige VA**, steht unter
dem Vorbehalt einer endgültigen Entscheidung (zB in § 11 GastG, § 20
PBefG, § 74 Abs. 3 VwVfG). Keine Sonderformen sind **vorsorgliche VAe**
(BVerwGE 81, 84; näher *Sanden* DÖV 2006, 811) und **transnationale
VAe**, die auch in anderen Mitgliedstaaten der EU anerkannt werden (zB
internationaler Kfz-Führerschein (*Hailbronner/Thoms* NJW 2007, 1089)
anzusehen.

Merke: Der vorläufige VA wird später durch einen endgültigen VA ersetzt, ohne dass eine Rücknahme oder ein Widerruf nach §§ 48, 49 VwVfG erfolgen muss (BVerwGE 67, 99 – Subvention). Fehlt eine besondere gesetzliche Ermächtigung, wird man in der Regelung des VA über die Vorläufigkeit eine **Nebenbestimmung** (Bedingung, Widerrufsvorbehalt) sehen müssen, die nur nach Maßgabe des § 36 VwVfG zulässig ist, wenn – zB bei unklarem Sachverhalt – noch keine endgültige Regelung möglich ist (*Axer* DÖV 2003, 271).

3. Form, Begründung und Bekanntgabe

a) Form des VA

aa) Grundsatz der Formfreiheit. Ein VA kann nach § 37 Abs. 2 S. 1   **34.04**
VwVfG schriftlich, elektronisch (wenn der Behörde diese Möglichkeit
nach § 3 a VwVfG eröffnet wurde), mündlich, telefonisch oder auf andere Weise erlassen werden. Die Form steht im Ermessen der Behörden,
sofern nichts anderes vorgeschrieben ist. Wird der VA nicht schriftlich erlassen, besteht bei berechtigtem Interesse nach § 37 Abs. 2 S. 2 VwVfG
idR Anspruch auf schriftliche Bestätigung (*Kopp/Ramsauer* § 37 Rnr. 22).

Beispiele: VA durch Handzeichen eines Polizisten (VG Hannover NJW 1984, 1644), durch Lichtzeichen (Ampeln), fernmündlicher VA (VGH Mannheim NVwZ 1992, 898), auch auf Anrufbeantworter (hier aber Problem des Zugangs), durch Radiodurchsage (BVerwG 12, 91), Megaphon zB bei Demonstrationen.

bb) Formvorschriften. Ist Schriftform (Verkörperung durch Schriftzei-   **34.05**
chen) vorgesehen, müssen die Voraussetzungen des § 37 Abs. 3 VwVfG
erfüllt sein, wonach die Angabe der Behörde (nicht notwendig des Am-

tes) und die Unterschrift bzw. Namensangabe nicht fehlen dürfen. § 126 BGB gilt hier nicht. Die Schriftform kann durch eine elektronischen VA mit qualifizierter Signatur nach § 3 a Abs. 2 VwVfG ersetzt werden (*Kopp/Ramsauer* § 3 a Rnr. 14 ff.).

Merke: **Schriftform** ist vorgeschrieben zB für den Widerspruchsbescheid (§ 73 Abs. 3 VwGO), für VAe im förmlichen Verfahren sowie **Planfeststellungsbeschlüsse** (§§ 74, 69 Abs. 2 VwVfG), bauaufsichtliche Verfügungen und **Baugenehmigungen** nach den LBauOen (vgl. zB § 58 Abs. 4 HBauO). Weitergehende Formvorschriften enthalten zB § 5 Abs. 2 BRRG, § 6 BBG für Beamtenernennungen (Übergabe des VA).

b) Begründung, Nachschieben von Gründen

34.06 Ein schriftlich erlassener oder bestätigter VA ist grundsätzlich mit einer Begründung zu versehen (§ 39 Abs. 1 VwVfG), sofern nicht Ausnahmen vorgesehen sind (zB § 39 Abs. 2 VwVfG). Die Begründung muss die wesentlichen tatsächlichen und rechtlichen Gründe (Ermächtigung) enthalten, die die Behörde zu ihrer Entscheidung bewogen haben. Ob diese Gründe den VA tragen können, also zutreffend sind, ist für § 39 VwVfG unerheblich. Eine Heilung bis zum Abschluss des gerichtlichen Verfahrens ist möglich (§ 45 Abs. 2 VwVfG bzw. § 41 Abs. 2 SGB X), darf aber in der Klausur nicht einfach unterstellt werden.

Beachte: Ein Verstoß gegen § 39 VwVfG wird im Widerspruchsverfahren idR geheilt, weil dieser dem VA eine neue Fassung gibt (vgl. § 79 Abs. 1 Nr. 1 VwGO).

34.07 Ob die angegebenen Gründe den VA tatsächlich rechtfertigen, ist Frage der Begründetheit der Klage. Bei strikt gebundenen Entscheidungen spielt die Begründung des VA kaum eine Rolle, weil der VA unter allen rechtlichen und tatsächlichen Gesichtspunkten geprüft wird, nicht nur im Hinblick auf die angegebenen Gründe. Der VA darf aber dadurch nicht in seinem Wesen verändert werden. Bei Ermessens- und Beurteilungsentscheidungen ist die Begründung dagegen entscheidend, weil sie Gegenstand der gerichtlichen Kontrolle wird.

Merke: Das Nachschieben von Gründen nach § 114 S. 2 VwGO ist von der Heilung nach § 45 VwVfG streng zu unterscheiden. Es ist auch noch im Laufe des Prozesses zulässig und besonders dann wichtig, wenn es für die Kontrolle auf den Zeitpunkt der gerichtlichen Entscheidung ankommt. Voraussetzung ist aber, dass die vorhandene Begründung nur ergänzt wird und der VA dadurch nicht in seinem Wesen verändert wird; anderenfalls ist ein neuer VA anzunehmen (BVerwG NJW 1999, 2912; s. auch *Bader* JuS 2006, 199).

c) Bekanntgabe, Zustellung

34.08 Ein VA wird nur denjenigen Adressaten oder sonst Betroffenen gegenüber wirksam (§ 43 VwVfG bzw. § 39 SGB X), denen er ordnungsgemäß bekannt gegeben wird (sog. **äußere Wirksamkeit**). Die Bekanntgabe (§ 41 VwVfG bzw. § 37 SGB X) muss mit Wissen und Willen der Behörde erfolgen, dh von einem hierzu befugten Amtsträger veranlasst werden; bloßes Bekanntwerden oder zufällige Kenntnisnahme genügen nicht. Bekanntgabe setzt grundsätzlich den Zugang des VA voraus, der anzunehmen ist, wenn die **Möglichkeit der Kenntnisnahme** besteht. Zustellung ist eine formalisierte Form der Bekanntgabe. Sie richtet sich nach den VwZG des Bundes oder des Landes (Rnr. 9.03) und ist nur in den gesetzlich vorgesehenen Fällen erforderlich. Bei fehlerhafter Zustellung wird der VA in dem Zeitpunkt wirksam, in dem der Adressat ihn nachweislich erhalten hat (§ 9 VwZG).

Beachte: Ein schriftlicher VA gilt mit dem dritten Tage nach Aufgabe zur Post als bekannt gegeben (§ 41 Abs. 2 VwVfG), auch wenn dieser ein Sonn- oder Feiertag ist. Diese **Vermutung** kann (nur) durch den substantiierten Vortrag eines atypischen Geschehensablaufs erschüttert werden; dann muss die Behörde den Nachweis führen.

4. Die Funktionen des VA

Die besondere Bedeutung des VA als Handlungsinstrument der Verwaltung hat ihren Grund darin, dass er vor allem für den Gesetzesvollzug mehrere wichtige Funktionen erfüllt (*Kopp/Ramsauer* § 35 Rnr. 5 ff.). Dabei handelt es sich um folgende: **34.09**

– **Vollzugs- und Konkretisierungsfunktion:** Der VA ist das wichtigste Instrument zum Vollzug der Gesetze. Die typischerweise abstraktgenerellen Rechtsnormen werden durch den VA konkretisiert und auf den Einzelfall angewandt. Damit wird zwischen Bürger und Staat Klarheit über die bestehenden Rechte und Pflichten geschaffen.

– **Gestaltungsfunktion:** Der VA gestaltet kraft seiner Verbindlichkeit die Rechtslage auch dann, wenn er nicht dem Gesetz entspricht, dessen Vollzug er bewirken soll. Solange er wirksam ist (Rnr. 34.42), gilt allein die durch ihn gestaltete Rechtslage.

– **Rechtsschutzfunktion:** Der Betroffene kann den VA mit Widerspruch und Klage anfechten und mit dem Suspensiveffekt des § 80 VwGO den Eintritt der Folgen bis zur gerichtlichen Klärung verhindern. (Rnr. 19.05).

– **Titel- und Vollstreckungsfunktion:** Der befehlende VA kann Grundlage einer Verwaltungsvollstreckung sein. Er kann ohne gerichtliche Entscheidung nach den Bestimmungen der VwVGe des Bundes oder der Länder vollstreckt werden (siehe Rnr. 40.03, 40.11).

II. Allgemeine Abgrenzungsfragen

Ob eine Maßnahme ein VA ist, lässt sich in vielen Fällen bereits aufgrund ihrer **äußeren Form** beurteilen. Handelt die Verwaltung in der typischen Form des VA (zB Regelung unter Androhung von Zwangsmitteln, mit Rechtsmittelbelehrung usw.), so kommt es nicht darauf an, ob die Behörde durch VA handeln durfte oder eigentlich in anderer Form, zB zivilrechtlich hätte handeln müssen (*Kopp/Ramsauer* § 35 Rnr. 9). **34.10**

Beispiel: Die Behörde erlässt eine Räumungsverfügung mit Androhung von Zwangsmitteln gegen einen privaten Pächter, dem sie an sich nur privatrechtlich kündigen könnte (OVG Lüneburg DVBl 1954, 297). Hier liegt trotz des privatrechtlichen Pachtverhältnisses ein VA kraft äußerer Form vor.

34.11 Umgekehrt kann eine Maßnahme, die in der Form einer Satzung oder VO erlassen wird, oder eine vertragliche Vereinbarung zwischen den Beteiligten nicht VA sein, auch wenn sie die materiellen Merkmale eines VA erfüllt. Auf **materielle Abgrenzungskriterien** kommt es demgegenüber an, wenn die äußere Form keinen sicheren Schluss zulässt oder der Erlass einer Maßnahme begehrt wird. Im zuletzt genannten Fall ist es unerheblich, in welcher Form die Behörde die begehrte Maßnahme abgelehnt hat.

Beispiel: Der Pächter erstrebt in Bsp. Rnr. 34.10 die Verlängerung seines Vertrages. Dies wird von der Behörde durch VA abgelehnt. Der Pächter kann zwar die Aufhebung des ablehnenden VA im Wege der Anfechtungsklage, nicht aber die Verlängerung des Vertrages durch Verpflichtungsklage erreichen.

34.12 Für die **materielle Abgrenzung** nach § 35 VwVfG ist der objektive Sinngehalt der Maßnahme nach dem Empfängerhorizont maßgebend. Vorstellungen oder Absichten der Behörde sind nur maßgebend, wenn sie für den Betroffenen erkennbar sind. Dabei ist zu berücksichtigen, dass der Begriff des **VA ein Zweckbegriff** ist. Deshalb ist stets zu prüfen, ob die Maßnahme typische Funktionen des VA (Rnr. 34.09) erfüllt.

Überblick

1. Maßnahme einer Verwaltungsbehörde
2. auf dem Gebiet des öffentlichen Rechts
3. zur Regelung
4. eines Einzelfalls
5. mit Rechtswirkung nach außen

1. Maßnahme einer Verwaltungsbehörde

34.13 Behörde iSd § 35 VwVfG ist jede Stelle, die Aufgaben der öffentlichen Verwaltung unter Einsatz obrigkeitlicher Gewalt erfüllt (*Kopp/Ramsauer* § 35 Rnr. 27); es kommt für die VA-Qualität nicht darauf an, dass es sich um eine Behörde iSd § 1 Abs. 4 VwVfG bzw. § 1 SGB X handelt. Der Begriff ist vielmehr funktional zu verstehen. Auch Gerichte oder Parlamente können deshalb (idR durch den Präsidenten) als Verwaltungsbehörden tätig werden, soweit nämlich materiell Verwaltungsaufgaben wahrgenommen werden.

Beispiele: Rüge des Amtsgerichtspräsidenten gegenüber einem Rechtsbeistand ist VA (BVerwG DVBl 1983, 1248); Parlamentspräsidenten handeln bei Ausübung der Polizeigewalt im Parlamentsgebäude (auf Grund Art. 40 Abs. 2 GG), der Diensthoheit über Beamte (OVG Münster DVBl 1987, 101), der Festsetzung von Diäten der Abgeordneten (BVerwG NJW 1990, 462) oder der Festsetzung bzw. Rückforderung von Zuschüssen nach §§ 18 ff. PartG (BVerfGE 27, 152, 156; BVerfG NVwZ-RR 2002, 804) als Verwaltungsbehörden.

Fiktive VAe gelten unmittelbar kraft Gesetzes als erlassen. An die Stelle **34.14**
des Erlasses tritt die Verwirklichung des gesetzlichen Tatbestandes. Einer
Bekanntgabe bedarf es nicht. Knüpft die Fiktion an den Inhalt eines
Genehmigungsantrags an (zB im Baurecht), so hat der Antragsteller
Anspruch auf schriftliche Bestätigung. Fiktive VAe werden hinsichtlich
ihrer Wirksamkeit, Anfechtbarkeit, Rücknahme und Widerruf usw. wie
VAe behandelt, die im Zeitpunkt der Tatbestandsverwirklichung erlassen
sind (*Kopp/Ramsauer* § 35 Rnr. 24).

Beispiel: Nach einigen LBauOen gelten Baugenehmigungen als erteilt, wenn nicht innerhalb einer bestimmten Frist über einen (vollständigen) Antrag entschieden worden ist, auch wenn das Vorhaben nicht genehmigungsfähig wäre. Die fiktive Genehmigung kann nach § 48 VwVfG zurückgenommen werden (*Kopp/Ramsauer* § 48 Rnr. 15 a; zum fingierten Bauvorbescheid vgl. OVG Schleswig NordÖR 2004, 352, 354).

2. Auf dem Gebiet des öffentlichen Rechts

Auf dem Gebiet des öffentlichen Rechts wird die Maßnahme erlassen, **34.15**
wenn sie auf die Begründung von Rechten und Pflichten bzw. die Gestaltung von Rechtsverhältnissen gerichtet ist, die durch Normen des
öffentlichen Rechts bestimmt werden. Dieses Merkmal ist erfüllt bei
allen Maßnahmen, die sich ausdrücklich oder konkludent auf eine
öffentlich-rechtliche Grundlage stützen, ferner bei allen, die mit öffentlich-rechtlichen Vorschriften in derart engem Zusammenhang stehen,
dass sie kraft Sachzusammenhangs entsprechend einzustufen sind. Ob
der VA für seine Regelung zu Recht Hoheitsmacht in Anspruch nimmt,
ist nicht entscheidend. Zur **Abgrenzung zum Privatrecht** näher Rnr.
32.01 ff.

Beispiel: Stützt der Universitätspräsident (oder sein Vertreter) ein Hausverbot ausdrücklich auf die entsprechende Ermächtigung des Landeshochschulgesetzes, so ist es auf dem Gebiet des öffentlichen Rechts erlassen. Gleiches hat nach hM (s Rnr. 32.36) zu gelten, wenn es der Funktionsfähigkeit der Behörde dient; anders, wenn es nur um den Schutz des Gebäudes geht.

3. Regelung

Regelung ist die **einseitige rechtsfolgebedingende Anordnung**, genauer **34.16**
die verbindliche Setzung oder Bestätigung von Rechtsfolgen oder eines
öffentlich-rechtlichen Status (zB Staatsangehörigkeit, Beamteneigen-
schaft, Mitgliedschaft). Die Anordnung kann sowohl gebietender oder
verbietender als auch feststellender Natur sein, sofern sie Verbindlichkeit kraft Hoheitsmacht für sich beansprucht.

Merke: **Kein VA** ist die wiederholende Verfügung, die rechtlich nur einen Hinweis auf die bereits getroffene Entscheidung enthält. **Anders** beim **Zweitbescheid**, der nach neuer Sachprüfung ergeht (BVerwGE 44, 333). VA ist auch die Ablehnung des Wiederaufgreifens nach § 51 VwVfG und die Ablehnung der Rücknahme oder des Widerrufs ohne Sachprüfung.

a) Schuldrechtliche Willenserklärungen

34.17 Keine VAe mangels verbindlicher Regelung sind nach hM öffentlich-rechtliche Willenserklärungen der Verwaltung im Rahmen schuldrechtlicher Beziehungen zum Bürger, auch wenn durch sie unmittelbar ein Rechtserfolg (zB Erlöschen einer Forderung durch Aufrechnung) herbeigeführt wird (*Ernst*, Die Verwaltungserklärung, 2008). Dieser beruht aber nicht darauf, das es sich um singuläre Rechtssätze handelt (*Kopp/ Ramsauer* § 35 Rnr. 61). Vielmehr kann ein Privater mit Erklärungen dieser Art ebensolche Rechtsfolgen herbeiführen.

Beispiel: Keine VAe sind Mahnung, schlichte Zahlungsaufforderung (BVerwGE 29, 310), Aufrechnung (BVerwGE 66, 218 = NJW 1983, 776; str., **aa** *Schmidt* JuS 1984, 28), Erfüllung, sofern sie nicht ihrerseits gerade im Erlass eines VA besteht, oder die Geltendmachung eines Zurückbehaltungsrechts (OVG Münster DÖV 1983, 1023; näher *Lampert*, Verwalten durch Zurückbehalten, 2005).

b) Mitteilungen

34.18 **Keine Regelungen** sind bloße Mitteilungen (BVerwGE 75, 113), Absichtserklärungen (BVerwGE 76, 50), Hinweise (BVerwGE 51, 60), Belehrungen, Empfehlungen, Statistiken oder Warnungen. Auch Auskünfte haben keinen Regelungscharakter, jedoch wird über den Antrag auf Auskunft regelmäßig durch VA entschieden (vgl. § 9 IFG, § 6 UIG).

Beispiele: Kommunale Mietenspiegel sind keine Regelung (BVerwGE 100, 262); die Veröffentlichung einer Transparenzliste für Arzneimittel (BVerwGE 71, 183); die Veröffentlichung einer Liste glykolhaltiger Weine (BVerwG NJW 1991, 1766); die Beanstandung einer Gemeinde durch Datenschutzbeauftragten (BVerwG DÖV 1992, 536); nach hM auch nicht sog. Gefährderanschreiben der Polizei, die den Adressaten nahe legen, nicht an Demonstrationen teilzunehmen (OVG Lüneburg NordÖR 2005, 536 = NJW 2006, 391).

Regelungscharakter, haben Mitteilungen dann, wenn sie verbindliche Festlegungen über die mitgeteilten Sachverhalte oder Bewertungen treffen. So enthält ein **Bauvorbescheid** nicht nur die Einschätzung der Bebaubarkeit eines Grundstücks, sondern enthält bindende Teilentscheidungen vorab (ebenso § 9 BImSchG).

Beispiele: Mitteilung, dass die Löschung in der Handwerksrolle nach § 13 Abs. 3 HwO beabsichtigt sei, ist VA (BVerwGE 88, 122); ebenso das „Merkblatt" für Straßenmusikanten (VGH Mannheim NJW 1987, 1880) Bei Beanstandungen, Ermahnungen und Missbilligungen kommt es darauf an, ob der Betroffene sie als rechtsverbindliche Gestaltung seiner Rechtsposition verstehen muss; (vgl. BVerwG NJW 1984, 1051 zur förmlichen Rüge gegenüber einem Rechtsbeistand; Bekanntgabe nach § 9 VerpackVO hat VA-Charakter (BVerwGE 117, 322).

c) Gutachtliche Bewertungen, Zeugnisse, Prüfungsnoten

34.19 **aa) Gutachtliche Bewertungen.** Bei wissenschaftlichen, fachlichen oder gutachtlichen Beurteilungen, Stellungnahmen, ärztlichen Attesten usw. geht es idR um die Feststellung von Sachverhalten, Wissensbekundungen. Sie haben deshalb keinen Regelungsgehalt. Im Übrigen dienen sie zumeist der Schaffung von Entscheidungsgrundlagen und damit der Vorbereitung eines VA, weshalb ihnen auch deshalb Regelungswirkung fehlt (Rnr. 34.23)

Beispiele: Medizinischpsychologische Gutachten iSd § 11 Abs. 3 FeV (BVerwGE 34, 248; zur Anordnung der Beibringung vgl. Rnr. 34.23); Gesundheitszeugnisse (BVerwG DVBl 1961, 87); dienstliche Beurteilungen im Beamtenrecht (BVerwGE 49, 351; anders die Entscheidung über deren Änderung); Untersuchungsberichte des Luftfahrtbundesamts (BVerwGE 14, 323).

bb) Zeugnisse, Prüfungsnoten. Es ist zu unterscheiden: Versetzungs-, **34.20** Abiturzeugnisse und Abschlusszeugnisse haben idR VA-Charakter. Keine VAe sind andere Schulzeugnisse, die lediglich den Leistungsstand wiedergeben (zB Halbjahreszeugnisse), ebenso wenig die einzelne Zeugnisnote. Sie unterliegen der gerichtlichen Kontrolle nur dann, wenn sie für das berufliche Fortkommen oder aus anderen Gründen von besonderer Bedeutung sind, anderenfalls fehlt das Rechtsschutzinteresse. Die Bewertung einzelner Klausuren oder sonstiger Arbeiten dient als Entscheidungsgrundlage für den Abschluss und hat deshalb als Vorbereitungsentscheidung (s unten Rnr. 34.22) keine Regelungswirkung.

Beachte: Umstritten ist, ob die Notenverbesserung durch eine (Teil-) Verpflichtungsklage oder durch eine allgemeine Leistungsklage (so OVG Koblenz DÖV 1980, 614; VGH Mannheim DÖV 1982, 164) erreicht werden muss. Der Praktikabilität dürfte es entsprechen, in diesen Fällen die Zeugnisse als (feststellende) VAe anzusehen, die Gegenstand einer (Teil-) Verpflichtung sein können (so auch *Maurer* § 9 Rnr. 9).

d) Verfahrenshandlungen, Vorbereitungs- und Teilakte

aa) Bei Teilentscheidungen ist danach zu differenzieren, ob sie rechtlich **34.21** selbständigen Charakter haben. Bindungswirkung für nachfolgende Entscheidungen allein reicht idR nicht aus. Maßgeblich sind darüber hinaus Verfahren und Form der Entscheidung, wie sie gesetzlich geregelt sind. Sind sie danach VAe, bedürfen sie einer gesetzlichen Grundlage.

Beispiele: Baurechtlicher Vorbescheid bzw. Bebauungsgenehmigung (BVerwGE 69, 1), Vorbescheid nach § 9 BImSchG; Standortvorbescheid für Atomkraftwerk (BVerwG NVwZ 1986, 208; siehe auch BVerwGE 70, 365). Bei Ausnahmen und Befreiungen kommt es darauf an, ob sie nur Teil einer Gesamtentscheidung (zB einer Baugenehmigung) oder rechtlich selbständig zu beantragen und zu erteilen sind.

bb) Mehrstufige Verwaltungsverfahren. Sind unterschiedliche Behörden **34.22** an einem Verfahren beteiligt, sind deren Entscheidungsbeiträge idR keine VAe. Ist aber für den Beitrag ein eigenständiges Verwaltungsverfahren vorgesehen, hat die Mitwirkung idR VA-Qualität, sonst liegt nur schlichtes Verwaltungshandeln vor, das idR nicht selbständig anfechtbar ist (Kopp/Ramsauer § 35 Rnr. 76).

Beispiele: VA ist die Ausnahmegenehmigung nach § 9 Abs. 8 FStrG; **keine VAe** sind die Entscheidung nach § 9 Abs. 2 FStrG, die Trassenentscheidung nach § 16 FStrG sowie die Mitwirkung der Gemeinden und der höheren Verwaltungsbehörden nach § 36 BauGB. Gleiches gilt für Entscheidungen von Präsidialräten, Richterwahlausschüssen (zB §§ 7 ff. HmbRiG) oder Beamtenernennungsausschüssen (zB Art. 45 HmbVerf).

34.23 **cc) Verfahrenshandlungen** dienen der Vorbereitung einer abschließenden Entscheidung. Sie können zugleich Teilentscheidungen, auch in mehrstufigen Verfahren sein und haben idR keinen Regelungscharakter. Sie wären wegen § 44 a S. 1 VwGO ohnehin idR nur mit der Endentscheidung anfechtbar, werden also nur inzident überprüft, sofern kein Ausnahmefall nach § 44 a S. 2 VwGO vorliegt.

Beispiele: Nicht selbständig anfechtbar sind Ladungen zur Prüfung (VGH Mannheim VBlBW 1981, 147), zur Musterung (BVerwG BayVBl 1984, 761); Anforderung eines medizinischpsychologischen Gutachtens nach § 11 Abs. 3 FeV (BVerwGE 34, 248), Ausschreibung einer Beamtenstelle (OVG Bautzen NVwZ-RR 1999, 209).

e) Aufnahme in Datensammlungen

34.24 Bei der Aufnahme in Dateien, Register usw. ist danach zu unterscheiden, ob mit der Aufnahme unmittelbar (konstitutiv) Rechte oder Rechtspositionen des Betroffenen gestaltet werden oder ob die Auswirkungen nur mittelbarer Art sind (*Kopp/Ramsauer* § 35 Rnr. 59 mwN). So ist die Eintragung in das **Melderegister** grundsätzlich kein VA (OVG Greifswald DÖV 1999, 1009). Die Eintragung oder Löschung in Architektenliste oder Handwerksrolle ist VA, sofern nicht bereits eine entsprechende rechtsverbindliche Mitteilung vorausgegangen ist (BVerwGE 88, 122); kein VA ist die Eintragung in das Verkehrszentralregister (BVerwGE 77, 271 = NJW 1988, 88).

Beachte aber: Auch wenn die Führung von Dateien, Akten usw. eine verwaltungsinterne Maßnahme ist, wird die Entscheidung über einen Antrag auf Vernichtung von Daten idR ein VA sein, weil insoweit über einen Anspruch (zB einen FBA) entschieden wird (VGH München NJW 1984, 2235).

f) Zusagen und Zusicherungen

34.25 Die Zusage ist das verbindliche Versprechen der Vornahme oder Unterlassung von Verwaltungshandeln. Geht es um den Erlass eines VA, spricht man gem. § 38 VwVfG von Zusicherung. Sie ist nach hM als VA anzusehen, obwohl sie eine Regelung nur in Aussicht stellt, aber nicht selbst trifft (vgl. *Kopp/Ramsauer* § 38 Rnr. 2 mwN). Die wichtigsten Vorschriften über den VA sind unabhängig von der Einordnung anwendbar (§ 38 Abs. 2 VwVfG). Im Gegensatz zu § 49 Abs. 2 Nr. 3 und 4 VwVfG entfällt die Bindungswirkung einer Zusicherung nach § 38 Abs. 3 VwVfG jedoch bereits mit der objektiven Änderung der Sach- oder Rechtslage (BVerwGE 97, 323).

Beachte: Vorbescheide im Bau- und Anlagenrecht (Bebauungsgenehmigung, Teilgenehmigungen, Standort-, Konzeptvorbescheide) sind keine Zusicherungen, sondern **vorweggenommene Teile der Genehmigung**, mit denen über einzelne Genehmigungsvoraussetzungen (zB planungsrechtliche Genehmigungsfähigkeit einer baulichen Anlage) abschließend entschieden wird, weshalb spätere Änderungen der Sach- und

Rechtslage dem Vorhaben idR nicht entgegengehalten werden können (BVerwG NVwZ 1989, 863). Zur Bindungswirkung der vorläufigen positiven Gesamtbeurteilung vgl. *Kopp/Ramsauer* § 38 Rnr. 14.

g) Unmittelbare Vollzugsmaßnahmen

Bei Maßnahmen, die ohne vorausgehenden VA im Wege der unmittel- **34.26** baren Ausführung oder des Sofortvollzuges (siehe Rnr. 40.34) ergehen, sowie solchen der Vollzugspolizei ohne vorherige Anordnung gegenüber dem Betroffenen geht die hM von Realakten aus, soweit sie nicht die Anordnung von Ge- oder Verboten enthalten, sondern allein auf einen tatsächlichen Erfolg gerichtet sind (so für unmittelbare Ausführung/ Sofortvollzug *Kopp/Schenke* Anh. § 42 Rnr. 36). Polizeiliche Standardmaßnahmen sind VAe, wenn sie zugleich zur rechtlichen Duldung verpflichten (zB Beschlagnahme, Sicherstellung, Durchsuchung, vgl. zB OVG München BayVBl. 1997, 634; dagegen Realakt zB OVG Münster NVwZ-RR 2000, 429 für „adressatenneutrale" Sicherstellung; *Kopp/Schenke* Anh. § 42 Rnr. 36 für verdeckte Informationserhebung).

Beispiele: als VAe wurden angesehen: Durchsetzung eines Platzverweises mit unmittelbarem Zwang (BVerwGE 26, 161, 164); Einsatz von Reizgas durch die Polizei (VGH München NVwZ 1988, 1055); Videoüberwachung einer Demonstration (VG Bremen NVwZ 1989, 895); als **Realakte** wurden angesehen: Einsatz verdeckter Ermittler (BVerwG NJW 1997, 2534); Biss eines Polizeihundes; Ordnungspolizeiliches Betreten eines Grundstücks (VGH Mannheim NVwZ 2001, 574). Der Streit hat kaum praktische Bedeutung, weil die prozessualen Unterschiede zwischen Feststellungs- und Fortsetzungsfeststellungsklage im Wesentlichen entfallen sind (siehe Rnr. 17.03). Die Rspr. lässt die Einordnung der fraglichen Maßnahme als VA oder Realakt daher zuweilen offen und prüft nur das in beiden Fällen erforderliche Feststellungsinteresse.

4. Einzelfall-, Sammel- und Allgemeinverfügung

Grundsätzlich dient der VA der Regelung im Einzelfall, nicht der ab- **34.27** strakt-generellen Regelung von Sachverhalten. Das gilt auch für Allgemeinverfügungen iSd § 35 Satz 2 VwVfG, obwohl hier bereits die Grenzen zur Rechtsnormen verschwimmen. Auch sind abstrakte Regelungen durch VA denkbar (Bsp. zeitlich wiederkehrende Pflichten). Wegen der Sonderregelungen für die Allgemeinverfügung (§ 28 Abs. 2 Nr. 4; § 39 Abs. 2 Nr. 5; § 41 Abs. 3 S. 2 VwVfG) muss eine Abgrenzung zur Sammelverfügung erfolgen. Es ist nämlich nicht ausgeschlossen, dass die Behörde VAe gegen eine größere, aber bestimmte Zahl von Personen gleichzeitig vorgeht (sog. **Sammelverfügung**).

Beispiel: Die Polizei fordert (zB mit Megaphon) sämtliche Personen auf einer Eisfläche auf, dieselbe zu verlassen oder sämtliche Personen auf einem Platz diesen zu räumen. Hier handelt es sich um ein Bündel von Einzelverfügungen, nicht um eine Allgemeinverfügung.

b) Personenbezogene Allgemeinverfügung

34.28 Eine personenbezogene Allgemeinverfügung liegt vor, wenn die (zumeist über Megaphon oder Rundfunk) getroffene Regelung an eine unüberschaubare Zahl von Personen gerichtet wird, also nicht an einzelne Adressaten, vor allem, wenn sich die Regelung nicht auf diejenigen beschränkten soll, die den VA zur Kenntnis nehmen. Die persönliche Anrede oder Adressierung und die Berücksichtigung individueller Verhältnisse der Betroffenen sind Indizien für Einzelverfügungen (*Stelkens/ Bonk/Sachs* § 35 Rnr. 206).

Beispiele: Allgemeinverfügungen sind die **Auflösung einer Versammlung** (BVerwGE VGH München NVwZ 1998, 761); die Beseitigungsanordnung für eine Wagenburg (OVG Lüneburg NVwZ-RR 2005, 93); die über Rundfunk verbreitete Anordnung, **Endiviensalat** wegen Gesundheitsgefahr zu vernichten, (BVerwGE 12, 87 = NJW 1961, 2077), der Smog-Alarm (*Jarass* NVwZ 1987, 95: VA; aA *Ehlers*, DVBl 1987, 972, 977: VO).

c) Maßnahmen zur Verkehrsregelung

34.29 Handzeichen der Polizeivollzugsbeamten zur Verkehrsregelung (§ 36 StVO), Lichtzeichen von Ampelanlagen (VG Hannover NJW 1984, 1644) und die durch **Verkehrszeichen** verlautbarten Anordnungen sind Allgemeinverfügungen (instruktiv *Manssen* DVBl 1997, 633). Nach heute hM ist bereits das Aufstellen von Verkehrsschildern als Erlass der Anordnung gegenüber jedermann anzusehen (BVerwGE 102, 316 = NJW 1997, 1021). Danach ist eine Anfechtung nur innerhalb eines Jahres nach Aufstellung unabhängig davon zulässig, ob der Betroffene davon innerhalb dieser Frist zur Kenntnis genommen hat (*Erichsen/ Hörster* Jura 1997, 659, 666; zur Anfechtbarkeit durch Jedermann BVerwG NJW 2004, 698).

Beachte: Halteverbote enthalten zugleich das Gebot, das Fahrzeug unverzüglich wieder zu entfernen (OVG Münster NJW 1990, 2835). Zu den Besonderheiten von Zonen-Verkehrsregelungen vgl. BVerwGE 97, 214, 220. Früher galt das **Sichtbarkeitsprinzip** (VGH Mannheim NJW 1991, 1698), heute gilt dagegen das **Aufstellungsprinzip**, wonach das einmal ordnungsgemäß aufgestellte Zeichen unabhängig von der konkreten Wahrnehmbarkeit weiter gilt (OVG Hamburg NordÖR 2004, 399).

d) Sachbezogene Allgemeinverfügungen (dingliche VAe)

34.30 Straßen- und wegerechtliche **Widmungsentscheidungen** werden als VAe in Form der Allgemeinverfügung (§ 35 S. 2 VwVfG) angesehen (BVerwGE 47, 144 = NJW 1975, 841). Gleiches gilt für **Planfeststellungsbeschlüsse** (§ 75 VwVfG), für die Benennung von öffentlichen Wegen und Einrichtungen und für **Organisationsakte**, sofern sie nicht lediglich verwaltungsinterne Bedeutung haben (*Kopp/Ramsauer* § 35 Rnr. 106).

Beispiele: VAe sind die Verlegung einer Schule (OVG Münster DVBl 1979, 569), die Schließung einer Schule (BVerwGE 18, 40), Umbenennung einer Straße (VGH Mannheim NVwZ 1997, 196) und ähnliche Entscheidungen (BVerwGE 47, 201, 205).

5. Rechtswirkung nach außen

Die Regelung darf sich nicht im verwaltungsinternen Bereich erschöp- **34.31**
fen, sie muss ihre Wirkung im Außenverhältnis entfalten. Anderenfalls
liegt eine nur verwaltungsinterne Maßnahme vor (vgl. Rnr. 22.02; Bsp.
bei *Kopp/Ramsauer*, § 35 Rnr. 73 ff.). Mit diesem Merkmal werden in-
nerdienstliche Weisungen ausgeschieden und Maßnahmen in Sonderstatusverhältnissen, die das Betriebsverhältnis betreffen (Rnr. 34.33).

a) Der Begriff des Sonderstatusverhältnisses

Als Sonderstatusverhältnisse (früher: besondere Gewaltverhältnisse) **34.32**
werden diejenigen Rechtsverhältnisse bezeichnet, in denen der Bürger in
ein besonders enges Verhältnis zum Staat bzw. zu staatlichen Einrichtungen tritt. Es handelt sich vor allem um

das Beamtenverhältnis,
– das Schulverhältnis,
– das Strafgefangenenverhältnis und
– das Wehrpflichtverhältnis.

b) Die Unterscheidung von Grund- und Betriebsverhältnis

Sonderstatusverhältnisse wurden lange Zeit als gerichtsfreie Räume an- **34.33**
gesehen. Später wurde Rechtsschutz gewährt, wenn es sich bei den
Maßnahmen um VAe handelte. Hierzu wurde die Unterscheidung zwischen Grund- und Betriebsverhältnis entwickelt (*Ule* VVDStRL 15,
133 ff.): Maßnahmen im **Grundverhältnis** (Begründung, Aufhebung oder
Änderung des Status), sind als VAe zu qualifizieren, Maßnahmen im
Betriebsverhältnis (konkrete Dienstanweisungen) nicht. Heute ist anerkannt, dass sämtliche Maßnahmen einer gerichtlichen Kontrolle unterliegen, wenn sie Rechte beeinträchtigen, unabhängig von ihrer Rechtsqualität (BVerfGE 33, 1 – Strafgefangene). Für die Qualifizierung einer
Maßnahme als VA hat die griffige Unterscheidung ihre Bedeutung be-
halten.

Beispiele: Veränderungen des Amtes im statusrechtlichen sowie im abstrakt-funktio-
nalen Sinn (Entlassung, Beförderung, dienstliche Beurteilung, Disziplinarmaßnahmen,
Versetzung zu anderer Behörde) betreffen das Grundverhältnis, Veränderungen des
Amtes im konkret-funktionalen Sinn (zB Umsetzung innerhalb einer Behörde) sowie
die Betrauung mit einzelnen Aufgaben betreffen das Betriebsverhältnis (BVerwGE 98,
334). **Schulverhältnis:** Versetzung, Nichtversetzung, Entlassung, Schulstrafen oder
Schulwechsel berühren das Grundverhältnis, Stundenplan, Unterrichtsausfall, Unter-
richtsgestaltung und Klasseneinteilung berühren idR nur das Betriebsverhältnis.

III. Nebenbestimmungen zu Verwaltungsakten

1. Der Begriff der Nebenbestimmung

34.34 Nebenbestimmungen sind belastende Regelungen, die einem begünstigenden (Haupt-)VA beigefügt werden und sich auf dessen Inhalt oder Wirkung beziehen, indem sie zB dessen innere Wirksamkeit begrenzen (Bedingung, Befristung) oder eine Verpflichtung begründen (Auflage), oder eine Veränderungsmöglichkeit vorsehen (Vorbehalt). Nebenbestimmungen sind streng akzessorisch, dh ihre Wirksamkeit (Rnr. 34.42) hängt vom Haupt-VA ab.

Merke: Nach § 36 Abs. 2 VwVfG (bzw. § 32 Abs. 2 SGB X) werden unterschieden Befristung, Bedingung, Widerrufsvorbehalt, Auflage und Auflagenvorbehalt. Die Aufzählung ist zwar nicht abschließend, allerdings lassen sich praktisch alle denkbaren Nebenbestimmungen diesen Kategorien zuordnen.

2. Abgrenzungsprobleme

a) Abgrenzung zur Inhaltsbestimmung des Haupt-VA

34.35 Inhaltsbestimmungen sind keine Nebenbestimmungen iSd § 36 VwVfG. Von ihnen spricht man, wenn der Haupt-VA selbst inhaltlich ausgestaltet wird, insbesondere dann, wenn er mit einem anderen Inhalt erlassen wird, als beantragt wurde (*Kopp/Ramsauer* § 36 Rnr. 7). Sie enthalten die vollständige oder teilweise Ablehnung des Haupt-VA, verbunden mit dem Erlass eines anderen, mit diesem Inhalt nicht beantragten VA. Es handelt sich nicht um Nebenbestimmungen, auch wenn sie von der Behörde zB als „Auflagen" bezeichnet werden (maßgeblich ist der objektive Erklärungswert aus Empfängersicht, *Kopp/Ramsauer* § 35 Rnr. 18 f., § 36 Rnr. 11). Die Abgrenzung ist teilweise schwer nachvollziehbar.

Beispiele: Inhaltsbestimmung ist die Auflage, anstelle eines Flachdaches ein Satteldach zu bauen; Auflage, in Kraftwerk nur schwefelarmes Heizöl zu verwenden (BVerwG NVwZ 1984, 371); Auflage, eine Pipeline zu ummanteln (BVerwG NVwZ 1984, 366), eine Tankstelle mit Gaspendelungsanlage auszurüsten (VGH Mannheim NVwZ 1994, 709). Der inzwischen weitgehend aufgegebene Begriff der **modifizierenden Auflage** (*Weyreuther* DVBl 1984, 365) betrifft Inhaltsbestimmungen (vgl. *Brenner* JuS 1996, 285).

b) Abgrenzung Auflage – Bedingung

34.36 Nach wie vor gilt der von *Savigny* stammende klassische Merksatz: *„Die Auflage zwingt, suspendiert aber nicht, die Bedingung suspendiert, zwingt aber nicht."* Die Nichterfüllung einer Auflage hat auf die Wirksamkeit des VA keinen Einfluss. Dafür ist sie selbständig durchsetzbar. Es besteht allerdings die Möglichkeit, den VA nach § 49 Abs. 2 Nr. 2 VwVfG zu widerrufen, wenn die Auflage nicht erfüllt wird (s. Rnr.

34.56). Die Abgrenzung wird in der Praxis durch ungenaue Bezeichnungen erschwert.

Beispiel: Der Zusatz zu einer Aufenthaltserlaubnis: „Selbständige Erwerbstätigkeit oder vergleichbare unselbständige Erwerbstätigkeit nicht gestattet" ist als Auflage, nicht als auflösende Bedingung zu verstehen, (vgl. BVerwGE 56, 254 = NJW 1979, 1112). Die Pflicht zur Stellplatzablösung nach Bauordnungsrecht kann sowohl als Bedingung als auch als Auflage einer Baugenehmigung beigefügt werden (als Bedingung: BVerwG NJW 1986, 600; als Auflage: VGH München NVwZ-RR 2005, 785).

3. Die Zulässigkeit von Nebenbestimmungen

a) Vorrangige Spezialregelungen

Für die Frage, ob einem begünstigenden VA belastende Nebenbestim- **34.37** mungen beigefügt werden dürfen, sind zunächst die einschlägigen Spezialregelungen zu prüfen, die idR die Beifügung von Nebenbestimmungen abschließend regeln, teilweise aber auch durch § 36 VwVfG ergänzt werden.

Beispiele: § 9 WaffG (zur waffenrechtlichen Erlaubnis); § 12 AufenthG (zu ausländerrechtlichen Aufenthaltstiteln); § 12 BImSchG (zur immissionsrechtlichen Anlagengenehmigung); § 17 BImSchG (nachträgliche Anordnungen); § 5 GastG (zur Gaststättenerlaubnis nach § 2 GastG); § 17 Abs. 4 FStrG (zur straßenrechtlichen Planfeststellung). Unzulässig sind Nebenbestimmungen bei Beamtenernennung, Einbürgerung, Namensänderung; weitere Beispiele bei *Kopp/Ramsauer* § 36 Rnr. 5.

b) Die allgemeinen Regelungen des § 36 VwVfG (§ 32 SGB X)

aa) Gebundener VA. Es ist danach zu unterscheiden, ob auf den **34.38** (Haupt-) VA ein Anspruch besteht oder nicht. Hat der Adressat entweder nach der gesetzlichen Regelung oder wegen einer Ermessensreduzierung auf null einen Anspruch auf den beantragten VA, so darf eine Nebenbestimmung nur beigefügt werden, wenn sie die Erfüllung der gesetzlichen Voraussetzungen für den Erlass des VA sicherstellen soll. Die Auswahl der Nebenbestimmung steht im Ermessen (VGH Mannheim NVwZ 1994, 919).

Beispiel: Damit die Grundflächenzahl (§ 17 BauNVO) nicht überschritten wird, enthält die Baugenehmigung die Auflage, einen auf dem Grundstück befindlichen Schuppen abzureißen. Einer Baugenehmigung werden Schutzauflagen beigefügt, damit bestimmte Grenzwerte unterschritten werden.

bb) Ermessens-VA. Stellt der Erlass des (Haupt-)VA im (Beurteilungs- **34.39** oder Planungs-) Ermessen der Verwaltung, kann der Hauptregelung gem. § 36 Abs. 2 VwVfG im Rahmen eben dieses Ermessens auch eine Nebenbestimmung beigefügt werden. Wenn die Verwaltung den Erlass des VA auch ermessensfehlerfrei ablehnen könnte, kann sie stattdessen als Minus belastende Nebenbestimmungen beifügen.

Beispiele: Nebenbestimmungen zur wegerechtlichen Sondernutzungserlaubnis oder zu Ausnahmen und Befreiungen im Baurecht, ferner Nebenbestimmungen in Subventionsbescheiden.

4. Rechtsschutz gegen Nebenbestimmungen

34.40 Ob Nebenbestimmungen mit der Anfechtungsklage isoliert angefochten werden können oder ob Verpflichtungsklage auf Erlass eines VA ohne die beanstandete Nebenbestimmung erhoben werden muss, ist nach wie vor stark umstritten. Die Anfechtungsklage ist für den Betroffenen günstiger, da sie die Wirksamkeit des Haupt-VA nicht berührt und nur die Nebenbestimmung selbst kontrolliert wird. Außerdem kommt der Kläger in den Genuss des Suspensiveffekts, dh er kann die Genehmigung ausnutzen, ohne die Nebenbestimmung beachten zu müssen.

> **Merke:** Mit der Anfechtungsklage kann der Kläger mehr erhalten, als er vorher hatte (zB bei Wegfall der Befristung). Außerdem wird uU in eine einheitliche Ermessensentscheidung eingegriffen. Die Behörde muss deshalb versuchen, nachträglich eine fehlerfreie Nebenbestimmung beizufügen, was nach hM zulässig ist.

34.41 Nach heute hM ist die isolierte Anfechtung von Nebenbestimmungen grundsätzlich zulässig (*Kopp/Schenke* § 42 Rnr. 22 ff.). Etwas anderes soll nur dann gelten, wenn es sich in Wahrheit nicht um eine Nebenbestimmung, sondern um eine Inhaltsbestimmung handelt und wenn offensichtlich ist, dass der VA ohne die Nebenbestimmung rechtswidrig oder sinnlos ist (BVerwGE 112, 263, 265). Begründet soll die Anfechtungsklage aber nur sein, wenn die Nebenbestimmung rechtswidrig ist, den Kläger in seinen Rechten verletzt (§ 113 VwGO) und der VA ohne die belastende Nebenbestimmung bestehen bleiben kann. Nach der älteren klassischen Auffassung kann nur die Auflage isoliert angefochten werden (*Kopp/Ramsauer* § 36 Rnr. 61).

> **Merke:** Die hM ist einfacher zu handhaben und deshalb im Examen vorzuziehen. vermag aber weder das Problem der einheitlichen Ermessensentscheidung, noch das Problem des Suspensiveffekts im Falle der isolierten Anfechtbarkeit befriedigend zu lösen. Sie entgeht unliebsamen Konsequenzen, indem sie die nicht isoliert anfechtbaren Nebenbestimmungen als Inhaltsbestimmungen bezeichnet.

IV. Wirksamkeit, Bestandskraft, Widerruf und Rücknahme

1. Die Wirksamkeit von VAen

34.42 Gem. § 43 Abs. 1 VwVfG (§ 39 SGB X) wird ein VA, der nicht gem. § 44 VwVfG nichtig ist, im Zeitpunkt der Bekanntgabe an den Betroffenen (§ 41 VwVfG) diesem gegenüber wirksam, und zwar unabhängig von seiner Rechtmäßigkeit. Die Wirksamkeit des VA dauert gem. § 43 Abs. 2 VwVfG an, solange er nicht zurückgenommen, widerrufen, anderweitig aufgehoben wird oder sich durch Zeitablauf bzw. auf andere Weise erledigt.

2. Die Bestandskraft von Verwaltungsakten

Unanfechtbar wird der VA, wenn er mit den regulären Rechtsbehelfen 34.43 (Widerspruch und Klage) nicht mehr angefochten werden kann. Mit dem Eintritt der Unanfechtbarkeit wird der (nicht nichtige) VA bestandskräftig. Der Bürger muss die dann getroffene Regelung gegen sich gelten lassen, auch wenn sie mit dem materiellen Recht nicht übereinstimmt. Von der Rechtskraft eines Urteils (siehe hierzu Rnr. 4.16) unterscheidet sich die Bestandskraft dadurch, dass die Behörde die Möglichkeit hat, den VA unter den Voraussetzungen der §§ 48 ff. VwVfG wieder aufzuheben und hierzu uU auch verpflichtet ist (siehe zur Rücknahme gemeinschaftsrechtswidriger Verwaltungsakte *Rennert* DVBl 2007, 400).

3. Tatbestandswirkung und Feststellungswirkung

Tatbestandswirkung und Feststellungswirkung binden über die am Ver- 34.44 waltungsverfahren unmittelbar Beteiligten hinaus alle Rechtssubjekte. Tatbestandswirkung entfaltet ein VA, wenn in einer Rechtsnorm an die Tatsache des Erlasses bestimmte Rechtsfolgen geknüpft werden. Es ist dann von der Existenz des VA auszugehen, ohne dass es auf die Rechtmäßigkeit seines Inhaltes ankäme (näher *Randak*, Bindungswirkungen von Verwaltungsakten, JuS 1992, 33).

Beispiele: Wer zu Unrecht eine Fahrerlaubnis erhalten hat, kann gleichwohl nicht wegen Fahrens ohne Fahrerlaubnis belangt werden; nach wirksamer Einbürgerung ist von der deutschen Staatsangehörigkeit auszugehen; für den Ortszuschlag ist die Bewilligung von Kindergeld maßgebend (BVerwG DVBl 1994, 115); Maßgeblichkeit von Statusentscheidungen (BVerwGE 90, 65 zur Feststellung einer Behinderung).

Feststellungswirkung kommt einem VA nur insoweit zu, als dies in einer 34.45 Rechtsvorschrift besonders angeordnet worden ist. Sie bewirkt, dass auch die in der Begründung eines VA getroffenen Feststellungen verbindlich sind (vgl. zur Feststellungswirkung bei Urteilen Rnr. 4.22).

Beispiele: Feststellung der Spätaussiedlereigenschaft in einer Bescheinigung (§ 15 Abs. 1 BVFG, dazu BVerwG DVBl 2005, 1450); bei der Ausbildungsförderung wird dem Inhalt bestandskräftiger Steuerbescheide Feststellungswirkung beigemessen (§ 24 Abs. 2 Satz 2 BAföG, dazu BVerwG NVwZ 1994, 1216); früher hatte auch die Teilungsgenehmigung nach dem inzwischen aufgehobenen § 21 BauGB diese Wirkung.

4. Die Rücknahme rechtswidriger Verwaltungsakte

a) Allgemeines zur Rücknahme rechtswidriger VAe

Rechtswidrige VAe, dh solcher VAe, die bereits im Zeitpunkt ihres Er- 34.46 lasses objektiv rechtswidrig waren, können nach § 48 VwVfG bzw. §§ 44 f. SGB X zurückgenommen werden, sofern nicht spezielle Regelungen eingreifen. Bei den Rücknahmevoraussetzungen wird zwischen belastenden und begünstigenden VAen unterschieden, weil für letztere Vertrauensschutz zu beachten ist.

Beispiele: Besondere Vorschriften enthalten § 45 WaffG für die Rücknahme waffenrechtlicher Erlaubnisse, § 13 HwO für die Löschung der Eintragung in die Handwerksrolle, § 12 BeamtStG für die Rücknahme beamtenrechtlicher Ernennungen, § 14 BRAO für die Rücknahme der Zulassung zur Anwaltschaft.

b) Rücknahme rechtswidriger belastender VAe

34.47   Nach § 48 Abs. 1 S. 1 VwVfG (bzw. § 44 Abs. 2 SGB X) steht die Rücknahme eines rechtswidrigen belastenden VA mit Wirkung für Vergangenheit oder Zukunft im Ermessen der Verwaltung. An tatbestandliche Voraussetzungen ist das Ermessen nicht gebunden; insbesondere spielt Vertrauensschutz bei belastenden VAen naturgemäß keine Rolle. In der Praxis stellt sich das Problem, ob und unter welchen Voraussetzungen der Betroffene nach Unanfechtbarkeit des VA die Rücknahme erreichen kann.

Beispiel: A hat die ihm gegenüber erlassene Abrissverfügung nicht angefochten. Er kann nach Eintritt der Unanfechtbarkeit die Rücknahme des in belastenden VA beantragen, wenn er die Abrissverfügung für rechtswidrig hält. Sein Anspruch beschränkt sich aber auf eine ermessensfehlerfreie Entscheidung über die Rücknahme. Eine Reduzierung des Ermessens auf Null ist nur bei schweren und klaren Rechtsverstößen anzunehmen (*Kopp/Ramsauer* § 48 Rnr. 79 mwN). Zum **Anspruch** auf Rücknahme nach § 44 Abs. 1 SGB X siehe Rnr. 34.60.

c) Rücknahme rechtswidriger begünstigender VAe

34.48   Die Rücknahme rechtswidriger begünstigender VAe kommt nur unter Berücksichtigung schutzwürdigen Vertrauens des Begünstigten in Betracht. Insoweit gelten besondere materielle und formelle Schutzbestimmungen. **Begünstigend ist ein VA** nach § 48 Abs. 1 S. 2 VwVfG nur, wenn er ein Recht oder einen rechtlich erheblichen Vorteil begründet.

Beachte: Nicht um begünstigende VAe handelt es sich, wenn eine Geldleistungspflicht in geringerer Höhe als erwartet oder zulässig festgesetzt wird, sofern nicht ausdrücklich oder konkludent im Übrigen ein Verzicht geregelt und damit ein rechtlicher Vorteil eingeräumt wird.

34.49   **aa) Geldleistungsbescheide.** Ein rechtswidriger VA, der eine Geldleistung oder teilbare Sachleistung (zB Sozialleistungen, Subventionen) gewährt, darf nach § 48 Abs. 2 VwVfG verfahrensrechtlich nur innerhalb der **Jahresfrist** des § 48 Abs. 4 VwVfG und materiell nur dann zurückgenommen werden, wenn **Vertrauensschutz** nicht entgegensteht. Das Vertrauen ist nach § 48 Abs. 2 S. 2 VwVfG idR schutzwürdig, wenn erstens die gewährte Leistung bereits verbraucht wurde oder **Vermögensdispositionen** getroffen wurden, die sich nicht oder nur mit unzumutbaren Nachteilen rückgängig machen lassen, und wenn zweitens **kein Ausschlussgrund** nach § 48 Abs. 2 S. 3 VwVfG vorliegt.

Beachte: Das Gesetz kennt drei Ausschlussgründe: (1) der Begünstigte hat den VA durch arglistige Täuschung, Drohung oder Bestechung erwirkt, oder (2) der VA beruht auf Angaben, die der Begünstigte in wesentlicher Beziehung unrichtig oder unvollständig gemacht hat, oder (3) der Begünstigte kannte die Rechtswidrigkeit des VA oder er kannte sie infolge grober Fahrlässigkeit nicht.

Gleiches gilt für begünstigende VAe im **Anwendungsbereich des SGB X,** 34.50
wobei nach § 45 Abs. 2 S. 3 Nr. 2 SGB X der Ausschlussgrund der falschen oder unvollständigen Angaben nur vorliegt, wenn Vorsatz oder
grobe Fahrlässigkeit vorliegen. Besonderheiten gelten weiter für Subventionen, die unter **Verstoß gegen Art. 87 oder 88 EG** bewilligt wurden.
Die Entscheidung der Kommission, dass die Beihilfe rechtswidrig gewährt wurde, führt idR zur Ermessensreduzierung auf Null und zur
Rücknahmepflicht ohne die weitere Berücksichtigung von Ermessensge-
sichtspunkten auf nationaler Ebene.

Beachte: Begründet wird dies von der Rspr. damit, dass der Betroffene bei einer europa-
rechtswidrigen Subventionsvergabe von vornherein keinen Vertrauensschutz beanspruchen könne (EuGH NVwZ 1998, 45 und BVerfG NJW 2000, 2015; zur entsprechenden Nichtigkeit von Subventionsverträgen nach § 134 BGB vgl. BGH
NJ 2003, 592). Vertrauensschutzregelungen im Gemeinschaftsrecht sind gegenüber
nationalen Regelungen vorrangig und abschließend (BVerwG DVBl 2005, 1275).

bb) Andere begünstigende VAe. Für rechtswidrige begünstigende VA, 34.51
die keine Geldleistungen oder teilbare Sachleistungen betreffen und
auch nicht unter das SGB X fallen, richtet sich die Rücknahme nach
§ 48 Abs. 3 VwVfG. Auf der Tatbestandsseite der Norm ist kein Vertrauensschutz vorgesehen. Besteht schutzwürdiges Vertrauen, so ist dem
Betroffenen auf besonderen Antrag Geldentschädigung zu leisten. Ob
schutzwürdiges Vertrauen darüber hinaus auch im Rahmen des **Rück-
nahmeermessens** berücksichtigt werden muss, ist **umstritten,** nach zutreffender Meinung aber jedenfalls dann zu bejahen, wenn die Entschä-
digungsleistung die Nachteile nicht ausgleichen kann. (Zum Streitstand
Kopp/Ramsauer § 48 Rnr. 137; wie hier OVG Bremen NordÖR 2004,
160).

Beispiel: Die Nachteile der Rücknahme einer rechtswidrig erteilten Aufenthaltserlaubnis lassen sich durch Entschädigungszahlen idR nicht ausgleichen. Bei der Rücknahme einer rechtswidrigen Baugenehmigung dürfte es auf den Einzelfall ankommen.

cc) Jahresfrist. Für sämtliche rechtswidrigen begünstigenden VAe gilt 34.52
nach § 48 Abs. 4 VwVfG bzw. § 45 Abs. 4 SGB X, dass sie nur innerhalb einer Frist von einem Jahr zurückgenommen werden können,
nachdem die Verwaltung von den Tatsachen Kenntnis erhalten hat, die
die Rücknahme des VA rechtfertigen. Diese Vorschrift ist allerdings
nicht anwendbar, wenn eine Subvention aufgrund einer Entscheidung
der EU-Kommission zurückgenommen werden muss (BVerfG NJW
2000, 2015).

Beachte: Diese Frist wird von der hM als reine Überlegungsfrist aufgefasst, dh sie
beginnt erst dann, wenn der zuständige Sachbearbeiter von den die Rücknahmemög-
lichkeit begründenden Umständen, zu denen auch die in § 48 Abs. 2 S. 3 VwVfG genannten Voraussetzungen gehören, tatsächlich Kenntnis genommen hat (BVerwGE
70, 356; BVerwG NJW 2000, 1512). Die bloße Möglichkeit der Kenntnisnahme,
wenn sich zB die maßgeblichen Umstände aus den Akten ergeben, ist nicht ausreichend (krit. *Maurer* § 11 Rnr. 35 mwN).

34.53 **dd) Rückabwicklung.** Ist der VA für die Vergangenheit zurückgenommen worden, gilt für die Rückforderung der neu erlassene § 49 a VwVfG, der an die Stelle des aufgehobenen § 48 Abs. 2 S. 5–8 VwVfG getreten ist. Die neue Bestimmung enthält eine ausdrückliche Ermächtigung zur Rückforderung durch VA und beschränkt den Einwand der Entreicherung auf die Fälle leichter Fahrlässigkeit (§ 49 a Abs. 2 VwVfG). Außerdem ist eine Pflicht zur Verzinsung vorgesehen.

5. Der Widerruf von Verwaltungsakten

a) Allgemeines

34.54 Der Widerruf eines VA ist – von vorrangigen spezialgesetzlichen Regelungen zB in § 21 BImSchG, § 15 Abs. 2, 3 GastG, § 47 Abs. 2 WaffG abgesehen – in § 49 VwVfG bzw. §§ 46 ff. SGB X geregelt. Auch hier wird zwischen belastenden und begünstigenden VAen unterschieden. Für begünstigende VAe muss ein **Widerrufsgrund** nach § 49 Abs. 2, 3 VwVfG vorliegen

> **Beachte:** Die Regelungen über den Widerruf sind nicht nur auf rechtmäßige VAe, sondern im Erst-Recht-Schluss entsprechend auch auf rechtswidrige VAe anwendbar. In § 49 VwVfG bzw. § 46 SGB X wird danach differenziert, ob ein belastender oder ein begünstigender VA widerrufen wird. Bevor die allgemeinen Widerrufsregeln geprüft werden, ist festzustellen, ob spezialgesetzliche Bestimmungen eingreifen (Bsp. VGH München NuR 1997, 95: eingeschränkte Widerruflichkeit von Planfeststellungsbeschlüssen).

b) Widerruf eines belastenden VA

34.55 Ein belastender VA kann jederzeit widerrufen werden, außer wenn ein VA gleichen Inhalts erneut erlassen werden müsste oder ein Widerruf aus anderen Gründen unzulässig ist. Ein danach zulässiger Widerruf steht im **Ermessen** der Verwaltung, und zwar unabhängig davon, ob über den VA ein Rechtsstreit geführt wird oder geführt wurde (*Kopp/Ramsauer* § 49 Rnr. 16 mwN).

c) Widerruf eines begünstigenden VA

34.56 Der Widerruf eines rechtmäßig erlassenen begünstigenden VA (zum Begriff § 48 Abs. 1 S. 2 VwVfG) ist im Hinblick auf den Vertrauensschutz nur unter engen Voraussetzungen, teilweise sogar nur gegen Entschädigung (§ 49 Abs. 6 VwVfG), und grundsätzlich nur **mit Wirkung für die Zukunft** zulässig. Eine **Ausnahme** gilt gem. § 49 Abs. 3 VwVfG für Bescheide, die sich auf eine Geldleistung oder teilbare Sachleistung beziehen. Sie können auch mit Wirkung für die Vergangenheit widerrufen werden (s. Rnr. 34.57). In jedem Fall muss ein **Widerrufsgrund** gem. § 49 Abs. 2 VwVfG (bzw. § 47 SGB X) oder gem. § 49 Abs. 3 VwVfG vorliegen und die Jahresfrist des § 48 Abs. 4 VwVfG eingehalten werden.

Beachte: Für Aufhebung bzw. Änderung von sozialrechtlichen VAen mit Dauerwirkung hat § 48 SGB X eine von § 49 VwVfG abweichende Regelung getroffen, die der
besonderen Interessenlage der Beteiligten bei der Änderung der Verhältnisse im Falle
der Bewilligung von Sozialleistungen für einen längeren Zeitraum Rechnung trägt.
Die Jahresfrist gilt nicht für § 47 SGB X.

d) Der Widerruf von Subventionsbescheiden

Für VAe, durch die Geldleistungen oder teilbare Sachleistungen zur Er-   34.57
füllung bestimmter Zwecke gewährt werden, insbesondere für Subven-
tionsbescheide, enthält § 49 Abs. 3 VwVfG eine zusätzliche Widerrufs-
möglichkeit. Danach kann der VA im Falle zweckwidriger Verwendung
oder bei Nichterfüllung von Auflagen auch **mit Wirkung für die Vergangenheit** widerrufen werden mit der Folge, dass die Rückabwicklung
sich nach § 49 a VwVfG richten kann. Diese Regelung ist an die Stelle
des § 44 a BHO bzw. der entsprechenden Länderbestimmungen getreten
(*Kopp/Ramsauer* § 49 Rnr. 62).

Beispiel: Der Begünstigte hat die mit VA für die energetische Sanierung eines Gebäudes bewilligten Subventionen zur Erweiterung des Gebäudes genutzt oder die Sanierung für längere Zeit zurückgestellt.

6. Die Aufhebung im Widerspruchs- oder Klageverfahren

Die Regelungen über den Schutz des Vertrauens bei Rücknahme oder   34.58
Widerruf eines begünstigenden VA gelten nicht für den Fall der Aufhebung des VA während eines von einem Dritten angestrengten Wider-
spruchs- oder des Klageverfahrens, soweit darin der Sache nach eine
Abhilfe liegt (§ 50 VwVfG bzw. § 49 SGB X). Voraussetzung für den
Ausschluss von Vertrauensschutz ist, dass der Rechtsbehelf des Dritten
jedenfalls zulässig ist. Ob darüber hinaus Begründetheit zu verlangen
ist, ist umstritten, richtigerweise aber zu bejahen (vgl. *Kopp/Ramsauer*
§ 50 Rnr. 24).

Beachte: Ist der Widerspruch des Dritten zulässig und begründet, muss die Widerspruchsbehörde dem Widerspruch stattgeben. Stattdessen kann aber die Ausgangsbehörde den rechtswidrigen VA auch zurücknehmen; liegt ein Antrag vor, ist sie hierzu
nach der Rspr. sogar verpflichtet (BVerwG NVwZ 2002, 730; Reduzierung des Ermessens auf Null, str.). Missbräuchlich wäre es aber, damit nicht die Kostenfolge des
§ 80 VwVfG zu umgehen (BVerwG NVwZ-RR 2003, 871).

7. Anspruch auf Widerruf, Rücknahme und Wiederaufgreifen

a) Grundsatz: Anspruch auf ermessensfehlerfreie Entscheidung

Grundsätzlich hat der von einem VA Betroffene nach Eintritt der Unan-   34.59
fechtbarkeit des VA nur noch einen Anspruch auf ermessensfehlerfreie
Entscheidung über die Frage, ob der VA zurückgenommen oder widerrufen werden soll. Dieser kann sich allerdings im Einzelfall auf null
reduzieren, zB wenn die Aufrechterhaltung des VA unerträglich wäre
(BVerwGE 44, 336; s. auch *Kopp/Ramsauer* § 48 Rnr. 56).

Merke: Liegen keine besonderen Umstände vor, so kann die Verwaltung ohne Rechtsfehler dem Interesse an der Bestandskraft eines einmal erlassenen VA vor den Interessen des Betroffenen den Vorzug geben, weil in der Begrenzung der Anfechtungsmöglichkeiten eines VA zum Ausdruck kommt, dass das Gesetz im Normalfall dem Betroffenen auch die Hinnahme eines uU rechtswidrigen VA zumutet.

b) Anspruch auf Rücknahme nach § 44 Abs. 1 SGB X

34.60 Von dem Grundsatz der Bestandskraft eines VA macht § 44 Abs. 1 SGB X eine Ausnahme für die Fälle, in denen aufgrund des rechtswidrigen VA Sozialleistungen zu Unrecht nicht erbracht oder Beiträge zu Unrecht erhoben worden sind, sofern der VA nicht auf Angaben beruht, die der Begünstigte vorsätzlich in wesentlicher Beziehung unrichtig oder unvollständig gemacht hat.

Merke: Im Falle der Rücknahme nach § 44 Abs. 1 SGB X werden die rechtswidrig abgelehnten Sozialleistungen gem. § 44 Abs. 4 SGB X rückwirkend bis zu einem Zeitraum von längstens vier Jahren nachgeleistet. Diese Regelung gilt nach der Rspr. des BVerwG nicht für das Recht der Sozialhilfe (BVerwGE 68, 285 = NVwZ 1984, 441).

c) Anspruch auf Wiederaufgreifen gem. § 51 VwVfG

34.61 Liegen die Voraussetzungen des § 51 VwVfG für das Wiederaufgreifen des Verfahrens vor, so hat der Betroffene ebenfalls einen Anspruch auf Neuentscheidung in der Sache (Wiederaufgreifen im engeren Sinne). Ob diese Neuentscheidung dann zu einer Korrektur des (an sich unanfechtbaren) VA führt, ist eine Frage des materiellen Rechts, die von § 51 VwVfG nicht berührt wird.

Der Prüfungsaufbau ist **zweistufig:** Zu prüfen ist zunächst, ob das Verfahren wiederaufzugreifen ist, also die Zulässigkeit des Wiederaufnahmeantrags (§ 51 Abs. 2-4 VwVfG) und dessen Begründetheit mit Vorliegen von Wiederaufnahmegründen (§ 51 Abs. 1 VwVfG). Sind beide Fragen zu bejahen, dann wird auf der zweiten Stufe in der Sache eine neue Entscheidung getroffen, die, wenn sie inhaltlich von der des alten VA abweicht, zu dessen Aufhebung führt. Ein Rücknahmeermessen besteht nach hM insoweit nicht (*Kopp/Ramsauer* § 51 Rnr. 16a). Besteht nach materiellem Recht ein Anspruch auf einen begünstigenden VA, so ist dieser zu erlassen, wenn die Voraussetzungen für ein Wiederaufgreifen vorliegen, anderenfalls ist eine Ermessensentscheidung zu treffen.

§ 35. Öffentlich-rechtliche Verträge

Literatur: *Ogorek*, Ausgewählte Grundfragen des Verwaltungsvertrags, JA 2003, 436; *Höfling/Krings*, Der verwaltungsrechtliche Vertrag: Begriff, Typologie, Fehlerlehre, JuS 2000, 625; *Waechter*, Der öffentlich-rechtliche Vertrag. Zur aktuellen Entwicklung der Handlungsformenlehre. JZ 2006, 166; *Ziekow/Siegel*, Entwicklung und Perspektiven des Rechts des öffentlich-rechtlichen Vertrags, VerwArch 2003, 593 und 2004, 133, 281, 573.

I. Begriff und Bedeutung, gesetzliche Regelungen

Mit einem öffentlich-rechtlichen Vertrag werden bindende Regelungen 35.01
auf dem Gebiet des öffentlichen Rechts durch übereinstimmende Willenserklärungen getroffen. An die Stelle einer einseitigen Rechtsfolgeanordnung tritt die einvernehmliche Vereinbarung. § 54 VwVfG stellt klar,
dass die Verwaltung mit dem Bürger grundsätzlich anstelle des Erlasses
eines VA auch einen Verwaltungsvertrag schließen darf, soweit das
Fachrecht nicht ein **Vertragsformverbot** enthält. Vertragsformverbote
gelten unabhängig vom konkreten Inhalt der Vereinbarung, für den eine
Kontrolle nach Maßgabe des § 59 VwVfG erfolgen muss.

Beachte: Vertragsformverbote sind selten. Sie gelten zB bei Leistungs-, Eignungs- und
ähnlichen Prüfungen (§ 2 Abs. 3 VwVfG). Nach wie vor wird im Steuerrecht ein Vertragsformverbot angenommen. Dort sind nur sog. tatsächliche Verständigungen zulässig (§ 155 Abs. 1 AO). Im übrigen Abgabenrecht können Vereinbarungen nach Maßgabe landesrechtlicher Regelungen zulässig sein. Ferner bestehen Vertragsformverbote
teilweise im Beamtenrecht (§ 6 Abs. 2 BeamtStG) und im Soldatengesetz (§ 47 Abs. 4
SoldG). In den meisten Fällen liegen keine Vertragsformverbote, sondern auf den
konkreten Inhalt der Vereinbarung bezogene Verbote vor (zB § 1 Abs. 3 BauGB). S.
auch Rnr. 35.26.

1. Rechtsbindungswille, Bindungswirkungen

Ein öffentlich-rechtlicher Vertrag bindet beide Parteien, sofern er nicht 35.02
nach § 59 VwVfG nichtig ist. Anders als beim VA (vgl. §§ 48, 49
VwVfG) besteht auch für die Verwaltung keine Möglichkeit, sich von
einer derart bindenden vertraglichen Regelung einseitig zu lösen. Das
lässt ihn für die Verwaltung zu einem gefährlichen Instrument werden.
Die Bindung wird nur durch die Möglichkeit gelockert, nach § 60
VwVfG eine Anpassung zu verlangen oder zu kündigen.

Beachte: Eine **Vollstreckungsgrundlage** bildet der Vertrag nur dann, wenn sich die
Parteien gem. § 61 VwVfG der sofortigen Zwangsvollstreckung unterworfen haben
und diese Erklärung die dort genannten Formvorschriften erfüllt. Es ist auch für die
Verwaltung grundsätzlich nicht zulässig, die vom Bürger eingegangene Verpflichtung
durch den Erlass eines VA durchzusetzen (*Maurer*, § 14 Rnr. 55).

Der Verwaltungsvertrag setzt wie im Zivilrecht übereinstimmende Wil- 35.03
lenserklärungen mit **Rechtsbindungswillen** voraus. Dieses Merkmal
spielt deshalb eine besondere Rolle, weil es in der Praxis eine Vielzahl
von Vereinbarungen zwischen öffentlichen Rechtsträgern und Privatpersonen gibt, denen die rechtliche Verbindlichkeit fehlt. Derartige Agreements entfalten keine rechtliche, sondern nur faktische Bindungswirkung, weshalb Vertragsrecht auf sie nicht zur Anwendung kommen
kann (s. unten Rnr. 35.09).

Merke: Auch die Vereinbarungen im Rahmen von **Mediationsverfahren** im öffentlichen Recht entfalten typischerweise keine Bindungswirkung, auch wenn sie in schriftlicher Form festgehalten und von den Beteiligten unterschrieben werden (*Kopp/Ramsauer*, Einf. Rnr. 99c).

2. Arten verwaltungsrechtlicher Verträge

a) Staatsverträge, Verwaltungsverträge, Verwaltungsabkommen

35.04 Zu unterscheiden sind zunächst Verträge auf den Gebieten des Völkerrechts und des Verfassungsrechts von den Verträgen im Bereich des Verwaltungsrechts (s. zur Abgrenzung Rnr. 13.30 f.). Zu letzteren zählen auch die sog. Verwaltungsabkommen, die zwischen öffentlichen Rechtsträgern geschlossen werden und keine Außenwirkung entfalten.

Beispiele: Rundfunkstaatsverträge, Vergabestaatsverträge, Verwaltungsabkommen zwischen Ländern, kirchenrechtliche Verträge usw.

35.05 Für verwaltungsrechtliche Verträge im Anwendungsbereich des VwVfG gelten die Regelungen der §§ 54 ff. VwVfG, im Bereich des Sozialrechts die nahezu inhaltsgleichen Bestimmungen der §§ 53 ff. SGB X. Ein im Verwaltungsprozess geschlossener Vergleich hat eine Doppelnatur. Der Abschluss ist Prozesshandlung und zugleich ein öffentlich-rechtlicher Vertrag (s. Rnr. 29.06).

b) Koordinations- und subordinationsrechtliche Verträge

35.06 Subordinationsrechtliche Verträge schließt die Verwaltung mit demjenigen, an den sie sonst einen VA richten würde bzw. könnte (§ 54 S. 2 VwVfG). Nicht notwendig ist, dass es eine Ermächtigungsgrundlage für den Erlass eines der Vereinbarung entsprechenden VA gibt (*Kopp/Ramsauer* § 54 Rnr. 48). Für subordinationsrechtliche Verträge bestehen wegen der typischerweise ungünstigere Position des Bürgers besondere Schutzvorschriften (zB §§ 56, 59 Abs. 2 VwVfG). Bei koordinationsrechtlichen Verträgen treten sich die Vertragspartner dagegen nicht im Über-Unterordnungsverhältnis, sondern gleichberechtigt gegenüber.

Beispiele: Koordinationsrechtliche Verträge sind Staatsverträge sowie Regierungs- und Verwaltungsabkommen; subordinationsrechtliche sind etwa städtebauliche Verträge (§ 11 BauGB), Erschließungsverträge (§ 124 BauGB), Sanierungsverträge (§ 13 BBod SchG); Ausbildungsverträge, Subventionsverträge, Umweltrechtliche Verträge zum Ausgleich von Eingriffen in Natur und Umwelt (§ 8 BNatSchG).

c) Austauschverträge und Vergleichsverträge

35.07 Wegen der unterschiedlichen Rechtmäßigkeitsanforderungen ist die Unterscheidung von Austauschverträgen (§ 56 VwVfG) und Vergleichsverträgen (§ 55 VwVfG) wichtig. Ein Austauschvertrag liegt nach § 56 Abs. 1 S. 1 VwVfG vor, wenn sich der Vertragspartner der Behörde zu einer **Gegenleistung** verpflichtet. Verpflichtet sich die Behörde zu der von ihr erwarteten Leistung, so liegt ein synallagmatischer Vertrag vor. Praktisch wichtiger ist der Fall, in dem sich die Behörde zu der von ihr erwarteten Leistung nicht verpflichtet. Man spricht dann von einem **hinkenden Austauschvertrag**.

Beispiel: Investor I verpflichtet sich für den Fall, dass die Gemeinde den B-Plan x erlässt, im Plangebiet einen Kindergarten, eine Krankenambulanz pp. zu bauen und zu unterhalten. Die Gegenleistung des I ist dann aufschiebend bedingt durch den Erlass des Plans. Für diesen Vertrag gilt § 56 VwVfG; damit sind auch die Nichtigkeitsgründe des § 59 Abs. 2 Nr. 4 VwVfG einschlägig.

Der **Vergleichsvertrag** wird geschlossen, um durch ein gegenseitiges   35.08
Nachgeben eine „bei verständiger Würdigung des Sachverhalts oder der Rechtslage bestehende Ungewissheit" zu beseitigen. Ziel ist es, einen Konflikt auszuräumen. Im Vergleichsvertrag darf deshalb auch einen Inhalt haben, der von der wirklichen, aber im Zeitpunkt des Vertragsschlusses aber ungeklärten Rechtslage abweicht, also rechtswidrig ist, wie sich im Gegenschluss aus § 59 Abs. 2 Nr. 3 VwVfG ergibt.

Beachte: Ein Vergleichsvertrag verliert seinen Charakter nicht dadurch, dass er zugleich Austauschvertrag ist, weil der Vertragspartner sich zu einer Gegenleistung verpflichtet. Das ist sogar der Regelfall.

II. Abgrenzungsfragen

1. Abgrenzung zu Absprachen ohne Rechtsbindung

Die Praxis kennt eine Fülle von Absprachen ohne unmittelbare Rechts-   35.09
bindungswirkung. Bei diesen Absprachen vertraut jeder Partner darauf, dass die jeweils anderen sich trotz mangelnder Bindungswirkung an den Inhalt der Absprachen halten werden, weil die Einhaltung in ihrem eigenen Interesse liegt, entweder weil sie sich davon Vorteile versprechen können oder weil im Falle der Nichteinhaltung faktische Sanktionen oder sonstige Nachteile drohen. Derartige Absprachen sind keine Verträge, weil ihnen die Rechtsbindungswirkung fehlt. Die darin versprochenen Verhaltensweisen sind nicht einklagbar und nicht vollstreckbar.

Beispiele: Vorabsprachen in der Bauleitplanung (BVerwGE 45, 309 (316ff.)) oder in der Planfeststellung (BVerwGE 75, 214 (230f.)); Normvermeidende Absprachen (staatlich induzierte Selbstverpflichtungen); Absprachen in Mediationsverfahren; normvollziehende Absprachen (zB Sanierungsabsprachen); informelles Aufsichtshandeln (Vgl. auch Maurer § 15 Rnr. 14ff.).

2. Abgrenzung zum privatrechtlichen Vertrag

Maßgeblich ist der **Gegenstand der Vereinbarung** (GmSenOGB BVerwGE   35.10
74, 368). Es reicht aus, dass sich mindestens ein wesentlicher Teil der Vereinbarung auf Feststellung, Konkretisierung oder Gestaltung eines öffentlich-rechtlichen Rechtsverhältnisses bezieht. Dass bestimmte Vertragsformen in öffentlich-rechtlichen Vorschriften Erwähnung finden, reicht allein zur Begründung ihrer öffentlich-rechtlichen Natur nicht aus. Deshalb werden etwa die in § 11 BauGB genannten Verträge nicht sämtlich dem öffentlichen Recht zugeordnet (vgl. *Dolde* NVwZ 1996, 209, 212).

Das gilt zB für § 11 Abs. 1 Nr. 2 BauGB (BVerwGE 92, 56 = NJW 1993, 2695 – Weilheimer Modell).

Merke: Die hM beurteilt Verträge zu Recht grundsätzlich **einheitlich** entweder nach öffentlichem oder nach privatem Recht; eine unterschiedliche Behandlung einzelner vereinbarter Rechte und Pflichten würde den durch die Vereinbarung hergestellten inneren Zusammenhang nicht hinreichend berücksichtigen (BVerwGE 84, 183; *Kopp/ Ramsauer* § 54 Rnr. 29). Eine unterschiedliche Behandlung ist nur möglich, wenn sich einzelne Vereinbarungen klar voneinander trennen lassen.

a) Verträge gem. § 54 S. 2 VwVfG

35.11 Keine besonderen Schwierigkeiten macht die Abgrenzung, wenn mit der Vereinbarung Rechte und Pflichten festgestellt, gestaltet oder konkretisiert werden, die bereits in Normen des öffentlichen Rechts geregelt sind und auch Gegenstand einer Regelung durch VA sein könnten (§ 54 Satz 2 VwVfG). Dabei kommt es nicht auf den konkreten Vertragsinhalt an, sondern auf die darin vereinbarten Rechtsfolgen.

Beispiele: Baudispensverträge (vgl. BVerwGE 23, 213; BGHZ 56, 365, 368); Folgekostenverträge (BVerwGE 90, 310); Vereinbarung über die Ablösung von Erschließungsbeiträgen (BVerwGE 84, 183 = NJW 1990, 1679); Erschließungsverträge (BGH DVBl 1986, 409); *Loomann* NJW 1996, 1439 m. w. Bsp..

b) Sonstige Verwaltungsverträge

35.12 Schwieriger ist die Einordnung, wenn Rechte und Pflichten vereinbart werden, die mangels gesetzlicher Grundlagen in einem VA nicht geregelt werden könnten. Die Verwaltung wird in diesen Fällen mit dem Abschluss des Vertrags aufgrund bloßer Aufgaben- und Zuständigkeitszuweisungen tätig. In diesen Fällen kommt es darauf an, ob ein **Sachzusammenhang** zwischen den getroffenen Vereinbarungen einerseits und einem im Übrigen öffentlich-rechtlichen Regelungsbereich besteht (sog. **Vorordnungslehre**). Ist also ein bestimmter Aufgabenbereich durch öffentlich-rechtliches Handeln geprägt, so teilen vertragliche Vereinbarungen, die mit diesem Aufgabenbereich in Sachzusammenhang stehen, diesen Rechtscharakter.

Beispiele: Ausbildungskostenverträge im öffentlichen Dienst (BVerwGE 40, 237); Folgekostenverträge, auf Grund deren sich ein Bauherr verpflichtet, bei Erlass eines B-Plans die Kosten für Infrastrukturmaßnahmen zu übernehmen (BVerwGE 42, 331 = NJW 1973, 1895; BGHZ 71, 386); Vertrag über den Besuch einer städtischen Kindertagesstätte (BVerwG NVwZ 1995, 790); Sondernutzungsvertrag über die Nutzung öffentlicher Straßen zu Werbezwecken (NVwZ-RR 1994, 420) **anders** Vertrag über die Errichtung und Betrieb eines Krankenhauses (OVG Münster NJW 1991, 61) und Vertrag zwischen Sozialversicherungsträgern und Lieferanten von Heil- und Hilfsmitteln (GmS-OGB BVerwGE 74, 368 = NJW 1986, 2359); Vertrag zwischen Abschleppunternehmen und Polizei über Bezugsmaßnahmen (BGH DVBl. 1993, 605); ZT wird darauf abgestellt, ob eine gesetzliche Regelung mit einem entsprechenden Inhalt dem öffentlichen Recht zuzuordnen wäre (sog. **Normfiktionslehre**, vgl. *Wolff/ Bachof/Stober/Kluth*, VwR I, § 22 Rnr. 51).

3. Abgrenzung zum mitwirkungsbedürftigen VA

Der Unterschied zwischen Vertrag und mitwirkungsbedürftigem VA 35.13
liegt darin, dass die Mitwirkungshandlung des Bürgers im Falle des VA
nicht von einem rechtsgeschäftlichen Bindungswillen getragen ist, sondern von dem Bestreben, die andere Seite zu einem einseitigen Rege-
lungsakt zu veranlassen. Maßgebliche Abgrenzungskriterien können
sein: die Bezeichnung und äußere Gestaltung als Vertrag oder Bescheid,
die Wahl des Verfahrens bei Zustandekommen der Regelung, das sonst
übliche Handeln der Behörde in gleich gelagerten Fällen.

Beispiele: Als öffentlich-rechtliche Verträge wurden zB eingestuft der Verkauf von
Rindfleisch aus Interventionsbeständen durch Gebot und Zuschlag (BVerwG NVwZ
2006, 703), Regelungen über die Weiterleitung von Rundfunkprogrammen zwischen
Kabelgesellschaft und Antennenbetreiber (VGH München BayVBl 2002, 371).

III. Die Wirksamkeitsprüfung

Aus § 59 VwVfG folgt, dass ein öffentlich-rechtlicher Vertrag wirksam 35.14
ist, wenn er nicht nichtig ist. Entscheidend kommt es daher nicht auf
seine Rechtmäßigkeit, sondern auf seine Nichtigkeit an. Allerdings ist
in der hM das Bestreben feststellbar, rechtswidrigen Verträgen keine
Wirksamkeit beizumessen (*Maurer* § 14 Rnr. 47 ff.). Bei der Wirksam-
keitsprüfung sind folgende Punkte zu berücksichtigen:

Übersicht

1. Zustandekommen des Vertrages
2. Schriftform (§ 57 VwVfG)
3. Zustimmungserfordernisse (§ 58 VwVfG)
4. Keine Nichtigkeit des Vertrages nach § 59 VwVfG
   a) Nichtigkeitsfolge nach § 59 Abs. 2 VwVfG
   b) Nichtigkeitsfolge nach § 59 Abs. 1 VwVfG

1. Zustandekommen des Vertrages

Wie ein privatrechtlicher Vertrag kommt ein öffentlich-rechtlicher nur 35.15
zustande, wenn übereinstimmende Willenserklärungen (Angebot und
Annahme) vorliegen, die auf den Abschluss des Vertrages gerichtet sind.
Hier gelten die **Bestimmungen des BGB** über das Zustandekommen von
Verträgen, Auslegung und Wirksamkeit von Willenserklärungen, Zu-
gang, Vertretung, Willensmängel usw. entsprechend, soweit sie nicht im
VwVfG modifiziert werden.

Beispiele: Die Vorschriften über die Handlungsfähigkeit von Beteiligten (§§ 105 ff.
BGB) werden durch § 12 VwVfG) modifiziert, die Vertretungsmacht (§§ 164 ff. BGB),
durch §§ 14 ff. VwVfG. Im Übrigen gelten §§ 145 ff, BGB, über Angebot und Annahme, §§ ‚116 f. BGB über Einigungsmängel über Nichtigkeit nach Anfechtung einer Wil-
lenserklärung wegen Irrtums (§ 119 BGB) oder Täuschung bzw. Drohung (§ 123 BGB).

2. Schriftform (§ 57 VwVfG)

35.16 Ein öffentlich-rechtlicher Vertrag kommt nur zustande, wenn er schriftlich geschlossen wird (§ 57 VwVfG). Das Schriftformerfordernis gilt auch in den Bereichen, die nicht vom VwVfG oder vom SGB X erfasst werden. Mündliche Abreden, auch Nebenabreden sind danach rechtlich generell unwirksam. Für die Schriftform gilt § 126 BGB, sofern nicht strengere Formvorschriften zu beachten sind, (zB § 311 b BGB bei Grundstücksgeschäften).

Umstritten ist, ob die Beteiligten auf derselben Urkunde unterschreiben müssen (so die wohl noch hM, vgl. OVG Lüneburg NJW 1992, 1404; aA ausf. *Weihrauch* VerwArch 1991, 543). Die Rspr. verzichtet neuerdings auf das Erfordernis der Urkundeneinheit (BVerwGE NJW 1995, 1104 für einseitige Verpflichtungen des Bürgers; BVerwG NVwZ 2005, 1083: bei Verträgen zwischen Ländern genügt Briefwechsel); vgl. näher *Kopp/Ramsauer* § 57 Rnr. 9 a.

3. Zustimmungserfordernisse

35.17 Abgesehen von spezialgesetzlich normierten Zustimmungserfordernissen ist die Wirksamkeit eines Vertrages, der in Rechte Dritter eingreift, von der Zustimmung dieses Dritten abhängig (§ 58 Abs. 1 VwVfG). Gleiches gilt nach hM, wenn der Vertrag die Verpflichtung der Verwaltung enthält, durch einen VA in Rechte Dritter einzugreifen (*Kopp/Ramsauer* § 58 Rnr. 7 mwN).

Beachte: Die Regelung entfaltet vor allem bei gerichtlichen Vergleichen in sog. Nachbarklagefällen praktische Bedeutung: Wegen der Doppelnatur des gerichtlichen Vergleichs kann dieser in Nachbarklagefällen zu Lasten des Beigeladenen, von dessen Zustimmung ein Vergleich sonst nicht abhängig ist (vgl. Rnr. 29.06), nur mit dessen Zustimmung abgeschlossen werden (OVG Münster NVwZ 1988, 370).

4. Keine Nichtigkeit des Vertrages nach § 59 VwVfG

35.18 Die hM geht zutreffend davon aus, dass die Gründe, die zu einer Nichtigkeit des verwaltungsrechtlichen Vertrages führen können, in § 59 VwVfG abschließend aufgeführt sind (*Kopp/Ramsauer* § 59 Rnr. 1 a mwN). Das bedeutet, dass Rechtsverstöße allein noch nicht zur Nichtigkeit führen, und zwar weder die Rechtswidrigkeit des Vertragsinhalts noch ein Verstoß gegen ein Handlungsformverbot iSd § 54 VwVfG (str., aA zB *Erichsen* Jura 1994, 47, 50).

a) Nichtigkeit nach § 59 Abs. 2 VwVfG

35.19 Ein rechtswidriger subordinationsrechtlicher Vertrag ist nichtig und damit unwirksam, wenn einer der Fälle des § 59 Abs. 2 VwVfG vorliegt. Da Absatz 2 spezieller ist als Absatz 1, wird er systematisch zuerst geprüft. Es besteht idR auch ein praktischer Vorrang, weil man sich im Falle einer Nichtigkeit nach Absatz 2 uU die mitunter aufwendige Prüfung des Absatzes 1 ersparen kann.

Beachte: Allerdings setzen die Fälle des § 59 Abs. 2 Nr. 1 und 2 VwVfG die Rechtswidrigkeit eines Verwaltungsakts mit entsprechendem Inhalt voraus, weshalb sich eine Prüfung der Vereinbarkeit mit materiellem Recht zumeist nicht erübrigt. Das gilt auch für einen unzulässigen Vergleichsvertrag (§ 59 Abs. 2 Nr. 3 VwVfG).

aa) Nichtigkeit eines VA mit entsprechendem Inhalt. Nichtigkeit eines Vertrages tritt nach § 59 Abs. 2 Nr. 1 VwVfG ein, wenn ein VA mit entsprechendem Inhalt wäre nicht nur rechtswidrig, sondern sogar (gem. § 44 VwVfG bzw. § 40 SGB X) nichtig wäre. Dies ist der Fall, wenn einer der Fälle des § 44 Abs. 2 VwVfG vorliegt oder wenn ein VA mit einem entsprechenden Inhalt an einem besonders schwerwiegenden Fehler litte und dies bei Würdigung aller Umstände offensichtlich wäre (§ 44 Abs. 1 VwVfG).   **35.20**

bb) Kollusion. Die materielle Rechtswidrigkeit des vereinbarten Vertragsinhalts ist den Beteiligten bekannt, es wird also wissentlich ein Gesetzesverstoß vereinbart. Mit dieser Regelung soll ein kollusives Zusammenwirken zwischen den Vertragspartnern sanktioniert werden. Voraussetzung ist positive Kenntnis des materiellen Rechtsverstoßes im Zeitpunkt des Vertragsschlusses, fahrlässige Unkenntnis reicht nicht aus (*Kopp/ Ramsauer* § 59 Rnr. 23 a).   **35.21**

cc) Unzulässiger Vergleichsvertrag. Die Voraussetzungen eines Vergleichsvertrags nach § 55 VwVfG (Ungewissheit über die Sach- oder Rechtslage, gegenseitiges Nachgeben, pflichtgemäße Ermessensbetätigung) liegen nicht vor. Diese Regelung gilt nur für den Fall, dass ein VA mit einem entsprechenden Inhalt materiell rechtswidrig wäre, also nur für den sog. gesetzesinkongruenten Vergleichsvertrag.   **35.22**

dd) Unzulässige Gegenleistung. Nichtig ist der Vertrag auch dann, wenn sich die Behörde eine nach § 56 VwVfG unzulässige Gegenleistung versprechen lässt. Nach § 56 Abs. 1 VwVfG ist die Vereinbarung einer Gegenleistung erstens unzulässig, wenn die Gegenleistung nicht ausdrücklich zur Erfüllung öffentlicher Aufgaben vereinbart worden ist und nicht in sachlichem Zusammenhang mit der vereinbarten behördlichen Leistung steht (**Koppelungsverbot**), zweitens, wenn sie nach den gesamten Umständen, insbesondere der Höhe nach, nicht angemessen ist (**Angemessenheitsgebot**), insbesondere dann, wenn auf die vereinbarte Leistung der Behörde ein Anspruch besteht, ohne dass eine Gegenleistung erbracht werden müsste (§ 56 Abs. 2 VwVfG). Ein Verstoß gegen das Koppelungsverbot liegt vor, wenn bei einer Ermessensentscheidung eine entsprechende Nebenbestimmung sachwidrig wäre.   **35.23**

Beispiele: Unzulässig ist es, wenn eine Gemeinde die Änderung eines Bebauungsplans vertraglich von der Zahlung eines Geldbetrags für gemeinnützige Zwecke abhängig macht (BVerwG NVwZ 2000, 1285); Ebenso die Verknüpfung einer Baugebietsausweisung mit einer planerisch damit nicht zusammenhängenden Leistung (Sanierung und Teilübereignung eines Schlosses an die Gemeinde) (VGH München, NVwZ-RR 2005, 781).

b) Nichtigkeit nach § 59 Abs. 1 VwVfG

35.24 Nach § 59 Abs. 1 VwVfG ist ein Vertrag ferner nichtig, wenn sich die Nichtigkeit aus einer entsprechenden Anwendung der Vorschriften des BGB ergibt. Einigkeit herrscht über die entsprechende Anwendbarkeit von Vorschriften des BGB bei Sittenwidrigkeit (§ 138 BGB), Geschäftsunfähigkeit (§ 105 BGB), Scheingeschäften (§ 117 BGB) bzw. eines Mangels an Ernstlichkeit (§ 118 BGB) oder bei einem Verstoß gegen Formvorschriften (§ 125 BGB; auch gegen § 57 VwVfG) und gegen Treu und Glauben (§ 242 BGB).

35.25 **aa) Kein Verstoß gegen ein gesetzliches Verbot (§ 134 BGB).** Umstritten ist die Reichweite des § 59 Abs. 1 VwVfG vor allem im Hinblick auf § 134 BGB (*Maurer* § 14 Rnr. 41 ff.). Zwar geht die ganz hM von der grundsätzlichen Anwendbarkeit des § 134 BGB aus, doch soll nur ein „qualifizierter Fall der Rechtswidrigkeit" (BVerwG NJW 1996, 608, 609) zur Nichtigkeit des Vertrags führen. Die Kriterien der qualifizierten Rechtswidrigkeit sind im Einzelnen noch offen. Erforderlich ist jedenfalls ein Verstoß gegen eine zwingende Rechtsnorm (VGH Mannheim BauR 2005, 1908). Der Rechtsverstoß muss von einigem Gewicht und der Rechtserfolg nach Sinn und Zweck einer Rechtsnorm unbedingt ausgeschlossen sein (*Stelkens/Bonk/Sachs* § 59 Rnr. 57).

35.26 **bb) Kein Verstoß gegen das Vertragsformverbot.** Rechtswidrig ist der Vertrag, wenn er gegen ein Verbot verstößt, Regelungen in Vertragsform zu treffen. Vertragsformverbote bestehen dann, wenn Verträge unabhängig von ihrem Inhalt auf bestimmten Rechtsgebieten unzulässig sind (*Kopp/Ramsauer* § 54 Rnr. 42).

Beispiele: Vertragsformverbot im Abgabenrecht (BFHE 142, 549); zulässig sind dort nur sog. tatsächliche Verständigungen (BFH NJW 2000, 2447). Im Beamtenrecht und im Prüfungsrecht ist die Möglichkeit von vertraglichen Regelungen stark eingeschränkt, aber zB für Vergleichsverträge nicht ausgeschlossen. Zur Zulässigkeit von Schiedsklauseln BVerwG NJW 1990, 1926.

35.27 **cc) Verträge im Bereich der Ermessensverwaltung.** Rechtmäßig ist der Inhalt eines Vertrages, wenn er mit den Vorschriften des materiellen Rechts in Einklang steht. Im Bereich der Ermessensverwaltung kann ein öffentlich-rechtlicher Vertrag jeden Inhalt haben, den die Behörde ermessensfehlerfrei auch einem VA geben könnte; es kann deshalb grundsätzlich jede Gegenleistung des Vertragspartners vereinbart werden, die auch Gegenstand von Nebenbestimmungen zu einem VA sein könnte.

Beispiele: Verknüpfung einer Subvention mit vorbeugenden Immissionsschutzmaßnahmen (BVerwG NVwZ 1990, 665); Verpflichtung zum Ausbau der sanitären Anlagen zur Erlangung einer Gaststättenerlaubnis; Verwaltungsvertrag über eine baurechtliche Befreiung mit der Verpflichtung des Bauherrn, bestimmte Grenzwerte einzuhalten.

35.28 **dd) Verträge im Bereich der streng gebundenen Verwaltung.** Überall dort, wo der Verwaltung ein Ermessens-, Beurteilungs- oder Planungsspielraum nicht zusteht, darf der Inhalt des Vertrags jedenfalls im Grundsatz nicht im Widerspruch zu (zwingenden) gesetzlichen Vorschriften stehen, sofern kein Ausnahmefall nach ee) vorliegt.

Beispiele: Kein Erlass von Steuern oder anderen Abgaben ohne Rücksicht auf die besonderen Erlassvoraussetzungen (BVerwGE 48, 166, 168; 64, 361, 363; OVG Koblenz NVwZ 1986, 68).

Ebenfalls unzulässig ist die Verpflichtung zur Erteilung einer Baugenehmigung gegen geltendes Recht (BVerwGE 49, 359) oder der Abschluss eines Folgekostenvertrages, wenn bereits vor Abschluss des Vertrages ein Anspruch auf die Baugenehmigung bestanden hat (BGH BayVBl 1991, 700 mwN).

ee) Ausnahme Vergleichsvertrag. Keine Nichtigkeit tritt ein, wenn in **35.29** einem Vergleichsvertrag von der Rechtslage abweichende Regelungen getroffen werden, sofern damit eine bei verständiger Würdigung des Sachverhalts oder der Rechtslage bestehende Ungewissheit durch gegenseitiges Nachgeben beseitigt wird, und die Beseitigung der Ungewissheit durch Abschluss eines Vergleichs pflichtgemäßem Ermessen entspricht (§ 55 VwVfG).

Beispiele: Die Beteiligten streiten sich um die Frage, ob eine geplante Werbeanlage verunstaltend wirken würde und deshalb unzulässig ist, oder über die Frage, ob eine Abweichung von den Festsetzungen eines Bebauungsplanes städtebaulich vertretbar ist; sie einigen sich schließlich (nicht notwendig in einem gerichtlichen Verfahren) vergleichsweise auf eine Lösung, bei der beide Seiten nachgeben; BVerwGE 84, 257 = NJW 1990, 1926: Vereinbarung eines Schiedsgutachtens; BFH NVwZ 1985, 863: Verständigung über schwer zu ermittelnde Umstände im Steuerrecht; weitere Bsp. bei *Ortloff* in *Schoch*, VwGO § 106.

IV. Anpassung bei Änderung der Geschäftsgrundlage, Kündigung

Wie beim zivilrechtlichen Vertrag kommt auch beim öffentlich-recht- **35.30** lichen ein Wegfall der Geschäftsgrundlage in Betracht, wenn sich die Verhältnisse, die für den Abschluss des Vertrages maßgeblich waren, so wesentlich geändert haben, dass einer Vertragspartei das Festhalten an dem Vertrag nicht mehr zuzumuten ist. In diesen Fällen kommen grundsätzlich die für den Wegfall der Geschäftsgrundlage entwickelten allgemeinen zivilrechtlichen Grundsätze zur Anwendung.

Nach § 60 Abs. 1 Satz 2 VwVfG steht der Behörde außerdem ein **außerordentliches Kündigungsrecht** zu, um schwere Nachteile für das Gemeinwohl zu verhüten oder zu beseitigen. Eine Kündigung bedarf nach § 60 Abs. 2 VwVfG stets der Schriftform.

V. Die Vollstreckung vertraglicher Pflichten

Erfüllt eine Partei die vertraglich eingegangenen Verpflichtungen nicht, **35.31** so kann Klage vor dem VG erhoben werden. Der öffentlich-rechtliche Vertragspartner kann die vertraglichen Pflichten des Bürgers nicht durch VA festsetzen und vollstrecken. Eine Vollstreckung ohne vorherige Anrufung des Gerichts ist nur in den Fällen der Unterwerfung unter die sofortige Vollstreckung (§ 61 VwVfG) möglich (BVerwGE 98, 58).

§ 36. Schlichthoheitliches Handeln

Literatur: *Robbers,* Schlichtes Verwaltungshandeln, DÖV 1987, 272; *Gusy,* Verwaltung durch Information, NJW 2000, 977; *Renck,* Der Rechtsweg im gerichtlichen Verfahrensrecht – Vertragshandeln und Realakte, JuS 2000, 1001; *Hochhuth,* Vor schlichthoheitlichem Verwaltungseingriff anhören? – Drei Thesen zur Dogmatik des Realhandelns, NVwZ 2003, 30.

I. Begriff des schlichthoheitlichen Handelns

36.01 Als schlichthoheitliches Handeln oder schlichtes Verwaltungshandeln werden sämtliche Aktivitäten der Verwaltung bezeichnet, die zwar öffentlich-rechtlicher Natur sind, durch die aber keine verbindlichen Regelungen gesetzt werden (*Robbers* DÖV 1987, 272). Diese Handlungskategorie erfasst zunächst die hoheitlichen **Realakte** (zB öffentlicher Straßen- und Sielbau, aber auch die Durchführung einer Abschiebung, einer Sicherstellung, die Teilnahme der Polizei oder Feuerwehr am Straßenverkehr usw.), dann den Bereich der hoheitlichen **Informationsbeschaffung** (zB Observation, Erhebung und Verarbeitung von Daten), die **Information der Öffentlichkeit** (zB durch Warnungen und Empfehlungen) und schließlich das **informelle Verwaltungshandeln** (zB Absprachen, Agreements).

1. Öffentlich-rechtlichkeit des Handelns

36.02 Noch bis in die Weimarer Zeit wurde tatsächliches Handeln der Verwaltung grundsätzlich nicht als öffentlich-rechtlich eingestuft, weil die für das öffentliche Recht gerade typische Regelungswirkung fehlt. Heute ist dagegen allgemein anerkannt, dass auch Tathandlungen der Verwaltung öffentlich-rechtlicher Natur sein können. Allerdings reicht nicht aus, dass öffentliche Aufgaben erfüllt werden, denn dies kann ggfs. auch in Formen des Privatrechts geschehen. Maßgeblich ist, dass die Aufgaben gerade im Rahmen und unter der Geltung des Öffentlichen Rechts erfüllt werden (siehe Rnr. 32.27).

Beachte: Sofern schlichtem Verwaltungshandeln keine öffentlich-rechtliche Ermächtigung zugrunde liegt, kommt es darauf an, dass der Bezug zu Regelungen des öffentlichen Rechts derart eng ist, dass es als Teil der im übrigen öffentlich-rechtlichen Aufgabenerfüllung anzusehen ist (**Sachzusammenhangstheorie**).

2. Fehlende Regelungswirkung

Schlichthoheitlich ist ein außenwirksames Handeln nur dann, wenn ihm **36.03**
nicht die für VAe typische verbindliche Regelungswirkung innewohnt.
Informelles Handeln muss zB danach von einer Zusicherung oder einer
Zusage abgegrenzt werden, informelle Absprachen von Vertragsverein-
barungen. Problematisch kann insbesondere bei Realakten der Polizei
die Frage sein, ob mit der Tathandlung zugleich eine (konkludente) Duldungsverfügung erlassen wird.

Beispiel: Nach BVerwGE 26, 161, 164 (Schwabinger Krawalle) sollte im Schlagstock-
einsatz der Polizei eine derartige Duldungsverfügung liegen. Dies wird heute allerdings weitgehend anders gesehen (*Schenke,* VwProzR, Rnr. 196).

3. Rechtliche Konfliktlagen schlichten Verwaltungshandelns

Da schlichthoheitliches Handeln keine Regelungswirkungen hat, kann **36.04**
es nach seiner Durchführung nicht wieder aufgehoben werden. Möglich
sind lediglich die Beseitigung seiner tatsächlichen Folgen sowie die Verhinderung des Eintritts weiterer tatsächlicher Folgen. Rechtlich ergeben
sich drei Problemkreise, erstens die Voraussetzungen eines **Anspruchs
auf Unterlassung** künftigen bzw. weiteren schlichten Verwaltungshandelns, zweitens für die Fälle weiterhin andauernder Rechtsverletzung
die Voraussetzungen des **Folgenbeseitigungsanspruchs,** schließlich die
Voraussetzungen eines **Anspruches auf Vornahme** schlichten Verwaltungshandelns.

Beachte: Der Aufbau der Prüfung eines Unterlassungsanspruchs findet sich unter
Rnr. 25.26; der Prüfungsaufbau eines Folgenbeseitigungsanspruchs unter Rnr. 25.02
und der Anspruch auf Vornahme unter Rnr. 36.13. Im Folgenden werden nur Fragen
der Rechtmäßigkeitsprüfung behandelt.

II. Objektivrechtliche Prüfung

Die Erscheinungsformen schlichthoheitlichen Handelns sind vielfältig **36.05**
(Rnr. 36.01). Obwohl die Rechtmäßigkeitsprüfung eine einheitliche
Grundstruktur aufweist, stellen sich für die einzelnen Fallgruppen unterschiedliche rechtliche Probleme, insbesondere im Hinblick auf die hier
beachtlichen Duldungspflichten. Sie stellen sich prozessual bei der Prüfung von Unterlassungs-, und Folgenbeseitigungsansprüchen (s. oben
Rnr. 25.16ff, 25.28ff.).

Die Rechtmäßigkeitsprüfung verläuft im Grundsatz wie bei VAen. Es **36.06**
werden zunächst **formelle Fehler** (Zuständigkeit, Verfahren, Form) geprüft. Da das VwVfG aber keine Anwendung findet, geht es vor allem
um die **Zuständigkeit.** Bei den materiellen Fehlern stellt sich zunächst
das **Problem des Gesetzesvorbehalts:** Eine gesetzliche Grundlage muss

vorliegen, wenn schlichthoheitliches Handeln Rechtsbeeinträchtigungen verursacht, für die es keine **Duldungspflicht** gibt. Hier ist die Frage nach der **Grundrechtsrelevanz** faktischer Beeinträchtigungen zu beantworten (s. Rnr. 31.20). Liegt eine Rechtsbeeinträchtigung vor, ist nach einer geeigneten Ermächtigung für schlichtes Verwaltungshandeln zu suchen.

Beispiele für Ermächtigungen zu schlichtem Verwaltungshandeln: § 8 Abs. 4 Geräte- und Produktsicherheitsgesetz (GPSG) ermächtigt zur Warnung vor Produkten bei Gefahren für Gesundheit und Sicherheit; §§ 35, 38 StVO ermächtigen Polizei, Feuerwehr etc. zur Inanspruchnahme von Sonderrechten (Blaulicht usw.); landesgesetzliche Vorschriften zum unmittelbaren polizeilichen Zwang (soweit darin ein Realakt gesehen wird).

1. Meinungsäußerungen, Gutachten, Warnungen

36.07   Erklärungen, Auskünfte, Meinungsäußerungen, gutachtliche Stellungnahmen, Warnungen und andere Verlautbarungen ohne Regelungscharakter sind dann als öffentlich-rechtlich zu qualifizieren, wenn sie eine öffentlich-rechtliche Ermächtigungsgrundlage haben oder jedenfalls einen engen Bezug zur Aufgabenerfüllung in hoheitlicher Form (s Rnr. 32.28).

Beispiele: Öffentlich-rechtlich sind behördliche oder ministerielle Warnungen vor religiösen Sekten („Osho", BVerfG NJW 1989, 3269) und gefährlichen Produkten (Glykolwein, BVerwG NJW 1991, 1766, BVerfG NJW 2002, 2621); Sprüche des Oberseeamts (BVerfGE 59, 319); ehrverletzende Behauptungen (VGH Mannheim, VBlBW 2005, 30); Nennung der NPD in Broschüre gegen Rechtsextremismus (VerfGH Rh-Pf NVwZ 2008, 897); Auskünfte nach IFG, VIG und UIG; produktbezogenen Warnungen (§§ 8, 10 GPSG); Nachweis von Unternehmensberatern (BVerwG NJW 1992, 1641); privatrechtlich der Boykottaufruf öffentlich-rechtlicher Ärzteorganisationen gegenüber medizinischem Dienstleistungsbetrieb (BGHZ 67, 81, str). Privatrechtlich sind auch die Äußerungen von Redakteuren im öffentlich-rechtlichen Rundfunk (BVerwG NJW 1994, 2500).

36.08   Sind die Erklärungen, Auskünfte usw. gesetzlich geregelt, so sind ergeben sich die Voraussetzungen für die Rechtmäßigkeit ebenso wie für Vornahmeansprüche aus dem Gesetz, zu prüfen sind dann formelle und materielle Fehler der behördlichen Entscheidung. Fehlt eine reguläre Ermächtigungsgrundlage, stellt sich die Frage, auf welche andere Grundlage sich die Erklärungen stützen lassen und ob deren Voraussetzungen gegeben sind.

Beispiele: Gesetzlich geregelt ist der Auskunftsanspruch nach § 1 IFG oder nach § 3 UIG; Pflichten zum Schutz personenbezogener Daten nach § 5 IFG bzw. nach § 9 UIG. Keine gesetzlichen Regelungen gibt es für Warnungen und Aufklärungsarbeit der Regierungen.

2. Realakte beim Vollzug von Verwaltungsakten

36.09   Eine wichtige Rolle spielen Realakte bei der Umsetzung bzw. dem Vollzug von VAen im Rahmen der Verwaltungsvollstreckung. (Eine beschlagnahmte Sache wird tatsächlich weggenommen, die angedrohte Abschiebung wird durchgeführt.) Die Rechtmäßigkeit derartiger Vollzugsmaßnahmen beurteilt sich in erster Linie nach dem zugrunde liegenden VA. Solange dieser wirksam ist, kann der Betroffene nur die Beseitigung der Folgen solcher Vollzugsmaßnahmen verlangen, die durch den VA sachlich nicht gedeckt sind; im Übrigen muss zunächst der zugrunde liegende VA angegriffen werden, bevor ein FBA geltend gemacht werden kann.

3. Immissionen von hoher Hand

Immissionen (Lärm, Geruch, Schadstoffe) können schlichthoheitlichen **36.10** Charakter haben, wenn sie in unmittelbarem Zusammenhang mit Verwaltungstätigkeit in hoheitlicher Form entstehen. Bei Immissionen von öffentlichen Einrichtungen stellt die hM auf die Widmung zu öffentlichen Zwecken ab (*Eyermann* § 40 Rnr. 82).

Beispiele: Öffentlich-rechtlich zu beurteilen ist Lärm von Musikschule und Jugendzentrum (VGH München NVwZ-RR 2004, 735); kommunalem Schwimmbad (BVerwG NVwZ 2003, 346); Kinderspielplatz (VGH Mannheim NVwZ 1990, 988); Bolzplätzen/Skateanlagen (BVerwG NVwZ 2003, 751); Feueralarmsirene (BVerwG NJW 1988, 2396); Geruchsimmissionen von gemeindlicher Kläranlage (BVerwG DÖV 1974, 132), Abfallcontainern (VG Köln VBlBW 1993, 113); Immissionen bei Bau und Betrieb öffentlicher Straßen (BVerwGE 48, 56); anders, wenn Bau durch privaten Unternehmer erfolgt (BGH NJW 1980, 1679 str.); liturgischem Glockengeläut (BVerwGE NJW 1984, 989; anders Lärm von Kirchturmuhr (BVerwG NJW 1994, 956); Beeinträchtigungen durch Straßenlaternen (VGH München NJW 1991, 2660).

Öffentlich-rechtliche Immissionen müssen wie privatrechtliche hinge- **36.11** nommen werden, soweit sie sich im Rahmen bestehender Duldungspflichten halten. Duldungspflichten können ausnahmsweise auch bei rechtswidrigem Zustand bestehen, wenn dies zumutbar ist (OVG Münster BauR 1987, 46, 59). Siehe auch Rnr. 25.31.

4. Sonstige hoheitliche Realakte

Zu den sonstigen hoheitlichen Realakten zählen zB die hoheitliche Teil- **36.12** nahme am Straßenverkehr (Rnr. 32.30), sowie die vielfältigen Handlungen im Rahmen tatsächlicher Erfüllung von Verwaltungsaufgaben in der Form des öffentlichen Rechts. Für sie gelten, soweit keine besonderen Duldungspflichten bestehen, grundsätzlich gleiche Maßstäbe wie für privatrechtliche Beeinträchtigungen und können im Einzelfall bei Rechtswidrigkeit Ansprüche auf Schadensersatz oder Entschädigung, ggfs. auch auf Folgenbeseitigung (Rnr. 25.02) auslösen.

Beispiele: Beeinträchtigungen durch nachteilige Veränderungen des Straßenzustandes (OVG Hamburg NJW 1978, 658); durch ehrverletzenden Äußerungen (BVerwG DVBl 1980, 576); durch Errichtung eines Sielschachts zur Schmutzwassersammlung (OVG Hamburg NordÖR 1998, 407). (S. auch Rnr. 25.05).

III. Ansprüche auf schlichthoheitliches Handeln

36.13 Ansprüche auf schlichthoheitliches Handeln können sich zunächst aus den **gesetzlichen Grundlagen** ergeben, soweit sie subjektive Rechte vermitteln. Ist dies nicht der Fall oder fehlt eine gesetzliche Grundlage gänzlich, kommt ein Anspruch idR nur unter dem Aspekt der **Gleichbehandlung** in Betracht. Voraussetzung ist dann idR eine entsprechende Praxis der Verwaltung. Prozessual stellt sich das Problem des vorgeschalteten Gewährungsakts: Wird der Anspruch aus Rechtsnormen hergeleitet, so ist zu prüfen, ob die Norm einen VA als vorherigen Gewährungsakt (zB Bewilligungsbescheid) vorsieht.

Beachte: Ist dies der Fall, richtet sich der aus der Rechtsnorm folgende Anspruch zunächst nur auf den Erlass eines entsprechenden Bewilligungsbescheides; ein unmittelbar geltend gemachter Leistungsanspruch wäre unbegründet. Erst wenn der erforderliche Bewilligungsbescheid vorliegt, kann ein Leistungsanspruch auf schlichthoheitliche Erfüllung (zB auf Auszahlung, Rückgewähr, Herausgabe usw.) im Wege der allgemeinen Leistungsklage geltend gemacht werden.

§ 37. Das Verwaltungsermessen

Literatur: *Schoch,* Das verwaltungsbehördliche Ermessen, Jura 2004, 462; *Beaucamp,* Ermessen der Verwaltung: Frei? Pflichtgemäß? Reduziert? Intendiert? – Eine Bestandsaufnahme, JA 2006, 74 ff.; *Bader,* Ermessensergänzung im Verwaltungsprozess – BVerwGE 121, 297, JuS 2006, 199 ff.

Überblick

I. Die Entscheidungsspielräume der Verwaltung
II. Die Ermessensermächtigung
III. Die Ermessensentscheidung
IV. Die Ermessenskontrolle
V. Die Prüfung auf Ermessensfehler
VI. Kontrolle richtliniengeleiteter Ermessensentscheidung
VII. Die Reduktion des Spielraums auf null

I. Die Entscheidungsspielräume der Verwaltung

1. Die Kontrollaufgabe der Gerichte

37.01 Die gerichtliche Kontrolle der Rechtmäßigkeit von Verwaltungsentscheidungen erfolgt regelmäßig dadurch, dass das zuständige Gericht die maßgeblichen Rechtsvorschriften in eigener Verantwortung auf den Streitfall anwendet, die Entscheidung also praktisch noch einmal selbst trifft und das Ergebnis dann mit dem der Verwaltung vergleicht. Maßstab für die Rechtmäßigkeitsprüfung ist damit das geltende Recht in der Auslegung, die das Gericht für zutreffend hält. Hält sich die Verwaltungsentscheidung nicht in diesem Rahmen, wird sie als rechtswidrig angesehen.

Beachte: Dieser Praxis der Kontrolle liegt zwar nicht mehr die Vorstellung zugrunde, dass es in jedem Fall bei methodisch sauberer Rechtsanwendung nur eine einzige richtige Entscheidung gebe, sondern die Annahme, dass die Gerichte dazu berufen seien, die für die Rechtsanwendung allein maßgebliche Auslegung zu bestimmen (**Letztentscheidungskompetenz,** s hierzu kritisch *Kopp/Ramsauer* § 40 Rnr. 8).

2. Die Übertragung von Entscheidungsspielräumen

Voraussetzung für die Anerkennung von Entscheidungsspielräumen der 37.02
Verwaltung ist nach der maßgeblichen **normativen Ermächtigungslehre** eine entsprechende gesetzliche Ermächtigung: Nur wenn das Gesetz (bzw. die VO oder Satzung) der Verwaltung für die zu treffende Entscheidung einen Spielraum einräumt, ist das Gericht gehindert, im Rahmen der Rechtskontrolle seine eigene Entscheidung an die Stelle derjenigen der Verwaltung zu setzen. In diesen Fällen muss es den der Verwaltung eingeräumten Spielraum respektieren und sich ausnahmsweise auf die bloße **Kontrolle von Rechtsfehlern** beschränken. Bei der Kontrolle auf Rechtsfehler ist methodisch ganz anders vorzugehen als bei Entscheidungen in eigener Verantwortung.

Beispiel: Der Erfolg einer Verpflichtungsklage auf Erteilung einer Baugenehmigung hängt nicht davon ab, ob der ablehnende Bescheid verfahrensfehlerhaft zustande gekommen ist, sondern allein davon, ob ein Anspruch auf die Baugenehmigung besteht. Anders ist dies, wenn die Baugenehmigung nur nach Erteilung einer Ausnahme oder Befreiung erteilt werden kann, weil diese im Ermessen der Verwaltung stehen. Bei der Prüfung, ob von dem Ermessen fehlerfrei Gebrauch gemacht wurde, spielen Verfahrensfehler wieder eine Rolle. In materieller Hinsicht wird geprüft, ob sich die Entscheidung an die Ziele der Ermächtigung hält.

II. Die Ermessensermächtigung

Von Verwaltungsermessen spricht man, wenn der Verwaltung im Einzel- 37.03
fall durch Gesetz und Recht keine eindeutig bestimmte Entscheidung vorgegeben ist, sondern sie vielmehr über das „Ob" (Entschließungsermessen) oder das „Wie" (Auswahlermessen) einer Entscheidung selbst in eigener Verantwortung befinden darf. Ermessen kann der Verwaltung durch eine Rechtsnorm eingeräumt worden sein (**gesetzesakzessorisches Ermessen**), besteht aber auch in den Berreichen, in denen die Verwaltung außerhalb des Geltungsbereichs des Gesetzesvorbehalts ohne gesetzliche Ermächtigung handeln darf (**gesetzesfreies Ermessen**).

Merke: Herkömmlich spricht man von Rechtsfolgeermessen. Rechtsdogmatisch handelt es sich dagegen um eine Ermächtigung zur Tatbestandsergänzung (so bereits zutreffend *Koch*, Unbestimmte Rechtsbegriffe und Ermessensermächtigungen im Verwaltungsrecht, 1979, 126). Die Einordnung hat auf die praktische Ermessenskontrolle keinen Einfluss.

1. Die gesetzliche Ermächtigung zur Ermessensentscheidung

a) Kann-Vorschriften

37.04 Ermessensermächtigungen werden typischerweise durch Formulierungen wie „kann", „darf", „ist berechtigt" usw. zum Ausdruck gebracht und sind deshalb anders als Beurteilungsermächtigungen zumeist leicht zu erkennen. Allerdings gibt es eine Reihe von Fällen, in denen die Formulierung in der maßgeblichen Rechtsnorm täuscht und sich die Frage, ob eine Ermessensermächtigung vorliegt oder nicht, erst nach genauerer Auslegung der Norm ergibt.

Beispiele: Die Zulassung der Stellvertretung in besonderen Fällen steht trotz des Wortlauts des § 47 GewO im Ermessen der zuständigen Behörde, ebenso die Vorladung zum Verkehrsunterricht gem. § 48 StVO. Umgekehrt enthält § 35 Abs. 2 BauGB keine Ermessensermächtigung (BVerwGE 18, 247, 250), ebenso wenig § 35 Abs. 2 GewO.

b) Sollvorschriften

37.05 Vorschriften, nach denen eine bestimmte Rechtsfolge eintreten „soll" oder „in der Regel" anzuordnen ist, enthalten keine echten Ermessensermächtigungen. Sollvorschriften sind rechtlich vielmehr als „Muss-Vorschriften" zu behandeln mit dem Unterschied, dass bei **Vorliegen eines Ausnahmefalls** von der im Übrigen zwingenden Rechtsfolge abgewichen werden darf. Das Ermessen ist in diesen Fällen also erst eröffnet, wenn die Besonderheiten eine Abweichung im Einzelfall ausnahmsweise rechtfertigen. Die Frage, ob der konkrete Fall solche Besonderheiten aufweist, also ein Ausnahmefall vorliegt, ist gerichtlich voll überprüfbar (BVerwGE 64, 318, 323; vgl. auch *Kopp/Schenke* § 114 Rnr. 21).

Beispiele: § 54 AufenthG (Regelausweisung); § 12 Abs. 4 WehrPflG (Zurückstellung bei Härtefall); § 50 Abs. 3 BAföG (Bewilligungszeitraum von einem Jahr).

c) Intendiertes Ermessen

37.06 Nach wie vor **umstritten** ist, ob und ggfs. wann einzelne Ermessensermächtigungen die Ausübung des Ermessens mit einem bestimmten Ergebnis „intendieren", dh trotz ihrer Formulierung in der Praxis wie eine Soll-Vorschrift anzuwenden sind mit der Folge, dass im Regelfall von dem Ermessen in einer ganz bestimmten Weise Gebrauch zu machen ist. Ermessens- und Begründungsfehler wirken sich dann nicht mehr aus, weil das Ergebnis mangels Vorliegens eines Ausnahmefalls ohnehin zwingend vorgegeben ist. Dies wird von der hM neuerdings immer häufiger angenommen (BVerwGE 72, 1, 6; *Kopp/Ramsauer* § 40 Rnr. 45 mwN). Die dogmatischen Begründungen sind allerdings zumeist brüchig; besser wäre es, im jeweiligen Einzelfall eine Reduzierung des Ermessens auf Null in Betracht zu ziehen (näher *Pabst* VerwArch 2002, 540).

Beispiele: Befreiung nach § 31 Abs. 2 BauGB bei Vorliegen einer unbeabsichtigten Härte; landesrechtliche Bestimmungen über Beseitigung, Baueinstellung oder Nutzungsuntersagung bei baulichen Anlagen (zB OVG Berlin DVBl 2002, 282; OVG Weimar LKV 1997, 370); Widerruf eines rechtswidrigen Subventionsbescheides (BVerwG DVBl 1998, 147; bei gemeinschaftsrechtswidrigen Subventionen grds. Ermessensreduzierung auf Null); weitere Bsp. bei *Schoch*, Jura 2004, 468; *Borowski* DVBl 2000, 149.

2. Verfassungsrechtliche Legitimation

Ermessensermächtigungen lassen die rechtliche Kontrolle der Verwaltungsentscheidungen nur in einem begrenzten Umfang zu. Das Gesetz gibt der Verwaltung für den Einzelfall die Rechtsfolge nicht zwingend vor, sondern erlaubt eine Abwägungsentscheidung, bei der sich die Verwaltung zwar an den Zwecken der Ermächtigung zu orientieren hat, im übrigen aber nach Opportunität entscheidet. Soweit es um Eingriffe in grundrechtlich relevante Bereiche geht, ist dies verfassungsrechtlich rechtfertigungsbedürftig. Allerdings liegt es idR im Interesse der Betroffenen und ist deshalb auch verfassungsrechtlich unbedenklich, wenn die Verwaltung zur Berücksichtigung der Besonderheiten des Einzelfalls noch Spielräume bleiben. 37.07

Beachte: Verfassungsrechtlich geboten ist es aber, dass der Gesetzgeber im Bereich des Gesetzesvorbehalts die Voraussetzungen für die Betätigung des Ermessens hinreichend genau regelt und nicht nach dem Muster der polizeilichen Generalklausel der Verwaltung überlässt, wann und wie sie zur Abwehr von Gefahren oder zur Beseitigung von Störungen der öffentlichen Sicherheit und Ordnung tätig wird.

III. Die Ermessensentscheidung

1. Beachtung formellrechtlicher Vorschriften

Verstöße gegen Vorschriften über Zuständigkeit, Verfahren oder Form sind zwar keine Ermessensfehler; sie führen aber anders als bei striktem Recht idR zur Rechtswidrigkeit der Ermessensentscheidung, weil § 46 VwVfG (bzw. § 42 SGB X) idR nicht eingreift. Es kann nämlich zumeist nicht ausgeschlossen werden, dass sich der Verfahrensfehler auf die Entscheidung ausgewirkt hat. Vor allem den Bestimmungen über Zuständigkeiten, über die Gewährung rechtlichen Gehörs, die Beteiligung von weiteren Gremien oder Behörden und die Begründung von VA kommt deshalb besondere Bedeutung zu. 37.08

Beachte: Formelle Fehler können gem. § 45 VwVfG bzw. § 41 SGB X auch noch im gerichtlichen Verfahren geheilt und materielle Fehler durch das Nachschieben von Gründen gem. § 114 Satz 2 VwGO korrigiert werden können (vgl. *Kopp/Ramsauer* § 45 Rnr. 33 ff.).

2. Materiellrechtliche Anforderungen (§ 40 VwVfG)

a) Anforderungen der Ermächtigungsnorm und der Grundrechte

37.09 Die Ermächtigungsnorm enthält zunächst die Voraussetzungen, unter denen das Ermessen überhaupt eröffnet wird, und sodann – nicht notwendig ausdrücklich – die **Zwecke der Ermächtigung**, die bei der Ausfüllung des Ermessensspielraums beachtet werden müssen (siehe Rnr. 37.19).

Von der Ermessensermächtigung muss stets in grundrechtskonformer Weise Gebrauch gemacht werden (Beachtung des Grundsatzes der **Verhältnismäßigkeit** und des Gebots der **Gleichbehandlung** berücksichtigen muss (siehe unten Rnr. 37.26 f.).

Beachte: In § 114 VwGO ist nur die Kontrolle des Ermessens geregelt; § 40 VwVfG enthält dagegen – sprachlich missglückt – die rechtlichen Anforderungen an die Herstellung der Ermessensentscheidung.

b) Der Vorgang der Ermessensbetätigung

37.10 Wie bei der planerischen Abwägung lassen sich bei der Ermessensentscheidung (§ 40 VwVfG) **drei Arbeitsgänge** unterscheiden, die freilich eng miteinander zusammenhängen: Erstens die Feststellung der rechtlichen Vorgaben der Ermessensermächtigung (Ermessenszwecke und Ermessensgrenzen) sowie etwaiger Ermessensrichtlinien, zweitens die Ermittlung des maßgeblichen Sachverhalts (Abwägungsmaterial), drittens die eigentliche Bewertung und Abwägung der im Rahmen der Ermächtigung zu berücksichtigenden Interessen.

Beachte: Über § 40 VwVfG hinaus ist die Herstellung der Ermessensentscheidung nicht normativ vorgeprägt. Methodisch geht es um einen **Prozess rationaler Abwägung**, bei dem es darum geht, konfligierende Ziele ihrem normativen Gewicht entsprechend zu berücksichtigen. Wie groß der Spielraum dabei ist, hängt von den Zielvorgaben, dem Grundsatz der Verhältnismäßigkeit und dem Umfang der Selbstbindung ab.

3. Bedeutung von Ermessensrichtlinien

a) Selbstbindung der Verwaltung

37.11 Ermessensrichtlinien (Verwaltungsvorschriften, Weisungen usw.) werden entweder von übergeordneten Behörden oder von der Behördenleitung innerhalb einer Behörde erlassen und enthalten allgemeine Anweisungen für die Ermessensausübung. Sie führen idR zur Selbstbindung der Verwaltung. Der Bürger hat nach hM aber idR keinen Anspruch auf Beachtung der Verwaltungsvorschrift bzw. Weisung, sondern nur auf Gleichbehandlung entsprechend der tatsächlichen Verwaltungspraxis. Von dieser darf die Behörde nicht ohne sachlichen Grund abweichen. Ein Ermessensfehler ergibt sich bei Verstoß gegen eine Richtlinie idR also nur, wenn damit in gleichheitssatzwidriger Weise von der bisherigen Übung abgewichen wird (BVerwG NVwZ 2003, 1384).

Beachte: Konsequenz der hM ist, dass der Bürger auch in Fällen, in denen die Verwaltung eindeutig gegen den Wortlaut einer Ermessensrichtlinie verstößt, keinen Ermessensfehler geltend machen kann, sofern auch in allen anderen Fällen ebenso dagegen verstoßen wird (Bsp.: Entgegen einer kommunalen Vergaberichtlinie werden bei der Zulassung von Ständen auf einem Stadtfest keine ortsansässige Anbieter bevorzugt, OVG Lüneburg, Az. 7 L 3790/91 – juris).

b) Feststellung der Verwaltungspraxis, antizipierte Verwaltungspraxis

Wenn im praktischen Fall keine Angaben zur Verwaltungspraxis ge- **37.12** macht worden sind, kann der Bearbeiter von der Annahme ausgehen, dass sie der Richtlinie entspricht. Es besteht insoweit nämlich eine tatsächliche Vermutung. Die Verwaltung muss im Streitfall darlegen, dass und wie sich ihre Praxis entwickelt hat. Hat sich aufgrund einer Richtlinie noch keine Verwaltungspraxis gebildet, ist im Vorgriff auf die zu erwartende richtlinienkonforme Umsetzung gleichwohl einer Selbstbindung anzunehmen und dem Bürger einen Anspruch auf Gleichbehandlung mit der Richtlinie zu gewähren (52, 193, 199; VGH Mannheim VBlBW 2006, 62).

c) Ausnahmen von der Bindung

Die Selbstbindung der Verwaltung durch ihre Verwaltungspraxis darf **37.13** Abweichungen nicht ausschließen. Die Ermessensermächtigung verlangt vielmehr, in jedem Einzelfall zu prüfen, ob die **Besonderheiten des Einzelfalles** eine Abweichung von der allgemeinen Verwaltungspraxis erfordern (*Maurer* § 7 Rnr. 15) Dies gilt auch ohne ausdrückliche Regelungen in einer Verwaltungsvorschrift. Außerdem kann die Praxis für die Zukunft generell geändert werden (*Kopp/Schenke* § 114 Rnr. 41).

Beachte: Wenn die Behörde vorträgt, sie werde ihre Praxis von nun an ändern, weil sich die bisherige Vorgehensweise nicht bewährt habe, wird man im praktischen Fall hiervon ausgehen müssen, sofern es keine Hinweise darauf gibt, dass es sich um eine Schutzbehauptung handelt.

IV. Allgemeine Ermessenskontrolle

1. Trennung von Tatbestandsprüfung und Ermessenskontrolle

Der gerichtlichen Ermessenskontrolle muss stets die Prüfung vorausge- **37.14** hen, ob die rechtlichen Voraussetzungen vorliegen, unter denen die Verwaltung ihr Ermessen überhaupt betätigen darf (*Proppe* JA 1997, 418, 419). Hinsichtlich dieser Voraussetzungen liegt striktes Recht vor, weshalb insoweit wie auch sonst unter die Tatbestandsmerkmale der Norm zu subsumieren ist.

Beispiele: Nach § 15 Abs. 1 VersG darf die Behörde von ihrem Ermessen nur Gebrauch machen, wenn „nach den zur Zeit des Erlasses der Verfügung erkennbaren Umständen die öffentliche Sicherheit oder Ordnung bei der Durchführung der Versammlung oder des Aufzuges unmittelbar gefährdet ist". Nach § 55 Abs. 2 Nr. 2 AufenthG ist das Ermessen erst dann eröffnet, wenn der Ausländer „einen nicht nur vereinzelten oder geringfügigen Verstoß gegen Rechtsvorschriften ... begangen hat ..."

37.15 Die Prüfung der Tatbestandsvoraussetzungen für die Ermessensentscheidung einerseits und die Ermessenskontrolle andererseits sind stets **streng zu trennen**. IdR empfiehlt es sich, jeweils eigene Abschnitte zu bilden, so dass der Leser stets genau erkennen kann, ob es um die Subsumtion unter die Tatbestandsvoraussetzungen der Ermessensnorm geht oder um die Prüfung auf Ermessensfehler.

Beispiel: „Die zulässige Klage hat in der Sache keinen Erfolg. Die angefochtenen Bescheide sind rechtmäßig. Die Voraussetzungen des § 15 Abs. 2 GewO für die Schließung der vom Kläger betriebenen Gaststätte liegen vor (1); die von dem Beklagten hierüber getroffene Ermessensentscheidung ist aus Rechtsgründen nicht zu beanstanden (2)."

2. Gegenstand der Ermessenskontrolle

37.16 Gegenstand der Ermessenskontrolle ist gem. § 79 Abs. 1 Nr. 1 VwGO der angefochtene VA in der Gestalt, die er durch den Widerspruchsbescheid erhalten hat. Hat ein reguläres Widerspruchsverfahren stattgefunden, muss die Widerspruchsbehörde idR eine eigene Ermessensentscheidung treffen. Ausnahmen (zB bei Prüfungsentscheidungen oder im Kommunalrecht, vgl. Rnr. 38.11 ff.) bedürfen einer gesetzlichen Regelung (BVerwG NJW 1988, 2632). Hat ein Widerspruchsverfahren stattgefunden, ist der Widerspruchsbescheid an sich der alleinige Prüfungsgegenstand, weil er mit dem Ausgangs-VA rechtlich eine Einheit bildet. Danach wäre auch nur der Widerspruchsbescheid auf Ermessensfehler hin zu untersuchen. Der Ausgangsbescheid spielte, obwohl er Streitgegenstand bleibt, für die Prüfung regelmäßig keine Rolle mehr, und zwar unabhängig davon, ob er Ermessensfehler enthielt oder nicht (OVG Bautzen NVwZ-RR 2002, 409).

Beachte aber: Die hM folgert allerdings aus dem Gedanken des § 79 Abs. 2 VwGO, dass auch in den Fällen des § 79 Abs. 1 Nr. 1 VwGO allein der Widerspruchsbescheid aufgehoben werden kann, wenn allein dieser fehlerhaft, der Grund-VA dagegen rechtmäßig ist (*Kopp/Schenke* § 113 Rnr. 15; aA VGH Mannheim NVwZ 1990, 1085). Dies kann aber richtigerweise nur in den Fällen des § 79 Abs. 2 VwGO gelten, also bei wesentlichen Verfahrensfehlern und zusätzlicher Beschwer. Bei Ermessensentscheidungen kann die Teilaufhebung nur erreicht werden, wenn keine Ermessensreduktion auf Null vorliegt, so dass die Widerspruchsbehörde in der Sache eine andere Entscheidung hätte treffen können (VGH München NVwZ-RR 1989, 221.

3. Die Feststellung der Ermessenserwägungen

a) Die Bedeutung der Begründung

37.17 Über die wahren Gründe, die für die Ermessensentscheidung im Einzelfall maßgebend waren, kann an sich nur der zuständige Sachbearbeiter

Auskunft geben. Da die Verwaltung aber gem. § 39 Abs. 1 Satz 2 VwVfG idR verpflichtet ist, dem VA eine Begründung beizufügen, in welcher die maßgeblichen Gründe für die Entscheidung mitzuteilen sind, darf sich die Kontrolle in der Praxis darauf beschränken, die dem VA beigefügte Begründung auf Ermessensfehler zu überprüfen. Ergibt sich daraus Ermessensfehler, führt das auch zur Fehlerhaftigkeit der Ermessensentscheidung.

Merke: Ergibt sich im Prozess, dass in Wahrheit andere oder weitere als die in der Begründung mitgeteilten Gründe maßgebend gewesen sind, so liegt insoweit ein (formeller) Begründungsfehler vor, der schon deshalb zur Rechtswidrigkeit der Entscheidung führen muss (vgl. auch *Alexy* JZ 1986, 706).

b) Nachschieben von Ermessenserwägungen

Nach § 114 S. 2 VwGO ist das Nachschieben oder Auswechseln von **37.18** Gründen von Ermessensentscheidungen bei Fehlen spezieller gesetzlicher Regelungen auch noch während des gerichtlichen Verfahrens grundsätzlich zulässig (ausf. *Bader* NVwZ 1999, 120). Dies ist in den vielen Fällen sogar unumgänglich, in denen es für die Beurteilung auf den Zeitpunkt der letzten Tatsachenverhandlung ankommt, weil die Behörde Umstände, die nach ihrer letzten Entscheidung eingetreten sind, gar nicht berücksichtigen konnte. Einzuschränken ist dies aber insoweit, als der VA nachträglich nicht in seinem Wesen verändert und die Rechtsverteidigung des Klägers nicht unangemessen erschwert werden darf (BVerwGE 106, 351; hierzu *Schenke* JuS 2000, 230).

Beachte: Die Frage ist zu trennen von der in § 45 VwVfG geregelten Frage, inwieweit ein Verstoß gegen das formelle Begründungserfordernis des § 39 VwVfG geheilt werden kann (BVerwGE 85, 163, 166).

4. Maßstab der Ermessenskontrolle (§ 114 VwGO)

Maßstab für die Ermessenskontrolle sind **die Ziele und Grenzen** der ge- **37.19** setzlichen Ermächtigung. Mit der Einräumung von Ermessen wird der Verwaltung die Aufgabe übertragen, von mehreren rechtlich möglichen Entscheidungen unter **Beachtung des Gleichheitssatzes und des Verhältnismäßigkeitsprinzips** diejenige auszuwählen, die nach ihrer eigenen Einschätzung den Zielen der Ermächtigung am besten gerecht wird. Welche Interessen maßgeblich sind, ist durch Auslegung der Ermächtigungsnorm und unter Berücksichtigung aber Grundrechte zu ermitteln. Typischerweise werden Ermessensermächtigungen eingeräumt, um der Verwaltung einen Ausgleich öffentlicher Interessen mit bestimmten privaten Interessen der betroffenen Bürger zu ermöglichen.

Beispiel: § 55 AufenthG schützt die öffentliche Sicherheit und Ordnung, nach der ausdrücklichen Regelung in § 55 Abs. 3 AufenthG aber auch die persönlichen Interessen des betroffenen Ausländers, nicht dagegen etwa private Interessen seines Arbeitgebers.

V. Die Prüfung auf Ermessensfehler

37.20   Liegen die Voraussetzungen für die Betätigung des Ermessens vor, so prüft das Gericht gem. § 114 VwGO auch, ob die gesetzlichen Grenzen des Ermessens überschritten worden sind und von dem Ermessen in einer dem Zweck der Ermächtigung nicht entsprechenden Weise Gebrauch gemacht worden ist. Hieraus folgt, dass die Ermessensentscheidung auf folgende Fehler hin überprüft werden muss:

Übersicht

1. Ermessensnichtgebrauch (Ermessensunterschreitung)
2. Ermessensfehlgebrauch
   a) Ermessensdefizit
   b) Sachwidrige Erwägungen
3. Ermessensüberschreitung
   a) Unverhältnismäßigkeit
   b) Verstoß gegen Gleichbehandlungsgebot

1. Ermessensnichtgebrauch (Ermessensunterschreitung)

37.21   Zunächst ist zu prüfen, ob die Verwaltung bei der getroffenen Entscheidung ihr Ermessen überhaupt „betätigt" hat. Hieran fehlt es, wenn sie entweder den **Ermessensspielraum nicht erkannt** und sich deshalb irrtümlich für verpflichtet gehalten hat, eine bestimmte, vermeintlich vom Gesetz vorgegebene Entscheidung zu treffen (*Kopp/Schenke* § 114 Rnr. 14), oder wenn sie sich vorab (zB durch Absprachen) in unzulässigerweise gebunden hat, in bestimmter Weise zu entscheiden (**unzulässige Vorabbindung**).

Beispiele: Die Bauaufsichtsbehörde hält sich für verpflichtet, den Antrag auf Erlass einer Abrissverfügung abzulehnen, weil sie irrtümlich davon ausgeht, es liege eine wirksame Baugenehmigung vor oder die Anlage entspreche den rechtlichen Anforderungen; die Naturschutzbehörde lehnt den Antrag auf eine Befreiung mit der unzutreffenden Begründung ab, die Befreiungsvoraussetzungen lägen nicht vor.

37.22   Um dem Vorwurf des Ermessensnichtgebrauchs zu entgehen, gehen Behörden nicht selten zweispurig vor und treffen eine **vorsorgliche Ermessensentscheidung:** Sie lehnen einen Antrag ab, weil die Voraussetzungen für eine Ermessensentscheidung nicht vorlägen; falls die Voraussetzungen doch vorlägen, lehnen sie ihn zusätzlich und vorsorglich auch im Ermessenswege ab. Nach hM ist dieses Vorgehen zulässig (BVerwG DVBl 1982, 842).

Beispiel: In der Begründung der einen Antrag auf Erteilung einer Befreiung ablehnenden Entscheidung heißt es: „Der Antrag ist abzulehnen, weil die Voraussetzungen für die Befreiung (zB nach § 31 Abs. 2 BauGB) nicht vorliegen. Die Behörde ist deshalb bereits aus Rechtsgründen gehindert, die Befreiung zu erteilen. Aber auch die Betätigung pflichtgemäßen Ermessens würde nicht zu einem anderen Ergebnis führen…"

2. Ermessensfehlgebrauch

Im Zentrum der Ermessenskontrolle steht zumeist die Frage, ob die Ver- **37.23**
waltung von ihrem Ermessen in einer dem Zweck der Ermächtigung
entsprechenden Weise Gebrauch gemacht hat (§ 114 S. 1 VwGO).
Zwei Varianten des Fehlgebrauchs sind zu unterscheiden, erstens das **Defizit**
(es wird zu wenig erwogen), zweitens die **sachfremde Erwägung** (es
wird zuviel erwogen). Die Ermittlung der Zwecke der Ermächtigungsnorm erfolgt nicht in einem eigenen Prüfungspunkt, weil es nicht sinnvoll ist, die Zwecke vorab abstrakt zu ermitteln; vielmehr ist bei der
Kontrolle der Vollständigkeit der Ermessenserwägungen (Defizit) und
der Sachgerechtigkeit der Ermessenserwägungen (sachfremde Erwägungen) jeweils konkret festzustellen, welche Zwecke der Ermächtigung
entsprechen.

Beachte: Bei den Ermessensermächtigungen des **Polizei- und Ordnungsrechts** stehen
sich idR zwei Ermessenszwecke gegenüber: Das öffentliche Interesse an Sicherheit
und Ordnung auf der einen und das private Interesse des Betroffenen am Schutz seiner Rechtspositionen auf der anderen Seite. Bei **anderen Ermächtigungen** ergeben
sich die Zwecke idR aus den Zielen des Gesetzes (zB §§ 1a, 1b WHG für Erlaubnis und
Bewilligung im Wasserrecht) oder aus den besonders angegebenen Zielen der Norm
(zB § 55 Abs. 3 AufenthG für die Ausweisung nach § 55 Abs. 1, 2 AufenthG).

a) Ermessensdefizit

Die Ermessensentscheidung weist ein Defizit auf, wenn sie nicht sämt- **37.24**
liche den Zielen der Ermessensermächtigung entsprechenden Gesichtspunkte berücksichtigt. Das ist auch eine Frage der Aufklärung des Sachverhalts. Das Abwägungsmaterial muss vollständig und zutreffend zusammengetragen und in die Ermessensentscheidung einbezogen worden
sein. Die Vollständigkeit orientiert sich dabei erstens an den Zwecken
der Ermächtigung und zweitens an dem Umfang der Aufklärungspflicht
der Verwaltung (§ 24 VwVfG bzw. § 20 SGB X). Wegen der Mitwirkungsobliegenheiten der Beteiligten (§ 26 Abs. 2 S. 1 VwVfG bzw. § 21
Abs. 2 S. 1 SGB X) wird eine Ermessensentscheidung nicht schon deshalb defizitär, weil der Behörde Gesichtspunkte verborgen geblieben
sind, die von den Beteiligten hätten vorgebracht werden können und
sich der Behörde nicht aufdrängen mussten.

Beispiel: Der Ausländer unterlässt es, im Aufenthaltserlaubnisverfahren mitzuteilen,
dass er inzwischen die Ehe mit einer deutschen Staatsangehörigen eingegangen ist,
insoweit gilt allerdings die spezielle Regelung des § 82 AufenthG.

b) Sachwidrige Erwägungen

Sachwidrige Erwägungen liegen nicht erst dann vor, wenn die Entschei- **37.25**
dung in böser Absicht, willkürlich oder unter Berücksichtigung privater
Interessen (Vetternwirtschaft) erlassen worden ist, sondern bereits dann,
wenn bei der Entscheidung Gesichtspunkte eine Rolle gespielt haben,
die nicht zu den zugelassenen Zwecken der Ermächtigung zählen und

deshalb nicht berücksichtigt werden durften. Hier ist inzident zu prüfen, ob die angestellten Erwägungen zu den Zwecken der Ermächtigung gehören (s auch *Maurer* § 7 Rnr. 22).

Beispiel: Sachwidrig wäre die Berücksichtigung der finanziellen Verhältnisse eines Antragstellers bei einer Entscheidung über eine bauplanungsrechtliche Befreiung; ebenso die Berücksichtigung nicht straßen- und wegebezogener Gesichtspunkte bei Versagung einer Sondernutzung; sachgerecht ist es nach hM, eine Ausweisungsverfügung auch auf generalpräventive Gründe zu stützen (BVerwGE 42, 133, 138; 59, 104 = NJW 1980, 2036; str.).

3. Die Ermessensüberschreitung

37.26 Die gesetzlichen Grenzen des Ermessens werden überschritten, wenn der Rahmen gesprengt wird, der durch höherrangiges Recht, insbesondere durch die Grundrechte jeder Ermessensausübung gezogen wird (*Kopp/ Schenke* § 114 Rnr. 9). Außerdem wird der Rahmen des Ermessens überschritten, wenn gegen das Gebot der Gleichbehandlung verstoßen wird. Hier sind also idR Verhältnismäßigkeit und Gleichheitssatz zu prüfen.

Beachte: **Die Terminologie ist uneinheitlich.** Teilweise wird **dieser Ermessensfehler** auch als Fall des Ermessensfehlgebrauchs bezeichnet.

a) Unverhältnismäßigkeit

37.27 Die Ermessensentscheidung darf die rechtlich geschützten Interessen des Betroffenen nicht in unverhältnismäßiger Weise beeinträchtigen, insbesondere keine Grundrechtsverletzung bewirken. Der Grundsatz der Verhältnismäßigkeit zieht den äußeren Rahmen, in dem sich das Ermessen halten muss. Dafür ist zunächst festzustellen, welche rechtlich geschützten Positionen des Betroffenen von der Entscheidung berührt werden. Dann ist zu untersuchen, ob sich die Beeinträchtigung dieser Positionen durch die mit der Entscheidung verfolgten öffentlichen Interessen rechtfertigen lässt. Die Maßnahme zur Erreichung des verfolgten Zwecks geeignet, erforderlich und proportional sein.

Beachte: Fehlt die Eignung der Maßnahme, liegt stets bereits ein Ermessensfehlgebrauch vor, weil sie dann nicht mit sachgerechten Erwägungen begründet worden sein kann. Im Rahmen der Erforderlichkeit ist nur zu prüfen, ob das öffentliche Interesse im selben Maße auch mit einem milderen Mittel erreicht werden kann. In den meisten Fällen geht es um die Proportionalität, also um Angemessenheit und Zumutbarkeit.

b) Verstoß gegen Gleichbehandlungsgebot

37.28 Bei der Prüfung des Gleichheitssatzes spielt zunächst die **Selbstbindung der Verwaltung** eine Rolle: Die Verwaltung darf nicht ohne sachlichen Grund von einer bisher gepflegten Praxis abweichen. Dabei spielt keine Rolle, ob die Praxis auf einer Richtlinie, Anweisung oder auf anderen Umständen beruht. Ausreichend ist, dass in der Vergangenheit in ver-

gleichbaren Fällen tatsächlich in einer bestimmten Weise entschieden
wurde, also **Berufungsfälle** vorliegen. Dann nämlich hat der einzelne
Betroffene im Grundsatz einen Anspruch darauf, nicht schlechter behandelt zu werden als andere Bürger. Abweichungen sind nur zulässig,
wenn

– der Fall in Bezug auf die maßgeblichen Ermessenszwecke wesentliche
  Besonderheiten aufweist (BVerwGE 70, 142),
– die bisherige Praxis rechtswidrig war (BVerwGE 71, 342: keine
  Gleichheit im Unrecht),
– die Behörde überzeugend darlegen kann, dass für die Zukunft eine
  generelle Änderung der Praxis erfolgen soll.

Beachte: Wenn die Selbstbindung bereits zu einer Ermessensreduzierung auf Null
führt, geht es nicht mehr um Ermessensfehler, sondern um eine strikt gebundene Entscheidung (vgl. Rnr. 37.34). In diesen Fällen ist eine Prüfung der übrigen Ermessensfehler idR entbehrlich.

VI. Kontrolle richtliniengeleiteter Ermessensentscheidungen

Hat die Verwaltung bei der Ermessensentscheidung Ermessensrichtlinien   **37.29**
zu beachten (s. oben Rnr. 30.65), besteht die Besonderheit, dass die
Ermessensbetätigung aufgespalten ist in einen abstrakt-generellen Teil
(Richtlinie) und einen individuell-konkreten (Umsetzung im Einzelfall).
Der Sachbearbeiter trifft selbst also keine vollständige Ermessensentscheidung, weil er durch die Richtlinie ganz oder teilweise gebunden
ist. Die Ermessenskontrolle muss deshalb bei der Richtlinie ansetzen.

Übersicht
1. Richtlinienkonformität der Entscheidung
2. Beachtlichkeit (Fehlerfreiheit) der Richtlinien
3. Vorliegen eines Sonderfalls

1. Richtlinienkonformität der Entscheidung

Zunächst zu prüfen, ob die Regelungen der Richtlinie zutreffend ange-   **37.30**
wandt wurden. Dabei darf das Gericht die Richtlinie aber nicht wie ein
Gesetz auslegen und seinerseits auf den Einzelfall anwenden; vielmehr
muss es diejenige Auslegung zugrunde legen, nach der sich die Verwaltung selbst in der Praxis tatsächlich richtet. Maßstab für die Kontrolle
ist nicht die Richtlinie selbst, sondern die Verwaltungspraxis (siehe
Rnr. 37.11). Weicht die konkrete Ermessensentscheidung zu Lasten des
Betroffenen von einer Verwaltungspraxis ab, ohne dass ein Ausnahmefall vorliegt, so ist sie wegen Verstoßes gegen das aus Art. 3 Abs. 1 GG
folgende Gleichbehandlungsgebot fehlerhaft und damit rechtswidrig,
auch wenn sie an sich mit der Ermessensermächtigung oder der Richtlinie vereinbar wäre.

Beachte: Von diesem Grundsatz sind einige **Ausnahmen** anerkannt: Zu einer unmittelbaren Anwendung der Richtlinie kommt es im Fall der **antizipierten Verwaltungspraxis,** wenn sich aufgrund der Richtlinie noch keine praktische Übung bilden konnte (Rnr. 37.12), ferner bei **gesetzesvertretenden Verwaltungsvorschriften,** denen ausnahmsweise die Qualität einer Quasi-Rechtsnorm zuerkannt wird (zB Subventionsrichtlinien (BVerwGE 58, 45) oder Verwaltungsvorschriften über die Zahlung von Beihilfen an Beamte im Krankheitsfall (BVerwGE 19, 48).

2. Beachtlichkeit (Fehlerfreiheit) der Richtlinie

37.31 Ermessensbindende Richtlinien müssen an den Vorgaben der Ermessensermächtigung gemessen werden. Zumeist kann die Richtlinie nur auf Verstöße gegen das Prinzip der Verhältnismäßigkeit überprüft werden, weil die für sie maßgebenden Erwägungen nicht bekannt sind. Führt die Anwendung der Richtlinie zu unverhältnismäßigen Ergebnissen, so ist zunächst zu prüfen, ob diesen Folgen durch eine Ausnahme abgeholfen werden kann. Dies wird immer dann der Fall sein, wenn sich die Unverhältnismäßigkeit nur aufgrund der Besonderheiten des Einzelfalls ergibt.

Beispiele: Unverhältnismäßigkeit der Richtlinien über den Ehegattennachzug, wonach die Ehe mindestens 3 Jahre bestanden haben musste (BVerfGE 76, 1 = NJW 1988, 626). Verstoß gegen das Gebot der Gleichbehandlung durch Frauenförderungsrichtlinie (OVG Münster NJW 1989, 2560).

3. Vorliegen eines Sonderfalls

37.32 Hat sich die Entscheidung an einer beachtlichen Richtlinie orientiert, ist weiter zu prüfen, ob ein Sonderfall vorliegt, der eine von der Richtlinie abweichende Behandlung erfordert. Ein Ausnahmefall liegt nicht erst dann vor, wenn die Anwendung der Richtlinie im Einzelfall zu einem unverhältnismäßigen, insbesondere unzumutbaren Ergebnis führen würde, sondern schon dann, wenn eine wesentliche Abweichung von der in der Richtlinie zugrunde gelegten typischen Interessenkonstellation vorliegt.

Hierzu sollten Richtlinien entsprechende Ausnahmeklauseln enthalten. Aber auch wenn dies nicht der Fall ist, ist regelmäßig davon auszugehen, dass die Besonderheiten des Einzelfalls ein Abweichen rechtfertigen und ggfs. auch erfordern können (*Kopp/Schenke* § 114 Rnr. 42).

VII. Die Reduktion des Spielraums auf Null

37.33 Eine Reduktion des Ermessens auf Null (Ermessensschrumpfung) bedeutet, dass eine Ermessensentscheidung nur noch ein einziges rechtmäßiges Ergebnis haben kann. Sie kann aufgrund einer Selbstbindung der Verwaltung, aufgrund des Verhältnismäßigkeitsprinzips und aufgrund eines FBA eintreten.

1. Reduktion aufgrund der Selbstbindung

Hat die Verwaltung ihr Ermessen durch eine bestimmte Verwaltungs-   37.34
praxis gebunden, so führt dies zu einer Ermessensschrumpfung. Besteht
kein rechtfertigender Grund für eine Abweichung im Einzelfall, so ist
die Verwaltung verpflichtet, entsprechend ihrer bisherigen Praxis zu verfahren.

Beachte: Bindend ist nur die Verwaltungspraxis, die sich im Zuständigkeitsbereich
einer Behörde zulässigerweise gebildet hat. Es ist also möglich, dass verschiedene Behörden desselben Rechtsträgers jeweils in ihrem örtlichen Zuständigkeitsbereich eine
unterschiedliche Praxis entwickeln.

2. Reduktion aufgrund des Verhältnismäßigkeitsprinzips

Zu einer Ermessensreduktion auf Null unabhängig von der Selbstbin-   37.35
dung der Verwaltung kommt es, wenn aufgrund der Besonderheiten des
Einzelfalls bei rechtmäßiger Ermessensausübung nur eine einzige Entscheidung möglich ist und jede andere fehlerhaft, insbesondere unverhältnismäßig erscheinen würde. Dies kommt namentlich bei Ermessensentscheidungen, bei denen es um die Abwägung gegenläufiger Interessen
geht, nicht selten vor.

Beispiele: Anspruch des Nachbarn auf baupolizeiliches Einschreiten gegenüber einer
rechtswidrig errichteten baulichen Anlage, wenn die fragliche bauliche Anlage den
Nachbarn erheblich in seinem Eigentum stört und zugunsten des Bauherrn
keine besonderen Interessen streiten (*Finkelnburg/Ortloff* Bd. II S. 213 ff., ähnlich
OVG Berlin LKV 1991, 108); Ermessensreduktion auf Null bei Untersagungsver-
fügung nach § 16 Abs. 3 HandwO (VGH Kassel NVwZ 1991, 280).

3. Reduktion durch FBA?

Eine Ermessensreduktion auf Null kann auch unter dem Gesichtspunkt   37.36
eintreten, dass der Bürger einen Anspruch auf Folgenbeseitigung hat,
sofern eine Entscheidung zugunsten des Bürgers erforderlich ist, um die
Pflichten aus dem FBA zu erfüllen. Wenn die Erfüllung einen VA voraussetzt, dessen Erlass im Ermessen der Verwaltung steht, dann muss
die Verwaltung alles in ihrer Macht stehende tun, um die Erfüllung
sicherzustellen.

Beachte: Umstritten, richtigerweise abzulehnen ist dies aber in den Fällen, in denen
zur Erfüllung des FBA ein Eingriff in Rechte Dritter erforderlich wird (vgl.
Rnr. 25.21).

§ 38. Beurteilungsentscheidungen

Literatur: *Schmidt-Aßmann*, in Maunz/Dürig, Art. 19 Abs. 4 GG Rnr. 184 ff.; *Schoch*, Der unbestimmte Rechtsbegriff im Verwaltungsrecht, Jura 2004, 612 ff.: *Beaucamp*, Fallgruppen des Beurteilungsspielraums, JA 2002, 314 ff.; *Niehues*, Schul- und Prüfungsrecht, Bd. 2, 4. Aufl. 2005.

I. Der Beurteilungsspielraum

38.01 Während das Ermessen rechtstechnisch als beschränkte Wahlfreiheit der Verwaltung auf der Rechtsfolgeseite einer Norm ausgestaltet ist, betrifft der Beurteilungsspielraum nach überkommener Lehre Auslegung und Anwendung unbestimmter Rechtsbegriffe auf Tatbestandsseite einer Rechtsnorm. Als Koppelungsvorschriften bezeichnet man Ermessensnormen, die auf der Tatbestandsseite zusätzlich unbestimmte Rechtsbegriffe aufweisen. Dies ist bei der Mehrzahl aller Ermessensnormen der Fall, weil die Tatbestände idR unbestimmte Rechtsbegriffe enthalten.

Beispiele: Befreiungstatbestände des § 31 Abs. 2 BauGB; Befreiungstatbestand des § 131 AO (GemSenOGB BVerwGE 39, 355). Hierin werden heute Anwendungsfälle des intendierten Ermessens gesehen, wonach bei Vorliegen der Voraussetzungen die Befreiung idR zu erteilen ist (Rnr. 37.06).

1. Beurteilungsspielraum bei unbestimmten Rechtsbegriffen?

38.02 Früher wurde insbesondere in der Literatur die Auffassung vertreten, die unbestimmten Rechtsbegriffe eröffneten der Verwaltung (anders als unbestimmte Tatsachenbegriffe) stets einen von den Gerichten nur beschränkt überprüfbaren Spielraum bei der Anwendung auf den Einzelfall. Zu erwähnen sind *Bachof* (JZ 1972, 208: Lehre vom Beurteilungsspielraum), *Ule* (Verwaltungsprozessrecht § 2 I: Vertretbarkeitslehre) und *Wolff* (in: *Wolff/Bachof*, Verwaltungsrecht I § 31 I c 4: Einschätzungsprärogative).

Diese im Kern zutreffenden Auffassungen haben sich in der Rspr. nicht durchsetzen können. Es entspricht heute überwiegender Auffassung, dass die Unbestimmtheit eines Rechtsbegriffs allein keinen Spielraum für die Verwaltung eröffnet (BVerwG NVwZ 1991, 568). Richtiger erscheint ein Kontrollkonzept, das sich flexibel an der Regelungsdichte der einzelnen Norm orientiert (vgl. *Kopp/Ramsauer* § 40 Rnr. 7 ff.).

2. Die normative Ermächtigungslehre

38.03 Derzeit ist allgemein anerkannt, dass die Verwaltung bei der Anwendung von Rechtsnormen nur dann eine **Letztentscheidungskompetenz** hat, wenn ein Gesetz ihr diese (in verfassungsrechtlich zulässiger Weise) einräumt, wenn sich also aus der jeweiligen Rechtsnorm selbst ein Beurteilungsspielraum für die Verwaltung ergibt (sog. normative Ermächtigungslehre, vgl. *Schmidt-Aßmann* in Maunz/Dürig, Art. 19 IV, Rnr. 185).

Das Gesetz muss eine Beurteilungsermächtigung nicht ausdrücklich einräumen, es reicht aus, dass sie sich dem Gesetz durch Auslegung entnehmen lässt. Da nur die wenigsten Gesetze hierzu ausdrückliche Regelungen enthalten, bestehen zT erhebliche Unsicherheiten (s. unten Rnr. 38.05).

3. Die Faktorenlehre

Nach der von *Kellner* begründeten Faktorenlehre müssen die Gerichte bei der Rechtskontrolle diejenigen Bewertungselemente als gegeben hinnehmen, die die Verwaltung etwa in Ausübung ihrer Organisationsbefugnisse in eigener Verantwortung gesetzt und der Einzelfallentscheidung damit gewissermaßen vorgegeben hat (*Kellner* NJW 1966, 863; DÖV 1969, 312; DÖV 1972, 807; BVerwGE 26, 65, 77; 39, 291, 299).   38.04

Beispiel: Ob im Falle der Versetzung eines Beamten ein dienstliches Bedürfnis besteht, ist nach hM gerichtlich voll überprüfbar. Folgt das dienstliche Bedürfnis zB daraus, dass der neuen Dienststelle weitere Aufgaben übertragen wurden, so ist diese Aufgabenübertragung ein Faktor, der der gerichtlichen Kontrolle entzogen ist.

II. Die Beurteilungsermächtigung

Die derzeit noch hM sieht in der Einräumung von Beurteilungsspielräumen einen Verlust an gerichtlicher Kontrolldichte und verlangt deshalb gem. Art. 19 Abs. 4 GG eine **verfassungsrechtliche Legitimation** (BVerfGE 84, 34 = NJW 1991, 2005; BVerwG NVwZ 1991, 568). Es muss also gute, in der Eigenart der jeweiligen Materie liegende Gründe dafür geben, der Verwaltung einen gerichtlich nur beschränkt überprüfbaren Beurteilungsspielraum einzuräumen. Diese Gründe müssen umso gewichtiger sein, je bedeutsamer der Aspekt des Grundrechtsschutzes gegenüber Entscheidungen der fraglichen Art wird.   38.05

Richtigerweise entstehen Entscheidungsspielräume aufgrund der wegen Unbestimmtheit der Tatbestandsvoraussetzungen eingeschränkten Steuerungswirkung einer Norm. Die Legitimation muss sich dann nicht nach Art. 19 Abs. 4 GG, sondern nach der Wesentlichkeitstheorie richten: Je stärker die Entscheidung in einen grundrechtlich geschützten Bereich eingreift, desto weniger Spielräume darf der Gesetzgeber der Exekutive lassen (BVerfGE 84, 34, 54).

1. Prüfungsentscheidungen

Prüfungsentscheidungen sind nach allgemeiner Auffassung unabhängig von ihrer gesetzlichen Ausgestaltung gerichtlich nur begrenzt überprüfbar. Heute werden in den positivrechtlichen Regelungen über Prüfungsentscheidungen Beurteilungsermächtigungen gesehen, die idR die zuständigen Prüfungsgremien unmittelbar ermächtigen (vgl. Rnr. 38.11 ff.).   38.06

Die verfassungsrechtliche Rechtfertigung dieses Spielraums folgt daraus, dass es sich bei Prüfungsentscheidungen typischerweise um **höchstpersönliche Akte wertender Erkenntnis** handelt: Die Prüfungsentscheidung stellt das Ergebnis einer wertenden Wahrnehmung der Prüfungsleistung und ihrer Einordnung in einen nur unvollkommen vorgegebenen Leistungsmaßstab dar.

2. Beamtenrechtliche Entscheidungen des Dienstherrn

38.07 Bei der Beurteilung von Eignung, Befähigung und fachlicher Leistung eines Beamten, Soldaten, Richters oder Beamtenbewerbers steht dem Dienstherrn ein Beurteilungsspielraum zu (BVerfG NVwZ 2002, 1368). Dieser betrifft sowohl die Bestimmung des Anforderungsprofils als auch die eigentliche Bewertung der Eigenschaften eines Bewerbers im Hinblick auf diesen Maßstab. In der Regel handelt es sich um **Koppelungsentscheidungen:** Auf der ersten Stufe werden Eignung, Befähigung und ggfs. fachliche Leistung beurteilt; hierbei steht dem Dienstherrn ein nur beschränkt überprüfbarer Beurteilungsspielraum zu. Auf der zweiten Stufe ist – bei gleicher Qualifikation – eine Auswahlentscheidung nach anderen Kriterien zu treffen; hier besteht ein Ermessensspielraum (vgl. BVerwG NVwZ 2003, 1397).

Beispiele: Dienstliche Beurteilung eines Beamten (BVerwGE 60, 245); Beurteilung der Verfassungstreue (BVerwGE 61, 176); Entscheidungen über Einstellung und Beförderung von Beamten usw.; Auswahlentscheidung im Konkurrentenstreit um eine Beförderung bei gleicher Qualifikation (VGH Mannheim NVwZ-RR 2006, 489).

3. Sonstige höchstpersönliche Akte wertender Erkenntnis

38.08 Wesentlicher Anhaltspunkt für eine Beurteilungsermächtigung der Verwaltung ist ein aus der Natur der Sache oder aus anderen Gründen folgender höchstpersönlicher Charakter der Entscheidung. Dies ist idR anzunehmen, wenn die Entscheidung im Gesetz einem in Hinblick auf Qualifikation oder Legitimation **besonders zusammengesetzten Gremium** übertragen worden ist.

Beispiele: Eigenschaft einer Schrift als jugendgefährdend (BVerwGE 91, 210, 213); Befähigung eines Architekten (BVerwGE 59, 213, 217); pädagogische Eignung von Schulbüchern (BVerwGE 79, 309); Bewertung von Weizensorten durch Sachverständigenausschuss (BVerwGE 62, 330); pädagogisches Interesse an Errichtung einer Privatschule (BVerfGE 88, 61); Entscheidungen eines Richterwahlausschusses (OVG Schleswig NordÖR 2003, 118); Abrisskosten bei der Flurbereinigung (BVerwGE 121, 373); ornithologische Einordnung eines Gebietes als „faktisches" europäisches Vogelschutzgebiet (BVerwG NVwZ 2003, 485); problematisch die Annahme eines Spielraums bei der Sicherheitsbewertung im Atomrecht (BVerwGE 72, 300, 316) und im Gentechnikrecht (OVG Berlin UPR 1999, 31).

38.09 Der Umstand, dass es für eine Entscheidung eines besonderen Sachverstandes auf medizinischen, naturwissenschaftlichen oder anderen Gebieten bedarf, der bei den zur Kontrolle berufenen Gerichten typischerweise nicht vorhanden ist, reicht für die Annahme eines Beurteilungsspielraums nicht aus. Vielmehr ist davon auszugehen, dass sich die Gerichte externen Sachverstandes (zB durch Sachverständigengutachten) bedienen müssen, wenn sie selbst nicht über die erforderliche Sachkunde verfügen.

Abgelehnt wurde ein Spielraum bei Beurteilung der Tauglichkeit eines Wehrpflichtigen (BVerwGE 31, 149); Feststellung der Denkmalwürdigkeit (BVerwGE 24, 60, 63); Zumutbarkeit von Lärm (BVerwGE 87, 362); Gleichwertigkeit von Prüfungen (BVerwGE 64, 153); Kriegsdienstverweigerung aus Gewissensgründen (BVerwGE 61, 50); gewerberechtliche Zuverlässigkeit (BVerwGE 121, 257); Geeignetheit einer Jugendhilfemaßnahme (VGH Mannheim NVwZ-RR 2002, 581; **aA** VGH München JAmt 2004, 545).

4. Prognoseentscheidungen

In jüngerer Zeit hat das BVerwG in einer Reihe von Fällen Beurtei- **38.10** lungsermächtigungen angenommen, in denen es ersichtlich an der Höchstpersönlichkeit der Entscheidung fehlt. Gemeinsam ist den Fällen jeweils ein prognostischer Charakter der Verwaltungsentscheidung. Ein Prognosecharakter allein kann richtigerweise jedoch einen Beurteilungsspielraum für die Verwaltung nicht rechtfertigen; es gibt kaum Entscheidungen, die nicht auch prognostische Elemente aufweisen (vgl. *Wahl* NVwZ 1991, 409). Soweit das Gesetz nicht höchstpersönliche Verwaltungsentscheidungen verlangt, lässt sich ein Spielraum der Verwaltung nur mit einem planerischem Einschlag begründen; diese sollten dann auch dem dafür entwickelten Instrumentarium der Plankontrolle unterworfen werden (vgl. auch *Schenke*, Verwaltungsprozessrecht Rnr. 769).

Beispiele: Bedarfsprognose bei Krankenhausbedarfsplanung (BVerwGE 62, 86 = NJW 1982, 710), Gefährdung der Funktionsfähigkeit des örtlichen Taxengewerbes (BVerwGE 82, 295); Entwicklung des Luftverkehrs (BVerwGE 75, 219, 234); des Straßenverkehrs (BVerwGE 87, 355), des Wohnungsmarktes (BVerwGE 80, 113, 120); Kalkulation von Gemeindegebühren (BVerwGE 116, 188).

III. Die Kontrolle von Prüfungsentscheidungen

1. Allgemeines

Die Entscheidungen BVerfGE 84, 34 (= NJW 1991, 2005) haben die **38.11** Kontrolle von Prüfungsentscheidungen wesentlich verändert. Nicht nur an die materielle Kontrolle, auch an das Prüfungsverfahren selbst wurden neue Anforderungen gestellt. Diese werden aus Art. 12 GG abgeleitet und betreffen deshalb nur **berufsbezogene Prüfungen**. Zur Entwicklung der Rspr. siehe BVerwG NVwZ 2000, 915.

Beispiele: Juristische Staatsprüfungen, Zwischen- und Abschlussprüfungen an Hochschulen, Prüfungen im beruflichen Bildungswesen nach dem BBiG; auch die schulischen Abschlussprüfungen, soweit sie den Zugang zu einer Berufsausbildung eröffnen (Abitur); Promotionen (VGH Kassel ESVGH 43, 171). Nicht erfasst werden Prüfungen ohne jeden beruflichen Bezug.

2. Anforderungen an das Prüfungsverfahren selbst

38.12 Der durch Art. 12 GG gebotene Rechtsschutz verlangt, dass der Prüfer (bzw. das Prüfungsgremium) die Entscheidung begründet (BVerwG DVBl 1994, 1356). Die Anforderungen an die **Begründung** müssen aber den praktischen Erfordernissen des Prüfungsgeschäfts Rechnung tragen und dürfen demgemäß nicht überspannt werden. Im Übrigen können Begründungsmängel im verwaltungsinternen Kontrollverfahren geheilt werden. Zur eingeschränkten Begründungspflicht mündlicher Prüfungsleistungen BVerwG NJW 1996, 2670; hierzu *Hösch* JuS 1997, 602.

Beachte: Außerdem muss das Prüfungsverfahren etwaige Prüfungsrichtlinien (zB die Amtlichen Weisungen) und die allgemeinen Prüfungsgrundsätze (zB Chancengleichheit, Fairnessgrundsatz) beachten. Verstöße führen idR zur Fehlerhaftigkeit der Prüfungsentscheidung selbst.

3. Das verwaltungsinterne Kontrollverfahren

38.13 Der Prüfling hat ein Recht auf Einsichtnahme in Prüfungsakten, insbesondere in die Begründung der Entscheidung. Wenn er gegen die Prüfungsentscheidung substantiierte Einwendungen erhebt, hat er ein Recht auf die Durchführung eines sog. verwaltungsinternen Kontrollverfahrens, in welchem die Prüfer selbst die Entscheidung aufgrund der erhobenen Einwendungen noch einmal überdenken (BVerwG DVBl 1994, 1362). Bleiben die Prüfer bei ihrer Bewertung, können sie die Begründung ergänzen; ein ggfs. laufendes Widerspruchs- oder Klageverfahren kann fortgesetzt werden. Anderenfalls können die Prüfer ihre ursprüngliche Entscheidung abändern, wobei eine reformatio in peius ausgeschlossen ist (BVerwG NVwZ 1993, 686).

Dieses verwaltungsinterne Kontrollverfahren muss gesetzlich ausgestaltet sein (vgl. die jeweiligen Ausbildungsgesetze bzw. Prüfungsordnungen). Das Fehlen solcher Regelungen darf aber dem Prüfling nicht zum Nachteil gereichen. Deshalb kann es auch ohne gesetzliche Grundlage im Rahmen des Widerspruchsverfahrens stattfinden und sogar noch im Laufe eines gerichtlichen Verfahrens nachgeholt werden; der Prozess ist solange auszusetzen (BVerwG BayVBl 1995, 888).

IV. Die Kontrolle von Beurteilungsentscheidungen

38.14 Die gerichtliche Kontrolle von Beurteilungsentscheidungen beschränkt sich auf die Feststellung von Beurteilungsfehlern. Wann ein derartiger Fehler vorliegt, kann nicht für alle Fälle einheitlich gesagt werden. Vielmehr muss sich der Kontrollmaßstab jeweils daran orientieren, für welche Elemente der Beurteilungsentscheidung der Verwaltung der Spielraum eingeräumt worden ist (s. näher *Kopp/Ramsauer* § 40 Rnr. 72 ff.).

Übersicht

1. Beachtung der Regelungen des Beurteilungsverfahrens

Soweit Regelungen über das Beurteilungs- bzw. Prüfungsverfahren be- **38.15**
stehen, müssen sie beachtet werden, auch wenn sie nicht in materiellen
Gesetzen, sondern nur in Verwaltungsvorschriften oder allgemeinen
Grundsätzen enthalten sind.

Beachte: Dieser Kontrolle kommt wegen des materiell bestehenden Spielraums eine
erhebliche Bedeutung zu. Abweichungen von den bestehenden (verwaltungsinternen)
Regelungen im Einzelfall sind unzulässig, soweit sie sich nicht im Hinblick auf eine
besondere, atypische Situation rechtfertigen lassen.

a) Zuständigkeit

Die Beurteilung muss von der zuständigen Behörde bzw., wenn die Be- **38.16**
urteilungsermächtigung einem bestimmten Gremium (zB einem Prüfungsausschuss) oder Beurteiler (Prüfer) übertragen worden ist, von diesem vorgenommen worden sein. Ein Verstoß liegt aber auch vor, wenn
das zuständige Organ keine eigenverantwortliche Beurteilungsentscheidung getroffen und sich etwa an Anweisungen, Vorgaben oder Stellungnahmen Dritter gebunden gefühlt hat.

Beachte: Bei Prüfungsentscheidungen ist die Beurteilungsermächtigung idR dem Prüfungsgremium übertragen. Das bedeutet, dass auch die Widerspruchsbehörde keine
eigene Beurteilungsentscheidung treffen darf, sondern wie das Gericht auf die Feststellung von Beurteilungsfehlern beschränkt ist (BVerwGE 70, 4, 10).

b) Verfahren

Vorschriften über die Beteiligung anderer Personen, Gremien oder Stel- **38.17**
len und über die Gewährung rechtlichen Gehörs für die Betroffenen
müssen eingehalten worden sein. Hier spielen vor allem gesetzliche Bestimmungen oder etwa vorhandene Richtlinien, die eine bestimmte Vorgehensweise bei der Prüfung oder Begutachtung oder bei der Schaffung

einer bestimmten formalisierten Beurteilungsgrundlage (zB eine bestimmte Zahl von Voten oder Vorbeurteilungen) vorsehen, eine wesentliche Rolle.

Beachte: Derartige Verfahrensfehler können zugleich materielle Beurteilungsfehler (zB Fehlgebrauch oder Überschreitung der Beurteilungsermächtigung) zur Folge haben. Dies gilt insbesondere, wenn Verfahrensvorschriften Ausdruck anerkannter Beurteilungsgrundsätze (Chancengleichheit, Fairness, Sachlichkeit) sind.

c) Form, insbesondere Begründung

38.18 Die Entscheidung muss in der vorgesehenen Form erlassen und begründet worden sein. Ein Begründungsmangel (vgl. § 39 VwVfG) ist idR zugleich ein materieller Beurteilungsfehler. Zum Begründungserfordernis mündlicher Prüfungsleistungen BVerwG NJW 1996, 2670.

2. Nichtgebrauch der Beurteilungsermächtigung

38.19 Die zuständige Stelle muss den ihr eingeräumten Beurteilungsspielraum erkannt und ausgefüllt haben. Sie darf sich auch nicht fehlerhaft an bestimmte Vorgaben, Absprachen usw. gebunden gefühlt haben.

a) Unkenntnis des Beurteilungsspielraums

38.20 Beurteilungsnichtgebrauch liegt dann vor, wenn die ermächtigte Stelle sich irrtümlich für gebunden gehalten hat, weil sie entweder den gegebenen Spielraum nicht gesehen oder in seiner Reichweite verkannt hat.

Diese Fallgestaltung ist anders als beim Ermessensnichtgebrauch relativ selten. Denn die zuständige Stelle kann rechtlich betrachtet auch dann eine Beurteilungsentscheidung treffen, wenn sie sich über den Umfang einer späteren gerichtlichen Kontrolle täuscht.

b) Unzulässige Bindung an Vorentscheidungen

38.21 Ein Fall des Beurteilungsnichtgebrauchs liegt auch dann vor, wenn sich die für die Beurteilung zuständige Stelle bei ihrer Entscheidung an vorangegangene Entscheidungen, Erklärungen oder Stellungnahmen von anderen Stellen oder Gremien gebunden gefühlt hat, obwohl tatsächlich eine derartige Bindung nicht gegeben ist.

Beispiel: Der Dienstherr hält sich bei einer Entscheidung über die Auswahl des am besten geeigneten Bewerbers für ein Beförderungsamt an einer Schule an das Votum der Lehrerkonferenz gebunden. Im Prüfungsverfahren kann dieser Fehler an sich nur in Fällen unzulässiger Bindung an Vorabbewertungen auftreten, wenn etwa der Prüfer die eigentliche Korrektur sog. Vorkorrektoren überlässt und keine eigenständige Entscheidung mehr trifft.

3. Beurteilungsfehlgebrauch

a) Falsche oder unvollständige Tatsachengrundlage

38.22 Da sich die Beurteilungsermächtigung auf einen Sachverhalt bezieht, also tatsächliche Umstände im Hinblick auf einen gesetzlichen Tatbestand zu beurteilen sind, muss der Bewertung eine zutreffende und vollständige kognitive Erfassung des zu bewertenden Sachverhalts vorausgehen. In welchem Umfang Feststellungen zum Sachverhalt zu erfolgen haben, hängt von der Beurteilungsermächtigung und den darin festgelegten Beurteilungszwecken ab.

Soweit sich eine Beurteilung nicht ausdrücklich auf bestimmte Tatsachen **38.23** bezieht, kann eine inhaltliche Begründung von Werturteilen durch den Nachweis aller möglichen „Einzeltatsachen" nicht verlangt werden (st. Rspr.; BVerwG DVBl 1993, 956; bestätigt durch BVerfG NJW 2003, 127). Im Prüfungsrecht ist die Kontrolle, ob die Prüfer von einer falschen Tatsachengrundlage ausgegangen sind, heute strenger und mitunter schwer zu beantworten. Während hier früher nur geprüft wurde, ob der Prüfer die Prüfungsarbeit verwechselt hatte (BVerwGE 70, 145 = NVwZ 1985, 187), wird heute auch untersucht, ob der Prüfer irrigerweise davon ausgegangen ist, die gegebene Antwort (oder sonstige Leistung) sei inhaltlich falsch oder unvertretbar (BVerfGE 84, 34 = NJW 1991, 2005).

Merke: Ggfs. muss das Gericht Sachverständigengutachten einholen, um die substantiiert behauptete Richtigkeit oder Vertretbarkeit einer Antwort bzw. Aussage zu prüfen. Ein gerichtlich nicht überprüfbarer Beurteilungsspielraum kommt den Prüfern insoweit nicht (mehr) zu. Verblieben ist den Prüfern der Spielraum bei der Einordnung der Leistungen in die Notenskala. Diese darf das Gericht, das selbst die erforderliche Maßstabsbildung nicht vornehmen kann, nur auf Beurteilungsfehler überprüfen.

b) Sachfremde, willkürliche Erwägungen

Der Beurteilung dürfen keine sachfremden, willkürlichen Erwägungen **38.24** zugrunde gelegt werden. Dies ist dann der Fall, wenn die angestellten Erwägungen dem Zweck der Ermächtigung nicht entsprechen. Hierzu zählt auch, dass keine Anforderungen zur Grundlage der Bewertung gemacht werden dürfen, die nicht zum vorgegebenen Anforderungsprofil gehören.

Beispiele: Prüfungsfragen, die über das Wissensgebiet des Prüfungsfachs hinausgehen, zB „Wie heißt die Hauptstadt von Mali?" in einer juristischen Prüfung (BVerwGE 78, 55); Beanstandung des Kürzels „BRD" in schriftlicher Arbeit (VGH Mannheim DVBl 1988, 1124).

4. Überschreitung des Beurteilungsspielraums

Ähnlich wie bei der Ermessensüberschreitung spricht man von einer **38.25** Überschreitung des Beurteilungsspielraums dann, wenn die von der Beurteilungsermächtigung, dem Gleichheitssatz und dem Prinzip der Verhältnismäßigkeit gezogenen Grenzen überschritten werden. Unterschiede zeigen sich bei der besonderen Rolle des unbestimmten Begriffs, auf den sich die Beurteilung bezieht, also zB des Begriffs der Eignung oder Befähigung, der durchschnittlichen Leistung usw., und in der Rolle allgemein anerkannter Prüfungs- und Bewertungsgrundsätze.

a) Verkennung des Beurteilungsbegriffs

38.26 Die Beurteilung muss sich im Rahmen des Beurteilungsbegriffs gehalten haben. Dieser Rahmen ist überschritten, wenn die Beurteilungsentscheidung sich nicht mehr als mögliche Auslegung des für die Beurteilungsentscheidung maßgeblichen Rechtsbegriffes darstellt. So muss sich der Prüfer etwa innerhalb des vorgegebenen Notensystems halten; die Bedeutung der einzelnen Notenbezeichnungen darf nicht verkannt werden.

Beispiel: Ein Prüfer bewertet eine von ihm selbst für überdurchschnittlich gehaltene Leistung mit „befriedigend", obwohl diese Note nach der gesetzlichen Notendefinition für eine in jeder Hinsicht durchschnittliche Leistung vergeben werden muss.

b) Beachtung anerkannter Bewertungs- und Prüfungsgrundsätze

38.27 Zu den anerkannten Grundsätzen von Prüfungsverfahren gehören der Grundsatz der Chancengleichheit (BVerwGE 69, 49 = NJW 1985, 447), der Sachlichkeit (BVerwGE 70, 143 = NVwZ 85, 187) sowie der Grundsatz der Fairness im Prüfungsverfahren (BVerwGE 55, 355 = NJW 1978, 2408). Der Grundsatz der Chancengleichheit muss bereits bei der Ausgestaltung des Prüfungsverfahrens beachtet werden (*Kopp/ Ramsauer* § 40 Rnr. 98 ff.).

c) Gleichheitssatz und Prinzip der Verhältnismäßigkeit

38.28 Eine Verletzung des Gebots der Gleichbehandlung (Art. 3 Abs. 1 GG) oder des Prinzips der Verhältnismäßigkeit führt praktisch immer zugleich entweder zu einem Verstoß gegen anerkannte Bewertungsgrundsätze oder jedenfalls zu einer Verkennung des Beurteilungsbegriffs. Deshalb muss ein Verstoß gegen den Gleichheitssatz oder das Verhältnismäßigkeitsprinzip relativ selten eigenständig geprüft werden.

V. Reduktion des Beurteilungsspielraums auf Null

38.29 Wie beim Verwaltungsermessen kommt auch eine Reduktion des Beurteilungsspielraums auf null in Betracht; sie kann sich auch hier sowohl unter dem Gesichtspunkt der Selbstbindung als auch daraus ergeben, dass jede andere Entscheidung zB wegen eines Verstoßes gegen das Verhältnismäßigkeitsprinzip fehlerhaft wäre.

Beispiel für Reduktion des Spielraums bei einer Prüfungsentscheidung: Der Beurteilungsfehler ist zeitlich nach der fehlerfrei bewerteten Leistung begangen worden, etwa durch Rechenfehler bei arithmetischer Ermittlung der Endnote (VGH Mannheim DÖV 1982, 164), oder durch einen unzulässigen Punktabzug am Ende einer im Übrigen fehlerfrei durchgeführten Bewertung.

§ 39. Planungsentscheidungen

Literatur: *Finkelnburg/Ortloff*, Öffentliches Baurecht – Band I: Bauplanungsrecht, 6. Aufl. 2006; *Stühr*, Handbuch des Bau- und Fachplanungsrechts, 3. Aufl. 2005; *Wahl*, Entwicklung des Fachplanungsrechts, NVwZ 2006, 161 ff.

I. Der planerische Gestaltungsspielraum

Planungsentscheidungen treffen Verwaltungsbehörden aufgrund von ge- **39.01** setzlichen Planungsermächtigungen. Diese ermächtigen die Planungsbehörde, ihre Entscheidung zB über die Zulassung bestimmter Vorhaben oder über die künftige Gestaltung von Gebieten bzw. Räumen nach bestimmten Zielvorgaben und Grundsätzen unter Nutzung der vorhandenen gestalterischen Spielräume und unter Berücksichtigung aller betroffener Interessen möglichst optimal zu treffen.

Beispiel für einen derartigen Zielkatalog ist § 1 Abs. 5 und 6 BauGB. Allerdings finden sich in den Planungsnormen auch differenziertere Anweisungen für die Planung, und zwar verfahrensrechtlicher wie auch materiellrechtlicher Art (zB Planungsleitsätze, Planungsgrundsätze, Optimierungsgebote usw.).

II. Die Planungsermächtigung

Ein planerischer Gestaltungsspielraum wird auch ohne ausdrückliche **39.02** Regelung immer dann angenommen, wenn sich dem Gesetz eine Planungsermächtigung entnehmen lässt, weil Planung ohne Gestaltungsspielraum ein Widerspruch in sich wäre (BVerwGE 34, 301, 304; 48, 56, 59; 56, 110, 116 = NJW 1979, 64). Ein solcher Spielraum steht der Verwaltung zu im Bereich der Bauleitplanung (§ 1 Abs. 7 BauGB), der Landes- und Regionalplanung gem. §§ 8 f. ROG sowie nach den verschiedenen Fachplanungsgesetzen.

Beispiele: Eisenbahnplanung (§ 18 AEG), Fernstraßenplanung (§ 17 FStrG), Straßenbahnplanung (§ 28 PBefG), Flughafenplanung (§§ 8 ff. LuftVG); Planung von Zwischen- und Endlagern nach § 9 b AtG (s *Ramsauer* NVwZ 2008, 944); Abfalldeponieplanung (§ 31 Abs. 2 KrW/ AbfG); Landschaftsplanung nach den NatSchGen der Länder. Ein beschränkter Spielraum besteht bei Ausweisung von Naturschutz- und Landschaftsschutzgebieten (BVerwG NVwZ 1988, 1020: Abwägung nur bei Grenzziehung, zweifelhaft), von Wasserschutzgebieten (OVG Saarlouis NVwZ 1994, 1029); Aufstellung von Krankenhausbedarfsplänen gem. § 8 KHG (BVerwGE 62, 86 = NJW 1982, 710).

III. Die Planungsentscheidung

39.03 Eine einheitliche Rechtsform für Planungsentscheidungen gibt es nicht. Die Fachplanungsgesetze sehen idR Planfeststellungsverfahren iSd §§ 72 ff. VwVfG vor. Bei positivem Ausgang wird dann ein Planfeststellungsbeschluss in der Form eines VA erlassen. Bebauungspläne werden nach § 10 BauGB als Satzungen (in den Stadtstaaten sind gem. § 246 Abs. 2 BauGB auch andere Formen, etwa VO oder Gesetz vorgesehen), vorbereitende Bauleitpläne (Flächennutzungspläne) als verwaltungsinterne Pläne ohne unmittelbare Außenwirkung erlassen. Die Rechtsnatur von **Raumordnungsplänen** ist in den Ländern nicht einheitlich (VO, Satzung oder Verwaltungsinternum; s. hierzu näher *Kment* NVwZ 2003, 1048).

Beachte: Das BVerwG hat den Planungsvorgang zum Zwecke der Kontrolle systematisiert und dabei die Phase der Sammlung des Abwägungsmaterials, seiner Gewichtung und schließlich der Abwägung der beteiligten Interessen unterschieden (BVerwGE 34, 301; 45, 309; 48, 56). In der Realität ist Planung komplexer, weil sich diese Phasen wegen vielfältiger Rückkoppelungen kaum voneinander trennen lassen.

IV. Die Planungskontrolle

39.04 Das BVerwG hat ausgehend vom Bauleitplanungsrecht (BVerwGE 34, 301, 308; 45, 309, 314 = NJW 1975, 70) einen Kontrollkatalog entwickelt, an dem sich Rechtsprechung und Literatur für die Plankontrolle ganz überwiegend orientieren. Die Unterschiede zur Kontrolle von Verwaltungsermessen und Beurteilungsentscheidungen sind eher terminologischer und quantitativer als prinzipieller Natur.

Übersicht Planungskontrolle

1. Rechtfertigung der Planung
2. Bindung an vorausgehende Planungen und Entscheidungen
3. Beachtung der Planungsleitsätze
4. Beachtung des Abwägungsgebots
   a) Abwägungsausfall
   b) Abwägungsdefizit
   c) Abwägungsfehleinschätzung
   d) Abwägungsdisproportionalität
5. Auswirkungen von Abwägungsfehlern
   a) Allgemeines
   b) Beachtlichkeit von Fehlern im Abwägungsvorgang
   c) Fehler, die zu einer Planergänzung führen
6. Rechtsverletzung

1. Rechtfertigung der Planung

Die Planung muss geeignet und erforderlich sein zur Erreichung der mit **39.05** dem Planungsgesetz verfolgten gemeinnützigen Zwecke. Die Planrechtfertigung ist gerichtlich voll überprüfbar. Sie setzt keine zwingende Notwendigkeit voraus; es reicht vielmehr aus, dass die Planung **vernünftigerweise geboten** ist (BVerwGE 56, 110, 118 f.). Sie muss den Zielen der Ermächtigung mit hinreichender Plausibilität dienen (BVerwGE 71, 166, 168 = NJW 1986, 80).

Merke: Ursprünglich sollte die Prüfung der Planrechtfertigung sicherstellen, dass die enteignungsrechtliche Vorwirkung der Planung mit Art. 14 Abs. 3 GG (mit dem Wohl der Allgemeinheit) vereinbar ist. Diese Prüfung kann aber erst in der Abwägungskontrolle erfolgen. Die Planrechtfertigung dient daher nur der Prüfung der Zielkonformität und des Bedarfs. Zur Planrechtfertigung von privatnützigen Vorhaben als „mittelbar" gemeinnützig siehe *Ramsauer/Bieback* NVwZ 2002, 277.

2. Bindung an vorausgehende Planungen und Entscheidungen

Jede Planung trifft heutzutage auf bereits vorhandene Raumordnungsplä- **39.06** ne, Bauleitpläne oder Fachpläne, auf die Rücksicht genommen werden muss. In welcher Weise dies zu geschehen hat, ergibt sich aus der jeweiligen gesetzlichen Regelung oder aus allgemeinen Kollisionsnormen.

Beispiele: Anpassungspflicht für Bauleitpläne nach § 1 Abs. 4 BauGB; Beachtlichkeit der Ziele der Raumordnung und Landesplanung nach § 4 ROG; Vorrang privilegierter Planungen vor der Bauleitplanung nach § 38 BauGB; Abstimmungsgebot nach § 8 Abs. 2 ROG; interkommunales Abstimmungsgebot für die Bauleitpläne nach § 2 Abs. 2 BauGB; Anpassung von Fachplanungen an den Flächennutzungsplan nach § 7 BauGB; Vorrang der Bundesplanung § 16 Abs. 3 FStrG, § 13 Abs. 3 WaStrG.

Außerdem sehen Planungsvorschriften in vielen Fällen **vorgeschaltete** **39.07** **Planungsverfahren** vor, die interne Bindungswirkungen auslösen. Diese gehören idR nicht zum Planfeststellungsverfahren selbst (*Kopp/Ramsauer* § 72 Rnr. 26). Sie können meist nicht selbständig Gegenstand einer verwaltungsgerichtlichen Kontrolle sein, obwohl sie die Planung inhaltlich wesentlich bestimmen können. Eine rechtliche Kontrolle erfolgt erst inzident im Rahmen der Überprüfung der endgültigen außenwirksamen Planungsentscheidung.

Beispiele: Trassenbestimmung nach § 16 FStrG; Linienbestimmung nach § 13 WaStrG; Flächennutzungsplan nach § 5 BauGB. Bei Raumordnungsplänen wird heute eine selbständige Kontrolle angenommen (vgl. BVerwGE 119, 217), zur Flugplatzgenehmigung s. *Ramsauer* NVwZ 2004, 1041.

Auch die Planfeststellung für einzelne Abschnitte führt zu planungs- **39.08** rechtlichen Bindungen für Folgeabschnitte. Es ist grundsätzlich zulässig, ein Gesamtvorhaben in einzelne Planungsabschnitte zu unterteilen und für diese verselbständigte Planfeststellungsverfahren durchzuführen. Die **Abschnittsbildung** muss ihrerseits den Anforderungen des Abwägungsgebots genügen.

Beachte: Anders als bei der immissionsschutzrechtlichen Teilgenehmigung enthält die abschnittsweise Planfeststellung keine bindende Entscheidung über das Gesamtkonzept der Planung (BVerwGE 104, 236). Allerdings müssen die Folgen für die Anschlussplanungen in die Abwägung einbezogen werden; insbesondere dürfen ihr keine unüberwindlichen Hindernisse entgegenstehen (BVerwGE 107, 1, 12).

3. Beachtung zwingender Rechtsvorschriften (Planungsleitsätze)

39.09 Die Planung muss striktes Recht beachten. Das sind nur solche Regeln, die zwingende, auch durch die Abwägung nicht überwindbare Grenzen für die Planung enthalten (BVerwGE 71, 163, 165 = NJW 1986, 82). Die Nichtbeachtung derartiger, früher zT als Planungsleitsätze bezeichneter Regelungen führt konsequenterweise zur Rechtswidrigkeit der Planung. Vor allem Umweltschutzbelange, die auch für die Abwägung raumbedeutsamer Planungen eine entscheidende Rolle spielen, haben sich in den letzten Jahren insbesondere durch das europäische Recht zT zu zwingenden Normen konkretisiert und sind so (zumeist als tatbestandliche Regel-Ausnahme-Vorschrift) vor die „Abwägungsklammer" gewandert (dazu *Wahl* NVwZ 2006, 161).

Beispiele: Zum strikten Recht gehören naturschutzrechtliche Verbote in den (teilweise Richtlinien der EU umsetzenden) Bestimmungen des BNatSchG und der Natur- und Landschaftsschutzverordnungen der Länder, soweit nicht die gesetzlichen Voraussetzungen einer Befreiung vorliegen (vgl. zB § 30 BNatSchG); ferner zB das Verbot höhengleicher Kreuzungen in § 1 Abs. 3 FStrG (BVerwGE 71, 163, 165).

4. Beachtung des Abwägungsgebots

39.10 Der wichtigste Maßstab gerichtlicher Planungskontrolle ist das sog. Abwägungsgebot. Bei jeder Planung muss eine Vielzahl von teilweise gegenläufigen Interessen und Belangen, die von der Planung berührt werden können (sog. Abwägungsmaterial), ermittelt, zusammengetragen, in Beziehung gesetzt und gegeneinander abgewogen werden. Die Prüfung anhand des Abwägungsgebots erfordert die Rekonstruktion des Entscheidungsvorgangs durch das Gericht anhand der Planungsakten. Eine fehlerhafte Begründung stellt nur ein widerlegbares Indiz für einen Abwägungsmangel dar (BVerwGE 75, 214, 251).

Die gerichtliche Kontrolle erstreckt sich nicht nur auf das Endergebnis, sondern auf den gesamten Planungsvorgang. Die damit gegebene **Unterscheidung von Abwägungsvorgang und Abwägungsergebnis** spielt auch für die rechtliche Kontrolle eine wichtige Rolle. So sind Fehler im Abwägungsvorgang zB nur beachtlich, wenn sie sich auch auf das Abwägungsergebnis ausgewirkt haben können (§ 75 Abs. 1 a VwVfG). Die Auswirkungen für die praktische Plankontrolle im Übrigen sind noch nicht vollständig geklärt (zB *Schrödter* BauGB, 7. Aufl. 2006, § 215 Rnr. 14).

a) Abwägungsausfall

39.11 Es muss eine Abwägung überhaupt stattfinden, sonst liegt ein Abwägungsfehler vor. Dieser Gesichtspunkt entspricht dem Ermessensnichtgebrauch. Ein Abwägungsausfall muss vor allem bei vermeintlichen Bindungen und Vorabfestlegungen in Betracht gezogen werden.

Beispiel: Die Gemeinde legt sich vor Beginn der Bauleitplanung vertraglich derart gegenüber einem Bauinteressenten fest, dass keine wirkliche Abwägung mehr möglich ist (BVerwGE 45, 309 = NJW 1975, 70 – Floatglasfall).

b) Abwägungsdefizit (Zusammenstellung des Abwägungsmaterials)

Es müssen alle wichtigen Belange ermittelt, zusammengetragen und in **39.12** die Abwägung eingestellt werden. **Nach Lage der Dinge** wichtig sind praktisch sämtliche von der Planung berührten Interessen, nicht nur solche, denen zugleich die Qualität subjektiver Rechte zukommt. Ausgenommen sind untergeordnete Gesichtspunkte und Interessen, ferner solche, die nicht schutzwürdig sind oder einer **materiellen Präklusion** (zB § 73 Abs. 4 S. 3 VwVfG) unterliegen und nicht schon von Amts wegen zu berücksichtigen sind (*K. Brandt* NVwZ 1997, 233).

Beachte: Die Interessen müssen als abwägungserheblich **erkennbar** sein; das sind sie nur, wenn sie sich der Behörde aufdrängen oder wenn der Betroffene sie in zulässiger Weise in das Planungsverfahren einbringt (BVerwGE 59, 87 = NJW 1980, 1061).

c) Abwägungsfehleinschätzung

Die Bedeutung der einzelnen Belange darf nicht verkannt worden sein. **39.13** Erforderlich sind eine sorgfältige und vollständige Ermittlung des Tatsachenstoffs sowie eine Einschätzung ihres rechtlichen Gewichts und der möglichen Intensität ihrer Beeinträchtigung. Die Erwägungen müssen hinreichend belegt sein (VGH Mannheim NVwZ 1994, 797).

Beispiel: Die Berücksichtigung der Lärmbetroffenheit als solcher reicht nicht aus; notwendig ist eine Prognose des Ausmaßes der Betroffenheit sowie eine Feststellung der Schutzwürdigkeit zB nach Baugebieten und Lärmvorbelastungen. Die materiellen Maßstäbe ergeben sich idR aus dem BImSchG.

d) Abwägungsdisproportionalität

Unter diesem Aspekt ist zu prüfen, ob die von der Planung berührten **39.14** Belange zueinander in einer Weise in Beziehung gesetzt worden sind, die zu ihrem tatsächlichen Gewicht außer Verhältnis steht. Erforderlich ist eine mehrdimensionale Verhältnismäßigkeitsprüfung. Interessen, die ein Zurücktreten und damit eine Beeinträchtigung anderer Interessen rechtfertigen sollen, müssen umso gewichtiger sein, je stärker in die zurückgesetzten Belange eingegriffen wird. In diesem Zusammenhang spielen auch planungsrechtliche Optimierungsgebote und allgemeine **Planungsgrundsätze** eine wichtige Rolle (*Wahl* NVwZ 1990, 437).

Beispiele: Gebot der Rücksichtnahme (BVerwGE 47, 144); Gebot der Konfliktbewältigung (BVerwG NVwZ-RR 1995, 130); planungsrechtlicher Trennungsgrundsatz (vgl. § 50 BImSchG; BVerwGE 34, 301); Gebot der Prüfung von Planungsalternativen, die vorgeschlagen wurden oder sich sonst anbieten (BVerwGE 71, 171); Gebot gerechter Lastenverteilung (BVerwG NVwZ-RR 2000, 532).

5. Auswirkungen von Abwägungsfehlern

a) Allgemeines

39.15 Grundsätzlich führen Abwägungsfehler ebenso wie Ermessensfehler zur Rechtswidrigkeit der Entscheidung. Im Interesse der Stabilität von Planungen wurden allerdings immer mehr Ausnahmen von diesem Grundsatz eingeführt. Teilweise sind Fehler unbeachtlich, teilweise führen sie nur zu einer Planergänzung oder einem ergänzenden Verfahren, teilweise sind sie heilbar.

b) Unbeachtlichkeit von Fehlern im Abwägungsvorgang

39.16 Fehler im Abwägungsvorgang sind nur beachtlich, soweit sie sich auf das Abwägungsergebnis ausgewirkt haben können (§ 75 Abs. 1 a VwVfG für Planfeststellungsbeschlüsse, § 214 Abs. 3 BauGB für Bebauungspläne). Es muss also die konkrete Möglichkeit bestanden haben, dass ohne den Fehler anders geplant worden wäre (BVerwGE 75, 214, 251 = NVwZ 1987, 579). Ist der Plan teilbar, ist die Aufhebung auf den Teil begrenzt, auf den sich der Fehler ausgewirkt hat (BVerwG UPR 1989, 183). Fehler in Bebauungsplänen werden außerdem durch Zeitablauf unbeachtlich, wenn sie nicht rechtzeitig und formgerecht gerügt werden (§ 214 BauGB).

Beachte: Da das Abwägungsgebot Verfassungsrang hat, sind Unbeachtlichkeitsnormen nur begrenzt zulässig und müssen ggfs. verfassungskonform interpretiert werden (so BVerwGE 64, 33 = NJW 1981, 591; siehe auch *Kopp/Ramsauer* § 75 Rnr. 14).

c) Fehler, die nur zu einer Planergänzung führen

39.17 Selbst erhebliche Mängel der Abwägung führen nicht zur Aufhebung eines Plans, wenn sie durch Planergänzung oder ein ergänzendes Verfahren behoben werden können (§ 75 Abs. 1 a S. 2 VwVfG, § 214 Abs. 4 BauGB: für Bebauungspläne sogar rückwirkend). Fehlen notwendige Schutzauflagen, berechtigt dies ohnehin nur zu einer Verpflichtungsklage auf Planergänzung, sofern sich die Schutzauflagen nachträglich anbringen lassen und die Grundzüge der Planung nicht berührt werden (BVerwGE 56, 120, 133 – Frankfurter Flughafen, st. Rspr.).

Beachte: Wegen dieser gesetzlichen Einschränkungen der Rechtswidrigkeitsfolgen durch nachträgliche Planergänzung kommt eine Aufhebung idR nicht in Betracht. In diesen Fällen ist stattdessen die Rechtswidrigkeit und Nichtvollziehbarkeit des nur schwebend unwirksamen Plans festzustellen (BVerwGE 100, 370). Etwas anderes gilt, wenn der Fehler die Grundzüge der Planung betrifft. Die Heilung eines für nichtig erklärten bzw. aufgehobenen Plans ist nicht möglich (BVerwG NVwZ 2006, 329).

6. Rechtsverletzung durch Planungsfehler

39.18 Zu beachten ist, dass ein Fehler in einem Planfeststellungsverfahren nur dann zum Erfolg einer Klage führen, wenn er eine Rechtsverletzung beim Kläger bewirkt. Dies ist nicht automatisch der Fall. Vielmehr kann der Kläger eine Verletzung des Abwägungsgebots nur insoweit rügen, als es um die Fehlgewichtung bzw. mangelnde Berücksichtigung gerade seiner eigenen Belange geht (s. oben Rnr. 33.20 ff.). Eine Ausnahme gilt für die von einer **enteignungsrechtlichen Vorwirkung** (vgl. Rnr. 24.44) betroffenen Kläger, die eine vollständige Rechtskontrolle verlangen können, sowie zT in den Fällen der **Verbandsklage** (§ 61 BNatSchG).

§ 40. Verwaltungsvollstreckung

Literatur: *App*, Einführung in die Verwaltungsvollstreckungsrecht, JuS 2004, 786; *Brühl*, Die Prüfung der Rechtmäßigkeit des Verwaltungszwangs im gestreckten Verfahren, JuS 1997, 926, 1021; *Horn*, Verwaltungsvollstreckung, Jura 2004, 447 und 597; *Malmendier*, Die Zwangsmittelfestsetzung in der Verwaltungsvollstreckung des Bundes und der Länder, VerwArch 2003, 25; *Niedzwicki*, Verwaltungsgerichtlicher Rechtsschutz gegen die Vollstreckung bestandskräftiger Verwaltungsakte, JuS 2008, 696.

I. Allgemeines zur Verwaltungsvollstreckung

Die in einem VA getroffene Anordnung eines Handelns, Duldens oder **40.01** Unterlassens kann grundsätzlich im Wege der Verwaltungsvollstreckung durchgesetzt werden, ohne dass es eines gerichtlichen Vollstreckungstitels (Zu deren Vollstreckung s. oben Rnr. 4.24 ff.) bedarf. Vollstreckungstitel kann außerdem ein **öffentlich-rechtlicher Vertrag** sein, wenn sich der Pflichtige der sofortigen Zwangsvollstreckung gem. § 61 VwVfG unterworfen hat. Maßgebend sind das VwVG des Bundes, soweit es um die Durchsetzung von VAen der Bundesverwaltung geht, die VwVGe der Länder, soweit es um die Durchsetzung von VAen der Länder, Kreise und Gemeinden und der sonstigen landesunmittelbaren Körperschaften geht. Wird die Vollstreckung in **Amtshilfe** durchgeführt, so gelten die für die ersuchte Behörde maßgeblichen Vorschriften.

Beachte: Das VwVG des Bundes wird ergänzt durch die AO und das UZwG, die VwVGe der Länder durch die jeweiligen Polizei- und Ordnungsgesetze. Einzelne Vollstreckungsmaßnahmen haben eine ergänzende oder abschließende **spezialgesetzliche** Regelung erfahren (zB die Abschiebung in §§ 57 ff. AufenthG).

II. Die Vollstreckung wegen Geldforderungen

§ 5 Abs. 1 VwVG verweist für die Vollstreckung wegen Geldforderun- **40.02** gen weitgehend auf die AO. Auch die Länder haben teilweise keine eigenständige Regelung getroffen und stattdessen auf die AO verwiesen.

Übersicht

2. Fälligkeit der Leistung
3. Ablauf der Wochenfrist
4. Mahnung
5. Voraussetzungen für Einstellung der Vollstreckung
6. Zulässigkeit der einzelnen Vollstreckungsmaßnahmen

1. Vollstreckbarer Leistungsbescheid

40.03 Nach den VwVGen des Bundes und der Länder kann die Vollstreckung erst beginnen, wenn der Pflichtige zur Leistung aufgefordert worden ist. Trotz dieser etwas ungenauen Formulierung besteht darüber Einigkeit, dass Voraussetzung der Vollstreckung das Vorliegen eines Leistungsbescheides mit Zahlungsaufforderung ist, also eines auf Geldleistung gerichteten VA, der dem Schuldner bekannt gegeben wurde (zu dessen Nachweis BFH NVwZ 1987, 535).

> **Merke:** Ist bereits ein rechtskräftiges Urteil über die Zahlungspflicht ergangen, bedarf es eines (neuerlichen) Leistungsbescheides bzw. des Zugangsnachweises nicht mehr (BFH/NV 2007, 2240). Die folgende „formlose" Zahlungsaufforderung ist kein Leistungsbescheid, sondern Mahnung iSd § 3 Abs. 3 VwVG.

a) Voraussetzungen der Vollstreckbarkeit

40.04 Anders als bei der Vollstreckung von sonstigen Handlungen, Duldungen oder Unterlassungen ist Unanfechtbarkeit oder sofortige Vollziehbarkeit des Leistungsbescheides nicht erforderlich, vgl. § 3 VwVG. Die Vollstreckung ist aber einzustellen, wenn aufgrund von Widerspruch oder Anfechtungsklage der Suspensiveffekt eintritt (zB § 5 VwVG iVm § 251 Abs. 1 AO; vgl. unten Rnr. 40.12).

> **Beachte:** Bei **öffentlichen Abgaben und Kosten** tritt nach § 80 Abs. 2 Nr. 1 VwGO kein Suspensiveffekt ein. In diesen Fällen muss der Pflichtige zusätzlich zur Klage gegen den Leistungsbescheid Anträge nach § 80 Abs. 4 bzw. 5 VwGO auf Aussetzung der Vollziehung stellen (zur Aufhebung von Vollstreckungsmaßnahmen nach § 80 Abs. 5 Satz 3 VwGO vgl. zB OVG Bautzen SächsVBl 2006, 92). Bsp. für öffentlich-rechtliche Geldleistungen, die unter § 80 Abs. 2 VwGO fallen, siehe Rnr. 19.12 f. Geldforderungen, die durch die Vollstreckungsmaßnahmen selbst entstehen (zB Kosten der Ersatzvornahme), werden ihrerseits mit Leistungsbescheid festgesetzt und nach den §§ 1 ff. VwVG vollstreckt, unterfallen nach hM jedoch weder § 80 Abs. 2 Nr. 1 noch Nr. 3 VwGO (Nachweis bei *Kopp/Schenke* § 80 Rnr. 63; aA OVG Berlin-Brandenburg NVwZ-RR 2006, 376).

b) Ausnahmen vom Erfordernis eines Leistungsbescheides

40.05 Vom Erfordernis des Vorliegens eines Leistungsbescheides gibt es (abgesehen von der steuerrechtlichen Selbstveranlagung nach § 150 Abs. 1 S. 2 AO) zwei Ausnahmefälle:

– Unterwerfung unter die sofortige Zwangsvollstreckung aus einem öffentlich-rechtlichen Vertrag gem. § 61 VwVfG,

– Vollstreckung privatrechtlicher Geldforderungen in Fällen spezialgesetzlich geregelter **Beitreibungshilfe** (*Sauthoff* DÖV 1989, 1; ferner OVG Hamburg NJW 1995, 610).

2. Fälligkeit der Geldforderung

Die Geldforderung muss fällig sein, was sich nach materiellem Recht 40.06
richtet. IdR werden Ansprüche mit ihrer Entstehung, also mit ihrer
Festsetzung durch den VA, fällig. Sofern das Gesetz den Eintritt der Fälligkeit nicht selbst zwingend regelt (zB § 135 Abs. 1 BauGB mit eigenen
Billigkeitsregelungen), kann im VA ein späterer Zeitpunkt festgesetzt
werden. Auch eine Stundung schiebt die Fälligkeit hinaus.

Beachte: Wenn der VA eine Zahlungsfrist einräumt, liegt darin nicht in jedem Fall ein
Hinausschieben der Fälligkeit. Vielmehr ist durch Auslegung des VA und seiner Erlas-
sumstände zu ermitteln, ob eine Stundung, die Zusicherung eines Verzichts auf Säum-
niszuschläge oder nur ein Hinweis darauf vorliegt, wann die Behörde Vollstreckungsmaßnahmen zu ergreifen beabsichtigt.

3. Ablauf der Wochenfrist

Die Wochenfrist des § 3 Abs. 2 lit. c VwVG beginnt vom Zeitpunkt der 40.07
Bekanntgabe des Leistungsbescheides an zu laufen, es sei denn, die Fälligkeit tritt ausnahmsweise später ein. Die Nichtbeachtung dieser
Schonfrist (wenn zB Leistungsbescheid und Vollstreckungsmaßnahme
zugleich erlassen werden) führt nicht zur Rechtswidrigkeit der verfrüht
begonnenen Vollstreckung, sondern wird durch Zeitablauf nach einer
Woche geheilt (OVG Münster DÖV 1965, 52).

4. Mahnung

Der Pflichtige muss idR vor Beginn der Vollstreckung von der zustän- 40.08
digen Vollstreckungsbehörde gemahnt worden sein, § 3 Abs. 3 VwVG.
Die Mahnung ist Voraussetzung für die Rechtmäßigkeit der Vollstreckung und selbst unanfechtbar (*Engelhardt/App* VwVG § 3 Rnr. 8).

Beachte: Wegen der Soll-Vorschrift des § 3 Abs. 3 VwVG darf die Mahnung in atypischen Ausnahmefällen unterbleiben, zB wenn der Pflichtige sich ernsthaft und endgültig
geweigert hat, die Forderung zu erfüllen (OVG Münster ZKF 1982, 75). In den meisten
Bundesländern gelten Sonderregelungen für die Zustellung des Leistungsbescheides oder
die Entbehrlichkeit der Mahnung bei bestimmten Geldforderungen (zB Zwangsgelder
und Kosten der Ersatzvornahme; vgl. etwa Art. 23 BayVwZVG, § 36 HmbVwVG).

5. Keine Pflicht zur Einstellung der Vollstreckung

Die (Fortsetzung der) Vollstreckung muss unterbleiben, wenn die Voraus- 40.09
setzungen für eine Einstellung der Vollstreckung vorliegen. Hierzu zählen
zB Erfüllung, Stundung, Aufhebung des Leistungsbescheides oder Eintritt
der aufschiebenden Wirkung eines Rechtsbehelfs (vgl. zB § 5 VwVG iVm
§§ 251, 257, 258 AO; Art. 22 BayVwZVG; § 37 HmbVwVG).

Beispiele: Der Pflichtige hat den geforderten Betrag gezahlt; der Abgabenbescheid ist
widerrufen oder zurückgenommen worden; bei der Beitreibungshilfe auch die Erhebung glaubhafter Einwendungen gegen die Geldforderung (OVG Hamburg NJW
1995, 610).

6. Zulässigkeit der einzelnen Vollstreckungsmaßnahmen

40.10 Liegen die allgemeinen Voraussetzungen der Vollstreckung vor, dürfen die nach dem maßgeblichen Vollstreckungsrecht (Bund oder Land) vorgesehenen Vollstreckungsmaßnahmen ergriffen werden (Sachpfändung, Pfändung von Geldforderungen, Eintragung einer Sicherungshypothek usw., vgl. zB § 5 VwVG iVm §§ 217 ff. AO; Art. 25 BayVwZVG; §§ 42 ff. HmbVwVG).

Beachte: Die Rechtmäßigkeitsprüfung erstreckt sich auf die formellen Voraussetzungen (Zuständigkeit, Verfahren, Form) und sodann auf die ermessensfehlerfreie Auswahl der Vollstreckungsmaßnahme, insbesondere auf Geeignetheit, Erforderlichkeit und Proportionalität (vgl. zB VG Düsseldorf NVwZ-RR 2006, 158 zur Unverhältnismäßigkeit der Pfändung des Girokontos eines Sozialhilfeempfängers), nicht jedoch auf die Rechtmäßigkeit des Leistungsbescheides.

III. Erzwingung von Handlungen, Duldungen oder Unterlassungen

Übersicht

1. Wirksamer Titel mit vollstreckbarem Inhalt (Grund-VA)
   a) Unanfechtbarkeit oder sofortige Vollziehbarkeit
   b) Rechtmäßigkeit keine Vollstreckungsvoraussetzung
2. Zuständigkeit der Vollstreckungsbehörde
3. Tatsächliche und rechtliche Erfüllbarkeit der Pflicht
4. Vollstreckung gegen den Pflichtigen
   a) Adressat des Grund-VA
   b) Rechtsnachfolger als Pflichtiger
5. Androhung und Fristsetzung
   a) Angemessene Frist
   b) Ausnahme bei Gefahrenabwehr
6. Voraussetzungen für die Einstellung der Vollstreckung?
7. Auswahl eines zulässigen Zwangsmittels
   a) Ersatzvornahme
   b) Zwangsgeld
   c) Unmittelbarer Zwang

1. Wirksamer Titel mit vollstreckbarem Inhalt (Grund-VA)

40.11 Voraussetzung für die Vollstreckung von Pflichten, die nicht Geldleistungspflichten sind, ist ein Vollstreckungstitel. Als solcher kommt vor allem ein unanfechtbarer oder sofort vollziehbarer **Grund-VA** in Betracht, der die zu vollstreckende Pflicht festsetzt (vgl. § 6 Abs. 1 VwVG, § 18 HmbVwVG, Art 19 BayVwZVG). Auch ein gültiger, dh nicht nichtiger **öffentlich-rechtlicher Vertrag** kann Vollstreckungsgrundlage sein, wenn sich der Pflichtige darin gem. § 61 VwVfG der sofortigen Zwangsvollstreckung unterworfen hat. Dabei gelten für die Vollstreckung gegen den Bürger die Vorschriften der Vollstreckungsgesetze entsprechend (zu Abweichungen vgl. *Kopp/Ramsauer* § 61 Rnr. 11 ff.).

Beachte: Gegen Behörden wird nicht nach den VwVGen vollstreckt (§ 17 VwVG, Art. 29 Abs. 4 BayVwZVG, Richterrecht zum HmbVwVG), sondern nach §§ 170, 172 VwGO bzw. § 167 Abs. 1 VwGO iVm §§ 890, 891 ZPO durch die Verwaltungsgerichte (aus gerichtlichen Entscheidungen direkt, aus gerichtlichen Vergleichen § 172 VwGO analog; aus öffentlich-rechtlichen Verträgen entsprechend über § 61 Abs. 2 Satz 2 und 3 VwVfG). Gesetzliche Ausnahmen: zB § 64 Abs. 2 Satz 3 NdsSOG, § 17 Satz 3 FinDAG, § 114 Abs. 3 Satz 2 GWB.

a) Unanfechtbarkeit oder sofortige Vollziehbarkeit

Der Grund-VA muss entweder unanfechtbar sein, dh darf nicht mehr **40.12** regulär mit Widerspruch oder Anfechtungsklage angefochten werden können (Wiedereinsetzungsvoraussetzungen sind nur beachtlich, wenn Antrag gestellt oder Rechtsmittel nachgeholt ist), oder er muss kraft Gesetzes bzw. aufgrund behördlicher Anordnung sofort vollziehbar sein (vgl. § 6 VwVG).

Beachte: Abweichend hiervon kann die **Androhung** von Vollstreckungsmaßnahmen wegen ausdrücklicher Regelungen (§ 13 Abs. 2 VwVG und entsprechende Regelungen in den VwVG der Länder) bereits vorher erfolgen.

b) Rechtmäßigkeit des Grund-VA keine Vollstreckungsvoraussetzung

aa) Trennungsprinzip. Die Rechtmäßigkeit des zu vollstreckenden VA **40.13** wird im Vollstreckungsverfahren grundsätzlich nicht geprüft. Fehler des Grund-VA sind im Vollstreckungsverfahren unbeachtlich, wenn sie nicht ausnahmsweise zur Nichtigkeit (§ 44 VwVfG) führen. Das gilt nicht nur bei Unanfechtbarkeit des VA, sondern nach hM auch in den Fällen der sofortigen Vollziehbarkeit (Zum Meinungsstand *Heckmann*, VBlBW 1993, 41, 42). Auch bei einem Verwaltungsvertrag sind Fehler unbeachtlich, soweit sie nicht zur Nichtigkeit nach § 59 VwVfG führen.

Beachte: Das Trennungsprinzip gilt auch dann, wenn sich der Grund-VA vollstreckt ist und es nur noch um Kostenfolgen geht. Nach heute hM führt die Vollstreckung nicht zur Erledigung des Grund-VA, der vielmehr wegen möglicher Kostenfolgen noch anfechtbar bleibt (BVerwG NVwZ 2009, 122).

bb) Änderung der Sach- oder Rechtslage. Problematisch und umstritten **40.14** ist, wie verfahren werden muss, wenn sich die Sach- und Rechtslage dergestalt ändert, dass das durch den VA festgesetzte Tun, Dulden oder Unterlassen nunmehr vom Pflichtigen im Zeitpunkt der Vollstreckung materiellrechtlich nicht mehr verlangt werden darf.

Beispiele: Nach Eintritt der Unanfechtbarkeit einer Abrissverfügung tritt ein Bebauungsplan in Kraft, wonach die abzureißende bauliche Anlage nunmehr legal ist; das abzureißende Gebäude wurde durch Brand oder Blitzschlag bereits beseitigt.

In diesen Fällen ist zu differenzieren: Sieht das anwendbare Vollstre- **40.15** ckungsrecht die **Einstellung der Vollstreckung** bei Zweckerreichung oder Zweckfortfall vor, so können derartige Einwendungen im Vollstreckungsverfahren (mit Antrag auf Einstellung, ggfs. mit Widerspruch und Verpflichtungsklage) geltend gemacht werden (s. unten Rnr. 40.24).

Fehlt eine Einstellungsregelung, können nachträgliche Umstände an sich nur zu einem Anspruch auf Widerruf des Grund-VA gem. § 49 Abs. 1 VwVfG oder auf Wiederaufgreifen gem. § 51 VwVG führen (s. Rnr. 34.61). Das Gebot effektiven Rechtsschutzes (Art. 19 Abs. 4 GG) gebietet aber, dass nachträgliche Änderungen darüber hinaus auch innerhalb des Vollstreckungsverfahrens geltend gemacht werden können (s. Rnr. 40.41).

Beachte: Ist die Einstellung der Vollstreckung nur für den Fall der Zweckerreichung vorgesehen (vgl. zB § 15 Abs. 3 VwVG, § 26 Abs. 1 HmbVwVG), so kommt für die Fälle des Zweckfortfalls eine Analogie in Betracht.

2. Zuständigkeit der Vollstreckungsbehörde

40.16 In den meisten Bundesländern gilt der **Grundsatz der Selbstvollstreckung**. Er besagt, dass diejenigen Behörden, die den VA erlassen haben, auch für seine Vollstreckung sachlich zuständig sind (vgl. § 7 VwVG; anders zB nach § 4 HmbVwVG). Die von einer unzuständigen Behörde ergriffenen Vollstreckungsmaßnahmen sind rechtswidrig (z.b. BVerwG NJW 2006, 2280). Ändert sich der Wohnsitz des Pflichtigen nach Erlass des zu vollstreckenden VA (vorher gilt § 3 Abs. 3 VwVfG), so ordnet die Vollstreckungsbehörde zwar die Androhung und Festsetzung eines Zwangsmittels selbst an, ist jedoch wegen § 8 VwVG hinsichtlich der tatsächlichen Ausführung des Zwangsmittels außerhalb ihres örtlichen Zuständigkeitsbereichs auf Amtshilfe iSd §§ 4 bis 8 VwVfG angewiesen. Entsprechende Regelungen gelten in den Ländern.

Beachte: Bund und Länder haben für die Ausführung der Zwangsmittel idR besondere Dienstkräfte bestimmt, sog. Vollstreckungs- bzw. Vollzugsbeamte (vgl. zB §§ 6 und 9 UZwG oder die jeweiligen Landesverordnungen zur Bestimmung der Vollzugsbeamten). Soweit diesen die Vollstreckung allein zugewiesen ist, sind Vollstreckungsmaßnahmen durch andere Bedienstete unzulässig. Zur Zulässigkeit der Einbeziehung Privater in die Vollstreckung öffentlich-rechtlicher Geldforderungen auf kommunaler Ebene: *Gern* DÖV 2009, 269, 274.

3. Tatsächliche und rechtliche Erfüllbarkeit der Pflicht

40.17 Die im Grund-VA festgesetzte Pflicht muss im Zeitpunkt des Erlasses der Vollstreckungsmaßnahme tatsächlich möglich, zur Erreichung des Vollstreckungstitels sinnvoll und rechtlich erfüllbar sein. Diese Voraussetzung fehlt vor allem dann, wenn die Pflicht bereits erfüllt ist oder die Erfüllung von der Mitwirkung oder Zustimmung Dritter abhängig ist.

40.18 **Beispiel:** Bei einer Abrissverfügung gegen nur einen Miteigentümer berührt das Fehlen einer entsprechenden Verfügung gegen die übrigen Miteigentümer zwar nicht die Rechtmäßigkeit der Grundverfügung, wohl aber ihre Vollstreckbarkeit (vgl. OVG Lüneburg NJW 1994, 3309; VGH Mannheim VBlBW 1994, 310; *v. Kalm,* Die Duldungsverfügung im Rahmen der Verwaltungsvollstreckung, DÖV 1996, 463).

4. Vollstreckung gegen den Pflichtigen

a) Adressat des Grund-VA

Pflichtiger ist zunächst derjenige, gegen den sich der Grund-VA richtet. Das ist grundsätzlich der Adressat, dem der VA die Pflicht auferlegt, soweit der VA ihm gegenüber auch durch Bekanntgabe wirksam geworden ist. Gibt es mehrere Adressaten, so kann die Vollstreckung gegen jeden von ihnen erfolgen; es ist dann uU aber zu prüfen, ob der Pflichtige allein zur Erfüllung rechtlich in der Lage ist.   **40.19**

b) Rechtsnachfolger als Pflichtiger

Im Falle der Rechtsnachfolge ist bezüglich des Übergangs der Pflicht des Adressaten auf den Rechtsnachfolger zwischen Gesamtrechtsnachfolge, zB Erbgang (§ 1922 BGB), Firmenübernahme (§ 25 HGB) und bei Einzelrechtsnachfolge (zB Abtretung, Erwerb eines Grundstücks) zu unterscheiden (*Schoch* JuS 1994, 1026, 1029 ff.). Bei Gesamtrechtsnachfolge gehen sowohl zustandsbezogene als auch handlungsbezogene Pflichten, sofern die **Pflicht nachfolgefähig** ist (fehlt bei höchstpersönlichen Pflichten), auf den Rechtsnachfolger über (BVerwG NJW 1971, 1624; BVerwG NVwZ 2006, 928). Zustandsbezogene Pflichten gehen bei Einzelrechtsnachfolge ebenfalls über, verhaltensbezogenen Pflichten nur, wenn ein gesetzlich geregelter **Nachfolgetatbestand** erfüllt ist (OVG Hamburg NVwZ-RR 1997, 11).   **40.20**

5. Androhung und Fristsetzung

Die konkrete Vollstreckungsmaßnahme muss grundsätzlich (Ausnahme zB § 18 HmbVwVG, wonach ein allgemeiner Hinweis ausreicht) zuvor für den Fall angedroht worden sein, dass die Pflicht nicht innerhalb angemessener Frist erfüllt wird. Eine unspezifizierte Androhung von Vollstreckungsmaßnahmen reicht nicht aus. Die Androhung kann mit dem Grund-VA verbunden werden.   **40.21**

Beispiel: „Für den Fall, dass die Maßnahme ... nicht bis zum 2. 4. 2006 durchgeführt worden ist, wird Ihnen hiermit die Ersatzvornahme (oder ein Zwangsgeld in Höhe von 1000 €) angedroht."

a) Angemessene Frist

Die Frist muss so bemessen sein, dass dem Pflichtigen die Erfüllung der im Grund-VA festgesetzten Pflicht rechtlich und tatsächlich möglich und zumutbar ist. Setzt die Erfüllung der Pflicht den vorherigen Erlass einer Duldungsverfügung gegenüber Dritten voraus, so muss deren Wirksamkeit eingetreten sein. Ist die Pflicht während der laufenden Frist auf einen Rechtsnachfolger übergegangen, so müssen Androhung und Fristsetzung diesem gegenüber erneut vorgenommen werden.   **40.22**

Beachte: Ist die Frist abgelaufen, ohne dass der Pflichtige sie – etwa wegen des Suspensiveffekts – zu beachten brauchte, so werden Androhung und Fristsetzung gegenstandslos und müssen ggfs. nach Beendigung des Suspensiveffekts wiederholt werden.

b) Ausnahmen bei Gefahrenabwehr

40.23 Nach den Vollstreckungsgesetzen des Bundes und der Länder sind Unanfechtbarkeit bzw. sofortige Vollziehbarkeit, Androhung und Fristsetzung in unaufschiebbaren Fällen der Gefahrenabwehr entbehrlich. Dies ist entweder ausdrücklich bestimmt (zB § 27 HmbVwVG, Art. 35 BayVwZVG) oder folgt aus den Regelungen über die unmittelbare Ausführung von Maßnahmen bzw. über den Sofortvollzug, wonach in bestimmten Fällen der Grund-VA überhaupt entbehrlich ist (zB §§ 13 Abs. 1 Satz 1, 14 Satz 2 VwVG; siehe Rnr. 40.31).

Beispiel: Polizei lässt einen Pkw abschleppen, weil er den Verkehr stört (OVG Münster NJW 1990, 2835).

6. Voraussetzungen für die Einstellung der Vollstreckung?

40.24 Die meisten VwVG sehen vor, dass die Vollstreckung einzustellen ist, wenn der Zweck der Vollstreckung erreicht ist (vgl. § 15 Abs. 3 VwVG, § 26 Abs. 1 lit. c HmbVwVG). Ist die Vollstreckung eingestellt oder liegen die Voraussetzungen für die Einstellung der Vollstreckung vor, so sind weitere Vollstreckungsmaßnahmen unzulässig. Einstellungsvoraussetzungen sind insbesondere die Aufhebung des VA oder seiner Vollziehbarkeit sowie die Zweckerreichung (s. auch Rnr. 40.15).

7. Auswahl eines zulässigen Zwangsmittels

40.25 Die Vollstreckung kann ausschließlich mit den im maßgeblichen VwVG oder einschlägigen Spezialgesetz (zB §§ 57 ff. AufenthG) vorgesehenen Zwangsmitteln erfolgen (**Numerus clausus der Zwangsmittel**). Die Voraussetzungen des ausgewählten Zwangsmittels müssen in formeller und materieller Hinsicht vorliegen. Die Auswahl hat nach pflichtgemäßem **Ermessen** unter Beachtung des Grundsatzes der **Verhältnismäßigkeit** zu erfolgen. Das ausgesuchte Zwangsmittel muss zur Erreichung des Zwecks der Vollstreckung geeignet, erforderlich und proportional sein.

a) Ersatzvornahme

40.26 **aa) Voraussetzungen.** Ersatzvornahme bedeutet, dass die Pflicht von einer von der Vollstreckungsbehörde beauftragten anderen Person (Fremdvornahme), nach den VwVG einiger Länder auch von der Vollstreckungsbehörde selbst (Selbstvornahme) anstelle des Pflichtigen und auf seine Kosten erfüllt wird. Sie muss sich auf vertretbare Handlungen beschränken, also auf solche Maßnahmen, die anstelle des Pflichtigen auch ein Dritter durchführen kann. Nicht möglich ist zB die Ersatzvornahme bei Duldungs- und Unterlassungspflichten oder der Pflicht zur Abgabe von Willenserklärungen. Derartige Pflichten sind ihrem Wesen nach höchstpersönlich und damit unvertretbar.

Beispiele: Vertretbar ist die Pflicht, ein störend geparktes Fahrzeug zu entfernen; ein Gebäude abzureißen, eine Abwassersammelgrube zu lehren, Wege zu reinigen usw., Durchsetzung des abwasserechtlichen Anschlusszwangs, die Durchsetzung des Benutzungszwangs erfolgt grundsätzlich durch Zwangsgeld (*Düwel* LKV 2007, 109 (114 f.).

bb) Kosten der Ersatzvornahme. Die Kosten werden nach den VwVG **40.27** in Bund und Ländern gegen den Pflichtigen durch VA festgesetzt. Ermessen ist idR nicht vorgesehen. Voraussetzung für den Kostenbescheid ist die Rechtmäßigkeit der Ersatzvornahme. Es gilt das Trennungsprinzip, wonach es auf die Rechtmäßigkeit des Grund-VA nicht ankommt.

Beachte: Das Trennungsprinzip gilt jedenfalls, wenn der Grund-VA bestandskräftig ist (zB OVG Hamburg NordÖR 2002, 469). Ist er dagegen noch anfechtbar bzw. ein Rechtsbehelf anhängig, so führt das Trennungsprinzip dazu, dass der Kostenbescheid bei Rechtmäßigkeit der Ersatzvornahme nicht erfolgreich isoliert angefochten werden kann und bestandskräftig wird, während der Grund-VA noch aufgehoben werden kann. Einschlägig ist nach hM die Anfechtungsklage und nicht die Fortsetzungsfeststellungsklage, da durch Vollziehung des Grund-VA keine Erledigung eintritt, solange dieser Wirksamkeitsgrundlage des Kostenbescheids ist (BVerwG NVwZ 2009, 122; OVG Lüneburg NordÖR 2006, 204). In diesem Fall kann der (ggfs. bereits bestandskräftige) Kostenbescheid nach hM durch einen zusätzlichen Antrag auf Folgenbeseitigung gem. § 113 Abs. 1 Satz 2 VwGO zusammen mit dem Grund-VA aufgehoben werden. Nach der Gegenmeinung (VGH Mannheim VBlBW 1994, 1130) soll unter Durchbrechung des Trennungsprinzips in diesen Fällen im Prozess gegen den Kostenbescheid inzident auch die Rechtmäßigkeit des Grund-VA überprüft werden (vgl. dazu *Kopp/Schenke* § 113 Rnr. 85). Zum Rechtsschutz im Falle eines sofort vollziehbar erklärten und vollzogenen rechtmäßigen VA, wenn die materiellen Voraussetzungen für die Anordnung der sofortigen Vollziehung von Anfang an nicht vorlagen, *Bausch* NVwZ 2006, 158.

b) Zwangsgeld

aa) Voraussetzungen. Das Zwangsgeld ist ein Beugemittel, welches den **40.28** Pflichtigen zur Erfüllung veranlassen soll. Es dient in erster Linie der Durchsetzung unvertretbarer Handlungen, ist aber idR nicht darauf beschränkt. Das Zwangsgeld muss in konkreter Höhe angedroht werden (Ausnahme § 20 HmbVwVG). Die Androhung des Zwangsgeldes ist VA, sie kann bereits mit dem Grund-VA verbunden werden (§ 13 Abs. 2 VwVG).

bb) Fristsetzung. Die Frist muss angemessen sein. Wird die Androhung **40.29** mit dem Grund-VA verbunden, muss die Frist für die Erfüllung der Pflicht so bestimmt werden, dass dem Pflichtigen diese Zeit nach Eintritt der Vollstreckungsvoraussetzungen (Unanfechtbarkeit oder sofortige Vollziehbarkeit) verbleibt (OVG Münster BauR 1985, 671 f.). Fristsetzung und Androhung werden gegenstandslos, wenn die Frist abläuft, ohne dass der Pflichtige sie (zB wegen des Suspensiveffekts) einzuhalten hatte.

Beispiel: Wird eine Abrissverfügung mit der Androhung eines Zwangsgeldes für den Fall verbunden, dass nicht innerhalb eines Monats nach Bekanntgabe abgerissen wird, werden Androhung und Fristsetzung gegenstandslos, wenn der Pflichtige mit Widerspruch bzw. Anfechtungsklage den Suspensiveffekt auslöst. Dies kann die Behörde vermeiden, indem sie die Frist erst mit dem Eintritt der Unanfechtbarkeit beginnen lässt oder die Verfügung nach § 80 Abs. 2 Nr. 4 VwGO für sofort vollziehbar erklärt.

40.30 **cc) Festsetzung, Beitreibung.** Erfüllt der Pflichtige den Grund-VA innerhalb der gesetzten Frist nicht, so wird das Zwangsgeld festgesetzt (Ausnahme: Art. 30 III 2 BayVwZVG). Die Festsetzung ist wiederum VA. Das festgesetzte Zwangsgeld kann dann als Geldforderung nach dem Vollstreckungsrecht (s. Rnr. 40.02 ff.) beigetrieben werden.

Beachte: Erfüllt der Pflichtige den Grund-VA nach der Festsetzung des Zwangsgeldes, so darf dieses nicht mehr beigetrieben werden (OVG Hamburg NordÖR 2003, 492). Gleiches gilt, wenn die Zwangsvollstreckung aus anderen Gründen unzulässig wird und eingestellt werden muss. **Umstritten** ist, ob ein festgesetztes Zwangsgeld noch beigetrieben werden darf, wenn eine befristete Handlung oder Unterlassung innerhalb der Frist nicht erfüllt wird und schon wegen des Fristablaufs der Beugezweck entfallen ist (verneinend VGH Mannheim DÖV 1996, 792; *Dörig* NVwZ 2006, 1337, 1339; bejahend OVG Münster NVwZ-RR 1992, 517; dazu *Dünchheim* NVwZ 1996, 117). Teilweise ist dieser Fall geregelt, zB in Art. 37 Abs. 4 BayVwZVG, § 48 Abs. 3 ThürVwZVG, nach denen Zwangsgeld beigetrieben werden kann, wenn die Verpflichtung nicht fristgerecht erfüllt wird, obwohl weitere Zuwiderhandlungen nicht zu befürchten sind.

c) Unmittelbarer Zwang

40.31 **aa) Voraussetzungen.** Unmittelbarer Zwang, mit dem der Pflichtige durch unmittelbare körperliche Einwirkung gezwungen wird, dem Grund-VA nachzukommen, kann gleichsam als letztes Mittel angewandt werden, wenn andere Zwangsmittel nicht zum Ziel führen (deren Erfolglosigkeit ist offenkundig zu erwarten oder haben in der Vergangenheit bereits versagt) oder untunlich sind (der mit der Vollstreckung beabsichtigte Erfolg lässt sich nicht oder nicht schnell genug herbeiführen).

Beachte: Nach § 12 VwVG wird auch die Selbstvornahme der festgesetzten Handlung durch die Verwaltung als unmittelbarer Zwang angesehen. In den Ländern handelt es sich dagegen um einen Fall der Ersatzvornahme.

40.32 **bb) Spezielle Regelungen.** Wird unmittelbarer Zwang eingesetzt, so sind neben dem VwVG auch die speziellen Vorschriften über den unmittelbaren Zwang (zB im UZwG bzw. in den Polizeigesetzen der Länder) zu beachten. Teilweise werden die allgemeinen Regelungen der VwVG gänzlich durch spezielle Regelungen verdrängt.

Beispiele: Absonderung und Unterbringung Seuchenkranker nach §§ 28 ff. IfSG; Tötung von Tieren gem. §§ 24 ff. TierSeuchG; Abschiebung von Ausreisepflichtigen gem. §§ 58 ff. AufenthG; Schließung von Betriebs- und Geschäftsräumen nach § 16 Abs. 9 HwO; Versiegelung von Baustellen nach Landesbauordnung (OVG Münster BauR 2000, 1859).

d) Erzwingungshaft

Subsidiär ist das Zwangsmittel der Erzwingungshaft (§ 16 VwVG, **40.33**
§§ 24, 25 HmbVwVG, Art. 33 BayVwZVG). Sie kann nur durch das
Verwaltungsgericht auf Antrag der Vollstreckungsbehörde angeordnet
werden. Die Mindestdauer beträgt einen Tag, die Höchstdauer ist unterschiedlich geregelt (2 Wochen: § 16 Abs. 2 VwVG, Art. 33 Abs. 2
BayVwZG; 6 Wochen: § 15 Abs. 2 Satz 2 HmbVwVG).
Beispiel: Durchsetzung der Schulpflicht gegenüber Eltern (OVG Hamburg , Beschl. v.
24.04.2006 – 1 So 56/06 – juris).

IV. Sofortiger Vollzug, unmittelbare Ausführung

1. Der sofortige Vollzug

a) Begriff des sofortigen Vollzugs

Nach § 6 Abs. 2 VwVG kann der Verwaltungszwang ohne vorausgehen- **40.34**
den Grund-VA angewandt werden, wenn dies entweder zur Verhinderung einer Straftat bzw. Ordnungswidrigkeit oder zur Gefahrenabwehr
notwendig ist, soweit die Behörde dabei innerhalb ihrer ohnehin bestehenden Befugnisse bleibt. Die VwVG der meisten Länder enthalten ähnliche Regelungen, wobei die Terminologie unterschiedlich ist.

Beachte: An sich handelt es sich bei den Formen des sofortigen Vollzugs (anders als
beim verkürzten Verfahren, bei dem lediglich auf die Androhung verzichtet wird)
nicht um Vollstreckung, sondern um Maßnahmen der Gefahrenabwehr, weshalb sie
im Vollstreckungsrecht systematisch verfehlt sind (auf die Regelung eines sofortigen
Vollzugs verzichten daher Hamburg, Bayern, Baden-Württemberg und Sachsen).

b) Rechtmäßigkeitsprüfung, Rechtsschutz

Maßnahmen des Sofortvollzugs können VA-Qualität haben und sind **40.35**
dann wie diese anfechtbar. Im Geltungsbereich des VwVG gilt dies wegen der ausdrücklichen Regelung in § 18 Abs. 2 VwVG und wegen § 18
Abs. 1 VwVG auch für sonstige Handlungen, gegen die damit ebenfalls
Widerspruch und Anfechtungsklage zulässig sind (Für eine analoge Anwendung bei fehlender landesrechtlicher Regelung OVG Münster Urt.
v. 17. 6. 2004 – 7 A 4492/99 Rnr. 53 ff. – juris). Anderenfalls liegt
schlichthoheitliches Handeln vor, gegen das die allgemeine Leistungsklage gegeben ist (s. unten Rnr. 40.40). Die Rechtmäßigkeitsprüfung
verläuft nach § 6 Abs. 2 VwVG dreistufig. Zunächst wird geprüft, ob
der Sofortvollzug zur Verhinderung von Straftaten bzw. Ordnungswid-
rigkeiten oder zur Abwendung einer drohenden Gefahr erforderlich ist,
also die vorherige Anordnung eines (ggfs. sofort vollziehbaren) VA nicht
ausreicht. Sodann, ob die Behörde für das konkrete Handeln materiell
eine Ermächtigungsgrundlage hat, also befugt wäre, in der Sache einen
VA zu erlassen. Schließlich müssen die Rechtmäßigkeitsvoraussetzungen

des Zwangsmittels vorliegen, von denen nur unmittelbarer Zwang und Ersatzvornahme in Betracht kommen.

Beachte: Sieht die Ermächtigungsgrundlage ein Handeln durch VA vor, so wird neben den Anforderungen des Sofortvollzugs nur geprüft, ob die materiellen Voraussetzungen für ein Handeln durch VA vorliegen würden (sog. fiktiver Grund-VA), da die Behörde im Sofortvollzug gerade nicht durch VA handelt.

2. Unmittelbare Ausführung

40.36 Bei der unmittelbaren Ausführung handelt es sich wie beim Sofortvollzug um eine Ermächtigung zum Handeln ohne Grund-VA im Rahmen der Gefahrenabwehr. Je nach landesrechtlicher Ausformung sind daher Überschneidungen mit dem vollstreckungsrechtlichen Sofortvollzug möglich (zur Abgrenzung vgl. *Schenke*, Polizeirecht Rnr. 564). Zumeist finden sich die Ermächtigungen zur unmittelbaren Ausführung in den Polizei- und Ordnungsgesetzen. Entsprechende Maßnahmen können bei Vorliegen der tatbestandlichen Voraussetzungen gegen polizeipflichtige Personen erlassen werden, ggfs. also auch gegen Dritte bzw. sog. Nichtstörer. Die Vorschriften sehen idR vor, dass die Kosten dem Pflichtigen im selben Umfang wie die Kosten einer Verwaltungsvollstreckung auferlegt werden können (vgl. Bsp. bei *Kästner* JuS 1994, 363).

V. Rechtsschutz im Vollstreckungsverfahren

1. Allgemeines

40.37 Der Rechtsschutz in der Verwaltungsvollstreckung ist in den VwVG unvollständig geregelt. Gegen die einzelnen Vollstreckungsmaßnahmen sind idR Rechtsbehelfe wie gegen VAe gegeben, allerdings ohne automatisch eintretenden Suspensiveffekt. Probleme ergeben sich im Hinblick auf die unmittelbare Ausführung sowie allgemein auf das Trennungsprinzip, wonach Einwendungen gegen den Grund-VA im Vollstreckungsverfahren unbeachtlich sind.

2. Rechtsschutz gegen einzelne Vollstreckungsakte

a) Rechtsschutz bei VA-Qualität

40.38 Vollstreckungsakte können mit Widerspruch und Anfechtungsklage angefochten werden, soweit sie VA-Qualität haben. Die Androhung und die Festsetzung eines Zwangsmittels sind idR als eigenständige rechtliche Regelungen und damit als anfechtbarer VA ausgestaltet (vgl. BVerwG DVBl 1989, 362; *Kopp/Schenke* § 167 Rnr. 16; anders der bloße Hinweis nach § 18 HmbVwVG). **Einstweiliger Rechtsschutz** richtet sich nach § 80 VwGO; idR ist ein Antrag auf Anordnung der aufschiebenden Wirkung nach § 80 Abs. 5 VwGO zu stellen (s. Rnr. 19.45 ff.).

In der **Begründetheit** wird die Rechtmäßigkeit der angefochtenen Voll- **40.39**
streckungsmaßnahmen überprüft (s. oben Rnr. 40.11 ff.). Grundsätzlich
spielt die Rechtmäßigkeit des Grund-VA dabei keine Rolle; die Rechtskontrolle ist auf Fehler des Vollstreckungsverfahrens begrenzt (Trennungsprinzip, s. oben Rnr. 40.13). Nachträgliche Änderungen der Sach-
und Rechtslage sind beachtlich, soweit sie zur Einstellung der Vollstreckung führen müssen (s. oben Rnr. 40.14 f.). Im Übrigen bleibt nur
die Möglichkeit, die Aufhebung des Grund-VA zu erreichen (Widerruf,
Wiederaufgreifen) und der Vollstreckung damit nachträglich ihre
Grundlage zu entziehen, so dass ggfs. Folgenbeseitigungsansprüche entstehen können.

b) Maßnahmen ohne VA-Qualität.

Einige Vollstreckungsmaßnahmen haben keine VA-Qualität und können **40.40**
mangels eigener Außenwirkung nur inzident überprüft werden, nicht
aber selbst angefochten werden. Es handelt sich zB um

- die Mahnung bei der Vollstreckung von Geldforderungen,
- Vollstreckungsersuchen an die Vollstreckungsbehörde,
- Hinweis auf die Möglichkeit des Einsatzes von Zwangsmitteln,
- Warnungen, die dem Schusswaffengebrauch vorausgehen müssen oder
- Vollstreckungsaufträge an den Vollziehungsbeamten.

c) Vollzugshandlungen, unmittelbare Ausführung/Sofortvollzug

Umstritten ist, ob die **Anwendung** eines Zwangsmittels (Ersatzvornah- **40.41**
me oder Anwendung unmittelbaren Zwangs) selbst als VA zu qualifizieren ist oder nur als schlichthoheitliche Maßnahme. Die heute hM sieht
reine Vollzugshandlungen nur noch als Realakte an (*Kopp/Schenke*
§ 167 Rnr. 16), während darin früher konkludente Duldungsverfügun-
gen gesehen wurden (vgl. BVerwGE 26, 161, 164). Ebenfalls umstritten
ist, ob die **unmittelbare Ausführung bzw. der Sofortvollzug** (vgl. § 6
Abs. 2 VwVG und entsprechende Landesregelungen) als VAe anfechtbar
sind. Dies ist für Maßnahmen im Sofortvollzug nach § 6 Abs. 2 VwVG
durch § 18 Abs. 2 VwVG ausdrücklich angeordnet, hinsichtlich der
Rechtsnatur als VA aber zweifelhaft. Nach hM handelt es sich auch hier
um Realakte, für die bei Fehlen einer anders lautenden gesetzlichen Regelung die allgemeine Leistungsklage zulässig ist (ebenso *Schenke*, Polizeirecht Rnr. 361; *Maurer* § 20 Rnr. 26).

3. Rechtsschutz bei nachträglichen Änderungen

Es ist allgemein anerkannt, dass bei nachträglichen Änderungen der **40.42**
Sach- und Rechtslage zugunsten des Pflichtigen Rechtsschutz auch gegen die Vollstreckung insgesamt gegeben sein muss. Umstritten ist, ob
als Rechtsbehelf gegen die Vollstreckung insgesamt eine **Vollstreckungs-**

gegenklage (entsprechend § 767 ZPO) erhoben werden kann oder ob eine **Feststellungsklage** (gerichtet auf die Feststellung der Unzulässigkeit der Vollstreckung) das richtige Rechtsmittel ist (*Schenke/Baumeister* NVwZ 1993, 9).

Beachte: Sieht das maßgebliche VwVG die Einstellung der Vollstreckung vor, so ist die darauf gerichtete **Verpflichtungsklage** die richtige Klageart (ebenso *Niedzwicki* JuS 2008, 696, 697). Im Übrigen erscheint die allgemeine Leistungsklage iS einer **Klage auf Unterlassung** der Zwangsvollstreckung vorzugswürdig (ebenso OVG Münster NVwZ-RR 2001, 54).

Sachverzeichnis

Die Zahlen bezeichnen die Randnummern im Text